LUN ZHONGGUO DANGDAISHI YU
DANGDAISHI BIANYAN

论中国当代史与当代史编研

朱佳木 著

当代中国出版社
Contemporary China Publishing House

图书在版编目（CIP）数据

论中国当代史与当代史编研 / 朱佳木著 . -- 北京：
当代中国出版社，2024.1
ISBN 978-7-5154-1242-9

Ⅰ.①论… Ⅱ.①朱… Ⅲ.①中国历史—现代史—研
究 Ⅳ.① K270.7

中国国家版本馆 CIP 数据核字（2023）第 025524 号

出 版 人　王　茵
责任编辑　宋卫云
责任校对　贾云华　康　莹
印刷监制　刘艳平
封面设计　郝志燕
出版发行　当代中国出版社
地　　址　北京市地安门西大街旌勇里 8 号
网　　址　http://www.ddzg.net
邮政编码　100009
编 辑 部　（010）66572264
市 场 部　（010）66572281　66572157
印　　刷　北京盛通印刷股份有限公司
开　　本　787 毫米 × 1092 毫米　1/16
印　　张　57.25 印张　5 插页　571 千字
版　　次　2024 年 1 月第 1 版
印　　次　2024 年 1 月第 1 次印刷
定　　价　280.00 元

朱佳木（中）在担任中国社会科学院党组成员、副院长兼当代中国研究所所长党组书记、所长期间，主持当代中国研究所所务会议（2010年）。

2018年9月，朱佳木出席第十八届国史学术年会并作主旨报告。

2019 年 6 月，朱佳木出席第十三届"陈云与当代中国"学术研讨会并致开幕词。

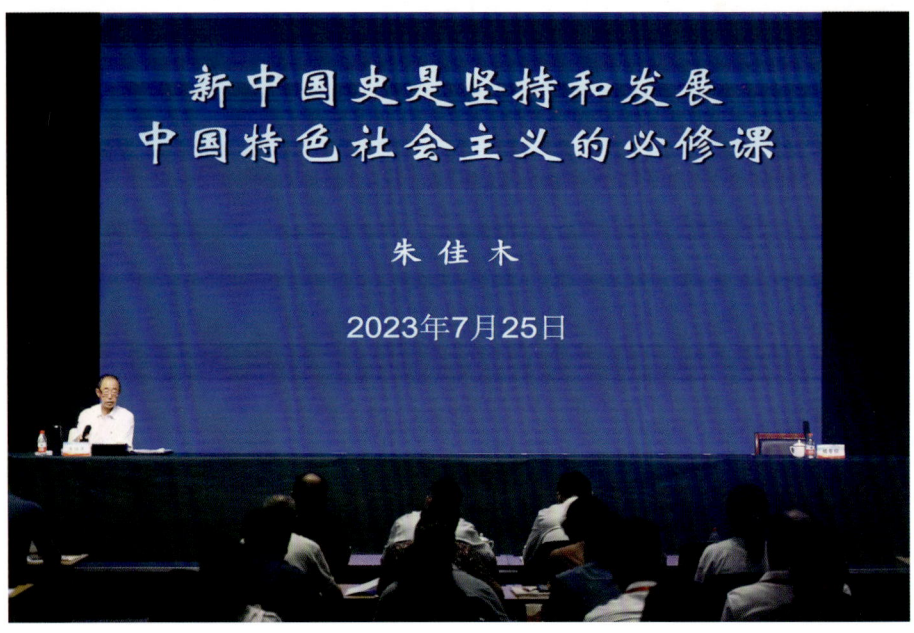

2023 年 7 月，朱佳木在第十期"中华人民共和国史高级研讨班"上授课。

  2022 年 12 月 8 日，朱佳木主持中华人民共和国国史学会常务理事会"学习贯彻习近平总书记致国史学会成立 30 周年贺信精神专题会议"并讲话。

朱佳木接受中央电视台记者采访（2010 年）。

　　2010年3月9日，朱佳木在中国社会科学院礼堂接受俄罗斯科学院历史学荣誉博士证书。左为俄罗斯驻华大使拉佐夫，右为俄罗斯科学院院士、远东研究所所长、俄中友好协会主席季塔连科。

朱佳木会见美国哈佛大学教授傅高义（2010年）。

目 录

中国当代史的学科建设

中国当代史的基本过程及重大事件

中国当代史的经验总结

中国当代史与当代中国问题研究

中国当代史著作评析

代　序

在颁发俄罗斯科学院历史学荣誉博士
证书仪式上的答词[*]

今天对于我来说，是继接受俄罗斯科学院远东研究所荣誉博士之后，又一个令人激动和终生难忘的日子。我衷心感谢俄罗斯科学院主席团授予我历史学荣誉博士的称号，衷心感谢季塔连科院士代表俄罗斯科学院主席团对于我的褒奖和信任，尤其感谢俄罗斯科学院主席团破例批准在院外向我颁发荣誉博士证书。我把这一切看成是俄罗斯科学院给予我的荣誉，也把它看成是俄罗斯科学院给予中国社会科学院和当代中国研究所的荣誉，更把它看成是俄罗斯学者对中国学者友好感情的表达。

我的人生经历如果从上大学时算起，至今大体可分为两个阶段。前一阶段从 1965 年到 1990 年共 25 年，后一阶段从 1990 年至今共 20 年。

我自中学时期就爱好历史，所以 1965 年毕业后报考了中

---

[*] 这是作者在 2010 年 3 月 9 日中国社会科学院举办的俄罗斯科学院授予作者该院历史学荣誉博士称号仪式上的答词（节选）。俄罗斯科学院院士、该院远东研究所所长季塔连科颁发证书并致辞，俄罗斯时任驻华大使拉佐夫出席仪式。

国人民大学历史系，读的是中共党史专业。但由于众所周知的原因，我从第二年起便和所有在校学生一同终止了正规的专业学习。1970 年，我被学校分配到河北省保定市的农业研究所，同农业工人一起从事试验田的体力劳动。此后一个偶然的机会，我成为一名军人，在野战军机关做了五年新闻和理论教育工作。1975 年，邓小平主持党和国家的日常工作，推动全面整顿，并为了同"四人帮"进行意识形态领域斗争，在国务院成立了以胡乔木为首的政治研究室，我被调入其中，被安排在理论组里工作。但时隔不久，发生了"批邓、反击右倾翻案风"事件，政治研究室被迫停止工作。当"四人帮"被粉碎、邓小平再次复出后，我被安排担任胡乔木的秘书，并来到由他出任院长的中国社会科学院。1980 年，我回到已改称中共中央书记处研究室的原政治研究室，从事为中央编写简报的工作。过了一年，我被调任中共中央副主席陈云的秘书，在那里一直工作到 1985 年。此后，我在天津港务局担任了两年负责生产业务的副局长，又在中国社会科学院研究生院担任了三年党委书记和分管学生工作与行政后勤工作的副院长。从以上 25 年的经历可以看出，我的历史专业基础并不扎实，也基本上没有从事学术工作。但是，这段经历却给了我十分丰富的实际知识，使我有机会接触到许多历史方面的材料，以及在党和国家历史上起过重要作用的人物和事件；特别是有机会就近学习党和国家的领导人陈云和意识形态战线领导人胡乔木，以及其他一些老一辈革命家们的唯物辩证的思想方法和严谨细致的治学精神。这些都为我后来的学术工作提供了有利条件。

我的学术生涯严格讲是从 1990 年开始的。那一年，我调入中央文献研究室，担任室务委员，负责领导其中一个研究部门。在随后的九年时间里，我除了把主要精力用于主持编写 120 万字的《陈云年谱》外，还主持编写过《中国革命史上的今天》（31 万字）、《中国共产党历史画卷》（10 万字），参与主编过《陈云经济思想发展史》（59 万字），作为第一撰稿人撰写过传记《陈云》（15 万字），主持编辑过《老一代革命家论党史》《中华人民共和国开国文选》等十部文集（约 500 万字）；另外，在《人民日报》、《求是》杂志、《光明日报》等重要报刊和《党的文献》《中共党史研究》《当代中国史研究》等学术刊物上发表过数十篇文章，并将它们编成为论文集出版。鉴于我在学术上取得的成绩，中央文献研究室高级专业技术职称评审委员会于 1997 年经过无记名投票，一致决定授予我研究员职称。

1999 年，我被调到中央党史研究室担任副主任；一年多后，又被调到中国社会科学院任副院长兼当代中国研究所所长，后来又兼任中国地方志指导小组常务副组长。当代中国研究所是中共中央于 1990 年决定设立的专门负责编纂与研究中华人民共和国史的机构，行政上由中国社会科学院代管。中国地方志指导小组则是国务院委托中国社会科学院代管的议事机构，专门负责统筹规划、组织协调、督促指导全国地方志工作。从那时起到现在九年多时间，我的精力大体上分为四份。其中大部分用于当代中国研究所的行政和学术的领导工作，一小部分用于中国地方志指导小组的日常工作，另一小部分用于对博士研究生的指导和一些社会团体的工作，还有相当一部分用于个人研究工作。这段时间，我除在前面提到的那些报刊继续发表文章外，还在《中国社会科学》《历史研究》《中国史研究》《马克思主义研究》等学术刊物上发表了一些文章，并在新中国成立 60 周年之际，将这些文章辑成了一本约 43 万字的新的论文集《中国工业化与中国当代史》。另外，我还出版了一本研究性质的回忆录《我所知道的十一届三中全会》（8 万字）和一本《地方志工作文稿》（22 万字）。

在以往 20 年的学术工作尤其是中国当代史的研究中，我始终坚信并遵从以下的方法论原则：第一，充分占有并认真辨别史料，以便从这些史料所反映的事实出发；第二，把问题放在一定的历史条件下来分析，以便正确认识历史发生和发展的原因；第三，对问题进行经济分析，以便找出历史事件的最终原因；第四，把个别的偶然的表面的现象与反映问题本质和必然性的现象加以区别，以便把握历史发展的整体面貌、基本脉络和大的趋向。

在以往 20 年的学术工作尤其是中国当代史的研究中，我得到以下几点主要体会：

第一，历史研究的目的是尽可能客观地再现已经发生的历史事件，但这种研究离不开研究者的主观性。因此，在不同历史观的支配下，对同一个历史事件会有不同的解释。尤其在对国家史的解释上，更会有不同阶级、不同政治力量从不同利益出发的交锋。凡是要捍卫一个国家的独立、维护一个政权的统治，都必定高度重视对国家史的解释，并把它视作国家主流意识形态和核心价值体系的组成部分。而凡是要分裂、灭亡一个国家，推翻一个政权的统治，也总是要从对国家史的重新解释入手，以说明原有统治的不合理性。这是一个带有规律性的普遍现象，不同的只是进步的阶级和政治力量能够更多地尊重历史的客观性，而反动的阶级和政治力量往往会对历史进行歪曲和篡改。

第二，历史研究特别是中国当代史研究虽然具有很强的意识形态性和社会功能，但它本质上是一项学术工作。因此，以唯物史观为指导的学者，必须对它采取科学、严肃的态度，遵守公认的学术规范；有幸从事这一研究的人，应当自觉地用它为社会服务，但这种服务必须建立在严谨的学术工作基础之上，而不能脱离它的科学性和学术性。

第三，中国当代史就是中国现代史，是从 1949 年中华人民共和国成立开启、与中国近代史相衔接并不断向前延伸的历史。它同中国共产党 1949 年以后的历史虽然有着密切联系和很多重合，但二者分属于不同的学科，内涵和外延都不相同。因此，对新中国成立后的中共党史研究，不应当也不可能代替对中国当代史的研究。目前两个学科之间的某些混淆，绝不能成为忽视和削弱当代史研究的理由，而应当通过双方学者加强各自的学科建设逐步加以澄清。

我在学术道路上虽然取得了一点成绩，也在中俄友好尤其是中俄学术交流的事业上做了一点工作，但这些与俄罗斯科学院、俄罗斯科学院远东研究所和俄罗斯学术界给予我的荣誉相比，都是微不足道的。2006 年，俄罗斯科学院远东研究所授予我荣誉博士，聘请我为东亚和平、安全与发展问题国际学术委员会的委员；2007 年 8 月，俄中友协授予我"为促进俄中关系作贡献"荣誉奖章；同年 9 月，俄罗斯社会科学院选举我为该院的院士；2008 年，俄罗斯联邦民族委员会为表彰我在发展俄中学术合作中的贡献，颁发给我"罗蒙诺索夫勋章"；今天，季塔连科院士又考虑到我近期难以访俄，报请俄罗斯科学院主席团特别批准，利用他访华之机向我颁发历史学荣誉博士证书。这一切使我深受感动，同时也深感自己责任的重大。当前，中俄两国关系正处在历史上最好的时期。与这种关系相一致，中国社会科学院与俄罗斯科学院、当代中国研究所与远东研究所的友谊与合作也日益加深。我坚信，中俄两国战略互信与协作的加强，不仅关乎我们两国人民的福祉，而且关乎世界人民的前途和命运。借此机会，我愿向季塔连科院士并通过季塔连科院士向俄罗斯科学院主席团保证，我将在中国社会科学院副院长和当代中国研究所所长的岗位，以及中俄友协副会长的岗位上，一如既往和毫无保留地为加强我们两院、两所和两国人民的友谊而贡献自己的微薄力量。即使今后从这些岗位上退下来，我仍会同俄罗斯学术界的朋友们一道，继续为人文社会科学事业的繁荣发展，为人类社会的持久和平而不懈奋斗。

代 前 言

在习近平总书记贺信精神鼓舞和指引下推动
新中国史事业进一步繁荣发展*

2022 年 12 月 8 日对于中华人民共和国国史学会（以下简称国史学会），是一个双喜临门的日子。这一天是国史学会成立 30 周年，同时迎来了习近平总书记致国史学会成立 30 周年的贺信。中共中央政治局委员、中共中央宣传部部长李书磊出席了国史学会成立 30 周年庆祝大会，宣读了习近平总书记贺信，并发表了重要讲话。这一切充分体现了以习近平同志为核心的党中央对新中国史研究事业的高度重视，对国史学会，乃至从事新中国史研究、宣传和教育工作的全体学者、干部、教师的高度信任和巨大关怀。

习近平总书记在贺信中，表达了对国史学会全体同志、全国广大国史研究者的热烈祝贺和诚挚问候，肯定了国史学会 30 年来为新中国史研究、宣传和教育事业发展作出的积极贡献，希望国史学会深入学习贯彻党的二十大精神，坚持正确政治方向，坚持历史唯物主义，以马克思主义中国化时

---

* 本文曾发表于《当代中国史研究》2023 年第 1 期。

代化最新成果为指导，进一步团结全国广大国史研究工作者，牢牢把握国史的主题主线、主流本质，不断提高研究水平，创新宣传方式，加强教育引导，激励人们坚定历史自信、增强历史主动，更好凝聚团结奋斗的精神力量，为全面建设社会主义现代化国家、全面推进中华民族伟大复兴作出新贡献。① 习近平总书记的这些语重心长的话，不仅为新中国史事业指明了继续前进的方向，也为国史学会进一步提高自身能力、发挥社会作用提出了更高要求；是对国史学会莫大的鼓舞，更是对国史学会的极大鞭策。

党的十八大以来，以习近平同志为核心的党中央对新中国史给予了前所未有的重视。习近平总书记每当提到党史，往往总是并提国史。他多次指出："要认真学习党史、国史，知史爱党，知史爱国"；"学习党史、国史，是我们坚持和发展中国特色社会主义、把党和国家各项事业继续推向前进的必修课"。② 他强调："一个民族的历史是一个民族安身立命的基础"③；思政课老师的历史视野中，"要有中华人民共和国七十年的发展史，要有改革开放四十多年的实践史，要有新时代中国特色社会主义取得的历史性成就、发生的历史性变革"④。他把新中国史与党史、改革开放史、社会主义发展史合

---

① 《坚定历史自信增强历史主动 更好凝聚团结奋斗的精神力量》，《人民日报》2022 年 12 月 9 日。

② 习近平：《论中国共产党历史》，中央文献出版社 2021 年版，第 7、15—16 页。

③ 《十八大以来重要文献选编》（上），中央文献出版社 2014 年版，第 694 页。

④ 习近平：《论中国共产党历史》，中央文献出版社 2021 年版，第 11—12 页。

在一起，要求加强对这"四史"的学习教育。在全党开展"不忘初心、牢记使命"主题教育期间，他指示中央有关部门印发通知，增加学习党史和国史的内容。在党史学习教育动员大会上，他又要求在全社会同时开展"四史"宣传教育。在党的二十大上，他再次强调要"持续抓好党史、新中国史、改革开放史、社会主义发展史宣传教育，引导人民知史爱党、知史爱国，不断坚定中国特色社会主义共同理想"①。所有这些都说明，虽然新中国成立初期就有人编写新中国史，党的第二个《历史决议》制定后迅速掀起了编研新中国史的热潮，20 世纪 90 年代初党中央又批准成立了新中国史编研的专门机构，但从没有像新时代十年这样重视新中国史的学习和研究，这样强调对新中国历史经验的总结，这样突出坚定新中国历史自信的重要意义。

习近平总书记不仅高度重视新中国史研究，而且十分重视对新中国史领域中历史虚无主义思潮的批评。他旗帜鲜明地提出，必须正确看待改革开放前后两个历史时期，强调它们在"本质上都是我们党领导人民进行社会主义建设的实践探索"；"两者决不是彼此割裂的，更不是根本对立的"；既"不能用改革开放后的历史时期否定改革开放前的历史时期，也不能用改革开放前的历史时期否定改革开放后的历史时期"；"正确处理改革开放前后的社会主义实践探索的关系，不只是一个历史

---

① 习近平：《高举中国特色社会主义伟大旗帜　为全面建设社会主义现代化国家而团结奋斗——在中国共产党第二十次全国代表大会上的讲话》，《人民日报》2022 年 10 月 26 日。

问题，更主要的是一个政治问题"。① 他斩钉截铁地说，绝不能
因为革命领袖"有失误和错误就全盘否定，抹杀他们的历史功
绩，陷入虚无主义的泥潭"②。他一针见血地指出，国内外敌对
势力拿中国革命史、新中国历史做文章，竭尽攻击、丑化、污
蔑之能事的根本目的，"就是要搞乱人心，煽动推翻中国共产
党的领导和我国社会主义制度"③。"历史虚无主义的要害，是从
根本上否定马克思主义指导地位和中国走向社会主义的历史必
然性，否定中国共产党的领导。"④ 他告诫全党，苏联解体、苏
共垮台的一个重要原因就是在意识形态领域"搞历史虚无主
义，思想搞乱了……这是前车之鉴啊！"⑤ 他的这些论述，武装
了国史工作者的思想，使国史工作者认清了历史虚无主义思潮
的本质和危害，也给国史工作者提供了批判历史虚无主义思潮
的锐利思想武器，从而保证新中国史研究事业在新时代十年能
够始终沿着正确的方向健康发展。

对于新中国史一些重大理论问题的研究，习近平总书记
也给予了高度关注和悉心指导。例如，在研究的指导思想上，
他指出一定要坚持唯物史观，"树立大历史观，从历史长河、
时代大潮、全球风云中分析演变机理、探究历史规律"⑥。在研

---

① 《十八大以来重要文献选编》（上），中央文献出版社 2014 年版，第 112—
114 页。

② 《十八大以来重要文献选编》（上），中央文献出版社 2014 年版，第 693 页。

③ 《十八大以来重要文献选编》（上），中央文献出版社 2014 年版，第 113 页。

④ 中共中央党史研究室：《历史是最好的教科书——学习习近平同志关于党
的历史的重要论述》，《人民日报》2013 年 7 月 22 日。

⑤ 《十八大以来重要文献选编》（上），中央文献出版社 2014 年版，第 113 页。

⑥ 习近平：《在党史学习教育动员大会上的讲话》，《求是》2021 年第 7 期。

究的重点上，他反复强调必须牢牢把握"历史发展的主题主线、主流本质"，"把握住历史发展规律和大势，抓住历史变革时机"。①在对历史人物和事件的评价上，他明确提出"应该放在其所处时代和社会的历史条件下去分析"②。在历史分期问题上，他提出要"认清当代中国所处的历史方位"③，并在党的十九大报告中指出："中国特色社会主义进入了新时代，这是我国发展新的历史方位"④；在党的二十大报告中进一步指出："新时代十年的伟大变革，在党史、新中国史、改革开放史、社会主义发展史、中华民族发展史上具有里程碑意义"⑤。所有这些论述，都给予我们极大的启示，为新中国史研究不断深入发展发挥了重要引领作用。

2019年3月，习近平总书记在全国"两会"期间看望参加政协会议的文艺界社科界委员，讲了一段情真意切的话。他说，新中国"70年砥砺奋进，我们的国家发生了天翻地覆的变化。无论是在中华民族历史上，还是在世界历史上，这都是一部感天动地的奋斗史诗。希望大家深刻反映70年来党和人民的奋斗实践，深刻解读新中国70年历史性变革中所蕴藏的内在逻辑，讲清楚历史性成就背后的中国特色社会主义道路、理论、制度、文化优势，更好用中国理论解读中国

---

①　习近平：《在党史学习教育动员大会上的讲话》，《求是》2021年第7期。

②《十八大以来重要文献选编》（上），中央文献出版社2014年版，第693页。

③　习近平：《在党史学习教育动员大会上的讲话》，《求是》2021年第7期。

④《十九大以来重要文献选编》（上），中央文献出版社2019年版，第7页。

⑤　习近平：《高举中国特色社会主义伟大旗帜　为全面建设社会主义现代化国家而团结奋斗——在中国共产党第二十次全国代表大会上的讲话》，《人民日报》2022年10月26日。

实践，为党和人民继续前进提供强大精神激励"①。他的这段话，表达了对广大理论、学术、教育、文艺工作者的殷切希望，更使带有"中华人民共和国"全称的"中"字头社团国史学会倍感责任重大、使命光荣。我们作为全国性社会组织，理应更加积极地响应习近平总书记号召，主动为各领域、各方面反映新中国 70 年来的奋斗历程和伟大成就提供历史的支持，做好相关服务和协调工作，与理论界、学术界、教育界、文艺界的同志一道，为共同讴歌新中国的光辉历史贡献力量。

习近平总书记关于新中国史研究、宣传和教育的一系列论述精神，是习近平新时代中国特色社会主义思想的重要组成部分，是国史事业的根本指针，也是国史事业繁荣发展的根本保证。国史学会是党领导的社会组织和意识形态阵地，我们要自觉按照习近平总书记贺信的要求，紧紧团结广大国史工作者，一如既往地坚持坚定正确的政治方向，担当为国家立心、为民族立魂的使命，秉承"方向是灵魂、学术是基础、活动是生命"的方针，围绕党和国家工作大局开展多种形式的学术交流和宣传教育活动，自觉发挥国史资政、育人、护国的功能，乘国史学会成立 30 周年的东风，以学习贯彻习近平总书记贺信精神为契机，进一步推动新中国史事业的繁荣发展，为引导人民知史爱党、知史爱国，坚定中国特色社会主义的"四个自信"，增强中华民族伟大复兴的精神力量作出新的贡献！

---

①《坚定文化自信把握时代脉搏聆听时代声音 坚持以精品奉献人民用明德引领风尚》，《人民日报》2019 年 3 月 5 日。

中国当代史的学科建设

论中华人民共和国史研究[*]

中华人民共和国史（以下简称国史）研究是一门相对年轻的学科。它最早的成果可以追溯到由中共中央宣传部等有关部门组织编写、人民教育出版社 1955 年出版的《中国人民解放战争和新中国五年简史》，以及 1958 年由河北北京师范学院师生编写、人民出版社出版的《中华人民共和国史稿》。但从严格意义上说，国史研究是从 1978 年党的十一届三中全会后总结新中国成立以来历史开始的。1979 年，中共中央在准备庆祝新中国成立 30 周年大会讲话稿的过程中，对新中国成立以来的历史及其经验教训进行了简要回顾和初步总结。^①接着，用一年八个月的时间起草了《关于建国以来党的若干历史问题的决议》（以下简称《历史决议》），在 1981 年的党的十一届六中全会上通过。《历史决议》讲的虽然是党的历史问题，但这些问题同时也是国家的重大历史问题；具体起草者虽然是专门的写作班子，但邓小平、陈云等老一辈革命家也提出了许多指导性意见，在党内 4000 多名高中级干部和一部分党外人士中还进行过认真讨论。因此，制定决议的过程

---

* 本文曾发表于《中国社会科学》2009 年第 1 期。

① 《三中全会以来重要文献选编》（上），中央文献出版社 2011 年版，第 181—216 页。

可以说是一次高层次集体研究国史的过程，为此后的国史研究指明了正确的理论方向。

接着，在时任分管意识形态工作的中共中央书记处书记胡乔木的倡议下，中国社会科学院提出了关于对新中国成立以后各条战线的历史经验作有科学价值的总结、编撰系列专著的方案，并经中共中央书记处批准，中央宣传部部署，时任中共中央书记处书记邓力群主抓，编辑出版了大型丛书《当代中国》。这套丛书按照部门、行业、省市、专题分卷，历经十余年，先后动员10万多名学者和干部参与编写，陆续出版了152卷211册，总计1亿字、3万幅图片。它的规模之宏伟庞大，利用档案资料之丰富确凿，包含内容之全面系统，在新中国出版史上都是空前的。同时，有关方面还出版了大量可供国史研究使用的文献档案资料。其中有毛泽东、周恩来、刘少奇、朱德、邓小平、陈云等党和国家主要领导人的文选、文集、文稿、传记、年谱，有1949年至1965年的《建国以来重要文献选编》和自1978年党的十一届三中全会起历次党的代表大会的重要文献集，①有《中华人民共和国经济档案资料选编》②，以及薄一波、杨尚昆等党和国家重要领导人的日记、回忆录。所有这些，都为国史研究的开展提供了基础性条件。

20世纪90年代初，当时的中共中央党史领导小组借鉴

---

① 以上均由人民出版社或中央文献出版社出版。

② 此书的1949—1952年各卷，已由中国社会科学出版社、社会科学文献出版社等出版；1953—1957年各卷，已由中国物价出版社出版。

中国历史上和一些外国及有关地区由国家设立国史馆的传统，提议并经中央批准，成立了专事编纂和研究国史的当代中国研究所。该所建立后，创办了以出版国史著作为主业的当代中国出版社和刊发国史研究成果的杂志《当代中国史研究》，成立了联系全国国史学界的学术团体——中华人民共和国国史学会；2001年起，该所又经中共中央书记处原则批准，集中力量编写并陆续出版编年史书《中华人民共和国史编年》，还建立了面向国史学界的学术年会制度，同中国社会科学院研究生院合作创办了国史系。与此同时，中央许多部门和省、自治区、直辖市一级政府纷纷建立本部门或本地区的当代史研究机构，很多地方社会科学院和高等院校也把当代史列入研究课题，有的高等院校还开设了国史课程，设立了以国史为专业方向的硕士、博士学位点。如果再算上各级地方志部门对新中国成立后志书的编修，和各级地方档案部门对新中国成立后历史档案的整理研究，全国研究国史的机构就更多了。这些机构产生了不胜枚举的研究成果，培养了众多的专门学者，促使国史研究作为史学的一门分支学科，逐步登上学术舞台。

尽管如此，国史研究（包括国史编纂）与史学的其他分支学科相比，目前从总体上看尚处于初创阶段。多年来，国史学界的学者们在国史研究的理论探索和国史学的学科建设上做了大量工作，进行了不懈努力，但对许多问题的认识仍有待深化和系统化。本文试图在国史学界已有工作的基础上，再就其中的几个主要理论问题作进一步探讨，以为国史研究学科体系的构建添砖加瓦，抛砖引玉。

一、关于国史与国史研究的定义

（一）什么是国史？

国史，顾名思义，是指 1949 年中华人民共和国成立后，在共和国 960 多万平方公里土地和几百万平方公里管辖海域范围内，社会及社会与自然界关系的历史。它是中国历史的自然延伸，是正在行进并且不断向前发展着的中国断代史，是中国历史的现代部分或当代部分，即中国现代史或中国当代史。

现代史、当代史与近代史、古代史一样，都是史学工作者对历史分期的表述。从各国情况看，有的把近代史、现代史、当代史加以区别；有的把近代史与现代史合并，只称近代史；有的则把现代史与当代史合并，只称现代史。而且，对近代史、现代史、当代史的内涵，不同国家、不同时间、不同学者的界定也不一样。就是说，这些概念都不是绝对的，并没有统一的标准。

唯物史观认为，由生产力与生产关系、经济基础与上层建筑矛盾运动所决定的社会形态，是人类社会不同阶段相互区别的主要标志。因此，历史分期主要应当依据社会形态的变化。我国史学界正是运用这一观点，把 1840 年鸦片战争作为中国古代史和近代史的分水岭。如果仍然运用这一观点，本来应当把 1949 年中国由半殖民地半封建社会走向和进入社会主义社会，作为中国近代史和现代史的分水岭。然而新中国成立后，我国史学界、教育界一度把 1919 年五四运动爆发作为中国现代史的开端。这样划分近代史和现代史，旨在突出新旧民主主义革命的区别，却忽略了社会性质问题，混淆了革命史与国家史的界限。尽管也有学者主张近代史应延伸至 1949 年，但由于那时新中国刚成立不久，国史研究没有提到日程上来，这种分期在学术上的矛盾还不十分尖锐。20 世纪 80 年代国史研究兴起之初，人们为了避开对"现代史"的既有定义，提出了"当代史"的概念，使这一矛盾又被暂时掩盖起来。但随着新中国历史的发展和中国近代史及国史研究的深入，"现代史"原有定义的弊端日益突出，到了非改变不可的地步。

目前，国家学位工作涉及的学科、专业目录，在历史学的二级学科里设有世界史、中国古代史和中国近现代史等专业，却没有中华人民共和国史或中国当代史专业，给国史、当代史的研究与教学造成了种种不便和困难。为了解决这一问题，有些高等院校又把国史、当代史放到了近现代史专业中。应当说，这两种做法都不合适，尤其后一种做法更不妥当。因为，中国现代史原有定义是把 1919 年作为起点的，如果在不改变这个起点的前提下就把国史和当代史并入现代史，势必模糊 1949 年中华人民共和国的成立对于中国社会形态变化的划时代意义。正确的做法应当是，统一中国历史阶段划分的标准，将中国近代史的上下限由原来的 1840 年至 1919 年改为 1840 年至 1949 年，并将中国现代史的起点由原来的 1919 年推迟至 1949 年。在这个前提下，再把中国现代史与国史、当代史合并。合并后，可以称"中国现代史"，也可以称"国史"或"中国当代史"。不管称什么，都应当把中国现代史专业从现有的中国近现代史专业中独立出来。这个意见，史学界早已有人提出，近些年更成为广泛的共识。新近被高等院校政治理论课采用为教材的《中国近现代史纲要》，就是这样分期的。不过，要使这个意见被国家学位工作部门所接受，还需要得到教育主管部门的认可。

历史分期是动态的，不会一劳永逸，随着时间的延续，原有古代史、近代史、现代史、当代史的上下限，还会发生相应改变。例如，再过 100 年，可能需要从现代史中分出一个独立的当代史来。不过，这就是后人考虑和解决的问题了。

（二）什么是国史研究？

这个问题要比什么是国史稍微复杂一些。一般说，国史研究是以 1949 年中华人民共和国成立以来的中国历史为研究对象的。具体说，它不仅包括对政治、经济、社会、科技、教育、文化、外交、军事等领域的历史的研究，也包括对人类活动造成的生态灾害，或气候异常、地震、泥石流等给人类造成的自然灾害史的研究；不仅要对国家整体历史进行研究，也涉及地方史、部门史、行业史等专史的研究；不仅对中央政府管辖区域内的历史要研究，对暂时未受中央政府管辖的一些地区的历史也要研究。在这个层次上，国史研究与中国现代史或当代史的研究是完全吻合的。

有些情况下，国史研究（包括国史编纂）只指对国史的宏观研究。在这个层次上，国史研究的内涵与中国现代史或当代史研究稍有不同。它只研究国史中带整体性、全局性的内容，而不研究地方史、部门史、行业史等专史的内容；只研究中央为促进祖国统一而作出的各种努力，以及中央政府管辖区域同暂时未受中央政府管辖区域，例如 1949 年后的大陆与台湾之间，内地与 1997 年和 1999 年主权回归前的香港、澳门之间，在政治、经济、文化、人员方面的互动情况，而不研究这些区域社会发展变化的情况。现在已经出版或正在编纂的国史书，如各种简史、史稿、史纲，大多属于这个层次的国史研究。

要明确什么是国史研究，尤其需要弄清楚它与中共党史新中国成立后部分的研究之间的关系。因为这个问题不弄清楚，不仅影响人们对国史研究内涵的理解，而且会引起人们对国史研究必要性的怀疑。

毋庸讳言，中国共产党是中华人民共和国的核心领导力量，党的理论、路线、方针、政策、重大决定等，必然对国家的建设和发展有着决定性的作用。从这个意义上说，党史是国史的核心内容，新中国成立后的党史走向决定着国史的走向。因此，国史研究与党在新中国成立后历史的研究，内容上难免会有许多交叉和重合。比如，党在新中国成立后召开的历次代表大会及中央全会，以及毛泽东、周恩来、刘少奇、朱德、邓小平、陈云等党的领袖人物，同时也是国史上的重大事件和重要人物，国史研究对这些不可能不涉及。另外，国史研究与党在新中国成立后历史的研究，理论上肯定也有一些相同、相近、相通之处，很难截然区分。比如，一个国史学者对国史分期、主线、主流等问题的看法，很可能也是他对党史新中国成立后部分同类问题的见解。

但应当看到，中共党史研究与国史研究的学科属性毕竟不同。党史研究的对象是中国共产党的历史，它的学科定位为政治学；即使从史学角度看，它也属于专史研究的范畴。而国史研究的对象是中国在现代或当代的历史，与中国古代史、近代史研究相衔接，纯属史学学科，而且具有断代史性质。因此，党史研究与国史研究无论是在研究角度、范围、重点上，还是在研究方法上，都必然会有很多不同。

1. 关于研究角度。中共党史新中国成立后部分研究是从执政党的角度出发，研究党在新中国成立后的历史的。它研究的是中国共产党作为执政党如何制定党的路线、方针、政策，如何把这些路线、方针、政策变成国家意志，如何处理与各参政党之间的关系，如何与国外政党交往，如何进行自身建设，等等。而国史研究，则是从整个国家的角度出发来研究这一历史的。它要研究的是国家政权机关如何带领人民群众贯彻中国共产党的路线、方针、政策，如何组织国家的经济、社会、文化、外交、国防等各项事业的建设，如何进行机构改革和提高自身效率，以及各参政党在中国共产党的领导下是如何参政议政的。比如，同样是研究改革开放的历史，党史研究主要应从制定政策的背景、过程和结果入手，而国史研究则应从改革开放本身的过程，以及在这一过程中经济、社会方方面面的变化入手。

2. 关于研究范围。中共党史新中国成立后部分的研究，主要对象是中国共产党在当代中国的发展及其执政规律和经验。因此，它研究的范围必然是中共作为执政党自身及其影响之内的事务，例如党的路线、方针、政策，党的重要会议、重要事件、重要人物，以及在它们的作用下，社会领域发生的某些变迁。至于社会领域更大范围内的变迁，例如人口、民族、婚姻、民俗、服饰、饮食、娱乐方式、人际交往，乃至语言的变化，等等，尽管与中共党史或多或少也有一定关联，党史研究也会有所涉及，但不可能专门研究，不可能在党史研究中设人口史研究、社会史研究、民俗史研究等研究方向。另外，中共存在自己的经济思想史、法制思想史、宗教政策史等，因此可以也应当进行这方面研究，但不存在中共经济史、中共法制史、中共宗教史，因此也就不可能开展这些方面的研究；在党史研究中可以也应当研究中国共产党与八个参政党之间的关系，但不可能也不应当研究这些参政党自身的历史，否则就不成其为中共党史研究了。而上述内容对于国史研究来说，恰恰是可以研究也必须研究的。这说明，国史研究的范围要比党史研究宽得多。

3. 关于研究重点。中共党史新中国成立后部分的研究，重点应当是党的路线、方针、政策的制定和重大决策出台的过程，党的思想理论建设、组织建设、制度建设和统一战线工作的开展状况，党的会议和文献，党的重要人物和模范，以及党执政的经验和教训。国史研究虽然也会涉及其中一些最为重要的内容，但更多的应当研究全国人民代表大会及其常委会和国务院的决策过程，法律的制定和修订过程，各级国家权力机关、行政机关、审判机关、检察机关的重大活动和举措，各级政治协商会议参政议政的情况，国家各项建设事业的进展和有突出贡献的人物，国家机关建设及施政的经验与教训，等等。例如，在经济问题上，党史研究应当侧重于基本经济制度和宏观经济政策的建立与制定过程，而国史研究则要侧重于相对具体一些的经济制度和经济政策、经济建设的发展变化过程，如财税制度、金融制度、产业政策、外贸政策等建立与制定的情况，土地使用状况、产业结构、进出口贸易、货币发行、税收种类、城乡居民收入等变化的情况。

4. 关于研究方法。中共党史研究和国史研究都应当遵循唯物史观的基本原理和方法论，例如：都要从历史事实出发，充分收集、慎重选择和严谨考证史料；都要对问题进行整体和系统分析，通过比较来认识事物；都要把问题放到一定历史范围之内，用社会存在说明社会意识，并进行阶级或阶层分析；都要借鉴中国传统史学和国外史学，特别是批判地吸收西方新史学中有益的研究方法；都要汲取社会科学中其他学科的科学方法，争取与自然科学相关学科的合作，开展跨学科研究。但是，中共党史研究作为政治学的分支学科，无疑需要更多地运用政治学的方法，而且更多地研究中共执政后所遇到的一些在中国古代史、近代史中没有遇到过的问题，如中国共产党在政权中的领导地位、马克思主义在意识形态领域的指导等。而国史研究作为历史学的分支学科，则应当基本运用史学的方法，更多地研究一些在中国古代史、近代史中就存在的问题，如财税制度、政区划分、农村社会组织、民间宗教、灾害救济、防疫机制等等。在史书的编纂方面，国史研究除了要运用当今通行的章节体外，还要考虑如何创造性地继承中国史学的传统体裁与体例，如纪传体、编年体、纪事本末体、典制体、方志体、史地体等，以便做到与中国历代史书相呼应。

总之，国史研究与中共党史研究各有各的学科属性、研究任务和社会作用，谁也代替不了谁。现在一些国史书与党史书存在内容雷同或近似的现象，并非它们的本质属性使然，而是由于国史书过多地写了本该由党史书来撰写的内容，党史书则过多地写了本该由国史书来撰写的内容。这正是今后需要通过加强国史研究和党史研究这两门学科的学科建设来加以解决的问题，而不应当成为怀疑国史研究存在必要性的理由。

二、关于国史的分期

对历史进行分期，即所谓给历史"断限"，既是史学工作者为了便于自己研究而惯用的方法，也是他们引导人们按照某种观点认识历史发展本质特征的途径，是历史研究的重要理论问题之一。同时，由于历史分期取决于史学工作者的历史观和对历史认识的角度、重点和方法，因此，它也是历史研究中分歧最多的问题之一。前面所讲的关于近代史、现代史、当代史的分期，是不同社会形态历史的分期，同样，同一种社会形态下的历史，也有分期问题。

目前，国史学界对新中国成立以来历史的分期方法，大致有以下五种：

1. 二分法。即以党的十一届三中全会为界，分为改革开放前后两个历史时期。

2. 四分法。即根据《历史决议》，将国史划分为"基本完成社会主义改造"的七年，"开始全面建设社会主义"的十年，"进行'文化大革命'"的十年，"伟大历史转折以后"的时期（包括粉碎"四人帮"以后的头两年）。

3. 五分法。即在四分法的基础上，将基本完成社会主义改造的七年，再以开始实行过渡时期总路线为界，分为"国民经济恢复"或"新民主主义社会"的三年和"社会主义改造"的四年两个时期。

4. 六分法。即在五分法的基础上，将"伟大历史转折以后的时期"，再以党的十一届三中全会的召开为界，分为"在徘徊中前进"的两年（即粉碎"四人帮"以后的头两年）和"社会主义建设历史新时期"。

5. 八分法。即在六分法的基础上，将"社会主义建设历史新时期"进一步分为三个阶段，再以邓小平发表南方谈话和党的十四大召开为界，划分为"改革开放初期"的十三年和"由计划经济体制向社会主义市场经济体制转变"的十一年；然后以党的十六届三中全会提出树立和落实科学发展观为界，把 2003 年以后作为"社会主义市场经济体制初步建立、经济社会进入科学发展的改革开放新阶段"。就是说，把迄今为止的国史概括为八个时期：三年恢复，四年改造，十年探索，十年"文化大革命"，两年徘徊前进，改革开放之初十三年，建立市场经济十一年，进入科学发展阶段。

当然，上述分期只是比较有代表性的几种。如果细分，还可以再分出一些。比如，"文化大革命"的十年，在《历史决议》中就被分成了三段，即"五一六"通知到党的九大，九大到十大，十大到"四人帮"被粉碎。

以上对国史的几种分期，都有一定道理。不过，为了更大程度地体现国史的特点，我倾向于从经济社会发展道路或目标模式的角度来观察和划分历史时期。如果按照这种分期方法，新中国成立至今的历史大致可以分为以下五个时期：

1.1949—1956年。这是结合中国实际学习苏联社会主义建设道路的时期，或者说是以苏联的建设道路为目标模式的时期。

2.1956—1978年。这是探索中国社会主义建设道路的时期，或者说是突破苏联模式，试图用计划经济体制加群众运动搞建设的时期。

3.1978—1992年。这是开创中国特色社会主义建设道路的时期，或者说是在经济体制上试图采用计划经济加市场调节模式的时期。

4.1992—2003年。这是开创中国特色社会主义道路新局面的时期，或者说是确定建立并初步建立了社会主义市场经济体制的时期。

5.2003年至今。这是中国特色社会主义建设进入新的发展阶段的时期，或者说是在社会主义市场经济初步建立的前提下，开始注重经济与社会协调发展、科学发展、和谐发展的时期。

上述分期方法之所以把十年探索、十年"文化大革命"和两年徘徊前进统统放在一起，都作为对中国社会主义建设道路的探索时期，是因为十年"文化大革命"虽然造成了灾难性后果，但就其本质来说，仍然是对中国自身道路的一种探索。《历史决议》在分析"文化大革命"发生的历史原因时讲："社会主义运动的历史不长，社会主义国家的历史更短，社会主义社会的发展规律有些已经比较清楚，更多的还有待于继续探索。我们党过去长期处于战争和激烈阶级斗争的环境中，对于迅速到来的新生的社会主义社会和全国规模的社会主义建设事业，缺乏充分的思想准备和科学研究。……从领导思想上来看，由于我们党的历史特点，在社会主义改造基本完成以后，在观察和处理社会主义社会发展进程中出现的政治、经济、文化等方面的新矛盾新问题时，容易把已经不属于阶级斗争的问题仍然看做是阶级斗争，并且面对新条件下的阶级斗争，又习惯于沿用过去熟习而这时已不能照搬的进行大规模急风暴雨式群众性斗争的旧方法和旧经验，从而导致阶级斗争的严重扩大化。""对于党和国家肌体中确实存在的某些阴暗面，当然需要作出恰当的估计并运用符合宪法、法律和党章的正确措施加以解决，但决不应该采取'文化大革命'的理论和方法。"① 毛泽东在"文化大革命"中犯严重错误的时候,"还始终认为自己的理论和实践是马克思主义的,是为巩固无产阶级专政所必需的,这是他的悲剧所在"②。这些分析说明,"文化大革命"虽然是对社会主义的一种失败的探索,但毕竟是对社会主义的探索。因此,把那十年纳入从 1956 年开始的对中国道路的探索,既符合历史实际,也有利于科学地认识那段历史。另外,两年徘徊前进期间,虽然停止了"文化大革命"运动,但它所追求的目标仍然是回到"文化大革命"以前的那种探索状态。因此,把它放入探索中国自己发展道路的时期,也是合适的。

在国史分期问题上,无论某种意见多么接近真理,也仅具有相对的意义。列宁说过:"自然界和社会中的一切界限都是有条件的和可变动的。"③ 同样,历史的分期界限也不会是静止的。随着历史的发展,比如说到新中国成立 100 年、200 年时,人们再来给国史分期,肯定会和现在又有所不同。只要是从历史本身的客观事实出发,从反映历史阶段性特征与内在规律的角度观察,各种意见都可以也应当在学术范围内平等讨论,而不应当只把某种意见作为绝对正确,把其他意见斥为绝对错误。

在历史分期上的不同意见当然不全是学术问题,其中也

---

① 《三中全会以来重要文献选编》(下),中央文献出版社 2011 年版,第 149、144 页。

② 《三中全会以来重要文献选编》(下),中央文献出版社 2011 年版,第 147 页。

③ 《列宁选集》第 2 卷,人民出版社 2012 年版,第 693 页。

有政治性的问题。例如，有人提出，中国自 1840 年以来的历史只有两个时期，一是从 1911 年开始的共和时期，一是从 1978 年开始的改革开放时期。这种分期从表面看似乎在提高改革开放的历史地位，实则完全无视 1949 年中华人民共和国成立给中国社会带来的根本性变革，因此，它所说的改革开放与我国实际实行的改革开放并不是一回事。我国实行的改革开放是建立在社会主义制度基础之上的改革开放，而上述意见所说的改革开放，是指继承资产阶级共和国道路的所谓改革开放。还有人提出，鸦片战争至今的中国历史有三个时期，新中国成立之前为近代史，新中国成立到改革开放为现代史，改革开放以后为当代史。这种观点从表面看好像也在抬高改革开放的历史地位，但深入分析一下就会发现，它把鸦片战争、新中国成立和改革开放并列作为历史断限的标志，势必抹杀新中国在改革开放前后两个历史时期社会形态的一致性，同样会导致对改革开放是社会主义制度自我完善和发展这一基本事实的否定。显然，这些观点不仅在政治上极其错误，在学术上也是十分荒谬的，不过是借历史分期为由，表达某种政治主张罢了，因此不在我们讨论的范围之内。

三、关于国史的主线

所谓历史的主线，是指贯穿历史全部过程并始终支配历史沿着某种既定方向前进、反映历史发展内在动力的基本线索和基本脉络。认清历史的主线，有助于揭示历史发展的原因，认识其特点，掌握其规律，预测其趋势，因此是历史研究中又一个十分重要的问题。

历史主线如果是从历史发展最终根源这个层次、这种意义上去理解，可以说只有一条，就是生产力与生产关系、经济基础与上层建筑的矛盾运动。但如果把历史作为某个特定空间、时间内人的主体活动与客体物质关系交互作用的鲜活过程，从历史发展的具体动因这个层次、这种意义上理解，则主线不会只有一条，而会有多条。因为，历史是由人创造的，而人的动机、目的是多方面的，即使处于主导地位的动机和目的也不会只有一个。它们必然会与事先已确定的现实关系的前提和经济条件相互作用，共同影响、左右历史的发展，使历史就像交响乐有第一主题、第二主题那样，呈现出多条主线。国史当然也不例外。

目前在国史研究中，对国史主线的提法虽不止一种，但大多主张主线只有一条。这些提法大致有以下几种：

一种提法认为，国史的主线是中国人民在中国共产党领导下进行社会主义革命、建设和改革。这种提法虽然抓住了国史的本质特征，但并没有揭示出贯穿迄今为止国史全部过程，并始终左右着国史发展的基本动因。因此，与其说它是国史的主线，不如说是给国史下的一个定义。

再一种提法认为，国史的主线是解放和发展生产力。这种提法虽然说出了贯穿国史并反映其发展的内在原因，但它对于其他许多国家许多时段的历史同样适用，并没有揭示出左右中华人民共和国历史这一特定过程的特殊动因。因此，也不宜把它说成是国史的主线。

还有一种提法认为，国史的主线是探索中国社会主义的发展道路。这无疑是贯穿国史并左右国史、反映国史发展特殊动因、具有国史特点的一条主线；国史中一系列重大事件的深层原因，都可以从这条主线中找到答案。但它并非国史唯一的主线，因为只要再认真分析一下便会看到，在国史中还有一些贯穿始终的重大事件，另有与探索中国社会主义发展道路并行的动因，是这条主线所涵盖不了的。如果把它看成唯一的主线，会发生一些难以解释的问题。

比如，新中国成立前夕，毛泽东、刘少奇都说过新中国成立后要搞一段新民主主义，允许资本主义经济发展 10 年、15 年、20 年，然后再向社会主义过渡。但新中国刚建立 3 年，毛泽东就提出从现在起就向社会主义过渡。为什么会发生这个变化？如果说国史的主线只有探索中国社会主义发展道路这一条，便会使人得出提前向社会主义过渡是为了尽快走上社会主义道路的结论。这不符合唯物史观的基本原理，也容易给反对向社会主义过渡的人提供口实。

实际情况是，新中国成立之前，毛泽东、刘少奇所以主张新中国成立后允许资本主义发展一个相当长的时期，主要是考虑中国要由农业国变为工业国，面对工业极其落后、国家资金不足的局面，只能先通过发展农业、轻工业逐步积累基金，然后再发展重工业；相应地，只能在国家把官僚买办资本主义经济变为社会主义经济的同时，尽可能利用私人资本主义的积极性，然后再向社会主义过渡。然而，1952 年后，随着恢复国民经济任务的顺利完成、国营经济在工业生产中比重的增加、土地改革后农民互助合作化运动的普遍开展，以及朝鲜战局的趋于平稳，大规模工业化建设的任务被提上了日程。在编制"一五"计划草案时，财经部门对苏联等社会主义国家和美欧等资本主义国家工业化的道路进行了比较，反复权衡国内政治、经济和国际环境等诸多方面的利弊得失，认为形势不允许中国再按原先的设想，慢慢腾腾地搞工业化，要尽快提高国防工业和农业、轻工业生产的能力，必须学习苏联，走快速工业化即优先发展重工业的道路。因为，对于由中国共产党领导的新中国来说，一不能像帝国主义国家那样对外发动侵略战争，掠夺别国资源；二不能像资本主义国家那样对内实行剥削制度，搜刮人民的劳动成果，而只能像当年苏联那样，采取高度集中的计划经济体制，相应实行生产资料的国有化、公有化，在保证人民生活水平逐步提高的基础上，把资源最大限度地用于工业化的基础建设。显然，这样做已不再是新民主主义政策，而是社会主义政策了。

根据现有材料，毛泽东第一次正式提出提前向社会主义过渡的设想，是在 1952 年 9 月 24 日的中共中央书记处会议上。那次会议的主要议题是讨论"一五"计划的方针任务，并听取周恩来、陈云汇报就争取苏联全面援助我国"一五"计划建设与斯大林会谈的情况。这绝不是巧合，它反映了选择优先发展重工业的战略、苏联答应对中国给予全面援助，以及决定提前向社会主义过渡这三件事情之间的内在联系，体现了新中国第一代领导人抓住机遇、加快发展的指导思想和审时度势的高超领导艺术。而且，毛泽东当时说的从现在起开始过渡，并用 15 年左右时间完成过渡，与原先提出的先用 15 年左右搞新民主主义，然后一个早晨进入社会主义的设想，在最终时间上并没有太大差别。因此，是优先发展重工业的决策决定了向社会主义的提前过渡，而不是为了提前向社会主义过渡才优先发展重工业，更不是为了尽快实现社会主义而提前向社会主义过渡。

中国近代历史的特殊性决定了中国共产党从诞生之日起就肩负着双重使命：第一，实现工业化，使国家独立、民族富强；第二，实现社会主义，彻底解放工人阶级和劳苦大众。毛泽东在党的七大上说："中国工人阶级的任务，不但是为着建立新民主主义的国家而斗争，而且是为着中国的工业化和农业近代化而斗争。"[1] 新中国成立前提出先搞十几年至二十年新民主主义，然后再向社会主义过渡是出于这一原因，新中国成立后提出提前向社会主义过渡，并用 15 年左右时间完成过渡，同样是出于这一原因；搞全行业公私合营是出于这一原因，搞农业合作化运动，同样是出于这一原因。早在制定社会主义过渡时期总路线时，毛泽东就指出，工业化是"主体"，对农业、手工业和资本主义工商业的社会主义改造是"两翼"。[2] 就是说，向社会主义过渡是围绕工业化、为着工业化的。尽管在 1955—1956 年"三大改造"运动高潮时存在要求过急、搞得过粗等缺点，但深入分析一下便不难看出，其根本原因还是为了使各种资源保证和满足工业化基础建设的

---

[1]《毛泽东选集》第 3 卷，人民出版社 1991 年版，第 1081 页。
[2]《毛泽东传（1949—1976）》（上），中央文献出版社 2003 年版，第 269 页。

需要。在 1958 年的"大跃进"、人民公社化运动中有过"提前进入共产主义"等荒唐口号，但透过那些表面的政治口号仍不难看出，其深层原因也是围绕工业化、为着工业化的，是试图通过群众运动和扩大农村核算单位等低成本办法，进行大规模农田和水利基本建设，以提高粮食、棉花等农作物单产，适应工业化基础建设高速度发展的需要。

在过渡时期的 1954 年 9 月，一届全国人大提出实现工业、农业、交通运输业、国防现代化；后来，1964 年三届全国人大提出在 20 世纪末实现工业、农业、科学技术和国防的四个现代化；2002 年党的十六大又提出走新型工业化道路，在 21 世纪头 20 年内基本实现工业化。所有这些都说明，工业化、现代化始终是新中国追求的目标和发展的动力。实现这个目标是为了给社会主义社会提供雄厚的物质条件，而实行社会主义政策则是为了给工业化、现代化提供最优的制度保证。因此，争取早日实现中国工业化、现代化，同探索中国社会主义发展道路一样，都是贯穿国史、反映国史发展内在动因的主线。

还要看到，新中国成立后，在周边地区和边境一带进行过几场规模不等的局部自卫战争。如果说这些自卫性质的战争也是受探索中国社会主义发展道路或争取早日实现中国工业化、现代化动因的支配，同样会导致错误的结论，似乎探索社会主义发展道路或争取实现工业化、现代化，就要同周边国家和地区摩擦、打仗。然而，这些自卫战争的实际原因并不是这样，而是由于中国的安全、主权、领土完整受到了威胁和侵犯。可见，除了探索中国的社会主义发展道路，争取早日实现中国的工业化、现代化这两条主线贯穿国史之外，还有一条主线在国史中起作用，那就是维护国家的安全、主权和领土完整。新中国在周边地区和边境一带进行的一系列自卫战争，受的是这条主线的支配，平定西藏少数分裂分子的叛乱、反对"两霸"、收回港澳主权、遏制"台独"、打击"藏独"和"疆独"、坚持在领海岛屿和岛礁问题上的立场等等，也都是由这条主线支配的。

所以，我认为国史的主线至少有三条：探索中国社会主义的发展道路，争取早日实现中国的工业化和现代化，维护中国的国家安全、主权和领土完整。在这三条主线中，第一条最重要，但它代替不了另外两条。新中国成立后的历史说明，这三条主线既相互区别又相互联系，共同影响和左右着国史的发展，共同决定着我们国家始终以中国最广大人民的利益和中华民族的利益为自己的最高利益。迄今为止在国史中发生的所有重大事件，几乎都可以从这三条主线中找到答案。同时，从这三条主线也可以预测出中国的未来走向。它们就像三个主题，交汇演奏了和正在继续演奏着恢宏壮丽的中华人民共和国史交响曲。

四、关于国史的主流

所谓国史的主流，指的是在迄今为止的国史中，究竟成就是主要的还是失误、错误是主要的；抑或对国史的评价，总体上究竟应当以正面为主还是以负面为主。目前，国史学界对改革开放后历史的认识，分歧不大，多数认为成就是主要的；但对改革开放前历史的认识，分歧就大了，不少人或明或暗地认为失误和错误是主要的，个别人甚至把那段历史描绘成专制的、黑暗的历史，比旧中国更坏更糟。因此，要回答什么是国史主流的问题，关键在于如何看待改革开放前的历史，特别是如何看待那段历史中发生的失误和错误。

从新中国成立到现在，如果以党的十一届三中全会召开划分的话，刚好前后各占一半。应当承认，前29年确实有过不少失误和错误，有的错误甚至是全局性、长时期的，给社会主义事业造成了严重挫折和损失。对此绝不应忽视，更不应掩盖，否则不可能从中吸取教训。但如果不是客观、全面而是孤立、片面地看待它们，同样不可能正确总结经验，还会一叶障目，把改革开放前的历史看成一无是处、一团漆黑，导致对那段历史的全盘否定，从而影响对新中国整个历史的客观评价。

要正确看待改革开放前那段历史的失误和错误，我认为应该树立以下四个观点。

第一，要把失误和错误与那段历史取得的成就放在一起权衡轻重，分清主流与支流。

对于改革开放之前29年的历史性成就，党中央在改革开放后的不同时期都作过评价，观点是明确的、一贯的。例如，1979年邓小平指出："社会主义革命已经使我国大大缩短了同发达资本主义国家在经济发展方面的差距。我们尽管犯过一些错误，但我们还是在三十年间取得了旧中国几百年、几千年所没有取得过的进步。"①1981年《历史决议》指出："中华人民共和国成立以后的历史，总的说来，是我们党在马克思列宁主义、毛泽东思想指导下，领导全国各族人民进行社会主义革命和社会主义建设并取得巨大成就的历史。社会主义制度的建立，是我国历史上最深刻最伟大的社会变革，是我国今后一切进步和发展的基础。"②1989年江泽民指出："中华人民共和国成立以来的四十年，是中国历史发生翻天覆地变化的四十年，是经历艰难曲折、战胜种种困难、不断发展进步的四十年，是中华民族扬眉吐气、独立自主、在国际事务中日益发挥重要作用的四十年。"③2006年胡锦涛指出："在社会主义革命和建设时期，我们确立了社会主义基本制度，在一穷二白的基础上建立了独立的比较完整的工业体系和国民经济体系，使古老的中国以崭新的姿态屹立在世界的东方。"④这些评价都涉及改革开放前29年的基本成就，应当是我们总体评价那段历史的主要依据。只要把改革开放前那段历史的失误、错误，包括像"大跃进"和"文化大革命"那种严重的错误同上述历史性成就放在一起比较，孰重孰轻，什么是主流什么是支流，便会不言自明。

第二，要对失误和错误进行具体分析，不能因为某些历史事件中有失误、错误就全盘否定那些事件。

---

①《邓小平文选》第2卷，人民出版社1994年版，第167页。
②《三中全会以来重要文献选编》(下)，中央文献出版社2011年版，第129页。
③《十三大以来重要文献选编》(中)，中央文献出版社2011年版，第62页。
④《十六大以来重要文献选编》(下)，中央文献出版社2011年版，第520页。

其一，分析失误和错误是普遍的、全局的现象，还是个别的、局部的现象。例如，改革开放前曾发动过一系列政治运动。其中，像"大跃进"中的高指标、瞎指挥、浮夸风、"共产风"以及"文化大革命"中的"打倒一切、全面内战"等错误，都是普遍的、全局性的。但像新解放区土改运动和"三反"、"五反"运动中的错误，则是个别的或局部性的，而且一经发现，很快得到了纠正。如果不加分析，看到哪个运动有缺点有错误就否定那个运动，势必会得出改革开放前29年的历史是一连串错误集合的结论。

其二，失误和错误有多少就说多少，不能夸大，更不能以偏概全，把正确的合理的地方也说成是错误。例如，新中国成立初期，思想文化领域进行的几场比较大的批判运动，曾发生过把思想性、学术性问题简单化、政治化的倾向，有的甚至混淆了敌我、敌友的界限。这显然是十分错误的。但也应当看到，正是那些大张旗鼓的批判，加上与此同时进行的知识分子思想改造运动，使文艺界、学术界、教育界原先存在的封建主义的和资产阶级唯心主义、民主个人主义、自由主义的思想受到了强烈冲击，并被迅速清理，从而使辩证唯物主义和历史唯物主义、为人民服务和人人平等等无产阶级思想很快为大多数从旧社会过来的知识分子所接受。如果不加分析，把那几场批判运动中的错误连同其中合理的正确的成分一概否定，那就难以解释，过去仅在革命根据地、解放区占主导地位的马克思主义，为什么能在短短几年内就成为全国特别是城市中的主流意识形态；也难以解释，为什么马克思主义直到今天仍然能占据我国意识形态的指导地位。

其三，把犯错误和犯错误的时期加以区别，不能因为某个时期犯了错误，就把那个时期的工作统统否定。例如，"文化大革命"是新中国成立后犯的最为严重的错误，但在它持续的十年时间里，我们党除了开展"文化大革命"运动，还做了许多其他工作。《历史决议》说：在那个期间，"我国社会主义制度的根基仍然保存着，社会主义经济建设还在进行，我们的国家仍然保持统一并且在国际上发挥重要影响。""国民经济虽然遭到巨大损失，仍然取得了进展。""在国家动乱的情况下，人民解放军仍然英勇地保卫着祖国的安全。对外工作也打开了新的局面。当然，这一切决不是'文化大革命'的成果，如果没有'文化大革命'，我们的事业会取得大得多的成就。"[①] 可见，不能把"文化大革命"运动与"文化大革命"时期简单画等号，不能因为要彻底否定"文化大革命"，就否定"文化大革命"时期党和政府所做的必要工作和国家建设取得的重大成就，更不能因此而否定那一时期我们党和国家的性质。如果哪个时期有错误就把那个时期从新中国历史中分隔出去，势必使国史变得支离破碎。

第三，要把失误和错误放在当时特定的历史条件下，把在当时可以避免的和由于客观条件限制难以避免的错误区分开来。

所谓客观条件限制有两种：一种是实践不够，缺少经验；

---

① 《三中全会以来重要文献选编》（下），中央文献出版社 2011 年版，第147、148 页。

另一种是物质不够，缺少条件。例如，改革开放前在很长时间内积累率过高，对消费品生产的资金和原材料安排不足，给人民生活造成许多困难；尤其是对农业、农民征收过多，造成农村大部分地区面貌长期变化不大。这固然有对积累与消费比重安排不当，对农业、农村、农民兼顾不够的一面，但也有受到当时物质条件限制的一面。前面说到，新中国成立后要尽快增强国力、巩固国防，只有走优先发展重工业，建立独立、完整工业体系和国民经济体系的道路。而发展重工业需要大量投资、大批物资和尽可能多的商品粮，从而要求实行集中统一的计划经济，以便把全国有限的财力、物力，最大限度地用于钢铁、机械、煤炭、电力、铁路等基本建设。这决定了我国不得不在一段时间内对粮食、棉花、油料等主要农副产品实行统购统销，对木材等原材料实行计划分配；不得不暂时抑制人民的消费，尤其是牺牲农民的一些利益。至于后来工作上的失误、错误，只不过是加重了这种困难的程度，延长了困难的时间罢了。凡事有利必有弊。从根本上讲，这些困难都是为给工业化打基础而付出的必要代价。在当年那种经济文化落后的条件下搞工业化建设，不付出代价是不可想象的。即使改革开放后的今天，在搞现代化建设的过程中，也不可能完全不付代价。不能因为后来条件变了，就把前面实行的政策统统说成是错误。那样看问题不符合历史唯物主义，难以对历史作出公正的评价。

第四，要分析造成失误和错误的主观原因，同时也要把好心办坏事与个人专断、个人专断与专制制度加以区别。

在改革开放前 29 年犯的错误中，有经验不足等难以避免的问题，也有思想方法、工作方法、工作作风不够端正等可以避免的问题；在可以避免的问题中，有个人专断造成的，也有急于求成造成的。急于求成固然不对，但正如邓小平所说："搞革命的人最容易犯急性病。我们的用心是好的，想早一点进入共产主义。这往往使我们不能冷静地分析主客观方面的情况，从而违反客观世界发展的规律。"① 而个人专断则与此不同。《历史决议》指出，这种问题的根源在于骄傲，在于脱离实际和脱离群众；社会原因在于党内民主和国家政治生活中的民主缺少制度化、法律化，权力过分集中于个人；历史原因在于长期封建社会造成的封建专制主义思想的影响。但必须看到，受封建专制主义思想的影响与封建专制制度毕竟是两码事。前者是思想作风问题，后者是社会性质问题。社会主义制度从本质上讲，是与个人专断之类封建专制主义思想格格不入的。正因为如此，中国共产党才能在社会主义制度下提出并着手纠正这种现象，才能在指出这一问题时不是把它仅仅归咎于某个人或某些人，而是注重于总结经验，并在党和国家的政治体制上进行改革，以免后人重犯类似错误。党的十七大报告在讲到严格执行民主集中制时强调，要"健全集体领导与个人分工负责相结合的制度，反对和防止个人或少数人专断"②。这再次说明，封建专制主义思想影响是

①《邓小平文选》第 3 卷，人民出版社 1993 年版，第 139—140 页。
②《中国共产党第十七次全国代表大会文件汇编》，人民出版社 2007 年版，第 50 页。

有其深厚历史根源的，不会只在某个人或某些人身上起作用，也不会在短时间内清除干净。因此，不能因为存在个人或少数人专断的现象，就妄言社会制度是什么封建专制主义的。

正确看待改革开放前那段历史的主流，除了要正确分析那段历史中发生的失误和错误外，还要看到那段历史对改革开放的意义，看到改革开放前后两个历史时期的相互联系。党的十七大报告在阐述改革开放历史进程时指出："改革开放伟大事业，是在以毛泽东同志为核心的党的第一代中央领导集体创立毛泽东思想，带领全党全国各族人民建立新中国、取得社会主义革命和建设伟大成就以及艰辛探索社会主义建设规律取得宝贵经验的基础上进行的"；在阐述以改革创新精神全面推进党的建设新的伟大工程时指出："改革开放和社会主义现代化建设，是新中国成立以后我国社会主义建设伟大事业的继承和发展"。① 这些论述为我们正确认识改革开放前那段历史对于改革开放的意义，提供了重要的指导思想。

改革开放前那段历史对于改革开放的意义，具体可以从以下五个方面来看。

一是为改革开放提供了政治前提。新中国成立后，建立并巩固了人民民主专政的政权，取得了民族独立、主权和领土完整，实现了除台、港、澳地区之外的国家统一，铲除了帝国主义、封建势力的社会基础；取得了抗美援朝等自卫战争的胜利，消除了外国侵略的威胁；实行了各民族一律平等

---

① 《中国共产党第十七次全国代表大会文件汇编》，人民出版社 2007 年版，第 7、54 页。

的政策，实现了中华民族的空前团结和共同进步；进行了对农业、手工业和资本主义工商业的社会主义改造，奠定了社会主义的经济基础；研制并成功爆炸了原子弹和氢弹，发射并回收了人造卫星，制造并在军队装备了核潜艇，打破了超级大国的核垄断和核讹诈；实行了和平外交政策，提倡了和平共处五项原则，获得了广大发展中国家的普遍尊重；结束了中美之间的敌对状态，改善了中国同日本、欧洲、北美洲、澳洲资本主义国家的关系，恢复了中国在联合国的一切合法权利。所有这些，使改革开放得以在政权稳固、社会安定和国际形势对我有利的条件下展开。

二是为改革开放奠定了制度基础。新中国成立后建立了以人民代表大会制度、中国共产党领导的多党合作和政治协商制度、民族区域自治制度为核心的社会主义基本政治制度，以及以生产资料全民所有制和集体所有制为基础的基本经济制度。改革开放后，尽管对一些具体政治制度做过不少改革并在继续深化改革，但上述基本政治制度至今仍在坚持并不断完善。在基本经济制度上，虽然根据生产力发展水平进行了较大改革，但仍然以生产资料公有制为主体，国有经济仍然控制着国民经济的主要领域和关键部门。正是因为这些制度，社会主义民主政治的建设和社会主义市场经济体制的建立与完善，才得以在政治安定、组织保障有力和实践平台广阔的环境下进行。

三是为改革开放奠定了物质技术基础。新中国成立后，通过没收官僚买办资产阶级的资产、改造资本主义工商业的企业和连续五个五年计划的建设，到改革开放前，已积累了全民所有和集体所有的巨大财富；改变了旧中国工业集中于沿海地区的不合理布局，建立起了独立的比较完整的工业体系和国民经济体系；同时，通过大规模农田和水利基本建设，发展地方和社队工业，极大改善了农业生产条件。这些都为改革开放时期工农业生产的飞速发展，提供了雄厚的物质基础。另外，新中国成立后的29年，培养了超过旧中国36年总和15倍的大学生和超过旧中国近30倍的专业技术人员，为改革开放后的经济、科技、教育大发展准备了必要的人才条件。《历史决议》在评价改革开放前特别是"文化大革命"前的历史贡献时指出："我们现在赖以进行现代化建设的物质技术基础，很大一部分是这个期间建设起来的；全国经济文化建设等方面的骨干力量和他们的工作经验，大部分也是在这个时期培养和积累起来的。"①

四是为改革开放提供了一定的思想保证。中国特色社会主义理论体系是几代中国共产党人带领人民不懈探索实践的智慧和心血的凝结，是同马克思列宁主义、毛泽东思想既一脉相承又与时俱进的科学理论。事实一再证明，毛泽东思想中关于实事求是、群众路线，关于独立自主、自力更生，关于全心全意为人民服务，关于要把我国建设成现代化社会主义强国、对人类作出较大贡献，关于不要机械搬用外国经验，关于社会主义时期仍然存在矛盾和要严格区分、正确处理两

①《三中全会以来重要文献选编》（下），中央文献出版社2011年版，第138页。

类不同性质的矛盾，关于要调动一切积极因素、化消极因素为积极因素，关于思想政治工作是经济工作和其他一切工作生命线，关于百花齐放、百家争鸣、古为今用、洋为中用等思想，不仅没有过时，而且在改革开放的各项工作中发挥了和继续发挥着重要的指导作用。另外，改革开放前，中共内部开展过一系列政治运动，虽然有的存在对形势判断过于严重、做法过于简单、打击面过宽和坏人整好人等问题，但总体上看，它们在巩固社会主义政权、树立马克思主义在意识形态领域的指导地位、防止执政党脱离群众等方面，还是起到了积极作用。其中有些正确思想，至今深入人心，在党的建设中仍然发挥着重要影响。以邓小平、江泽民同志为主要代表的中国共产党人反复强调，要防止党和国家"改变面貌"，警惕帝国主义搞"和平演变"、打"没有硝烟的战争"；以胡锦涛同志为主要代表的中国共产党人反复告诫全党，要坚决惩治和有效预防腐败，保持党同人民群众的血肉联系。这些明显与以毛泽东同志为主要代表的中国共产党人关于党的建设的思想，存在着一定传承关系。对于过去政治运动的做法，改革开放以来一方面排除其中"左"的东西，另一方面把合理的地方作为优良传统加以继承和发扬。例如，虽然不再重复过去那种妨碍正常工作、影响安定团结的运动式整风，但仍然进行了 1983—1986 年的全面整党、1990 年党员重新登记、1999 年"三讲"教育、2004 年保持共产党员先进性教育和 2008 年开始的深入学习实践科学发展观活动，并且每次都要开门听取群众意见。这种连续不断的组织整顿和思想教育活动，在其他国家曾经执政过的共产党中是很少见的，但对于中国共产党在长期执政和实行市场经济、对外开放条件下，经受国内国际各种风浪的考验，确实起到了重要作用。

五是为改革开放提供了正反两方面经验。改革开放前，我们党在进行社会主义建设的过程中，形成了许多反映我国国情、符合客观规律的认识，积累了一系列对于今天改革开放仍然具有重要价值的宝贵经验。例如，以工业为主导，以农业为基础；正确处理沿海工业与内地工业，经济建设与国防建设，积累与消费，国家、集体与个人三者利益的关系；使经济按比例发展，搞好综合平衡，建设规模与国力相适应；以自力更生为主，争取外援为辅；等等。另外，我们党也犯过不少错误，积累了不少教训。其中最大的教训，就是错误发动了"文化大革命"。但邓小平也说过："没有'文化大革命'的教训，就不可能制定十一届三中全会以来的思想、政治、组织路线和一系列政策。三中全会确定将工作重点由以阶级斗争为纲转到以发展生产力、建设四个现代化为中心，受到了全党和全国人民的拥护。为什么呢？就是因为有'文化大革命'作比较，'文化大革命'变成了我们的财富。"[1]可见，我们所以能实行改革开放，能在改革开放中走出一条中国特色的社会主义道路，与改革开放前正反两方面的经验都是分不开的。

总之，改革开放不是在 1949 年旧中国满目疮痍的基础上

---

[1]《邓小平文选》第 3 卷，人民出版社 1993 年版，第 272 页。

进行的，而是在新中国前 29 年建设成就与经验的基础上进行的。没有改革开放，前 29 年的历史将难以为继，但没有前 29 年的历史，改革开放也难以起步。与改革开放后 30 年的历史相比，前 29 年的建设成就和人民生活变化远没有那么显著，但这并不表明前 29 年的成就不重要。如同盖楼一样，打地基时不容易让人看出成绩，但楼房盖得快盖得高，反过来说明地基打得牢。从这个意义上也可以说，新中国的前 29 年历史，成就是主要的，主流是好的，总体评价应当是正面的。

五、关于国史研究的科学性和社会功能

在阶级社会中，历史学科中的各分支学科无一例外地具有鲜明的阶级性、政治性和意识形态性，国史研究当然也不例外。只不过，国史研究的对象是实行共产党领导的以工农联盟为基础的人民民主专政的社会主义国家的历史，因此，其阶级性、政治性和意识形态性显得更强烈些罢了。现在一些论著中充斥着与《历史决议》截然对立的言论，便充分说明了这一点。学术研究不是自娱自乐，更不应当用来为少数人谋利益，而是要站在人民群众的立场上。在今天的中国，也就是要站在中国特色社会主义的立场上，分析问题、判断是非。所谓学术研究要"价值判断中立"，要"终止使用自己或他人的价值观念"，要"排除来自政治的、意识形态的和思想权威的各种干扰"的主张，不过是一厢情愿、自欺欺人的幻想。提出这种主张的人，自己就做不到"价值判断中立"。因为，这种主张本身就是受某些"政治的、意识形态的和思

想权威的干扰"的结果。

说国史研究具有较强的阶级性、政治性和意识形态性，并不是否定国史的客观性和国史研究的学术性、科学性。在社会科学领域，一门学科是不是科学研究，并不取决于这门学科是否具有政治性，或政治性的强弱，而在于它追求的是不是客观真理，反映的是不是客观规律，是不是具有完整系统的知识体系和符合科学研究要求的学术规范。国史研究既然是一项学术性工作，就必须像其他史学研究一样，首先要尽可能详尽地收集掌握和仔细考证历史材料，通过运用科学的理论和方法，对材料进行归纳分析，弄清历史事实，阐明历史原委，总结历史经验，探寻历史规律，预测未来前途。只要抱着实事求是的科学态度，刻苦钻研，严谨治学，遵守公认的学术规范，那么，国史研究的阶级性、政治性、意识形态性与其学术性、科学性之间，就不会相互对立，而会相互统一；国史研究者坚持正确的政治方向，就不仅不会妨碍其做学问，而且可以做出好学问、大学问。

对于史学的社会功能，人们有过各种各样的表述。有的说是资政育人，有的说是认识世界、传承文明、咨政育人，有的说是积累经验、教育后人、观察未来。这些表述都不错，但我认为，历史尤其是国史研究还有一个功能，是上述表述中没有说到的，那就是"护国"。

清代思想家龚自珍讲过一句名言，叫作"灭人之国，必先去其史"。① 就是说，要灭掉一个国家，先要否定这个国家的历史，这个国家的历史被否定了，这个国家也就不攻自灭了。他的这个观点已为大量的历史事实所验证。当年日本帝国主义为霸占中国的台湾和东北三省，推行奴化教育，把台湾和东北历史从中国历史中剥离出去。陈水扁当政时，为了搞"台独"，竭力推行"去中国化"运动，也把台湾史从中国史中分割出去，把没有台湾的中国史放入世界史课本。他们都是妄图通过否定、割裂中国历史，达到灭亡、分裂中国的目的。

否定别人的历史可以达到否定别人的效果，否定自己的历史同样会酿出否定自己的苦酒。毛泽东就说过："历史上不管中国外国，凡是不应该否定一切的而否定一切，凡是这么做了的，结果统统毁灭了他们自己。"② 大量历史事实同样验证了他的这个观点。最新的例子就是，戈尔巴乔夫在苏联掀起一场从否定斯大林到否定列宁和十月革命，再到否定马克思、恩格斯和科学社会主义历史的逐步升级的运动，使广大人民产生了严重的信仰危机，最终导致苏共下台、苏联解体的悲剧。最近几年，俄罗斯为了重振大国雄风，对过去那种违背事实、全盘否定苏联历史的做法进行了反思。例如，2002 年出版的由俄罗斯教育部审定的教科书《20 世纪祖国史》，对 20 世纪 30 年代的苏联工业化建设和农业集体化的历史作用作

---

① 《龚自珍全集》，中华书局 1959 年版，第 21 页。
② 《毛泽东在省、市、自治区党委书记会议上的讲话（1959 年 2 月 2 日）》，《党的文献》2007 年第 5 期，第 16 页。

出了新的比较合乎实际的评价。①2007 年俄罗斯政府发给各地中学的历史教学参考书《俄罗斯现代史：1945—2006》，重新评价了包括苏联时期在内的俄罗斯现代史，对斯大林的历史作用作了较为全面的分析，称他"被视为苏联最成功的领导人"②。这种变化再次说明，一个民族如果要树立自豪感和对前途的自信心，就不能割断历史，不能用轻率的、历史虚无主义的态度对待自己的历史。

既然去人之史可以灭人之国，反过来说，卫己之史不是也可以护己之国吗？正是从这个意义上，我认为历史研究尤其是国史研究，也有"护国"的功能。这与史学尤其国史研究所具有的经世致用的功能完全一致，也与近代以来中国史学家尤其是马克思主义史学家的爱国主义优良传统相互吻合。对国家史的认识和解释，历来是意识形态领域各个阶级、各种政治力量较量的重要战场。统治阶级为了维护统治，总是高度重视对国家史的解释，并把它视作国家主流意识形态和核心价值体系的组成部分；而要推翻一个政权的阶级和政治力量，也十分看重对历史的解释，总要用它说明原有统治的不合理性。这是一个具有普遍规律的社会现象，区别只在于进步的阶级和政治力量顺应历史前进方向，对历史的解释符合或比较符合历史的本来面貌；而反动的阶级和政治力量悖

---

① 吴恩远：《"还历史公正"——俄罗斯对全盘否定苏联历史的反思》，《高校理论战线》2004 年第 8 期，第 46 页。

② ［俄］亚·维·菲利波夫：《俄罗斯现代史（1945—2006）：教师参考书》，吴恩远等译，中国社会科学出版社 2009 年版，第 76 页。

逆历史前进方向，对历史的解释难以符合历史的本来面貌。

当前，一些人为了反对中国共产党的领导和中国的社会主义制度，总是喜欢拿历史尤其是国史做文章，采取夸大事实、以偏概全、偷换背景、捕风捉影、胡编滥造、耸人听闻等手法，竭力歪曲、丑化、伪造、诬蔑、攻击新中国的历史。对此，我们一方面要理直气壮地用事实予以抵制和批驳，以维护国家的利益和荣誉；另一方面要大力加强唯物史观指导下的国史研究，在社会公众尤其是青年学生中开展国史教育，普及国史知识，把正确认识和解释国史纳入建设社会主义核心价值体系的工作中去，用以树立以爱国主义为核心的民族精神，坚定全国各族人民建设中国特色社会主义的决心和信心。

与国史研究的科学性质和社会功能相关联的还有两个问题，即当代人能不能写当代史和国家史能不能由国家机构主持编写。

第一个问题，即当代人能不能写当代史。中国古代确实有过当代人不写当代史的说法，而且在"二十四史"中，自《后汉书》以下，都是后代人写的前朝史。但是，中国除了"二十四史"之外，每个朝代几乎都有本朝人写的"当代史"，只不过有的是半成品，有的是对史料的编纂，有的没有流传下来罢了。它们对"二十四史"的撰写都起过重要作用，与"二十四史"之间是历史记载与历史撰述的关系。另外，即使在"二十四史"中，也有"当代人"写"当代史"的事例。如司马迁写《史记》、陈寿撰《三国志》等。所以，说中国古代当代人不修"当代史",有悖于历史实际。

还应当看到,在中国封建社会,所谓当代、前代是以帝王姓氏为标志的朝代来划分的。在帝王专制统治下,史学家写"当代史"往往颇多忌讳,难以秉笔直书,只好等到改朝换代再写前朝史。另外,由于交通、通信、印刷等手段落后,各种资料的积累和信息的反馈需要较长时间,"当代人"写"当代史"在客观上也存在不少条件上的限制。然而,随着人民民主制度的建立和科学技术的发展,尤其是改革开放以来,民主政治的发展和网络通信的普及,过去那些"当代人"写"当代史"的不利因素已有了根本性的改变。今天的当代人不仅有条件写当代史,而且有着了解当代史、参与当代史撰写的强烈兴趣和愿望。近些年来,由各类机构和学者个人编撰的国史著述如雨后春笋,报刊、网络上对国史问题的讨论也与日俱增。国外早已有学者从事当代中国历史的研究与编撰,近些年更是越来越多。要求当代人不写当代史,实际上已经做不到了。

第二个问题,即国家史能不能由国家机构主持编写。西方学者普遍认为,历史尤其是国家史不能由国家机构主持编写。在他们看来,史学应当作为国家的对立面存在,由国家机构主持编写历史很难做到客观公正。在这一理念的支配下,欧美等国的国家史一般由私人或非官方机构编写,很少由国家设立国史编研机构。但国家史究竟应当由私人写还是由国家机构主持写,不仅和国家政权的性质有关,也和每个国家的文化传统有关。在中国,自商周时期开始,国家就设有掌管史料、记载史事、撰写史书的史官，称作大史、小史、内史、外史、左史、右史等，秦汉时期称太史令，三国魏晋以下设著作郎。由南北朝的北齐创始，在唐初正式设置了专为编写国史的史馆，由宰相监修。宋、辽、金、元设国史院，清设国史馆。辛亥革命后不久，北京政府即成立了中华民国国史馆。一些受中国传统文化影响较大的亚洲国家，也有设立国史编纂机构的，如韩国政府就设有国史编纂委员会。不仅如此，中国自唐宋以来，历代还把修志作为官职、官责。正因为如此，现存全部古籍中，史书志书占有相当大的比重。它们是中华民族的宝贵财富，一直为外国人羡慕不已。应当看到，中华文明在最先发达起来的少数几个古代文明中，所以能够延续至今而没有中断，很大程度上得益于这种由国家或官府主持修史修志的传统。

至于史书能否做到客观公正，关键不在于由国家主持写还是由学者个人写。中国历史上的史官中，就有为如实记载历史而不怕杀头的，例如，春秋时齐国的太史和晋国的史官董狐。而且，这里还有一个"客观公正"的问题。对"客观公正"理解不同，"客观公正"的评判标准自然不同。前面说到，中国从事国史研究的机构除当代中国研究所外，在中央和国家机关以及高等院校中还有很多。很多国史范围内的综合史、专门史、地区史的著作，也都出自学者个人之手。当然，这些机构与当代中国研究所的性质不完全相同，这些学者与西方的自由撰稿人也不完全一样。但无论怎样，研究或编纂国史都必须尊重客观事实，符合历史的真实。在这方面只有一个标准，没有第二个标准。

任何学科要想最终作为一门科学而立足，都需要有自己合乎客观规律的，独立、完整、系统的学科理论。做到这一点不可能一蹴而就，而是要经过长期奋斗的。但我相信，只要有国史学界学者们的共同努力和锲而不舍的精神，国史及国史学的理论一定会逐步完善和成熟起来，国史研究的学科体系也一定会最终建立起来。

正确认识新中国两个30年的关系[*]

新中国已经走过自己的第一个甲子——60周年。在这60年里，如果以党的十一届三中全会的召开作为改革开放新时期的起点，刚好前后各占大体30年时间。如何认识这两个30年的关系，即把它们看成是相互割裂的、对立的，还是继承发展的、内在统一的，决定着对新中国60年历史的评价，也决定着对中国特色社会主义道路的认识。

一、前30年是后30年的基础

改革开放30年来，我国经济飞速发展，综合国力明显增强，人民生活水平大幅度提高，为世界经济发展和人类文明进步作出了重大贡献。但应当看到，这一切的起点并不是1949年旧中国留给新中国的那个满目疮痍的烂摊子，而是1978年新中国在经过近30年艰苦奋斗后建立起来的宏伟基业。正如胡锦涛在党的十七大报告中所指出的："改革开放伟

---

* 本文曾发表于《前线》杂志2010年第3期，后收入同年出版的《中国社会科学院马克思主义研究文集》。此前，其主要观点曾以《从改革开放前后两个时期的历史性质及其相互关系上认识中国特色社会主义道路的内涵》和《新中国两个30年与中国特色社会主义道路》为题，先后刊发于《当代中国史研究》2008年第1期和2009年第5期，并以访谈形式发表于2009年8月17日《人民日报》，题目为《正确认识新中国的两个三十年》。收入本书时，作者略作修改。

大事业，是在以毛泽东同志为核心的党的第一代中央领导集体创立毛泽东思想，带领全党全国各族人民建立新中国、取得社会主义革命和建设伟大成就以及艰辛探索社会主义建设规律取得宝贵经验的基础上进行的。新民主主义革命的胜利，社会主义基本制度的建立，为当代中国一切发展进步奠定了根本政治前提和制度基础。"①

第一，为改革开放提供了根本的政治前提。新中国成立后，我国取得了民族独立、主权和领土完整，实现了除台、港、澳地区之外的国家统一，铲除了帝国主义、封建势力统治的根基，建立了工人阶级领导的、以工农联盟为基础的人民民主专政的国家政权，以及以人民代表大会制度、中国共产党领导的多党合作和政治协商制度、民族区域自治制度为核心的社会主义基本政治制度，奠定了社会主义全民所有制和集体所有制的经济基础，使人民大众翻身做了国家主人，各民族实现了空前大团结，中国从此结束了蒙受屈辱、战乱频仍、四分五裂、民不聊生的黑暗历史。

第二，为改革开放提供了基本的物质技术条件。新中国成立后，通过连续五个五年计划，初步建立起独立的比较完整的工业体系和国民经济体系，在一定程度上改变了旧中国工业集中于沿海地区的不合理布局。同时，通过进行大规模农田水利基本建设和发展化肥、农药、农用机械等工业，以及县办、社办小工业，大幅度改善了农业和农村生产条件，

①《十七大以来重要文献选编》（上），中央文献出版社 2009 年版，第 6 页。

提高了农作物单位面积产量。1949 年至 1978 年，我国基本建设投资共 6000 多亿元，新增固定资产为新中国刚成立时的 57.3 倍；陆续投产的大中型建设项目 3000 多个。至 1978 年，我国经过近 30 年的建设，钢、煤、石油、发电量、机床的年产量，分别比旧中国最高年产量增长 34.4 倍、10 倍、325 倍、42.8 倍、33.9 倍；粮食、棉花产量，分别比 1949 年增长 1.7 倍和 3.9 倍；汽车、拖拉机、飞机制造和电子、石油化工等工业部门，更是从无到有；铁路营运里程由 2.18 万公里增加到 5.17 万公里；高校毕业生累计 295 万人，超过旧中国 36 年总和的 14 倍；全国专业技术人员达到 559 万人，是新中国初期同类人员总和的 13.2 倍；形成了以人造卫星为标志的一批高科技成果。《关于建国以来党的若干历史问题的决议》指出："我们现在赖以进行现代化建设的物质技术基础，很大一部分是这个期间建设起来的；全国经济文化建设等方面的骨干力量和他们的工作经验，大部分也是在这个期间培养和积累起来的。"[1]

第三，为改革开放提供了一定的思想保证。胡锦涛指出：毛泽东思想"是被实践证明了的关于中国革命和建设的正确的理论原则和经验总结"[2]。改革开放以来，毛泽东思想中关于实事求是、群众路线，关于独立自主、自力更生，关于全心全意为人民服务，关于要把我国建设成现代化社会主义强国、对人类作出较大贡献，关于不要机械搬用外国经验，关

---

[1]《三中全会以来重要文献选编》（下），中央文献出版社 2011 年版，第 138 页。
[2]《十六大以来重要文献选编》（上），中央文献出版社 2011 年版，第 641 页。

于社会主义时期仍然存在矛盾和要严格区分、正确处理敌我和人民内部两类不同性质的矛盾，关于要调动一切积极因素、化消极因素为积极因素，关于两个"务必"和"双百"方针等思想，始终在各项工作中起着重要作用。改革开放前开展的一系列政治运动，尽管存在对形势判断过于严重、做法过于简单粗暴、打击面过宽等问题，但其中关于防止执政党脱离群众和国家改变颜色等正确思想，在党的建设中却一直发挥着重要影响。以邓小平、江泽民同志为主要代表的中国共产党人反复强调，要防止党和国家"改变面貌"，警惕帝国主义搞"和平演变"、打"没有硝烟的战争"；以胡锦涛同志为主要代表的中国共产党人反复告诫全党，要坚决惩治和有效预防腐败，保持党同人民群众的血肉联系。我们党还从过去政治运动中吸取合理的地方加以继承和发扬，先后进行了1983—1986年的全面整党、1990年党员重新登记、1999年"三讲"教育、2004年保持共产党员先进性教育，以及2008年开始的深入学习实践科学发展观活动，而且每次都开门听取党外群众意见。这种连续不断的组织整顿和思想教育活动，在其他国家曾经执政过的共产党中是很少见的，但对于我们党在长期执政、实行市场经济和对外开放的条件下经受各种风浪的考验，却起到了十分积极的作用。

第四，为改革开放提供了正反两方面的经验。新中国成立后，我们党在领导人民进行社会主义建设过程中，形成了许多反映中国国情、符合客观规律的认识，积累了一系列对于今天改革开放仍然具有重要价值的宝贵经验。例如，农业是基础、工业是主导，统筹兼顾，按比例发展，等等。另外，我们党也犯过不少错误，积累了很多教训。其中最大的教训，就是错误发动"文化大革命"。但正如邓小平所说："没有'文化大革命'的教训，就不可能制定十一届三中全会以来的思想、政治、组织路线和一系列政策。三中全会确定将工作重点由以阶级斗争为纲转到以发展生产力、建设四个现代化为中心，受到了全党和全国人民的拥护。为什么呢？就是因为有'文化大革命'作比较，'文化大革命'变成了我们的财富。"①

第五，为改革开放提供了必要的国际环境。新中国成立后，结束了旧中国奴颜婢膝的外交史，打赢了抗美援朝战争，维护了国家安全，挫败了西方反华势力对新中国一系列孤立、封锁、干涉、挑衅行径，同时积极倡导了和平共处五项原则，支持了亚非拉民族解放和独立运动，发展了同中间地带国家的友好关系，为国内和平建设争取了较为有利的外部条件。二十世纪六七十年代，中国又在十分困难的情况下，研制成功了原子弹、氢弹、洲际导弹和核潜艇，打破了超级大国的核垄断和核讹诈。面对苏联霸权主义的军事威胁，毛泽东及时提出关于"三个世界"划分的理论，实现了中美和解，进而推动了中国同日本和西欧许多国家关系的改善。中国还在亚非拉等第三世界国家的支持下，恢复了在联合国的合法席位。邓小平讲过："毛泽东同志在世的时候，我们也想扩大中外经济技术交流，包括同一些资本主义国家发展经济

---

① 《邓小平文选》第 3 卷，人民出版社 1993 年版，第 272 页。

贸易关系，甚至引进外资、合资经营等等。但是那时候没有条件，人家封锁我们。后来'四人帮'搞得什么都是'崇洋媚外'、'卖国主义'，把我们同世界隔绝了。毛泽东同志关于三个世界划分的战略思想，给我们开辟了道路。"① 所以，我国在前30年大大提高了自己的国际地位，并打开了同西方改善关系的大门。

二、后30年是对前30年的超越

改革开放后30年的巨大发展，虽然建立在改革开放前30年发展的基础之上，但它并不是简单因袭前30年的道路，而是在继承中有超越。在这30年里，我们党顺应时代的潮流和人民的愿望，作出了改革开放的战略抉择，开辟了建设社会主义的新道路，形成了党在社会主义初级阶段的"一个中心、两个基本点"的基本路线，制定了指导改革开放的一整套方针政策。正是这一切，使社会主义和马克思主义在中国大地上焕发出勃勃生机，使中华民族大踏步赶上了时代前进的潮流。看不到这30年对前30年的巨大超越，混淆前后两个30年的区别，势必妨碍对改革开放正确性和必要性的认识，看不清中国特色社会主义道路究竟"特"在哪里。

第一，在党的指导思想上的超越。改革开放前30年的很长时间内，我们党把阶级斗争作为社会主义社会的主要矛盾，提出"以阶级斗争为纲"的口号和"无产阶级专政下继续革命"

---

① 《邓小平文选》第2卷，人民出版社1994年版，第127页。

的理论。粉碎"四人帮"后，虽然结束了"文化大革命"，但又提出"两个凡是"（凡是毛主席作出的决策，都要坚决维护；凡是毛主席的指示，都要始终不渝地遵循）的方针，继续维持不适合于社会主义社会的上述口号和理论。改革开放后，批判了"两个凡是"的方针，纠正了毛泽东晚年的错误，实现了党的工作中心的转移，先后形成了邓小平理论、"三个代表"重要思想和科学发展观等马克思主义中国化的最新成果。

第二，在政治体制上的超越。改革开放前的 30 年，我们党和国家领导制度中一度存在权力过分集中、党政职能不分、机构层次过多、领导职务终身制等现象；对法制建设不重视，除少数几部法律外，基本上无法可依；民主缺少制度化、程序化，家长制、一言堂作风严重。邓小平在谈到这些问题时曾指出：过去"在加强党的一元化领导的口号下，不适当地、不加分析地把一切权力集中于党委，党委的权力又往往集中于几个书记，特别是集中于第一书记，什么事都要第一书记挂帅、拍板。党的一元化领导，往往因此而变成了个人领导。全国各级都不同程度地存在这个问题"①。改革开放后，严格民主集中制，建立干部离退休制度，健全党和国家的领导体制，实行党政职能适当分开，改善党的领导方式和执政方式；推进政治体制改革，深化干部人事制度改革和机构改革，加强对权力的制约与监督；实施依法治国方略，完善中国特色社会主义法律体系，坚持公民在法律面前一律平等；扩大人民

---

① 《邓小平文选》第 2 卷，人民出版社 1994 年版，第 328—329 页。

民主，丰富民主形式，拓宽民主渠道，发展基层民主，落实民主权利，支持民主党派和无党派人士参政议政，发挥社会组织在扩大群众参与、反映群众诉求方面的积极作用，增强社会自治功能。

第三，在经济体制上的超越。改革开放前 30 年的后期，我国脱离生产力的实际水平，片面追求生产资料的公有程度和分配领域的"公平""公正"；企业缺少自主权，产销脱节，经济利益同经济效果不挂钩；流通体制渠道单一，环节繁杂；农村人民公社政企不分，生产队自主权得不到尊重，农民经营正当家庭副业的权利被剥夺；吸引国外投资和进口国外技术、设备，被当成"走资本主义道路"和"崇洋媚外"而受到批判。改革开放后，允许个体经商，鼓励发展私营经济，形成以公有制为主体、多种所有制经济共同发展的基本经济制度；提倡一部分人和一部分地区先富起来，允许和鼓励技术、管理、资本参与分配，形成以按劳分配为主体、多种分配方式并存的分配制度；扩大国有企业自主权，实行厂长经理负责制、承包经营责任制，直至以股份制为主要形式的现代企业制度；实行计划经济与市场调节相结合，直至确立社会主义市场经济体制；废除人民公社，实行家庭联产承包责任制，稳定土地承包关系，并允许土地承包经营权依法流转；积极吸引外资，兴办合资或独资企业，建立经济特区，继而开放沿海、沿江、沿边城市，实施"走出去"战略，加入世界贸易组织和经济全球化进程。

第四，在意识形态工作中的超越。改革开放前 30 年的一段时间里，我们党在"左"的思想指导下，把已经相信共产党、愿意为人民服务和学习马克思主义的旧知识分子，以及新中国自己培养的知识分子，统统划为资产阶级的一部分；不尊重学术研究和艺术创作规律，进行不适当的行政干预；把许多学术和文艺思想上的问题当成政治问题，开展过火的批判；尤其在"文化大革命"中，"左"的思想恶性膨胀，使许多马克思主义的学术观点和歌颂社会主义的优秀作品遭受打击，只允许几个"样板戏"和几部"学术著作"存在。改革开放后，随着清理过去"左"的指导思想，改变了对知识分子的估计，认为他们是工人阶级的一部分，提倡尊重知识、尊重知识分子的社会风气；解除了在学术研究和文艺创作中许多不必要的框框和禁区，认真落实"百花齐放、百家争鸣"的方针；注意区分学术问题和政治问题，对思想认识问题采取说服引导方法，鼓励不同观点的切磋，提倡多样化，大量翻译出版国外学术著作和文艺作品；纠正轻视教育科学文化的错误观念，大力普及初等教育，发展高等教育和科技事业，积极改革文化体制，推动文化繁荣，并且培育文化市场，建设文化产业，丰富人民的精神文化生活，提高国家文化的软实力和国际竞争力。

第五，在国际战略上的超越。改革开放前的 30 年，我们党对国际形势的判断，很长时间一直认为"战争不可避免，而且迫在眉睫"；"好多的决策，包括一、二、三线的建设布局（一线指处在战略前方的一些省区，三线指全国的战略大后方，二线指处于一线和三线之间的省区——笔者按），'山、散、洞'的方针（"靠山、分散、进洞"的简称，指对国防尖端项目安排的方针——笔者按）在内，都是从这个观点出发的"。① 一段时间，"针对苏联霸权主义的威胁，我们搞了'一条线'的战略，就是从日本到欧洲一直到美国这样的'一条线'"②。在处理与外国政党的关系上，"往往根据的是已有的公式或者某些定型的方案"③，"犯了点随便指手划脚的错误"④。改革开放后，我们对国际形势作出了新的观察和判断，"改变了原来认为战争的危险很迫近的看法"，认为"在较长时间内不发生大规模的世界战争是有可能的"，⑤ 和平和发展是当今时代的两个主要问题。同时，改变了"一条线"的战略，"谁搞霸权就反对谁，谁搞战争就反对谁"，既"改善了同美国的关系，也改善了同苏联的关系"；⑥ 改变了同外国政党处理关系时的某些原则，主张"各国党的国内方针、路线是对还是错，应该由本国党和本国人民去判断"，"不应该要求其他发展中国家都按照中国的模式去进行革命，更不应该要求发达的资本主义国家也采取中国的模式"。⑦

三、前后两个 30 年是内在的统一整体

改革开放后 30 年虽然在许多方面超越了前 30 年，使两

① 《邓小平文选》第 3 卷，人民出版社 1993 年版，第 127 页。
② 《邓小平文选》第 3 卷，人民出版社 1993 年版，第 127 页。
③ 《邓小平文选》第 2 卷，人民出版社 1994 年版，第 318 页。
④ 《邓小平文选》第 3 卷，人民出版社 1993 年版，第 237 页。
⑤ 《邓小平文选》第 3 卷，人民出版社 1993 年版，第 127 页。
⑥ 《邓小平文选》第 3 卷，人民出版社 1993 年版，第 128 页。
⑦ 《邓小平文选》第 2 卷，人民出版社 1994 年版，第 318 页。

个时期出现了明显区别，但这种区别并不是社会基本制度的区别、国家领导力量的区别、意识形态指导思想的区别，更不是执政党的宗旨和远大奋斗目标的区别。两个 30 年实行的都是社会主义制度，领导国家的核心力量都是中国共产党，居于意识形态领域指导地位的思想都是马克思列宁主义，执政党的宗旨和远大目标都是为人民服务和共产主义。这说明，后 30 年并没有离开社会主义的轨道，而是社会主义的自我完善和发展。看不到它们之间的这种一致性、连续性，抹杀二者的相同之处，势必妨碍对选择社会主义道路的正确性、必要性的认识，难以懂得中国特色社会主义为什么是社会主义而不是别的什么"主义"。

第一，坚持四项基本原则没有变。改革开放后，我们党在基本理论方面纠正了毛泽东晚年的错误，否定了"以阶级斗争为纲"的错误口号；但同时科学评价了毛泽东，把毛泽东晚年的错误与毛泽东思想加以区别，确立了毛泽东和毛泽东思想的历史地位，始终捍卫和高举毛泽东思想的伟大旗帜；仍然坚持阶级和阶级斗争的理论，认为在社会主义现阶段，"由于国内的因素和国际的影响，阶级斗争还在一定范围内长期存在，在某种条件下还有可能激化"[①]；并把坚持四项基本原则看作立国之本，当成党在社会主义初级阶段基本路线中两个基本点中的一个。对于改革开放前后我们党在指导思想上的异同，邓小平曾作过一个精辟说明。他说：有的人"忽略

---

① 《中国共产党第十七次全国代表大会文件汇编》，人民出版社 2007 年版，第 60 页。

了中国的政策基本上是两个方面，说不变不是一个方面不变，而是两个方面不变。人们忽略的一个方面，就是坚持四项基本原则，坚持社会主义制度，坚持共产党领导。人们只是说中国的开放政策是不是变了，但从来不提社会主义制度是不是变了，这也是不变的嘛！"①

第二，坚持共产党的领导没有变。改革开放后，我们党在政治体制上不断深化改革，大力推进社会主义民主与法制；但同时始终坚持共产党在国家事务中总揽全局、协调各方的核心领导作用，坚持党的领导、人民当家作主、依法治国的有机统一，坚持全心全意依靠工人阶级，坚持党对军队的绝对领导，不搞西方的多党制和议会民主、三权鼎立。

第三，坚持社会主义的基本经济制度没有变。改革开放后，我们党打破了公有制和按劳分配一统天下的局面，确立了社会主义市场经济体制，实行了全方位开放；但同时仍然坚持公有制和按劳分配为主体，把全民所有制和集体所有制作为社会主义经济制度的基础，把国有经济作为国民经济中的主导力量和支柱，把市场经济同社会主义基本制度结合在一起，把市场对资源配置的基础性作用放在国家的宏观调控之下；仍然坚持农村土地集体所有制的性质，既发挥农民家庭经营的积极性，又发挥集体经济的优越性；仍然坚持自力更生的方针，把着眼点放在发展壮大自己力量的基点上。

第四，坚持马克思主义的指导地位没有变。改革开放后，

---

① 《邓小平文选》第3卷，人民出版社1993年版，第217页。

我们党在意识形态工作中摈弃了以往"左"的做法，并推动社会组织建设；但同时仍然坚持马克思主义在意识形态领域的指导地位，要求共产党员做共产主义远大理想的坚定信仰者，引导全体人民树立中国特色社会主义共同理想，把社会主义核心价值体系融入国民教育和精神文明建设的全过程，弘扬爱国主义、集体主义、社会主义思想，抵制各种错误和腐朽思想的影响；坚持社会主义先进文化的前进方向，全面贯彻党的教育方针，培养德智体美全面发展的社会主义建设者和接班人；健全党和政府主导的维护群众权益机制，警惕和防范国内外敌对势力的各种分裂、渗透、颠覆活动，切实维护国家意识形态安全。

第五，坚持对外总方针总政策没有变。改革开放后，我们党改变了过去关于时代特征的判断，认为当今时代的主题是和平与发展，中国的前途命运日益同世界的前途命运联系在一起，并加强了同发达国家的战略对话，奉行互利共赢的开放战略；但同时认为，"世界仍然很不安宁"，"霸权主义和强权政治依然存在"，[1] 仍然实行新中国成立之初所制定的独立自主的和平外交政策和所奉行的和平共处五项原则，加强同广大发展中国家的团结合作，反对各种形式的霸权主义和强权政治，重申永远不称霸，推动国际秩序朝着更加公正合理的方向发展。

改革开放前的 30 年，我们党在领导人民探索社会主义建

---

①《十七大以来重要文献选编》（上），中央文献出版社 2009 年版，第 35 页。

设规律的过程中犯过不少错误，有的错误还是全局性、长时期的，给党、国家和人民的事业造成过严重损失，但这绝不表明那段历史可以从新中国 60 年的光辉历程中剔除。邓小平说得好："我们尽管犯过一些错误，但我们还是在三十年间取得了旧中国几百年、几千年所没有取得过的进步。"① 如同盖楼一样，不能因为底层有不尽如人意的地方就把它拆掉，那样做，整座楼房也会崩塌。

改革开放前的 30 年，国家各项事业的发展和人民生活面貌的改变远没有改革开放后那么显著，但这绝不表明那段历史对于改革开放是无足轻重、可有可无的。这也如同盖楼一样，打地基时不容易让人看出成绩，但楼房盖得快盖得高，反过来说明地基打得牢。

毫无疑问，如果没有改革开放，新中国的历史将难以为继，只能是死路一条。但同样毫无疑问的是，如果没有当年对社会主义道路的选择，没有改革开放前 30 年打下的基础，改革开放和中国特色社会主义道路也是难以起步、难以开辟的。因此，用后 30 年否定前 30 年，或者用前 30 年否定后 30 年，都是错误的。只有这样认识两个 30 年的关系，才能全面评价新中国 60 年的历史，才能准确把握中国特色社会主义道路的本质特征，从而增强在中国特色社会主义道路上实现中华民族伟大复兴的决心和信心。

---

① 《邓小平文选》第 2 卷，人民出版社 1994 年版，第 167 页。

中国当代史理论研究的学科特点与当前任务*

当代中国史是指 1949 年后的中华人民共和国史，也称新中国史、中国现代史或中国当代史，简称当代史和国史。对当代史的研究，是中国史研究的分支学科。

严格意义上的当代史研究，是从党的十一届三中全会作出《关于建国以来党的若干历史问题的决议》（以下简称《历史决议》）之后开始的。因此，它比中国古代史和近代史研究起步要晚得多，属于一门新兴学科。作为当代史研究分支学科的当代史理论研究，起步更晚一些，是新兴学科中的新兴学科。

史学研究一般分为史实研究和理论研究，在某种意义上，也可以称它们为历史叙事和历史解释。在史实研究或历史叙事中，又分为只述不论和史论结合两种形式。史学理论研究或历史解释虽然也要研究史实，但更偏重于理论和解释工作。例如，要重点研究和解释历史发生发展的原因、规律、经验，对历史事件和人物作出评价，并对修史本身的宗旨、原则、方法及历史编纂的体裁、体例等进行研究。不过，无论史学理论研究或历史解释，还是史实研究或历史叙事，都会自觉

　　* 这是作者 2020 年 12 月 6 日在"当代中国史理论研究动态与趋势"学术研讨会上的讲话，收入本书时，作者略作修改。

或不自觉地受一定历史观的支配。我们所说的当代史理论研究，不仅要自觉接受马克思主义历史观的指导，还与马克思主义史学理论研究及马克思主义当代中国问题研究存在交叉关系。在这个意义上，它不仅是当代中国史研究的分支学科，也是一门交叉学科。

史学研究是以过去的事情为研究对象的，但它并不是为了回头看，不是为研究过去而研究过去，而是为了向前看，为了今天正在做的事和明天将要做的事。这是史学研究的社会功能所在，古今中外概莫能外。关于这一点，中国古人的"经世致用"四个字，说得再清楚不过了。史学研究中的国家史研究，更是为特定阶级和政治力量利益而服务的。这种研究要么为了维护一个国家而用历史证明它的合理性，要么为了推翻一个国家而用历史证明它的不合理性。关于这一点，中国古人的一句"灭人之国，必先去其史"，也说得再清楚不过了。这表明，史学研究不仅具有一定的社会功能，而且具有一定的意识形态性，其中尤以对国家史的研究为甚。中国的当代史与古代史、近代史不同，是每时每刻都在不断生长的历史；与当代世界上大多数国家的历史也不同，是人民当家作主而不受私人资本控制的社会主义国家的历史。因此，中国当代史研究与古代史、近代史及当代世界大多数国家的历史研究相比，具有更显著的社会功能和更强烈的意识形态性。作为其分支学科的当代史理论研究，既要密切联系当代历史的实际，又要和马克思主义史学理论研究及马克思主义当代中国研究相结合，其社会功能和意识形态性自然更为显著和强烈。

马克思主义认识论告诉我们，实践先于认识，理论源自实践；但理论要经过实践、认识、再实践、再认识的循环往复方能形成，因此，与实践相比，它更能反映事物的本质、揭示事物的规律，"是更深刻、更正确、更完全地反映客观事物的东西"①。当代史理论研究是建立在当代中国史史实研究基础之上并以马克思主义历史观为指导的，同样应当更能反映历史的本质、揭示历史的规律；在反作用于史实研究时，也应当能起到提高和引领史实研究的作用。

当代史理论研究的学科性质，决定了它的任务首先是从宏观上回答当代史的一些基本问题。例如，什么是新中国史的基本走势、基本规律、基本经验，以及如何从总体上评价，等等。其次是从理论上分析当代史中的一些重大事件、重大问题和重要人物。例如，如何看待抗美援朝战争、"三反"运动、"五反"运动、农业合作化、公私合营、提前向社会主义过渡、统购统销、"大跃进"、"四清"运动、"文化大革命"、改革开放、计划经济向社会主义市场经济体制转变，以及如何评价毛泽东、周恩来、刘少奇、朱德等领袖人物和在当代史各条战线产生过重要影响的人物，等等。最后是从整体上系统构建当代史研究的学科体系、理论体系、话语体系。例如，怎样对新中国史进行分期更合适，新中国史的主流是什么，其中有几条主线，具体都有哪些，等等。对于这些问题

---

① 《毛泽东选集》第 1 卷，人民出版社 1991 年版，第 291 页。

给予理论性的解答，不仅有助于当代史研究的深入发展，也有利于马克思主义史学理论及马克思主义当代中国问题研究的深入发展。

当前，新中国正处于"两个一百年"的历史交汇期，就是说，一方面，已接近全面建成小康社会、实现中国共产党建党一百年的奋斗目标；另一方面，正在开启全面建设社会主义现代化国家的新征程，向着新中国成立一百年的奋斗目标前进。处在这样的历史时刻，特别需要通过增强人民群众对新中国历史的自信，进一步坚定中国特色社会主义的"四个自信"，提振为第二个一百年目标而奋斗的精神。这就需要从理论和实际的结合上，对当代史的重大问题作出更有说服力的阐释。

例如，新中国为什么能在一个国力式微、四分五裂、战乱频仍、屡遭西方列强甚至小国欺辱的落后基础上，仅用30年时间就建成了独立的比较完整的工业体系和国民经济体系？为什么又能在前30年打下的基础上，仅用30年时间就由一个国内生产总值在世界排名不到前10的农业国一跃成为位居世界第2的工业大国？为什么近10年来在前60年的基础上，综合国力进一步大幅度提升，使社会主要矛盾由人民日益增长的物质文化需求和落后生产力的矛盾变为人民日益增长的美好生活需要和不平衡不充分的发展之间的矛盾，并且能顶住美国为首的反华阵营在政治、经济、军事、科技各个方面的打压，经受住世界百年不遇严重疫情的重大考验，成为疫情中第一个实现经济正增长的主要经济体？回答这些问题，既是马克思主义当代中国问题研究的任务，也是当代史理论研究的任务。

在当代史理论研究中有一个绕不过去的基本问题，就是如何看待改革开放前后两个历史时期的关系。新中国成立至今71年，改革开放前占了其中40%的部分。如果认为那段时间只是一连串错误的集合，耽误了国家的发展，要人们树立新中国历史的自信就会很困难，起码会大打折扣。然而，实际情况并非如此。正如习近平总书记在2013年"1·5"讲话中所指出：改革开放前后"是两个相互联系又有重大区别的时期，但本质上都是我们党领导人民进行社会主义建设的实践探索……两者决不是彼此割裂的，更不是根本对立的"[①]。《历史决议》中也说过：那时"社会主义运动的历史不长，社会主义国家的历史更短，社会主义社会的发展规律有些已经比较清楚，更多的还有待于继续探索"[②]。这些论述都告诉我们，改革开放前的历史时期虽然有失误有曲折，但本质上是探索中的失误和曲折。

历史事实是，改革开放前虽然犯过急于求成和阶级斗争扩大化的错误，对经济建设造成过一些不利影响，但从总体上看，发展速度并不慢，也没有耽误多少发展机遇。相反，新中国成立以来遇到的三大历史机遇，都被及时捕捉到了。其中一个半是改革开放前被以毛泽东同志为主要代表的中国

①《十八大以来重要文献选编》（上），中央文献出版社2014年版，第111—112页。

②《三中全会以来重要文献选编》（下），中央文献出版社2011年版，第149页。

共产党人抓住的，另一个半是改革开放后被以邓小平同志为主要代表的中国共产党人抓住的。

新中国成立之初，美国出兵干涉朝鲜战争，不仅向鸭绿江进犯，而且派舰队入侵台湾海峡。面对我国新生人民政权和远东地区的安全危险，毛泽东毅然决定派出中国人民志愿军抗美援朝，在双方国力、装备差距极其悬殊的情况下，以巨大的民族牺牲，将美军打回到"三八线"，巩固了新中国的安全环境，也保卫了包括苏联在内的远东和平。为此，斯大林不仅消除了对中国共产党是否民族主义政党的怀疑，还深感对中国的愧疚。1952 年周恩来、陈云一行前往苏联洽谈我国"一五"计划建设问题时，斯大林当即满口答应对我国给予全面援助，并明确表示："中国志愿军在朝鲜作战和在国内发展橡胶生产两件事，也是对苏联的援助。"[1] 毛泽东在 1958 年同苏联驻华大使谈话时也说过："苏联人从什么时候开始相信中国人的呢？从打朝鲜战争开始的。从那个时候起，两国开始合拢了，才有一百五十六项。"[2] 周恩来、陈云一行访苏回国的当天晚上，毛泽东在听取他们汇报和研究"一五"计划方针、任务的会上，根据斯大林表态的新情况，提出改变先搞一段新民主主义再向社会主义过渡的原有设想，立即开始向社会主义过渡。接着，党中央制定了以"一化三改"为主要内容的社会主义过渡时期总路线，为适应在资金、物资、人才奇缺情况下开展大规模工业化建设的形势，进行生产资

---

① 《陈云年谱（修订本）》中卷，中央文献出版社 2015 年版，第 229 页。
② 《毛泽东文集》第 7 卷，人民出版社 1999 年版，第 387 页。

料所有制的社会主义改造，实行高度集中的计划经济体制，从而为中华民族抓住了一次千载难逢的发展机遇。这个战略机遇期从 1952 年持续到 1960 年。中国人民在此期间和随后的一段时间里，节衣缩食、艰苦奋斗，在一穷二白的基础上建成了独立的比较完整的工业体系和国民经济体系，为工业化打下了坚实基础。

"文化大革命"后期，中苏矛盾激化，美国为集中力量同苏联争霸，急于从越南战场上脱身，暗示有求于我。毛泽东又抓住这个机会，同意尼克松访华，从而改善了中美关系，使我国在同苏联霸权主义斗争中增加了分量，也撬开了以美国为首的西方阵营对我长期封锁的大门，得以从它们那里进口先进设备，一定程度上缩小了与发达国家的技术差距。不过，我国当时还处于"文化大革命"中，"四人帮"把进口设备、技术统统批成"洋奴哲学"，使对外开放的步子受到阻碍，耽误了一点时间。但应当实事求是地看到，耽误的时间并不算多。因为，二战后西方主要国家建立的布雷顿森林体系，规定各国货币与美元挂钩，美元与黄金挂钩，导致游资难以流动。直到 20 世纪 70 年代初，这个体系解体，加上西方发达国家进行经济结构调整，才使大量游资和制造业设备开始向发展中国家转移。就是说，在此之前，即使我国实行开放政策，西方国家也不会对我大量投资和出售先进设备。1977 年，邓小平再次恢复工作后，把毛泽东抓住的那半个机遇继续扩大，实现了中美建交，从而完全打开了同西方关系正常化的大门，使我们有了实施全方位外交和全面对外开放的条件。

20 世纪 70 年代末，一方面，由于"四人帮"被粉碎，"左"的禁锢被打破，出现了全党全民思想大解放的局面；另一方面，二战后经过民族民主运动纷纷独立的殖民地半殖民地国家求和平谋发展的呼声日益高涨，加上西方国家主导的经济全球化深入发展，国际局势逐渐缓和。邓小平抓住这个有利时机，作出当今时代主要问题是和平与发展的判断，毅然决然地推行改革开放总政策，使我国迅速融入经济全球化，同时进行经济结构调整，从而在已有基础上实现了大幅度跨越式的发展。从那时到现在，这个战略机遇期持续了 40 多年，使中华民族距离伟大复兴的目标比历史上任何时期都更加接近。

当代史理论研究除了有助于对历史作出更深刻更透彻的阐释外，还可以通过揭示历史发展的规律，解读时事、预测未来。当今世界正处于百年未有之大变局的结论，就是通过对世界史的理论研究，发现近百年来西方逐渐由盛而衰、影响力不断下降，东方尤其是社会主义中国则逐渐由衰变盛、影响力不断上升的规律而得出的。同样，我们通过对鸦片战争以来的近代史，特别是 1949 年以来当代史的理论研究，也可以得出中华民族伟大复兴的趋势已是世界任何力量都无法阻挡的结论。当今西方经济危机此起彼伏，导致世界经济增速乏力，逆全球化抬头，贸易摩擦加剧，给中国经济造成很大负面影响。但中国并没有停止前进的脚步，相反，根据变化了的国际国内形势，及时调整发展战略，着手构建国内大循环为主体、国内国际双循环相互促进的新发展格局，继续朝着既定目标大踏步前进。事实一再说明，对当今的中国来说，战略机遇期能够继续延长固然很好，即使不能，也没有什么了不起。任何人要用遏制、制裁、孤立手段阻止中国前进，都是办不到的。从某种意义上看，中国自身也已经成为一种发展机遇。现在的问题已经不是中国能不能抓住机遇，而是别人能不能抓住中国这个机遇的问题了。

当前，无论当代中国史研究"三大体系"的构建，还是中国特色社会主义"四个自信"的树立，都要求当代史理论研究的学科建设和当代史理论研究队伍的自身建设要加快发展。这是形势的需要，同时也具备了相当好的条件。

第一，新中国发展至今已有70多年历史，当代中国史的研究也已发展了40多年。这使当代中国史研究的内容比过去更加丰富，而且研究资料、研究成果也有了大量积累，研究队伍也更加壮大。这些无疑为当代史理论研究的深入开展提供了必要前提，奠定了良好基础。

第二，党的十八大后，以习近平同志为核心的党中央高度关注党对意识形态的领导，大力扫除意识形态领域的阴霾，校正理论宣传工作的航向，尤其给予新中国史研究以前所未有的重视。习近平总书记每当讲到党史，几乎总要同时提到国史，并反复强调要正确看待改革开放前后两个历史时期的关系，要抵御歪曲、污蔑党史国史的历史虚无主义思潮。这些无疑为当代中国史理论研究指明了更加清晰的方向，营造了更加健康的发展环境。

第三，近两年来在党中央的号召下，党政机关和高等院校正逐步开展包括新中国史在内的"四史"学习教育活动。这些无疑将进一步增加社会对当代史特别是当代史理论研究的需求，更加提高这一学科在教学与研究工作中的地位。

对于当代中国史理论研究及其学者来说，当前形势可以说既喜人又逼人。我们应当把压力变为动力，努力加强自身能力建设，特别是加强对辩证唯物主义和历史唯物主义理论的学习，在弄懂弄通和掌握立场、观点、方法上多下功夫，切实提高理论思维、理论分析的能力，增强研究的创新力、说服力、影响力；同时，抓紧自身学科建设，以跟上形势发展的需要。当代中国史理论研究的重要意义和远大前程都是不言而喻的，有幸从事这一工作的学者应当认清形势，增强信心，加倍努力，用自己的创造性劳动，投入到为中华民族伟大复兴而奋斗的事业之中。

进一步确立新中国史研究的学科定位

——学习习近平总书记致国史学会贺信精神[*]

习近平总书记在 2022 年 12 月 8 日致中华人民共和国国史学会（以下简称国史学会）成立 30 周年的贺信，表达了对国史学会全体同志和全国广大国史研究者的热烈祝贺和诚挚问候，肯定了国史学会 30 年来为新中国史研究、宣传和教育事业发展作出的积极贡献，并对国史学会进一步团结全国广大国史研究工作者、更好凝聚团结奋斗的精神力量提出了殷切希望。贺信为新中国史研究事业的发展指明了继续前进的正确方向，也为国史学界进一步提高自身能力、发挥社会作用提出了更高要求。

对于国史研究者来说，深入学习贯彻习近平总书记贺信精神，既要体现在政治方向上，也要体现在学术工作上。习近平总书记 2016 年提出，要加快构建中国特色哲学社会科学学科体系、学术体系、话语体系，特别要加快完善对哲学社会科学具有支撑作用的基础学科和学科体系不够健全的新兴

---

* 本文是作者在 2023 年 10 月 14 日召开的以"深入学习贯彻习近平总书记致国史学会成立 30 周年贺信精神，推动新中国史研究事业高质量发展"为主题的第二十三届国史学术年会上的主旨演讲，曾发表于《毛泽东邓小平理论研究》2023 年第 9 期。

学科。作为一门基础学科和新兴学科，新中国史研究要加快推进"三大体系"建设，重要前提之一便是确立新中国史研究的学科定位。同时，这也应当是习近平总书记贺信要求国史学界"提高研究水平"的题中应有之义。因为，这个问题如果得不到正确解决，新中国史研究的"三大体系"建设无从谈起。

事实表明，新中国史编研与新中国的历史发展几乎是并行的。早在 1951 年，由胡乔木撰写的《中国共产党的三十年》，就有题为"第三次国内革命战争和中华人民共和国的成果"的部分，其中论述了新中国成立至 1951 年的历史。此后，中央宣传部门和高等院校也在不同时期，编纂出版过有关新中国的历史著作。然而，严格意义上的新中国史研究，应当说是在党的十一届三中全会，特别是党的第二个《历史决议》制定之后兴起的。在此之前，胡乔木于 1977 年出任中国社会科学院院长时，曾提出过建立"中国现代史研究所"或"中华人民共和国史研究所"的建议，但由于种种原因而未能如愿。直到 1990 年，经党中央决定，终于成立了中央党史领导小组指导、中国社会科学院行政代管、专事编纂和研究新中国史的当代中国研究所（以下简称当代所）。该所先后创办了以出版国史论著为主业的当代中国出版社和发表国史研究成果的学术刊物《当代中国史研究》，建立了联系全国国史学界学者的社会组织国史学会，并在中国社会科学院研究生院设置了培养国史专业人才的国史系，标志新中国史研究作为一门史学的基础学科和新兴学科，登上了学术舞台。

　　进入新时代后，新中国史研究得到了以习近平同志为核心的党中央的空前重视。习近平总书记每当谈到党史，几乎总是要并提国史。他多次指出："要认真学习党史、国史，知史爱党，知史爱国"；"学习党史、国史，是我们坚持和发展中国特色社会主义、把党和国家各项事业继续推向前进的必修课"。① 他强调："一个民族的历史是一个民族安身立命的基础"②；思政课老师的历史视野中，"要有中华人民共和国七十年的发展史，要有改革开放四十多年的实践史，要有新时代中国特色社会主义取得的历史性成就、发生的历史性变革"③。在全党开展"不忘初心、牢记使命"主题教育中，他特别指示中央有关部门印发通知，增加学习党史和国史的内容。后来，他又把新中国史与党史、改革开放史、社会主义发展史合在一起，要求加强对这"四史"的学习教育。在党史学习教育动员大会上，他要求在全社会开展"四史"的宣传教育，并在党的二十大报告中进一步强调"持续抓好党史、新中国史、改革开放史、社会主义发展史宣传教育，引导人民知史爱党、知史爱国，不断坚定中国特色社会主义共同理想"④。这一切说明，新中国史的地位已经被提到了与党史并列的高度。

----

　　① 习近平：《论中国共产党历史》，中央文献出版社 2021 年版，第 7、15—16 页。

　　②《十八大以来重要文献选编》（上），中央文献出版社 2014 年版，第 694 页。

　　③ 习近平：《论中国共产党历史》，中央文献出版社 2021 年版，第 11—12 页。

　　④ 习近平：《高举中国特色社会主义伟大旗帜 为全面建设社会主义现代化国家而团结奋斗——在中国共产党第二十次全国代表大会上的讲话》，《人民日报》2022 年 10 月 26 日。

　　然而，自从新中国史登上学术舞台以来，在它的学科定位问题上，一直存在种种不正确的认识和做法。早在当代所成立之初，就有人提出国史与党史内容差不多，既然有了党史研究机构，就没有必要再设立国史研究机构了。还有人以"当代人不写当代史"是古训为由，反对把新中国史研究作为一门学科，认为它不是学术，而是意识形态和宣传工作。后来，培养新中国史研究生的国史系成立了，但在国家学位学科目录中却迟迟不见以1949年新中国建立为开端的"中国现代史"专业，只有以1919年五四运动爆发为现代史起点的"中国近现代史"专业。经过有关方面反复交涉，学位学科目录方才把"中华人民共和国史"和"中国当代史"放入了"中国近现代史"的括弧里。这种在不改变"现代史"原有定义的前提下，就把国史和当代史放入"中国近现代史"中的做法，不仅学术上不合适，政治上更加不妥。再后来，经过国史学界的一再要求，终于在"中国史"这个一级学科下面，设置了"中国近代史"和"中国现代史"两个并列的二级学科，并相应取消了"中国近现代史"专业，使新中国史研究从此有了自己独立的学科地位。可是，在实际工作中，又出现了把国史研究要么放入马克思主义学科，要么归于对策应用类学科的现象。就在最近学习贯彻习近平总书记致国史学会贺信期间，又有人提出将国史纳入"党史党建学"，把它作为这个一级学科之下的二级学科或研究方向的主张。可见，新中国史尽管受到了党中央的高度重视，尽管有了自己的研究机构，尽管被列入了国家的学位学科目录，并设立了硕士、博士授予点，形成了日益壮大的研究队伍，产生了众多高质量的学术成果，但对其学科属性、学科定位，仍然存在各种不科学、不严肃的认识和做法。

对新中国史研究的学科属性和定位问题，之所以总是存在这种或那种模糊认识，一个重要原因是在一些同志头脑中，关于国史研究与党史研究究竟是否同属一个学科的问题始终没有得到正确解决。我们应当实事求是地看到，党史在新中国成立后的部分，同新中国史的确有很多内容上的重叠和交织，而且，这部分党史已经占到了迄今为止全部党史的三分之二强，随着时间延伸，这一比重今后还会越来越大。但是，同样应当实事求是看到，这种情况并不能成为国史研究与党史研究是同一个学科，或者国史研究属于党史研究分支学科的理由。

中国共产党是中华人民共和国的核心领导力量，党的理论、路线、方针、政策、重大决策，必然会对国家的建设和发展产生决定性作用。从这个意义上说，党史是国史的核心，新中国成立后的党史走向决定国史的走向。另外，国史与党史都与现实政治密切相关，二者很难在这个领域截然区分。但党史研究毕竟属于法学门类，而国史研究属于史学门类。即使从史学角度看，党史研究也属于专史研究范畴，而国史研究则是整个国家的历史，属于通史研究范畴，是中国通史的接续。因此，无论在编研的角度、范围、重点，还是在学科理论和编研方法上，党史研究与国史研究都有很大的不同。

首先，在编研角度上，党史研究是从政党角度看待自己的历史，要研究和阐述的是我们党作为新中国的执政党，如何制定路线、方针、政策，并把它们变成国家意志，领导国家各领域的建设；如何开展群众工作，处理与各参政党之间的关系，与国外政党打交道；如何进行党的自身建设，以及党的执政经验；等等。而国史则是从国家和社会发展的角度看待历史，要研究和阐述的是国家政权机关如何贯彻党的路线、方针、政策，如何组织各项事业的建设，如何开展外交活动，如何进行自身建设，以及人民群众和各参政党是如何在共产党的领导下，从事各项建设事业和参政议政的。

其次，在编研范围上，党史研究主要阐释的是党在新中国成立后的历史发展及其规律，范围超不出党自身及其作为执政党影响所及的事务。马克思、恩格斯说过：历史"划分为自然史和人类史。但这两方面是不可分割的；只要有人存在，自然史和人类史就彼此相互制约"①。就是说，一个国家的历史也包括这个国家的自然史。而自然界的有些内容，如天象（日食、彗星等）、气候、地质、洋流等的变化，与党史并没有关系，不在党史编研的范围内。但对于这些内容，国史编研却不能不加记载，不能不研究它们与人类社会的关系。至于自然界受人类活动影响造成的生态环境的变化，如森林覆盖率的大小、荒漠化和盐碱化的进退、空气污染的强弱等等，与党史或多或少也会有一定关系，党史研究也会涉及，但不可能设置这些领域的分支学科。而国史研究对这些领域

①《马克思恩格斯选集》第 1 卷，人民出版社 2012 年版，第 146 页脚注。

却可以也应当设置分支学科，如当代林业史、当代治沙史、当代空气治理史等。另外，社会领域中的疆域、政区、婚姻、家庭、民俗、服饰、饮食、语言、娱乐方式、人际交往等的变化，与党史也或多或少有关，党史研究也要涉及，但同样不可能在这些领域设置分支学科或研究方向。例如，在党史研究中不可能设中共疆域史、中共政区史、中共婚姻史、中共民俗史、中共服饰史等专业，因为不存在这样的历史。党虽然有自己的经济思想史、法制思想史、民族政策史、宗教政策史、环境政策史、人口政策史等等，在党史研究中应当设置这方面的分支学科或研究方向，但党并没有自己的法制史、民族史、宗教史、环境史、人口史，新中国成立后也不再有自己独立的经济史。然而，所有这些都是国史研究的内容，都可以也应当在国史研究中设置分支学科。可见，国史研究的范围要比党史研究宽广得多。如果把党史和国史比喻为一座宝塔的话，党史可以说是塔身，而国史则是宝塔的基座。

再次，在编研重点上，党史研究的重点应当是党的路线、方针、政策和重大决策制定与出台的过程，党的制度建设、思想建设、组织建设、作风建设的进展，党的会议和文献、领袖人物和英雄模范，以及执政的经验总结，等等。国史研究对这些内容虽然也会涉及，但更多的应当是记述和阐释全国人民代表大会及其常委会和国务院的决策过程，法律的制定和变化过程，以及国家各级权力机关、行政机关、审判机关、检察机关、监察机关的重大活动和举措，国家各项建设事业的进展和有突出贡献的人物，国家机关自身建设及其经验总结，等等。

最后，在学科理论与编研方法上，党史和国史编研都要以唯物史观为指导；都要对史料充分收集、慎重选择、严谨考证，对问题进行阶级分析、历史分析、系统分析、辩证分析；都要对中国传统史学和国外史学的有益成分加以吸收，对社会科学其他学科的科学方法加以借鉴。但党史编研需要更多地运用政治学科的理论与方法，而国史编研主要运用的是史学的理论与方法。在史书编纂方面，国史书除了章节体外，还需要借鉴我国古代史书编撰的体裁体例，如纪传体、编年体、纪事本末体、典制体、方志体、史地体等等，创造性地继承和发扬我国史书编纂的优秀传统。

总之，国史研究与党史研究各有各的学科属性和学科体系、学术体系、话语体系，谁也代替不了谁。现在一些国史书与党史书之间存在内容雷同或近似的现象，并不表明国史研究与党史研究是一回事、一个学科，而是因为国史书过多地写了本该由党史书撰写的内容，而党史书过多地写了本该由国史书撰写的内容。这个问题恰恰应当通过加强两个学科的自身建设逐步解决，而不应当成为模糊二者学科区别的理由。否则，只会妨碍各自学科的发展。

另外，新中国史研究与史学其他学科相比，虽然具有更加强烈的意识形态性和宣传功能，更加突出的学科综合性和交叉性，更加接近于当今社会，但同样不等于说它就是意识形态工作或宣传工作，就可以把它混同于其他学科，或放入现实对策类研究。在社会科学领域，现有学科多多少少都具有意识形态属性。一门学科是否为科学研究，并不取决于它是否具有意识形态性，而在于它追求的是否客观真理，反映的是否客观规律，具有的知识体系是否完整系统，遵守的学术规范是否被公认为科学。只要新中国史研究尊重历史的真实性、连贯性、继承性，注重揭示历史事件的原因、总结历史成败的经验、探索历史发展的规律，并致力于构建符合学术规范的学科体系，它就是地地道道的学术工作，就是一门科学，就要把它当成科学、学科、学术、学问来对待。意识形态领域的斗争与政治领域的战争一样，也需要武器，也有阵地和战场。只不过，国史研究者进行意识形态斗争所使用的武器是学术，要守卫的阵地是党所领导的学术阵地，与敌对势力展开较量的战场是学术战场。至于说新中国史的宣传和教育，本身都是国史研究成果的转化。因此，搞好新中国史的宣传、教育，首先也要搞好新中国史的学术研究，使它们的战斗力、说服力建立在史料更扎实、分析更深刻、论述更创新的学术成果的基础之上。

史学是一门综合性学科，不仅在客观上与很多学科有着很强的交叉性，而且史学工作者在主观上也很需要借鉴其他学科的研究成果与研究方法。史学的这一特点，在新中国史研究中尤显突出。但是，与不同学科之间有交叉关系，不等于不同学科之间就可以混淆。例如，新中国史是马克思主义基本原理与新中国革命、建设、改革实践相结合的历史。因此，在马克思主义发展史研究中，不可能不研究当代中国的问题；在新中国史研究中，也不可能不研究马克思主义中国化的历史。然而，马克思主义研究是理论学科，新中国史研究是历史学科。不能因为马克思主义研究中包括当代中国基本问题的研究，新中国史研究中包括马克思主义中国化过程的研究，就把新中国史学科放入马克思主义学科。

新中国史是现代史、当代史，因此，新中国史研究与史学其他分支学科相比，自然会与现实之间的距离最近。现实中刚刚发生的事，有些很快就会成为新中国史研究的内容。同时，新中国史研究中的问题，很多也会是当代中国对策研究中的问题。但这同样不意味着新中国史研究就是对策研究，或属于应用对策类的学科。新中国史研究与史学其他学科一样，在社会科学研究中属于基础类学科。它所研究的当代问题，无论距离现实多近，都只能是从历史的角度而不是从对策的角度去研究。新中国史研究当然要为现实服务，但这种服务只能体现在对某个历史问题发生发展的过程阐述、原因分析、经验总结、趋势预测上，而不能要求它拿出具体对策。就是说，它在当代问题面前，只负责说清楚这些问题是什么，原因何在，经验教训有哪些，今后可能如何发展，而不负责回答应当怎么办，采用什么对策。因为，这门学科的史学性质决定了它不承担对策的责任，也不具备对策研究必须具有的那些研究条件。如果硬要它拿出对策，结果只能是打乱仗，只能是种了别人的田、荒了自己的地；而且，别人的田也是肯定种不好的。

至于有人仅仅因为新中国史研究比较薄弱，资源较少，研究成果很难在中国古代史、近代史学界中进行学术交流等原因，就主张把它纳入党史党建学科，这种理由就更加站不住脚了。任何一门新兴学科，总有从基础薄弱到逐渐成熟的过程。当初，党史研究也很薄弱，但党史学界就不赞成把它并入其他学科。另外，隔行如隔山，同属一个大学科下的几个分支学科之间难以进行学术交流的情况，比比皆是。例如，近代史研究中的问题，就很难拿到古代史学界进行交流。至于说目前党史党建学已被确立为一级学科，有的高校设置了党史党建的独立学院，因此，将新中国史教学放入其中，有助于这一教学的发展，这种考虑，不能说没有道理。但必须明确，这只是一种行政措施，并不涉及学科归属。当然，如果有关部门能根据实际情况把新中国史（中国现代史、当代史）也提升为史学门类的一级学科，那就更好了。

毛泽东在《矛盾论》中指出："科学研究的区分，就是根据科学对象所具有的特殊的矛盾性。因此，对于某一现象的领域所特有的某一种矛盾的研究，就构成某一门科学的对象。……如果不研究矛盾的特殊性，就无从确定一事物不同于他事物的特殊的本质，就无从发现事物运动发展的特殊的原因，或特殊的根据，也就无从辨别事物，无从区分科学研究的领域。"[1] 这就是说，任何科学门类都有自己质的规定性，如果只注意学科之间的联系，而忽略或抹杀它们之间质的区别，任何科学研究都无从着手，也不可能搞好。时至今日，

---

[1]《毛泽东选集》第1卷，人民出版社1991年版，第309页。

我们如果连新中国史姓"什么",是什么学科都弄不清楚,都要拿出来反复讨论,又如何能集中精力加快构建作为基础学科和新兴学科的新中国史研究的"三大体系",如何深化新中国史的编研工作、提高新中国史研究的水平呢?

在习近平总书记向国史学会发出贺信的当天,中央政治局委员、中宣部部长李书磊出席庆祝国史学会成立30周年大会,宣读了习近平总书记的贺信并作讲话,要求充分认识新中国史研究的重要意义,牢牢把握新中国史研究的正确方向,不断开创新中国史研究事业繁荣发展的新局面。中国社会科学院院长高翔在讲话中表示,中国社科院党组将以高度的政治责任感和使命感,举全院之力,加强新中国史研究工作,努力把当代中国研究所和国史学会建设成为顶尖的和具有广泛国际引领力的新中国史研究重镇和学术交流平台。他们的讲话表明,党和国家有关部门为了贯彻落实习近平总书记贺信精神,已经在着手为国史研究事业的大发展创造更好的条件和环境。在这种形势下,我们完全有理由相信,国史研究资源相对少的问题,也是一定会逐步得到解决的。

当前,国史学界乃至意识形态部门正在深入学习贯彻习近平总书记给国史学会的贺信精神。国史工作者应当珍惜、爱护和充分利用这一难得的机遇,借助这股东风,在坚持以马克思主义中国化时代化最新成果为指导和牢牢把握国史的主题主线、主流本质,以及提高研究水平、创新宣传方式、加强教育引导上多下功夫,在加快构建新中国史"三大体系"建设和抵御、批判历史虚无主义思潮上多动脑筋。我们要站稳新中国史史学属性的脚跟，在新中国史尚未被国家学位学科管理部门认定为史学门类一级学科之前，安于其作为中国史分支学科的地位，咬定青山不放松，任尔东西南北风，聚精会神地推动新中国史研究、宣传、教育事业的繁荣发展，积极主动地发挥国史研究的资政、育人、护国功能，为全面建设社会主义现代化国家、最终实现中华民族伟大复兴，贡献国史工作者的力量和智慧。

再谈国史分期问题[*]

从事历史研究尤其是历史编纂工作，免不了遇到对历史分期，即给历史断限的问题。而要对历史分期、给历史断限，不能不先明确分期、断限的依据和标准。在史学领域，这是一个重要的理论和实践问题，也是分歧、争论较多的问题。

对于人类历史大阶段的划分，马克思恩格斯早在创立唯物史观时就已给出了依据和标准，即经济基础与上层建筑构成的社会形态的演变，并且依据这一标准，将人类历史总体上分为原始社会、奴隶制社会、封建社会、资本主义和社会主义及其高级阶段共产主义社会五大阶段。以唯物史观为指导的史学界对此基本没有异议，分歧主要在于对同一社会形态下的历史应当依据什么标准进行分期和断限，又应当如何分期或断限。

从已有著述看，人们对同一社会形态下的历史进行分期、断限，依据的标准一般是能够体现出历史阶段性特征的标志性事件。在这个问题上，分歧并不大。分歧大的是，究竟什么是阶段性特征，哪些标志性事件能体现这些特征。这种分歧，既与学者个人的学养有关，也与进行分期的具体目的和

---

* 本文曾发表于《当代中国史研究》2021 年第 2 期。

观察问题的角度有关。而对于新中国史这种仍在成长的历史的分期、断限，分歧原因除了上述这些之外，还与进行分期、断限所处的时间节点有关。就是说，对于尚在进行、发展、成长、变动的历史，分期或断限所依据的标准还要受历史进程本身的影响。比如，当新中国史仅有十几年、二十几年、三十几年时，与这一历史超过了半个世纪甚至达到六七十年时，人们分期、断限的意见往往会有所变化。

我自 21 世纪初调至当代中国研究所，从事国史研究，主持新中国简史编撰，便碰到国史的分期、断限及其依据和标准的问题。在对新中国成立至 21 世纪初 50 多年的历史进行了研究，并对已有党史国史书的分期作了一番考察后，我逐渐形成了自己的主张。2009 年，《中国社会科学》第一期发表了我的《论中华人民共和国史研究》（以下简称《论国史研究》）一文，其中第二部分专门谈国史的分期。我首先介绍了国史学界对新中国历史的分期方法，指出主要有二分法、四分法、五分法、六分法和八分法，前四种都是改革开放初期划分的。随后，我也提出了自己的分期主张，即新的五分法：第一个时期为 1949—1956 年，共 7 年；第二个时期为 1956—1978 年，共 22 年；第三个时期为 1978—1992 年，共 14 年；第四个时期为 1992—2002 年，共 10 年；第五个时期于 2003 年开始，当时正在进行之中。我之所以这样分期、断限，目的是更大程度地体现国史的特点，依据的是经济社会的发展道路和目标模式的变化，标准是能体现这一变化的标志性事件。由于篇幅所限，文章只对为什么把 1956—1966 年全面建设社会主义时期的十年、1966—1976"文化大革命"的十年和 1977—1978 年"徘徊中前进"的两年并入第二个时期，作了稍微详细的解释，对其余四个时期的划分未作更多说明。①

然而，2015 年之后，随着历史的发展以及自己对历史认识的逐步深入，我的观点有了新的变化。不过，将新中国史分为五个时期，即五分法的观点并没有变，分期的依据、标准也没有变，变的主要是第四、第五两个时期上下限的划分时间，即将第四个时期的下限由 2002 年推后到了 2012 年，将第五个时期的上限相应由 2003 年变为了 2013 年。

在《论国史研究》那篇文章中我还说过，对新中国史不同时期的划分方法、看法，绝大多数是学术性的，而且都有一定的道理。因此，各种意见都应当在学术范围内平等讨论，不应当只把某种意见作为绝对正确，而把其他意见斥为绝对错误。今天，我仍然坚持这个看法。正因为如此，我想把近几年由于新中国历史新进展而引起的对分期问题的一些新思考，尤其是过去未能详细说明的各时期划分依据和标准，集中起来，再谈一次，和国史学界的同人切磋。

第一，关于为什么把 1949—1952 年的新民主主义时期和 1953—1956 年的社会主义过渡时期放在一起，都作为结合中国实际学习苏联社会主义建设的时期，或者说是以苏联的建设道路为目标模式的时期。

理由有二。

---

① 朱佳木：《论中华人民共和国史研究》，《中国社会科学》2009 年第 1 期。

其一，这两个时期本质上都是向社会主义社会的过渡。

中国共产党早就明确，中国革命要分两步走，或者说做上下两篇文章，第一步或第一篇文章是民主主义的革命，第二步或第二篇文章是社会主义的革命。因此，当 1949 年新民主主义革命胜利时，自然意味着要进行社会主义革命了。但在第一届政协会上有民主人士提问，"既然新民主主义是过渡性质的阶段，共同纲领为什么不把社会主义前途规定出来"时，周恩来回答说："现在暂时不写出来，不是否定它，而是更加郑重地看待它。"[①] 可见，新中国的最初几年，虽然实行新民主主义政策，但目标是社会主义。后来，当社会主义改造结束后，毛泽东谈到民主革命向社会主义革命转变的问题时就明确说："中华人民共和国的成立标志着中国革命由资产阶级民主革命阶段转变到社会主义革命阶段，即进入由资本主义到社会主义的过渡时期。"对此，他还讲了两点根据：一是新中国成立后，"我们立即没收了占全国工业、运输业固定资产百分之八十的官僚资本，转为全民所有"；二是"用了三年的时间，完成全国的土地改革"，紧接着开展了农业合作运动。所以，他批评了那种认为全国解放后最初阶段主要是资产阶级民主革命性质、后来才逐渐发展成为社会主义革命的观点，指出这种说法是"不对的"。[②]

其二，向苏联学习建设社会主义的经验是这两个时期的共同特点。

①《中华人民共和国开国文选》，中央文献出版社 1999 年版，第 249 页。
②《毛泽东文集》第 8 卷，人民出版社 1999 年版，第 113 页。

新中国没有搞工业化的经验，更没有社会主义建设的经验。而苏联是第一个社会主义国家，从 1928—1950 年，除了中间的卫国战争，进行了以重工业为重点的四个五年计划建设，并且已被实践证明是成功的。我们当时既然要优先发展重工业，进行大规模工业化建设，没有别的工业国可以学习，只能向苏联学习。新中国刚成立时，由于进行大规模工业化建设的条件不成熟，还需要利用资本主义工商业者的积极性积累资金、物资，所以没有马上提出社会主义政策，但要变农业国为工业国，要由新民主主义向社会主义过渡，这个大方向是明确的。早在 1949 年底毛泽东到苏联访问时，便提出请苏联援助我国经济建设，给予贷款和派出专家、顾问，随后确定了 50 个援建项目。以后，周恩来、陈云于 1952 年就"一五"计划问题访苏，斯大林鉴于我国抗美援朝作出的巨大民族牺牲，表示全面援助我"一五"计划建设，并商定再增加 91 个援建项目。所以 156 项中的绝大部分是在 1949—1952 年实行新民主主义政策时确定的。所以，那几年很自然地提出要全面学习苏联的经验。当 1953 年决定开展"一五"计划建设并提前向社会主义过渡时，毛泽东进一步提出"应该在全国掀起一个学习苏联的高潮"[1]。这个学习大约持续到 1956 年《论十大关系》的发表。可见，无论新民主主义时期还是提出向社会主义过渡的时期，都是以学习苏联为主要特征的。

正因为如此，我认为把 1949—1956 年都作为向社会主义

---

[1]《毛泽东文集》第 6 卷，人民出版社 1999 年版，第 264 页。

的过渡时期，是符合历史实际的。

第二，关于为什么把 1966—1976 年"文化大革命"的十年、1977—1978 年"徘徊中前进"的两年同 1956—1966 年社会主义全面建设的十年放在一起，都作为探索中国自己的建设社会主义道路的时期，或者说都是要突破苏联模式，试图把计划经济体制加突出政治和群众运动作为经济与社会发展目标模式的时期。

解释这个问题，首先需要明确，对"文化大革命"的评价必须坚持《关于建国以来党的若干历史问题的决议》（以下简称《历史决议》）的结论，即这"是一场由领导者错误发动，被反革命集团利用，给党、国家和各族人民带来严重灾难的内乱"；发动"文化大革命"的"主要论点既不符合马克思列宁主义，也不符合中国实际"；"文化大革命"的实际做法既混淆了是非，也混淆了敌我（有些做法连对敌人也不应该采用）；"既脱离了党的组织，又脱离了广大群众"。因此，它"不是也不可能是任何意义上的革命或社会进步"。① 肯定上述结论，是谈论为什么这样分期的前提。因为，只有坚持这个前提，才能谈清楚这样分期的理由。

理由有以下四点。

其一，"文化大革命"虽然是错误的，但它的出发点是为了巩固社会主义制度、防止资本主义复辟，因此它也是对社会主义的探索，"文化大革命"时期仍然是社会主义建设的

---

① 《三中全会以来重要文献选编》（下），中央文献出版社 2011 年版，第 142—144 页。

时期。

《历史决议》在分析"文化大革命"发生的原因时指出:"社会主义运动的历史不长,社会主义国家的历史更短,社会主义社会的发展规律有些已经比较清楚,更多的还有待于继续探索。""毛泽东同志是经常注意要克服我们党内和国家生活中存在着的缺点的……他在犯严重错误的时候,还多次要求全党认真学习马克思、恩格斯、列宁的著作,还始终认为自己的理论和实践是马克思主义的,是为巩固无产阶级专政所必需的,这是他的悲剧所在。"① 邓小平也说过:"毛泽东同志发动这样一次大革命,主要是从反修防修的要求出发的。"② 其实,早在 20 世纪 60 年代初,中苏论战及紧接其后开展的社会主义教育运动,就已经开启了对反对和防止修正主义、巩固社会主义制度的探索;而且,那时已经出现了阶级斗争扩大化、绝对化的偏差。因此,"文化大革命"实际上是对那时探索的继续,而且探索的偏差越来越大,最终成为一种不成功的甚至失败的探索。但我认为,任何探索不能因为失败了,就否定它是探索。好比一个人要从北京去上海,走到了南京,然后再纠偏,最终还是到了上海。你可以说这个人一度走偏了,但不能因此否定他的目的地是上海。所以,把十年"文化大革命"放入探索自己的建设社会主义的时期,符合历史的实际,也符合《历史决议》的精神。

①《三中全会以来重要文献选编》(下),中央文献出版社 2011 年版,第 149、147 页。

②《邓小平文选》第 2 卷,人民出版社 1994 年版,第 149 页。

"文化大革命"发生在"文化大革命"时期，但"文化大革命"不等于"文化大革命"时期。因为，那个时期除了进行"文化大革命"及其一系列政治运动外，还有各个领域的建设；整个国家虽然处于时起时伏的动乱之中，但正如《历史决议》所说："我国社会主义制度的根基仍然保存着，社会主义经济建设还在进行，我们的国家仍然保持统一并且在国际上发挥重要影响。"① 既然社会主义制度的根基还保存着，社会主义建设还在进行，"文化大革命"时期当然只能是社会主义时期。《历史决议》还说："我国国民经济虽然遭到巨大损失，仍然取得了进展。粮食生产保持了比较稳定的增长。工业交通、基本建设和科学技术方面取得了一批重要成就。"② 毫无疑问，这里说的成就，当然也只能是社会主义建设的成就。

习近平总书记在论述改革开放前后两个历史时期的关系时指出：这两个时期"是两个相互联系又有重大区别的时期，但本质上都是我们党领导人民进行社会主义建设的实践探索"③。"文化大革命"时期在改革开放前的历史中占三分之一，说改革开放前历史时期是对社会主义的探索，不可能不包括"文化大革命"时期。所以，习近平总书记的这一论述，也可以看作"文化大革命"时期是社会主义建设和探索时期的一个重要依据。

① 《三中全会以来重要文献选编》（下），中央文献出版社 2011 年版，第 147 页。
② 《三中全会以来重要文献选编》（下），中央文献出版社 2011 年版，第 148 页。
③ 《习近平谈治国理政》，外文出版社 2014 年版，第 21 页。

还要看到，说发动"文化大革命"的主要观点既不符合马克思主义，也不符合中国实际，我理解主要指无产阶级夺取政权后还要进行"一个阶级推翻另一个阶级的革命"，以及对当时中国阶级斗争实际状况的分析，不等于说其中所有论点都不对。有些论点，比如无产阶级夺取政权后还存在得而复失的危险、要警惕党内走资本主义的当权派等等，如果离开当年的具体所指，应当说还是科学的正确的，而且都被后来东欧剧变，以及我国改革开放后出现党内资产阶级自由化和腐败分子的事实所验证。邓小平在改革开放中说：自由化思想"不仅社会上有，我们共产党内也有"。"所谓资产阶级自由化，就是要中国全盘西化，走资本主义道路。"① 既然搞自由化的人要走资本主义道路，他们又在共产党内当权，不是党内走资本主义道路的当权派又是什么呢？另外，腐败分子贪污了那么多钱，如果不实行资本主义私有化，他们贪污的钱就难以合法变现，也难以作为遗产为后代继承。苏联解体、苏共下台的一个重要原因，就是有一大批思想被"和平演变"的官员丧失了共产主义信念，还有一大批贪污腐败的官员盼望实行资本主义制度。苏联解体后，摇身变为资本家和形形色色"寡头"的，很多就是苏共原先的各级干部和国有企业的领导。可见，毛泽东当年发动"文化大革命"，虽然在对阶级斗争形势、党内干部队伍状况的估计，以及实际做法上都发生了错误，但其中某些论点还是十分深刻、符合逻辑、具

① 《邓小平文选》第 3 卷，人民出版社 1993 年版，第 124、207 页。

有远见、经受了后来实践检验的，是站得住脚的。

其二，把"文化大革命"十年与全面建设社会主义十年并列为两个独立的时期，很容易给人造成"文化大革命"十年游离于社会主义社会之外的印象，也很容易给历史虚无主义思潮把改革开放前后两个历史时期分割和对立起来以可乘之机。

如果说在二十世纪八九十年代，那时新中国的历史还不够长，把"文化大革命"的十年与全面建设社会主义的十年并列还有一定道理的话，那么，当新中国历史已经有了六七十年之久，仍然把它们作为各自独立的历史时期，就没有多少道理了。这样分期，对人们正确认识那段历史的本质，正确认识改革开放前后两个历史时期的关系，都是十分不利的。

"文化大革命"确实是全局性的错误，但全局性错误的时期不一定非要单独分期不可。1958 年的"大跃进"也是全局性的错误，但党史国史书在分期上，一般是把它列入 1956—1966 年全面建设社会主义时期的。可见，某个时期是否发生全局性错误，不能也不应当作为分期的标准。

其三，把"在徘徊中前进"的两年也放入探索中国自己的建设社会主义道路时期，原因在于它虽然停止了"文化大革命"，并开始大力抓经济建设，但追求的目标仍然是回到"文化大革命"前那种用计划经济加突出政治和群众运动的办法搞建设的模式，而不是要另辟一条新路。

其四，全面建设社会主义的十年与"文化大革命"的十年、"在徘徊中前进"的两年虽然各具特点,但三个时期有一个共同之处,就是都试图突破苏联的社会主义建设模式,探索出一条自己的建设社会主义的道路。这条道路从一定意义上讲,就是用计划经济加突出政治和群众运动的办法搞建设。

从 1956 年起,我国开始强调把苏联经验同本国特点结合起来,反对照抄照搬,并逐渐提出要以自己的经验为主,苏联的经验只能做参考。而自己的经验,最早最集中的体现就是毛泽东 1956 年写的《论十大关系》和 1957 年写的《关于正确处理人民内部矛盾的问题》两篇文献。这两篇文献阐述的经验,内容虽然十分丰富,但最核心的、贯穿 1956—1976 年始终的,我认为就是计划经济加突出政治和群众运动。

毛泽东在探索社会主义过程中,最大的失误是发动"大跃进"和"文化大革命"。这两大失误的原因各有不同,前者主要是急于求成,后者主要是将党和国家的工作重点由经济建设转移到了阶级斗争。但无论前者还是后者,本意都是要用政治挂帅和提高人民思想觉悟来发动群众,通过政治运动、群众运动来促进经济建设和各项事业的发展。"文化大革命"虽然提出"以阶级斗争为纲",但也并非要取消经济建设,不是要"跃过工业化"搞所谓民粹化的社会主义。否则,无法解释毛泽东为什么会同意周恩来重申他过去提出的 20 世纪内全面实现四个现代化的奋斗目标,为什么会批准用 40 多亿美元进口发达国家的先进工业设备,为什么会支持邓小平重新出来工作并作出"把国民经济搞上去"的指示。

在用什么发动群众、调动群众积极性的问题上,毛泽东从马克思主义关于意识形态对经济基础具有反作用的原理出发，提出不能单纯就经济抓经济、就技术抓技术，不能只讲物质利益原则和个人利益至上，还要抓思想政治工作和人的觉悟的提高。他说："政治工作是一切经济工作的生命线"①；"思想工作和政治工作，是完成经济工作和技术工作的保证，它们是为经济基础服务的"②。他的这一观点与列宁关于"政治是经济的集中表现""政治同经济相比不能不占首位""一个阶级如果不从政治上正确地看问题，就不能维持它的统治，因而也就不能完成它的生产任务"的观点，③是完全一致的。他批评苏联《政治经济学教科书》过分强调物质利益原则和个人利益的偏向，指出："我们要教育人民，不是为了个人，而是为了集体，为了后代，为了社会前途而努力奋斗。要使人民有这样的觉悟。""应当强调艰苦奋斗，强调扩大再生产，强调共产主义前途、远景，要用共产主义理想教育人民。要强调个人利益服从集体利益，局部利益服从整体利益，眼前利益服从长远利益。要讲兼顾国家、集体和个人，把国家利益、集体利益放在第一位，不能把个人利益放在第一位。不能像他们（指苏联——笔者注）那样强调个人物质利益，不能把人引向'一个爱人，一座别墅，一辆汽车，一架钢琴，一台电视机'那样为个人不为社会的道路上去。"④他把"以集

①《毛泽东文集》第 6 卷，人民出版社 1999 年版，第 449 页。
②《毛泽东文集》第 7 卷，人民出版社 1999 年版，第 351 页。
③《列宁选集》第 4 卷，人民出版社 2012 年版，第 407—408 页。
④《毛泽东文集》第 8 卷，人民出版社 1999 年版，第 134、136 页。

体利益和个人利益相结合的原则为一切言论行动的标准"，称为社会主义精神，① 要求在全党全社会提倡。他把阶级斗争、生产斗争、科学实验概括为三大革命实践活动，认为"只搞生产斗争、科学实验，不抓阶级斗争，人的精神面貌不能振奋，还是搞不好生产斗争、科学实验的"②。他把马克思主义的认识论概括为"物质变精神、精神变物质"，指出"代表先进阶级的正确思想，一旦被群众掌握，就会变成改造社会、改造世界的物质力量"。③ 他大力推动向雷锋、大庆、大寨等先进典型的学习，积极倡导为人民服务和艰苦奋斗的精神与风尚。所有这些都表明，他抓思想政治工作，抓人的思想觉悟的提高，目的是为着用这种方法促进生产力的发展。用他自己的话说，就是"抓革命，促生产"。

由此可见，无论全面建设社会主义的十年还是"文化大革命"的十年、"徘徊中前进"的两年，建设的指导思想或目标模式都是计划经济加突出政治和群众运动，只不过表现形式和实行程度不同罢了。

基于以上几点原因，我认为把上述三个时期合并在一起，都纳入探索中国自己的建设社会主义道路时期，符合这三个时期的阶段性特征，也有利于人们正确认识它们三者之间的关系，有利于抵制把改革开放前后两个历史时期加以割裂和对立的错误思想，有利于引导人民群众尤其广大青年树

①《毛泽东文集》第 6 卷，人民出版社 1999 年版，第 450 页。
②《毛泽东传（1949—1976）》（下），中央文献出版社 2003 年版，第 1326 页。
③《毛泽东文集》第 8 卷，人民出版社 1999 年版，第 390、320 页。

立新中国的历史自信、从而坚定中国特色社会主义的"四个自信"。

第三，关于为什么把 1978—1992 年作为开创中国特色社会主义建设道路的时期。

早在 1956 年资本主义工商业改造刚刚完成、计划经济体制初步建立时，陈云就提出过一个关于体制改革的设想，即在所有制上，以国家和集体为主体，以个体为补充；在生产计划上，以国家计划生产为主体，以根据市场变化进行自由生产为补充；在市场管理上，以国家统一市场为主体，以自由市场为补充。这个"三主体三补充"的设想，虽然由于种种原因在当年未能实行，但却成为改革开放初期经济体制改革的指导方针，对"突破高度集中的计划经济体制的改革，产生过广泛而深刻的影响"①。1979 年初，陈云对这一思想作了进一步丰富和发展，写出一个关于计划与市场关系问题的提纲。其中指出，无论苏联还是中国的计划工作，主要缺点是"只有'有计划按比例'这一条，没有在社会主义制度下还必须有市场调节这一条"。他主张，"整个社会主义时期必须有两种经济：（1）计划经济部分（有计划按比例的部分）；（2）市场调节部分（即不作计划，只根据市场供求的变化进行生产，即带有盲目性调节的部分）。"他还提出，在经济体制改革中，"不一定计划经济部分愈增加，市场经济部分所占

---

① 江泽民：《在〈陈云文选〉（一——三卷）、〈陈云〉画册出版暨纪念陈云同志诞辰 90 周年座谈会上的讲话》，《人民日报》1995 年 6 月 14 日。

绝对数额就愈缩小，可能是都相应地增加"。① 后来，他把这个思想概括为"以计划经济为主、市场调节为辅"。从那时起一直到 1992 年党的十四大前，体制改革基本上是按照这个思路展开的。

比如，党的十二大报告明确把"计划经济为主、市场调节为辅"作为体制改革的原则，指出："有计划的生产和流通，是我国国民经济的主体。同时，允许对于部分产品的生产和流通不作计划，由市场来调节。"② 党的十三大虽然肯定"社会主义经济是公有制基础上的有计划的商品经济"，强调不能把计划调节和指令性计划等同起来，但仍然明确指出："社会主义有计划商品经济的体制，应该是计划与市场内在统一的体制。"③ 1989 年"八九"风波后，邓小平也仍然表示："以后还是计划经济与市场调节相结合。"④ 可见，计划与市场相结合的方针，在 1992 年邓小平南方谈话及党的十四大之前，始终是那一时期经济体制改革的目标模式。所以，试图走出一条计划经济加市场调节的社会主义建设道路，应当是 1978—1992 年那 14 年最突出的阶段性特征。

第四，关于为什么把 1992—2012 年作为开创中国特色社会主义道路新局面的时期。

邓小平在南方谈话中指出："计划多一点还是市场多一点，

---

① 《陈云文选》第 3 卷，人民出版社 1995 年版，第 245、247 页。
② 《十二大以来重要文献选编》（上），中央文献出版社 2011 年版，第 18 页。
③ 《十三大以来重要文献选编》（上），中央文献出版社 2011 年版，第 23 页。
④ 《邓小平文选》第 3 卷，人民出版社 1993 年版，第 306 页。

不是社会主义与资本主义的本质区别。"[1] 党的十四大根据邓小平谈话精神，宣布"我国经济体制改革的目标是建立社会主义市场经济体制……使市场在社会主义国家宏观调控下对资源配置起基础性作用"[2]。这一新体制尽管是与社会主义基本制度结合的，是坚持国家宏观调控的，是包括使用计划手段的，但既然由市场对资源配置起基础性作用，就必然出现公有制实现形式多样化和多种经济成分共同发展的局面，出现按劳分配和按生产要素分配结合，允许和鼓励资本、技术等管理要素参与分配的局面，出现社会经济成分、组织形式、就业方式、利益关系、分配方式越来越多样化的局面，出现人们思想和社会活动的独立性、选择性、多变性、差异性越来越增强的局面，从而使这一时期呈现出明显的阶段性特征。

第五，关于为什么把 2013 年作为中国特色社会主义道路更加成熟和定型时期的起点。

前面已说过，我过去一度把 2003 年作为中国特色社会主义建设进入一个新的发展阶段的开始。原因是认为科学发展观的提出，意味着社会主义市场经济体制建立后，出现了注重经济与社会协调发展、科学发展、和谐发展的目标模式。这对过去一段时间在社会主义建设中过分突出经济，以及在经济建设中过分突出速度、产值的偏向，显然是一种纠正。然而，直到 2012 年党的十八大召开，十年过去了，科学发展

---

[1]《邓小平文选》第 3 卷，人民出版社 1993 年版，第 373 页。

[2]《中国共产党第十四次全国代表大会文件汇编》，人民出版社 1992 年版，第 22 页。

观在实际工作中并没有得到认真落实。就是说，2003—2012年与 1992—2002 年相比，各方面并没有多大变化。所以，在十八大之后，我对这一分期方法作了修正，把 2013 年作为新中国第五个历史时期的开端。

这样分期的理由，缘于以下三个方面。

其一，从治国理政的实践上看。

党的十八大之后，治国理政的各个层面出现了一系列有别于以往时期的明显变化，呈现出鲜明的阶段性特征。十八大于 2012 年 11 月中旬结束，从那以后出现的变化，人们是有目共睹的。我把它们归纳为以下六点。

在经济建设方面：过去长期把高速增长放在重要位置，而十八大后提出稳中求进的总基调，主张中高速增长是新常态，提出和统筹推进"五位一体"的总体布局，提出和协调推进"四个全面"的战略布局，等等。（"五位一体""四个全面"虽然不单纯是经济，但都是从如何发展经济的角度出发的。）

在体制改革方面：更多的是要求把促进社会公平正义、增进人民福祉作为改革的出发点和落脚点，必须让人民对改革有更多的获得感；同时，不大提政治体制改革，也不再提党政分开，而是强调改革的总目标是完善和发展中国特色社会主义制度、推进国家治理体系和治理能力现代化，改革必须坚持正确方向，不能把改革定义为往西方政治制度的方向改，党的领导是中国特色社会主义最本质的特征，等等。

在意识形态方面：更多地强调坚持正面宣传为主决不

意味着放弃舆论斗争，及时反驳错误言论与不争论是两码事；对错误思潮要敢抓敢管、敢于亮剑，不要含含糊糊、遮遮掩掩，搞爱惜羽毛那一套；要以战士的姿态投身宣传思想领域斗争第一线。另外，明确指出改革开放前后两个时期都是我们领导人民进行社会主义建设的实践探索，不能把这两个历史时期相互割裂相互否定。强调党校和党的媒体必须姓"党"，绝不能和党的路线、方针、政策唱反调；党管媒体的原则要贯彻到新媒体领域，要打赢互联网战场的舆论战争；马克思主义在哲学社会科学领域不能被边缘化、空泛化、标签化，不能在学科中"失语"、在教材中"失踪"、在论坛上"失声"；文艺要坚持以人民为中心的创作导向，不能在市场经济大潮中迷失方向，在为什么人的问题上发生偏差；学校必须培养社会主义事业的接班人，加强学生的思想政治教育，传承红色基因，高校普遍设立了马克思主义学院。

在党的建设方面：明显突出了斗争性和"严"字，改变了管党治党失之于宽、松、软的状况；由中央政治局带头执行八项规定，严厉整治形式主义、官僚主义、享乐主义和奢靡之风等四风，惩处了大批腐败官员，包括中央政治局常委、委员和军委副主席，对腐败采取"无禁区、全覆盖、零容忍"态度；并在各级人大设立了监察委员会，对各级党政机关及事业单位开展巡视。强调"革命理想高于天"、不要忘记自己是革命者，否定一度流行的"由革命党转变为执政党"的提法，要求把坚定共产主义和中国特色社会主义的理想信念作为党的建设的首要任务，教育引导全党不忘初心、牢记使命，挺起共产党人的精神脊梁。

在军队建设和国家安全方面：把建设一支听党指挥、能打胜仗、作风优良的人民军队，作为新形势下的强军目标，推进中国特色军事变革，改革了军委机构、战略区和野战部队编制，把坚持军事斗争准备作为国家安全的龙头，把军事训练摆在战略位置，全面提高信息化条件下的威慑和实战能力，夺取军事竞争中的主导权。要求把保证国家安全作为头等大事，提出总体国家安全观，扭住政治、经济、国土、社会、网络等各方面安全，加强对维护国家安全所需的物资、技术、装备、人才、法律、机制等保障能力建设，并设立了中央国家安全委员会。2020 年 5 月，十三届全国人大三次会议还通过了关于建立健全香港特别行政区维护国家安全的法律制度和执行机制的决定。

在国际关系方面：提出构建人类命运共同体的理念和促进"一带一路"国际合作的倡议，同时强调中国永远不称霸，也坚决反对霸权主义、强权政治，任何人不要幻想让中国吞下损害自身利益的苦果。全面推进中国特色的大国外交，形成全方位、多层次、立体化的外交布局，越来越多地成为国际组织、国际会议、国际行动的发起者、倡导者、组织者，使我国国际影响力、感召力、塑造力进一步提高，日益走近了世界舞台的中央。

正因为党的十八大之后出现了这些明显不同于以往几个时期的变化，我从 2015 年开始，在文章和讲课中把国史第五个时期的起点，由党的十六大之后的 2003 年移到了十八大之后的 2013 年。我认为，这个时期要回答的问题是建设一个什么样的中国特色社会主义和怎样建设中国特色社会主义；这与此前要回答的什么是社会主义、怎样建设社会主义的问题有联系，但不是一个问题。①

唯物辩证法中有一个重要规律，是否定之否定。恩格斯说：否定之否定"它是自然界、历史和思维的一个极其普遍的、因而极其广泛地起作用的、重要的发展规律"②，根据这一规律，任何事物的前进都不可能是直线式的，而只能是螺旋式上升的运动。马克思借用黑格尔的术语，把历史的前进概括为正题、反题、合题的过程，说这"是否定的否定，是对立面的统一"③。从这个意义上观察和思考国史，如果把改革开放前 29 年看成一个"肯定"或一个"正题"，把改革开放后到党的十八大之间的 34 年看成一个"否定"或者"反题"的话，那么，十八大以来的这些年，显然可以看成"否定"后的"否定"，即新的"肯定"；或者叫作"正题"和"反题"后的"合题"。这里说的"肯定""否定"也好，"正题""反题""合题"也好，都是哲学的语言。它既不是要否定改革开放，也不是要回到改革开放前的社会状态，更不是要终结社会主义初级阶段，而是要站在更高的历史起点上推进改革开放，提升社会主义初级阶段的层次。

---

① 朱佳木：《当代中国理论问题十二讲》，社会科学文献出版社 2016 年版，第 11—12、234 页。

②《马克思恩格斯选集》第 3 卷，人民出版社 2012 年版，第 519—520 页。

③《马克思恩格斯选集》第 1 卷，人民出版社 2012 年版，第 255—256 页。

从党的十八大以来的种种变化可以看出，新中国的历史确实出现了一个既不完全同于改革开放前，又不完全同于改革开放后，而是总结了这两个历史时期的经验，吸纳、融合、发扬了这两个时期的长处，促使改革开放逐步上升到新境界的阶段。从这个角度给国史断限，完全可以说新中国的历史在党的十八大之后出现了一个新时期。

其二，从国内主要矛盾的变化看。

1956—1962 年，以及改革开放以来至党的十九大之前，我们党对于国内主要矛盾的提法，一直是人民日益增长的物质文化需要同落后的社会生产之间的矛盾。然而，随着综合国力不断提升，尤其 2010 年国内生产总值总量跃居世界第 2，再说我国社会生产落后，显然已不符合实际了。所以，十九大报告把主要矛盾的提法改为了"人民对美好生活的需要同社会生产不平衡不充分发展的矛盾"。一个社会的主要矛盾发生了变化，当然表明这个社会出现了一个新的历史时期。

其三，从党中央的论断看。

习近平总书记在党的十九大前夕的"7·26"讲话中指出："认识和把握我国社会发展的阶段性特征，要坚持辩证唯物主义和历史唯物主义的方法论，从历史和现实、理论和实践、国内和国际等的结合上进行思考，从我国社会发展的历史方位上来思考。""党的十八大以来，在新中国成立特别是改革开放以来我国发展取得的重大成就基础上，党和国家事业发生历史性变革，我国发展站到了新的历史起点上，中国特色社会主义进入了新的历史阶段。"① 紧接着，他在十九大报告中进一步指出："经过长期努力，中国特色社会主义进入了新时代。""五年来的成就是全方位的、开创性的，五年来的变革是深层次的、根本性的。……这些历史性变革，对党和国家事业发展具有重大而深远的影响。"他还说："十八大以来，国内外形势变化和我国各项事业发展都给我们提出了一个重大时代课题，这就是必须从理论和实践结合上系统回答新时代坚持和发展什么样的中国特色社会主义、怎样坚持和发展中国特色社会主义。"② 以上论述清楚地说明，中国特色社会主义进入新时代，不仅是对中国特色社会主义阶段划分的政治判断，而且直接关系到新中国史的分期，表明自从党的十八大以来，不仅中国特色社会主义开启了一个新阶段，我们国家的历史也进入了第五个时期。

那么，新中国史第五个时期应当如何称谓呢？新时代中国特色社会主义是对中国特色社会主义新阶段的称谓，不等于也是对国史新时期的称谓。党的十九届四中全会明确，在我们党成立 100 年时，也即 2021 年，中国特色社会主义各方面的制度将在更加成熟更加定型上取得明显成效；到 2035 年，也就是我国基本实现社会主义现代化时，使各方面制度更加完善，基本实现国家治理体系和治理能力现代化；到新

---

① 《高举中国特色社会主义伟大旗帜 为决胜全面小康社会实现中国梦而奋斗》，《人民日报》2017 年 7 月 28 日。

② 《中国共产党第十九次全国代表大会文件汇编》，人民出版社 2017 年版，第 8、7、14—15 页。

中国成立 100 年，也就是 21 世纪中叶，使中国特色社会主义制度更加巩固、优越性充分展现。制度在国家生活中无疑更带根本性、全局性、稳定性、长期性，所以我认为把党的十八大后开始的国史新时期，称作"中国特色社会主义道路更加成熟和定型的时期"比较合适。这样称谓，也有助于同国史第三、四两个时期的称谓相呼应、相协调。

我一向主张，在历史分期的问题上，无论某种意见多么接近真理，都只具有相对的意义。随着历史的继续发展，比如说到新中国诞生 100 年、200 年时，人们再来给国史分期、断限，肯定会和现在又有所不同。另外，上述分期只是就国家宏观历史而言的，至于某些专门史，如学术史、文学史、美术史、影视史等等；某些地方史，如西藏史、港澳台史等等，分期、断限完全可以根据自身的特殊情况划定，不一定非要与新中国史的分期保持一致不可。

充分认识新时代十年伟大变革在
新中国史上的里程碑意义[*]

　　习近平总书记在党的二十大报告中指出，党的十八大至今的十年来，我们党采取一系列战略性举措，推进一系列变革性实践，实现一系列突破性进展，取得一系列标志性成果，并且从 16 个方面系统阐述了这些举措、实践、进展和成果，在此基础上作出了关于"新时代十年的伟大变革，在党史、新中国史、改革开放史、社会主义发展史、中华民族发展史上具有里程碑意义"^①的重要论断。这一论断对于人们深刻认识新时代十年的历史性变化，把思想和行动进一步统一到习近平新时代中国特色社会主义思想上来，明确坚持和发展中国特色社会主义的前进方向，增强对中国特色社会主义事业的坚定信念和必胜信心，具有十分重要而深远的意义；而且，对于人们充分认识党的十八大以来在新中国史和改革开放史上开启了新时期，进一步引领新中国史研究的深入开展，也具有十分重要而深远的意义。

---

　　* 本文曾发表于《马克思主义研究》2023 年第 1 期。
　　① 习近平：《高举中国特色社会主义伟大旗帜　为全面建设社会主义现代化国家而团结奋斗——在中国共产党第二十次全国代表大会上的报告》，人民出版社 2022 年版，第 15 页。

　　给历史划分时期，即史学上所说的断限，面对社会形态
不同的社会，主要看生产力和生产关系、经济基础和上层建
筑在总体上有无较大变化；面对社会形态基本一致的社会，
主要看历史有无出现新的阶段性特征。唯物辩证法告诉我们，
世界上万事万物之所以千差万别，就因为事物内部具有矛盾
的特殊性。毛泽东说，人们要研究一个大系统的物质运动形
式，就要"研究每一个物质运动形式在其发展长途中的每一
个过程的特殊的矛盾及其本质"①。他还说过："有比较才能鉴
别。"②"科学研究要从质之特点的认识入手。"③我们只要把新时
代的十年与改革开放已经经历过的几个历史阶段进行比较便
不难看出，党的十八大之后，无论是在治国理政的理念方面，
还是在社会主义现代化建设的实践方面，无论是在经济、政
治、文化、社会、生态文明建设方面，还是在体制改革、国
家安全、党的自身建设的方针和做法方面，的确都发生了明
显而深刻的变化，呈现出鲜明的阶段性特征，标志着新中国
史和改革开放史都进入了一个新时期。如果不作这种比较，
就很难看出新时代十年与以往各个历史时期有什么不同，也
难以弄清楚新时代究竟新在哪里。

　　对于新时代十年在新中国史上的阶段性特征，我感受最
深的有七个方面。

---

　　①《毛泽东选集》第 1 卷，人民出版社 1991 年版，第 310 页。
　　②《毛泽东文集》第 7 卷，人民出版社 1999 年版，第 280 页。
　　③《毛泽东哲学批注集》，中央文献出版社 1988 年版，第 181 页。

一、在治国理政的理念上，更加突出人民至上、以人民为中心

中国共产党自从诞生起，就把为人民服务当作自己的神圣宗旨。执掌全国政权后，也一直把为人民服务作为自己执政的最高理念。党的十八大后，以习近平同志为核心的党中央反复强调要坚持人民至上、以人民为中心，这与为人民服务的宗旨既一脉相承，又根据实际情况的变化，在内涵和针对性上有所深化和创新，是为人民服务宗旨在新时代新条件下的具体化。

我们党讲为人民服务，在革命战争年代，主要针对的是个人主义、小团体主义，即把个人利益置于人民利益之上的思想和行为。新中国成立后，我们党成为全国的执政党，党员特别是党的各级干部手中有了一定权力，这时强调为人民服务，除了一般性地针对个人主义外，主要针对的是官僚主义和以权谋私。改革开放后，我国实行了以公有制为主体、多种所有制经济共同发展的基本经济制度和按劳分配为主体、多种分配方式并存的分配制度，确立了社会主义市场经济，鼓励和支持非公有制经济发展，把对外开放确立为一项基本国策，包括国外资本在内的私人资本成为被允许、鼓励参与分配的生产要素，并出现了资本市场、资本交易和亿万财富的拥有者。在这种情况下，我们的一些党员、干部尤其个别领导干部经受不住改革开放、市场经济、外部环境的考验，以权谋私变成了赤裸裸的权钱交易。他们一手接受私人

资本拥有者的贿赂，一手为私人资本的非法经营与牟利大开
方便之门。他们的所作所为不仅损害了党的形象，严重破坏
了党群关系，也助长了资本的无序扩张、野蛮生长，严重破
坏了社会主义市场经济的正常秩序和健康发展，扩大了贫富
差距，危及社会主义制度的安全。党的二十大报告中说，十
年前"党内和社会上不少人对党和国家前途忧心忡忡"①。联系
邓小平在改革开放初期讲过的"现在有人担心中国会不会变
成资本主义。这个担心不能说没有一点道理"②，我理解，报告
中说的"忧心忡忡"，最大的忧主要就集中在这个问题上。

　　党的十八大以来，习近平总书记一再强调坚持人民至上、
以人民为中心，针对的虽然仍包括个人主义和以权谋私，但
更大程度上针对的是资本至上、以资本为中心。习近平总书
记指出，既要看到和发挥资本在促进生产力发展方面的积极
作用，又要警惕和防范资本的无序扩张。他强调："在社会主
义市场经济条件下规范和引导资本发展，既是一个重大经济
问题、也是一个重大政治问题，既是一个重大实践问题、也
是一个重大理论问题，关系坚持社会主义基本经济制度，关
系改革开放基本国策，关系高质量发展和共同富裕，关系国
家安全和社会稳定。"③明白了这个道理，再回过头来学习习近

---

　　① 习近平:《高举中国特色社会主义伟大旗帜　为全面建设社会主义现代化
国家而团结奋斗——在中国共产党第二十次全国代表大会上的报告》，人民出版
社 2022 年版，第 5 页。
　　②《邓小平文选》第 3 卷，人民出版社 1993 年版，第 111 页。
　　③《依法规范和引导我国资本健康发展　发挥资本作为重要生产要素的积极
作用》，《人民日报》2022 年 5 月 1 日。

平总书记关于坚持人民至上、以人民为中心的一系列重要讲话，就会感受更加真切，领会更加透彻。就是说，我们的经济社会发展也好，体制改革也罢，必须是坚持人民至上、以人民为中心，而绝不能资本至上、以资本为中心，否则就成了资本主义政党、资本主义国家。

习近平同志在党的十八届一中全会上被选举为中央委员会总书记后，在首次公开讲演时就鲜明提出："人民对美好生活的向往，就是我们的奋斗目标。"①从那时起，以习近平同志为核心的党中央便围绕人民对美好生活的向往，提出了一系列施政方针，实行了一系列政策措施。

比如，明确提出以人民为中心的发展思想，统筹推进经济、政治、文化、社会和生态文明建设"五位一体"总体布局，协调推进全面建成小康社会、全面深化改革、全面依法治国、全面从严治党"四个全面"战略布局。随着全面建成小康社会取得决定性进展，党的十九届五中全会将"全面建成小康社会"调整为"全面建设社会主义现代化国家"。

又如，要求把增进民生福祉作为发展的根本目的，把促进社会公平正义、增进人民福祉作为经济体制改革的出发点和落脚点，在改革中抓住人民最关心最直接最现实的利益问题，让人民有更多、更直接、更实在的获得感、幸福感、安全感。

再如，发动和组织脱贫攻坚战，使 960 多万贫困人口易

---

① 《十八大以来重要文献选编》（上），中央文献出版社 2014 年版，第 70 页。

地搬迁，近 1 亿农村贫困人口全部脱贫，832 个国家级贫困县全部摘帽，近 13 万个贫困村全部出列，完成了消除绝对贫困的任务，实现了中国共产党在成立 100 年时全面建成小康社会的庄严承诺。

所有这些理念和举措，大大改善了党和人民群众的关系，在很大程度上恢复和重塑了人民群众对党和政府的信任，巩固和增强了人民群众对中国特色社会主义的信念和对国家美好未来的信心，这是新时代十年所有变革中最大的变革。

二、在政治建设上，更加突出坚持中国共产党的全面领导

改革开放以来，党和国家领导制度的改革成为政治体制改革的重要内容。这一改革原本是为保持党和国家的活力、克服官僚主义和提高工作效率，调动基层和群众积极性，从而有利于巩固中国共产党领导，有利于在社会主义制度下发展生产力，但有人却乘机片面提出"党政分开"的口号。受此影响，不少政府机构和国有企事业单位取消了党委领导制，使党的领导被虚化、弱化。更有甚者，鼓吹西方的民主化和所谓"普世价值"观、"宪政"民主，主张实行多党制、三权鼎立、两院制，提出"法大还是党大"等伪命题，一度在坚持党的领导和依法治国的关系问题上造成一定程度的思想混乱。

针对上述倾向，习近平总书记指出："要推动全党把坚持正确政治方向贯彻到谋划重大战略、制定重大政策、部署重大任务、推进重大工作的实践中去，经常对表对标，及时校

准偏差，坚决纠正偏离和违背党的政治方向的行为，确保党和国家各项事业始终沿着正确政治方向发展。"① 事实说明，解决党的领导虚化、弱化的问题，就是新时代用正确的政治方向"对表对标、校准偏差"的重大成果。

（一）强调中国共产党领导是中国特色社会主义最本质的特征

习近平总书记指出，党的十八大后，我们面临"主要的挑战还是党的领导弱化和组织涣散、纪律松弛。不改变这种局面，就会削弱党的执政能力，动摇党的执政基础，甚至会断送我们党和人民的美好未来。党的十八大之前有很多党内的同志和广大人民群众有所担忧，也就是在这里"②。对于为什么出现这种情况，习近平总书记通过分析指出："改革开放以后，我们曾经讨论过党政分开问题，目的是解决效率不高、机构臃肿、人浮于事、作风拖拉等问题。应该说，在这个问题上，当时我们的理论认识和实践经验都不够，对如何解决好我们面临的国家治理体系和治理能力问题是探索性的。"换句话说，就是当时我们理论认识和实践经验不足，在探索党政关系的过程中，把它简单理解成了"党政分开"。他指出："党的领导地位和执政地位是紧密联系在一起的。党的集中统一领导权力是不可分割的。不能简单讲党政分开或党政合一，

---

① 《十九大以来重要文献选编》（上），中央文献出版社 2019 年版，第 537 页。
② 《习近平关于全面从严治党论述摘编》，中央文献出版社 2021 年版，第 60—61 页。

而是要适应不同领域特点和基础条件。"① 正因为如此，党的十八大以来，"我们采取一系列重大措施，纠正了一个时期以来的模糊和错误认识，扭转了一些地方和部门存在的党的领导弱化、党的建设缺失现象，使党的领导得到全面加强"②。在这一思想认识的指导下，过去企事业单位被取消的党委领导体制逐渐得到恢复，就连中小学校也重新建立了党支部领导下的校长负责制，凡有一定数量党员的民营企业更是普遍建立了党的基层组织。

对于为什么必须坚持中国共产党领导的问题，习近平总书记也给予了明确回答。他说："'治国犹如栽树，本根不摇则枝叶茂荣。'我们治国理政的本根，就是中国共产党的领导和我国社会主义制度。在这一点上，必须理直气壮、旗帜鲜明。"③ 他强调，"中国共产党的领导是中国特色社会主义最本质的特征"④，"中国最大的国情"⑤，"我们的最大制度优势"⑥，"我国社会主义政治制度优越性的一个突出特点"⑦，"中国人民、中华民族的一大幸事"⑧；"坚持和完善党的领导，是党和国家的根本所在、命脉所在，是全国各族人民的利益所在、

———————

①《十九大以来重要文献选编》（上），中央文献出版社 2019 年版，第 277 页。

②《习近平关于全面从严治党论述摘编》，中央文献出版社 2021 年版，第 67 页。

③《十九大以来重要文献选编》（上），中央文献出版社 2019 年版，第 275 页。

④《十八大以来重要文献选编》（中），中央文献出版社 2016 年版，第 54 页。

⑤《习近平关于全面从严治党论述摘编》，中央文献出版社 2021 年版，第 55 页。

⑥《十九大以来重要文献选编》（上），中央文献出版社 2019 年版，第 272 页。

⑦《习近平关于社会主义政治建设论述摘编》，中央文献出版社 2017 年版，第 31 页。

⑧《习近平关于社会主义政治建设论述摘编》，中央文献出版社 2017 年版，第 32 页。

幸福所在"①。根据党的十九大的建议，2018 年十三届全国人大一次会议通过的宪法修正案，将"中国共产党领导是中国特色社会主义最本质的特征"加入了宪法第一条第二款。把党的领导直接写入宪法正文，相比过去只写在序言中，显然具有更大的政治意义、实践意义和制度意义，是对中国特色社会主义认识深化的具体体现。

（二）强调中国共产党的领导是全面的具体的领导

党的十八大后，习近平总书记针对党的领导一度被弱化、虚化的现象指出："加强党对一切工作的领导，这一要求不是空洞的、抽象的，要在各方面各环节落实和体现。"②他强调："党的十八大以来，我们对坚持党的领导不仅在理论上有了新认识，而且在实践中有了新探索，完善了党对一切工作领导的体制机制。我们要把坚持党的领导贯彻和体现到改革发展稳定、内政外交国防、治党治国治军各个领域各个方面，确保党始终总揽全局、协调各方。"③从一系列有关论述中可以看出，除人大、政府、政协、监察机关、审判机关、检察机关、人民团体、企事业单位、社会组织以及武装力量等工作领域、系统和部门之外，需要坚持和加强党的领导的还有国家安全、新闻媒体、网络信息、高等教育、农业农村、机构编制、军民融合、民族宗教、金融、党校等系统和部门。他强调："党

①《十八大以来重要文献选编》（下），中央文献出版社 2018 年版，第 355 页。
②《十九大以来重要文献选编》（上），中央文献出版社 2019 年版，第 272 页。
③ 习近平：《论党的宣传思想工作》，中央文献出版社 2020 年版，第 314 页。

政军民学，东西南北中，党是领导一切的。""党和国家大政方针的决定权在党中央，必须以实际行动维护党中央一锤定音、定于一尊的权威。党的任何组织和成员，无论在哪个领域、哪个层级、哪个单位，都要服从党中央集中统一领导。"他同时指出："强调坚持党中央权威和集中统一领导，不是说不要民主集中制了，不要发扬党内民主，把这两者对立起来是不对的。"①党的领导"是谋大事、议大事、抓大事"，"不是事无巨细都抓在手上"。②

（三）强调中国共产党的领导是社会主义法治最根本的保证

党的十八大后，我们党比以往任何时候都更加重视依法治国，专门召开中央全会讨论全面推进依法治国的问题，指出依法治国的"总目标是建设中国特色社会主义法治体系，建设社会主义法治国家"③；同时，比以往任何时候都更加重视在推进依法治国过程中加强党的领导，强调党的领导"是社会主义法治的根本要求"④，"最根本的保证"⑤，"是全面推进依法治国的题中应有之义"，二者"是一致的"⑥。针对一些人提出"党大还是法大"的问题，习近平总书记在多个场合明确指出："'党大还是法大'是一个政治陷阱，是一个伪命题；对这个问题，

---

① 《十九大以来重要文献选编》（上），中央文献出版社 2019 年版，第 272、275、276 页。

② 《十九大以来重要文献选编》（中），中央文献出版社 2021 年版，第 130 页。

③ 《十九大以来重要文献选编》（上），中央文献出版社 2019 年版，第 357 页。

④ 《习近平关于全面依法治国论述摘编》，中央文献出版社 2015 年版，第 23 页。

⑤ 《十九大以来重要文献选编》（上），中央文献出版社 2019 年版，第 621 页。

⑥ 《十八大以来重要文献选编》（中），中央文献出版社 2016 年版，第 146 页。

我们不能含糊其辞、语焉不详，要明确予以回答。党的领导和依法治国不是对立的，而是统一的。"① 他说："党的领导是中国特色社会主义法治之魂，是我们的法治同西方资本主义国家的法治最大的区别。离开了中国共产党的领导，中国特色社会主义法治体系、社会主义法治国家就建不起来。我们全面推进依法治国，绝不是要虚化、弱化甚至动摇、否定党的领导。"② 总之，党的领导、人民当家作主、依法治国是统一的，"三者统一于我国社会主义民主政治伟大实践"③。

三、在经济建设上，更加突出发展的平衡性、协调性、务实性、创新性和可持续性

党的十八大以来，在经济发展理念和思路上同样发生了明显变化。这种变化主要表现在经济增长方式和发展战略以及对外开放的指导方针方面。

（一）在经济增长方式上的变化

改革开放以来，乃至改革开放之前的很长时间里，在发展经济方面总的倾向是强调速度要快。尽管有时也讲要注意质量、效益，要又好又快，但实际做起来，往往还是把速度放在质量、效益之前，把快放在好之前，更鲜有把"稳"作

---

① 习近平：《坚定不移走中国特色社会主义法治道路 为全面建设社会主义现代化国家提供有力法治保障》，《求是》2021 年第 5 期。

②《习近平关于社会主义政治建设论述摘编》，中央文献出版社 2017 年版，第 31—32 页。

③《十九大以来重要文献选编》（上），中央文献出版社 2019 年版，第 26 页。

为"进"的前提的。然而，自党的十八大以来，习近平总书记反复强调，中国经济呈现出"从高速增长转为中高速增长"的新常态，说这是"当前和今后一个时期我国经济发展的大逻辑"，"是我国经济发展阶段性特征的必然反映，是不以人的意志为转移的。"①如果"仍然想着过去的粗放型高速发展，习惯于铺摊子、上项目，就跟不上形势了"②。他提出"稳中求进"应当成为我们工作的总基调，并提出"创新、协调、绿色、开放、共享"的新发展理念，又把生态文明建设与过去提出的经济、政治、文化、社会建设合在一起，形成"五位一体"总体布局。

与经济发展新常态联系在一起的另一个问题，是经济结构的战略性调整。新中国成立后，在供给和需求两方面，长期以来都是人、财、物短缺，供给满足不了需求，因此，供给侧的问题往往被供不应求所掩盖。然而，通过持续不断的建设与体制机制的改革，矛盾的主要方面逐渐转化，开始出现了传统产能过剩和需求不足的状况。过去，人们对这个变化的认识不够，应对措施也不到位。党的十八大以来，习近平总书记明确指出，供给和需求的矛盾性质发生了变化，供给满足不了需求，已经从过去的数量问题变成质量、品种、服务等结构性问题，因此，要适应和引领新常态，"在适度扩

---

①《习近平关于社会主义经济建设论述摘编》，中央文献出版社 2017 年版，第 74、79—80、79 页。

②《十八大以来重要文献选编》（中），中央文献出版社 2016 年版，第 245 页。

大总需求的同时，着力加强供给侧结构性改革"①，"去产能、去库存、去杠杆、降成本、补短板"②，通过产业结构的优化升级和高质量发展，适应社会主要矛盾的变化。

（二）在经济发展战略上的变化

党的十八大以来，经济发展战略和安排部署与过去相比也有许多新的重大变化。

例如，在发展战略的目标上，自从 1964 年三届全国人大一次会议提出农业、工业、国防和科学技术的"四个现代化"后，为"四化"奋斗一直是动员全国人民的口号。党的十八大后，考虑到半个世纪以来中国和世界发展的情况，以习近平同志为核心的党中央在原有"四化"的基础上，进一步提出了新型工业化、信息化、城镇化、农业现代化的"新四化"目标。

在发展战略的安排上，改革开放后，党中央从实际情况出发，把原先提出的在 20 世纪末实现"四化"，改为 20 世纪 80 年代末达到"温饱"水平，20 世纪末达到"小康"水平，到 21 世纪中叶达到中等发达国家水平的"三步走"；进入 21 世纪后，又提出经过两个十年全面建成小康社会，到 21 世纪中叶基本实现现代化。党的十九大站在我国发展新的历史起点上，对全面建成小康社会后的 30 年作出"两步走"的战略安排：第一步，从 2020 年到 2035 年，基本实现社会主义现代化；第二步，从

---

① 《习近平关于社会主义经济建设论述摘编》，中央文献出版社 2017 年版，第 87 页。

② 《十八大以来重要文献选编》（下），中央文献出版社 2018 年版，第 175 页。

2035 年到 21 世纪中叶，全面建成社会主义现代化强国。

在发展战略的部署上，党的十九大提出建设现代化经济体系，包括建设创新引领、协同发展的产业体系，统一开放、竞争有序的市场体系，体现效率、促进公平的收入分配体系，彰显优势、协调联动的城乡区域发展体系，资源节约、环境友好的绿色发展体系，多元平衡、安全高效的全面开放体系，以及充分发挥市场作用、更好发挥政府作用的经济体制。

在发展创新引领、协同发展的产业体系上，党的十八大以来提出重点发展实体经济、科技创新、现代金融、人力资源。在实体经济中，主要发展先进制造业和互联网、大数据、人工智能的融合；在科技创新中，主要建立健全关键核心技术攻关的新型举国体制，健全国家实验室体系，实施体现国家战略意图的重大科技项目；在区域发展方面，继已经实施的西部大开发、振兴东北老工业基地、促进中部地区崛起等重大战略之后，又相继推出京津冀协同发展、长江经济带发展、粤港澳大湾区建设、长三角一体化发展、黄河流域生态保护和高质量发展，以及成渝地区双城经济圈等新的区域发展战略。同时，着手巩固拓展脱贫攻坚成果同乡村振兴的有效衔接，加快推进农业农村现代化。

在发展的总体布局上，面对世界百年未有之大变局和 2008 年国际金融危机以来世界经济复苏乏力、经济全球化退潮、贸易保护主义抬头、美国对华战略打压力度一再增强、经贸摩擦不断加剧的形势，党中央于 2021 年初提出要加快形成以国内大循环为主体、国内国际双循环相互促进的新发展格局，推进高质量发展，特别强调要打造更多知名品牌，攻克核心技术，调节国内收入分配格局，保证我国经济进一步立于不败之地。

（三）在对外开放指导方针上的变化

根据改革开放后市场、资源"两头在外"的需要，以及近些年来建设能力增强、资金状况充裕的情况，习近平总书记在对外开放方面提出了建设"一带一路"的国际合作倡议。从 2013 年到 2021 年，中国先后与 171 个国家和国际组织签署了共建"一带一路"合作协议，建立了"亚洲基础设施投资银行"，开通了连接亚洲乃至欧洲的公路和陆海联运通道 13 条、铁路 8 条，实施了包括能源、交通、矿产、农机、农产品加工、医药、生物、新材料及金融、文化等在内的 3000 多个项目。

为了扩大开放和提升开放水平，我国还先后决定建设海南自由贸易港，设立了 21 个自贸试验区，并与 26 个国家和地区签署了 19 个自贸协定，其中有占全球生产总值和外贸总额 30% 左右的区域全面经济伙伴关系协定（RCEP），形成了陆海内外联动、东西双向互动的新开放格局。同时，转变对外贸易的增长方式，提高对外贸易的效益；积极有效地利用外资，更加注重引进先进技术和高素质人才。目前，中国对世界经济增长的贡献率已超过 30%，成为世界经济增长的主要动力源和稳定器。

四、在文化建设上，更加强调维护马克思主义在意识形态领域的指导地位，要求同各种错误倾向和社会思潮作斗争

（一）号召理直气壮地巩固马克思主义的指导地位

以马克思主义为指导是《中国共产党章程》和《中华人民共和国宪法》明文规定的，是我们党立党立国、兴党兴国的根本指导思想。然而，改革开放后，一些人却打着"解放思想"的旗号，散布"马克思主义过时论"，造成"在有的领域中马克思主义被边缘化、空泛化、标签化，在一些学科中'失语'、教材中'失踪'、论坛上'失声'"。针对这种现象，习近平总书记旗帜鲜明地指出："宣传思想工作就是要巩固马克思主义在意识形态领域的指导地位。""党校、干部学院、社会科学院、高校、理论学习中心组等都要把马克思主义作为必修课，成为马克思主义学习、研究、宣传的重要阵地。"他尤其强调"党校姓党"，说"党校特别是中央党校要坚持以马克思主义为指导"。他还指出："坚持以马克思主义为指导，是当代中国哲学社会科学区别于其他哲学社会科学的根本标志，必须旗帜鲜明加以坚持。""我国哲学社会科学的一项重要任务就是继续推进马克思主义中国化、时代化、大众化。"在习近平总书记的指导下，全国高校普遍成立了马克思主义学院。他郑重告诫人们："马克思列宁主义、毛泽东思想一定不能丢，丢了就丧失根本。"[1]

①《习近平关于社会主义文化建设论述摘编》，中央文献出版社 2017 年版，第 76、22、69、73、75、59 页。

（二）要求毫不含糊地同各种错误思潮作斗争

党的十八大之前一个很长时期，意识形态工作中有一个占据主导地位的提法，叫作"不争论"，还说这是邓小平讲的。实际上，邓小平讲的是在改革开放的做法上不要搞争论，以免"把时间都争掉了，什么也干不成"，并不是讲在改革开放的方向问题上、在走社会主义道路还是资本主义道路的问题上也不争论。在这些问题上，他一直强调要反对资产阶级自由化，坚持改革的社会主义方向。用他自己的话说："反对资产阶级自由化，我讲得最多，而且我最坚持。"他还说："某些人所谓的改革，应该换个名字，叫作自由化，即资本主义化。他们'改革'的中心是资本主义化。我们讲的改革与他们不同，这个问题还要继续争论的。"①可见，"不争论"不是也不可能是邓小平在意识形态工作上的主张。

党的十八大后，习近平总书记针对以所谓"不争论""不炒热""让说话"等为幌子放弃意识形态斗争的现象指出："坚持正面宣传为主，决不意味着放弃舆论斗争。敌对势力在那里极力宣扬所谓的'普世价值'。这些人是真的要说什么'普世价值'吗？根本不是，他们是挂羊头卖狗肉，目的就是要同我们争夺阵地、争夺人心、争夺群众，最终推翻中国共产党领导和中国社会主义制度。如果听任这些言论大行其道，指鹿为马，三人成虎，势必搞乱党心民心，危及党的领导和社会主义国家政权安全。"他强调说："对别有用心的人散布

①《邓小平文选》第3卷，人民出版社1993年版，第374、181、297页。

的政治谣言和奇谈怪论,我们的党员、干部耳朵根子不要软,不要听风就是雨。同时,我们不能默不作声,要及时反驳,让正确声音盖过它们。这与韬光养晦或不争论是两码事。"他要求,对一切错误的言行都要"敢抓敢管,敢于亮剑","有的放矢,正面交锋"。①

随着历史的发展,资产阶级自由化思潮中派生出的新自由主义、社会民主主义和历史虚无主义思潮逐渐显现,一度畅行无阻、甚嚣尘上。针对这些错误思潮,习近平总书记逐一给予了尖锐批判。例如,针对有人鼓吹西方"宪政"的言论,他指出:"我国人民民主与西方所谓的'宪政'本质上是不同的。""推进国家治理体系和治理能力现代化,绝不是西方化、资本主义化!"②针对有人鼓吹西方价值观的言论,他指出:"如果我们用西方资本主义价值体系来剪裁我们的实践,用西方资本主义评价体系来衡量我国发展,符合西方标准就行,不符合西方标准就是落后的陈旧的,就要批判、攻击,那后果不堪设想!最后要么就是跟在人家后面亦步亦趋,要么就是只有挨骂的份。"③他强调:"如果'以洋为尊'、'以洋为美'、'唯洋是从',把作品在国外获奖作为最高追求,跟在别人后面亦步亦趋、东施效颦,热衷于'去思想化'、'去价

①《习近平关于社会主义文化建设论述摘编》,中央文献出版社 2017 年版,第 27、209、34 页。

②《习近平关于总体国家安全观论述摘编》,中央文献出版社 2018 年版,第 25、24 页。

③《习近平关于总体国家安全观论述摘编》,中央文献出版社 2018 年版,第 34 页。

值化'、'去历史化'、'去中国化'、'去主流化'那一套，绝对是没有前途的！"①针对历史虚无主义，他指出，这股思潮的要害"是从根本上否定马克思主义指导地位和中国走向社会主义的历史必然性，否定中国共产党的领导"②。他在 2013年"1·5"讲话中强调，苏共下台、苏联解体的一个重要原因，就是意识形态领域出了问题，"搞历史虚无主义，思想搞乱了，各级党组织几乎没任何作用了"。联系到中国的情况，他着重提出要正确看待改革开放前后两个历史时期，指出："两者决不是彼此割裂的，更不是根本对立的。……不能用改革开放后的历史时期否定改革开放前的历史时期，也不能用改革开放前的历史时期否定改革开放后的历史时期。"他还说："正确处理改革开放前后的社会主义实践探索的关系，不只是一个历史问题，更主要的是一个政治问题。"③

党的十八大以来，习近平总书记高度重视宣传思想战线的作用。他指出："宣传思想阵地，我们不去占领，人家就会去占领。"他批评"一些单位和党政干部政治敏感性、责任感不强，在重大意识形态问题上含含糊糊、遮遮掩掩，助长了错误思潮的扩散"。他要求"宣传思想战线的同志要当战士、不当绅士，不做'骑墙派'和'看风派'，不能搞爱惜羽毛那

---

①《十八大以来重要文献选编》（中），中央文献出版社 2016 年版，第 135—136 页。

② 中共中央党史研究室：《历史是最好的教科书——学习习近平同志关于党的历史的重要论述》，《人民日报》2013 年 7 月 22 日。

③《十八大以来重要文献选编》（上），中央文献出版社 2014 年，第 113、112、113—114 页。

一套", 要"以战斗的姿态、战士的担当, 积极投身宣传思想领域斗争一线"。他强调:"党性原则是党的新闻舆论工作的根本原则。党管宣传、党管意识形态、党管媒体是坚持党的领导的重要方面。党性原则不仅要讲, 而且要理直气壮讲, 不能躲躲闪闪、扭扭捏捏。""党管媒体, 不能说只管党直接掌握的媒体。党管媒体是把各级各类媒体都置于党的领导之下……不能让党管媒体的原则被架空。"①

(三)强调要旗帜鲜明地纠正文化界的偏向

我们党一向重视文艺工作和精神文明建设在革命事业中的作用, 与此相关最有代表性的话就是毛泽东在 1943 年说的: 我们党"有文武两个战线, 这就是文化战线和军事战线"; 有两支军队, 即"拿枪的军队"和"文化的军队"。② 所以, 每当文化界出现偏向, 党的领导人总要亲自出面做纠偏的工作。抗战时期的延安吸引了全国各地大批知识青年, 使延安的文艺组织、文化刊物日益增多, 一方面产生了大量革命的文艺作品, 另一方面也出现了脱离工农兵、脱离现实生活的偏向。比如, 有人只注重研究和表现小资产阶级知识分子的思想感情, 看不起工农兵; 只注重毫无批判地硬搬和模仿古人和外国人的作品, 轻视和忽视普及工作; 只热衷于"暴露黑暗", 不愿意歌颂革命人民的功德; 等等。为了对这

---

① 《习近平关于社会主义文化建设论述摘编》, 中央文献出版社 2017 年版, 第 30、35、45、40、42 页。

② 《毛泽东选集》第 3 卷, 人民出版社 1991 年版, 第 847 页。

些现象加以整顿，党中央专门召开了文艺座谈会，毛泽东到会发表了著名讲话，要求文艺工作者必须深入群众和火热的斗争，反对抽象的人性论和抽象的爱，提倡革命的政治内容和尽可能完美的艺术形式的统一。

改革开放初期，受资产阶级自由化思潮的影响，文艺界出现了以《苦恋》为代表的伤痕文学和宣扬抽象人道主义、鼓吹"现代派"的思潮，以及热衷于写阴暗面、歪曲革命历史和现实的精神污染错误倾向。对此，邓小平发表了《党在组织战线和思想战线上的迫切任务》的讲话，在肯定文艺界成绩的前提下，严肃指出其中"还存在相当严重的混乱"[①]。他批评一些人对党中央提出的文艺为人民服务、为社会主义服务的口号表示淡漠，对党和人民的革命历史、对为社会主义现代化奋斗的英雄业绩缺少表现和歌颂的热忱；还有一些演员受"一切向钱看"歪风的影响，用庸俗低级的内容和形式捞钱。他指出，不能把开展批评同贯彻"双百"方针对立起来，"不管是什么专家、学者、作家、艺术家，只要是党员，都不允许自视特殊"[②]。在这之后，尽管开展了清理精神污染的工作，但问题并没有得到解决，精神污染的现象依然时隐时现、时起时伏，在有的领域甚至变本加厉、愈演愈烈，成为我们党长期想解决而没有解决的问题之一。

进入新时代，以习近平同志为核心的党中央以高度的责任感和勇于担当的精神，召开了自 20 世纪 40 年代以来一直

---

① 《邓小平文选》第 3 卷，人民出版社 1993 年版，第 39 页。
② 《邓小平文选》第 3 卷，人民出版社 1993 年版，第 46 页。

没有再开过的文艺座谈会。在会上，习近平总书记发表了重要讲话，指出："文艺事业是党和人民的重要事业，文艺战线是党和人民的重要战线。"在肯定广大文艺工作者取得显著成绩的同时，他也开诚布公地批评了文艺创作方面存在的突出问题。比如，抄袭模仿、千篇一律、机械化生产、快餐式消费；调侃崇高、扭曲经典、颠覆历史、丑化人民群众和英雄人物；是非不分、善恶不辨、以丑为美，过度渲染阴暗面；搜奇猎艳、一味媚俗、低级趣味，把作品当作追逐利益的"摇钱树"和感官刺激的"摇头丸"；胡编乱写、粗制滥造、牵强附会，制造文化"垃圾"；追求奢华、过度包装、炫富摆阔，形式大于内容；热衷于所谓"为艺术而艺术"，只写一己悲欢、杯水风波，脱离大众、脱离现实；等等。他指出："凡此种种都警示我们，文艺不能在市场经济大潮中迷失方向，不能在为什么人的问题上发生偏差，否则文艺就没有生命力。"他强调："低俗不是通俗，欲望不代表希望，单纯感官娱乐不等于精神快乐。"他说，在社会主义市场经济条件下，文艺作品不能不考虑经济效益。"然而，同社会效益相比，经济效益是第二位的，当两个效益、两种价值发生矛盾时，经济效益要服从社会效益，市场价值要服从社会价值。文艺不能当市场的奴隶，不要沾满了铜臭气。"文艺批评"不能都是表扬甚至庸俗吹捧、阿谀奉承，不能套用西方理论来剪裁中国人的审美，更不能用简单的商业标准取代艺术标准，把文艺作品完全等同于普通商品，信奉'红包厚度等于评论高度'"。①

五、在体制改革的问题上，更加突出端正方向、注重实效、全面深化和促进公平

改革开放以来，有人宣扬"改革开放无方向论""政治体制改革滞后论""公有制效率低论"，鼓吹"应把国有资产量化到个人""要把公平放到次要位置""收入分配差距要继续扩大"等主张。这些谬论的要害在于，打着改革开放的旗号，只讲改革开放不讲四项基本原则，把党在社会主义初级阶段的基本路线中的"一个中心、两个基本点"相割裂，企图使改革开放脱离社会主义轨道；只讲初级阶段不讲社会主义，把社会主义初级阶段基本纲领与党的最高纲领相割裂，企图使初级阶段凝固化、永久化；只讲市场经济不讲宏观调控，把市场经济与社会主义基本制度相割裂，企图使经济体制的改革变成经济制度的根本改变；只讲让一部分人先富起来不讲共同富裕，把公平与效率相对立，企图使提高效率失去公平正义这个内在要求和出发点、落脚点。只要改革没有满足这些人的愿望，他们就制造舆论，胡说什么"改革停滞了""滞后了"。

上述谬论在一段时间里很是流行，迷惑了不少人，甚至一定程度上影响到政策的制定。对于这些谬论，习近平总书记在党的十八大后一针见血地指出："我们的改革开放是有方向、有立场、有原则的。我们当然要高举改革旗帜，但我们

①《十八大以来重要文献选编》（中），中央文献出版社 2016 年版，第 118—139 页。

的改革是在中国特色社会主义道路上不断前进的改革。""应该改又能够改的坚决改，不应该改的坚决守住。""不能笼统地说中国改革在某个方面滞后。在某些方面、某个时期，快一点、慢一点是有的，但总体上不存在中国改革哪些方面改了，哪些方面没有改。问题的实质是改什么、不改什么，有些不能改的，再过多长时间也是不改。"① 为了端正改革开放的正确方向，他提出了一系列重大原则。

（一）要用四项基本原则端正改革的方向

习近平总书记提出："在事关坚持还是否定四项基本原则的大是大非和政治原则问题上，我们必须增强主动性、掌握主动权、打好主动仗。""无论改什么、怎么改，导向不能改，阵地不能丢。"② 在 2012 年 12 月十八届中央政治局集体学习时，他说："我们不能邯郸学步。世界在发展，社会在进步，不实行改革开放死路一条，搞否定社会主义方向的'改革开放'也是死路一条。"③ 在庆祝改革开放 40 周年大会上，他更加掷地有声地说：要"牢牢把握改革开放的前进方向。改什么、怎么改必须以是否符合完善和发展中国特色社会主义制度、推进国家治理体系和治理能力现代化的总目标为根本尺度，该改的、能改的我们坚决改，不该改的、不能改的坚决

① 《习近平关于全面深化改革论述摘编》，中央文献出版社 2014 年版，第 14、19、15 页。

② 《习近平关于社会主义文化建设论述摘编》，中央文献出版社 2017 年版，第 27、185 页。

③ 《习近平关于全面深化改革论述摘编》，中央文献出版社 2014 年版，第 15 页。

不改。我们要坚持党的基本路线，把以经济建设为中心同坚持四项基本原则、坚持改革开放这两个基本点统一于新时代中国特色社会主义伟大实践，长期坚持，决不动摇"①。他还提醒大家："一些敌对势力和别有用心的人也在那里摇旗呐喊、制造舆论、混淆视听，把改革定义为往西方政治制度的方向改，否则就是不改革。他们是醉翁之意不在酒，'项庄舞剑，意在沛公'。对此，我们要洞若观火，保持政治坚定性，明确政治定位。"②

（二）要在改革中防范资本主义市场经济的弊端

习近平总书记指出："我们是在中国共产党领导和社会主义制度的大前提下发展市场经济，什么时候都不能忘了'社会主义'这个定语。之所以说是社会主义市场经济，就是要坚持我们的制度优越性，有效防范资本主义市场经济的弊端。"③ "市场在资源配置中起决定性作用，并不是起全部作用。"④ "市场起决定性作用，是从总体上讲的，不能盲目绝对讲市场起决定性作用，而是既要使市场在配置资源中起决定性作用，又要更好发挥政府作用。"⑤

针对所有制改革要不要坚持公有制主体地位的问题，习

---

①《十九大以来重要文献选编》（上），中央文献出版社 2019 年版，第 732 页。
②《习近平关于全面深化改革论述摘编》，中央文献出版社 2014 年版，第 19 页。
③《习近平关于社会主义经济建设论述摘编》，中央文献出版社 2017 年版，第 64 页。
④《十八大以来重要文献选编》（上），中央文献出版社 2014 年版，第 500 页。
⑤《习近平关于社会主义经济建设论述摘编》，中央文献出版社 2017 年版，第 57—58 页。

近平总书记指出，"国有企业是推进国家现代化、保障人民共同利益的重要力量"[①]，要"坚定不移把国有企业做强做优做大"[②]。"公有制主体地位不能动摇，国有经济主导作用不能动摇。这是保证我国各族人民共享发展成果的制度性保证，也是巩固党的执政地位、坚持我国社会主义制度的重要保证。"[③]针对农村土地私有化的舆论，他强调："坚持农村土地农民集体所有。这是坚持农村基本经营制度的'魂'。""农村改革不论怎么改，不能把农村土地集体所有制改垮了。"[④]

改革开放后，在处理效率与公平的关系问题上，效率被长期摆在公平之上，如提出"效益优先，兼顾公平"，后来虽然有所调整，提出要"兼顾效率和公平"，但在实际工作中，仍然是优先考虑效率。对此，习近平总书记明确表示："全面深化改革必须以促进社会公平正义、增进人民福祉为出发点和落脚点。……如果不能给老百姓带来实实在在的利益，如果不能创造更加公平的社会环境，甚至导致更多不公平，改革就失去意义，也不可能持续。""要把促进社会公平正义、增进人民福祉作为一面镜子，审视我们各方面体制机制和政策规定，哪里有不符合促进社会公平正义的问题，哪里就需要改革；哪个领域哪个环节问题突出，哪个领域哪个环节就

---

　　①《十八大以来重要文献选编》（上），中央文献出版社2014年版，第501页。

　　②《习近平关于社会主义经济建设论述摘编》，中央文献出版社2017年版，第69页。

　　③《习近平关于社会主义经济建设论述摘编》，中央文献出版社2017年版，第63—64页。

　　④《习近平关于"三农"工作论述摘编》，中央文献出版社2019年版，第50、63页。

是改革的重点。"①

党的十一届三中全会后，随着对所有制问题上传统观念束缚的破除，对资本作为重要生产要素、市场配置资源工具、经济发展方式和手段的一面有了新的认识，开始在社会主义制度下利用各类资本推动经济社会发展。与此同时，资本无序扩张、野蛮生长、不正当竞争的现象也逐渐暴露。党的十八大以来，对资本性质的理解逐步深化，对资本作用的认识更趋全面，对资本的把握更加深入，对资本运行的治理能力不断提高。习近平总书记指出："资本是带动各类生产要素集聚配置的重要纽带，是促进社会生产力发展的重要力量，要发挥资本促进社会生产力发展的积极作用。同时，必须认识到，资本具有逐利本性，如不加以规范和约束，就会给经济社会发展带来不可估量的危害。"② 在这一思想的指引下，新时代十年来，党和政府既注重保障资本参与社会分配获得增殖和发展，更注重维护按劳分配的主体地位，同时全面落实公平竞争审查制度，健全资本发展的法律制度，加强资本领域的反垄断和反腐败，使各类资本不断得到健康发展。

（三）要把改革的着力点更多地放到共同富裕上

针对分配差距仍然较大的问题，习近平总书记指出，当

---

①《十八大以来重要文献选编》（上），中央文献出版社 2014 年版，第 552—553 页。

②《依法规范和引导我国资本健康发展 发挥资本作为重要生产要素的积极作用》，《人民日报》2022 年 5 月 1 日。

前"分配不公问题比较突出，收入差距、城乡区域公共服务水平差距较大。在共享改革发展成果上，无论是实际情况还是制度设计，都还有不完善的地方"，必须"使全体人民朝着共同富裕方向稳步前进，绝不能出现'富者累巨万，而贫者食糟糠'的现象"。① 针对有人反对在社会主义初级阶段强调共同富裕的言论，他表示："我国正处于并将长期处于社会主义初级阶段，我们不能做超越阶段的事情，但也不是说在逐步实现共同富裕方面就无所作为，而是要根据现有条件把能做的事情尽量做起来，积小胜为大胜，不断朝着全体人民共同富裕的目标前进。"② 就是说，强调共同富裕，并不是要一步到位，而是要把工作着力点更多地放到共同富裕上，既量力而行，又尽力而为。他指出，人心向背并不仅仅取决于经济发展，"发展了，还有共同富裕问题。物质丰富了，但发展极不平衡，贫富悬殊很大，社会不公平，两极分化了，能得人心吗？"③ 在党的十九大报告中，他提出在中国共产党成立 100周年之前，要集中力量打赢脱贫攻坚战。当脱贫攻坚战打赢后，他又提出要把巩固拓展脱贫攻坚成果与乡村振兴有效衔接。2020 年在党的十九届五中全会上，他进一步强调："必须把促进全体人民共同富裕摆在更加重要的位置。"④ 在庆祝中国共产党成立 100 周年大会上，他更加明确地指出，要"发

---

① 《十八大以来重要文献选编》（中），中央文献出版社 2016 年版，第 827 页。
② 《十八大以来重要文献选编》（下），中央文献出版社 2018 年版，第 169 页。
③ 习近平：《做焦裕禄式的县委书记》，中央文献出版社 2015 年版，第 35 页。
④ 《十九大以来重要文献选编》（中），中央文献出版社 2021 年版，第 784 页。

展全过程人民民主，维护社会公平正义，着力解决发展不平衡不充分问题和人民群众急难愁盼问题，推动人的全面发展、全体人民共同富裕取得更为明显的实质性进展！"[1]在党的二十大上，他再次要求"紧紧抓住人民最关心最直接最现实的利益问题，坚持尽力而为、量力而行，……扎实推进共同富裕"。他重申，要努力提高居民收入在国民收入分配中的比重，提高劳动报酬在初次分配中的比重，并提出要"探索多种渠道增加中低收入群众要素收入"，要"规范收入分配秩序，规范财富积累机制"。[2]所有这些论述都说明，当前的重点是如何稳步推进共同富裕、逐步弥补收入差距过大的缺陷，防止出现"富者累巨万，而贫者食糟糠"的现象。平均主义和劫富济贫当然也要注意防止，但现在并不存在这样的问题，更不是我们党强调的重点。

六、在维护国家安全和推进国家统一大业上，更加突出忧患意识、底线思维和"不信邪、不怕鬼"的精神

自从列宁在 20 世纪初提出"帝国主义论"到今天，100多年的历史反复证明，资本主义的确已从自由竞争阶段进入垄断阶段，银行资本和工业资本的确已融合形成了金融资本基础上的金融寡头，资本输出的确已具有了特别重要的意义，

---

① 习近平：《在庆祝中国共产党成立 100 周年大会上的讲话》，人民出版社 2021 年版，第 12 页。

② 习近平：《高举中国特色社会主义伟大旗帜 为全面建设社会主义现代化国家而团结奋斗——在中国共产党第二十次全国代表大会上的报告》，人民出版社 2022 年版，第 46、47 页。

革命和战争的确已成为帝国主义时代的伴生物。然而，当世界进入二十世纪七八十年代，国际形势发生了许多明显变化，和平与发展逐渐取代战争与革命，成为时代的主要问题和突出特点。

基于国际形势的以上变化，邓小平在 20 世纪 80 年代中期，作出了关于和平与发展是当今世界两大突出问题的论述。这一论述是中国共产党对国际形势的新判断，也是实行改革开放政策、开辟中国特色社会主义道路的重要依据之一。根据这一判断，党中央后来在正式文件中把和平与发展概括为时代的两大问题，有时表述为时代的两大主题、两大课题或特征。正是从这个时代特征出发，党中央提出要抓住机遇、加快发展，在实施对外开放的战略中，把"引进来"和"走出去"相结合，充分利用国际国内两个市场、两种资源，并在 2001 年加入世界贸易组织，更全面地形成外向型经济发展格局。

进入 21 世纪以来，国际形势发生了许多具有新的历史特点的变化，使人类面临许多新的挑战。这些变化和挑战，引起党中央的高度警觉，从而对形势作出了一些新的判断。党的十八大后，以习近平同志为核心的党中央一方面肯定和平与发展仍然是时代主题，世界多极化、经济全球化、国际关系民主化的大方向没有改变，和平发展的大势不可逆转；另一方面指出世界面临的不稳定性不确定性愈益突出，我国发展面临的各种风险在不断增加甚至集中显露，"安全形势不稳定性不确定性增大"①，"来自外部的打压遏制随时可能升级"②。习近平总书记呼吁各国要携手构建人类命运共同体，相互尊重、平等协商，坚决摒弃冷战思维和强权政治，走对话而不对抗、结伴而不结盟的国与国交往新路；同时要求国内把防范风险摆在更加突出的位置，树立和贯彻总体国家安全观，强调"要突出抓好政治安全、经济安全、国土安全、社会安全、网络安全等各方面安全工作"，"坚持以全球思维谋篇布局，坚持统筹发展和安全，坚持底线思维，坚持原则性和策略性相统一，把维护国家安全的战略主动权牢牢掌握在自己手中"，"努力开创国家安全工作新局面"。③

以上说明，面对世界正在经历的百年未有之大变局，党中央对国际形势有了新的判断，对国际战略作出了相应调整。这种战略调整，在以下几个方面表现得最为明显。

（一）确立新时代强军目标和军事战略方针

我们党一向重视武装斗争和军队建设。"枪杆子里面出政权"，"以武装的革命反对武装的反革命"，不仅是中国革命的特点，也是中国革命的经验。新中国成立后，在极其困难的条件下发展了"两弹一星"等尖端科技，从无到有地壮大了国防工

---

①《贯彻落实党的二十大精神　全面加强练兵备战》，《人民日报》2022年11月9日。

② 习近平：《高举中国特色社会主义伟大旗帜　为全面建设社会主义现代化国家而团结奋斗——在中国共产党第二十次全国代表大会上的报告》，人民出版社2022年版，第26页。

③《习近平关于总体国家安全观论述摘编》，中央文献出版社2018年版，第12、11页。

业，把单一陆军发展为合成军队，使人民军队革命化现代化正规化水平不断提高，国防实力日益增强。党的十八大以来，党中央和中央军委在继承发扬人民军队光荣传统的同时，针对前一阶段出现的问题，进行了一系列整肃、改革、创新、优化。

首先，针对人民军队中党的领导在所谓"军队国家化"阴风背景下被弱化的问题，突出强调党对人民军队的绝对领导和党指挥枪的原则，召开古田全军政治工作会议，狠抓全面从严治军，果断决策整肃军队政治纲纪和作风纪律，以整风精神推进政治整训，深入推进军队党风廉政建设和反腐败斗争，推动人民军队政治生态根本好转。

其次，大力开展新中国成立以来最为广泛、最为深刻的国防和军队改革，重构人民军队领导指挥体制、现代军事力量体系、军事政策制度，形成军委管总、战区主战、军种主建的新格局，调整优化军事战略布局，壮大战略力量和新域新质作战力量，加强联合作战指挥体系和能力建设，构建三位一体新型军事人才培养体系，贯彻依法治军战略，推进军人荣誉体系建设。

最后，牢固树立战斗力这个唯一的根本的标准，坚决把全军工作重心归正到备战打仗上，把全部精力向打仗聚焦，全部工作向打仗用劲，大抓实战化军事训练，加强练兵备战，提高打赢能力，纠治"和平积弊"。

（二）全面推进中国特色大国外交

党的十八大后，我们党在继续贯彻新中国独立自主、和平共处五项原则的同时，面对国际力量对比深刻调整、世界进入动荡变革期的变化和前所未有的外部风险挑战，一方面主动设置议题，对中国特色大国外交作出战略谋划，推动构建人类命运共同体；另一方面积极发扬斗争精神，把政治安全放在首位，坚决维护国家主权、安全和发展利益，坚决反对霸权主义、强权政治、霸凌行径、冷战思维，有力回击外部势力对我国内政的干涉，以及像"教师爷"般颐指气使的说教，抱着意识形态偏见，搞零和博弈，同时，维护海外中国公民和企业的正当权益，不断改善海外利益保护体系。

新时代十年来，中国高举和平、发展、合作、共赢的旗帜，推进和完善全方位、多层次、立体化的外交布局，推动建设新型国际关系和大国关系；坚持亲诚惠容理念和与邻为善、以邻为伴的方针，深化同周边国家的关系；秉持真实亲诚理念，加强同广大发展中国家的团结合作；深化政党交流合作，积极参与全球治理体系改革和建设，推动经济全球化朝着更加开放、包容、普惠、平衡、共赢的方向发展，越来越多地成为国际组织、国际会议、国际行动的发起者、倡导者、组织者，积极参与全球治理体系改革和建设，反对搞针对特定国家的阵营化和排他性小圈子，国际影响力、感召力、塑造力显著提升，日益走近世界舞台的中央。在 2020 年全球暴发新冠病毒感染后，我国发起新中国成立以来最大规模的全球紧急人道主义救援行动，展现出负责任大国形象，赢得广泛国际赞誉。

（三）全面准确推进"一国两制"实践，贯彻新时代解决台湾问题的总体方略

港澳问题是中国近代史遗留的问题，老一辈革命家在新中国成立时考虑，暂由港英、葡澳当局掌控治权，有利于打破美国和西方对中国的封锁，等到日后条件成熟，随时可以收回。20世纪80年代，随着九龙半岛租期临近，邓小平综合考虑当时的国际国内形势，提出用"一国两制"解决香港和澳门问题的构想，允许"港人治港"、"澳人治澳"、高度自治，并分别与英、葡政府达成协议。随后，于1997年和1999年先后实现了港澳的顺利回归。然而，一个时期以来，香港"反中乱港"分子勾结国外反华势力，多次举行非法集会、游行，疯狂进行打砸烧等暴力破坏活动，甚至打出"港独"旗号，使香港局势一度出现严峻局面。面对这些情况，以习近平同志为核心的党中央沉着应对，强调必须全面准确贯彻"一国两制"、"港人治港"、高度自治，指出高度自治不是完全自治，要坚持以爱国者为主体的"港人治港"，发展壮大爱国爱港力量，增强香港同胞的国家意识和爱国精神。为了健全中央依照宪法和基本法对特别行政区行使全面管治权的制度，推动建立健全特别行政区维护国家安全的法律制度和执行机制，十三届全国人大常委会和十三届全国人大四次会议先后通过了《香港特别行政区维护国家安全法》和关于香港特别行政区选举制度的决定，还建立了中央人民政府驻香港特别行政区维护国家安全公署；香港特别行政区也依法设立

了维护国家安全委员会，完善了公职人员宣誓制度。这些举措，解决了香港回归祖国后长期未纳入国家治理体系的问题，对于香港由乱转治、有效落实中央对香港的全面管治权、保障香港长治久安和长期稳定繁荣，具有重大而深远的意义，是香港主权回归后在治权上的真正回归。

台湾问题是解放战争的遗留问题，老一辈革命家考虑过用"一纲四目"的办法解决这个问题。改革开放后，我们党进一步提出"和平统一、一国两制"方针，并按照"九二共识"实现了两岸"三通"。与此同时，我们党强调一个中国原则是两岸关系的政治基础，要尽最大努力争取和平统一前景，但绝不承诺放弃使用武力。自从"台独"分子上台后，台湾当局不断加剧分裂，使两岸关系和平发展势头受到严重冲击。进入新时代，我们党在对台工作方面提出一系列新的重要理念和重大政策主张，形成解决台湾问题的总体方略，牢牢把握了两岸关系主导权和主动权。中国政府声明：绝不允许任何人、任何组织、任何政党、在任何时候、以任何形式、把任何一块中国领土从中国分裂出去。当美国高官窜访台湾后，中国人民解放军立即环绕台湾岛进行实弹演习，对挑衅行径予以坚决回击。这也是过去未曾有过的。

七、在执政党自身建设上，更加突出全面从严的主基调

中国共产党是中国社会主义现代化建设和中华民族伟大复兴的领导者、组织者，坚持和加强党的全面领导是中国特

色社会主义事业的根本保证。这就决定了党通过自身建设，确保自己的无产阶级政党的先进性、纯洁性和为人民服务的宗旨始终不变，具有格外重要的意义。古人说："靡不有初，鲜克有终。"一个人如此，一个党更是这样。尤其像中国共产党这样一个大党，长期处于领导国家的核心地位，又面临改革开放的局面，如何经受执政、改革开放、市场经济、外部环境的考验，如何应对精神懈怠、能力不足、脱离群众、消极腐败的危险，如何做到始终"不变质、不变色、不变味"，的确是必须时刻面对的严重问题。这个问题解决不好，不要说无法保持朝气蓬勃，就连领导资格也会丧失。而要解决这个问题，唯一的办法就是不断自我净化、自我完善、自我革新、自我提高。

当年延安整风时，毛泽东讲过："有许多党员，在组织上入了党，思想上并没有完全入党，甚至完全没有入党。……我们的队伍，虽然其中的大部分是纯洁的，但是为要领导革命运动更好地发展，更快地完成，就必须从思想上组织上认真地整顿一番。而为要从组织上整顿，首先需要在思想上整顿，需要展开一个无产阶级对非无产阶级的思想斗争。"① 他还说："房子是应该经常打扫的，不打扫就会积满了灰尘；脸是应该经常洗的，不洗也就会灰尘满面。我们同志的思想，我们党的工作，也会沾染灰尘的，也应该打扫和洗涤。'流水不腐，户枢不蠹'，是说它们在不停的运动中抵抗了微生物或

①《毛泽东选集》第3卷，人民出版社1991年版，第875页。

其他生物的侵蚀。"经常地检讨工作，开展批评与自我批评，"正是抵抗各种政治灰尘和政治微生物侵蚀我们同志的思想和我们党的肌体的唯一有效的方法"①。这些论述说明，要保持党的先进性、纯洁性，防止党员思想蜕化、脱离群众，没有别的办法，只能通过不断开展批评与自我批评，经常进行思想、作风和组织整顿。

中国共产党成立后，有很长时间处在地下战争状态，开展批评与自我批评、自我整顿，难以在大范围进行。直到抗战后期，根据地相对稳定了，才得以以延安为中心在全党范围开展了一场大规模整风运动。正是这场运动，为抗日战争的最后胜利和夺取全国政权奠定了思想政治基础。新中国成立初期，针对全国执政后已经出现和可能出现的新情况，我们党又先后开展了一系列整党整风运动。这些运动有的在指导思想上犯了"左"的错误，有的存在简单化、扩大化问题，留下大小不等的后遗症，但它们的目的都是加强党的自身建设，而且对党执政后防止腐化和脱离群众确实也起到了积极作用。

改革开放后，我们党吸取了过去的教训，不再搞那种疾风暴雨的运动式整风，但并没有停止采用集中教育的方式进行党内思想斗争和作风整顿。仅 1983 年至 2008 年不到 30 年时间，就先后开展了整党、"三讲"教育、保持共产党员先进性教育、学习实践科学发展观等四场全党范围的集中教育活

①《毛泽东选集》第 3 卷，人民出版社 1991 年版，第 1096 页。

动。这些活动不同程度地解决了党员队伍中思想和作风不纯的问题，起到了在复杂环境下警钟长鸣的作用。但是，由于一度管党治党不严，一些组织软弱涣散，形式主义、官僚主义问题突出，不仅奢侈浪费严重的现象没有得到根本扭转，消极腐败现象愈演愈烈，甚至出现跑官要官、买官卖官等新中国历史上未曾有过的恶劣情形，引起广大党员和人民群众的强烈不满。

党的十八大后，习近平总书记指出："改革开放和发展社会主义市场经济，改变了原有的资源配置方式和组织管理模式，越来越多的单位人变成社会人，各种复杂的人际关系和利益关系对党内生活带来不可低估的影响，引发了种种问题，组织观念薄弱、组织涣散就是其中一个需要严肃对待的问题。"[1] 他说："我们当前主要的挑战还是党的领导弱化和组织涣散、纪律松弛。……十八大之前有很多党内的同志和广大人民群众有所担忧，也就是在这里。"他强调，当前的主要问题是"管党治党、执行纪律失之于宽、失之于松、失之于软"。[2]

为了解决"宽、松、软"的问题，党中央自十八大后，首先从自身立规矩做起，从制定和落实八项规定破题，陆续出台一系列措施和制度。从那时起直至党的二十大前，在全党或县处级以上干部中连续开展了党的群众路线教育、"三严

---

[1]《十八大以来重要文献选编》（上），中央文献出版社 2014 年版，第 765 页。
[2]《习近平关于严明党的纪律和规矩论述摘编》，中央文献出版社、中国方正出版社 2016 年版，第 9、67 页。

三实"专题教育、"两学一做"学习教育、"不忘初心、牢记使命"主题教育，以及包括召开民主生活会在内的党史学习教育等活动。从这些年的实践看，以习近平同志为核心的党中央在抓党的自身建设上，与过去相比最为突出的有以下两点。

（一）以前所未有的力度进行理想信念教育

在我们党的历史上，特别是新中国成立以来，虽然也很重视对党员进行理想信念教育，但像新时代强调到如此程度的还未曾有过。其中一个重要原因就在于，改革开放后出现的那些腐败分子之所以堕入犯罪深渊，追根溯源，问题都出在理想信念这个"压舱石"动摇了，世界观、人生观、价值观这个"总开关"松动了，在个人至上、金钱至上、"普世价值"观等资产阶级自由化思想面前吃了败仗。

改革开放前，我们党犯过急于进入共产主义的错误，给社会主义建设事业造成严重损失。改革开放后，党恢复了实事求是的马克思主义思想路线，认识到我国由于经济基础落后，不仅社会主义将是一个漫长的历史阶段，而且在社会主义阶段中还存在一个很长的初级阶段。在这个阶段里，需要实行一些与生产力实际水平相适应的政策，包括发展私营经济、吸引国外资本等。然而，有人又走到另一个极端，认为共产主义遥遥无期，主张今后要少讲甚至不讲共产主义，只讲中国特色社会主义就行了；有人还提出，为了使资本家放心，中国共产党应当改名，比如叫人民党、劳动党、社会党；等等。受此影响，舆论界出现了一种怪现象，似乎谁讲共产主义谁就是"左"，就是反对改革，以至报刊、广播、电视等媒体中"共产主义"一词几乎绝迹。

党的十八大后，习近平总书记旗帜鲜明地指出："马克思主义政党不是因利益而结成的政党，而是以共同理想信念而组织起来的政党。建设坚强的马克思主义执政党，首先要从理想信念做起。"[1] 他批评说："在我们党员、干部队伍中，信仰缺失是一个需要引起高度重视的问题。在一些人那里，有的以批评和嘲讽马克思主义为'时尚'、为噱头；有的精神空虚，认为共产主义是虚无缥缈的幻想，'不问苍生问鬼神'，热衷于算命看相、求神拜佛，迷信'气功大师'；有的信念动摇，把配偶子女移民到国外、钱存在国外，给自己'留后路'，随时准备'跳船'；有的心为物役，信奉金钱至上、名利至上、享乐至上，心里没有任何敬畏，行为没有任何底线。"[2] 他在中央政治局民主生活会上强调："我们现在做的是社会主义初级阶段的事情，但不能忘记初衷，不能忘了我们的最高奋斗目标。在这个问题上，不要含糊其辞、语焉不详。含糊其辞、语焉不详是理想信念模糊甚至动摇的一种表现，好像这个东西太遥远，我们也拿不准，所以就不愿提及了。眼前的事情，我们看得到，所以敢提，社会主义初级阶段敢提，'两个一百年'敢提，全面建成小康社会二〇二〇年就能实现了，看得挺准，更敢提。我觉得，作为党章明确规定

---

① 习近平：《推进党的建设新的伟大工程要一以贯之》，《求是》2019 年第 19 期。
②《习近平关于全面从严治党论述摘编》，中央文献出版社 2021 年版，第162 页。

的内容,作为我们党一贯明确坚持的理想,我们要坚定信念,坚信它是具有科学性的。如果觉得心里不踏实,就去钻研经典著作,《共产党宣言》多看几遍。"①

针对"共产主义遥遥无期"的观点,习近平总书记指出:"坚定理想信念,坚守共产党人精神追求,始终是共产党人安身立命的根本。对马克思主义的信仰,对社会主义和共产主义的信念,是共产党人的政治灵魂,是共产党人经受住任何考验的精神支柱。""我们党以马克思主义为立党之本,以实现共产主义为最高理想,以全心全意为人民服务为根本宗旨。这就是共产党人的本。没有了这些,就是无本之木。我们整个道路、理论、制度的逻辑关系就在这里。……改革开放以来,我们党带领全国各族人民开创和发展中国特色社会主义道路、中国特色社会主义理论体系、中国特色社会主义制度,都源于这个理想信念。立忠诚笃信之志,就是要坚定这个理想信念。"②习近平总书记在纪念陈云同志诞辰110周年座谈会上,还引用陈云关于"共产主义遥遥有期,社会主义就是共产主义的第一阶段"的观点,指出:"对马克思主义、共产主义的信仰,对社会主义的信念,是共产党人精神上的'钙'。没有理想信念,理想信念不坚定,精神上就会得'软骨病',

---

①《习近平关于全面从严治党论述摘编》,中央文献出版社2021年版,第168页。

②《习近平关于全面从严治党论述摘编》,中央文献出版社2021年版,第159、163—164页。

就会在风雨面前东摇西摆。"①

　　针对实现共产主义既然是很漫长的过程，为什么还要为之奋斗的观点，习近平总书记指出："实现共产主义是我们共产党人的最高理想，而这个最高理想是需要一代又一代人接力奋斗的。如果大家都觉得这是看不见摸不着的东西，没有必要为之奋斗和牺牲，那共产主义就真的永远实现不了了。我们现在坚持和发展中国特色社会主义，就是向着最高理想所进行的实实在在努力。"他还说：在党的历史中，"一代又一代共产党人为了追求民族独立和人民解放，不惜流血牺牲，靠的就是一种信仰，为的就是一个理想。尽管他们也知道，自己追求的理想并不会在自己手中实现，但他们坚信，只要一代又一代人为之持续努力，一代又一代人为此作出牺牲，崇高的理想就一定能实现"。②

　　针对"要给共产党改名"的鼓噪，习近平总书记指出："国内外各种敌对势力，总是企图让我们党改旗易帜、改名换姓，其要害就是企图让我们丢掉对马克思主义的信仰，丢掉对社会主义、共产主义的信念。而我们有些人甚至党内有的同志却没有看清这里面暗藏的玄机，认为西方'普世价值'经过了几百年，为什么不能认同？西方一些政治话语为什么不能借用？接受了我们也不会有什么大的损失，为什么非要拧着

---

　　① 习近平：《在纪念陈云同志诞辰 110 周年座谈会上的讲话》，人民出版社 2015 年版，第 6 页。

　　②《习近平关于全面从严治党论述摘编》，中央文献出版社 2021 年版，第 164—165、160 页。

来？"他说："中国共产党之所以叫共产党，就是因为从成立之日起我们党就把共产主义确立为远大理想。我们党之所以能够经受一次次挫折而又一次次奋起，归根到底是因为我们党有远大理想和崇高追求。"①为了坚定全党的共产主义信念，习近平总书记还多次率领中央政治局委员、常委，在党旗下重温入党誓词。

与理想信念紧密相关的一个问题是，共产党在执政后还是不是革命党，还要不要革命了。一如前述，改革开放后，"无产阶级专政下继续革命"理论被否定，有人以此为由，提出"共产党要实现由革命党向执政党转变"的谬论，成为一些意志薄弱者放弃理想信念的理论依据。党的十八大后，习近平总书记针对这种把"革命"当成贬义词的舆论，反复强调"革命理想高于天"，不断提醒大家"不要忘记我们是革命者""不要丧失革命精神"，批评那种所谓中国共产党已从"革命党"转变成"执政党"的观点，指出我们党是马克思主义执政党，但同时也是马克思主义革命党。

（二）开展史无前例的反腐败斗争

党的十八大后，严厉整治形式主义、官僚主义、享乐主义和奢靡之风等"四风"，以"得罪千百人、不负十四亿"的使命担当祛疴治乱，以前所未有的力度开展反腐败斗争，惩处了包括中央政治局原常委、委员和中央军委原副主席在内

---

① 《习近平关于"不忘初心、牢记使命"论述摘编》，中央文献出版社、党建读物出版社 2019 年版，第 79、80 页。

的一大批高级干部中的腐败分子，真正做到了反腐败"无禁区、全覆盖、零容忍"。同时，在党的纪律检查系统之外，又设立国家各级监察委员会，建立对各级党政机关和企事业单位开展巡视的制度，层层落实管党治党的责任。在反腐败斗争中，还特别注意惩治政治问题和经济问题交织的腐败，防止领导干部成为利益集团和权势集团的代言人、代理人。同时，严肃查处领导干部配偶、子女及其配偶等亲属和身边工作人员利用影响力贪腐的问题，做到"打虎""拍蝇""猎狐"多管齐下，坚持受贿行贿一起查。这些举措使反腐败斗争取得压倒性胜利，消除了党、国家、军队内部存在的严重隐患，管党治党"宽、松、软"状况得到了根本好转，风清气正的党内政治生态不断形成和发展。习近平总书记在党的二十大报告中，对反腐败斗争又提出了新的任务，要求"惩治新型腐败和隐性腐败"。他指出，要坚决打赢反腐败斗争的攻坚战持久战，"只要存在腐败问题产生的土壤和条件，反腐败斗争就一刻不能停，必须永远吹冲锋号"①。

少数党员特别是党员领导干部之所以堕落为腐败分子，除了思想上的原因，也有经济上的原因。改革开放后，不断加大市场在经济中的调节作用，并鼓励私人资本和外国资本的发展。在这种情况下，商品交换的原则很容易渗透到党内生活中，各种物质利益也很容易产生诱惑作用，如果放松思

---

① 习近平：《高举中国特色社会主义伟大旗帜 为全面建设社会主义现代化国家而团结奋斗——在中国共产党第二十次全国代表大会上的报告》，人民出版社 2022 年版，第 69 页。

想上的警惕，意志不坚定的人很容易掉进陷阱，成为资本的俘虏和代理人。因此，加强党的自身建设，防止和制止腐败蔓延，除了思想、作风、组织的整顿外，还必须从制度上入手，健全规章，堵塞漏洞。这就要求一方面毫不动摇地坚持公有制为主体、多种所有制共同发展的基本经济制度和社会主义市场经济体制，在维护社会主义制度的前提下，充分发挥市场和资本的积极作用；另一方面正确认识和警惕市场的缺陷和资本的特性，切断党员特别是领导干部与国内外私人资本之间可能出现的利益关联，制止党政机关和党员干部与私人资本之间搞权钱交易、官商勾结、利益输送。

习近平总书记在党的十八大后提出"亲""清"新型政商关系的概念，指出："对领导干部而言，所谓'亲'，就是要坦荡真诚同民营企业接触交往……所谓'清'，就是同民营企业家的关系要清白、纯洁，不能有贪心私心，不能以权谋私，不能搞权钱交易。"① 在党的十九大报告中，他进一步指出，要"自觉抵制商品交换原则对党内生活的侵蚀"，"坚决防止党内形成利益集团"。② 在庆祝中国共产党成立 100 周年大会上的讲话中，他重申党"没有任何自己特殊的利益"，鲜明指出，我们党"从来不代表任何利益集团、任何权势团体、任何特权阶层的利益。任何想把中国共产党同中国人民分割开来、对

---

① 《十八大以来重要文献选编》（下），中央文献出版社 2018 年版，第 251 页。
② 《十九大以来重要文献选编》（上），中央文献出版社 2019 年版，第 44、47 页。

立起来的企图，都是绝不会得逞的！"① 这些论述和做法，都是过去少见甚至未曾见过的，对作为执政党的中国共产党和整个社会产生了重要影响和明显作用。

除了以上列举的新时代十年在新中国史和改革开放史上呈现出的七个方面的阶段性特征外，从党中央关于中国特色社会主义进入了新时代、中国社会主要矛盾发生了新变化、中国社会主义初级阶段出现了新发展阶段的论断，也可以看出新中国史和改革开放史在党的十八大后确实进入了一个新时期。

这个新时期是进行了并将继续进行具有许多新的历史特点的伟大斗争的时期，是办成了并将继续办成许多事关长远的大事要事、攻克了并将继续攻克许多长期没有解决的难题和长期积累的矛盾的时期，是推进和拓展了并将继续推进和拓展中国式现代化的时期，是由全面建成小康社会向基本实现社会主义现代化迈进的时期，是中国国际地位和影响力进一步提高、在全球治理中发挥更大作用的时期，是比历史上任何时期都更接近、更有信心和能力实现中华民族伟大复兴目标的时期。这个新时期要回答的是建设一个什么样的中国特色社会主义和怎样建设中国特色社会主义的问题，这与此前要回答的什么是社会主义、怎样建设社会主义的问题虽然有联系，但已经不是一个问题了。

---

① 习近平：《在庆祝中国共产党成立 100 周年大会上的讲话》，人民出版社 2021 年版，第 11—12 页。

中国当代史专史与通史在分期上的异同
——以当代水运史为例*

中国当代水运史是中国当代史中的行业史、部门史，属于专史的范畴。它和中共党史、新中国史都有密不可分的联系，党史、国史中的重大转折、重大事件都不可避免地会影响到它的发展。但党史、国史中的通史，是从党和国家宏观角度来写的，时期也是从宏观角度来划分的。中国当代水运史虽然是当代中国史的一部分，但它毕竟有不完全相同于当代中国通史的发展历程、发展规律，也有不完全相同于当代中国通史的阶段性特征。因此，对它的分期，既有和当代中国通史相一致的地方，也会有与之不同的地方。

对历史进行分期，也称断限，是史学工作尤其通史编写中一个重要的学术实践问题，也是一个重要的学术理论问题。

历史本身并没有分期，分期是史学工作者为了便于自己研究，同时用以引导人们认识历史发展阶段的一种方法，是人的一种主观行为。

对同一部历史，不同的史学工作者在进行分期时，往往有不同看法。其中起作用的因素，主要有三个：一是秉持的

---

* 这是作者在 2022 年 6 月 30 日"中国水运史（1949—2015）历史阶段划分"专家咨询会上发言要点基础上改写的文章。

历史观不一样。比如，有的人以唯物史观为指导，有的人以唯心史观为指导。二是分期的具体对象不一样。比如，有的对象是宏观历史，即通史和断代史；有的对象是地方史和专门史，如部门史、行业史、专业史。三是分期的依据不一样。比如，有的人侧重于历史的阶段性特征，有的人侧重于重大事件的发生或重要人物的出现，等等。

当代史与古代史、近代史相比，最大的不同在于它是尚未结束并仍在继续向前发展的历史。因此，影响对当代史分期的因素，除了上述三点外，还有进行分期时的时间节点。在不同的时间节点上进行分期，不仅不同的史学工作者会有不同看法，即使同一个史学工作者的看法也可能会有变化。

1949 年开端的中华人民共和国史，也称新中国史、中国现代史、中国当代史、当代中国史，简称国史或当代史。从目前已出版的各种名称的国史通史书上可以看到，分期从二分法到十分法都有，而且，每种分期方法的上下限也不尽一致。造成差别的原因，主要是分期所依据的标准和分期时所处的时间节点不同。

比如，2012 年以前的国史通史书，常见的分期方法有以下几种：

1. 四分法。即将国史划分为四个时期，包括 1949—1956 年基本完成社会主义改造的七年，1956—1966 年开始全面建设社会主义的十年，1966—1976 年"文化大革命"的十年，1976 年伟大历史转折（指粉碎"四人帮"）以后的时期。这种分期方法主要出现在改革开放初期。

2. 五分法。即在四分法的基础上，将其中第一个时期，也就是 1949—1956 年基本完成社会主义改造的七年，再以 1953 年决定由新民主主义向社会主义过渡为界，分为国民经济恢复时期的三年和社会主义改造时期的四年。这种分期与第一种方法出现的时间大体一样。

3. 六分法。即在五分法的基础上，将其中的第四个时期，也就是 1976 年伟大历史转折（指粉碎"四人帮"）以后的时期，再以 1978 年党的十一届三中全会召开为界，分为"在徘徊中前进"的两年和改革开放历史新时期。这种分期方法出现的时间，大体在 1978 年之后到 1992 年之前。

4. 八分法。即在六分法的基础上，将 1978 年开始的改革开放历史新时期，再以 1992 年邓小平发表南方谈话和党的十四大召开，以及 2002 年党的十六大召开和 2003 年提出科学发展观为界，划分出社会主义市场经济体制建立时期和全面建设小康社会时期。这种分期方法一般出现在 20 世纪末 21 世纪初。

上述分期方法是已知比较有代表性的几种，如果细分，还可以再分出一些。比如，《关于建国以来党的若干历史问题的决议》（以下简称党的第二个《历史决议》）对"文化大革命"的十年，就分成了三段，即"五一六"通知到党的九大，九大到十大，十大到粉碎"四人帮"。

随着中国当代史的延续，2012 年之后的国史通史书又陆续出现了一些新的分期方法。正如前文所述，这些不同的分期方法，有的出自不同的学者，有的则出自同一个学者。

以我为例。我自 2001 年初调到当代中国研究所工作后，以迎接新中国成立 55 周年为目标，主持制定了《2001—2004年科研规划》，并得到中央书记处会议的原则同意。这个规划一共提出了十项任务，第一项就是编写和出版《中华人民共和国简史》。我在草拟简史章节大纲时，碰到的第一个问题便是如何给国史分期，分期依据的标准和侧重点是什么。通过对已有党史、国史通史书籍的考察和思考，我从 2003 年起形成了自己对当代史分期问题的主张，即分期应当依据的标准是历史的阶段性特征，侧重点应当放在经济社会发展道路或目标模式的变动上。根据这个观点，我将简史大纲分成了五个时期，交由各研究室分头起草。这五个时期分别为：

1.1949—1956 年。这是结合中国实际学习苏联社会主义建设道路的时期，或者说是以苏联的建设道路为目标模式的时期。

2.1956—1978 年。这是探索中国自己的社会主义建设道路的时期，或者说是要突破苏联模式，试图用计划经济体制加政治挂帅和群众运动搞建设的时期。

3.1978—1992 年。这是开创中国特色社会主义建设道路的时期，或者说是在经济体制上试图采用计划经济加市场调节模式的时期。

4.1992—2003 年。这是开创中国特色社会主义道路新局面的时期，或者说是确定建立并初步建立了社会主义市场经济体制的时期。

5.2003 年以后。这是中国特色社会主义建设进入新的发展阶段的时期，或者说是在社会主义市场经济初步建立的前提下，开始注重经济与社会协调发展、科学发展、和谐发展的时期。①

上述分期方法和当时已有的方法相比，有两点不同，一是将 1956—1965 年、1966—1976 年、1977—1978 年这三个时期合并成了一个时期，二是将 2003 年作为一个新时期的开始。

后来，《中国社会科学》杂志社看到我在报刊上有关国史编研理论问题的一些文章，向我约稿，最终以《论中华人民共和国史研究》为题，发表在 2009 年第 1 期上。文中第二部分，讲的就是分期问题和我的上述主张。

然而，2015 年之后，随着历史本身的发展和我对历史认识的深入，我的上述主张有了新的变化。这个变化不是关于历史分期所依据的标准、侧重点的，也不是针对将中国当代史分为五个时期的。分期的依据没有变，"五分法"也没有变，变的主要是第四和第五两个时期的上下限。具体说，就是将第四个时期的下限，由 2002 年向后推到了 2012 年；相应地，将第五个时期的上限，由 2003 年推到了 2013 年。之所以产生这个变化，主要原因是：原以为 2003 年提出科学发展观，表明在经济社会发展道路或目标模式上出现了一个新的阶段；然而，十年过去了，这个阶段性特征并未出现，或者出现了但不明显。相反，2012 年党的十八大之后，倒是出现了与前

---

① 朱佳木：《中国工业化与中国当代史》，中国社会科学出版社 2009 年版，第 329 页。

几个时期的明显不同，具备了新阶段应有的一系列特征。关于这些特征，我在最近几年陆续发表的一些文章中，如《贯通总结改革开放前后两个时期的历史经验与中国特色社会主义进入新阶段》《深刻认识中国特色社会主义进入新时代的依据和意义》《党的十九大精神与国史研究事业的进一步发展》，特别是去年发表的《再谈国史分期问题》，都作了具体和详细的说明，这里不再赘述。

另外，由于进行分期所依据的标准、侧重点不同，所处的时间节点不同，对国史通史的分期方法，不仅同一个学者会有变化，就连同一个单位在同一个时间编写的书，也会有所区别。比如，同在 2019 年，同是由当代中国研究所编写的两本国史书，分期方法就不一样：《中华人民共和国简史》一书，分了六个时期，即 1949—1956 年、1956—1978 年、1978—1992 年、1992—2002 年、2002—2012 年、2012—2019 年；而《新中国的 70 年》一书，分了三个时期，即 1949—1978 年、1978—2012 年、2012—2019 年。可见，对国史通史的分期并不存在一个统一的标准和完全一致的方法。既然如此，国史中的专史在分期上又怎么可能与国史中的通史完全一样呢？

列宁说过："自然界和社会中的一切界限都是有条件的和可变动的。"[1] 就是说，无论某种意见多么接近真理，都只具有相对的意义。随着中国当代史的继续发展，比如说到新中国

---

[1]《列宁选集》第 2 卷，人民出版社 2012 年版，第 693 页。

成立 100 年、200 年时，再来给国史分期，肯定又会和现在有所不同。因此，不应当只把某一种分期的意见看成绝对正确，而把其他意见看成绝对错误。只要某种意见是从实际出发的，依据的分期标准有一定的合理性，就应当允许这种意见存在。

党中央在建党 100 年所作的《中共中央关于党的百年奋斗重大成就和历史经验的决议》（以下简称党的第三个《历史决议》）中，将党的历史分为四个时期："夺取新民主主义革命的伟大胜利"（1921—1949 年）、"完成社会主义革命和推进社会主义现代化建设"（1949—1978 年）、"进行改革开放和社会主义现代化建设"（1978—2012 年）、"开创中国特色社会主义新时代"（2012—2021 年）。按照这种分期方法，党史在新中国时期的部分被分为了三大段。之所以这样分期，最权威的解释应当是习近平总书记在党的十九届六中全会上对决议所作的说明。他指出，关于决议的起草，党中央要求把握好三点：第一，聚焦总结党的百年奋斗重大成就和历史经验；第二，突出中国特色社会主义新时代这个重点（对新民主主义革命时期、社会主义革命和建设时期、党的十一届三中全会到六中全会时期，在前两个历史决议都已作过系统总结）；第三，对重大事件、重要会议、重要人物的评价注重同已有结论相衔接。由此可见，决议把党在新中国时期的历史分为三大段，主要原因在于：第一，决议的时间节点是建党百年；第二，决议的重点是新时代；第三，决议的目的是总结重大成就和历史经验。就是说，决议的对象不是党的百年历史过程。因此，它和党史的通史书不一样，不需要对党史的不同时期作过细的划分。

至于今后党的历史书在分期上是否都要与第三个《历史决议》保持一致? 我的看法是, 关键要看每本书的重点和出版的时间节点是什么。如果重点不是总结党的重大成就和历史经验, 而是讲述党的历史发展过程, 就不一定非要和历史决议的分期保持一致不可。比如, 原中央党史研究室编撰的《中国共产党历史》中卷的下限为党的十一届三中全会, 其中对新中国成立到 1978 年这 29 年, 分为四个时期。今后如果写下卷 (可能改称第三卷), 恐怕不会对 1978 年到 2021 年的 43 年只分为两个时期。

国史与党史既有联系又有区别, 否则就不必成立当代中国研究所, 不必写国史了; 习近平总书记也不会把党史与国史并提, 更不会提出要学习包括新中国史在内的 "四史" 了。既然国史与党史不同, 党史通史书在分期问题上尚且不一定要和党的历史决议保持一致, 国史通史书, 以及当代中国的各种专史书, 就更不一定必须和历史决议的分期保持一致了。

我注意到 2009 年出版的《当代中国》丛书 "水运事业" 卷, 是将 1949—1985 年的水运史分为五个时期的, 即 1949—1952 年、1953—1957 年、1958—1965 年、1966—1976 年、1977—1985 年。尽管这部书对当代水运史进行分期的时间节点是在 20 世纪 80 年代中后期, 但从书中的分期可以看出, 新中国的成立, 向社会主义的过渡和第一个五年计划建设的启动, "大跃进" 的发动和国民经济的调整, "文化大革命" 的发动, "四人帮" 被粉碎和党的十一届三中全会的召开, 这些新中国历史上的重大事件，都对水运事业形成不同发展阶段，产生了决定性的影响。

现在距离《当代中国》丛书"水运事业"卷的编撰已过去二三十年，因此，今天对中国当代水运史进行分期，与那时肯定又会有所不同。但无论如何，当年那部书对分期也是经过慎重研究的，是考虑到每个时期特有的阶段性特征的，因此，也应当作为今天分期的重要参考。如果不是这样，而是要求水运史分期必须和党史、国史的通史保持一致，甚至必须和党的第三个《历史决议》的分期保持一致，那么，与水运史同属行业史、部门史的铁路史、公路史、港口史又当如何分期？同属专史中的学术史、艺术史，以及地方史中的西藏史和港澳台史又当如何分期？如果所有的历史，无论通史还是专史中的行业史、部门史、专业史，以及地方史都必须和党的历史决议保持一致，在分期上搞成千篇一律、千人一面，其结果不仅会抹杀各种历史的特殊性，无法使人看出各种历史带有自身特点的不同历史阶段，不利于总结具有各自特点的经验教训，甚至还会出现一些难以处理的政治问题。

总之，党史、国史乃至像水运史这样的专史，编撰中的分期问题与党的历史决议之间的关系，说到底是政治与学术的关系。学术离不开政治，但学术毕竟不是政治。编写新中国时期的党史和国史的通史书，以及编写当代水运史这样的专史书，都要以党的第二个、第三个《历史决议》的精神作指导，在重大问题上都必须和历史决议的论断保持一致。但这绝不等于说，在历史分期问题上也必须和历史决议保持一

致。对历史分期这类学术问题，还是应当按照毛主席倡导的
百家争鸣的方针，让史学工作者根据历史的实际情况去研究
和处理，而不必强求一律。看一部专史书的分期是否合理、
可行，应当主要看它所依据的标准是否科学。所谓科学，就
是分期的标准要符合唯物史观的基本原理和历史本身的阶段
性特征。只要依据的标准是科学的，划分出的每个时期是具
有阶段性特征的，那么，无论这部专史书的分期和国史书是
否一样，都应当说它是合理的和可行的。

努力构建中国当代社会史学科*

　　中国当代社会史研究是中国当代史（现代史）研究的分支学科，也是一个新兴学科和交叉学科。为了开展当代社会史研究，构建当代社会史学科，当代中国研究所于 2010 年从现有人员中抽调力量，组建了社会史研究室；又于 2011 年 4 月，由该室出面，与《当代中国史研究》杂志社和安徽师范大学联合举办了当代社会史研讨会。今天，当代所同河北大学在此联合举办以"新中国社会变迁与当代社会史研究"为主题的研讨会，目的同样是推进当代社会史研究及其学科建设。

　　新中国成立 60 多年来，社会发生了翻天覆地的变化。1949 年新民主主义革命胜利后，中国结束了自 1840 年以来持续 100 多年的半殖民地半封建社会，迅速荡涤了旧社会留下的污泥浊水，并通过民主改革、思想改造以及教育、文化和卫生事业改革等运动，特别是生产关系的社会主义革命，逐步进入到社会主义社会，建立了以党的领导为核心、以政府为主体、以企事业单位和居委会村委会等基层组织为依托的

　　* 本文是作者于 2011 年 10 月 22 日在"新中国社会变迁与当代社会史研究"学术研讨会上的讲话，曾发表于《当代中国史研究》2011 年第 6 期。收入本书时，作者略作修改。

社会组织网络，形成了良好的社会秩序和社会风气，改变了旧中国一盘散沙的局面。改革开放以来，随着经济体制的深刻变革，中国的社会结构、利益格局和思想观念相应发生了新的深刻变动、调整和变化。尤其工业化、城市化、市场化、国际化、信息化的集中到来，使社会的经济成分、组织形式、就业方式、利益关系和分配方式更加多样，人口流动不断加速，人们思想活动的独立性、选择性、多变性、差异性日益增强，给社会发展进步带来了巨大活力。与此同时，社会矛盾也呈现多发频发的特点，突显出社会建设的重要性和紧迫性。面对新形势新情况新问题，党中央作出了将社会主义社会建设与经济建设、政治建设、文化建设"四位一体"、协调发展的总体布局，提出了构建社会主义和谐社会的战略任务，推进了社会管理的改革创新，一个由党委领导、政府负责、社会协同、公众参与的新的社会管理格局正在逐步形成。我们在这个大背景下举办这次研讨会，对进一步厘清当代中国社会变迁的过程，解读各种社会矛盾的成因，总结其中的经验教训，揭示中国特色社会主义社会发展的规律，推进当代社会史研究，构建中国当代社会史学科，无疑具有积极的现实意义。

下面，我就构建当代社会史学科的问题，讲一点不成熟的意见，供同志们参考。

第一，构建当代社会史学科与构建其他学科一样，必须首先弄清楚学科的内涵、外延和研究对象。

所谓当代社会史研究，顾名思义，是研究新中国成立后中国社会生活与社会管理变化过程及其规律的科学。其研究领域与当代政治史、经济史、文化史既相互并列，又相互交叉；与古代社会史、近代社会史既有相同之处，又有不同之处。例如，阶级与阶层，社会管理与民间团体，城乡关系与人口流动，就业与社会救济、教育与医疗、民族与宗教、灾害与赈灾，以至衣食住行、婚姻家庭、社会心理、风气习俗等等，这些问题在当代社会有，古代和近代社会也有。然而，有些社会问题是当代社会特有，而古代和近代社会并不存在的，如社会保障、社区建设、网络社会等等。即便当代社会与古代和近代社会都有的问题，由于时代的进步，具体内容也有不同，甚至是天壤之别。

例如，社会管理中的基层治理，古代和近代基本都是由政府交给乡绅势力办，而在当代则是将政权组织延伸到农村乡镇和城市街道，由党和政府在那里设置机构，然后引导、支持村民和城市居民有领导地实行自治。再如，古代和近代的住房基本都是私人的或租住私人的，而当代自社会主义改造之后，土地在城市都归国家所有，在农村都为集体所有。所以，城市居民住房不再有土地所有权；农民虽有宅基地，但其所有权仍归集体。因此，构建当代社会史学科只能在现有相关学科的基础上进行创新，而不可能简单照搬社会学或古代、近代的社会史学科。

第二，构建当代社会史学科需要有史学理论和社会学理论的指导，也要借鉴和运用政治学、经济学等相关学科的理论与方法，但其根本的指导理论只能是马克思主义的辩证唯物主义、历史唯物主义，以及马克思主义中国化的理论成果——毛泽东思想和中国特色社会主义理论。

我们要构建的当代社会史学科，不是一般的社会史学科，而是马克思主义的当代社会史学科；其研究对象也不是一般的社会史，而是马克思主义居于意识形态指导地位的社会主义社会的社会史。另外，马克思主义从一定意义上说，本身就是指导人们科学认识人类社会的理论。正如列宁所指出的："马克思以前的'社会学'和历史学，至多是积累了零星收集来的未加分析的事实，描述了历史过程的个别方面。马克思主义则指出了对各种社会经济形态的产生、发展和衰落过程进行全面而周密的研究的途径。"① "马克思和恩格斯称之为辩证方法（它与形而上学方法相反）的，不是别的，正是社会学中的科学方法。"② 因此，我们要构建当代社会史学科，首先必须学习、掌握和运用马克思主义的基本原理。

例如，阶层分析在社会学研究中占有重要位置，但马克思主义的阶级分析方法仍然是我们认识阶级社会的主要依据和钥匙。新中国自从完成社会主义改造以后，阶级斗争就不是社会的主要矛盾了，再坚持"以阶级斗争为纲"的口号，不仅理论上是错误的，实践上也是有害的。这一口号曾在我国社会发展中起过极大的负面作用，并且已经在党的十一届三中全会上被停止使用。但是，我们党从来没有否定过阶级和阶级斗争的理论。改革开放后修订的党章、宪法都明确指

---

① 《列宁选集》第 2 卷，人民出版社 2012 年版，第 425 页。
② 《列宁选集》第 1 卷，人民出版社 2012 年版，第 32 页。

出，在我国，剥削阶级作为阶级已经消灭，阶级斗争已经不是主要矛盾，但阶级斗争还在一定范围内长期存在，在某种条件下还有可能激化。邓小平曾说过："社会主义社会中的阶级斗争是一个客观存在，不应该缩小，也不应该夸大。"①江泽民也说过："我们纠正过去一度发生的'以阶级斗争为纲'的错误是完全正确的，但这不等于阶级斗争已不存在了。只要阶级斗争还在一定范围内存在，我们就不能丢弃马克思主义的阶级和阶级分析的观点和方法。"②事实正是这样。我们今天同贪污腐败分子、违法私营企业主、资产阶级自由化分子，以及境外反共反华势力的斗争，就是特殊形式的阶级斗争。这种斗争不可能不反映到社会阶层的生活中。因此，进行阶层分析，仍然离不开阶级分析。

毛泽东关于正确区分和处理敌我矛盾与人民内部矛盾的理论、党中央关于构建社会主义和谐社会的理论等等，都是运用马克思主义基本原理观察中国社会主义社会得出的科学结论，是对马克思主义科学社会主义理论的继承和发展，同样应当是我们构建当代社会史学科的指导理论。如果离开了这些理论，我们既无法令人信服地回答现实生活中的各种复杂问题，无法正确认识当代中国社会史的发展规律，也无法科学构建当代社会史学科的理论框架。

第三，构建当代社会史学科必须高度关注和紧密结合现实的社会问题，这是发挥当代社会史研究社会功能的需要，

---

①《邓小平文选》第2卷，人民出版社1994年版，第182页。
②《江泽民文选》第3卷，人民出版社2006年版，第83页。

也是当代社会史研究学科特点所决定的。

当代中国的历史到目前为止时间并不长，并且每时每刻仍在不断生长。昨天的现实，今天就变成了历史；而今天的现实，转瞬间也会成为明天的历史。因此，当代社会史与古代和近代社会史的一个很大不同就在于，当代的历史与现实往往交织在一起，而古代和近代只有历史。因此，研究当代社会史，不仅需要而且完全有可能与研究现实社会问题相结合。

当前，我国既处于发展的重要战略机遇期，又处于社会的转型期和社会矛盾的凸显期，在社会生活和社会管理领域存在不少急需解决的问题。例如，城乡、区域的经济社会发展还很不平衡，流动人口和特殊人群的服务管理办法相对滞后，就业、社会保障、收入分配、教育、医疗、住房、安全生产、社会治安等关系群众切身利益的问题都比较突出，诚信缺失、道德失范的现象带有相当的普遍性，刑事犯罪率仍然居高不下，群体事件易发多发，网络管理面临严峻挑战，敌对势力插手社会矛盾给国家安全、社会稳定都造成一定威胁。如果当代社会史研究脱离了对这些现实重大问题的关切，不为解决这些问题去研究历史、总结经验、探寻规律，就难以有所作为，就会失去自身存在的价值。

当然，强调与现实问题研究相结合，并不是要把当代社会史研究混同于对策研究，也不意味着它要向社会学研究看齐。我们任何时候都必须牢记，当代社会史研究属于史学学科，而且是中国当代史研究的分支学科。这一研究与现实问题研究的结合必须置身于历史学之内，站在当代中国史的高度，着重运用史学的理论和方法。否则，它在哲学社会科学的学术之林，也难有自己的立足之地。

当代社会史研究起步较晚，可以说是中国当代史研究已有各分支学科中力量最薄弱的一支。但它也是中国当代史研究的新的生长点。2011 年 7 月 1 日，胡锦涛在庆祝中国共产党成立 90 周年大会上讲话强调，要建设中国特色社会主义社会管理体系，全面提高社会管理科学化水平。党的十七届六中全会通过的《中共中央关于深化文化体制改革推动社会主义文化大发展大繁荣若干重大问题的决定》又强调，要繁荣发展哲学社会科学，建设有中国特色、中国风格、中国气派的哲学社会科学体系。这些重要精神，为当代社会史研究的发展提供了双重机遇。有志于当代社会史研究的学者应当抓住这一机遇潜心研究，并加强相互间的学术交流与合作。我希望，本次会议能借助这股东风，就当代社会史研究的重点、热点、难点问题深入交换意见，为构建有中国特色、中国风格、中国气派的马克思主义的中国当代社会史学科贡献智慧和力量。我相信，经过大家共同努力，中国当代社会史研究一定会在哲学社会科学的百花园中，开出一片新天地，结出丰硕的果实。

研究当代中国史离不开对世界社会主义史的研究[*]

习近平总书记在纪念改革开放 40 周年大会上的重要讲话中指出：五四运动以来我国发生的三大历史性事件，是建立中国共产党、成立中华人民共和国、推进改革开放和中国特色社会主义事业；当代中国史是把马克思列宁主义基本原理同中国革命具体实践结合起来的历史，也是总结我国社会主义建设正反两方面经验并借鉴世界社会主义历史经验、在世界社会主义出现严重曲折的严峻考验面前把中国特色社会主义成功推向 21 世纪的历史。他还强调：我们要坚持马克思主义指导地位和科学社会主义基本原则不动摇，当代中国共产党人责无旁贷的历史责任是发展 21 世纪马克思主义和当代中国马克思主义，对马克思主义的信仰、对中国特色社会主义的信念、对实现中华民族伟大复兴中国梦的信心是指引和支撑中国人民站起来、富起来、强起来的强大精神力量。这些论述再次向世人表明，当代中国的过去、现在和将来，都是世界社会主义的一部分。

当代中国本身是近代中国反帝反封建的民族民主运动与世界社会主义运动相互交织的必然产物。习近平总书记指出：

---

* 本文是作者在 2018 年 12 月 21 日武汉大学当代中国与世界社会主义研究中心成立大会上的书面发言，曾发表于《世界社会主义研究》2019 年第 6 期。

"马克思主义不仅深刻改变了世界，也深刻改变了中国。""十月革命一声炮响，为中国送来了马克思列宁主义，给苦苦探寻救亡图存出路的中国人民指明了前进方向、提供了全新选择。"① 正是由于中国的先进分子选择了马克思主义、创建了中国共产党，中国共产党把马克思主义基本原理与中国具体实际相结合、带领人民推翻了"三座大山"、建立了中华人民共和国，才使近代中国变成了当代中国，使中国历史由近代史演进到了当代史。

当代中国史至今已近 70 年。只要对这一历史稍加回顾就不难看出，当代中国与世界社会主义是息息相关的，研究当代中国史离不开对世界社会主义运动史的研究，反之亦然。

例如，中华人民共和国成立之初提前向社会主义过渡和开展大规模工业化建设，就是二战之后东方被压迫民族的独立运动风起云涌、世界社会主义运动高潮迭起、以苏联为首的社会主义阵营屹立欧亚大陆的结果，也是当代中国向社会主义阵营"一边倒"和抓住苏联允诺全面援助"一五"计划建设这一历史机遇的结果。它为中华民族以较快速度追赶先进民族提供了重要前提条件，同时也大大加强了世界和平与社会主义阵营的力量，改变了二战后国际"冷战"格局中的力量对比，为扩大世界社会主义影响作出了历史性贡献。

20 世纪 60 年代前期，当代中国决定从准备战争的角度考虑国内建设并对工业建设进行一二三线的战略布局，60 年代

---

① 习近平：《在纪念马克思诞辰 200 周年大会上的讲话》，《人民日报》2018 年 5 月 5 日。

末 70 年代初又进入战备和掀起三线建设的高潮。实施这些重大举措，一方面是由于美国扩大侵越战争，妄图从南边威胁我国安全；另一方面是由于苏联赫鲁晓夫集团背叛马克思主义，引发中苏两党争论，进而破坏两国关系，对我国发出战争威胁，导致世界社会主义阵营分裂。70 年代初，当代中国之所以能打开中美关系大门，开启双方关系正常化进程，一方面是抓住了美国急于摆脱侵越战争的泥潭以便和苏联争霸的机会，另一方面也是迫于苏联加剧世界社会主义分裂活动的必然选择。

20 世纪 70 年代末 80 年代初，当代中国决定实行对内改革对外开放的总政策，进而走上中国特色社会主义道路，这固然主要由于我们通过近 30 年社会主义建设实践，发现原有经济体制中存在过于僵化的弊病；但同时也是因为苏联在争夺世界霸权过程中被逐渐削弱、最终导致自身分裂和社会主义阵营解体，使世界社会主义运动进入了低潮。尤其是在此期间，广大独立了的亚非拉国家要和平要发展的呼声日益高涨，西方资本主义世界为了调整经济结构、摆脱经济危机、扩大海外市场、寻求更大利润，主动向发展中国家转移制造业和输出资本，从而使和平与发展变成时代的主要特征，使我国获得了与国际经济接轨、吸取国外先进管理经验和科学技术的战略机遇期。历史雄辩地证明，正是改革开放推动了中国社会主义事业的伟大飞跃，同时也挽救、捍卫、坚持和发展了世界社会主义事业。

习近平总书记说："中国特色社会主义是社会主义而不是

其他什么主义。"①这说明，改革开放后的当代中国仍然是世界社会主义的一部分；而且由于它在国土、人口、经济等方面所拥有的巨大体量，必然是其中最重要的组成部分。当前，世界社会主义运动虽然总体仍处于低潮，但已经有了复苏迹象。西方资本主义的逆全球化和保护主义思潮、冷战思维虽然有所抬头，但当代中国发展的战略机遇期依然存在。当代中国处于社会主义初级阶段的基本国情和属于发展中国家的国际地位虽然没有改变，但国内主要矛盾已经发生了部分质变，距离世界舞台中央也越来越近。我国在改革开放后虽然根据国际形势变化调整了对外政策，奉行不输出革命和互不干涉内政的方针，但仍然继续同包括社会主义政党在内的各国政党进行着党际交流。只要中国特色社会主义事业向前发展，世界社会主义就不会消失。只要我们一如既往地坚持党的"一个中心、两个基本点"的基本路线，集中精力办好自己的事情，使当代中国的力量不断壮大，就一定会对世界社会主义事业产生越来越大的影响。

习近平总书记还指出："尽管世界社会主义在发展中也会出现曲折，但人类社会发展的总趋势没有改变，也不会改变。"②"在相当长时期内，初级阶段的社会主义还必须同生产力更发达的资本主义长期合作和斗争，还必须认真学习和借鉴资本主义创造的有益文明成果，甚至必须面对被人们用西

---

① 《十八大以来重要文献选编》（上），中央文献出版社2014版，第109页。
② 习近平：《在纪念马克思诞辰200周年大会上的讲话》，《人民日报》2018年5月5日。

方发达国家的长处来比较我国社会主义发展中的不足并加以指责的现实。"① 他的这一论述告诉我们,当今的时代特征是和平与发展,但时代的性质仍然是资本主义向社会主义过渡的时代。为社会主义、共产主义理想奋斗,既不能丧失信心,也不能操之过急,而要有很强的战略定力和坚韧不拔的精神。只要我们一方面坚定社会主义、共产主义必胜的信念,另一方面脚踏实地地实行符合社会主义初级阶段的政策,集中精力做好眼前的事情,认真准备社会主义与资本主义两种制度的长期合作和斗争,就一定会使中国特色社会主义事业从一个胜利走向另一个胜利。我们坚信,世界社会主义运动在可以预见的将来,一定会由低潮走向新的高潮,直至共产主义的最终实现!

①《十八大以来重要文献选编》(上),中央文献出版社 2014 版,第 117 页。

中国当代史研究要重视口述史的运用及其学科建设*

    随着改革开放以来我国与国际史学界交流的不断扩大和史学与其他学科之间合作的不断深入，以及录音、录像设备的日益普及，现代口述史逐步发展起来，并有不少成果相继问世。例如，扬州大学立足本地，开展了有关辛亥革命和扬州人物的口述史实践活动；中国社会科学院近代史所和中国现代文化学会，也在对近现代国共两党人物和思想文化界名人，以及对二十世纪六七十年代知识青年上山下乡运动等问题的研究中，进行了口述史的有益尝试。但从整体上看，无论在口述史实践还是口述史学科建设方面，我们还都处于相对落后的状态。因此，由史学界召开这个口述史的高级论坛，回顾和展望中国大陆的口述史工作，交流近年来口述史工作的经验，研究口述史的学科分类和学科建设问题，讨论并设法制定口述史的工作规范、标准和原则，是非常必要的，对于我国口述史发展及其学科建设具有积极推动作用，必将产生深远影响。

---

    * 这是作者在 2004 年 12 月 11 日于扬州大学召开的"首届中华口述史高级论坛暨学科建设会议"开幕式上讲话的节选，曾发表于《当代中国史研究》2005 年第 1 期，题为《努力建设中国特色的马克思主义口述史学》。收入本书时，作者略作修改。

　　我以前在中央文献研究室工作时，为了撰写老一辈革命家的年谱，曾经拿着录音机，采访一些知情的老同志，整理访谈笔记，有的还经被访谈人审阅后发表过。但我当时并不知道这就是在做口述史工作；即使后来知道了口述史是一门新兴学科，但究竟什么是口述史，仍然不甚了了。只是因为这次应邀前来参加口述史论坛，现找了一些有关书籍和文章学习，才对口述史有了一点粗浅的认识。

　　目前，学术界对于什么是口述史，看法并不完全一致。我认为，口述史有广义和狭义之分。从广义讲，所谓口述史应当是指历史工作者利用人们对往事的口头回忆而写成的历史。在这个意义上，中国可以说是一个有着悠久口述史传统的国家。孔子著《春秋》，就运用民间口头传说，追述了唐、尧、虞、舜的历史。司马迁写《史记》，更是大量引用口述史料，从而使笔下的秦始皇、荆轲、陈胜、刘邦、项羽、韩信等人物栩栩如生。但是，科学意义上的历史研究必须建立在真实性的基础之上，而传统口述史的致命弱点恰恰在于，口头传说往往会在流传过程中，或者是人们的口口相传中，或者是历史工作者记述口述史料中，由于口误或笔误而失真。因此，二十世纪三四十年代，当人类先后发明了录音机、摄像机，西方发达国家便出现了历史工作者利用现代声像技术访问历史口述者以保证口述史料不失真的方法。我们现在所说的口述史，是指这种狭义的，即这种由史学工作者与口述者合作的建立在录音、录像技术基础之上的现代口述史。我们所要研究的口述史学和要建立的口述史学科，也是这种狭义的现代意义上的口述史学。对于我们国家来说，这个意义上的口述史和口述史学，应当说还处于刚刚起步的阶段。

口述史是建立在口述基础上的史学研究方法，为了保证口述本身的真实性，口述者的口述无论是以人物、事件，还是专题为中心，都应当是他的亲历、亲见、亲闻，就是说，应当是"活史料"。由于人的寿命所限，这一要求在古代史研究领域显然已无法做到；即使在近代史研究中，随着时间推移，也越来越难以得到满足。相比之下，中华人民共和国史（以下简称国史）或当代中国史（以下简称当代史）研究，以及地方志的当代部分编修，恰恰是最适宜运用口述史方法的领域；同时，也是口述史方法最能大显身手的地方。因此，从事国史研究、当代地方史研究，以及地方志编修的学者，应当高度重视对口述史方法的运用，并和口述史学的研究者密切合作，共同推动口述史学科的建设。

口述史不仅是历史研究的一种工作方法和成果形式，也是一种新的史学理念。它突破了以往历史著述偏重于政治和上层、较多地"自上而下"写历史的传统，使普通人的生活、社会的变迁、人民大众对历史的认知更多地走进史学领域，从而有助于把"自上而下"写历史和"自下而上"写历史结合起来。这种新的史学理念，特别适于国史或当代史研究。

国史、当代史研究是从中共党史研究中分离出来的，国史研究离不开党史研究。但是，国史、当代史研究与党史研究相比，无论在研究范围，还是研究重点、角度上都有很大不同。国史、当代史研究不仅要涉及中国共产党与其他参政党的关系史，还要涉及其他参政党本身的历史；不仅要涉及中国共产党领导人民进行社会主义建设的历史，还要涉及国家政权史、经济史、文化史、科技史、教育史、军事史、民族史、宗教史、社会史、体育史、卫生史、灾害史等等，甚至民俗、服饰、饮食、居住、交通等百姓日常生活变化的历史；不仅要涉及国家最高权力机关的决策过程，还要研究各级政府如何组织实施这些决策，各族人民如何在这些决策的指导和影响下从事各自工作。上述这些特点，无疑使国史、当代史研究相对于党史研究，更需要也更适于通过开展口述史拓展自己的研究视野，活跃自己的研究思路，并弥补史料之不足，丰富写作之内容。

任何一门学科，只要它是科学的，就必须有自己的学术规范。现代口述史作为历史科学的分支学科，自然也应有它被学术界普遍认同的学术规范。例如，口述史工作计划的形成，访谈者与访谈对象契约的签订，访谈前的材料准备，访谈中的录音、录像技术要求，访谈后的记录整理补充，口述档案的存放、保管，口述史成果的发表形式，以及著作权的归属，等等，都需要有一套公认的规则。在这方面，既不分中国和外国，也不分社会主义和资本主义。

对于西方发达国家过去大半个世纪中形成的口述史工作经验，我们完全可以也应当学习和借鉴。但是，也应当实事求是地看到，我国不仅有悠久的历史，而且有着自己丰厚的治史、修志经验，在口述史的学科建设过程中，也应当充分吸收和利用这笔丰富的民族遗产。

口述史既然属于史学范畴，它就和其他史学分支学科一样，不可避免地具有政治性。由于口述史主要适用于当代史研究，因此，它与现实的距离较近，政治性自然也更强一些。我们在开展口述史工作和进行口述史学科建设时，更要注意把握正确的政治方向，始终站在中国人民根本利益的立场上，坚持马克思列宁主义、毛泽东思想、中国特色社会主义理论体系的指导，贯彻党的"一个中心、两个基本点"的基本路线，遵守党中央有关新中国成立以来历史问题的决议、决定。

另外，文字史有文字史的缺陷，口述史也有口述史的缺陷。我们无疑应当重视口述史，但也应当防止不恰当地夸大口述史的可信性和作用的偏向。

当代中国研究所成立时间虽然比较晚，但它自成立以来就一直十分重视对口述史料的收集和整理，并陆续发表和出版过一些口述史的成果。我们非常愿意继续就有关口述史学的问题与口述史学界的学者进行学术交流，为建设中国特色的马克思主义口述史学而共同努力。我相信，只要坚持学术性和政治性的统一，牢牢把握正确的学术方向，努力使口述史工作在中国特色的社会主义建设事业中发挥积极的作用，口述史工作和口述史学科建设一定会得到领导机关和社会各方面的大力支持，一定会拥有无限广阔的发展前景。

正确认识和密切国史编研与方志编修的关系*

　　编修国史和地方志，是中华民族既优秀又悠久的文化传统。新中国成立后，尤其改革开放以来，党和国家继承发扬这一文化传统，不仅设立了当代中国研究所，进行新中国史的编研；而且从省到县设置了地方志工作机构，大规模地持续不断地开展地方志编修。党的十八大以来，中国特色社会主义进入新时代，编史修志被进一步提到正确认识国情、激发民族自豪感和自信心、坚定中华民族伟大复兴信念的高度，受到党和国家前所未有的重视。习近平总书记反复强调，"要认真学习党史、国史，知史爱党，知史爱国"①；要"高度重视修史修志"②。在新时代新形势下，新中国史编研和地方志编修的工作者们在做好各自工作的前提下，如何正确认识和主动密切双方的关系，使二者加强合作、相互促进，携手为中国特色社会主义事业服务，确实是一个需要好好思考的问题。下面，我就这个问题谈点个人浅见。

---

　　* 本文是作者应约为《北京地方志》撰写的文章，曾发表于该杂志 2020 年第 1 期。收入本书时，作者略作修改。

　　①《习近平谈治国理政》，外文出版社 2014 年版，第 405 页。
　　②《立足优势 深化改革 勇于开拓 在建设首善之区上不断取得新成绩》，《人民日报》2014 年 2 月 27 日。

一、史志一家，各有侧重

编史修志有着共同的起源和相同的传统；新中国成立后，二者也同属于历史学科，具有总体一致的指导方针。

首先看史志的起源。

修史最早可以追溯到春秋战国，那时的周王朝和诸侯国就设置有大小史官。至秦汉时代，更设有太史令，负责记载国家大事，撰写国史。修志也可追溯到春秋战国时的列国史和地理书，至秦汉即出现各地上报朝廷的"上计"、地志、图经等早期形态的志书。正如古人所说："国有史，郡有志，家有谱。""郡之有志，犹国之有史。"可见，无论史志，最早都起源于政权为稳固统治、加强治理的需要。

其次看史志的传统。

第一个传统是官修。无论史志，主体从始至终是由中央或地方政府负责编修的，属于官职官责。自唐朝起，中央政府为编修国史还设置了史馆、国史馆等专门机构，修志曾一度纳入其中。元、明、清三朝还多次组织过编修国家层面的"大一统志"，明、清两朝和民国的中央政府更多次颁布过"修志凡例"。民国时期一些省份，甚至为修志设置过"通志局""方志馆"等机构。民间虽然也有私人著史和修志，但无论当朝史、前朝史，凡"正史"一般均出自官方史家之手；即使私人修志，一般也是由地方官府出面聘请或居中支持。

第二个传统是忠实。无论史志，古人都提倡如实记载，秉笔直书。唐代刘知几曾提出史家要有"史才、史学、史识"，清代章学诚加了一个"史德"，近代梁启超称"史德"
就是"忠实"。章学诚既是历史学家，也是方志学家，他对修
志人也提出过三个应具备的素养，即"识、明、公"，其中的
"公"，也是讲要秉公记述，不可徇私，以把信史留给后人。

第三个传统是致用。无论史志，古人很早就认识到它们
的社会功能。如认为史书和经书一样，都可以载道，修史是
为了"鉴前世之兴衰，考当今之得失"；说"以史为鉴，可以
知兴替"；"出乎史，入乎道，欲知大道，必先为史"。修志更
是从地方政府为向中央报送社情民意及户口、岁收的需要而
产生的，被认为可以"补史之缺，参史之错，详史之略，续
史之无"，"治天下者以史为鉴，治郡国者以志为鉴"，"可以
惩恶劝善，诚有益于治道，有益于风化"，所以有"存史、资
治、教化"的功能，是"官书""辅治之书"。

最后看史志的学科。

自从人类知识被划分为自然科学、人文和社会科学等门
类后，史学便被划入人文与社会科学门类，其中又分古代史、
近代史、现代史、世界史、考古学等分支学科。前面已经说
过，古代每"国"每朝都有自己编修的国史。新中国成立后
编修的国史，自然指中华人民共和国史、新中国史、当代中
国史或中国现代史，在学科上当然属于史学，而且是中国史
的分支学科。地方志是中国和中华文明圈独有的文化现象，
它在体裁、体例上与史书虽有很大区别，但记述、研究的对
象都是已经过去的事。古代图书分类，志书就是放在史部的。
在我国目前的学科分类中，地方志也归于史学学科。尽管有

人主张地方志应放在地理学科，但多数人认为，它与新中国的国史同属史学应当是没有疑问的。

另外，无论史志，凡在党的领导下开展的编修工作，都应当站在中国人民根本利益和中华人民共和国的立场上，以马克思主义的历史唯物主义为指导，为中国的社会主义事业服务，这一点也是没有疑问的。

史志追根溯源是一家，但就国史编研与方志编修来说，在历史学中又是两个相互独立的分支学科。除体裁不同外，它们还有两个明显的区别。一是对象不同。国史一般以整个国家尤其涉及国家层面的大事为编写对象，而方志一般以省以下的各行政区域的人、物、事件为编写对象。而且，方志的编写对象还可以延伸到山川、古迹、风俗、机构、行业、物种等，诸如编写山水志、名胜志、寺院志、餐饮志、戏剧志、植物志一类的专志。二是体例不同。史书往往史论结合，或先述后议，或夹述夹议，不仅告诉人们历史"是什么"，而且要揭示"为什么"，在书中评说得失、总结教训、褒贬事件、臧否人物。而志书则述而不论，只记史实，不发议论，以事实说话。可见，史志虽为一家，但各有侧重，各有各的编撰原则和具体作用，不应混为一谈，相互替代。

二、志书只述，述要依史

方志编修的一个重要原则是述而不论，但这绝不意味着志书是纯客观的。在有阶级有国家的社会，任何从事历史工作的人，包括修志，都不可能超阶级超国家，不受任何史观的影响。这是因为，修志虽然述而不论，但编撰中不可能把所有收集到的史料都放在书里，总要加以选择；下笔时不可能不加斟酌地顺手就写，总要遣词造句。用什么标准选材和措辞，就会碰到修志者的立场和史观。比如，"台独"分子写台湾志，在选材时一定会选那些他认为有利于说明台湾自古不属于中国的所谓史料；在记述抗日战争胜利这件事上，也一定不会用"胜利"这类词汇，而会写日本宣布"战败"或"终战"一类的字眼。相反，主张海峡两岸统一的人写台湾志，则一定会反其道而行之。这就是修志人立场、史观作用的结果，是不以人的意志为转移的。总之，志书述而不论，不等于志书没有立场、观点，只不过是修志人把立场、观点寓于记述之中罢了。而这种立场和史观形成的来源之一，便是史书特别是国史书。

前面说过，史书与志书一个明显的不同是，史书不仅要叙事，而且要议论。这种议论同样要受史家的立场、史观所支配，而且由于是和历史叙事相结合，因此往往会起到纯理论书籍起不到的作用。否则，党中央为什么会一再号召党员和干部学习党史国史，不久前还专门发文要求在"不忘初心、牢记使命"主题教育活动中学习党史新中国史呢？可见，国史书的史论结合，一定意义上就是理论与实际的结合。修志人无论自觉不自觉，影响其修志实践的立场和史观的各种因素中，很大程度上就有他所接触的史书特别是国史书。既然如此，作为党和各级政府领导的地方志工作者，当然应该自觉地学习党史国史，体会书中阐发的马克思主义基本原理与中国革命和建设历史相结合的基本观点，进而运用到自己的修志实践中。

从党史国史中可以看到，自从党的十一届三中全会后，我们党就不再使用"以阶级斗争为纲"这个不适合社会主义社会的口号了，但同时指出，阶级斗争仍然存在，在一定条件下还可能激化，国内外敌对势力还会采取各种手段，对我国进行渗透、分裂、颠覆活动。因此，仍然需要站稳无产阶级立场，坚持阶级分析和阶级斗争的观点。另外，改革开放后，西方的史学著作被大量翻译引进，我们党一方面提倡学习借鉴其中有益的观点，另一方面强调对那些错误的有害的思潮要加以分析、鉴别、批判。因此，仍然需要掌握马克思主义的唯物史观这一"唯一科学的历史观"（列宁语），用于提高自己的分析、鉴别、批判能力。如果我们不注意学习那些贯彻党中央重要文献精神的党史书、国史书，在修志选材和措辞时，就有可能站错立场，受到错误史学观点的影响。

比如，新编地方志中有一个项目是本行政区域内某一历史时期的重大事件。如果不注意学习体现新时代中国特色社会主义思想的党史书、国史书，我们就可能把新中国改革开放前那段历史的重大事件，仅仅理解为历次政治运动，在书中只罗列一些错误的负面的事件，而忽略那些反映本地区民主改革、经济建设、文教事业巨大成绩和积极变化的事件。同样，在叙述错误发动的政治运动和政治运动中的某些错误时，就有可能使用一些让人理解为这些都是"有意为之"的词汇。然而，实际情况并非如此。正如习近平总书记所指出的：改革开放前后"是两个相互联系又有重大区别的时期，但本质上都是我们党领导人民进行社会主义建设的实践探索。中国特色社会主义是在改革开放历史新时期开创的，但也是在新中国已经建立起社会主义基本制度并进行了二十多年建设的基础上开创的"①。从体现党中央精神的党史书、国史书中还可以看到，对我们党犯错误与犯错误的时期，对毛泽东晚年的错误与毛泽东思想，都要加以区别。掌握了这些原则，我们再来选择史料和遣词造句，情况就会大不一样。

如果说首轮志书临近下限的一小部分内容已进入新中国史的话，那么二轮志书记述的对象已完全属于新中国史的范畴了。如何正确地看待这一历史的主线和主流，是二轮修志中需要面对和把握的重要理论问题。我在论述国史的文章中曾提出，新中国成立至今 70 多年的历史，主线是中国共产党带领全国各族人民为探索和建设中国的社会主义，争取早日实现中国工业化、现代化，捍卫中国的国家安全、主权和领土完整而不懈奋斗；主流是国家的富强，人民的富裕，民族的团结和社会的进步。我认为，只有把握住新中国史的主线和主流，二轮修志才可能坚持正确的政治方向，才可能准确全面地记述志书起止时段经济社会各方面的发展情况。所以，修志人不仅应当注意学习党史国史，领悟其"史论"中阐述的立场和观点，而且应当积极学习，认真领悟。

----

① 《十八大以来重要文献选编》（上），中央文献出版社 2014 年版，第 111—112 页。

三、国史有论，论要据志

无论是编研历史，还是编修方志，史料都是头等重要的依据。然而，相对史书，志书的史料要丰富得多。地方志作为全面系统地记述特定行政区域内自然与社会、历史与现状的资料性著述，是所有地情书中最为全面的。它纵贯古今，横陈百科，包罗万象，正如古人所说："一邑之典章文物，皆系于志。"据统计，保存至今的历代旧志有8000多种，10万余卷，约占我国现存古籍的十分之一。这些丰富的地方志文献，不仅在各地的资政、存史、教化方面发挥了重要作用，而且也为历代史书编撰提供了大量史料。新中国成立以来编写的古代史、近代史，大都利用过这些志书。新编地方志工作的首轮修志，更离不开这批志书，有些甚至是原文照录。

新中国史的编研，当然基本不再需要利用历代旧志中的史料。但新编地方志的首轮志书，特别是二轮修志的成果，是新中国史编研中不可忽视的。我在离开中国地方志指导小组时，全国首轮修志中形成的省、市、县三级志书已有近6000部。现在，二轮修志中的省、市、县三级志书也分别出版了3000多种、2.5万部和1000多种、9000多部。北京一地，据说仅首轮市志就有172部，总字数达1亿字；二轮修志规划《北京志》各分志每部一般为50万字，区县志每部一般为80万字，资料长编更是动辄以百万字计。这些志书无疑是各级干部、各领域专家学者作决策搞规划的重要参考，同时也应当是国史特别是当代地方史、地方党史编研的重要史料来源。

新编地方志书虽然不是原始的第一手史料，但却是方志工作者对大量原始的第一手史料经过加工、筛选、辨析、考证后编写而成的资料性著述，具有相当的可靠性。而且，对什么是原始的第一手史料，也要辩证地看。例如，当代人在编写古代史时，古人留下的那些当时依据第一手史料编写出的历史著作，包括志书，只要现在找不到原始档案了，它们相对来说就是第一手史料。今天数以万计的新编地方志书，是国家动用大量财力物力，由前前后后几万专职和十几万兼职修志人，经过几十年艰辛努力形成的成果，它们在形成过程中已经收集了能收集到的几乎所有第一手史料，国史编研完全可以放心利用，起码可以把它们作为寻找史料的线索。否则，不仅是历史资源的巨大浪费，也是国家财力、物力、人力的巨大浪费。

这里有必要再具体说一下国史与当代史这两个概念的异同。前面已讲过，今天说的国史，既指新中国史，也指中国当代史，这两个概念基本上是一致的。但从研究和著作角度说，国史编研与当代史编研又有一定区别。通常情况下，人们所说的国史研究和国史书里的内容，只涉及国家宏观层面的事，即使涉及地方发生的事，也是那些直接影响到全局的局部性事件。目前出版的各种名称的国史书，大体都是这个意义上的国史。而当代史研究和当代史书，则有广义和狭义之分。从狭义上讲，它与国史研究和国史书一样；但从广义上讲，它不仅包括国家宏观层面的事，也包括微观层面的事，不仅包括全局的历史，也包括局部即各地方、各行业、各领域的历史。因此，相比国史编研和狭义的当代史编研，广义的当代史编研与地方志之间的关系，从客观上讲更为密切。因此，凡是研究和编写地方史、地方党史和各专业史的当代史工作者，理应更积极更充分地查阅和利用地方志书和各种专志。

现在，通过读志用志活动的开展，地方志已逐渐被人们所了解。但不能不看到，地方志至今仍未能得到社会的广泛认知，相当一部分志书仍沉睡在书架上。这是因为，一方面，不少从事国史编研的学者对利用志书缺少应有的自觉，个别人甚至不知地方志为何物；另一方面，一些地方志工作者只顾埋头修志，对了解社会需求和热情服务社会缺少应有的主动性，不注意宣传和开发地方志资源。这种现象与新时代新形势显然是不相适应的，很需要通过加强双方沟通、密切彼此关系来加以改变，从而使地方志资源在国史特别是地方史和地方党史编研中得到最大限度的利用。

四、史志携手，服务社会

前面说过，经世致用是史学的社会功能，也是中国编史修志的优良传统。在新时代，这个"经世"，我认为归结到一点，就是要为发展繁荣中国特色社会主义社会、促进中华民族伟大复兴服务；这个"致用"，除了资政、育人外，我认为还应当加上护国。龚自珍说过："灭人之国，必先去其史。"反过来说，"护己之国"，岂不是也应当"必先卫其之史"吗？

习近平总书记在进入新时代后多次指出：国内外敌对势力绝不会让我们顺顺利利地实现中华民族伟大复兴，他们采取的一个手段就是鼓吹历史虚无主义思潮，拿中国革命史、新中国史来做文章，竭尽攻击、丑化、污蔑之能事，以便搞乱人心，煽动推翻中国共产党的领导和我国社会主义制度。可见，新时代的史志工作除了要用自己的编研成果发挥普及历史知识、总结历史经验、提供历史借鉴、增强历史自信等作用外，还应当以历史编研为武器，抵御敌对势力对中国革命史、新中国史的种种攻击、抹黑，承担史学工作者捍卫党和国家、民族利益的社会责任。而要承担好这样的社会责任，史志工作者应当把双方的优势结合起来，更主动地携手合作，更有效地宣传国史国情、地史地情，以树立人民群众特别是广大青年的历史自信，达到增强道路自信、理论自信、制度自信、文化自信和自觉抵制历史虚无主义思潮的目的。在这方面，双方应当做且可以做的事情，我认为是很多的。

例如，共同开展史志网建设。过去我们在开发利用地方志资源方面，总苦于缺少有效手段。进入信息化时代后，把志书数字化、建设方志网站，为开发利用地方志资源开辟了一条最便捷最有效的途径。据统计，全国地方志系统截至2017 年底已建成地情网站 900 多个。这些网站对于方便读者查询地方志的内容起了很大作用，但有关新中国史、地方史、地方党史方面的内容还不够丰富，已有内容也存在不够准确之处。为了使地情网站的内容更丰富更准确，利用率更高，服务社会的作用更大，我以为省、市、县的方志办，完全可以邀请同级的地方史和地方党史研究机构，在已有地情网站的基础上，联合创办史志网站。现在大部分的县级和相当多的市级地方志工作机构已经与党史或档案机构合署办公，这为创办史志网站提供了方便条件。省一级方志办和党史研究机构、地方史编撰部门，虽然大多还各自独立，并分属不同系统，但可以通过相互聘请专家、顾问的形式进行合作，使已有省志网站增加有关省史和省党史方面的内容。

再如，共同开展史志馆建设。过去我们在方志馆立项时往往遇到很大困难，究其原因，与对它的定位错误有很大关系。民国时期说的方志馆，指的是编修方志的机构，而新编地方志工作开展以来，绝大多数修志机构的名称叫地方志办公室，因此，这时说的方志馆实际是指安放地方志工作机构的建筑。一开始，申请方志馆立项时，建筑面积大的理由是要存放志书、展览修志史、为读者利用电脑查阅志书电子版提供场地等等。后来，随着各地图书馆的扩建、电脑的普及，这些理由都难以成立。展览修志史虽然还有必要，但全国有一两处这样的展馆足矣，不必每个省都搞，市、县更没必要搞。那么，方志馆是不是就不需要建了呢？不是的。只要换一个思路，方志馆不仅需要建，而且很有必要建。我曾提出，既然方志书是地情书，方志馆就应当是地情馆，是地情展览馆，是用实物展示方志内容的场所。在这个场所，要采用沙盘、模型、展板、挂图、雕塑、影视等形式，运用声光电等技术手段，分门别类和形象地介绍一个行政区域内的自然与社会、历史与现状，即把志书中平面的内容立体化。它与历史博物馆有某些类似的地方，但历史博物馆只是纵向展示历史，且往往以文物为中心，而方志馆则是天地融汇、纵横交错、横陈百科。它与城市规划馆也有某些类似的地方，但城市规划馆只展示城区，且侧重于远景规划，而方志馆则以整个行政区域为单位，既展示城区也展示乡村，既展示现状也展示历史，既展示山川河流也展示交通设施。所以，它是历史博物馆和城市规划馆都无法代替的。

为了加强史志合作，我以为还可以进一步设想，索性打破国史、党史、地方史、地方党史与地方志工作机构之间的部门藩篱，在已有方志馆基础上，共同打造史志馆。这个馆，在历史方面，既有古代、近代的内容，也有新中国和中国共产党的内容；在人物方面，既有古代、近代的杰出人士，也有中国革命和新中国建设中的烈士、英雄、模范；在物产方面，既有当地历史悠久的特色，也有新中国成立以来的建设成就；等等。这样定位，不仅可以使它成为形象展示地情的场所，也可以成为对青少年进行中国革命史、新中国史教育的综合课堂，成为当地红色文化和爱国主义的宣传基地，从而实现前来参观的人更多，史志工作的作用更大，国家投资的社会效益更好的目的。

重视国外对中国当代史的研究[*]

对国外中国学的研究，是对国外社会科学状况研究的重要组成部分，也是我国学术界与国外学术界最易于接触与交流的领域之一。自新中国成立特别是改革开放以来，国外中国学逐渐成为一门显学，研究队伍日益扩大。以美国为例，据 20 世纪初的统计，仅职业中国学专家就有 6000 人之多，稍有名气的大学几乎都设有中国学的教授席位，而且每年都有一批人获得中国学领域的博士学位。我们开展国外中国学研究，势必要收集、翻译、评述他们的论文、著作，寻找并创造同他们对话的机会。而这样做，肯定可以为双方学者增添新的学术交流平台，使我们更多地了解国外学者对中国问题的看法，也使国外学者更多地了解我们对他们看法的看法。

在国外中国学研究中，对中国当代史的研究占有越来越重要的位置。从二十世纪五六十年代开始，国外陆续涌现出许多研究中国当代史的学者和著作。其中，在美国有费正清及其《美国与中国》《新旧中国》《伟大的中国革命（1800—1985）》，麦克法夸尔及其主编并有众多知名学者参与撰稿的

---

* 本文是《当代国外中国学研究》一书序言的节选，该书于 2006 年由商务印书馆出版，本文曾收入中国社会科学出版社 2009 年出版的作者所著《中国工业化与中国当代史》一书。收入本书时，作者略作修改。

《剑桥中华人民共和国史》和《毛泽东的中国》，傅高义及其《社会变革：农业中国的问题》和《邓小平时代》，沈大伟及其《现代中国政府》，特里尔及其《毛泽东传》，迈斯纳及其《毛泽东的中国及后毛泽东的中国》；在俄罗斯有齐赫文斯基院士及其《我的一生与中国》和《重返天安门》，季塔连科及其《中国的文明与改革》以及由他主编的《在现代化和改革道路上奋进的中国》；在日本有竹内实及其《毛泽东与中国共产党》和《现代中国的展开——曲折与现状》，加加美光行及其《现代中国的走向》，国分良成及其《中国政治和民主化》，天儿慧及其《中华人民共和国史》；在英国有施拉姆及其《毛泽东》，威尔逊及其《历史巨人——毛泽东》和《周恩来传：1898—1976》；在澳大利亚有泰伟斯及其《从毛泽东到邓小平》；在瑞典有沈迈克及其《中国的文化大革命》；在法国有菲力普·肖特及其《毛泽东传》；在德国有弗兰茨及其《邓小平传》；等等。以上这些书，大部分已被译成中文并在中国大陆发行。

为了沟通国内外中国当代史的研究，当代中国研究所在中华人民共和国成立 55 周年前夕，举办了以"当代中国与她的外部世界"为主题的首届当代中国史国际论坛，邀请包括上述大部分学者在内的国外中国当代史专家前来赴会。通过坐在一起讨论，使双方进一步了解了对方在中国当代史问题上的观点，建立和增进了彼此的友谊，为消除国外特别是西方学者对中华人民共和国历史的某些误解、扩大双方的共识起到了一定积极作用，也引起国内学术界和有关方面的重视。

国际论坛期间，当时任文化部副部长兼故宫博物院院长的郑欣淼听说美国学者沈大伟提交了一篇题为《1949 年以来的故宫博物院：国宝与政治对象》的论文并被安排作大会发言时，尽管正在主持一个会议，而且接着还要去参加另一个重要会议，还是赶来听了沈大伟的发言，并与他在大会上进行了即席交流。

中国古人讲："知彼知己，百战不殆"。不过，那时讲的"知彼知己"还只是指敌我双方的情况都要了解。其实，要做到全面彻底地了解双方情况，仅仅"知彼知己"是不够的，还应当"知彼之知己"。就是说，不仅要了解对方的情况，还要了解对方对己方了解的情况。只有这样，才能更深刻地了解对方，也更深刻地了解自己。例如，在新中国成立后的一段时间，美国的中国学研究受到麦卡锡主义和西方中心主义的支配，研究方法、评价标准，乃至资金来源都深受影响。20 世纪 80 年代后，由于国际关系的变化，美国中国学研究中的客观性逐渐增加，但冷战思维的影响并没有完全消除，仍然时有表现。如果我们能通过研究美国中国学的现状，了解其中的偏误及对其政策制定的影响，在对美工作中就会更有针对性，工作效果也会更加理想。

另外，世界上无论哪种文化，都是在与其他文化的反复交流、碰撞中得到发展的。一国对另一国的研究以及被研究国对这种研究的研究，往往是两种文化交流与碰撞的重要媒介，可以促进被研究国更全面地认识自己，更多地借鉴他国经验，更充分地扬长避短。因为，一国对另一国的研究总是会以被研究国最显著的地方作为对象，并且常常夹带对于被研究国来说比较新鲜的研究理念、研究视角和研究方法；而被研究国在反过来对对方研究时，如果能关注对方对自己的研究，就很容易从对方的研究中了解到自己的长处和短处，并接触到对方在研究中不同于自己的一些理念、视角和方法，使自己从中获益。国外对当代中国史研究的开展，便起到了这样的作用。例如，日本的中国学家伊藤道治在 20 世纪 70 年代提出中华文明的源头不应称"黄河文明"而应称"河（黄河）江（长江）文明"，这一观点被介绍到国内后，立即引起国内学者的注意，并得到广泛认同。当国外的中国学者把包括中国学家在内的一个研究小组所作《关于中国建设"小城镇"的研究》报告介绍到国内后，也受到有关方面的重视，并被后来的实践证明是正确的，对国内正在进行的有关建设都很有价值。

国史研究要积极开展同历史虚无主义思潮的斗争[*]

我们党历来重视对历史的学习和对历史经验的总结，同时也高度重视运用历史唯物主义看待和分析历史。党的十八大后，以习近平同志为核心的党中央从加强意识形态领域斗争的高度，对历史虚无主义思潮作出一系列旗帜鲜明、一针见血的批判。新中国史研究者要进一步提升自身水平，发挥资政育人护国的作用，为社会主义核心价值体系建设作贡献，就要响应党中央和习近平总书记的号召，在进行学术研究的同时，积极开展同历史虚无主义思潮的斗争。

一、历史虚无主义思潮在新中国史研究领域的表现

当前，历史虚无主义思潮在理论界、学术界、新闻出版界、文艺界以及社会舆论界都有表现，在历史特别是新中国史研究领域的表现尤为突出。其表现，我认为主要集中在以下三个方面。

第一，虚无新中国建立的历史正义性、合理性、合法性，

---

* 本文曾发表于《当代中国史研究》2015 年第 6 期，原题为《国史研究要重视同历史虚无主义思潮的斗争》。收入本书时，作者吸收了其在 2016 年《前线》第 6 期上发表的《以习近平总书记系列重要讲话精神为武器　同历史虚无主义思潮做斗争》一文的部分内容。

美化帝国主义、封建地主阶级、官僚买办资产阶级，歌颂以蒋介石为首的国民党反动派，攻击、丑化、歪曲中国共产党领导为建立新中国而进行的新民主主义革命。

例如，说凡是被帝国主义"租借""割让""占领"的地方经济发展都快，如果中国早些被殖民化就好了，如果再当500年殖民地就更好了；说中国的地主是勤劳俭朴、善于经营的"农村精英"，黄世仁、周扒皮、南霸天、刘文彩等都是作为地主阶级代表人物而被人为丑化的，其实他们都是对农民很好的"大善人"；说近代买办是沟通中西交流的桥梁，是历史的进步力量；说蒋介石是中国现代第一伟人，蒋、宋、孔、陈"四大家族"并没有对中国经济进行垄断，也没有和帝国主义、封建势力相互勾结；说民国时期的文人有独立精神、自由风范，文化成就超过了新中国；说中国共产党是少数知识分子在共产国际秘密支持下建立起来的，是靠拿卢布、搞阴谋、耍诡计、窃情报而取胜的；说新民主主义不仅不应当向社会主义过渡，而且它本身就有问题，是和"宪政民主"、市场经济背道而驰的；等等。

第二，虚无新中国的成立及其对中国乃至世界发展进步的伟大意义，否认世界社会主义运动和民族解放运动的进步性，抹杀正义战争与非正义战争的区别，诬蔑党和国家领袖和一切为建立、建设新中国而献出生命、作出贡献的烈士、英雄、模范人物，贬低新中国各个领域的建设成就，夸大新中国历次政治运动的缺点、错误，把新中国史描写成一连串错误的集合。

　　例如，说 1949 年 10 月 1 日不能作为中国人民站起来的标志；说"一边倒"的政策是在国际斗争中的错误选择；说美国出兵朝鲜是反侵略，中国抗美援朝是上了苏联的当，耽误了国内建设和解放台湾，得不偿失；说土地改革、合作化运动、镇压反革命、"三反"、"五反"、知识分子思想改造都是错误的，反右斗争更是一场阴谋；说优先发展重工业战略是中国经济长期落后的根源，计划经济从一开始就是错误的，提前向社会主义过渡是领导人主观意志的产物，公私合营是对私营工商业者的无理剥夺，实行这些举措使中国走上了人类历史发展的岔路；说肯定"大跃进"和"文化大革命"时期中的经济、科技、国防、外交战线有成绩就是肯定"大跃进"和"文化大革命"，搞三线建设是对国际形势的误判，劳民伤财；说支援亚非拉民族解放运动是"打肿脸充胖子"，20世纪 60 年代与苏共的争论是为了争夺国际共产主义运动的领导权，没有是非可言；丑化毛泽东、周恩来等老一辈无产阶级及革命家，诽谤李大钊、赵一曼、江竹筠、刘胡兰、狼牙山五壮士、董存瑞、黄继光、邱少云、毛岸英等几乎所有为建立、保卫新中国而牺牲的烈士，否定雷锋、时传祥、草原小姐妹、少年英雄赖宁等新中国树立的几乎所有先进典型；等等。

　　第三，虚无新中国改革开放前后两个历史时期的内在一致性，或者用改革开放后的历史时期否定改革开放前的历史时期，或者用改革开放前的历史时期否定改革开放后的历史时期。

例如，说中国历史只有帝制时期和后帝制时期，改革开放前也是帝制时期；说1978年的改革开放同1840年的鸦片战争一样，是划分中国历史时期的标志性事件；说改革开放前的社会主义是斯大林版的社会主义，改革开放使中国回归了世界文明；说中国特色社会主义实际上是中国特色的资本主义；说毛泽东、邓小平都是所谓专制"皇帝"，毛泽东使中国陷入普遍贫穷，邓小平则把中国引向两极分化；等等。

如果按照历史虚无主义思潮对历史的这些叙述和解释，不仅中国近代史、现代史要推倒重写，而且进步与反动、正义与邪恶的观念等都要被颠倒。其结果，只能是剥削有理、压迫有理、侵略有理，而革命有罪、劳动人民有罪、中国共产党有罪、新中国有罪。那样，还有什么让中华儿女感到骄傲的在中国5000多年文明史中最为辉煌的人民共和国史？还谈得上什么中国特色社会主义的道路自信、理论自信、制度自信？

二、历史虚无主义思潮的实质及我们应采取的对策

历史虚无主义究竟是一种什么性质的思潮？是学术思潮还是政治思潮，是一般的错误思潮还是有特定指向的反动思潮？对这个问题的判定，涉及同这股思潮斗争的方针、策略和方法。

虚无主义曾经是欧洲唯心主义哲学的一个流派，主张人类生存没有目标，没有意义。引入史学领域的虚无主义则认为，人类历史没有规律可循，也无所谓本质和主流，人在历

史潮流中更是无可选择、无能为力的，决定历史走向的是地理、气候等客观环境，等等。对于这些理论观点的正确与否，人们尽可继续在学术层面进行讨论。然而，我们现在说的历史虚无主义思潮并不是这种学术性的思潮，也不是简单的错误思潮。

习近平总书记早在 2013 年"1·5"重要讲话中就指出过："古人说：'灭人之国，必先去其史。'国内外敌对势力往往就是拿中国革命史、新中国历史来做文章，竭尽攻击、丑化、污蔑之能事，根本目的就是要搞乱人心，煽动推翻中国共产党的领导和我国社会主义制度。苏联为什么解体？苏共为什么垮台？一个重要原因就是意识形态领域的斗争十分激烈，全面否定苏联历史、苏共历史，否定列宁，否定斯大林，搞历史虚无主义，思想搞乱了，各级党组织几乎没任何作用了，军队都不在党的领导之下了。最后，苏联共产党偌大一个党就作鸟兽散了，苏联偌大一个社会主义国家就分崩离析了。这是前车之鉴啊！"[1]同年 6 月，他又在中央政治局集体学习会上指出："历史虚无主义的要害，是从根本上否定马克思主义指导地位和中国走向社会主义的历史必然性，否定中国共产党的领导。"[2]这些重要论述清楚地告诉人们，我们今天所说的历史虚无主义思潮，是一种由西方反共势力制造和散布，自从二十世纪七八十年代以来主要在社会主义国家流行，专

---

[1]《十八大以来重要文献选编》（上），中央文献出版社 2014 年版，第 113 页。

[2] 转引自中共中央党史研究室：《历史是最好的教科书——学习习近平同志关于党的历史的重要论述》，《人民日报》2013 年 7 月 22 日。

门以推翻共产党领导和社会主义制度为目的，以伪造、篡改、歪曲、"恶搞"革命和革命领袖的历史为手段，为政治动乱做舆论准备的政治思潮。因此，我们同这股思潮的斗争，绝不是什么学术观点之争，而是关系革命对不对、党的领导和社会主义制度好不好的大是大非之争，是关系人心稳乱、政权安危的政治斗争。

我们当然不能把受历史虚无主义思潮影响的人同操弄、鼓吹这股思潮的人混为一谈，对受其影响的人，要做耐心细致的思想工作。但同时必须清醒看到，历史研究具有向公众叙述历史、解释历史的功能，与维护或推翻政权的斗争有着直接的关联，不可能不带有强烈的政治性。无论要维护还是要推翻一个政权，斗争双方都要争夺对历史的叙述权、解释权，用以说明自己行为的正当性、合理性，以及对方行为的不正当性、不合理性。当前历史虚无主义思潮之所以泛滥，究其根源来说，就是早已被中国共产党领导中国人民打倒的帝国主义、封建地主阶级、官僚买办资产阶级的残余不甘心退出历史舞台，在国内国际新形势下，联合各种反对新中国的敌对势力，以散布传播这股思潮的办法，瓦解人民对新中国历史的一切美好记忆，摧毁人们的精神支柱，从而营造推翻共产党领导和社会主义制度的舆论氛围。把受这股思潮影响的人与制造、鼓吹这股思潮的人加以区别，不等于要模糊这场斗争的性质。

我们也不能把研究新中国史时，对缺点、错误进行实事求是的分析、总结，不加区别地笼统看成是历史虚无主义的表现。我们反对历史虚无主义思潮，不是要掩盖和回避新中国历史中的曲折，更不是要拒绝对新中国历史中的教训进行反思。相反，我们要高度重视对历史曲折的研究，注意从中吸取教训，避免重犯错误、重走弯路。然而，现在的问题在于，党中央 1981 年作出的《关于建国以来党的若干历史问题的决议》（以下简称《历史决议》），对新中国头 29 年和改革开放初期的一系列重大历史问题已经有了明确的结论，对其中的经验教训也有了科学的总结。因此，研究新中国历史的曲折也好，总结其中的教训也好，都应当遵循《历史决议》的精神。如果不是这样，而是背离、否定《历史决议》的精神，以研究新中国历史错误为名，行攻击党和社会主义制度之实，这种所谓"研究"，就不仅是历史虚无主义的表现，而且是对这种思潮的鼓吹。对此，我们当然必须坚决反对。

对于研究中的不同学术观点，我们绝不能随意扣上历史虚无主义的帽子。然而，不是历史虚无主义的学术观点，不等于就可以拿到社会上公开发表。自改革开放以来，我们党在处理涉及现实政治的学术问题时，形成了一种行之有效的做法，叫作"研究无禁区、宣传有纪律"。就是说，有些涉及现实政治的重大问题可以在内部讨论，但对其中还不成熟的观点，未经组织审批不能擅自拿到媒体上发表。因为，内部讨论的观点一旦向社会公开，就进入了宣传领域。对此，共产党员和党领导的研究机构及媒体必须从党和国家的工作大局出发，遵守党的宣传纪律。我们国家现在比历史上的任何时候都更接近于中华民族伟大复兴的目标，更加需要把全社会的力量集中到国家的建设上来，防止将一些具有政治敏感性而又不成熟的观点捅到社会上，搅乱人们的思想，分散人们的注意，妨碍安定的大局。至于有人把这种纪律约束说成是什么"搞历史虚无主义"，那只能是倒打一耙，故意把水搅浑，是不值一驳的。

三、同历史虚无主义思潮斗争必须具有的自觉性、主动性

毛泽东说过："真理是在同谬误作斗争中间发展起来的。马克思主义就是这样发展起来的。"[1] 同样，在和历史虚无主义思潮作斗争的过程中，也会发展马克思主义指导下的国史研究。这种斗争可以是对理论上原则性的正面阐述，也可以是短兵相接、直接交锋、具体批驳。无论采取哪种方式，都需要有同这股思潮作斗争的自觉性、主动性。

历史虚无主义思潮来势汹汹、甚嚣尘上，很能迷惑一些不明真相的群众，尤其现在有互联网技术和新媒体，可以加快其传播速度，更给我们同它的斗争造成相当困难。但它既然不是严肃的科学研究，而只是拿历史说事，它就不可能不采用诡辩和偷换概念、断章取义、夸大事实、以偏概全、攻其一点、不及其余，以至胡搅蛮缠、瞎编滥造等手段，就不可能不露马脚，不出破绽。因此，我们只要有同这股思潮斗争的自觉性、主动性，是不难发现其中问题的，也是不难找

---

①《毛泽东文集》第 7 卷，人民出版社 1999 年版，第 280 页。

到批驳和揭露它的方法的。

历史虚无主义思潮之所以有一定的欺骗性，在于它往往编造一些似是而非的所谓"理论"，使一部分群众尤其青年觉得它"很有道理"。例如，在如何看待新中国 60 多年历史的问题上，历史虚无主义制造的一个"理论"，就是利用改革开放前后两个历史时期确实存在的差别，一方面把它们的差别加以夸大，另一方面掩盖它们的一致性，然后将二者割裂和对立起来，把它们形容为两种社会形态。说什么改革开放前是"封建社会主义"，改革开放后是"民主社会主义"；或者说什么改革开放前是"真社会主义"，而改革开放后是"打着社会主义幌子的资本主义"；等等。要把这种"理论"批倒，也要有同这股思潮斗争的自觉性、主动性。有了斗争的自觉性、主动性，才有可能抓住问题的要害，把道理讲透彻。在这方面，习近平总书记为我们作出了很好的示范。

对如何看待改革开放前后两个历史时期的关系，习近平总书记在 2013 年"1·5"重要讲话中，曾作出专门论述。他一方面肯定这两个历史时期确实是"有重大区别的时期"，另一方面指出它们"本质上都是我们党领导人民进行社会主义建设的实践探索"；一方面不否定"这两个历史时期在进行社会主义建设的思想指导、方针政策、实际工作上有很大差别"，另一方面指出它们"决不是彼此割裂的，更不是根本对立的"。在此基础上，他把这两个历史时期的关系概括为："改革开放前的社会主义实践探索为改革开放后的社会主义实践探索积累了条件，改革开放后的社会主义实践探索是对前一个时期的坚持、改革、发展"，最后作出既"不能用改革开放后的历史时期否定改革开放前的历史时期，也不能用改革开放前的历史时期否定改革开放后的历史时期"的结论。① 这种论述方法抓住了问题的根本，显示出理论的彻底性，所以具有很强的说服力，得到了绝大多数群众的认同。

马克思说过："批判的武器当然不能代替武器的批判，物质力量只能用物质力量来摧毁；但是理论一经掌握群众，也会变成物质力量。理论只要说服人〔ad hominem〕，就能掌握群众；而理论只要彻底，就能说服人〔ad hominem〕。所谓彻底，就是抓住事物的根本。"② 我们应当学习习近平总书记这种分析问题的方法，在同历史虚无主义思潮的斗争中善于抓住问题的要害，并进行实事求是的透彻的说理，争取使更多的人自觉站到马克思主义这一边。

历史虚无主义思潮之所以有一定欺骗性，还与它常常编造所谓的"史实"有很大关系。从表面上看，它拿出来的"史实"言之凿凿、煞有介事。但我们只要有同这股思潮作斗争的自觉性、主动性，就会下功夫进行认真核对、考证，就会发现这些所谓"史实"其实是经不起推敲的，说得越具体、显得越"真实"，就越经不起推敲。

例如，有人为贬损毛泽东的形象，造谣说《毛泽东选集》1—4卷160余篇文章中，由毛泽东执笔起草的只有12篇，经

---

① 《十八大以来重要文献选编》（上），中央文献出版社2014年版，第111—112页。

② 《马克思恩格斯选集》第1卷，人民出版社2012年版，第9—10页。

毛泽东修改的只有 13 篇，其余都是别人写的。这个弥天大谎显然违背中国革命史的基本常识。陈云同志在《历史决议》起草期间就讲过，毛泽东在延安时代写了许多重要著作，"我们党里头没有第二个人写出这样好的著作"①。然而，如果对这个谎言不进行针锋相对地揭露，许多人仍然可能将信将疑，上当受骗。所以，当中央档案馆负责保管毛泽东手稿的同志站出来，用铁的事实对这个谣言加以揭露后，它的欺骗性、丑恶性就彻底暴露了。

再如，有人为了给反对中国共产党执政寻找理由，造谣说三年困难时期"饿死了 3600 万人"，并且以"统计数据"和"县志记载"为证。这个谣言虽然与绝大多数经历过那个时期的人的实际体验不相符合，但却具有很大欺骗性，在一部分群众中和国际上造成了极为恶劣的影响。如果不对这个谣言所拿出的数字进行辨伪，要消除它的影响确实有一定难度。最近，江苏师范大学一位长期从事数学研究和教学的教授，凭着学者的良心，查阅了大量县志，发现谣言制造者们声称依据的县志上，实际只是记载了人口的死亡数，并没有说那些人是饿死的；而且，许多志书上连死亡数字都没有记载，完全是造谣者凭空编造。尤其让人感到可贵的是，这位教授还运用历史唯物主义的观点和统计学的专业知识，对我国 20 世纪 60 年代人口统计中存在的具体问题进行了考证，指出所谓"饿死 3600 万人"的说法，不仅是有意把统计公式

①《陈云文选》第 3 卷，人民出版社 1995 年版，第 284 页。

计算出的那个时期的人口减少数与死亡数、死亡数与饿死数相混淆的结果，而且，统计公式计算出的那个时期人口减少的数字本身，还是忽略当时历史背景下几千万城市人口下放到农村过程中户籍先注销、后漏报、再补报等实际情况的产物。经过这番辨伪和考证，不仅"饿死 3600 万人"这个谣言的虚假性、荒谬性被暴露在光天化日之下，而且统计部门公布的我国三年困难时期人口数据异常减少的矛盾也得到了合理的解释。

当前，像这类历史虚无主义思潮制造的所谓"史实"还有不少，我们只要树立同这股思潮作斗争的自觉性、主动性，并以历史唯物主义为指导，运用历史的方法，借鉴其他相关学科的知识，进行深入的研究，就完全可以识破它们的虚假性。这是维护中国共产党领导和社会主义制度、实现"两个一百年"奋斗目标的需要，也是马克思主义指导下的国史研究自身发展的需要。

总之，历史虚无主义思潮要搞"灭人之国，必先去其史"那一套，国史研究者就要反其道而行之，自觉做到"护己之国，必先卫其史"。护史的办法不是别的，就是用科学的研究战胜历史虚无主义思潮制造的谬误，用严谨的考证戳穿历史虚无主义思潮散布的谎言。

四、增强同历史虚无主义思潮斗争的韧性

我们一些同志对于同历史虚无主义思潮的斗争，存在两种情绪：一种是看到这股思潮的蔓延，感到有些积重难返，

因而产生消极情绪；另一种是态度虽然积极，但总想通过一两次斗争就把这股思潮打退，因而产生急躁情绪。这两种情绪说到底，都是由于对这股思潮的背景以及与之斗争的长期性、复杂性、艰巨性缺少足够认识的结果。

历史虚无主义思潮既然是国内外敌对势力鼓吹的旨在否定共产党领导和社会主义制度的政治思潮，背后就不可能没有国际资本的支持。帝国主义政治家早在第二次世界大战结束时就提出了对社会主义国家进行武装侵略的另一种战略，即和平演变。他们说："最终对历史起决定作用的是思想，而不是'武器'"，"播下思想的种子……有朝一日会结成和平演变的花蕾"，"在宣传上花 1 美元，等于在国防上花 5 美元"，要同社会主义国家"打一场没有硝烟的战争"。历史虚无主义，就是他们用来打这种"没有硝烟的战争"的一件重要"武器"。而且，这件"武器"在苏联解体、苏共下台的过程中确实起到了一定的作用。东欧剧变后，世界社会主义运动进入了低潮，西方敌对势力集中力量，加紧对我国进行西化和分化。这些年，我国综合国力明显上升，但在经济、科技、军事上的西强我弱态势并未根本改变。历史虚无主义思潮在我国的出现和蔓延，正是这种形势的客观反映。所以，同这股思潮的斗争不可能是短时间的事，必须看到斗争的长期性、复杂性，增强斗争的韧性。

韧性来自哪里？我认为首先要来自对社会主义和共产主义必胜的信念，其次要来自对社会主义同资本主义两种制度斗争长期性的清醒认识。习近平总书记在"1·5"讲话中指出："对马克思主义的信仰，对社会主义和共产主义的信念，是共产党人的政治灵魂，是共产党人经受住任何考验的精神支柱。"他反复强调："资本主义最终消亡、社会主义最终胜利，必然是一个很长的历史过程"，要"充分估计到西方发达国家在经济科技军事方面长期占据优势的客观现实，认真做好两种社会制度长期合作和斗争的各方面准备"。① 我们对于由国际资本做后盾的历史虚无主义思潮，同样要有与之长期斗争的思想准备。有准备当然不是说只有等到世界社会主义运动高潮到来的时候，等到经济、科技、军事上我强西弱的时候才开始斗争。天底下任何胜利，不付出努力，不艰苦奋斗，靠等都是等不来的。我们要看到同历史虚无主义思潮斗争的长期性、复杂性、艰巨性，更要看到斗争的必要性、必胜性；要看到斗争中会有曲折，更要看到通过斗争是一定可以取得战斗或战役胜利，取得阶段性成果的。我们不能因为斗争的长期性而悲观失望、丧失信心、"刀枪入库"、"解甲归田"；也不要寄希望于一两个回合就"得胜回朝"，更不要奢望"毕其功于一役"。同历史虚无主义的斗争，就是要有这样的定力和韧性才行。

我们从事的国史研究是在党的领导下以马克思主义为指导的研究工作，我们所研究的国史是中国共产党领导中国人民进行社会主义革命、建设、改革的历史，我们研究国史的目的是给人民创造美好未来提供宝贵的历史经验，给中国通

————————

① 《十八大以来重要文献选编》（上），中央文献出版社 2014 年版，第 115、117 页。

向美好未来的道路提供充分的历史依据。这就决定了我们在进行国史研究时，不可能不同历史虚无主义思潮发生矛盾和冲突，不可能回避同历史虚无主义思潮的斗争。我们在以习近平同志为核心的党中央坚强领导下，坚持同历史虚无主义思潮斗争的自觉性和韧性，就一定会不断积小胜为大胜，直到取得最后胜利。

胡乔木与国史编研[*]

胡乔木是久经考验的忠诚的共产主义战士、无产阶级革命家、杰出的马克思主义理论家、政论家和社会科学家、我党思想理论文化宣传战线的卓越领导人。他是中共党史编研的重要参与者、指导者，更是中华人民共和国史编研事业的开拓者和奠基人。他积极倡导、支持和推动国史编研的开展，并在繁忙的公务活动中挤出时间致力编研国史，潜心解决国史编研中的各种重大和疑难问题，为党领导的国史编研事业作出了不可磨灭的贡献。

一、大力推动国史编研

1977 年 11 月，胡乔木被派到中国社会科学院担任首任院长，未等中央的任命通知发出和国务院颁发的"中国社会科学院"印章启用，他便以原中国科学院哲学社会科学学部临时领导小组的名义，起草了一份"三年规划的初步设想"，上报国家计委。在这个设想中，他提出之后三年要编写的一批各学科的基础性著作和工具书，以及 14 个需要新建立的研究

---

　　* 此文曾发表于《当代中国史研究》2012 年第 3 期，收入本书时，作者略作修改。文中引文除注释外均引自《胡乔木文集》第 2 卷、《胡乔木论中共党史》、《胡乔木与中国社会科学院》。

所，其中就包括中国现代史研究所。

　　接着，胡乔木在 1978 年 1 月社科院科研规划制定的动员大会上，详细阐述了对社科院三年规划和八年设想的指导思想、主要内容，进一步丰富了有关新增研究所和设立重点课题的想法。他把中国社会主义革命和建设同马列主义、毛泽东思想一起，作为各研究所计划里应当首先增加编写的最基本的著作选题，并明确指出："中华人民共和国成立以后的历史，现在还没有人着手研究，要赶快着手研究。"会后，他主持制定了"八年内拟新建的研究所（草案）"和"马克思主义基本著作选题一百例"，前者报送中共中央、国务院，后者报送中宣部，并在中宣部《宣传动态》上刊出。在"八年内拟新建的研究所（草案）"中，原来设想新建的 14 个研究所被扩充为 40 个，并将原来拟建的中国现代史研究所改名为中华人民共和国史研究所。在"马克思主义基本著作选题一百例"中，除列有中华人民共和国史之外，还列出了许多属于国史中专门史或专题的题目，如中华人民共和国的政治制度、抗美援朝战争史、无产阶级"文化大革命"、反对"四人帮"的斗争、中国的社会主义革命、中国的社会主义建设、新中国与帝国主义、人民中国外交史、中国农业生产合作化史、中国手工业社会主义改造、中国社会主义工业化的道路、中国的农村人民公社、资本主义工商业的社会主义改造，以及中国的社会主义工业、农业、交通运输、商业、文化、教育、科学与技术、卫生与体育、财政金融，伟大的社会主义祖国、中国的社会主义民族、内蒙古自治区、新疆维吾尔自治区、西藏自治区、大寨和学大寨运动、大庆和学大庆运动，等等。另外还列有许多与国史相关的题目，如毛泽东传、周恩来传、朱德传、中国人民解放军史、中国人民解放军的政治工作、中国革命根据地的建立和发展——从井冈山到中华人民共和国、中国土地革命史、中苏边界问题的历史、党和国家的民主集中制，等等。

在主持制定社科院科研规划的同时，胡乔木又倡议和指导了全国哲学社会科学规划的制定，并草拟了《1978—1985年全国哲学社会科学发展规划纲要（初稿）》，供讨论修改使用。在这个初稿中，重点课题和主要著作按学科分为20类，"马克思主义基本著作选题一百例"中的中华人民共和国史研究被列入史学类，与国史有关的其他选题，则被分别列入了相关学科类，并增加了一些与国史有关的新选题。例如，在教育学类里，增加了"建国以来教育战线两条路线的斗争及其基本经验"；在文艺理论类里，增加了"建国以来文艺战线的思想斗争"；在民族学类里，增加了"广西壮族自治区"和"宁夏回族自治区"；在新闻学类里，增加了"建国以来我国新闻工作的主要经验和几个理论问题"；在博物馆学类里，增加了"研究和总结建国以来博物馆事业建设工作经验"。

囿于当时各方面条件的限制，中华人民共和国史研究所迟迟未能建立起来。于是，胡乔木组织成立了三个写作组，分头负责撰写中华人民共和国史、新民主主义革命史和毛泽东思想基础。为使这三个组尽快开展工作，他出面找人谈话，还亲自为它们找办公地点。以后，中国社科院在他的建议下，成立了中国现代史研究室，由近代史研究所代管。

1982 年 4 月，胡乔木考虑自己除了担任中共中央书记处书记，还身兼中央文献研究室和中央党史研究室两个部门的主任，实在难以拿出精力再做中国社科院的工作，故决意辞去了院长一职。就在辞职一个月后，鉴于《关于建国以来党的若干历史问题的决议》（也称党的第二个《历史决议》）在党的十一届六中全会已正式通过，系统总结新中国历史经验的条件已经成熟，他向中国社科院建议，对新中国成立以来各条战线的历史经验作出有科学价值的总结，编写若干专著，并指出这不仅是为中国现代史研究积累资料，也是为了从中找出规律性的东西，用以指导全党工作。根据胡乔木的建议，中国社科院上报了组织编纂大型丛书《当代中国》的方案，明确其意义之一在于"为以后进一步修中华人民共和国史做好准备"。该报告受到中央高度重视，经过中央书记处批准，由时任中共中央书记处书记邓力群主抓，中央宣传部出面部署，中国社科院、国家新闻出版署和后来成立的当代中国研究所组织实施，先后动员了 10 万多名学者、干部参与编写工作。丛书按照部门、行业、省市、专题设卷，历时 15 年，陆续出版了 152 卷 211 册，总计 1 亿字 3 万幅图片。它的出版为国史编研的开展提供了翔实资料，打下了坚实基础。

胡乔木在从中央领导岗位上退下来后，仍时常挂念国史编研工作。1989 年底，他根据"八九"政治风波的教训和《当代中国》丛书编纂工作取得的成果，再次提出编写中华人民共和国史的意见，并对中央党史研究室、中央文献研究室和中国社科院的负责同志说：中华人民共和国成立 40 多年了，我们应当对新中国的历史进行研究，编写新中国的历史。半年后，他借鉴中国古代重视国史，设置国史馆，"左史记言、右史记事"的传统，以中央党史领导小组正、副组长杨尚昆、薄一波和他的名义，起草了一个给中共中央政治局常委的报告，郑重建议成立行政上由中国社科院代管、政治上由中央党史领导小组指导的当代中国研究所，得到了中央的批准。报告指出："我国建国已四十余年，建国以来的历史已占党的历史的大部分，而至今对于建国以来国家和党的历史的研究工作都极为薄弱，亟须有计划、有组织、有领导地予以加强。"① 当代所成立后，陆续创办了从事国史研究的《当代中国史研究》杂志和负责出版国史类书籍的当代中国出版社，成立了挂靠在当代所、负责联系全国国史学界同人的学术团体中华人民共和国国史学会，创办了学会刊物《国史参阅》，又在中国社科院研究生院设立了培养国史研究高级人才的国史系，使国史编研终于有了开展工作和学术交流、人才培养的基地。

二、悉心指导国史编研

国史编研工作应从哪里着手，这是国史编研机构面对的首要问题。胡乔木曾三次提议设立国史编研工作机构，每次提议，都同时提出要先搞中华人民共和国的编年史。第一次

---

① 《胡乔木书信集》，人民出版社 2002 年版，第 791 页。

是他刚到社科院，提议建立包括现代史研究所在内的一批新研究所，指出现代史研究所的第一个任务是编纂中华人民共和国编年史。第二次是他在现代史研究所一时难以组建的情况下，提议先建立一个现代史研究室，指出这个研究室的任务之一是编纂中华人民共和国编年史。第三次是他 1989 年提议成立当代中国研究所，再次指出这个研究所要"先搞一个中华人民共和国编年史"。

历史分期，即给历史断限，是史学工作者为便于自己研究，也为引导人们认识历史阶段性特点的一种方法。在不同的背景下，出于不同的标准、角度，史学工作者对同时段历史的分期往往是不同的。胡乔木在提议建立当代中国研究所时，也具体谈了对国史分期的设想。他把 1949—1989 年的 40 年分为九个时期，即 1949—1952 年，1953—1957 年，1958—1962 年，1963—1965 年，1966—1971 年，1972—1976 年，1977—1978 年，1979—1984 年，1985—1989 年。这一设想是在当时历史条件下、从一定角度提出的，今天看起来并不一定那么妥当，但国史工作者仍可从中受到启发，把它作为研究国史分期问题的一种参考。

既然我们党有党史研究及其工作机构，为什么还要进行国史研究、成立国史编研机构呢？这是一个要推动国史研究向广度和深度发展就不能不回答的问题。对此，胡乔木虽然没有直接回答过，但从他的有关谈话中，仍然可以看出他的见解。有一次，他在谈党史编写的工作时说道："党史要跟政治史、军事史相区别。党史是党史。这样，跟党史关系太远的事情，就不能成为党史的正式篇幅。"① 这个话反过来讲，不就是说政治史、军事史要和党史相区别吗？1979 年 8 月，他在同社科院文学研究所同志谈有关当代文学史研究对象时指出，当代文学史要以在社会上发表过并得到社会上一定评价的文学作品为对象，要紧紧围绕主要作品、它的出现、它和过去文学的继承和区别来研究，而不应过多描述政治对作家个人生活的影响，不能把文学史写成作家的活动史、传记集。政治必然会影响文学，文学史也必然有一定的政治观点，如在评论某位作家的重要作品时不可能不说到它的思想政治意义，但不应夸大政治对文学对作家的影响。新中国出版的好作品很多，这是社会主义社会优越性的合乎规律的表现，但不能把它们看成是政治领导或政治批判的结果。社会主义文学发展的规律不是文学史研究的对象，而是另一种历史研究的任务。在这篇谈话中他还指出，科学史、哲学史、经济史等研究的对象，也只能是科学、哲学、经济本身发展的实际成果和变化，而不能变成科学管理史、哲学批判史、经济政策史。这些意见所针对的文学、科学、哲学、经济学学科中的当代史问题，虽然与国史学科的专门史研究并不完全相同，但它毕竟触及了国史研究的学科定位问题，因此对后来国史编研的开展，尤其是如何区分国史与党史研究、如何界定国史学科各专门史研究的内涵，都具有相当的指导作用。

除了国史编研本身的问题以外，胡乔木有关历史研究尤

---

① 《胡乔木谈中共党史（修订本）》，人民出版社 2015 年版，第 302 页。

其中共党史研究的大量论述中，有许多对国史编研也同样适用。归纳起来，我认为主要可以概括为以下一些观点：

第一，历史研究要为现实服务。胡乔木指出，用马克思主义的方法研究问题，也就是用历史的方法研究问题。我们在处理任何问题时，都不可能不首先弄清楚那个问题的历史，其中包括当代的历史，即历史在当代发展的各个侧面。如果对有关问题的历史没有相当的了解，从历史上观察和分析问题，我们就不可能全面地、系统地、正确地、有说服力地对现实问题作出判断，提出从根本上解决问题的办法。我们生活在历史中间，历史上的问题不可避免地会经常作为各种各样的现实问题出现在我们面前。我国是一个世界大国，跟世界许多国家有着各种各样的联系，不是孤立地存在着的。我们需要了解我们同这些国家经济、文化关系的历史，同周边国家在领土问题上争执的历史，同一些国家相互冲突的历史。我国从来就是一个多民族国家，民族之间有许多历史问题。即使汉族也是许多民族逐渐融合起来的，有各种各样的外来成分。中国的文明并不全都是土生土长的，也有各种各样的外来因素，正如我们的文化渗透到其他国家和民族中去一样。这些历史也常常成为现实问题，需要我们去研究，从而得到正确的认识。

第二，历史研究要以科学理论为指导。胡乔木指出，历史学本身就是一种理论性研究，如果仅仅是记录过去的史实，那并不构成历史学。历史学作为一门科学，当然要研究历史发展的规律性，这就离不开马克思主义理论的指导。因此，史学界必须学习和掌握马克思主义的理论。但是，这种学习和掌握不应当是教条式的、简单化的，而应当像毛主席经常说的那样，要学习和掌握马克思主义的立场、观点、方法，其中包括它的基本原理。要把它当成历史研究的向导，而不能成为终点。另外，不能认为马克思主义产生以前的历史学都不是科学或完全不是科学，也不能认为马克思主义产生以后的非马克思主义的历史学全都不是科学或没有科学的成分和价值。马克思主义要发展，就要不断用历史科学以及其他科学提供的新成果来丰富自己，不断吸收马克思主义产生以前和以后的一切非马克思主义的或没有标明是马克思主义的历史研究成果。因此，除了要学习马克思主义理论，对其他一切具有科学性的理论也要学习。

第三，历史研究必须掌握基本功。胡乔木认为，研究历史，掌握马克思主义理论是不容忽视的基本功，但它不是唯一的基本功，不能用它来代替其他科学的方法。比如，研究中国古代史，必须懂得年代学、职官学、地理学、目录学，还要通晓古汉语。研究世界史，必须精通对象国的语言和历史。研究中国民族史，必须了解少数民族的历史和文学。另外，还要学会搜集、辨别和筛选资料。在这方面，没有什么"捷径"可走，必须狠下功夫。马克思主义只是我们行路的向导，路究竟能走多远，要看我们自己付出多大的努力。

第四，历史研究要放宽视野。胡乔木在1980年中国史学会第二次全国代表大会上的讲话中，专门论述了这个问题。他说，多年来我们有意识地或不知不觉地形成一种现象，就是集中和消耗了过多力量，用于编纂通史。通史可以越编越好，但如果不是依靠许多断代史和专题研究，它的前途是有限的。另外，还有一些研究课题，既不属于断代史，也不是传统意义上的专题史，例如，社会史、文化史、经济史、政治制度史、政治生活史等等，这些几乎没有什么人研究。我们要把中国的历史科学推进到一个新的高度，就必须开辟更广阔的研究领域。

显然，胡乔木对历史研究和中共党史研究讲的这些意见，也应当是国史工作者遵循的原则。此外，胡乔木在指导《中国共产党历史》上卷的写作过程中，还发表了许多关于如何撰写史书的见解。例如，他要求编写历史一定要分析当时的形势，不仅要分析党内形势，也要分析那个时期的整个政治形势，以理清头绪，把历史线索搞清楚，把历史脉络写清楚。要夹叙夹议，史论结合，把历史发展的关键点出来，并讲出道理，以体现思想。不能光看档案写历史，简单罗列历史现象。不要用会议的决议、文件来解释历史，要从文山会海的格局中走出来。要向司马迁写《史记》学习，着重写人物，不仅要写党的领袖，而且要写与党合作的党外人士，写一些在革命斗争中起过作用的小人物，显示党是在人民中间奋斗的。另外，还要写一些反动人物。对人物的评价要客观、公正，注重事实，既不要拔高、溢美，也不要任意贬低。在写到某个人时，要对这个人作个简单介绍，使人感到亲切，随时给人以知识。要把抽象的事实、具体的事实、事实的背景三者搭配好，文字要有波澜起伏，要用很精彩的话把事情提纲挈领地写出来，写得引人入胜，让人读起来眉飞色舞。要多用历史事实说话，如引用当时报纸的反应或各种人物的评论。要有一些历史过程的镜头，让人看了有一种身临其境的感觉。要抱着对党史对革命先烈的满腔热情来写历史，笔端要常带感情，用可歌可泣的文字书写可歌可泣的人和事。上述这些意见虽然是就党史编写而讲的，但其精神对编写国史也是适用的，同样值得国史工作者认真领会。

三、积极从事国史编研

胡乔木不仅重视、倡导、关心、支持国史编研，而且本身就是一位国史编研的积极实践者、探索者。新中国成立以后，特别是在改革开放时期，他结合党的文件起草工作、理论宣传工作，深入钻研国史中许多重大而疑难的问题，作出了有说服力的回答，拿出了具有相当学术水平和政治影响的研究成果，对国史学界起到了很好的示范和引导作用。

早在 1951 年中国共产党成立 30 周年前夕，毛泽东鉴于新中国已成立近两年，经济已基本恢复，抗美援朝、土地改革和镇压反革命运动也节节胜利，布置胡乔木写一个"党史大纲"，用以纪念党的生日，宣传党的历史。胡乔木依据自己担任毛泽东秘书以来参与党的历史文献编辑和对党的历史经验总结的长期积累，用不到一周时间便写出了 3 万多字的《中国共产党的三十年》初稿，随后几经修改补充，又经过刘少奇审改和毛泽东定稿，以他个人名义公开发表。这本小册子虽然主要回顾的是党成立以来的历史和对其基本经验、教训作总结，阐述的是毛泽东思想在革命战争年代形成、发展的过程及其历史地位和伟大意义，但由于记述时段的下限是1951年6月，所以里面已经有了很多国史里的内容。例如，其中说到中国人民政治协商会议共同纲领的制定和中华人民共和国中央人民政府的成立；说到中央人民政府将国民党官僚资本变成社会主义性质的国家经济，统一了全国财政，终止了22年的恶性通货膨胀，系统进行了工业生产、农业生产、交通事业和贸易事业的恢复工作，在重点发展农业、轻工业和国内贸易的同时，着手建立少数必要的国防工业和动力工业，逐步引导私人资本主义工商业走上服从国家需要的轨道，发展为国家经济服务的国家资本主义经济，领导新解放区农民进行土地改革，在全国范围开展了人民代表大会政权的建设以及大规模镇压反革命破坏活动的工作；说到美国对朝鲜的侵略严重威胁到我国东北国境的安全，中国人民志愿军出兵朝鲜，经过五次战役，将侵略军驱逐到北纬38度线附近；等等。所以，可以说它既是我们党的第一本党史读本，也是第一本有关国史的作品。它充分显示出胡乔木善于驾驭史料和抓住历史脉络的能力，对后来的国史编研工作产生了深远影响。

此后，胡乔木虽然没有机会再动笔撰写历史书，但却通过主持起草庆祝中华人民共和国成立30周年大会的讲话和党的第二个《历史决议》，指导编写党史新中国成立后的部分特别是《中国共产党的七十年》第七、八、九章，提出了许多关于国史问题的真知灼见。他在评论《中国共产党的七十年》一书中新中国成立后的三章时指出："这三章确是比较难写好的部分。八大以后的十年曲折很多；'文化大革命'十年是悲惨的十年，但这时期也并非只是漆黑一团；而在改革开放取得伟大成就的十年中，却又出现了两任总书记的严重错误。客观的历史是怎么样，写出来的历史也必须是怎么样。"①他认为，这三章乃至这本书，都"写得比较可读、可信、可取，因为它既实事求是地讲出来历史的本然，又实事求是地讲出历史的所以然"。另外，胡乔木在晚年为赴美访问，撰写了三篇学术讲演稿，即《中国在五十年代怎样选择了社会主义》《中国为什么犯二十年的"左"倾错误》《中国领导层怎样决策》。这三篇文章是他为党和国家进行对外宣传的力作，同时也是他对国史进行专题研究形成的精品。

党史、国史编研与其他学术研究一样，有许多不大容易解决的重点难点问题。例如，如何看待中国的社会主义制度、如何看待社会主义社会的阶级和阶级斗争问题、如何看待毛泽东晚年的错误和毛泽东思想、如何看待"文化大革命"的起因和性质等等。这些都是影响国史研究的重大问题，如果得不到正确解决，不仅难以深入研究，就连撰写都难以下笔。对于这些问题，胡乔木从理论与实际、政治与学术的结合上，给出了令人信服的回答。这些回答主要集中在他主持中共中央文件的起草和会见外宾的谈话中，以及宣讲党的理论、路线、方针时的讲话、报告和文章中。

———————

① 《胡乔木谈中共党史（修订本）》，人民出版社 2015 年版，第 404 页。

第一，关于如何看待中国的社会主义制度。

首先遇到的一个问题是，为什么革命胜利前夕，党的领导人曾决定夺取全国政权后，先实行十几年到二十年的新民主主义政策，然后再搞社会主义，但新中国成立不到三年，就改变了方针，要提前向社会主义过渡呢？对这个问题，胡乔木在《中国在五十年代怎样选择了社会主义》一文中作了深入分析。他指出，中国所以在 1952 年至 1953 年间根据毛泽东的建议，作出选择社会主义的决定，缘于新中国成立初期出现的四个变化，即政府实行了全国财政经济的统一，迅速战胜了投机，稳定了物价，从而把国家很自然地引向高度统一的计划经济轨道；政府没收了国民党的官僚资本作为社会主义性质的国营资本，并使其迅速强大，其中工业产值和批发商业营业额的份额在 1952 年均占到 60% 左右；政府为发展经济特别是进行大规模工业建设，不能不对资本主义工商业实行加工订货、统购包销，对粮棉食油实行统购统销，从而使资本主义工商业只能接受社会主义改造；中国在朝鲜战争爆发后与西方的关系更加紧张，只能向社会主义苏联寻求援助，从而更多地学习苏联的经验。因此，他认为，就 20 世纪 50 年代中国经济和中国历史的全局而论，无论早几年或迟几年，保留多少私有成分，经营管理上和计划方法上具有多大程度的灵活多样性，对社会主义的选择都是不可避免的。

再一个问题是，按照马克思主义经典作家的定义，能否说中国已进入了社会主义？中国是社会主义社会，还是农业社会主义或封建社会主义社会？胡乔木认为，提出这个问题的实质在于，中国的社会主义改造是否搞错了，是否需要补资本主义这一课，或者恢复新民主主义制度？他指出，马克思、恩格斯对社会主义社会的设想，前后并不完全一致。我们对什么是社会主义的问题，不能只照搬他们著作中的某些词句，而不顾社会主义运动发展的实际。新中国有过一个新民主主义阶段，并早已进入社会主义，这些都是基本的客观事实。社会主义制度在我国的建立是合乎历史需要和历史发展规律的，不能采取削足适履的办法来对待历史。

还有一个问题是，应当如何正确理解和解释社会主义？有人用极左的思想对待社会主义，比如"文化大革命"中提出"宁要贫穷的社会主义，不要富裕的资本主义"的口号。胡乔木指出，社会主义是比资本主义更先进的社会制度，如果没有高度发展的经济，社会主义建立不起来。而且，不集中精力发展经济，也背离了革命的根本目的。社会主义不仅要发展经济，而且要使劳动人民掌握国家的命运，确保人民的民主权利，实行社会主义法治，建设高度的精神文明，同一切爱好和平的国家和人民联合起来，反对侵略战争，等等。否则，就不能算是真正的社会主义。

第二，关于如何看待社会主义社会的阶级斗争。

早在党的十一届三中全会刚结束，胡乔木就提出对社会主义时期阶级斗争的形式和作用要重新认识。他认为，不适当地夸大阶级斗争的范围、作用和严重性，把社会主义改造完成后的阶级斗争仍然看成社会的主要矛盾，提出"以阶级斗争为纲"，甚至到党内寻找阶级斗争，是造成我们党1957

年以后犯 20 年 "左" 倾错误的原因之一。因此，不能再使用 "以阶级斗争为纲" 这个不适合于社会主义社会的口号。但他同时指出，资产阶级腐朽思想还会渗入到我们的社会中，形成破坏社会主义的力量；资本主义国家及境外敌对势力，也会从外部和我们内部进行危害社会主义的阴谋活动，因此，阶级斗争还会在经济、政治、文化等范围里长期存在，这也是不容否认的客观事实。对于人民内部的矛盾，如干部的官僚主义问题、物价问题、就业问题、工作中的不公正问题等等，如果处理不好，也会被敌对势力所利用，发生严重后果。他还认为，对党内的路线斗争、路线错误这些概念也要慎用，不能说党的历史是路线斗争史、路线错了一切皆错、路线正确一切皆对，不要去抓党内的资产阶级。但是，也不能说党内就没有错误思想，没有违反纪律的行为，没有腐败分子，不应当进行必要的思想斗争。

第三，关于如何看待毛泽东晚年的错误和毛泽东思想。

毛泽东是新中国的缔造者和新中国将近 30 年的主要领导人，对他的评价同党史国史都息息相关。如何在纠正毛泽东晚年的错误的同时，肯定毛泽东的历史地位、坚持毛泽东思想，这是邓小平自党的十一届三中全会否定 "两个凡是" 方针以后，一直强调的大问题。他在党的第二个《历史决议》起草期间说过："确立毛泽东同志的历史地位，坚持和发展毛泽东思想，这是最核心的一条。……十一届五中全会为刘少奇同志平反的决定传达下去以后，一部分人中间思想相当混乱。有的反对给刘少奇同志平反，认为这样做违反了毛泽东思想；有的则认为，既然给刘少奇同志平反，就说明毛泽东思想错了。这两种看法都是不对的。必须澄清这些混乱思想。"他要求决议把"重点放在毛泽东思想是什么、毛泽东同志正确的东西是什么这方面"。他表示："如果不写或写不好这个部分，整个决议都不如不做。"①

胡乔木对邓小平的这些指示完全同意并且认真贯彻，为写好决议宵衣旰食、殚精竭虑。他提出，要把毛泽东晚年的错误同毛泽东思想加以区别，指出毛泽东的错误是作为马克思主义者的错误，并把毛泽东思想概括为三个基本方面，即实事求是、群众路线和独立自主、自力更生。他说，毛泽东思想的基本原则与马列主义是一致的，同时还有所发展。这个发展不能只讲坚持武装斗争、农村包围城市，否则无法适用于今天和今后。不解决这个问题，坚持毛泽东思想的口号就没有力量，就是空的。②

在这个前提下，胡乔木进一步指出了毛泽东思想在社会主义革命与建设问题上丰富和发展马克思列宁主义的具体表现。例如，毛泽东提出有中国特点的社会主义改造道路，人民民主专政的学说，严格区分和正确处理两类不同性质矛盾的学说，团结—批评—团结和长期共存、互相监督的方针，百花齐放、百家争鸣的方针，国家、集体、个人三者利益统筹兼顾的方针，工农业并举的方针，实行干部参加劳动、工人参加管理、改革不合理规章制度和技术人员、工人、干部

---

① 《邓小平文选》第 2 卷，人民出版社 1994 年版，第 291、297、299 页。
② 《胡乔木谈中共党史（修订本）》，人民出版社 2015 年版，第 56 页。

"三结合"的方针，调动一切积极因素、化消极因素为积极因素的思想，等等。这些都是毛泽东将马克思列宁主义同中国的社会主义革命和建设实际相结合的产物，是毛泽东思想对马克思列宁主义的丰富和发展。

第四，关于如何看待"文化大革命"。

"文化大革命"是一场灾难，使党和国家、人民遭到新中国成立以来最为严重的挫折和损失。但它又是毛泽东亲自发动的，并且占了改革开放前那段历史几乎三分之一的时间。因此，能否正确认识和科学解释"文化大革命"的性质、原因，以及这一时期党与国家的状况，直接关系对毛泽东和我们党和国家的评价，也关系到国史的研究和撰写。

关于"文化大革命"的性质，胡乔木明确指出，它不是经过法定程序发动的，不能在任何意义上称为一个革命；说要"抓革命促生产"，实际上"革命"愈厉害，生产力愈下降。但他同时又指出，不能把"文化大革命"称为反革命，因为党和国家、军队的性质都没有变。

关于"文化大革命"发生的原因，胡乔木明确指出，其中有毛泽东犯错误、破坏民主集中制、个人专断的原因，也有社会的历史的原因。但他同时指出，毛泽东之所以发动"文化大革命"，从根本上说是由于对社会主义产生了一种"左"的认识，错误估计了阶级斗争和资本主义复辟的形势，而不是出于个人恩怨，或仅仅为了把什么人打倒。

胡乔木还指出，"文化大革命"虽然破坏了党和国家的一些基本原则和制度，使党和国家的政治生活陷于变态，林彪、

"四人帮"得以上台；但在那个时期，党并没有分裂，基本维持了统一，林彪、"四人帮"都没有能控制国务院，"四人帮"也没有控制中央军委；党的大部分干部和群众并没有跟着林彪、"四人帮"跑，相反在困难的情况下做了大量工作，保护了党的健康力量，也使社会主义建设继续在进行，外交工作、经济工作、部分科学工作也都取得了一定成绩。特别是毛泽东在"文化大革命"后期提出"三个世界"划分的理论，改善了中国同西方的关系，为后来实行开放政策提供了前提条件。当然，这些成绩并不是"文化大革命"的功劳，如果没有"文化大革命"，成绩会更大更多。

很明显，对上述问题的正确认识和解释，对于党史国史的研究、编写，都具有至关重要的作用。

胡乔木为开展国史编研所作的工作和贡献，充分体现了他作为我党思想理论战线的领导人和马克思主义理论家的敏锐政治眼光、深厚理论功底和高超学术素养以及科学严谨的学风。我们纪念胡乔木，就应当学习他观察和研究国史问题的立场和方法，领会他关于国史和国史编研工作的精辟见解，把党的国史编研事业不断推向前进，更好地发挥国史编研资政、育人、护国的功能。

中国当代史的基本过程
及重大事件

中国工业化与中国共产党[*]

工业化是中国自 1840 年以来面临的基本问题之一，也是与中国共产党关系极为密切的一个问题。恩格斯说过：新的学说必须首先从已有的思想材料出发，但"它的根子深深扎在经济的事实中"[①]。他又说，唯物史观从下述的原则出发："一切社会变迁和政治变革的终极原因，不应当到人们的头脑中，到人们对永恒的真理和正义的日益增进的认识中去寻找，而应当到生产方式和交换方式的变更中去寻找；不应当到有关时代的哲学中去寻找，而应当到有关时代的经济中去寻找。"[②] 考察中国工业化与中国共产党之间的关系，便是这样一条寻找当代中国社会变迁和政治变革终极原因的有效途径，它不仅对于我们深刻认识中国共产党的先进性有着重要意义，而且对我们解读中华人民共和国史中的一些重大事件，也很有益处。

一、中国工业化是中国共产党始终不渝的奋斗目标

江泽民在提出"三个代表"思想时指出："我们党所以赢

---

   * 本文是作者 2002 年 6 月在当代中国研究所国史讲座上的报告，曾发表于《当代中国史研究》2002 年第 6 期。
   ①《马克思恩格斯选集》第 3 卷，人民出版社 2012 年版，第 391 页。
   ②《马克思恩格斯选集》第 3 卷，人民出版社 2012 年版，第 741 页。

得人民的拥护，是因为我们党在革命、建设、改革的各个历史时期，总是代表着中国先进生产力的发展要求。"[①] 什么是先进生产力？自中国进入近代社会以来，先进生产力一直是用机器生产特别是以机器制造业为主的工业化生产。直到今天，尽管更加先进的生产力如信息工程、生物工程已经出现，但工业化生产相对于还大量存在的手工生产、半机械化生产来说，仍然是先进的生产力。换句话说，在中国，要代表先进生产力的发展要求，就要代表工业化的发展要求。只要我们客观地而不是戴着有色眼镜或先入为主地回顾中国共产党的历史，就不难看出，不是别的什么政党，正是中国共产党，从建立之日起一直到今天，始终代表了这一要求。

当中国还没有自己工业的时候，爱国的中国人曾提出"师夷长技以制夷"。于是购买外国大炮军舰，建兵工厂、船政局。后来，有识之士又提出"先富后强"，"寓强于富"。于是又办铁厂、开矿山、修铁路、建纺织企业，政府中的洋务派搞了官办的不算，一些官僚、地主、商人还直接投资，搞起了商办的。这些人随着近代工业在中国的产生，逐渐演变成为资产阶级，于是出现了代表这个阶级的政治主张，即不仅要学习西方的"船坚炮利"，而且要学习西方的政治制度。但是，随着近代工业的产生而产生的工人阶级及其代表人物认为，靠办实业，靠君主立宪，靠建立资产阶级共和国，总之，靠资本主义的办法，都不能解决中国的问题。他们主张，

---

① 江泽民：《论"三个代表"》，中央文献出版社 2001 年版，第 2 页。

要使中国实现工业化，只有走社会主义道路。就是说，中国共产党虽然是工人阶级政党，是作为资产阶级、资本主义对立面而存在的，但它要替资产阶级完成本来应当由他们完成的中国工业化任务。它的奋斗目标无疑是社会主义和共产主义，但在这个奋斗目标里，同时就包含着实现工业化。两个目标互为前提，相辅相成。

中国共产党在 1921 年成立时制定的党纲中曾提出，要"消灭资本家阶级，没收和征用机器、土地、厂房和半成品等生产工具"。这只不过是要亮明自己作为共产党的基本观点，即消灭私有制，变生产资料的资本家所有制为工人阶级所有制。因为在中国共产党人看来，只有生产资料与生产者相结合，中国才能实现工业化。党的创始人之一的李大钊在党成立的前一年就著文指出："中国以农业立国，……中国的农业经济挡不住国外的工业经济的压迫，中国的家庭产业挡不住国外的工厂产业的压迫，中国的手工业挡不住国外的机械产业的压迫。……我们应该研究如何使世界的生产手段和生产机关同中国劳工发生关系。"[①] 他在 1921 年初发表的《中国的社会主义与世界的资本主义》中又指出："要问中国今日是否已具实行社会主义的经济条件，须先问世界今日是否已具实现社会主义的倾向的经济条件，……现在世界的经济组织，既已经资本主义以至社会主义，中国虽未经自行如欧、美、日本等国的资本主义的发展实业，而一般平民间接受资本主

①《李大钊文集》第 3 卷，人民出版社 1999 年版，第 141—147 页。

义经济组织的压迫，较各国直接受资本主义压迫的劳动阶级尤其苦痛。……今日在中国想发展实业，非由纯粹生产者组织政府，以铲除国内的掠夺阶级，抵抗此世界的资本主义，依社会主义的组织经营实业不可。"[1] 可见，中国共产党关于通过社会主义的办法把中国由农业国变为工业国的观点，从一开始就是明确的。

当然，由于中国共产党那时还处于幼年时期，对马克思主义理论的理解还不够深刻全面，将马克思主义与中国实际情况结合得也很不够，还没有能够把帝国主义、官僚买办资产阶级与民族工商业加以区别。不过，随着斗争的发展，党对中国特殊国情的分析越来越深入，对革命要保护、培育民族工商业的认识也变得越来越清楚。例如，党在二大时即指出：帝国主义争相扶助中国的封建军阀，"使中国方兴的资产阶级的发达遭着非常的阻碍"；使"资产阶级工商业受了阻损，不能发达"。[2] "在中国的政治经济现状之下，在中国的无产阶级现状之下，我们认定民主的革命固然是资产阶级的利益，而于无产阶级也是有利益的。因此，我们共产党应该出来联合全国革新党派，组织民主的联合阵线，以扫清封建军阀推翻帝国主义的压迫"。[3] 这说明，党从成立的第二年起，就已经有了革命分两步走的初步思想，有了使中国实现工业化

---

① 《李大钊文集》第 4 卷，人民出版社 1999 年版，第 85—86 页。
② 《中共中央文件选集》第 1 册，中共中央党校出版社 1989 年版，第 62 页。
③ 《中共中央文件选集》第 1 册，中共中央党校出版社 1989 年版，第 65—66 页。

的大体步骤。

以后，中国共产党关于要先进行民主革命、再进行社会主义革命的思想不断深化。在抗日战争时期，毛泽东深入分析了近代中国半殖民地半封建社会的基本国情，认真总结了中国共产党领导革命的经验教训，系统阐述了中国革命的对象、任务、动力、性质和前途，完整提出了新民主主义的理论和它的三大经济纲领。在党的七大上，毛泽东又进一步提出了"使中国由农业国变为工业国"的具体纲领，指出："中国工人阶级的任务，不但是为着建立新民主主义的国家而斗争，而且是为着中国的工业化和农业近代化而斗争。"[1] 他还批评了那种"要直接由封建经济发展到社会主义经济，中间不经过发展资本主义的阶段"的思想，说这是一种"民粹派的思想"。[2]

在解放战争期间，随着夺取全国政权的临近，中国共产党关于保护和扶助民族工商业发展的思想逐渐变为具体的政策。毛泽东在 1947 年十二月会议上指出："由于中国经济的落后性，广大的上层小资产阶级和中等资产阶级所代表的资本主义经济，即使革命在全国胜利以后，在一个长时期内，还是必须允许它们存在。"[3] 在党的七届二中全会上，毛泽东又指出："中国的私人资本主义工业，占了现代性工业中的第二位，……在革命胜利以后一个相当长的时期内，还需要尽可

---

① 《毛泽东选集》第 3 卷，人民出版社 1991 年版，第 1081 页。

② 《毛泽东文集》第 3 卷，人民出版社 1996 年版，第 323 页。

③ 《毛泽东选集》第 4 卷，人民出版社 1991 年版，第 1254—1255 页。

能地利用城乡私人资本主义的积极性，以利于国民经济的向前发展。"① 这期间，其他领导人也发表了类似的主张。

中华人民共和国成立后，废除了帝国主义在中国的种种特权，没收了官僚买办资产阶级的财产和地主阶级的土地，从而扫清了中国工业化前进道路上的最大阻碍。对于私人资本主义工商业，中国共产党在新中国成立初期也曾表示要让它们发展"一个相当长的时期"，比如说十五年，二三十年，至少十年，多则十五年或二十年，等等，然后再逐步消灭。可是，到了 1953 年便提出过渡时期总路线，要求在十年到十五年的时间基本上完成向社会主义的过渡。现在回过头看，这个要求有些太急了，在实际操作上更急，结果不到四年时间就完成了这个过渡。但这并非意味党放弃了工业化的目标，相反，倒是出于加快工业化步伐的考虑。

所谓过渡时期总路线，就是"要在一个相当长的时期内，逐步实现国家的社会主义工业化，并逐步实现国家对农业、对手工业和对资本主义工商业的社会主义改造。"中共中央在解释这一路线时曾明确指出，"一化"是主体，"三改"是两翼。中宣部起草的《为动员一切力量把我国建设成为一个伟大的社会主义国家而斗争——关于党在过渡时期总路线的学习和宣传提纲》上所列举的违反总路线的错误思想也是"认为我国可以不要工业化、可以不忙工业化、可以降低工业化速度、可以不以发展重工业为中心，认为工业化对农民和一般人民

---

① 《毛泽东选集》第 4 卷，人民出版社 1991 年版，第 1431 页。

不利，认为有了苏联的援助，我国的工业化就不重要等等"。^①
从这些表述中可以清楚地看出，过渡时期总路线之所以提出
"三改"，完全是为着加快实现工业化。

从实际上看，"三改"也都是为了适应工业化加速发展的
需要。

首先，"三改"是为了适应优先发展重工业的需要。

私人资本主义经济同工人阶级之间有着天然的矛盾，而
共产党是工人阶级政党，在劳资双方发生纠纷时，当然要为
工人说话。因此，在中国共产党执政以后，对私营工商业限
制反限制的斗争是不可避免的。但这还不是促使共产党提出
提前向社会主义过渡的根本原因，如果仅仅是因为这一条，
完全可以按照原来的设想再等待一个时期。根本原因在于，
在中国这种落后的大国，要实现工业化，需要采取优先发展
重工业的战略，而这必然导致国家与私营工商业之间矛盾的
尖锐化。因为，重工业投资大，资金回收周期长。轻工业见
效快，但轻工业大多掌握在私营企业手里。为了使财政多收，
为工业化积累资金，国家需要加大向轻工业投资的力度，但
又不可能把钱投给私营企业。要新建国营的轻工业企业，国
家一时又拿不出那么多钱。另外，优先发展重工业，资金和
物资的需求量都比较大，为了集中有限的财力物力，在资源
配置和经济运行的方式上，当时只能选择计划体制。实行计
划经济，除了国营工业要按计划生产，私营工业也要按计划

---

① 《建国以来重要文献选编》第4册，中央文献出版社2011年版，第612页。

生产，否则衔接不上。但要对私营工商业进行全行业的生产安排，必然要对企业进行必要的合并、改组、淘汰。在生产资料所有权为私人占有的情况下，做到这一条是不可能的。所有这些都决定了，新中国成立初期对私营工商业采取的加工订货、统购包销等限制措施已不再适应，必须将它们改造成公私合营的企业。改造从 1954 年开始，到 1956 年基本完成。就在 1956 年，为工业化奠定初步基础的"一五"计划也大部分完成。这说明，对私营工商业的改造不仅适应而且促进了大规模的工业化建设。

其次，"三改"是为了解决农业拖工业化后腿的问题。

对农业进行社会主义改造，其中一个考虑，无疑是避免两极分化。中国人多地少，灾害频繁，加之当时农业经营方法落后，广大贫雇农生产工具和资金不足，长期维持个体经营难免会在一极形成富农经济，另一极出现逃荒破产。共产党早在解放区就搞互助组，目的就是帮助贫苦农民抵御天灾人祸。但急于对农业进行社会主义改造的根本原因也不在这里，而在于要通过合作化使农业尽快适应工业化发展的需要。毛泽东在《中国农村的社会主义高潮》一书按语中就指出，农业社会主义改造的关键在于"保证增产"，以"和国家工业化的进度相适应"。[①]增加农业产量，从生产关系上看有三种办法：一是走西方农业资本主义化的路，搞家庭农场；二是学苏联办集体农庄；三是推广我们自己办的农业合作社。在这

---

①《毛泽东著作专题摘编》，中央文献出版社 2003 年版，第 860 页。

三种办法中，前两种都不符合中国国情。从技术角度看，也有三种办法：一是开荒，二是修水利，三是合作化。三者比较，在当时切实可行、见效最快的也是合作化。那几年的粮食产量也证明，合作化后的增产幅度确实大。新中国刚成立时，粮食产量是2200多亿斤，到1952年上升到3200亿斤，1957年接近4000亿斤，合作化使产量在五年里增加近1000亿斤，平均每年增产近200亿斤。

所以，提出过渡时期总路线，提前向社会主义过渡，目的在于加快工业化，条件也基本具备，效果总体也是好的。问题是要求过急，而且把不同意见当成政治问题，比如"批小脚女人"、批右倾保守等等。这些不仅在当时不对，而且容易使后人产生一种错觉，以为"一化三改"是从政治斗争出发的。

在提出过渡时期总路线前后，中国共产党开始制定以工业化为主要任务的发展国民经济五年计划。从那时到现在，中国共产党提出并通过政府组织实施了十个五年计划，在中国历史上真正开始了大规模的连续不断的严格意义上的工业化建设。特别是改革开放以来，中国共产党抓住经济建设这个中心任务不放，为工业化在中国的快速推进作出了举世惊叹的巨大贡献。这一切，都是中国共产党在民主革命时期为扫清中国工业化前进障碍的种种努力、种种牺牲的必然的合乎逻辑的继续。

当然，在这个过程中，中国共产党也犯有错误，有的错误甚至很严重，耽误了工业化建设的时间。例如，发动"大跃进"、人民公社化运动，发动"文化大革命"运动，等等。但我们只要深入分析一下就不难看出，造成这些错误的原因也不是由于中国共产党放弃了工业化的奋斗目标，不能因为这些就说中国共产党在那段时间里不再代表先进生产力的发展要求。

先说"大跃进"和人民公社化运动。

"大跃进"和人民公社化运动加上党的社会主义建设总路线，在当时被说成是三面红旗，现在则被说成是"左"倾错误。"左"在今天人们的理解中，往往与阶级斗争扩大化、与急于改变生产关系相联系，因此也容易使人误以为这三件事是从政治斗争需要出发的，与进行工业化建设无关，甚至是要跳过工业化阶段。其实，说它们"左"，主要是说在对待工业化建设的要求上急于求成，夸大主观意志和主观努力的作用；在实际工作中搞高指标、瞎指挥，刮浮夸风和"共产风"。当然，也确实出现了"跑步进入共产主义""在吃穿住上实行共产主义""在'三五'计划时向共产主义过渡"等急于改变生产关系的提法。但这些只是这三件事的表现和结果，而不是它们的根源。

它们的根源是什么呢？要弄清这一点，不妨先看一下产生这三件事的几个背景。第一，1955 年下半年，农业合作化出现了高潮，进行得比较顺利，由此产生了一种看法，认为农村生产关系已经变了，为农业生产力开辟了道路，工业化可以以更快的速度向前发展了。毛泽东在《中国农村的社会主义高潮》一书序言中，就表达了这种看法。第二，1956 年苏共召开二十大，全盘否定斯大林。中国共产党对此虽然不赞成，但认为它揭开斯大林这个盖子还是有重要意义的，并由此开始提出破除迷信、解放思想、不要照搬苏联经验、要探索自己的建设道路等等。特别是由于"一五"建设进行得比较顺利，更助长了一种情绪，就是认为我们可以打破常规，打破平衡，用比苏联更高的速度进行工业化建设。第三，1956年初，经济建设中出现了急躁冒进的倾向，1956年下半年到1957年上半年，在周恩来、陈云主持下，开展了"反冒进"的工作，强调"绝不要提出提早完成工业化的口号"，各部门订计划要实事求是。对此，毛泽东很不满意，提出要反"反冒进"，主张用"跃进"代替"冒进"。他说：我们这样大的国家，老是稳、慢就会出大祸，快一点就会好些。还说：要改变一穷二白的面貌，加速经济建设，需要群众的干劲，气可鼓而不可泄。第四，1957年，右派的言论中有一条，说1956年是"全面冒进"的一年，因此，反右斗争也联系到建设速度问题。第五，自朝鲜停战后，国际出现和平时期。毛泽东希望利用这段"休战"时间，加速建设，提早完成工业化。从以上分析不难看出，产生总路线、"大跃进"和人民公社的几个背景，都与加快工业化建设的速度有关。

下面，再分析一下这三件事本身。

第一，总路线的内容是"鼓足干劲，力争上游，多快好省地建设社会主义"。把它作为路线确定下来，是1958年党的八大二次会议。会上，刘少奇在工作报告中对它进行了系统论述，概括了它的几个基本点，其中主要有："在重工业优先发展的条件下，工业和农业同时并举；在集中领导、全面规划、分工协作的条件下，中央工业和地方工业同时并举，大型企业和中小型企业同时并举；通过这些，尽快地把我国建成一个具有现代工业、现代农业和现代科学文化的伟大的社会主义国家。"①

第二，向全党全国人民正式发出"大跃进"号召的，是1957年10月27日《人民日报》的社论《建设社会主义农村的伟大纲领》。社论要求，农业和农村各方面工作要"实现一个巨大的跃进"。这说明，"大跃进"运动不是要在生产关系上跃进，而是指生产力上的跃进，先是指农业的跃进。农业跃进，源于《农业发展纲要》。纲要提出，1967年农业产量要达到粮食1万亿斤、棉花1亿担，这已经是不切实际的指标。因为，1952年粮产3200亿斤，1967年如果达到6000亿斤，也要年增4.1%，这和各国比都是最高的；如果达到1万亿斤，则要年增6%—7%，根本做不到。但"大跃进"一来，头脑更发热。1958年秋天农业协作会议在各地虚报的基础上提出，1959年保证粮产1.5万亿斤，力争2万亿斤。由于对1958年粮棉产量作出盲目乐观的估计，以为农业问题解决了，又把"大跃进"引申到工业，特别是冶金工业上，提出全民大炼钢铁。

现在，我们都认识到"大跃进"是错误的。但不能否认的是，它的出发点是要以尽可能短的时间使国家实现工业化。

①《建国以来重要文献选编》第11册，中央文献出版社2011年版，第263页。

而且，搞群众运动也确有降低成本的考虑。陈云在党的八大二次会议上的发言中就说："二五"时期用调动一切积极因素的群众路线来进行建设，是我们党的一个伟大创造，这样，国家可以少出资金。比如，农民在"二五"时期义务进行水利工程建设、开荒、改造耕地、造林等等，用工资计算，劳动折价约在 500 亿元左右，这是一笔很大的投资。[①] 陈云这段话固然有受到反"反冒进"的批评后需要对总路线表态的意思，但也反映了他的真实看法。他是管财经工作的，能用较少的投资形成较大的固定资产，何乐而不为呢？

第三，毛泽东说过，人民公社的特点是"一大二公"。今天看，它的问题也出在这里。大，政社合一，以社代政，埋藏了命令主义的隐患；公，一平二调，实际上是刮"共产风"，是在生产力水平比较低的情况下，试图向社会主义的高级阶段过渡，即我们后来所说的"穷过渡"。其中比较有代表性的一个东西是公共食堂，也就是人们常说的"吃饭不要钱"。但这件事的起因也不是为着改变生产关系，而是为着发展农村生产力，包括发展村办工业。

毛泽东早在 1955 年就指出：现在办的合作社以二三十户的小社为多，"但是小社人少地少资金少，不能进行大规模的经营，不能使用机器。这种小社仍然束缚生产力的发展，不能停留太久，应当逐步合并。有些地方可以一乡为一个社，少数地方可以几乡为一个社"。[②] 1956 年冬季，为了提高农业生

---

①《陈云年谱（修订本）》中卷，中央文献出版社 2015 年版，第 585 页。

②《建国以来重要文献选编》第 7 册，中央文献出版社 2011 年版，第 193 页。

产力，农村掀起了大规模农田水利建设的高潮，由此带来两个问题：一是修建长达几公里、几十公里、上百公里的灌溉渠道，需要在大面积土地上统一规划，需要投入大批劳力和资金，这不仅涉及合作社之间的利益，也涉及村与村、乡与乡、区与区、县与县的经济关系，如果核算单位过小很难办成这样的大事；如果完全按商品经济原则，按投入多少受益，在当时条件下也不可能。因此，人们自然会想到把相互协作的合作社合并成大社。二是大搞农田基本建设，加上"大跃进"后地方工业遍地开花，造成农村劳力紧张，那时建水库、水渠，基本没有推土机、挖掘机，主要靠人海战术，男劳力不够，妇女也要上阵，一些地方为了尽可能腾出女劳力，让她们参加工农业生产，也很自然地会想到办简易公共食堂和托儿所。

从以上过程可以看出，办人民公社和办大食堂，无论是领导人最初的考虑，还是基层最初的动因，都是为了扩大农业的经营规模，尽可能多地解放农村劳动力，以适应工业化建设的需要。问题在于，后来由于种种原因，在宣传上过分突出它在生产关系变革上的意义，给它附加了很多意识形态上的内容，而且"层层加码"，"喧宾夺主"，使人们反倒忘记了它的初衷。

对于掀起人民公社化运动在毛泽东个人思想上的原因，薄一波在《若干重大决策与事件的回顾》中有个分析，他讲了四条：一是照搬马克思关于资产阶级法权的概念并扩大这些概念的运用范围；二是不适当地沿用革命战争时期的经验，如供给制和无偿调拨；三是青少年时代受过的某些政治思想的影响，包括空想社会主义和康有为的大同书；四是中国文化遗产中某些特殊材料的影响，如东汉末年张陵的五斗米教；等等。他没有提到民粹主义的影响，因为这件事确实与民粹主义无关。

为了说明人民公社化运动并非民粹主义作怪，还可举一个事例说明。1958 年 11 月，在公社化运动高潮中，中央制定了一个《十五年社会主义建设纲要四十条（1958—1972年）》，并经毛泽东修改。其中写道："我国人民面前的任务是：经过人民公社这种社会组织形式，高速度地发展社会生产力，促进全国工业化、公社工业化、农业工厂化，逐步地使社会主义的集体所有制过渡到社会主义的全民所有制，逐步地使不完全的社会主义全民所有制过渡到完全的社会主义全民所有制，建成社会主义；同时，在社会主义建设的过程中，共产主义的因素必将逐步增长，这就将在物质条件方面和精神条件方面为社会主义过渡到共产主义奠定基础。"[1] 在毛泽东同年同月修改过的《郑州会议关于人民公社若干问题的决议》中，也有一段话："要使人民公社具有雄厚的生产资料，就必须实现公社工业化，农业工厂化（即机械化和电气化）。"[2] 可见，毛泽东虽有急于过渡的思想，但并不是要跳过工业化来过渡，而是要通过加速工业化来过渡，这与民粹主义是有本质区别的。

---

[1]《建国以来毛泽东文稿》第 7 卷，中央文献出版社 1992 年版，第 504 页。
[2]《建国以来毛泽东文稿》第 7 卷，中央文献出版社 1992 年版，第 515 页。

再说"文化大革命"运动。

在"文化大革命"期间,中国共产党根据毛泽东关于无产阶级专政下继续革命的理论,实行"以阶级斗争为纲"的方针,把党的工作重点放在了反修防修上。这既不符合马克思主义,也不符合中国实际,造成了长达十年之久的社会动乱,严重妨碍了工业化建设的进行。但尽管如此,在这十年里中国共产党仍然没有放弃工业化的目标。

首先,毛泽东在"文化大革命"中,确实把主要精力用在了抓阶级斗争上,但他的指导思想是要通过抓阶级斗争来促进国民经济的发展。为了抓阶级斗争,他可以不惜牺牲正常的生产秩序,但他的目的并非要使国家永远乱下去。有一些著名的"最高指示",例如"抓革命,促生产""天下大乱达到天下大治""要安定团结""把国民经济搞上去"等等,很可以说明他这方面的思想。

另外,正是毛泽东同意周恩来在四届全国人大政府报告中重申三届全国人大时提出的设想,即第一步,在1980年前建成一个独立的比较完整的工业体系和国民经济体系;第二步,在本世纪内(2000年前)全面实现农业、工业、国防和科技的现代化,使我国国民经济走在世界前列。如果说他放弃了工业化的目标,这如何解释呢?他还批准了国务院两次关于从国外引进先进设备的报告,如果说他放弃了工业化的目标,这又如何解释呢?

其次,以周恩来和邓小平同志为代表的中共中央领导人竭力排除"文化大革命"干扰,一有机会就把主要精力放在抓生产上。"文化大革命"初，周恩来反对停产闹革命的做法，提出党委、革委会、军管会两套班子，一套负责运动，另一套负责生产。他还在国务院设立业务组，把没被打倒或"解放"出来的老干部，如李先念、李富春、余秋里、王震、陈云等放进去，让他们继续组织全国的工农业生产。林彪事件后，他又主持批极左思潮，指示国家计委提出"政治挂帅要挂到业务上、生产上"；指示周培源发表文章，说明加强基础理论学习和研究的重要性；并召开科学工作会议，提出要加强科研，努力赶上世界先进水平的要求。

1975年，邓小平接替病重的周恩来，主持党中央、国务院日常工作。他明确提出要以毛主席关于"以安定团结为好""把国民经济搞上去"等三项指示为纲，狠抓工业交通、科学教育等各方面的整顿，并主持起草了《关于加快工业发展的若干问题》（即工业二十条）。其中指出："没有社会生产力的强大发展，社会主义制度是不能充分巩固的，决不能把革命统帅下搞好生产当作'唯生产力'和'业务挂帅'来批判。"由他提议成立的国务院政研室，还写了一篇《论全党全国各项工作的总纲》，说明束缚还是解放生产力，是区别真假马克思主义的最终标准。他还主张多出口一些石油、工艺美术品，以便"换点高精尖的技术和设备，加速工业技术改造。"周恩来、邓小平当时都是主持中央日常工作的领导人，如果说中国共产党在"文化大革命"中放弃了工业化的目标，从这方面看也是说不通的。

最后，从实际结果看，中国工业化建设在"文化大革命"

十年里，尽管遇到了干扰，但并没有停滞，而是在继续发展。例如，大家熟悉的成就有：9 条铁路，即成昆、湘黔、襄渝、贵昆、太焦、京原、阳安、通坨线等；1 座大桥，即南京长江大桥；5 个油田，其中大庆油田的后备油田喇嘛甸油田于 1973 年开发，1975 年投产，使大庆油田 1976 年的产量达到 5000 万吨，胜利油田、大港油田和新疆、吉林等地的油田在"文化大革命"期间加强了开发，产量从 1966 年的 276 万吨增至 1978 年的 2800 万吨；[①]1 颗卫星，1970 年发射，至 1975 年共发射 15 颗；1 颗氢弹，1966 年 12 月试验成功；1 枚导弹，即 1971 年试射成功的远程地地导弹。

"文化大革命"期间，南有美国侵越战争，北有苏联陈兵百万，东有蒋介石叫嚣反攻大陆。中央判断帝修反有联合进攻大陆的可能，作出了全面备战和进行三线建设的决策。这一决策有对形势估计过于严重的一面，三线建设也存在不讲效益、浪费人力物力财力的弊病，但它对于改变我国中西部地区特别是西南地区工业落后的局面，的确起了非常重要的作用。

大中小并举是毛泽东提出的工业化主张，"大跃进"时"小土群"纷纷上马，调整时期大多下马，而在三线建设中，由于中央强调大、小三线同时建，中小工业又有了转机。1970 年全国计划会议提出各省区市都要建自己的小煤矿、小钢厂、小有色、小化肥、小电站、小水泥、小机械，作为支农工业

---

① 《当代中国的石油工业》，中国社会科学出版社 1988 年版，第 51—52 页。

体系，结果县、乡、镇工业得到了大发展。当时，国家在财政上大力扶持"五小"工业（小钢铁、小机械、小化肥、小煤炭、小水泥），不仅减免它们的税收，而且安排了 80 亿专项资金，对亏损企业进行补贴。1970—1972 年，"五小"工业每年新办企业 1 万户以上，仅县办工业就新增职工 400 万人，占全国新增职工总数的 40%。

所以，说"文化大革命"期间中国共产党不再为实现工业化而奋斗是不符合实际的。实际情况是，在"文化大革命"中，工业化建设在两方面受到了干扰：一方面要求生产为"文化大革命"让路，有经验的老干部、科技人员受到排斥，群众组织打"派仗"，走了许多弯路，耽误了不少时间，如果不是这样，我们本来可以取得更多更大的成就；另一方面在生产上不讲经济规律，片面追求高指标、高速度，提出"坚持以阶级斗争为纲，狠抓战备，促进国民经济新的飞跃"，造成农轻重、积累与消费等重大比例关系严重失调。重工业产值占到国民生产总值的 40%，积累率高达 34%，人民生活水平持续十年没多少提高。1976 年发生天安门事件，不仅干部和知识分子参加，工人和市民也参加，与此有着重要关系。

二、中国工业化建设中的一系列重大问题是中国共产党解决的

中国的工业化进程是十九世纪六七十年代才开始的，但在此后的近 100 年时间里，中国没有任何一个政党像中国共产党那样认真思考过中国工业化本身的问题。这些问题只

是在 1949 年中国共产党接管了全国政权以后，才逐步得以解决。

第一，工业化的道路问题。近代中国历史证明，走资本主义的道路，也就是以私有制为基础，在中国无法实现工业化。那么，中国的工业化究竟走什么道路才是可能的和现实的呢？对此，中国共产党人早在执政之前就提出，先搞一段新民主主义，然后再搞社会主义。所谓新民主主义的工业化道路，就是《中国人民政治协商会议共同纲领》中所说的："中华人民共和国必须取消帝国主义国家在中国的一切特权，没收官僚资本归人民的国家所有，有步骤地将封建半封建的土地所有制改变为农民的土地所有制，保护国家的公共财产和合作社的财产，保护工人、农民、小资产阶级和民族资产阶级的经济利益及其私有财产，发展新民主主义的人民经济，稳步地变农业国为工业国。"[1] 新中国成立后，这条道路实行了很短时间便过渡到了社会主义道路。而当时对社会主义道路的理解，主要是仿照苏联的模式，不允许有私有制存在。对这样一种模式，中国共产党在一开始也产生过怀疑，例如曾提出要以个体经济为补充、允许开私营大厂、在贫困地区搞分田到户等等，只不过由于种种原因而未能实行罢了。以后，由于实践证明这条道路确实不完全适合中国国情，中国共产党又在原有基础上作了进一步调整，提出了一条有中国特色的社会主义道路。按照这条道路，中国所有制结构是以国有

---

① 《中华人民共和国开国文选》，中央文献出版社 1999 年版，第 276 页。

经济为主导，以公有制经济为主体，各种所有制经济共同发展。就是说，尽管允许私有经济存在，但公有制经济仍是国家经济制度的基础。这一点既不同于新中国成立初期所实行的新民主主义，也不同于改革开放前所实行的社会主义。20多年的实践证明，这条道路更合乎中国的实际情况。

第二，工业化的战略问题。早期资本主义国家的工业化通常是从发展轻工业开始的，待资金积累到一定程度才转向发展重工业。但是，苏联为了在尽可能短的时间里赶上经济发达的资本主义国家，加强国防力量以抵御帝国主义的军事威胁和侵略，选择了通过优先发展重工业来快速实现工业化的战略。中国共产党执政后，一方面学习苏联的经验，在工业化上也采取了优先发展重工业的战略，用重工业推动整个工业经济的快速发展，用重工业产品装备轻工业和农业，用重工业作为基础构筑完整的国民经济体系；另一方面汲取苏联片面和过分强调优先发展重工业的教训，提出在优先发展重工业的前提下，农业、轻工业、重工业同时并举和以农业为基础、以工业为主导的战略（对于这一战略一度实施得不够坚决）。20世纪70年代以来，世界出现以信息化为代表的科技革命和提高第三产业比重的后工业化进程。中国共产党抓住这一趋势，结合中国的实际情况，又陆续提出以信息化带动工业化、以工业化促进信息化、大力发展以现代服务业为重点的第三产业的战略。此外，中国共产党在工业化的过程中，还先后提出过以自力更生为主、争取外援为辅，以大企业为中心、大中小企业相结合，兼顾国家、集体、个人三者利益，让一部分人一部分地区先富、先富带动后富、最终实现共同富裕，三步走，科教兴国，利用两个市场、两种资源，重点发展基础产业和实施可持续发展等战略。这些战略也被实践证明是符合中国实际情况的。

第三，工业化的资源配置方式问题。工业化是伴随资本主义市场经济而产生和发展的。资本主义市场经济受剩余价值规律的支配，哪里剩余价值大，资金、人力、物资等资源就流向哪里。这种资源配置的方式一方面促进生产和革新；另一方面也存在巨大的盲目性，造成资源的大量浪费。苏联在二十世纪的二三十年代，为了充分利用有限的资源，迅速摆脱落后面貌，加紧进行反侵略战争的物质准备，运用马克思关于未来共产主义社会的经济将是有计划按比例发展的思想，建立了高度集中的计划经济体制。这一资源配置的方式一方面使苏联在短短十几年时间里，由一个落后的农业国变成一个强大的工业国，保证了反法西斯战争的最后胜利；另一方面也暴露了它管得过多，统得过死，反应不灵活，不能满足社会多方面需要，不利于调动地方、企业和个人积极性等弊端。针对这一经验教训，中国共产党在实行了一段计划经济体制之后，即提出要在计划经济中发挥市场调节的作用；以后又进一步认识到，计划多一点还是市场多一点，并不是区分社会主义和资本主义的标准，只是不同的资源配置方式，决定建立社会主义市场经济体制。实践证明，当完整的工业体系基本建立起来，经济规模越来越大，特别是当国际形势趋向缓和后，应当根据实际情况的变化调整过去的资源配置方式。

第四，工业化的资金与人才来源问题。工业化需要大量资金投入和大批懂技术懂管理的人才，以及大量能出卖自己劳动力的工人。早期资本主义国家在工业化之前，除了人才是靠本国教育培养的以外，资金和劳动力一般都靠对外发动侵略战争、开拓殖民地和海外市场、掠夺财宝和奴隶，以及迫使本国农民破产等办法，进行原始积累。而中国共产党要搞工业化，除了劳动力不成问题以外，资金、人才都严重不足。

先说资金问题。据统计，1840—1949 年，帝国主义强迫中国政府签订了 110 个不平等条约，其中仅由清政府承认的战争赔款就达 7.23 亿两白银，加上分期付款利息和为赔款而借贷的利息，实际为 16 亿多两白银，相当于清政府 1901 年收入的 13 倍多。再加上由于丧失海关权而造成的关税损失、由于财政金融被外国银行垄断而被掠走的财富、由于不平等贸易而遭受的经济损失，旧中国总共流失白银约 2600 亿两。[①]再加上帝国主义侵华战争给中国造成的经济损失，相当于损失上万亿美元。另外，国民党撤退台湾前，又掠走黄金、银元、外币共约 5 亿多美元。[②]蒋、宋、孔、陈四大家族聚敛的私有财产虽有 100 亿—200 亿美元，但其中大部分都存在或投

① 李明银、武树帜编著：《帝国主义对华经济侵略史况》，经济日报出版社 1991 年版。

② 吴承明、董志凯主编：《中华人民共和国经济史》第 1 卷，中国财政经济出版社 2001 年版，第 70 页。

资于美国、西欧、南美洲。① 因此，当中国共产党接管全国政权时，家底十分薄弱，只有官僚资本拿不走的约值 80 亿元的固定资产，加上民族资本家的资产，也不过 100 多亿元的工业固定资产。然而，第一个五年计划，仅用于基本建设的投资就需要 427.4 亿元，相当于 170 亿美元（当时 1 美元合 2.5 元人民币），远远超过了当年苏联和印度"一五"计划的投资额。

在这种情况下，中国共产党为了适应快速工业化的需要，只得从当时国内国际的环境出发，采取一些较快积累资金的对策。例如，开展增产节约运动；对粮食、棉花、油料等主要农产品采取统购统销，以适当维持工农业产品的剪刀差；实行低工资多就业政策，三个人的饭五个人吃，既让大多数人不挨饿，也尽可能减少人工费；发行经济建设公债，从 1954—1958 年共发行 35 亿元（1965 年全部偿清）；争取苏联和民主国家的援助，其中苏联为支援我国"一五"建设，先后借款两次，共 17 亿卢布，合 4 亿多美元，年息 1%—2%；通过香港向西方出口物资换汇和吸引侨汇；等等。

改革开放以后，国内国际环境发生了巨大变化，资金来源和数量都与过去不可同日而语。2001 年，财政收入 1.6 万亿元，是"一五"时期总和的 10 倍多；年末城乡居民储蓄存款余额 7.4 万亿元，是 1957 年的 2000 倍；出口创汇 2660 亿美元，是"一五"时期总和的近 40 倍；外汇储备 2100 亿美

---

① 胡绳：《马克思主义与改革开放》，中国社会科学出版社 2000 年版，第 30 页。

元，是 1957 年的 1700 倍。面对新的形势，中国共产党还采取了一些新的为工业化建设筹资融资的办法。例如，扩大对外借款、吸引外商直接投资、大力发展国际和国内旅游、创建证券市场、恢复发行国债等。改革开放以来到 2001 年底，我国累计利用对外借款 1471 亿美元，累计利用外商直接投资 3935 亿美元；仅 2001 年一年国际旅游收入就达 178 亿美元，国内旅游收入 3552 亿元；自 1991 年证券市场创建以来，通过发行股票为企业共筹资 7700 多亿元；自 1981 年恢复发行国债以来，至 2001 年底国债余额累计 1.56 万亿元。这些资金在近 20 多年的中国工业化建设中，发挥了极为重要的作用。

再说人才问题。工业化需要大量技术和管理人才，但旧中国人口的 80% 是文盲，儿童入学率仅为 20%；1912—1948年的 36 年里，国内高等学校毕业生只有 21 万人；1927—1947 年的 20 年里，国内高校工科毕业生只有 3 万人，其中硕士 200 人，博士一个也没有。新中国成立时，全国科技人员不到 5 万人，属于中央研究院和北平研究院 22 个研究所的研究人员不过 224 人，加上地方的高级科研人员不足 500 人。面对这种情况，中国共产党也采取了一系列对策。例如，抽调有文化的干部到工业战线；兴办和扩大高等院校，特别是工程技术学校；让理工科大学生提前毕业；向苏联等民主国家派出留学生；从苏联、东欧国家请经济、技术顾问和专家。另外，有针对性地举办各种培训班、训练班。通过这些办法，基本缓解了工业化建设与人才缺乏之间的尖锐矛盾。经过 50年的努力，我国目前普通高校在校生比新中国成立前的最高年份多 22 倍，毕业生累计达 1300 多万人，培养研究生累计达 50 多万人。科研机构在 1955 年已达 840 个，1966 年发展到 1600 个；到 1998 年，仅国有的就有 5600 个。目前，我国拥有专业技术人员 2000 万人，占职工总数的 24%；拥有科学家和工程师 167 万人，数量居全世界首位。

此外，中国共产党在执政后还正确解决了工业化中的地区布局、发展速度、增长方式、内部结构等重大问题。正是由于这一系列重大问题的正确解决，中国工业化才得以顺利推进。否则，即使帝国主义、封建主义、官僚资本主义这些阻碍工业化发展的因素被清除，工业化的步子还是迈不开。

三、中国工业化在中国共产党领导下取得了高于资本主义国家工业化的发展速度

说中国工业化在中国共产党执政后的发展速度比资本主义国家高，根据有以下两个。

第一，在这 50 多年时间里，中国的工业化同西方资本主义发达国家相比，差距缩小了。

这可以从以下八个方面来看：

从增长速度看。1949—1998 年，我国工业产值年均增长 13.6%，大大高于同期资本主义国家，特别是西方发达资本主义国家的增长率。

从产品产量和质量看。2001 年，我国工业产品年产量居世界第 1 位的有煤（11 亿吨）、钢（1.5 亿吨）、水泥（6.4 亿吨）、化肥（3400 万吨）、布（290 亿米）和洗衣机、电冰

箱、电视机等；名列世界前茅的有发电量、棉布和化纤（居第 2 位），糖、机制纸和纸板（居第 3 位），电子工业（居第 4 位），石油（居第 5 位），汽车工业（居第 11 位）。据 1995 年主要工业设备普查，我国企业机器设备新度系数为 0.7。其中达到 20 世纪 80 年代水平的有 68%，达到 20 世纪 90 年代水平的有 37%，主要专业生产设备达到国际先进水平的有 26%。主要工业产品质量达到国际先进水平的优等品占 20%，达到国际一般水平的占 42%，合计占工业产品的 62%。到"九五"末，已有 30% 以上的产品达到发达国家 20 世纪 80 年代末 90 年代初的水平。

从工业门类看。按国际通行的工业行业分类，我国 500 多个行业都已齐全，而且已成为世界上少数几个同时具有核工业、航空航天工业、微电子工业、远洋船舶工业的国家之一，建立起了独立完整、门类齐全、布局趋向合理的工业体系。

从经济总量看。据世界银行公布的数据，1997 年我国国内生产总值为 8250 亿美元，居世界第 7 位，仅次于美、日、德、法、英、意六国。2000 年，我国超过意大利，居世界第 6 位。日本《世界周报》甚至认为，如果按购买力平价法计算，中国的国内生产总值已超过日本，居世界第 2 位。在制造业方面，我国 1998 年的增加值为 2.6 万亿元，总体规模已居世界第 4 位，仅次于美、德、日三国。

从工业化程度看。对工业化程度，目前国际上通常按照第二产业增加值与第一产业增加值之比、第二产业劳动力与第一产业劳动力之比，以及两者对工业化的贡献来计算。我国 1949 年的工农业净产值比为 15.5：84.5，到 1970 年，这一比例达到 50.5：49.5，工业超过了农业。国家统计局认为，它标志"我国完成了农业社会向半工业化社会的转变"。到了 1998 年，由于第三产业快速增长，所以工业产值比重有所下降，但仍占国内生产总值的 49%，而第一产业则降至 18%。国家统计局认为，"这一结构同一些已实现工业化的发达国家相趋近"。在工业内部，重工业比轻工业所占比重略高一点；在重工业内部，加工工业比重占到一半多。国家统计局认为，这"已达到和超过了一些工业化国家在实现工业化时的产业结构演进水平"。①

从国民经济的基础设施看。先看交通。在铁路方面，新中国成立时，我国只有 2 万公里，而现在发展到 13 万多公里。除按国土面积每千平方公里拥有里程仍不如西方发达国家之外，铁路总里程、机车保有量、内燃和电气化率等，均接近或超过了它们。在公路方面，新中国成立时，我国通车里程只有 8 万公里，大部分是土路；而 2001 年增至 170 万公里，硬路面超过了 83%。特别值得一提的是，我国从 20 世纪 80 年代中期才开始建设高速公路，至今已有上万公里，越居世界第 7 位，仅用十几年时间就走完了西方国家几十年才走完的路。在水运方面，新中国成立时，我国没有远洋船队，民用轮驳船加在一起总载重吨位 40 万吨；沿海万吨级泊位

---

① 国家统计局：《新中国五十年》，中国统计出版社 1999 年版，第 26 页。

不足 40 个，港口货物吞吐量 663 万吨。经过 50 多年的努力，我们不仅有了远洋船队，而且载重吨位超过 2400 万吨，居世界第 9 位；沿海万吨级泊位达到 810 个，货物吞吐量 14 亿吨，是新中国成立时的 211 倍多。尤其是集装箱运输，我国起步比西方发达国家晚了三四十年，但以平均年增长近 30% 的速度迅猛发展，远远超过世界年平均增长 6%—8% 的水平，也超过任何一个集装箱大国。在空运方面，新中国成立之初，我国只有 12 架飞机，40 个小型机场；年货运量 150 万吨公里，客运量 1 万人次。至 1998 年，我国民航有飞机 523 架，其中大中型机占 85% 以上，提供商载吨位 1 万吨、旅客座位 8 万个；机场增至 143 个，能起降大型飞机的有 21 个；当年运输总周转量 93 亿吨公里，客运量近 6000 万人，分别由 1980 年时的世界第 35 位和第 33 位，上升到世界第 10 位和第 7 位。再看通讯。以电话为例，新中国成立之初我国只有市内电话 22 万部，而截至 2002 年 7 月，固定电话用户已突破 2 亿户，城市家庭普及率已超过 70%；乡村家庭普及率也有 30% 左右。在移动电话方面，我国 1988 年之前还没有 1 部，而现在已达到 1.8 亿户，超过美国，跃居世界第 1 位。另外，国际互联网已有 3600 多万用户，传真存储转发、电子数据检索、电子信箱，以及电子商务、IP 电话、电视会议、远程教育等电信业务，也都在以两位数至三位数的速度突飞猛进地发展。

从农村工业化和城镇化的情况看。新中国成立时，农村基本上没有电，而现在不仅绝大多数自然村通了电，而且用电已达 2600 亿千瓦时，占全国发电量的七分之一。由于农村工业化程度大幅度提高，粮食生产能力已达 1 万亿斤，平均亩产已由新中国成立之初的 137 斤提高到现在的近 500 斤。农业的科技含量也在不断提高，杂交、转基因、胚胎移植、滴灌技术被积极推广，还出现了生态农业、观赏农业、精准农业等等。乡镇企业从无到有、从小到大，1998 年增加值达 1.5 万亿元，占全国工业增加值的 46%；农村经济中农业和非农产业已由 1978 年的 1.5∶2.5 变成 2.5∶7.5，其中工业占到 60% 以上，彻底改变了单一传统农业的模式。在农村工业化的推动下，建制镇也由新中国成立之初的 2000 个发展到现在的 20000 个，容纳了 1.5 亿农村居民；加上其他非建制镇，农村的城镇人口已达 2.7 亿，占整个农村人口的 30% 多，大大推进了中国农民转向城镇居住的历史性进程。

从人民物质文化生活质量看。1949 年，城市和农村的人均现金收入分别为不足 100 元和 44 元，2001 年分别增长至 6860 元和 2300 元。1978 年，城市和农村人均居住面积分别为 3.6 平方米和 8 平方米，2001 年分别增长至 10 平方米和 26 平方米。当电视机、电冰箱、洗衣机等现代家用电器在西方国家已经普及时，这些东西对我国来说还是高档消费品，而今都已进入寻常百姓家，户均占有量已达到发达国家水平，其中电视机每百户达到了 120 台。目前，城市家庭消费正向空调、电脑、汽车等新的大件发展。我国目前的恩格尔系数，城市为 38%，农村为 48%，说明已经基本解决温饱问题，进入了小康生活，正向富裕阶段迈进。现在，国际上流行用平均预期寿命 70 岁以上、婴儿死亡率 3% 以下、每千人有医

生 1 人以上、成人识字率 80% 以上、在校大学生占适龄人口
（20—24 岁）比例 10%—15% 以上等指标，评估一个国家的现
代化程度。拿这些指标衡量，我国平均预期寿命由新中国成
立时的 35 岁，提高到 2001 年的 71.8 岁；婴儿死亡率由旧中
国的 20%—25%，下降到 2000 年的 2.8%，均达到标准。每千
人有医生数，由新中国成立初期的 0.67 人增至 2001 年的 1.69
人；成人识字率由 1964 年的 62% 增至 2000 年的 95%，均超
过标准。在校大学生占适龄人口比例约为 10% 左右，也达到
标准的下限。

从以上八个方面看，中国共产党执政后 50 多年，我国
工业化水平虽然在总体上还落后于西方发达的资本主义国家，
但大大缩小了同它们之间的差距。1994 年 10 月 1 日，英国
《经济学家》刊载了题为《一场你追我赶的国际竞赛》的文章，
文章中说：在产业革命于 1780 年左右站稳脚跟后，英国用了
58 年才使人均实际收入增加一倍；美国从 1839 年起用了 47
年；日本从 1885 年起用了 34 年，而中国从 20 世纪 80 年代
开始用了不到 10 年。这是一个公正的评价。

第二，在这 50 多年时间里，中国的工业化进展超过了资
本主义的发展中大国。

资本主义国家并不等于发达国家，全世界现在有 60 亿人
口，其中发达国家只有 10 亿，减去中国等社会主义国家，还
有约 40 亿人生活在资本主义制度下。这类国家中，有的人均
收入虽然高于我们，但都是一些人口小国或资源大国（如科
威特），与我们缺少可比的因素；还有一些国家，如非洲、拉

美、南亚的一些国家，人均收入比我们低，但大多数发展得比我们晚，与我们也很难比较。可以和我们比较的，印度是一个。

印度面积是我国的三分之一，但耕地比我们多一点，人口比我国少一点，独立比我们早一点，经济基础也比我们好。综合各方面情况，应当说中印两国在工业化起步时国力相差不大。但是经过 50 年，我国在工业化发展方面大大超过了印度。例如在铁路方面，印度早在独立前就有 5 万公里，居亚洲第 1 位；但现在，他们发展到 6 万公里，而我们仅营运里程就达到 7 万公里。从世界银行在《1999/2000 年世界发展报告》中对 131 个国家和地区人均国民生产总值、农业增加值比重、服务业增加值比重、农业劳动力比重、城市人口比例、医疗服务、婴儿存活率、预期寿命、成人识字率、大学普及率等经济与社会发展指标和第一次现代化实现程度的评估看，中国除服务业增加值比重和大学普及率达标情况不如印度外，其余各项指标均排在印度之前；第一次现代化实现程度，中国也比印度多 16 个百分点，在各国排名的位次上领先印度 10 位。英国 2002 年 4 月 12 日的《金融时报》载文说，许多印度人不无痛苦地承认，中国共产党在消除普遍贫穷方面所做的工作要比民主印度来得出色。美国 2001 年 12 月 17 日的《商业周刊》载文说，一位刚刚去过上海的印度人给朋友发电子邮件，上面写道：在上海，你必须使劲拧自己，提醒自己这不是在纽约或巴黎。如果跟印度比一比，你只能控制不住地大哭一场。我们落后得太多了，根本无法赶上。日本 2001

年 10 月号的《世界经济评论》载文说，无论是从经济改革的速度还是经济情况来看，中国的改革开放都超过了印度。中国实行的是共产党统治的社会主义制度，政府能够发挥强有力的领导作用。而印度的经济改革始终是在坚持民主议会制的同时进行的改革，难以发挥强有力的政治领导。这些评论也充分说明，中国工业化的发展速度在中国共产党执政后超过了实行资本主义制度的印度。

对中国的工业化成就和前景，西方舆论还有很多评论。例如，《日本经济新闻》（2001 年 10 月 1 日）说，在世界经济同时出现日益不景气征兆的情况下，中国经济却异常繁荣，人们说是"中国一枝独秀"。德国《世界报》（1995 年 8 月 15 日）说，中国到 2010 年将实现工业化。日本《朝日新闻》（2001 年 12 月 25 日）报道，日本、韩国媒体在"9·11"事件后联合搞的民意调查显示，人们普遍认为中国正在崛起，10 年后将是亚洲最有影响的国家或者经济增长最快的国家。美国投资银行则认为，30 年内，中国将取代日本成为世界第二经济强国。美国《新闻周刊》（2001 年 7—9 月号）甚至披露，据一项预测，中国经济到 2025 年将成为世界最强大的经济。这些评论中虽然有夸大其词的成分，但也都从侧面说明，中国工业化在中国共产党执政后确实取得了比资本主义工业化更快的速度。

四、中国工业化的最终完成需要继续坚持中国共产党的领导

中国工业化在中国共产党执政后取得了举世瞩目的成就，

但能不能说我们现在已经实现工业化了呢？不能。

首先，工业化是一个世界性的概念。

所谓工业化，一般的定义是：以农业为主的社会经济体系转变为以工业为主的社会经济体系的过程，或者机器大工业在国民经济中发展并取得优势地位的过程。既然这个过程是全人类社会必须经历的不可跨越的过程，那么，对于什么叫"以工业为主"，什么叫"机器大工业取得优势地位"，就应当有一个客观的科学的为国际所公认的标准。过去，斯大林曾经提出过一个标准，即工业产值占工农业产值的70%。这个标准过于简单化，缺少和世界各国的横向比较，因此也就没有得到国际上的认同。

目前，国际上比较一致的看法是，看一个国家是否达到了工业化，要看那个国家的工业经济占国民经济和工业劳动力占全社会劳动力的比重是否高于农业经济占国民经济和农业劳动力占全社会劳动力的比重。至于具体标准，国内国际有许多不同的见解。我比较倾向于中国现代化战略研究课题组根据美国学者英克尔斯提出的发展指标和世界银行1983年公布的根据1960年19个市场经济工业化国家的平均值所提出的那个标准，即工业增加值占国内生产总值比例和工业劳动力占全国劳动力比例都高于40%，农业增加值占国内生产总值比例低于15%，农业劳动力占全国劳动力比例低于30%。

按照这一标准，中国1999年工业增加值占国内生产总值比例为50%，已经超过了；农业增加值占国内生产总值比例为17%，也已经很接近了；但工业劳动力占全国劳动力的

23%，距标准还差 17 个百分点；农业劳动力占全国劳动力的 50%，距标准还差 20 个百分点。这表明，我国经济尚未完成从农业经济向工业经济的转变，同时也表明我国农业经济的素质还比较低，农村人口的比重仍然过大。

有人预测，到 2015 年，我国工业劳动力可以由 23% 上升为 40%，农业劳动力可以由 50% 下降为 30%。也就是说，我国可以在 2015 年实现工业化。这不是没有可能。因为，新中国成立初期，我国农业劳动力在全国劳动力中占 83.5%，到 1980 年降为 68.7%，减少 15 个百分点，用了近 30 年；到 1990 年降为 60%，减少 9 个百分点，用了 10 年；到 2000 年降为 49%，减少 11 个百分点，也用了 10 年。[①] 因此，再用十多年时间减少 19 个百分点，完全有可能。但这毕竟意味着再增加 1 亿多工业劳动力，减少 1.4 亿的农业劳动力，而且这还没有把人口增长的因素考虑在内。另外，与此相关的是减少乡村人口和提升城市化率的问题。同样按照英克尔斯和世界银行提出的标准，完成工业化的国家和地区，城市化率应当不低于 50%。我国的城市化道路与西方发达国家有所不同，除了发展大中小城市，还要发展农村的小城镇。2001 年，我国城市加农村城镇的人口总计为 4.8 亿，城镇化率为 38%，距离 50% 还差 12 个百分点。要使城镇化率达到 50%，也意味着再将 1 亿多乡村人口转入城镇。显然，要在 21 世纪前 15 年内做到这些，任务是不轻松的。

---

① 国家统计局：《中国统计年鉴（2001）》，中国统计出版社 2001 年版。

其次，工业化是一个历史性概念。

随着人类经济与社会的不断发展，工业化的内涵是会有所变化的。因为自工业革命以来，工业发展已经经历三次科技革命，每次革命，都使那个时代的工业化标准相应提高。在第一次科技革命时，工厂和交通工具使用蒸汽机就是工业化了。但到了第二次科技革命时，再使用蒸汽机恐怕就不能算作工业化的标志了。20 世纪 70 年代以来，出现了信息技术、太空技术和纳米科技、生物科技、新能源科技等，有人称之为信息时代、知识经济，或者叫新工业革命、后工业化、第二次现代化等。无论怎么称呼，今天要衡量一个国家是否实现了工业化，就不能不考虑到这些新的发展带来的新变化。例如，当信息化数字化技术被广泛应用的今天，如果我们在工业生产中还没有运用这种技术，即使工业产值在国民生产总值中占了主要位置，也很难说我们实现了工业化。又例如，我国工业增加值占国内生产总值的比重为 50%，而美国现在是 26%，我们也不能因此而认为中国工业化程度高过了美国。因为随着后工业化时代的到来，发达国家的经济早在 20 世纪 60 年代末就进入了非工业化轨道，工业经济比重在持续下降。在这个时代，工业增加值占国内生产总值的比重已经不像以往那样越高越好了。所以，按照工业化标准不是静止不变而是相对变化的观点，我国要最终实现工业化，任务也很艰巨。

最后，是否实现工业化，不仅要看工业产品产量、产值的绝对数，还要看人均数。

如果看绝对数，我国目前的许多重要工业产品的产量在世界各国排列中，位次都很靠前；就是国民生产总值，我们也超过了许多中等发达国家。但是由于我国人口多，如果按人均数排列，位次就很靠后。例如，我国国内生产总值现在居世界第 6 位，但按人口平均，我们则在世界 190 个国家中居第 140 位。而衡量一个国家的工业化程度，人均数是个十分重要的指标。因此，从这个角度来观察，我国最终实现工业化的任务将更加艰巨。

面对这个艰巨任务，我们已有的成就就算不得什么了。何况，当前科学技术仍在日益进步，国际形势仍在不断变化，国内人口、资源和环境的压力仍在进一步加大。面对这一切，我们没有别的选择，只有继续发展。正如江泽民说的："我们党要承担起推动中国社会发展的历史使命，必须始终紧紧抓住发展这个执政兴国的第一要务。"①

如何发展，可以讲很多条，但最重要的一条，我认为还是坚持中国共产党的领导。要克服工业化冲刺阶段的种种障碍，外需和平，内需稳定。在今天的中国，能带给我们这个条件的只有中国共产党。历史已经证明，只有它有能力有威望领导中国人民推翻"三座大山"，也只有它有能力有威望领导中国人民实现工业化、现代化。诚然，中国共产党犯过错误，但它敢于承认错误，善于从错误中吸取教训；能够彻底改正错误，世界上没有任何政党可以与之相比。中国共产党内也有腐败分子，但廉洁的人更多，各方面的优秀人才也大

①《高举邓小平理论伟大旗帜 全面贯彻"三个代表"要求 与时俱进努力开创建设有中国特色社会主义事业新局面》，《人民日报》2002 年 6 月 1 日。

部分都集中在这里；而且应当看到，中国共产党一直在致力于反腐败，同时在切实探索扩大党内民主、加强党内监督的路子，其认真程度也是世界上任何政党不能与之相比的。因此，任何试图取消中国共产党领导的言行都是没有根据的，都是违背历史潮流、违反中国人民最大利益和不得人心的，都是注定要失败的。

中国共产党是中国工业化发展要求的必然产物和忠实代表。中国的工业化建设，过去、现在和将来都离不开中国共产党的领导。我们每一个人都应当自觉地接受和维护中国共产党的领导，使中国能在 21 世纪前半叶内最终完成工业化、实现现代化，以履行我们对中华民族的历史责任，为人类创造出更加灿烂的文明。

由新民主主义向社会主义的提前过渡与优先发展重工业的战略抉择[*]

　　中国共产党的最高理想是实现社会主义和共产主义，因此，新民主主义革命胜利后还要继续进行社会主义革命，是必然的，肯定的，也是从来没有隐讳过的。但在中华人民共和国成立前夕和成立之初，中国共产党的主要领导人多次表示，在新民主主义革命胜利之后，不可能马上进行社会主义革命，而要先经过新民主主义的过渡阶段，这个过渡阶段是"一个相当长的时期"①，"也许全国胜利后还要十五年"，"少则十年、多则十五年"②。可是，新中国成立后刚过三年，毛泽东就提出要用十年到十五年时间，基本上完成到社会主义的过渡，而且，从正式提出过渡时期总路线到完成"三大改造"，实际只用了三年时间。究竟出现了什么新的情况，使中国共产党的决策发生了如此大的变化呢？

　　对于这个问题，学术界曾经有过很长时间的讨论，也有过各种各样的分析。有的认为，这是由于新中国成立后资本家的"五毒"行为激化了工人阶级同资产阶级的矛盾，使新

---

　　* 本文曾发表于《当代中国史研究》2004 年第 5 期。

　　①《毛泽东选集》第 4 卷，人民出版社 1991 年版，第 1431 页。

　　②《刘少奇论新中国经济建设》，中央文献出版社 1993 年版，第 7、209 页。

民主主义经济中两条道路的斗争被突出；有的认为，这是由于西方帝国主义采取敌视新中国的政策，迫使中国共产党决定按照苏联模式进行建设；有的认为，这是由于新中国成立初期经济恢复取得了超出预期的成绩，国营工商业的比重超过了私营工商业，使新中国具备了提前向社会主义过渡的客观条件。这些观点无疑都是合乎实际的，都有一定道理。但笔者认为，仅仅这些分析，还不足以说明这个变化的根本原因。

究竟是什么原因从根本上促使中国共产党作出向社会主义提前过渡的决定呢？笔者在 2002 年写的《中国工业化与中国共产党》[①] 一文中曾提出，这首先是因为要适应优先发展重工业的需要。本文循着这一思路，再把中国共产党决策层考虑由新民主主义向社会主义过渡的时间与选择中国工业化发展的战略这两个问题联系起来，进行一些具体考察，以便对提前过渡的原因作进一步的分析。

一

人们只要稍微留心就会发现，中国共产党的决策者们凡是在论述中国革命的发展战略时，总是与论述中国经济尤其是工业经济的发展状况联系在一起的。例如，毛泽东在 1940 年的《新民主主义论》中，讲到中国革命必须两步走，第一步先建立新民主主义共和国，并不禁止"不能操纵国民之生

---

① 朱佳木：《中国工业化与中国共产党》，《当代中国史研究》2002 年第 6 期。

计"的资本主义生产的发展时指出："这是因为中国经济还十分落后的缘故。"①他在 1945 年党的七大的报告中，讲到如果没有私人资本主义经济和合作社经济的发展，要建立社会主义社会只是空想时指出："在新民主主义的政治条件获得之后，中国人民及其政府必须采取切实的步骤，在若干年内逐步地建立重工业和轻工业，使中国由农业国变为工业国。"②在七大结论中，讲到中国要提倡新民主主义的资本主义时指出：因为这种资本主义"在中国及欧洲、南美的一些农业国家中还有用"③。在 1948 年 9 月中共中央政治局会议上，当刘少奇和毛泽东讲"过早地采取社会主义政策是要不得的"和"到底何时开始全线进攻？也许全国胜利后还要十五年"时，也是首先分析了当时的工业状况，分别指出："工业生产是在全国胜利后，顶多占国民经济的百分之十至二十"；"连资本主义工业在内，整个近代机器工业的生产量顶多占百分之十至二十"。④在 1949 年七届二中全会上，毛泽东讲得更清楚。他说：中国的工业和农业在国民经济中的比重，大约是现代性的工业占 10% 左右，农业和手工业占 90% 左右，这"是在中国革命的时期内和在革命胜利以后一个相当长的时期内一切问题的基本出发点"。"由于中国经济现在还处在落后状态，在革命胜利以后一个相当长的时期内，还需要尽可能地利用

---

①《毛泽东选集》第 2 卷，人民出版社 1991 年版，第 678 页。

②《毛泽东选集》第 3 卷，人民出版社 1991 年版，第 1081 页。

③《毛泽东文集》第 3 卷，人民出版社 1996 年版，第 385 页。

④《刘少奇论新中国经济建设》，中央文献出版社 1993 年版，第 1—7 页。

城乡私人资本主义的积极性，以利于国民经济的向前发展。"①
刘少奇在 1949 年 6 月写的一份党内报告提纲中也说："只有
在经过长期积累资金、建设国家工业的过程之后，在各方面
有了准备之后，才能向城市资产阶级举行第一个社会主义的
进攻，把私人大企业及一部分中等企业收归国家经营。"②

上述情况说明，中国共产党决策层之所以决定在革命胜
利后实行一段新民主主义政策，然后再向社会主义过渡，主
要原因是考虑中国当时的经济尤其是现代工业太落后，因此
需要利用私人资本主义发展工业，等到工业有了一个较大的
发展之后，再来消灭资本主义，实行社会主义。当时，他们
虽然没有具体地设想将来采取什么样的工业化战略，也没有
明确地把上述考虑概括为中国工业化的发展道路，但实际上
已经向世人勾勒出这条道路的轮廓。

那时，在中国共产党人面前摆着三条工业化的道路：一
条是欧、美等老牌资本主义国家的道路，先通过对内剥夺农
民、对外掠夺殖民地半殖民地，然后投资轻工业，待进一步
积累资金后，再来发展重工业；另一条是德、日等后起资本
主义国家的道路，用国家的力量，对外加紧进行争夺殖民地、
半殖民地的战争，对内加大税收，较快积累充足资金，用以
优先发展重工业；再一条是社会主义苏联的道路，通过国内
已有一定基础的工业，加上国家的统一计划，对内实行高积
累、高投入，以保证优先发展重工业。这三条路，对于中国

---

① 《毛泽东选集》第 4 卷，人民出版社 1991 年版，第 1430、1431 页。
② 《刘少奇论新中国经济建设》，中央文献出版社 1993 年版，第 148 页。

来说，前两条不可能走也不应当走；后一条在 1945 年抗日战争胜利前后考虑建立联合政府和 1947 年以后考虑建立人民民主专政的政权时，都不具备走的条件。因此，笔者认为，当中国共产党的决策者们反复表示，在新民主主义革命胜利后，要利用私人资本主义发展工业，等到中国由农业国变为工业国后再进行社会主义革命时，实际上是在说，中国打算采用第四条道路，也就是新民主主义的道路来实现工业化，即通过没收官僚资本和自力更生，巩固和壮大国有工业基础和技术力量，在国有经济的主导下，重点发展私人资本主义工业（其中主要是轻工业），以此积累资金，扩充装备和技术队伍，然后着重发展重工业。

诚然，1949 年 9 月中国人民政治协商会议制定的共同纲领在第四章"经济政策"的第 35 条"关于工业"中，也说过"应以有计划有步骤地恢复和发展重工业为重点"①。但笔者认为，这并不等于当时已经把优先发展重工业当成了中国工业化建设的方针。因为，第一，正如毛泽东所言，"《共同纲领》只说现阶段的任务"②，而当时"现阶段的任务"主要是恢复经济。因此，这里所说的以"恢复和发展重工业为重点"，只是就恢复工业而言的，并非指国家工业化建设的方针。第二，新中国成立之初刘少奇在谈到中国工业化道路问题时，不仅重申要发展一段新民主主义经济，而且逐步明晰了先着重发展农业和轻工业、等积攒到足够资金后再重点发展重工业的

①《建国以来重要文献选编》第 1 册，中央文献出版社 2011 年版，第 8 页。
② 熊华源、汤桂芳：《〈共同纲领〉诞生记》，《党的文献》1989 年第 5 期。

思路。例如，他在 1950 年的一份手稿中写道，中国工业化的过程，大体要循着这样的道路前进：首先，恢复经济，使不能独立生产的工厂尽可能独立地生产；其次，要以主要力量发展农业和轻工业，同时建立必要的国防工业；再次，以更大的力量建立重工业基础，并发展重工业；最后，以重工业为基础，大大发展轻工业和使农业生产机械化。他解释："只有农业的发展，才能供给工业以足够的原料和粮食，并为工业的发展扩大市场。只有轻工业的发展，才能供给农民需要的大量工业品，交换农民生产的原料和粮食，并积累继续发展工业的资金。""使中国工业化，是需要巨大的资金的，而没有资金，没有数百亿银元的资金投资于工业，特别是重工业，那就不要想加快我们的工业化。"[1]1951 年 5 月，他又在中国共产党第一次全国宣传工作会议上的报告中指出：首先要恢复和发展农业，其次是发展工业，"重工业和轻工业，开始还是要搞一些轻工业。因为轻工业可以赚钱，也容易办些，又不用很多的资本"。"轻工业发展了再来大量地进行重工业建设。"他还说，经过十年经济建设计划，新中国的面貌就要改变，"到那时我们的国家才可以考虑到社会主义去的问题"。[2]两个月后，他对马列学院的第一班学员发表了著名的《春耦斋讲话》，在讲到经济建设的步骤时，还是讲首先要恢复农业和一切可能恢复的工业，其次要发展农业和轻工业以及必要的可能的重工业，然后发展重工业，最后依靠重工业进一步

---

[1]《刘少奇论新中国经济建设》，中央文献出版社 1993 年版，第 173、174 页。
[2]《刘少奇论新中国经济建设》，中央文献出版社 1993 年版，第 181—182 页。

发展农业和轻工业。与此同时，他指出："十年建设加三年准备是十三年。到那时看情形怎样，或再搞个五年计划，进入社会主义。采取社会主义步骤，少则十年、多则十五年，二十年恐怕不要。"①

从刘少奇的上述讲话中不难看出，中国共产党决策层当时仍然是考虑用新民主主义的办法，先着重发展轻工业，再着重发展重工业，并没有一个优先发展重工业的工业化方针，因此也不打算很快采取社会主义的步骤。虽然刘少奇在讲话中一再声明，这只是"个人意见"，"不是定见"，讲出来供大家"研究""批评""补充"，但他的这些意见与党中央关于革命胜利后"要广泛地发展资本主义"②的方针是完全一致的。虽然至今未见到其他中央领导人在新中国成立后有过同样的论述，但毛泽东在 1950 年 6 月全国政协一届二次会议的讲话中，仍然强调实行私营工业国有化和农业社会化"还在很远的将来"③，也应当被看作是对先着重发展轻工业思路的一种认可。尽管 1950 年和 1951 年中国共产党决策层在要不要提高农村互助合作组织、要不要推广土地入股的农业生产合作社等问题上，发生过争论，但那还只涉及农业的半社会主义化问题，并没有超出《共同纲领》所规定的新民主主义经济政策的范围。而且，自 1951 年 7 月《春耦斋讲话》后，也未见刘少奇再就先着重发展轻工业和巩固新民主主义秩序问题发

---

① 《刘少奇论新中国经济建设》，中央文献出版社 1993 年版，第 209 页。
② 《毛泽东文集》第 3 卷，人民出版社 1996 年版，第 322 页。
③ 《毛泽东文集》第 6 卷，人民出版社 1999 年版，第 80 页。

表过意见。因此，很难说1951年之前，中国共产党决策层在工业化发展道路和由新民主主义向社会主义过渡问题上有过什么原则分歧。

二

但是，到了1951年底，情况变了。

1951年2月，中共中央根据国民经济开始好转和抗美援朝战局趋于稳定的形势，以及毛泽东关于"三年准备，十年计划经济建设"的思想，决定从1953年起实施第一个五年计划，并指定周恩来、陈云、薄一波、李富春等负责领导"一五"计划的编制。"一五"计划究竟以什么为指导思想，或者说从哪里入手，什么是重点？对这个问题，编制者们一开始是有过不同意见讨论的。薄一波在《若干重大决策与事件的回顾》一书中说过："把一个经济落后的农业大国逐步建设成为工业国，从何起步？这是编制计划之初就苦苦思索的一个问题。有关部门的同志也曾引经据典地进行过探讨，把苏联同资本主义国家发展工业化的道路作过比较，提出过不同的设想。经过对政治、经济、国际环境诸多方面利弊得失的反复权衡和深入讨论之后，大家认为必须从发展原材料、能源、机械制造等重工业入手。"[1]他讲的这个过程说明，中国共产党决策层在制定"一五"计划时，对于前一时期先着重发展轻工业再着重发展重工业的考虑，确实进行了重新思考，

---

[1] 薄一波：《若干重大决策与事件的回顾》（上），中共党史出版社2008年版，第204页。

提出了新的优先发展重工业的战略构想。

从现有的材料看，第一次透露"一五"计划的重点是重工业和国防工业的，是中共中央于 1951 年 12 月 1 日作出的《关于实行精兵简政，增产节约，反对贪污、反对浪费和反对官僚主义的决定》。在这个决定中，毛泽东加了一段话，指出："从一九五三年起，我们就要进入大规模经济建设了，准备以二十年时间完成中国的工业化。完成工业化当然不只是重工业和国防工业，一切必要的轻工业都应建设起来。为了完成国家工业化，必须发展农业，并逐步完成农业社会化。但是首先重要并能带动轻工业和农业向前发展的是建设重工业和国防工业。"[①] 这段话表明，当时中国共产党决策层已经倾向于把优先发展重工业当成国家工业化的战略，并为此而提出了农业社会化的任务。

紧接着，在 1952 年 5 月中央财政经济委员会（简称中财委）召开的全国财经会议上，李富春作关于"一五"计划指导思想与分行业计划的报告，明确说："经济建设的重点放在重工业，尤其是钢铁、燃料动力、机械军工、有色金属和化学工业等基础工业上，为我国工业化打下基础；农业、轻工业和交通等事业应当围绕重工业这个中心来发展。"[②] 会后，中财委会同有关部门做了两件事，一是对"一五"计划的轮廓草案作进一步修改，二是准备请苏联支援"一五"计划中重工业基建项目的有关材料。7 月 1 日，陈云将"一五"计划

---

① 《毛泽东文集》第 6 卷，人民出版社 1999 年版，第 207 页。

② 房维中、金冲及主编：《李富春传》，中央文献出版社 2001 年版，第 421 页。

草案报送毛泽东，并附信说：草案要点是今后五年办些什么新的工厂，以便在 7、8 月间向苏联提出需供设备的清单。① 随即，中央书记处于 7 月 12 日、14 日、17 日连续召开三次会议。目前虽然还没有关于这几次会议内容的材料，但可以判断，正是在这些会上，中国共产党的决策者们认真研究了中国工业化建设的方针问题，最终敲定以建设重工业基础为五年计划的中心环节；同时，决定周恩来、陈云、李富春等组成中国政府代表团前往苏联，就"一五"计划中需要苏联援助的 141 个工业项目问题进行商谈。因为，此后不久，中财委颁发的《关于编制五年计划轮廓的方针》以及《中国经济状况和五年建设的任务及附表》中就已写明，五年建设的基本任务是为国家工业化打下基础，建设方针是工业建设以重工业为主、轻工业为辅；而周恩来一行也于 8 月 15 日启程赴苏。

对于这次访问，中苏双方都十分重视。中国政府代表团除周恩来为首席代表，陈云、李富春、张闻天、粟裕等为代表外，还有一大批由各方面高级干部担任的顾问和随员。苏联方面负责与中方商谈的代表团，也是由莫洛托夫、布尔加宁、米高扬、维辛斯基、库米金等当时最高级别的领导人组成的。中国代表团 8 月 17 日抵达莫斯科，20 日便与斯大林进行了三个小时谈话。斯大林明确表示，愿意在工业资源勘探、设计、工业设备、技术资料及派人来苏留学和实习等方面援

---

① 《陈云年谱（修订本）》中卷，中央文献出版社 2015 年版，第 227 页。

助中国的五年计划。[①] 在看过中方提供的《三年来中国主要情况及今后五年建设方针报告提纲》《中国经济状况和五年建设的任务及附表》等文件后，斯大林于9月3日与中国政府代表团进行了第二次会谈。从披露的材料中看，斯大林的答复有三个要点：一是中国三年经济恢复工作给了他们很好的印象，但五年计划规定工业总产值年递增20%是勉强的，应降为15%或14%，以便留有后备力量；二是计划中不应把民用工业和军事工业分开，而应放在一起计算，以便掌握全盘情况和进行调度；三是再次表示对"一五"计划所需的设备、贷款、专家一定给予援助，但具体给什么不给什么，还需要经过工作人员用两个月时间加以计算后才能说。[②] 斯大林的这个态度，表明中国以重工业为重点的"一五"计划得到了苏联方面予以援助的明确保证。于是，中方决定周恩来、陈云、粟裕等先行回国，留下李富春和代表团其他成员继续就具体问题进行洽谈。

周恩来、陈云、粟裕等是在9月22日离开莫斯科的。行前，周恩来在机场发表谈话，宣布中国政府代表团此行业已圆满地完成了有关两国重要政治问题与经济问题的商谈。他

---

①《周恩来年谱（1949—1976）》上卷，中央文献出版社1997年版，第256页；《陈云年谱（修订本）》中卷，中央文献出版社2015年版，第229页；房维中、金冲及主编：《李富春传》，中央文献出版社2001年版，第424—425页。

②《周恩来年谱（1949—1976）》上卷，中央文献出版社1997年版，第257—258页；《陈云年谱（修订本）》中卷，中央文献出版社2015年版，第231页；薄一波：《若干重大决策与事件的回顾》（上），中共党史出版社2008年版，第201—202页；房维中、金冲及主编：《李富春传》，中央文献出版社2001年版，第425—426页。

们于 24 日抵达北京，当晚便出席了由毛泽东召集的中共中央书记处会议，汇报同苏联商谈的情况。据薄一波回忆，那次会议主要讨论的是"一五"计划的方针任务，毛泽东第一次提出："我们现在就要开始用 10 年到 15 年的时间基本上完成到社会主义的过渡，而不是 10 年或者以后才开始过渡"。这个话给了他极深的印象，中央其他领导同志对此都没有提出异议。①《毛泽东传》进一步印证了薄一波的回忆，书中说："根据现存的文献记载，新中国成立后毛泽东最早提出向社会主义过渡的问题，是在一九五二年九月二十四日中共中央书记处会议上。"书中还说："这是一次十分重要的会议。毛泽东这个讲话表明，他关于由新民主主义向社会主义转变的步骤、方法，同原来的设想，发生了变化。"②

为什么在讨论"一五"计划方针的会上，而且是在听取周恩来汇报访苏情况之后，毛泽东会提出要提前向社会主义过渡这个问题呢？这难道是偶然的巧合吗？绝对不是。笔者认为，这一事实恰恰反映了选择优先发展重工业的战略、苏联答应对"一五"计划建设进行援助、决定向社会主义提前过渡，这三件事情之间的内在联系。

关于优先发展重工业需要在经济中加大社会主义比重、巩固国营经济领导的意见，早在 1952 年 7 月中财委提交的

① 薄一波：《若干重大决策与事件的回顾》（上），中共党史出版社 2008 年版，第 151 页。
②《毛泽东传（1949—1976）》上卷，中央文献出版社 2003 年版，第 236、237 页。

"一五"计划轮廓草案中就已经提出来了。草案在明确五年计划的基本任务是为国家工业化打基础的同时指出,要"保证我国经济向社会主义前进"①。同年 8 月中财委为赴苏商谈援助而制定的《中国经济状况和五年建设的任务》,在讲到"五年建设的中心环节是重工业"时,也指出我们要"扩大人民经济中的社会主义经济比重,保证长期建设在计划经济轨道上前进,进一步巩固国营经济的领导"。②这说明,扩大和加强社会主义成分在经济中的比重,是优先发展重工业的内在要求;也说明毛泽东在 1952 年 9 月 24 日提出现在就向社会主义过渡,并非纯粹的个人主张,更非突发奇想,而是他对党内决策层较长时间酝酿的集中与概括。正因为如此,当他讲出这个意见时,其他中央领导同志才会"没有异议"。

另外,苏联在中国还没有一个向社会主义过渡时间表的情况下,答应对中国的工业化建设进行全面援助,显然是对中国共产党人充分信任的一种表示。因此,从中国方面来说,也需要在向社会主义过渡的时间问题上给苏联共产党一个明确的说法。1952 年 10 月,毛泽东在提出现在就向社会主义过渡的设想后,紧接着派刘少奇利用赴苏参加苏共十九大的机会,就中国用 15 年时间逐步实现工业国有化和农业集体化的具体步骤,写信征求斯大林的意见。这固然有请教的意思,但也可以看成是对苏联答应援助中国优先发展重工业而作出的必要回应。果然,斯大林看过信后,对中国共产党的设想

---

① 房维中、金冲及主编:《李富春传》,中央文献出版社 2001 年版,第 422 页。
②《周恩来年谱(1949—1976)》上卷,中央文献出版社 1997 年版,第 255 页。

作了肯定的评价。[①] 正是在得到斯大林的答复后，毛泽东对于向社会主义提前过渡的设想，逐渐在党内扩大了吹风范围，并最终在 1953 年 6 月 15 日的中央政治局会议上，把它作为过渡时期总路线提了出来。8 月，这个总路线被载入党内文件下发；9 月，又通过政协全国委员会庆祝新中国成立四周年口号的形式正式对外公布。

以上说明，中国共产党之所以作出优先发展重工业的战略抉择，主观上是为了加快中国工业化的发展速度，客观上的一个关键因素是从苏联方面得到了援助中国优先发展重工业的承诺。而决定提前向社会主义过渡，一方面是为了适应优先发展重工业的需要，另一方面则是为了回应苏联对中国优先发展重工业的援助。如果没有苏联的实际援助，中国不可能选择优先发展重工业的工业化发展战略，也就不可能决定向社会主义提前过渡，而只能按照既定方针，继续走新民主主义工业化的道路。

三

今天回头看这段历史，无论你赞成还是不赞成把新民主主义向社会主义的过渡时间提前，都不能不承认，这个决定是出于抓住当时国内国际有利时机的考虑，力图通过优先发展重工业把中国的社会生产力迅速搞上去。

优先发展重工业需要有大量的资金投入，而在当时，中

---

①《毛泽东传（1949—1976）》上卷，中央文献出版社 2003 年版，第 244 页。

国的工业基础比苏联实施第一个五年计划时要薄弱得多。因此，中国要优先发展重工业，更需要在经济体制上实行高度集中的计划经济，以便把有限的资金和其他各种资源集中用于重工业建设；更需要轻工业企业降低成本，以便提高效率，多缴利税；更需要农业较大幅度地增加产量，以便向国家更多地提供商品粮和可供出口换汇的农副产品。但那时，轻工业主要集中在私营企业，其中大部分虽然已经纳入加工、订货、统购、包销，以及公私合营等国家资本主义的轨道，但生产资料仍然属于资本家个人；利润虽然已经采取"四马分肥"的办法，但仍然有 20% 落入资本家个人的腰包。这显然与高度集中的计划体制是不相容的。另外，广大个体农民经过土改，生产积极性虽然有了极大提高，但由于生产力低下，缺少抵御自然灾害的能力，因此农业产量难以有大幅度增长。这些都与优先发展重工业的战略不相适应。怎样才能改变这种状况呢？根据当时人们的认识水平和客观条件，只能是提早把私营企业改造成国营企业，基本实现国有化；尽快把多数农民组织到农业生产合作社里，基本实现集体化。而这样做，显然超出了新民主主义的经济范畴，是向社会主义的过渡了。

优先发展重工业除了需要有大量的资金投入，还需要有对工业资源的勘察、对工业设备的设计和制造、对工业技术的了解和掌握等能力。这些，旧中国都没有给新生的人民政权留下，只能通过苏联的援助予以解决。而苏联的援助不是个别项目的援助，而是涉及经济、科技、教育等多领域全方位的援助。因此，要使援助顺利进行，双方在经济制度，乃至工作方法、工作程序上就需要有所衔接，用今天的话说，叫作"接轨"。比如，苏联的企业都是国营的，因此，在中苏贸易中，中方自然只能由国营商业企业经营，而不准私商经营。①再比如，苏联实行的是高度集中的计划经济体制，何时交货，何时进行设备安装，何时试运行，都要按照计划来做。如果中方没有计划，或者执行计划不严格，合作就会很困难。这一因素，也在客观上促进了中国经济制度向社会主义的过渡。

对于为什么优先发展重工业就要对农业、手工业和资本主义工商业进行社会主义改造的问题，毛泽东在关于过渡时期总路线中的工业化和"三大改造"是"一体两翼"的比喻中已经作了回答，在1953年12月由中宣部起草并由他本人审阅修改的关于过渡时期总路线的学习宣传提纲中则回答得更为详细。对于农业改造的必要性，提纲说："我国的粮食产量一九五二年比一九四九年虽已增加百分之四十五，但按全国人口平均，每人每年只有五百多市斤的粮食，而同年（疑为"期"，原误——作者注）苏联平均每人每年却有一千三百多市斤。小农经济对天灾无力抵抗；目前我国每年仍然有二千万到四千万的农民受到轻重不同的自然灾害。……许多地区农村中一般还有百分之十左右的缺粮户需要帮助。这种建立在劳动农民的生产资料私有制上面的小农经济，限制着农业生产力的发

①《中华人民共和国经济档案资料选编·对外贸易卷》（1949—1952），经济管理出版社1994年版，第207页。

展，不能满足人民和工业化事业对粮食和原料作物日益增长的需要，它的小商品生产的分散性和国家有计划的经济建设不相适应，因而这种小农经济和社会主义工业化事业之间的矛盾，已随着工业化的进展而日益显露出来。"①

对于资本主义工商业改造的必要性，提纲说："这是因为资本主义所有制和社会主义所有制之间的矛盾，资本主义所有制和资本主义的生产社会性之间的矛盾，资本主义生产的无政府状态和国家有计划的经济建设之间的矛盾，资本主义企业内的工人和资本家之间的矛盾，都是不可克服的。由于上述的矛盾，这些企业的设备利用率和劳动生产率低，成本高，资金很多浪费，扩大再生产的能力很小或甚至没有，因而影响到工业产品在市场上供不应求，影响到国家计划受到破坏。如果不改变这种情况，这个广大部分的社会生产力就不可能获得充分的合理的发展以适应国计民生的需要，我国的社会主义工业化就不能全部实现。"②

当年的这份提纲说明，尽管那时人们对于什么是社会主义和怎样建设社会主义的认识水平，与今天相比存在很大差距，但是，向社会主义提前过渡的根本出发点，在于使国内生产关系和经济体制尽快适应优先发展重工业战略的需要，以抓住朝鲜战局缓和和苏联答应援助中国"一五"计划建设的有利时机，加快工业化建设速度，则是十分明确的。这份

①《建国以来重要文献选编》第 4 册，中央文献出版社 2011 年版，第 613—614 页。

②《建国以来重要文献选编》第 4 册，中央文献出版社 2011 年版，第 622 页。

提纲中还说道："资本主义国家从发展轻工业开始，一般是花了五十年到一百年的时间才能实现工业化，而苏联采用了社会主义工业化的方针，从重工业建设开始，在十多年中（从一九二一年开始到一九三二年第一个五年计划完成）就实现了国家的工业化。苏联过去所走的道路正是我们今天要学习的榜样。苏联因为采取了社会主义工业化的方针，从建立重工业开始，所以在一九四一年到一九四五年的卫国战争中，能够击败德日法西斯主义的侵略，成为世界上第一个强大的社会主义国家。苏联因为建立了重工业，就有了机器制造工业，有了汽车、飞机、拖拉机等工业，就有了现代国防工业，就能使交通运输业、轻工业获得不断的有力的发展，就能使农业获得各种新式机器和化学肥料，迅速地实现农业的集体化。我国实现国家的社会主义工业化，正是依据苏联的经验从建立重工业开始。"[1] 这段话一方面表明，中国共产党当年把工业化分为资本主义的和社会主义的，在认识上存在着简单化和片面性的问题；但另一方面也表明，中国共产党当年之所以要提前向社会主义过渡，的的确确是想学习苏联的办法优先发展重工业，再通过优先发展重工业尽快实现工业化。

四

如果说选择优先发展重工业的战略是中国共产党决定向社会主义提前过渡的根本原因的话，那么，也正是这一选择

---

[1]《建国以来重要文献选编》第 4 册，中央文献出版社 2011 年版，第 607—608 页。

从根本上导致了这一过渡的提前完成。

毛泽东最早提出过渡时期总路线时，把基本完成工业化和"三大改造"的时间确定为 10 年到 15 年或者更多一些时间。以后，1953 年 9 月，他在全国政协常委会第四十九次扩大会上又说："整个过渡时期不是三年五年，而是几个五年计划的时间。"[①] 同年底，他在审阅修改中宣部的学习宣传提纲时，又把过渡时间改为"在一个相当长的时期内"[②]。不难看出，毛泽东之所以作这些改动，目的在于尽可能把时间打得宽裕一些，做到留有余地。但由于缺乏经验，当时对什么叫基本完成国家工业化和社会主义改造，以及它们需要多少时间，很大程度上参考的都是苏联的标准。

那时，苏联对工业化的标准，规定的是工业产值占工农业总产值的 70% 以上。从 1921 年开始工业化建设算起，它达到这一标准用了 8 年。对完成社会主义改造的标准，当时它规定的是资本主义在国民经济各部门中被完全消灭。从 1924 年开始社会主义改造算起，它做到这一点用了 13 年。中国参考苏联经验，也为自己制定了一个实现社会主义工业化的标准，即在数量上工业产值占工农业总产值的 60% 左右，在质量上要有独立的工业体系和农业相应的协调发展。[③] 如果按照这个标准的数量要求，1957 年，中国工业产值占工农业总产

---

① 《毛泽东传（1949—1976）》上卷，中央文献出版社 2003 年版，第 264 页。

② 《毛泽东传（1949—1976）》上卷，中央文献出版社 2003 年版，第 266 页。

③ 《中华人民共和国国民经济和社会发展计划大事辑要（1949—1985）》，红旗出版社 1987 年版，第 54 页。

值上升为 56.7%，已经十分接近了。如果按照这个标准的质量要求，"一五"计划末，中国也已为建立独立完整的工业体系奠定了初步基础。但是，由于这个标准并不科学，中国后来并没有采用，而且今天仍然表示，要争取在 2020 年基本实现工业化。然而，中国对农业、手工业和资本主义工商业社会主义改造的完成，却是实实在在的，从提出过渡时期总路线算起，只用了 3 年时间，即使加上国民经济恢复时期，也不到 7 年。这不仅大大快于总路线规定的时间，也快于苏联完成社会主义改造的时间。为什么会出现这种结果呢？从主观上看，主要是缺乏经验和急躁情绪起了作用；从客观上看，根本原因仍然在于优先发展重工业所造成的形势压力。

先说资本主义工商业。前面讲到，国家为保证大规模工业化建设选择了计划经济体制。这种体制需要由国家统一调配资金、物资、科技力量，势必与生产资料的私人占有制发生矛盾。尤其是在"一五"计划实施后，大规模工业化建设引发城市商品粮、食用油和轻纺工业的原料棉花等农产品供应的紧张，迫使国家实行了对粮、棉、油的计划收购和计划销售（即统购统销）；同时，对于一些重要的工业原料，如钢材、生铁、煤炭、木材等也开始实行计划供应。这样一来，私营商业，主要是批发商，就没有了货源；私营工业，主要是轻纺企业，获取原材料就发生了困难。于是，公私合营步伐的加快，就成了不以人的意志为转移的趋势。

另外，当时没有合营的私人企业大多是中小型企业，设备技术都很落后，国家分配任务给它，它无法承担；硬要塞给它，做出的东西又不合乎要求。在这种情况下，如果只对较大的私营企业进行个别合营，就会使中、小企业更加困难；要解决中、小企业的困难，就必须打破企业的私人所有制，以便在行业内部进行改组，该并的并，该淘汰的淘汰，用今天的话说，就是实行企业的优化组合。于是，全行业公私合营应运而生，而这进一步加快了公私合营的速度。1955 年，陈云在中央关于资本主义工商业改造问题的会议上说：实行全行业的公私合营，"并不是哪个人空想出来的，是经济发展的结果。现在既然按整个行业来安排生产、实行改组，那末，整个行业的公私合营也就是不可避免的。如果不实行全行业的合营，就无法安排生产，也无法进行改组"①。

还有一个情况，就是在对不法资本家进行"五反"斗争后，许多私营工厂落入了"工人不服管，职员不敢管，资本家消极，代理人原有的纷纷辞职甚至逃走，继起无人，开支日增，浪费严重，生产潜力难以发挥"②的窘境。这种情况也促使工人强烈要求尽快合营，以改善待遇；资本家希望尽快合营，以摆脱困境。

再说农业。中国是农业国，有过灿烂的农业文明，但长期以来农作物单位面积产量并不高。新中国成立时，全国平均，粮食亩产只有 137 斤，北方许多地方还不到 100 斤；棉花亩产也不过 30 斤。因此，当"一五"计划实施后，农业的落后局面与工业化建设飞速发展的要求之间，矛盾越来越尖

①《陈云文选》第 2 卷，人民出版社 1995 年版，第 286 页。
② 李维汉：《统一战线问题与民族问题》，人民出版社 1981 年版，第 56—57 页。

锐。正是这一矛盾，促使中国共产党的决策层急于推行农业的合作化。因为，从当时的实际情况和人们的认识水平看，在有可能较大幅度增加农业产量的三种办法中，即大规模开荒、兴修水利和合作化，最可行、见效最快的是合作化。陈云曾算过一笔账，如果用开荒的办法，增产 800 亿—1000 亿斤要开垦 5 亿亩土地，需要拖拉机 25 万台、石油 1000 万吨。但"二五"计划时，才能生产 10 万台拖拉机，而且也没有那么多石油（1952 年生产 44 万吨，1957 年生产 146 万吨）。要是在新疆开荒，还要新建 4000 公里铁路；水利费每亩按 100 元算，约需 500 亿元。而"一五"计划用于基建的投资只有 427 亿元，显然不现实。如果用修水利的办法，把淮河以北的水都蓄起来，倒是可以灌溉 2 亿亩土地，增产 200 亿斤（每亩增加 100 斤），但没有十年时间不行。而搞合作化，根据经验，平均提高产量 15%—30%，按 30% 算，就有 1000 亿斤。以后又核定增产 10%—20%，按 20% 算，也有六七百亿斤。所以，当时人们认为这个办法最实际，那几年的粮食产量也证明了这一点。全国刚解放时，粮食产量是 2200 亿斤，到 1952 年上升到 3000 亿斤，然后逐年增加，1957 年接近 4000 亿斤，五年里增产近 1000 亿斤，平均每年增产近 200 亿斤。当然，后来事实说明，这种增长速度在很大程度上带有生产恢复性质，不能因此得出结论，似乎集体化程度越高，越有利于农业生产力提高。

在推行农业合作化过程中，出现过把主张谨慎稳妥的意见当成政治问题，批所谓"小脚女人"、右倾保守思想的情况。有人据此认为，加快合作化的目的是急于向社会主义过渡，是从"不断革命"的思想出发的。恩格斯曾经说过：一切社会变迁和政治变革的终极原因，"不应当到有关时代的哲学中去寻找，而应当到有关时代的经济中去寻找"①。只要深入分析一下就不难发现，这种政治"上纲"的根子其实并不在于政治和思想本身，而在于通过合作化促进农业增产，从而适应优先发展重工业对农业日益增加的需求。这一点从毛泽东批评不同意见的一些报告、文章中，也可以得到印证。例如，他在《关于农业合作化问题》中就指出："我国的商品粮食和工业原料的生产水平，现在是很低的，而国家对于这些物资的需要却是一年一年地增大，这是一个尖锐的矛盾。如果我们不能在大约三个五年计划的时期内基本上解决农业合作化的问题，即农业由使用畜力农具的小规模的经营跃进到使用机器的大规模的经营……我们就不能解决年年增长的商品粮食和工业原料的需要同现时主要农作物一般产量很低之间的矛盾，我们的社会主义工业化事业就会遇到绝大的困难，我们就不可能完成社会主义工业化。"他还指出："为了完成国家工业化和农业技术改造所需要的大量资金，其中有一个相当大的部分是要从农业方面积累起来的。这除了直接的农业税以外，就是发展为农民所需要的大量生活资料的轻工业的生产，拿这些东西去同农民的商品粮食和轻工业原料相交换，既满足了农民和国家两方面的物资需要，又为国家积累

①《马克思恩格斯选集》第 3 卷，人民出版社 2012 年版，第 655 页。

了资金。而轻工业的大规模的发展不但需要重工业的发展，也需要农业的发展。因为大规模的轻工业的发展，不是在小农经济的基础上所能实现的，它有待于大规模的农业，而在我国就是社会主义的合作化的农业。因为只有这种农业，才能够使农民有比较现在不知大到多少倍的购买力。"[1]

今天，人们对于社会主义改造过快出现的弊病以及如何做才会避免这些弊病，有了更加清醒的认识。但无论怎样，人们都否认不了这样一个基本事实，那就是当年在贯彻过渡时期总路线时，对农业、手工业和资本主义工商业的社会主义改造之所以提前完成，根本原因是为了适应由于实行优先发展重工业战略而给农业和轻工业造成的巨大压力。

五

既然决定由新民主主义向社会主义提前过渡以及这一过渡的提前完成，根本原因都在于中国共产党所作出的优先发展重工业的战略抉择，那么，对向社会主义提前过渡的历史功过的评价，就在很大程度上取决于对优先发展重工业战略的评价。改革开放后，特别是20世纪90年代，学术界曾出现过一种议论，认为这一战略是落后国家的"赶超战略"，它扭曲了这些国家的产业结构，代价高昂，绩效低下，因此是错误的。的确，这一战略具有"赶超"先进工业国的性质，实施这一战略的国家也确实在不同时期不同程度上影响了产

---

[1] 《毛泽东文集》第6卷，人民出版社1999年版，第431—433页。

业结构的合理性。但是，历史唯物主义告诉我们，讨论任何历史问题，都必须把它放到当时的历史条件下。所谓重工业的发展"优先"还是"不优先"，是从国家建设投资的重点讲的。在当时的历史条件下，中国要进行工业化建设，如果没有先进工业国的帮助，当然不可能优先发展重工业，只有等资金积累到足够多时，再向重工业倾斜。但是，当先进工业国，具体说就是苏联，表示愿意帮助中国优先发展重工业时，中国为什么不应该不可以抓住这个机遇，加快发展自己呢？当初苏联答应帮助中国，只是同意提供技术、设备、专家和一部分低息贷款，设备是要付钱的，贷款也并不多，只占"一五"计划工业基本建设投资的 3% 多一点。因此，优先发展重工业，资金缺乏是一个严重问题，势必造成国内各种经济关系、利益关系的紧张。但是，不这样做，难道有更好的办法吗？

对于优先发展重工业战略的局限性，以及在实施这一战略时出现的一些片面性，中国共产党当时的决策者们也曾有所觉察，而且比较早地试图纠正过。比如，毛泽东在 1956 年《论十大关系》的讲话中，提出要接受苏联和一些东欧国家片面注重重工业、忽视农业和轻工业的教训，在重工业为主的前提下，加重对农业、轻工业的投资；在 1957 年《关于正确处理人民内部矛盾的问题》一文中，又提出工业和农业同时并举的方针；在 1959 年提出要按照农、轻、重的次序来安排国民经济的思想，并指出"这样提还是优先发展生产资料，并不违反马克思主义"①。遗憾的是，尽管有了这样一些正确认识，但由于种种原因，在实际工作中并未能很好地贯彻，相反一再要求加快工业建设速度，以至一度造成农、轻、重等国民经济重大比例关系的严重失调。可是，我们更应当看到，如果不是当年优先发展重工业，中国是不可能那么快地建立起独立完整的工业体系的。如果没有独立完整的工业体系作为基础，今天也是不可能出现如此神奇的经济成就的。另外，还应当看到，优先发展重工业的战略虽然早已不再提了，但是，今天重工业在工业中、工业在三大产业中的投资比重和发展速度，不仍然处于领先地位吗？后人对前人的不足与失误，无疑应当批评，但这种批评必须是客观的公正的，有一说一，有二说二，而不应当脱离当时特定的历史条件，更不应当以偏概全。

对于优先发展重工业要付出的代价，中国共产党的老一代领导人从一开始也是十分清楚的。例如，周恩来早在 1954年一届全国人大上就讲过："重工业需要的资金比较多，建设时间比较长，赢利比较慢，产品大部分不能直接供给人民的消费，因此在国家集中力量发展重工业的期间，虽然轻工业和农业也将有相应的发展，人民还是不能不暂时忍受生活上的某些困难和不便。但是我们究竟是忍受某些暂时的困难和不便，换取长远的繁荣幸福好呢，还是贪图眼前的小利，结果永远不能摆脱落后和贫困好呢？我们相信，大家一定会认

①《毛泽东文集》第 8 卷，人民出版社 1999 年版，第 78 页。

为第一个主意好，第二个主意不好。"① 当人们今天享受当年全国人民在中国共产党领导下节衣缩食、艰苦奋斗换取的繁荣和幸福时，面对老一辈革命家的宽广胸怀，评价优先发展重工业战略的优劣得失，难道不应当更客观、更公正一些吗？

历史是不允许假设的，但我们仍然不妨假设一下，如果当年不是优先发展重工业，而是像新民主主义革命胜利之前和新中国成立之初所设想的那样，先用十几年或者更长一些的时间，慢慢发展轻工业，等到资金积累到一定程度时再着重发展重工业，那会是一种什么结果呢？可以肯定，那时的人绝不会吃那么多苦，受那么多累；但同样可以肯定的是，今天的发展也绝不会建立在这么坚实的工业基础之上，国家的国防力量和人民生活也绝不会像现在这样强大和富裕。

优先发展重工业作为一个历史问题，在苏联也存在着评价上的分歧。20 世纪 80 年代后期，在"新思维"的诱发下，苏联史学界曾掀起过一场重评苏联历史的运动，其中对于斯大林时期的工业化建设，多数人认为由于人为强调重工业发展速度，迫使农业、轻工业发展付出代价，阻碍了社会现代化进程。但是，经过苏联解体后的实践检验，今天俄罗斯史学界的多数人和代表政府的主流观点都发生了变化。经俄罗斯教育部审定、由阿·舍斯塔科夫等人编著的 2002 年版历史教科书《20 世纪祖国史》上说：20 世纪"30 年代，国家面临新的战争威胁。……要取得战争胜利必须有强大的工业，这

---

① 《周恩来选集》下卷，人民出版社 1984 年版，第 133—134 页。

对国家是生与死的问题"。而苏联没有殖民地，没有外资，工业落后……又不可能走传统的从轻工业开始的较为缓慢的工业化道路。所以实行"集中的计划管理、缩小市场的作用"，对农业"超经济强制"获取资金，使人民"勒紧裤腰带"，等等，都是"迫不得已"的。该书还认为："农业集体化是保证加速实现工业化最重要的条件。"①

中共中央于 1981 年作出的《关于建国以来党的若干历史问题的决议》（以下简称《历史决议》），对于 1952 年提出的过渡时期总路线，对于"一化三改"的工作，都有过结论性的评价。对于过渡时期总路线，《历史决议》指出：它"反映了历史的必然性"。历史证明，它"是完全正确的"。对于国家工业化和"一五"计划，《历史决议》指出："国家的社会主义工业化，是国家独立和富强的当然要求和必要条件。""一五"计划建设"取得了重大的成就。一批为国家工业化所必需而过去又非常薄弱的基础工业建立了起来。从一九五三年到一九五六年，全国工业总产值平均每年递增百分之十九点六，农业总产值平均每年递增百分之四点八。经济发展比较快，经济效果比较好，重要经济部门之间的比例比较协调。市场繁荣，物价稳定。人民生活显著改善"。对于"三大改造"，《历史决议》指出："在过渡时期中，我们党创造性地开辟了一条适合中国特点的社会主义改造的道路。""在改造过程中，国家资本主义经济和合作经济表现了

---

① 转引自吴恩远：《"还历史公正"——俄罗斯对全盘否定苏联历史的反思》，《高校理论战线》2004 年第 8 期。

明显的优越性。"同时指出："这项工作中也有缺点和偏差。在一九五五年夏季以后，农业合作化以及对手工业和个体商业的改造要求过急，工作过粗，改变过快，形式也过于简单划一，以致在长期间遗留了一些问题。一九五六年资本主义工商业改造基本完成以后，对于一部分原工商业者的使用和处理也不很适当。但整个说来，在一个几亿人口的大国中比较顺利地实现了如此复杂、困难和深刻的社会变革，促进了工农业和整个国民经济的发展，这的确是伟大的历史性胜利。"①

《历史决议》从制定到今天已过去 20 多年。20 多年来，国内国外的实践从正反两个方面都证明，其上述评价是完全正确的，是站得住脚的，是经得起历史检验的；制定这个《历史决议》的中国共产党，不愧是一个能够运用历史唯物主义观点对待历史问题的伟大的党。

———————

① 《三中全会以来重要文献选编》（下），中央文献出版社 2011 年版，第 134、135 页。

关于在国史研究中如何正确评价
计划经济的几点思考[*]

　　一个国家实行什么样的经济体制，对这个国家具有巨大的、深刻的、全方位的影响。我国从实行计划经济体制到1992年党的十四大决定实行社会主义市场经济体制，如果从1950年统一财经算起，长达42年；如果从1953年实施第一个五年计划算起，也有39年，时间均占新中国成立至2006年这57年的70%左右。因此，能否正确评价我国一度实行过的计划经济，关系到对相当长一段国史的评价。

　　党的十四大根据邓小平关于计划经济不等于社会主义，计划多一点还是市场多一点不是社会主义与资本主义本质区别的论断，作出了由计划经济体制向社会主义市场经济体制转变的决策。经过14年的努力，社会主义市场经济体制已经初步建立起来。事实说明，把建立社会主义市场经济作为经济体制改革的目标模式，是完全符合我国当时和今后相当长历史时期生产力发展水平的，是我们党对社会主义认识上的一个重大的突破性进展和对马克思主义经济理论的一个崭新的创造性发展。它极大地解放和发展了我国社会生产力，大

　　* 这是作者在中共中央党校进修一班第39期（2006年）撰写的毕业论文，曾发表于《理论前沿》2006年第21期。收入本书时，作者略作修改。

幅度提升了综合国力，实现了人民生活总体上由温饱到小康的历史性跨越。任何留恋计划经济体制的想法，都是既缺乏理论根据又缺乏事实根据的；任何试图恢复计划经济体制的做法，都是既不利于跟上时代脉搏又违背绝大多数人民意志的。但是，这是否意味着我们当初选择计划经济体制就错了，几十年来对计划经济的探索就毫无意义了呢？是否意味着实行计划经济只是从理论出发而不是从实际出发的，只有束缚经济活力的弊病而没有改变国家落后面貌的巨大作用，只有凭主观意志办事的失败教训而没有按客观经济规律办事的成功经验呢？如果对这些问题不能给予正确回答，不仅对那段国史的评价难以做到公允，而且不利于我们完善社会主义市场经济体制。

江泽民在党的十四大报告中讲到确立社会主义市场经济体制"不是原有经济体制的细枝末节的修补，而是经济体制的根本性变革"时，紧接着说："原有经济体制有它的由来，起过重要的积极作用。"过了两年，他在一次讲话中又说："对计划经济体制曾经起过的历史作用，我们是充分肯定的。从历史进程看，苏联能够对付并最终打败德国法西斯，同他们通过计划经济建立了独立的完整的工业体系和国民经济体系是分不开的。这就是说，在无产阶级夺取政权和建设社会主义初期那种历史条件下，实行计划经济还是有其必要的。我们建国初期的历史也说明了计划经济曾经起过重要作用。……应在总结我们搞计划经济的经验教训和借鉴西方国家搞市场经济的有益经验的基础上，通过实践、认识、再实践、再认识，开拓一条发展社会主义市场经济的正确道路，使这种新的经济体制逐步成熟和完善起来。"① 这些话告诉我们，评价中华人民共和国历史上一度实行过的计划经济体制，不能脱离当时的历史条件，也不能把它同社会主义市场经济完全割裂和对立起来。循着这一思路，本文试图对国史研究中对计划经济的评价问题，提出以下几点看法。

第一，新中国建立初期选择并实行计划经济体制，并非单纯从某种理论出发和照搬别国模式的结果，它主要是为着较快实现工业化、建立独立完整工业体系的需要。

按比例分配社会劳动时间于不同生产部门是人类社会的客观规律，但资本主义社会只能以价值规律的自发力量和经济危机的强制调节做到按比例；只有在"以集体为基础的社会"或共产主义社会，才能通过对经济规律的认识和自觉的事先的计划做到按比例。这一伟大思想，首先是马克思提出的。② 无论苏联还是我国，革命胜利后都把自己实行计划经济说成是来自这一思想。但今天我们知道，马克思所讲的"以集体为基础的社会"或共产主义社会，指的都是建立在生产社会化程度很高的资本主义社会之后的社会；他所讲的通过计划使国民经济按比例发展，是对那种社会的一种合乎逻辑的科学预见。而当时的苏联和当时的我国，要么处于工业不发达的社会，要么基本上处于农业社会，都不具备马克思所

---

① 江泽民：《论社会主义市场经济》，中央文献出版社 2006 年版，第 203—204 页。

② 见马克思的《资本论》第 2 卷、《政治经济学批判大纲》、《致路·库格曼》。

说的可以完全自觉地按比例发展国民经济的社会条件。但是，只要我们结合当时的历史背景作一点深入分析就不难发现，无论苏联还是我国，当初所以选择和实行计划经济体制，并非单纯因为马克思有这个思想，而主要是客观需要和客观条件互动的结果。

苏联和我国在革命胜利后，面对自身经济落后的局面和帝国主义的军事威胁，都把资金、技术密集的重工业作为自己优先发展的产业，以期在较短时间内实现国家工业化，为提高人民生活水平、增强国防实力、巩固新生政权奠定物质基础。然而，无论苏联还是我国，尤其是我国，当时缺少的恰恰是资金、物资、技术、人才等发展重工业所必须的资源。面对这种情况，加上帝国主义的经济封锁，如果还是采取革命胜利以前的社会所采取的那种以市场为基础配置资源的办法，要想优先发展重工业、快速工业化是根本做不到的，唯一的办法只能通过国家的统一计划来配置资源。而共产党是以民主集中制为组织原则的，革命胜利后又建立了社会主义公有制，经济多少也有了一定程度的社会化，且经济规模还不大，这些都为以计划为配置资源的基础提供了现实可能性。在这种情况下，两国领导人从马克思关于未来社会将有计划按比例发展经济的思想中受到启示是很自然的。加之那时人们对社会主义社会的阶段性认识还不足，更会很自然地认为，只要生产资料为全社会掌握就可以按照马克思的设想去做。因此，苏联和我国当初实行计划经济体制，与其说是为了实践马克思的思想，不如说是为了优先发展重工业、迅速实现工业化而从马克思的思想中寻找理论根据更为切合实际。

我国经济原先就比苏联落后很多，革命胜利又比苏联晚了 32 年，因此，苏联连续进行的若干个五年计划建设所取得的辉煌成就，对我国不可能没有巨大的示范效应，向苏联学习计划经济的方法更是十分自然的。这一学习同样是出于自己实施优先发展重工业方针的需要，而且，在学习初始阶段除了对重工业的建设和管理经验基本照抄外，其他方面都注意了结合自己的实际情况，有的学，有的不学，有的在学习中还有创造。尤其到了"一五"建设的后期，更加强调要重视自己的经验。那种认为我国实行计划经济就是从某种理论出发，就是照抄照搬别国模式的观点，完全缺乏事实根据，是根本站不住脚的。

第二，我国计划经济体制并非只是造成经济活力不足等弊病的根源，它同时也是社会主义建设取得辉煌成就的重要原因之一。

我国从第一个五年计划建设开始到现在，已连续进行了十个五年计划建设，2006 年开始进行第十一个五年规划建设。其中，头五个五年计划时期，实行的是高度统一的计划经济体制。在那段时间里，我国经济发生过大起大落，存在投入多产出少等效益不高、市场供应紧张、商品品种单调、人民生活水平提高不快等问题。造成这些问题的原因是多方面的，但高度集中的计划经济体制自身固有的集中过多、信息不灵、活力不强、效率不高的弊端，也是重要原因之一。特别是"大跃进"和人民公社化运动之后，计划统得越来越多、越来越死，指令性计划管理不断加强，原有的间接计划、指导性计划逐渐消失，而且计划多变、相互脱节，更强化了这一体制的负面作用。但是，如果我们只看到计划经济年代出现的种种问题与计划经济体制之间的联系，而看不到那一时期社会主义建设成就与计划经济体制之间的联系，也是不全面不客观的；如果把计划经济形容成"万恶之源"，似乎那一时期什么问题都是计划经济体制造成的，则更是不符合实际的和有害的。当然，如果那时在经济管理体制中能够允许使用市场调节的手段，如果制定计划时更加民主、更加科学、更加尊重客观经济规律，如果不发生由于急躁冒进而导致的经济大起大落，建设成就本来可以更大些。但我们不能因为这种假设，就否定已取得的伟大成就，抹杀计划经济体制对于取得这些成就的历史性贡献。

无可否认的是，新中国经过头五个五年计划的建设，人民生活比起旧中国虽有天翻地覆的变化，但与工业化建设的成就相比，变化的幅度显得不那么大。尤其是那一时期商品匮乏票证多、农村面貌变化小，给人们留下了十分深刻的印象。许多经过或没有经过那个时代的人，每当提到这些现象，都把它看成是计划经济体制造成的。但我们只要作一点深入的具体的分析就不难看到，出现这一现象的主要原因，并不在于计划经济体制，而在于：第一，大规模工业化建设需要大量积累资金和大量使用物资，从而在较长时间内对农林牧副业造成巨大需求压力，影响农民生活水平的提高和城乡消费资料的生产与供应；第二，经验不足、急于求成等人为因素，导致决策的某些重大失误，使经济工作有时违背有计划按比例发展的原则，从而加剧了对农林牧副业的需求压力，延长了农民生活困难和城乡消费资料生产与供应紧张的时间。在这两种原因中，第一种更带根本性。就是说，主要地不是由于实行计划经济体制造成了资金、物资的匮乏，而是资金、物资的匮乏决定了计划经济体制的实行。

自从"六五"计划时期到现在，我国的社会主义现代化建设取得了更加令世人瞩目的辉煌成就。其根本原因固然在于我们党实行了改革开放的总方针，制定了"一个中心、两个基本点"的基本路线，但同时应当看到，头五个五年计划建设奠定的初步工业化基础在其中起到了巨大支撑作用。另外，"六五"、"七五"和"八五"计划时期的头两年，虽然进行了以市场为取向的改革，但经济体制总体上仍然属于计划经济；从"八五"时期的第三年以来，虽然实行了以社会主义市场经济为目标模式的经济体制改革，但计划经济的某些长处和优势在宏观经济中仍然发挥着积极作用。否则，无法解释全世界有那么多实行市场经济的发展中国家，为什么唯独我们能长时期保持那么高的发展速度，不断取得那么多显著的建设成就。

第三，我国实行计划经济体制的过程中并非只有凭主观意志办事的教训，它也同时积累了大量按照客观经济规律指导经济建设的成功经验。

计划是由人预先拟定的行动方案，本质上属于观念性的东西。因此，如果制定计划的人不尊重客观规律，不认真调查实际情况，他做的计划就很容易出主观主义的偏差。当年无论苏联还是我国，由于夸大主观能动性作用等原因，在实行计划经济的过程中都曾或多或少或大或小地发生过计划脱离实际的情况。但是，计划经济的历史上犯过主观主义的错误，不等于经济计划就必然出主观主义。事实上，无论苏联还是我国，在实行计划经济的过程中，对于如何使经济计划最大限度地符合客观经济规律和实际情况，都进行过不懈的艰辛探索，取得过许多宝贵的经验。当我们将计划经济体制转变为社会主义市场经济体制时，不应当把这些经验简单地看成是过时的没有用的东西，不分青红皂白地统统丢掉；更不应当认为谁强调重视计划的调节作用，谁就是"保守"，就是"复旧"，就是"开历史的倒车"。

党的十六大召开前夕，江泽民在解释为什么从"计划与市场相结合的社会主义商品经济""社会主义有计划的市场经济""社会主义市场经济"这三种提法中，选择后者作为新经济体制的提法时曾明确指出："有计划的商品经济，也就是有计划的市场经济。社会主义经济从一开始就是有计划的，这在人们的脑子里和认识上一直是清楚的，不会因为提法中不出现'有计划'三个字，就发生是不是取消了计划性的疑问。"他还把在经济运行机制上，"市场经济和计划经济的长处有机结合起来，充分发挥各自的优势作用，促进资源优化配置，合理调节社会分配"，作为社会主义市场经济体制的三个主要特征之一。他强调："国家计划是宏观调控的重要手段之一。建立社会主义市场经济体制，是要改革过去那种计划经济模式，但不是不要计划，就是西方市场经济国家也都很重视计划的作用。我们是社会主义国家，更有必要和可能正确运用必要的计划手段。"① 这说明，我们党从决定建立社会主义市场经济的那天起，就没有把发挥计划调节的优势排斥在社会主义市场经济之外，相反，把它看成是社会主义市场经济的题中应有之义。

社会主义市场经济相对资本主义市场经济体制，之所以更有必要和可能正确运用计划手段，根本原因在于社会主义有着与资本主义不同的基本政治制度和经济制度。邓小平说过："社会主义有两个非常重要的方面，一是以公有制为主体，二是不搞两极分化。"② 他还说过："社会主义同资本主义比较，它的优越性就在于能做到全国一盘棋，集中力量，保证重点。"③ 江泽民也说："我们搞的是社会主义市场经济，'社会主义'这几个字是不能没有的，这并非多余，并非画蛇添足，而恰恰相反，这是画龙点睛。所谓'点睛'，就是点明我们的市场经济的性质。"④ 他还具体指出了在社会主义市场经济中计划调节的任务和作用，即弥补和抑制市场调节的不足和消极作用，"把宏观经济的平衡搞好，以保证整个经济的全面发展。在那些市场调节力所不及的若干环节中，也必须利用计划手段来配置资源。同时，还必须利用计划手段来加强社

① 江泽民：《论社会主义市场经济》，中央文献出版社 2006 年版，第 31 页。
②《邓小平文选》第 3 卷，人民出版社 1993 年版，第 138 页。
③《邓小平文选》第 3 卷，人民出版社 1993 年版，第 16—17 页。
④ 江泽民：《论社会主义市场经济》，中央文献出版社 2006 年版，第 203 页。

会保障和社会收入再分配的调节，防止两极分化。"① 可见，正是社会主义以公有制为主体，走共同富裕道路，集中力量办大事，这些制度上的优越性，以及我国的基本国情和所处的经济发展阶段，决定了社会主义市场经济在运用计划手段的目的、范围、实现形式上，与西方资本主义国家相比有许多不同之处。既然如此，计划经济年代为使经济计划符合客观经济规律而进行的探索、积累的经验，对于今天搞好社会主义市场经济的宏观调控，尤其是贯彻落实好全面、协调、可持续的科学发展观，又怎么会失去借鉴意义呢？

通过以上分析，笔者得出的基本结论是：第一，不能因为后来实行社会主义市场经济体制，就否定当初实行计划经济体制的历史必然性和必要性；第二，不能因为肯定计划经济体制的历史作用，就看不到计划经济体制对市场信号反应较迟、对基层和企业的主动性创造性束缚较多、对劳动者的激励机制较弱等弊端；第三，不能因为放弃计划经济体制，就不敢理直气壮地肯定计划调节手段对于弥补和抑制市场滞后性、自发性、盲目性的积极作用。总之，认识计划经济的由来和历史作用，不应当把它放在今天的条件下，而应当把它放在当时的条件下；不应当把它同社会主义市场经济截然割裂和对立，而应当看到它们之间的内在联系。

胡锦涛在庆祝建党 85 周年大会上的讲话中指出："在社会主义革命和建设时期，我们确立了社会主义基本制度，在

---

① 江泽民：《论社会主义市场经济》，中央文献出版社 2006 年版，第 4 页。

一穷二白的基础上建立了独立的比较完整的工业体系和国民
经济体系，使古老的中国以崭新的姿态屹立在世界的东方。"
这一评价再次充分肯定了新中国成立后头 30 年的历史，对正
确认识计划经济的历史地位具有重要的指导意义。我们应当
遵循《关于建国以来党的若干历史问题的决议》和党中央对
新中国成立后历史评价的一系列指示精神，继续深入研究包
括计划经济在内的重大历史问题，不断丰富对那一段国史的
认识，更好地发挥国史研究资政、育人的作用。

正确认识中国计划经济体制的历史作用与
坚定新中国的历史自信*

2023 年是新中国第一个五年计划建设实施 70 周年，也是计划经济体制开始运行 70 周年。

新中国计划经济体制的正式建立，如果从 1952 年中央财政经济委员会（以下简称中财委）下发《国民经济计划编制暂行办法》《关于加强计划工作大纲》②算起，到 1992 年党的十四大明确建立和完善社会主义市场经济体制③，刚好经历了40 年；即使以 1978 年实行计划经济与市场调节相结合作为它的结束，也有 26 年之久。这一体制的实行时间按 40 年算，约占新中国迄今为止 74 年的一半多；按 26 年算，也占改革开放前 29 年的绝大部分。因此，如何看待计划经济体制的历史作用，是关系到能否正确看待新中国史、能否正确看待改革开放前后两个历史时期的关系、能否坚定新中国的历史自信的重大问题。

在我国历史上，以五年时间作为一个计划阶段，"一五"

---

* 本文是作者 2023 年 7 月 23 日在第九届马克思主义当代中国史理论论坛上的主题报告，曾发表于《当代中国史研究》2023 年第 5 期，收入本书时，作者略作修改。

②《陈云年谱（修订本）》中卷，中央文献出版社 2015 年版，第 194、201 页。

③《十四大以来重要文献选编》（上），人民出版社 2011 年版，第 17 页。

计划是第一次，带有开创性。从 2006 年"十一五"起，党和政府将"计划"改为"规划"①，目前正在实施的是"十四五"规划。习近平总书记曾明确指出："我们是在中国共产党领导和社会主义制度的大前提下发展市场经济，什么时候都不能忘了'社会主义'这个定语。之所以说是社会主义市场经济，就是要坚持我们的制度优越性，有效防范资本主义市场经济的弊端。我们要坚持辩证法、两点论，继续在社会主义基本制度与市场经济的结合上下功夫，把两方面优势都发挥好，既要'有效的市场'，也要'有为的政府'，努力在实践中破解这道经济学上的世界性难题。"② 可见，能否正确看待计划经济和经济计划在历史上的作用，不仅涉及当代中国历史上的理论问题，而且对于更好发挥社会主义市场经济体制下的政府作用、破解政府与市场关系这道经济学上的世界性难题，也具有十分重要的现实意义。

一、计划经济体制的由来

新中国选择计划经济体制，具有历史的必然性和合理性。

马克思、恩格斯在《共产党宣言》中根据对人类社会发展规律的科学分析，揭示了资本主义的内在矛盾，论证了资本主义必然灭亡和共产主义必然胜利的人类社会发展规律。③

---

① 《伟大的开局之年》，《人民日报》2006 年 1 月 1 日。

② 习近平：《论把握新发展阶段、贯彻新发展理念、构建新发展格局》，中央文献出版社 2021 年版，第 64 页。

③ 《共产党宣言》，人民出版社 2018 年版，第 4 页。

列宁通过对资本主义由自由竞争发展到垄断阶段的分析，进一步指出社会主义可以首先在一个或者几个国家内获得胜利。① 中国共产党将马克思列宁主义与中国具体情况相结合，按照毛泽东指引的农村包围城市、武装夺取政权道路的思想，取得了革命胜利，建立了人民民主专政的新中国。但旧中国毕竟是资本主义没有得到充分发展、经济文化相对落后的国家，新中国成立前夕和初期，党中央正是从这个实际出发，决定要先实行一段时间的新民主主义政策，允许资本主义经济在人民民主专政和国营经济占据领导的条件下，再发展 10 年、15 年、20 年，甚至更长一点时间，以积累资金、物资、人才，等条件具备后再重点发展重工业，相应实行社会主义政策。与此同时，很自然地将过去在革命根据地、解放区实行的由党领导经济工作的体制，推广到全国。不过，最初只是试编和试行经济计划，还不是计划经济体制，更不是高度集中的计划经济体制。

恩格斯曾说过："一切社会变迁和政治变革的终极原因，不应当到人们的头脑中，到人们对永恒的真理和正义的日益增进的认识中去寻找，而应当到生产方式和交换方式的变更中去寻找；不应当到有关时代的哲学中去寻找，而应当到有关时代的经济中去寻找。"② 中国实行高度集中的计划经济体制的原因，同样不应当到人们的头脑中、认识中去寻找，而应当到"有关时代的经济中去寻找"。

---

① 《列宁选集》第 2 卷，人民出版社 2012 年版，第 722 页。
② 《马克思恩格斯全集》第 25 卷，人民出版社 2001 年版，第 395 页。

新中国成立不到一年，朝鲜战争爆发，美国立即派舰队封锁台湾海峡，打着联合国军的旗号出兵侵略朝鲜，并把战火烧到了中朝边境，对中国新生的人民政权构成直接的威胁，从而突显了我国发展以重工业为基础的现代国防工业的紧迫性。中国有关部门在编制"一五"计划草案时，对苏联和欧美国家的工业化道路进行了反复比较，一致认为"一五"计划必须以重工业为重点，从而突显了我国优先发展重工业的必要性。[①]然而，新中国既不可能像英美等老牌资本主义国家那样，通过对内剥夺农民、对外掠夺殖民地半殖民地进行原始积累，然后投资轻工业扩大积累，再来发展重工业；更不可能像德日等后起的帝国主义国家那样，对外发动战争、抢夺他国，对内提高税收、进行超经济剥削，用这种办法快速积累发展重工业的资金；要想在一缺资金、二缺物资、三缺技术和人才的情况下进行重工业建设，只能寻求先进工业国的帮助。而在当时，这种工业国不可能是欧美资本主义国家，只能是社会主义的苏联。在苏联政府答应对我国以重工业为重点的"一五"计划建设给予全面援助后，优先发展重工业的计划虽然具有了可能性，但要使这种可能性变为现实，还必须建立高度集中的计划经济体制，并对资本主义工商业进行社会主义的改造。因为只有这样，才能最大限度地集中调配资金、物资、人才等各种资源，才能与苏联所实行的高度集中的计划经济体制接轨，才能确保大规模工业化建设、苏

---

① 《建国以来重要文献选编》第 4 册，中央文献出版社 2011 年版，第 606—608 页。

联援助和中苏贸易顺利进行。要这样做，就不能再是新民主主义社会，而只能是社会主义社会。可见，是大规模工业化建设的提前，决定了高度集中的计划经济体制的实行和向社会主义的提前过渡，而不是相反。

有一种观点认为，毛泽东决定提前向社会主义过渡，是由于 1952 年国民经济恢复任务已顺利完成，工业生产在国民经济中、国营经济在工业生产中的比重都有较快增长，农业互助合作化运动已全面开展，资本家的"五毒"[①] 行为激化了阶级矛盾，抗美援朝战争战局已趋于平稳。就是说，决定提前过渡是水到渠成的结果。这种观点把提前过渡放在客观形势特别是经济变化的背景之下考察，是完全正确的。但它忽略了一个基本事实，就是上述因素并没有能从根本上改变大规模工业化建设所需资金、物资、人才极度匮乏的状况。

据统计，1950 年和 1952 年相比较，工业总产值在工农业总产值中的比重分别为 33.2% 和 43.1%，财政收入分别为 62.17 亿元和 173.94 亿元，粮食产量分别为 1.32 亿吨和 1.69 亿吨，钢产量分别为 61 万吨和 135 万吨，在校大学生分别为 13.7 万人和 19.1 万人。[②] 就是说，1952 年的资金、物资、人才条件与 1950 年相比并没有太大区别，向社会主义过渡的"水"并没有到，"渠"也没有成。那么，是什么促使提前向

---

① "五毒"指行贿、偷工减料、盗窃国家资财、偷税漏税、盗窃国家经济情报行为。参见《建国以来重要文献选编》第 6 册，中央文献出版社 2011 年版，第 288 页。

②《新中国六十年统计资料汇编》，中国统计出版社 2010 版，第 40、18、37、43、72 页。

社会主义过渡的呢？我认为，主要的和直接的原因，只能是遇到了苏联答应全面援助中国以重工业为重点的"一五"计划建设这个千载难逢的历史机遇。

从现有材料看，第一次透露"一五"计划重点是重工业和国防工业的，是中共中央1951年12月1日作出的《关于实行精兵简政，增产节约，反对贪污、反对浪费和反对官僚主义的决定》。在这个《决定》中，毛泽东加的一段话中指出："从一九五三年起，我们就要进入大规模经济建设了，准备以二十年时间完成中国的工业化。完成工业化当然不只是重工业和国防工业，一切必要的轻工业都应建设起来。为了完成国家工业化，必须发展农业，并逐步完成农业社会化。但是首先重要并能带动轻工业和农业向前发展的是建设重工业和国防工业。"[1]这段话表明，当时党中央已经倾向于把优先发展重工业作为中国工业化的发展战略，并为此提出了农业集体化的任务。

过了半年，在1952年5月中财委召开的全国财经会议上，时任中财委副主任的李富春比较深入、具体地阐述了"一五"计划的指导思想、方针任务和主要指标。他明确提出："经济建设的重点放在重工业，尤其是钢铁、燃料动力、机械军工、有色金属和化学工业等基础工业上，为我国工业化打下基础；农业、轻工业和交通等事业应当围绕重工业这个中心来发展。"[2]会后，中财委会同有关部门做了两件事：一是对"一五"计划的轮廓草案做进一步修改，二是准备请求苏

[1]《毛泽东文集》第6卷，人民出版社1999年版，第207页。
[2]《李富春传》，中央文献出版社2001年版，第421页。

联支援"一五"计划中重工业基建项目所需的有关材料。7月
1日,陈云将"一五"计划草案报送毛泽东,并附信说:要
点"是在今后五年中要办些什么新的工厂。……为了七八月
间可以向苏联提出一个五年中供我装备的要求"①。随即,中共
中央书记处于7月12日、14日、17日连续召开了三次会议。②
目前虽然没有关于这几次会议具体内容的材料,但可以判断,
这几次会议起码做出了两个决定:第一,把建设工业化基础
作为五年计划的中心环节;第二,由周恩来率中国政府代表
团前往苏联洽谈请苏方援助141个工业项目。因为此后不久,
中财委颁发的《关于编制五年计划轮廓的方针》和《中国经
济状况和五年建设的任务及附表》中,都写明了五年建设的
基本任务是为国家工业化打下基础,建设方针是在工业建设
中以重工业为主、轻工业为辅;周恩来、陈云、李富春等一
行也于同年8月15日启程去了苏联。③

对于周恩来一行,中苏双方都十分重视。中国政府代表
团除周恩来为首席代表,陈云、李富春、张闻天、粟裕等为
代表外,还有一大批由各方面高级干部担任的顾问及随员。
苏联方面负责与中方商谈的代表团,也由莫洛托夫、布尔加
宁、米高扬、维辛斯基、库米金等当时苏方最高级别的领导
人组成。周恩来一行于8月17日抵达莫斯科,斯大林20日

---

① 《陈云文集》第2卷,中央文献出版社2005年版,第419页。
② 《毛泽东年谱(1949—1976)》第1卷,中央文献出版社2013年版,第
573、574、575页。
③ 《陈云年谱(修订本)》中卷,中央文献出版社2015年版,第230、229页。

便同他们进行了长达三个小时的谈话，明确表示愿意在工业资源勘察、设计、工业设备、技术资料及派人来苏留学和实习等方面，援助中国的五年计划。看过中方提供的文件后，斯大林在 9 月 3 日又与中方进行了第二次会谈，再次表示，一定对"一五"计划所需的设备、贷款、专家给予援助；具体给什么不给什么，还需要经过工作人员用两个月时间加以计算后才能说。斯大林的这个态度，表明中国以重工业为重点的"一五"计划，得到了苏联给予全面援助的明确保证。于是，周恩来、陈云等先行回国，留下李富春和代表团其他成员，就具体问题继续同苏方洽谈。①

斯大林在此前的很长一段时间里对中国共产党是不是民族主义政党持怀疑态度，他之所以在援助中国"一五"计划的问题上发生如此大的变化，显然与中国出兵抗美援朝有关。正因为中国抗美援朝，斯大林不仅消除了对我们党的怀疑，而且感觉对中国有所亏欠。这从斯大林与中国政府代表团会谈时说的话可以得到证明。当他听到中方感谢苏方援助时便当场表示："中国的志愿军在朝鲜作战和在国内发展橡胶生产两件事，也是对苏联的援助。"② 关于斯大林对我们党态度的转变与抗美援朝之间的关系，毛泽东在 1958 年同苏联驻华大使尤金谈话时也说到了。他说："苏联人从什么时候开始相信中国人的呢？从打朝鲜战争开始的。从那个时候起，两国开始

---

①《陈云年谱（修订本）》中卷，中央文献出版社 2015 年版，第 229、231、233 页。

②《陈云年谱（修订本）》中卷，中央文献出版社 2015 年版，第 229 页。

合拢了，才有一百五十六项。"①

　　周恩来、陈云是 1952 年 9 月 24 日回到北京的②，毛泽东当晚便召集中共中央书记处开会。据中共中央文献研究室编写的《毛泽东年谱（1949—1976）》记载，这次会议只有两个议题：一是听取他们汇报同苏联商谈的情况，二是讨论"一五"计划的方针和任务。正是在这个会上，毛泽东第一次提出："我们现在就要开始用十年到十五年的时间基本上完成到社会主义的过渡，而不是十年或者以后才开始过渡。"③中共中央文献研究室编写的《毛泽东传》则如此评价："这是一次十分重要的会议。毛泽东这个讲话表明，他关于由新民主主义向社会主义转变的步骤、方法，同原来的设想，发生了变化。"④

　　毛泽东在听取周恩来、陈云访苏情况汇报和讨论"一五"计划方针、任务的会上，提出向社会主义提前过渡的主张，这绝对不是巧合，而是反映了选择优先发展重工业战略、苏联答应对"一五"计划建设进行援助、决定向社会主义提前过渡，这三件事情之间的内在联系。它说明，正是中国安全形势迫使我们决定提前开展工业化建设，以及苏联答应全面援助中国优先发展重工业等客观情况，使毛泽东敏锐察觉到，这对于中华民族来说绝对是一个追赶世界先进水平、弥补百年差距的难得机遇，必须用提前向社会主义过渡的办法抓住

---

①《毛泽东文集》第 7 卷，人民出版社 1999 年版，第 387 页。

②《陈云年谱（修订本）》中卷，中央文献出版社 2015 年版，第 233 页。

③《毛泽东年谱（1949—1976）》第 1 卷，中央文献出版社 2013 年版，第 603 页。

④《毛泽东传》第 3 册，中央文献出版社 2011 年版，第 1199 页。

这个机遇。同时也说明，无论优先发展重工业还是向社会主义提前过渡，都是毛泽东同党内决策层较长时间酝酿作出的集体决策，绝非纯粹是他的个人主张，更非他出于"社会主义情结"的心血来潮、突发奇想。

优先发展重工业需要有大量资金和物资投入，而当时中国的经济基础比苏联实施"一五"计划时还要薄弱得多，更需要把有限的资源集中起来用于重工业建设，更需要轻工业企业降低成本、提高效率、向国家多缴利税，更需要农业较大幅度地增加产量、向国家提供更多的商品粮和可供出口换汇的农副产品。正是这一切，决定了我们不能不加快农业合作化和私营工商业的社会主义改造，不能不实行高度集中的计划经济体制。苏联的援助涉及经济、科技、教育等多领域全方位，要使援助顺畅进行，需要双方在经济制度、体制和工作方法、程序上的紧密衔接。比如，苏联企业是国营的，在中苏贸易中，中方自然只能由国营企业与它们对接。再比如，苏联实行的是高度集中的计划经济体制，设备何时交货、何时安装、何时调试，都要按计划进行。如果中方没有计划，或者执行计划不严格，合作就会磕磕绊绊。

关于优先发展重工业战略决定了对农业、手工业、资本主义工商业的社会主义改造，在1953年毛泽东将过渡时期总路线的"一化三改"比喻为"一鸟两翼"[①]时，已经说得很清

---

① "一鸟"就是发展社会主义的工业，"两翼"就是对农业、手工业的改造和对私营工商业的改造。参见《建国以来重要文献选编》第5册，中央文献出版社2011年版，第1—2页。

楚了。由他审阅修改的中共中央宣传部关于党在过渡时期总路线的学习宣传提纲还指出："资本主义国家从发展轻工业开始，一般是花了五十年到一百年的时间才能实现工业化，而苏联采用了社会主义工业化的方针，从重工业建设开始，在十多年中（从一九二一年开始到一九三二年第一个五年计划完成）就实现了国家的工业化。……我国实现国家的社会主义工业化，正是依据苏联的经验从建立重工业开始。"[①]这充分说明，那时与今天相比，人们对于什么是社会主义和怎样建设社会主义的问题，认识上虽然有很大差距，但对于实行社会主义是为了要使生产关系和经济体制尽可能适应生产力的发展，实行计划经济体制是为了抓住机遇加快发展等道理，在头脑里还是十分清楚的。

二、计划经济体制的历史贡献

党的十四大报告在确定把建立社会主义市场经济体制作为经济体制改革目标的同时还指出："原有经济体制有它的历史由来，起过重要的积极作用。"[②]江泽民也曾说过："对计划经济体制曾经起过的历史作用，我们是充分肯定的。"[③]不过，对于"充分肯定的"、起过"重要的积极作用"的计划经济体制，那时并没有展开论述。但这对于新中国史研究来说，尤

①《建国以来重要文献选编》第 4 册，中央文献出版社 2011 年版，第 607—608 页。

②《十四大以来重要文献选编》（上），中央文献出版社 2011 年版，第 3 页。

③ 江泽民:《论社会主义市场经济》，中央文献出版社 2006 年版，第 203 页。

其适逢"一五"计划实施 70 周年之际，是完全应当而且十分有必要弄清楚、说明白的。

如果以 1952 年和 1992 年作为计划经济体制的起始和终止时间，那么，只要看看在这 40 年里我国经济取得了多么惊人的成就，就会十分清楚什么是它在历史上应当"充分肯定的""重要的积极作用"了。就拿 1952 年与 1992 年我国的几个经济指标的变化来说，国内生产总值由 679 亿元上升到 2.69 万亿元，人均年消费由 80 元提高到 1116 元，钢年产量由 135 万吨增加到 8094 万吨，石油年产量由 44.5 万吨增加到 1.42 亿吨，铁路营运里程由 2.29 万公里增加到 5.81 万公里。[①]这些成就都发生在计划经济体制实行的时期，无疑是计划经济体制在历史上起过的应当"充分肯定的""重要的积极作用"。然而，在我看来，计划经济体制的作用不只限于这些，更重要的还在于以下四个方面：

（一）形成了独立的完整的工业体系和国民经济体系

众所周知，我国是全球唯一拥有联合国产业分类目录中所有工业门类的国家，拥有 41 个大类、207 个中类、666 个小类工业品生产体系。[②]就是说，中国具有世界上唯一完整的产业布局。有的发达国家总嚷嚷要与中国"脱钩"，却总是"脱"不了，根本原因就在这里。然而，旧中国连一辆汽车、

[①]《新中国六十年统计资料汇编》，中国统计出版社 2010 版，第 9、14、43、50 页。

[②]《制造业正从中国制造向中国创造迈进》，《人民日报》2022 年 3 月 21 日。

一架飞机、一辆坦克、一辆拖拉机都不能生产，新中国怎么会在短短 70 多年里发生如此巨大变化的呢？事实说明，根源就在我国的"一五"计划及此后若干个五年计划和规划，一直都是以建立独立、完整的工业体系和国民经济体系为目标制定的，也都是按照这些计划和规划进行建设的。

毛泽东于 1951 年初提出"三年准备、十年计划经济建设"的思想。① 同时，党中央组成了周恩来、陈云、薄一波、李富春、聂荣臻、宋邵文在内的五年计划编制领导小组。② 那时，我国面对的实际情况，一是经济上一穷二白，二是抗美援朝战争还在进行，三是极度缺少工业化建设的人才和经验，应当先搞什么、后搞什么还不大明白。但有一条，从一开始就是清楚的，即工业项目的安排要从系统布局出发。这从前文提到的 1952 年 5 月中财委制定的"一五"计划轮廓草案中可以看出来，从苏联援建的 156 项重点工矿业基本建设项目（以下简称 156 项工程）中也可以看出来。

"一五"计划轮廓草案是实施优先发展重工业战略的蓝图，共有 25 本分册，其中包括钢铁、有色金属、机器、汽车、船舶、电器、化学、建材、电力、煤矿、石油、纺织、轻工业、矿产地质勘探、铁路、交通、邮电等。③ 不难看出，这些方面几乎囊括了作为一个完整工业体系应当拥有的所有大类。

156 项工程是"一五"计划骨干项目中的骨干，这些项

① 《建国以来重要文献选编》第 2 册，中央文献出版社 2011 年版，第 36 页。
② 《陈云年谱（修订本）》中卷，中央文献出版社 2015 年版，第 122 页。
③ 参见《陈云文集》第 2 卷，中央文献出版社 2005 年版，第 419—420 页。

目有我们提出的，也有苏方提出的，在"一五"时期施工的有 150 项："军事工业企业 44 个，其中航空工业 12 个、电子工业 10 个、兵器工业 16 个、航天工业 2 个、船舶工业 4 个；冶金工业企业 20 个，其中钢铁工业 7 个、有色金属工业 13 个；化学工业企业 7 个；机械加工企业 24 个；能源工业企业 52 个，其中煤炭工业和电力工业各 25 个、石油工业 2 个；轻工业和医药工业 3 个。"[1] "一五"计划后期又增加了核工业。[2] 不难看出，这些项目也都是完整的基础工业和国防工业体系不可或缺的骨架。

苏联对我国"一五"计划建设的援助，总体上说是真诚的、尽力的，但对建设独立、完整的工业体系并不十分赞同。历史表明，这个目标的制定以及朝着这个目标的推进，主要是我们党一直主导和坚持的。

早在编制"一五"计划时，党中央就明确提出，实现社会主义工业化的标志，"要有独立的工业体系和农业相应的协调发展"[3]。在 1956 年 10 月的国务院常务会议上，陈云和周恩来曾就我国为什么要建立独立的完整的工业体系的问题作过以下一段对话。陈云说："苏联帮助我们是不是有留一手的问题，我看在某些方面是有的。这点我们早就感觉到了，苏

---

① 薄一波：《若干重大决策与事件的回顾》（上），中共党史出版社 2008 年版，第 209 页。

②《中华人民共和国简史》，人民出版社、当代中国出版社 2021 年版，第 53 页。

③ 李富春：《关于社会主义工业化问题的报告》（1954 年），引自《中华人民共和国国民经济和社会发展计划大事辑要（1949—1985）》，红旗出版社 1987 年版，第 54 页。

联说我们原料工业搞少了，机械工业搞多了。苏联就是先搞机械工业的，我们也要集中力量先搞机械工业。苏联不答应给，我们就自己搞。'如果我们不全办起来，一旦有战争怎么办呢？'周恩来说：'如果苏联有困难或者在某些方面留一手，那就是要靠我们自己想办法，主要靠自力更生，也要争取外援。苏联基本上是帮助我们的。但是，苏联不了解中国这样一个大国不搞一套完整的工业体系是不成的。'"①

1956 年 11 月，周恩来在党的八届二中全会报告中阐述国家建设的方针时进一步提出："为了把我国由落后的农业国变为先进的社会主义工业国，我们必须在三个五年计划或者再多一点的时间内，建成一个基本上完整的工业体系。""我们这样的大国，就必须建立自己的完整的工业体系，不然一旦风吹草动，没有任何一个国家能够支援我们完全解决问题。"②

其实，毛泽东在新中国建立前夕召开的党的七届二中全会说到今后经济恢复和发展时就指出：我国"还没有解决建立独立的完整的工业体系问题，只有待经济上获得了广大的发展，由落后的农业国变成了先进的工业国，才算最后地解决了这个问题"③。这说明，在他头脑里，中国工业化建设要以建立独立的完整的工业体系为目标，在新中国成立前就已经十分明确了。1959 年在读苏联《政治经济学教科书》时，他又针对党的八大上的一个提法指出："我们八大第一次会议曾

①《陈云传》（三），中央文献出版社 2015 年版，第 1051 页。
②《周恩来选集》（下），人民出版社 1984 年版，第 232 页。
③《毛泽东选集》第 4 卷，人民出版社 1991 年版，第 1433 页。

说，要在第二个五年计划建立社会主义工业化的巩固基础，又说要在十五年或者更多的时间内建成完整的工业体系，这两个说法有点矛盾。没有完整的工业体系，怎么能说有了社会主义工业化的巩固基础？"① 可见，工业化要建立在完整工业体系上，这一观念对他来说不仅是明确的，而且是根深蒂固的。

20 世纪 60 年代，我们党将工业化的提法进一步变为现代化，在工业体系的提法后面增加了国民经济体系。周恩来在 1963 年 8 月参加《关于工业发展问题》起草委员会会议时说："工业国的提法不完全，提建立独立的国民经济体系比只提建立独立的工业体系更完整。"② 随后，他在 1964 年底召开的三届全国人大一次会议上又提出了四个现代化的目标："从第三个五年计划开始，我国的国民经济发展，可以按两步来考虑：第一步，建立一个独立的比较完整的工业体系和国民经济体系；第二步，全面实现农业、工业、国防和科学技术的现代化，使我国经济走在世界的前列。"③ 对于这"两步走"的计划，周恩来在 1975 年四届全国人大一次会议上的《政府工作报告》中给予了重申，即在 1980 年以前，建成一个独立的比较完整的工业体系和国民经济体系；在 20 世纪内，全面实现四个现代化。④

———————

① 《中国共产党历史》第 2 卷（下），中共党史出版社 2011 年版，第 675 页。

② 《周恩来年谱（1949—1976）》中卷，中央文献出版社 1997 年版，第 575 页。

③ 《周恩来选集》（下），人民出版社 1984 年版，第 439 页。

④ 《中国共产党历史》第 2 卷（下），中共党史出版社 2011 年版，第 912 页。

粉碎"四人帮"后，我们打开了国门，有人看到外面的世界后，简单地把我国与当时受到吹捧的所谓亚洲"四小龙"加以比较，认为中国不如它们。针对这种舆论，陈云在1978年党的十一届三中全会前的中央工作会议上指出："它们是美国有意扶植的，而且主要是搞加工工业，我们是要建设现代化的工业体系。"①

以上说明，正是由于我国的经济计划从一开始就是瞄准建立独立、完整的工业体系，加上我们有广大人民群众勤劳节俭、艰苦奋斗的优良传统，有超大规模的市场需求，所以，新中国经过70多年，特别是改革开放40多年的建设，最终不仅成为世界上第一制造业大国，而且是世界上工业门类最齐全的国家。如果新中国的工业化建设不是一开始就以建立独立、完整的工业体系作为经济建设的蓝图，这一切成就是完全不可想象的。仅从这一点，就足以看出我国的计划经济在历史上起了多么重要的积极作用。

（二）建成了一大批支撑我国工业基础的骨干企业

旧中国的工业，不仅在社会总产值中的比重低，而且设备老旧、产品简单，除了一些原料工业和轻工业外，主要是机械修理业。新中国时至今日，不仅拥有世界最先进的原料、能源、交通运输行业，而且是世界公认的第一制造业大国。究其原因，除了有独立、完整的工业体系和国民经济体系外，

---

① 《陈云文选》第3卷，人民出版社1995年版，第237页。

主要就是计划经济年代建成了一大批在各个工业部门起骨干作用的企业。它们不仅在本部门中具有举足轻重的地位，而且就像老母鸡孵小鸡一样，孵化出一茬又一茬的新企业。现在在国民经济中大显身手的那些大中型企业，追根溯源，大多都能从计划经济年代新建、改建、扩建的骨干企业中，找到自己最初的身影。

目前 98 家央企的核心部分，绝大多数都是计划经济年代建成的。[①] 例如，中国航空工业集团有限公司最早可以追溯到1951 年成立的中央人民政府重工业部航空工业局，其下属成都飞机工业（集团），最初也是 1958 年从 156 项工程中的江西洪都机械厂分出来的，一开始生产教练机，后来生产歼-5、歼-7、猛龙和枭龙机型，现在生产歼-20 机型。1960 年开始的大庆油田会战，许多骨干来自"一五"时期扩建的玉门油田，铁人王进喜就是其中的一员。而此后建设的大港油田、胜利油田、中原油田，骨干又有很多是从大庆油田来的。20世纪 60—70 年代的"三线"建设，绝大部分工厂也都是从"一五""二五"时期建设的大厂中分出的，许多甚至是整体搬迁。例如，始建于 1965 年的攀枝花钢铁厂，不仅很多设备是从鞍钢、上钢运去的，而且管理干部、技术人员和工人骨干也是从那些老厂抽调的。可见，计划经济体制时期建成的一大批工业企业，后来多陆续发展成为支撑我国工业基础的

---

① 参见《央企名录》，国务院国有资产监督管理委员会网，2023 年 6 月 27日，http://www.sasac.gov.cn/n2588045/n27271785/n27271792/c14159097/content.html。

骨干企业，为我国的工业化建设作出了突出贡献。

（三）奠定了社会主义现代化建设的技术基础

工业社会和农业社会相比，最大的不同是涉及的知识更广泛，技术更复杂，门类更多。新中国成立初期的一穷二白，不仅表现在资金和物资方面，更表现在人才和技术方面。陈云当时就说过："必须看到，建设一个工厂，修筑一条铁路，并不像开一个手工作坊、买一匹毛驴那样容易。这是巨大复杂的工作，没有必要的技术力量，就算有了资金，也不能建成工厂和铁路。"[1]然而，"一五"计划建设起步时，恰恰就缺技术力量。

1949年，中国5.4亿人口中80%是文盲，儿童入学率仅为20%；在1912—1948年的36年里，高等学校毕业生只有18.5万人，其中工科毕业生只有3万人。新中国成立时，全国科技人员不到5万人，高级科研人员不足1000人；在各地质工作岗位上的地质人员只有200多人。[2]

面对这种情况，我们党运用指令性计划和行政命令的办法，采取了相应对策。例如，抽调有文化的干部到工业战线；兴办和扩大高等院校，特别是工程技术学校；对高等院校进行院系调整，把分散在各大学的理工科的系和专业抽出来，成立独立的理工科学院；把一些工科学校改为干部学校，

---

[1]《陈云文集》第2卷，中央文献出版社2005年版，第603—604页。
[2]《当代中国的地质事业》，当代中国出版社、香港祖国出版社2009年版，第18页。

如将西安石油学校改为速成性质的石油干部学校，并将学生规模由 300 人扩大到 1200 人[①]；让理工科专业的大学生提前毕业；向苏联等民主国家派遣大批留学生；并有针对性地举办各种培训班、训练班。通过这些措施，基本缓解了工业化建设与人才缺乏之间的尖锐矛盾。陈云在 1980 年谈到四个现代化如何实现时曾明确提出，现代化要从现有技术力量的实际出发，"现有技术人员是我们知识力量的基础。我们有大专学校毕业生和自学的技术人员共几百万人，他们经过了一二十年的实际工作的锻炼。""必须肯定，七十年代、八十年代的技术水平，应该来之于这些五十年代、六十年代水平的技术骨干。"[②] 现在，我国拥有了世界上最大规模的科技人才队伍[③]，这个基础也是计划经济体制时期打下的。

（四）积累了我们党领导经济工作的丰富经验

新中国的经济建设从始至终都是由我们党领导的，并在计划经济时期积累了十分丰富的领导经验，其中许多经验在社会主义市场经济的条件下同样适用。因为，这些经验并不仅限于解决计划经济的问题，更多还是体现在对我国基本国情的深刻把握，对社会主义现代化建设的全面理解，对宏观经济运行规律的科学认识上。相对于这些更带根本性的东西，实行计划经济还是市场经济，只不过是我们党在领导经济工

①《陈云文集》第 2 卷，中央文献出版社 2005 年版，第 371 页。
②《陈云文选》第 3 卷，人民出版社 1995 年版，第 281 页。
③《科技自立自强筑牢国家强盛之基》，《人民日报》2022 年 10 月 10 日。

作的过程中，面对不同发展阶段、客观条件、具体任务而采取的不同手段和方法罢了。只要我国的基本国情没有变，只要我们进行的是社会主义现代化建设，只要经济运行中还存在宏观与微观、政府与市场、中央与地方、城市与农村、积累与消费、中国与外国等关系，我们党在计划经济时期形成的那些反映我国基本国情和客观经济规律的经验，在社会主义市场经济条件下就不会过时。比如，毛泽东的《论十大关系》《关于正确处理人民内部矛盾的问题》中，关于正确处理重工业和轻工业、农业的关系，沿海工业和内地工业的关系，国家、生产单位和生产者个人的关系，中国和外国的关系，工商业者问题，知识分子问题，少数民族问题，统筹兼顾、适当安排，中国工业化道路等问题的论述，[①] 就是我们党在计划经济时期领导经济工作中形成的经验。这些经验对于我们党领导社会主义市场经济条件下的经济建设，同样具有重要的指导意义。

进入新时代，以习近平同志为核心的党中央结合新形势、新情况、新问题，提出了一系列有关发展与改革的新理念、新思想、新战略。比如，在发展的指导思想上，强调人民至上，以人民为中心，增进民生福祉是发展的根本目的，使发展成果更多更公平惠及全体人民，提出创新、协调、绿色、开放、共享的新发展理念，把保障和改善民生建立在经济发展和财力可持续的基础之上。在经济工作方针上，确定

---

① 《毛泽东文集》第 7 卷，人民出版社 1999 年版，第 23—49、204—244 页。

稳中求进的工作总基调，强调不以速度快慢、产值多少论英雄，要以推动高质量发展为主题。在粮食问题上，强调加快建设农业强国，守住18亿亩耕地红线，全方位夯实粮食安全根基，确保中国人的饭碗牢牢端在自己手中。在生态建设上，提出和坚持节约资源、保护环境的基本国策。在体制改革上，强调把握正确的政治方向，提出改革的目的是推进我国社会主义制度的自我完善和发展，该改的、能改的坚决改，不该改的、不能改的坚决不改；主张采取试点探索、投石问路的方法，把摸着石头过河和加强顶层设计相统一，感觉稳当了再推动。在对外开放上，要求实行更加积极主动的开放战略，坚持"引进来"和"走出去"并重，推进高水平制度型开放和"一带一路"高质量发展，实施自由贸易试验区提升战略。所有这些新理念、新思想和新战略，都是在结合新情况，总结我们党领导经济工作，包括领导计划经济工作时的经验基础上提出的，是与我们党和国家第一代领导集体的经济思想、工作方法一脉相承、高度契合的。

常识告诉我们，在建高楼时，打地基的辛苦和成绩往往不容易让人看出来，但楼房盖得快、盖得高、盖得好，可以反证地基打得牢、打得好。改革开放前，我国经济建设从总体上处在打基础的阶段，城乡变化和人民生活水平提高不如改革开放后那么明显，是很自然的。但改革开放后的建设速度与日俱增，经济面貌日新月异，可以反证计划经济年代打下的工业化基础，是坚实的、雄厚的。改革开放是决定当代中国命运的关键抉择，但改革开放并不是在旧中国那个满目疮痍的基础上起步的，而是像习近平总书记所指出的那样，是在新中国改革开放前，已经"完成了中华民族有史以来最为广泛而深刻的社会变革，为当代中国一切发展进步奠定了根本政治前提和制度基础，为中国发展富强、中国人民生活富裕奠定了坚实基础，实现了中华民族由不断衰落到根本扭转命运、持续走向繁荣富强的伟大飞跃"①的基础上起步的。在这个过程中，计划经济体制作出了不可磨灭的历史性贡献，也为社会主义市场经济体制的建立和发展做好了充分的物质准备。

三、对计划经济体制问题的几点思考

（一）新中国初期为什么要选择计划经济体制

每个时代的人对历史问题的思考，都应当从当下所处时代的认识水平出发；同时，又不能用当下的认识去代替历史发生时的客观实际，而应当把问题放到一定的历史条件下。处在党的十四大特别是党的十八大之后的今天，我们回顾和评价计划经济体制，无疑应当站在社会主义市场经济和新时代中国特色社会主义的认识高度，运用"计划和市场都是经济手段"②，"使市场在资源配置中起决定性作用和更好发挥政府作用"③结合起来的新观点，进行观察和分析，而不能停留在计划经济时期的认识水平上，不能再抱着计划经济是社会

---

① 习近平：《在庆祝中国共产党成立 95 周年大会上的讲话》，人民出版社 2016 年版，第 3 页。

②《十三大以来重要文献选编》（下），中央文献出版社 2011 年版，第 539 页。

③《中国共产党第十八届中央委员会第三次全体会议文件汇编》，人民出版社 2013 年版，第 21 页。

主义本质特征的旧观念。但是，我们也不能脱离当时的历史背景，把计划经济说得一无是处，指责当年选择计划经济体制是从书本和理论出发，是盲目照搬别国模式，是一种失误，阻碍了经济发展和人民生活水平的提高。

关于计划经济体制的由来，前面已经说过了。这里着重回答选择计划经济体制是否从书本出发，是否照搬别国模式的问题；应当如何看待当初人民生活水平提高不快的问题。

把计划经济体制转变为社会主义市场经济体制，是社会主义建设实践上的一个重大突破，也是对马克思主义经济理论的一个重大创新。它极大解放和发展了中国社会生产力，大幅度提升了综合国力，加快了人民生活总体由温饱到小康的历史性跨越。任何留恋计划经济体制的想法，既缺乏理论根据，也缺乏事实根据；任何试图恢复高度集中的计划经济体制的做法，既不利于跟上时代脚步，又违背绝大多数人民的意志。但是，这绝不意味着当初选择计划经济体制就错了，几十年来对计划经济的建设和探索是毫无意义的。

历史已经雄辩地说明，当年如果不选择以国家需要作为资源配置依据的计划经济体制，而是选择以市场需要作为资源配置依据的市场经济体制，我们绝不可能把有限的人力、物力、财力集中起来，用于大规模工业化建设；绝不可能在那么短的时间里，就建立起工业化的基础。如果说，当年选择和实行计划经济体制只是从理论出发而不是从实际出发，只有束缚经济活力的弊病而没有促进生产力的积极作用，只有凭主观意志办事的失败教训而没有按客观经济规律办事的成功经验，那么，计划经济时代取得的那些辉煌成就，就是不可想象、无法作出合理解释的。

按比例分配社会劳动时间于不同生产部门，是人类社会的客观规律。资本主义社会是以价值规律的自发力量和经济危机的强制调节，被动地事后做到按比例。只有在"以集体为基础的社会"①，才能通过对经济规律的认识，自觉地有计划地事先做到按比例。这个伟大思想，是马克思首先提出的。无论苏联还是中国，在革命胜利后都把自己实行计划经济，说成是来自这一思想。今天人们已经知道，马克思当年所讲的"以集体为基础的社会"，指的是在生产社会化程度很高的资本主义废墟上建立的高级阶段的社会主义社会；他讲的"劳动时间在不同的生产部门之间有计划的分配"②，是对未来社会的一种合乎逻辑的科学预见。然而，刚取得革命胜利的苏联和中国，要么处于工业不发达的社会，要么基本处于农业社会，都不具备马克思所说的可以自觉地按比例发展国民经济的社会经济条件。那为什么苏联和中国还要选择计划经济体制呢？只要结合当时的历史背景，就不难看出无论苏联还是中国，这样做的根本原因并非单纯地机械地遵循马克思的思想，而是出于实际的需要。

苏联和中国在革命胜利后，都面临自身经济落后的局面和帝国主义的军事威胁，所以，都需要尽快发展资金、技术、

---

① 马克思：《政治经济学批判大纲（草稿）》第 1 分册，人民出版社 1975 年版，第 112 页。

②《马克思恩格斯全集》第 30 卷，人民出版社 1995 年版，第 123 页。

人才密集型的重工业，在较短时间内实现国家工业化，为增强国防实力、巩固新生政权，进而提高人民生活水平，奠定物质基础。然而，当时的苏联尤其是中国，面对资金、技术、人才的匮乏和帝国主义的经济封锁，如果采取市场经济的办法，不要说优先发展重工业、快速实现工业化，就连正常的经济秩序都难以维持。最有效的办法，只能是通过国家统一的、高度集中的计划手段来配置资源，解决供给不足条件下的积累与消费的矛盾。而中国共产党实行的民主集中制的组织原则，在解放区原有的公营经济成分以及革命胜利后没收官僚资本、接收帝国主义在华企业的基础上建立起了国有经济，使社会主义国家具有了使用计划经济手段、集中力量办大事的能力。而且，那时的经济结构都比较简单，经济规模也不大。在这种情况下，两国领导人从马克思关于未来社会将有计划按比例发展经济的设想中受到启发[1]，找寻实行计划经济的依据，是很自然的事。

对于新中国来说，当初选择计划经济体制，除了自身发展战略的需要和马克思主义理论的启发之外，还有一个重要原因，就是苏联实行计划经济产生的榜样作用。中国经济原先就比苏联落后，革命胜利又比苏联晚了32年，因此，苏联只用两个五年计划的建设，就使自己从一个落后的工业国一跃成为欧洲的工业强国，并最终战胜了不可一世的法西斯德国，对中国产生了巨大的示范效应。加上苏联答应全面援助

---

[1]《马克思恩格斯全集》第45卷，人民出版社2003年版，第655页。

我国以重工业为重点的"一五"计划建设，更使中国学习苏联的计划经济成为一个顺理成章的选择。

可见，新中国选择计划经济体制，既不是从书本、理论出发，也不是盲目照搬苏联模式，而主要是出于自己的客观需要。同时应当看到，尽管新中国最初一段时间由于缺乏工业化建设的经验，有意识地照抄照搬了苏联的一些建设和管理经验，但仍然是注意结合自己实际情况的，有些方面还有所创造，特别是到"一五"计划建设后期，更加强调要注重自己的经验了。

至于说在计划经济年代，人民生活水平提高不快的问题，同样要放到当时的历史条件下来看。旧中国的农业生产力本来就落后，农产品的商品率很低。新中国要进行大规模工业化建设，不仅需要从农村大量招收工人进城，从而增加农产品向城市供应，还需要用农产品，包括粮食、油料、肉类、蛋类、水果等出口换汇，进口机器设备。所有这些，都会相应限制市民和农民的消费。关于如何看待这个问题，陈云在1954年讲过的一段话说得很清楚："减少消费，当然是一件不舒服的事情，但是我们必须在两者中间选择一个：或者是暂时减少可以减少的消费，以便完成国家工业化，由此来建立我国能够进一步地发展农业和轻工业的基础，使我们有可能在将来迅速地增加各种消费品的产量；或者是尽其所有在国内消费掉，因而不能建设工业，使我国经济长期处于落后状态。全国人民自然应该选择前者，不应该选择后者。"①

（二）20 世纪 90 年代初为什么要把计划经济体制改为社会主义市场经济体制

中国实行统一的高度集中的计划经济体制，既取得了巨大成功，也存在这样或那样一些问题。例如，在一段时间里，中国经济发生过多次大起大落，存在投入多、产出少和市场供应紧张、商品品种单一等现象；尤其"大跃进"运动后，计划更是越统越多、越统越死，指令性计划管理不断加强，间接计划、指导性计划逐渐消失，计划多变、相互脱节的情况频频出现。如果把这些问题放到当时的历史条件下，并用今天的眼光总结，可以看到，问题主要出在单一公有制和高度集中的计划经济体制。计划经济体制虽然有利于有把有限资源集中使用到最需要的地方，避免浪费，但在信息传递不畅、统计手段落后、监督成本过高的情况下，也不可避免地会带来计划不准、活力不强、某些方面效率不高的弊病。

计划是人在行动之前对未来活动制定的目标、设计的蓝图，是一种观念性的东西。用毛泽东的话说，就叫作"计划是意识形态。意识是实际的反映，又对实际起反作用"②。既然如此，人们制定的计划就有两种可能：一种是从客观实际出发，尊重客观规律，符合客观实际；一种是从主观愿望出发，忽视客观规律，违背客观实际。只要分析一下我国计划经济

①《陈云文选》第 2 卷，人民出版社 1995 年版，第 257 页。
②《毛泽东文集》第 8 卷，人民出版社 1999 年版，第 119 页。

年代中发生的种种弊端，就会看到其中的问题大多出在制定计划时，只从主观愿望出发而忽略客观经济规律。

20 世纪 90 年代初，党中央之所以决定将经济体制由计划经济变为社会主义市场经济，计划体制本身具有的先天不足肯定是原因之一。但基本的原因还不在这里，而在于经过连续六个五年计划的建设和十多年的改革开放，国内国际的实际情况都发生了深刻变化，计划经济体制已经不再能适应经济体量不断增加，市场范围不断扩大，多种经济并存局面不断发展，对外开放大门越开越大的经济形势了。

首先，大规模工业化基础建设的任务已经完成，独立、完整的工业体系和国民经济体系已经建立。例如，在经济规模上，1992 年中国国内生产总值已达到 4269.16 亿美元，位居世界第 10 位；外贸进出口总额达到 1656 亿美元，位居世界第 11 位。在产业种类上，计划经济时期主要是农牧渔业、制造业、能源业、交通运输业、建筑业等传统产业，而 20 世纪 90 年代，除了传统产业外，又出现了信息产业、房地产业、证券业、旅游业、物流业、租赁业，以及法律、信用、家政等各种社会服务业。在企业数量上，"一五"计划时期进行基本建设的工矿企业只有 1 万多家[1]，而到 1991 年底，仅集体所有制企业就有近 160 万家[2]。

其次，在高度集中的计划经济时期，生产资料和大部分生活资料的价格都是计划规定的，但经过党的十一届三中全

---

[1]《中共党史参考资料》(八)，人民出版社 1980 年版，第 713 页。

[2]《中国统计年鉴（1992）》，中国统计出版社 1992 年版，第 403 页。

会以来十多年的改革开放，90% 以上的商品零售价格和 80% 以上的生产资料销售价格均已放开，计划直接管理的领域显著缩小，市场对经济活动调节的作用大大增强。"三大改造"后，经济成分基本只有国有和集体两种所有制，个体经济微乎其微。改革开放后，除了有国有、集体经济，还出现了大量的个体经济，以及私营经济、股份制经济、中外合资经济、外国独资经济、港澳台投资经济、其他内资经济等。在这种情况下，人们的就业方式、利益关系、分配方式呈现日益多样化的局面，人们的思想和社会活动的独立性、选择性、多变性随之越来越强。如果再像过去那样通过指令性计划领导经济工作，的确越来越难以适应了。1984 年，当时的国务院领导曾就计划经济体制的提法问题致信陈云，征求意见。信中提出："计划经济不等于指令性计划为主。指令性计划和指导性计划都是计划经济的具体形式。在当前和今后相当长的时期内，我们的方针应该是逐步缩小指令性计划，扩大指导性计划。"陈云在回信中表示，关于计划体制的这一提法"合乎我国目前的实际情况"。[①]

最后，自从 20 世纪 70 年代初中美关系打开后，我国对外经济的主要对象已不再是实行计划经济的社会主义国家，而是实行市场经济的西方资本主义国家了。如果继续实行计划经济，显然不利于对外贸易和吸引外资。尤其从 1986 年起，我国为取得国际贸易的平等地位，开始恢复关税及贸易

---

①《陈云年谱（修订本）》下卷，中央文献出版社 2015 年版，第 411 页。

总协定（后称世界贸易组织）缔约国的谈判。世界贸易组织规定，凡要加入的国家必须遵守市场经济的规则。这无疑也是促使党中央决定把建立社会主义市场经济体制作为经济体制改革目标，使市场在宏观调控下对资源配置起基础性作用的一个重要原因。

（三）在市场经济前面为什么要加上"社会主义"这个定语

党的十四大后，有人提出，市场经济就是市场经济，没有必要加"社会主义"四个字。直到现在，有些人仍然坚持这种观点。然而，党中央却始终强调市场经济前面的"社会主义"这几个字是不能没有的。前文引用的习近平总书记的论述中也说"什么时候都不能忘了'社会主义'这个定语"。其原因，我理解主要有以下三点。

第一，为了体现社会主义市场经济不同于资本主义市场经济的性质。

党的十四大召开前，江泽民曾指出："建立社会主义市场经济体制，是要改革过去那种计划经济模式，但不是不要计划，就是西方市场经济国家也都很重视计划的作用。我们是社会主义国家，更有必要和可能正确运用必要的计划手段。"① 可见，从决定建立社会主义市场经济体制的那天起，我们党就没有把计划调节排斥在社会主义市场经济体制之外，相反，把它看成是社会主义市场经济体制的题中应有之义。

---

① 江泽民：《论社会主义市场经济》，中央文献出版社 2006 年版，第 31 页。

党的十八届三中全会将党的十四大提出的市场在资源配置中"起基础性作用",进一步改为"起决定性作用"。这是对市场作用的全新定位,是对中国特色社会主义建设规律认识的又一个新的突破。但习近平总书记同时指出:"我国经济发展获得巨大成功的一个关键因素,就是我们既发挥了市场经济的长处,又发挥了社会主义制度的优越性。"[①] 他还说:构建高水平社会主义市场经济体制,要"充分发挥市场在资源配置中的决定性作用,更好发挥政府作用"[②]。"'看不见的手'和'看得见的手'都要用好,努力形成市场作用和政府作用有机统一、相互补充、相互协调、相互促进的格局,推动经济社会持续健康发展。"[③] 这里说的"看得见的手"和政府作用,不仅包括行政手段、指令性计划,也包含制定年度计划、五年规划,利用指导性计划引导经济社会发展的作用。

社会主义市场经济相较资本主义市场经济,之所以更有必要和可能正确地运用计划手段,根本原因就在于社会主义市场经济是与社会主义基本制度联系在一起的。尽管资本主义国家也有计划调节、国家干预,但所有这些与社会主义国家相比,无论在目的、范围、形式、手段上,还是在实施的有效性上,都有着根本性的不同。邓小平说过:"社会主义有

---

① 习近平:《论把握新发展阶段、贯彻新发展理念、构建新发展格局》,中央文献出版社 2021 年版,第 64 页。

②《中国共产党第十九届中央委员会第四次全体会议文件汇编》,人民出版社 2019 年版,第 10 页。

③《习近平关于社会主义经济建设论述摘编》,中央文献出版社 2017 年版,第 58 页。

两个非常重要的方面，一是以公有制为主体，二是不搞两极分化。"他还说过："社会主义同资本主义比较，它的优越性就在于能做到全国一盘棋，集中力量，保证重点。"① 而要保证公有制为主体，走共同富裕道路，做到全国一盘棋、集中力量、保证重点，就离不开计划调节、宏观调控和国家干预。这是社会主义市场经济中的政府运用计划手段的目的，也是它实施的范围和形式。在这些方面，资本主义国家的政府计划是不会做，也做不到的。

第二，为了发挥社会主义特有的制度优势。

在党的十四大召开前，江泽民在解释为什么从"计划与市场相结合的社会主义商品经济""社会主义有计划的市场经济""社会主义市场经济"这三种提法中，选择后者作为经济体制改革目标时明确说过："有计划的商品经济，也就是有计划的市场经济。社会主义经济从一开始就是有计划的，这在人们的脑子里和认识上一直是清楚的，不会因为提法中不出现'有计划'三个字，就发生是不是取消了计划性的疑问。"② 现在，原国家计划委员会把名称改为了"发展与改革委员会"，去掉了"计划"二字，但它的主要任务，仍然是为党和国家编制国民经济和社会发展的年度计划、五年规划以及远景目标；仍然要对重大建设项目进行行政审批，对一些关系国计民生的事项下达指令性指标。而且，这些计划、规划、远景目标，仍然要由党中央首先提出思路，在有关部门编制

①《邓小平文选》第3卷，人民出版社1993年版，第138、16—17页。
② 江泽民：《论社会主义市场经济》，中央文献出版社2006年版，第6页。

出来后，还要经党中央研究确定，最后才提交全国人大审议和通过。

习近平总书记曾反复强调，经济建设是党的中心工作[①]，党的领导要在经济工作中得到体现。党中央定期研究分析经济形势，制定国家发展的战略目标和重大方针，确定国民经济和社会发展的五年规划和年度计划，就是党对经济工作领导的体现，也是党领导经济工作的抓手。2023 年 7 月初，习近平总书记考察江苏时再次强调：要"全面把握中国式现代化的科学内涵和本质要求，立足实际，发挥自身优势和特色，稳步前进，把中国式现代化的美好图景一步步变为现实"[②]。回顾新中国历史，我们党在 70 多年里提出的那些战略目标，如两步走、三步走、新三步走、新两步走等，之所以最后都能变成现实，使我们国家一步步由穷变富、由弱变强，一个直接的、重要的原因就在于，我们党总是围绕既定的战略目标制定计划、规划，而且一旦通过，每届政府总能相互衔接、严格执行，锲而不舍地带领人民为实现它们而奋斗，至今已连续实施了 14 个五年计划和规划。世界上绝大多数发展中国家都实行市场经济，但唯独我国发展最快，一个重要原因就在于，我们的市场经济是由党和政府领导的，是和社会主义基本制度联系在一起的，是不排斥计划指导和宏观调控的。我国经济的这一巨大优势，既令许多发展中国家羡慕不已，

---

①《习近平关于全面深化改革论述摘编》，中央文献出版社 2014 年版，第 86 页。

②《"把中国式现代化的美好图景一步步变为现实"》，《人民日报》2023 年 7 月 9 日。

又让它们望洋兴叹、望尘莫及。

市场经济存在的自发性、盲目性、滞后性的消极一面，是自身难以克服的。例如，市场调节不能自动实现宏观经济总量的稳定性和平衡，难以对相当一部分公共设施和消费进行调节；在一些垄断性行业和规模经济显著的行业，市场调节达不到理想效果；在资源配置上，市场也有一些力所不及的环节，而且容易造成资本的无序扩张和野蛮生长，导致贫富悬殊、两极分化。市场经济的这些弱点和局限性，只能由社会主义的政府通过发挥计划调节的优势，对市场活动给予宏观指导和调控，才能加以弥补和克服。

总之，计划经济与经济计划虽然有联系，但并不是一回事。我们今天虽然在经济运行上终止了计划经济体制，但并没有放弃使用经济计划这个方法。在我们国家，计划也好，规划也好（规划本质上是指导性计划），市场配置资源也好，都是为了达到经济稳定快速发展、人民生活水平不断提高这个最终目的的手段。只要有利于经济稳定快速发展、有利于人民生活水平不断提高，什么手段顶用，就用什么手段。对此，我们不应当含糊和隐晦，而应当旗帜鲜明、理直气壮地加以宣传。

第三，为了适应我国社会主义初级阶段的基本国情。

当前，我国经济总量已跃居世界第2位，社会主要矛盾也转化为人民日益增长的美好生活需要和不平衡不充分的发展之间的矛盾，但我国仍处于并将长期处于社会主义初级阶段的基本国情并没有变，我国是世界上最大的发展中国家的国际地位也没有变。2022 年，我国国内生产总值达到近 18 万亿美元[①]，但人均值还不高，发展不平衡、不充分问题仍然突出，科技创新能力还不强，城乡区域发展和收入分配差距仍然较大，群众在就业、教育、医疗、托育、养老、住房等方面还面临不少难题。尤其近些年来，逆全球化思潮抬头，单边主义和保护主义明显上升，世界经济复苏乏力，世界进入新的动荡变革期，来自外部的打压遏制随时可能升级，使我国进入战略机遇和风险挑战并存、不确定难预料因素增多的时期。

总之，我国同发达国家既不在一条起跑线上，也没有达到并驾齐驱的程度。处于这样的国情和发展阶段，我国在推进中国式现代化的建设中，更需要加强党对经济工作的领导，做到既能搞活经济，又能集中力量办大事；更需要把市场经济与社会主义基本制度紧密联系在一起，抑制市场的自发性和资本的无序扩张、野蛮生长；更需要运用计划调节的手段解决发展中遇到的重大问题，促进全体人民共同富裕，防止两极分化，维护国家的总体安全，确保实现党的第二个百年奋斗目标和中华民族的伟大复兴。

自从习近平总书记明确提出要正确看待改革开放前后两个历史时期的关系，既不能用后者否定前者、也不能用前者否定后者之后，公开否定改革开放前历史的声音，已经不大听得到了。但是，一碰到具体问题，这种观点仍然会显露出来。如何看待计划经济体制的形成和计划经济时期的成就，

---

①《关于 2022 年国民经济和社会发展计划执行情况与 2023 年国民经济和社会发展计划草案的报告》，《人民日报》2023 年 3 月 16 日。

就是其中一个具体问题。

毋庸讳言，无论当年苏联还是中国，由于夸大主观能动性作用，在实行计划经济的过程中都犯过主观主义、计划脱离实际的错误。但计划经济在历史上犯过主观主义、脱离实际的错误，不等于经济计划就必然会出主观主义，必然会脱离实际。事实上，无论苏联还是中国，在实行计划经济的过程中，对于如何使经济计划最大限度地符合客观经济规律和实际情况，都进行过不懈艰辛探索，也取得过不少成功经验。如果不承认这一点，甚至否认它，就无法做到正确看待改革开放前后两个历史时期的关系，无法树立社会主义的制度自信和新中国的历史自信，也无法从历史中总结经验、汲取智慧。

总之，肯定计划经济的历史作用，不等于要回到计划经济体制；取消计划经济体制，也不等于要否定经济计划的积极作用。习近平总书记曾明确指出："一切向前走，都不能忘记走过的路，走得再远、走到再光辉的未来，也不能忘记走过的过去，不能忘记为什么出发。"①我们纪念"一五"计划实施 70 周年，研讨计划经济的历史作用，目的正是不割断历史，铭记那个年代党和人民的奋斗实践和伟大成就，批判历史虚无主义思潮对新中国历史的诋毁，总结历史的经验与教训，更好地发挥政府在社会主义市场经济中的作用，为中国特色社会主义建设行稳致远、党的第二个百年奋斗目标胜利实现，提供精神激励和智力支持。

---

① 习近平：《在党史学习教育动员大会上的讲话》，《求是》2021 年第 7 期。

党的十一届三中全会与中国当代史上的伟大转折[*]

党的十一届三中全会（以下简称三中全会或全会）揭开了改革开放的序幕，开辟了中国特色社会主义道路，实现了新中国成立以来党的历史也是当代中国历史上具有深远意义的伟大转折。对此，人们早已了解，并形成广泛共识。但是，这一转折是怎么实现的，是偶然的还是必然的，性质是什么？在这些问题上，认识就不那么统一了。因此，分析三中全会及此前中央工作会议的主要成果、基本特点、历史背景和伟大意义，以及这一转折的由来、必然性和性质等问题，是十分必要的。

一、三中全会及此前中央工作会议的成果和特点与转折的由来

要搞清楚三中全会为什么能成为中国当代史上的伟大转折，首先应当搞清楚三中全会及此前中央工作会议的主要成果和基本特点。

（一）关于两个会议的主要成果

三中全会及此前中央工作会议的成果，从当时的全会公

---

* 本文曾发表于《当代中国史研究》2008 年第 5 期。收入本书时，作者略作修改。

报上看，可以大体归纳为六点：第一，决定把全党工作的着重点从 1979 年起转移到社会主义现代化建设上来；第二，讨论了国际形势和外交工作，同意党和政府的对外政策；第三，讨论并原则通过了关于加快农业发展问题和 1979、1980 两年国民经济计划的安排；第四，审查和解决了历史上遗留的一大批重大问题，重新评价了一些重要领导人的功过是非；第五，决定在党的生活和国家生活中加强民主，明确了党的唯物主义的思想路线；第六，加强和充实了党中央领导机构，成立了中央纪律检查委员会。

根据三中全会之后一年半里党和国家政治生活出现的新进展，十一届六中全会在《关于建国以来党的若干历史问题的决议》（以下简称《历史决议》）中，又从新的认识高度，将三中全会及此前中央工作会议的主要成果概括成八条：第一，结束了 1976 年 10 月以来党的工作在徘徊中前进的局面，开始全面地认真地纠正"文化大革命"中间及之前的"左"倾错误；第二，坚决批判了"两个凡是"的错误方针，充分肯定了必须完整地、准确地掌握毛泽东思想的科学体系；第三，高度评价了关于真理标准问题的讨论，确定了解放思想、开动脑筋、实事求是、团结一致向前看的指导方针；第四，停止了使用"以阶级斗争为纲"的口号，作出了把工作重点转移到社会主义现代化建设上来的战略决策；第五，提出了注意解决好国民经济重大比例严重失调的要求，制订了关于加快农业发展的决定；第六，着重提出了健全社会主义民主和加强社会主义法制的任务；第七，审查和解决了党的历史上一批重大冤假错案和一些重要领导人的功过是非问题；第八，增选了中央领导机构的成员。在列举以上八大成果后，《历史决议》指出："这些在领导工作中具有重大意义的转变，标志着党重新确立了马克思主义的思想路线、政治路线和组织路线。"①

在三中全会召开 30 年后的今天，如果要对它的成果再作进一步归纳的话，可以说其中最重要的成果有两个：一是重新确立了党的马克思主义的路线，二是形成了以邓小平为核心的第二代中央领导集体。揭开改革开放序幕、开辟建设中国特色社会主义新道路的关键因素，正是这两大成果。我们说三中全会实现了当代中国史上的伟大转折，主要根据即在于此。

先说党的第二代中央领导集体。邓小平在 1989 年 6 月党的十三届四中全会前夕说过："党的十一届三中全会建立了一个新的领导集体，这就是第二代的领导集体。在这个集体中，实际上可以说我处在一个关键地位。"②三中全会闭幕时，中央政治局常委一共有六个人，主席是华国锋，副主席是叶剑英、邓小平、李先念、陈云、汪东兴。由于会议否定了"两个凡是"的方针，中央工作的主导权实际已从华国锋转移到了邓小平手中。另外，汪东兴在会议期间作了书面检查，提出了辞职的请求，并在不久后召开的十一届五中全会上被批准辞职。到了十一届六中全会，华国锋又提出请求辞去中央主席

---

① 《三中全会以来重要文献选编》（下），中央文献出版社 2011 年版，第 152 页。
② 《邓小平文选》第 3 卷，人民出版社 1993 年版，第 309 页。

和中央军委主席的职务，并得到会议同意。所以，邓小平所讲的三中全会建立的新的中央领导集体，是指也只能是指邓小平、陈云、叶剑英、李先念。对此，邓小平在十三届四中全会之后有更加明确的说明。他指出："从我们党的十一届三中全会以后，开始产生了第二代领导集体，包括我在内，还有陈云同志、李先念同志，还有叶帅。"①历史证明，三中全会以来，我们党和国家之所以能不断深化改革、扩大开放，之所以能逐步开辟出一条中国特色社会主义道路，关键就在于有这个中央领导集体在政治上和组织上提供坚强的保证。

再说十一届三中全会的路线。对于三中全会的路线，曾经有过各种各样的表述。②但无论哪种表述，意思都差不多，都是指我们党在十一届三中全会和会后所制定并不断丰富的马克思主义的思想路线、政治路线、组织路线。从三中全会公报上看，这条路线的主要内容是：在思想上，完整准确地掌握毛泽东思想的科学体系，在马列主义、毛泽东思想的指导下，解放思想，研究新事物、新问题，坚持实事求是，一切从实际出发；在政治上，把全党工作重点和全国人民的注意力转移到社会主义现代化建设上来，根据新的历史条件和

---

① 《邓小平年谱（1975—1997）》（下），中央文献出版社 2004 年版，第 1295 页。

② 参阅《三中全会以来重要文献选编》（上），中央文献出版社 2011 年版，第 10、206 页；《邓小平文选》第 2 卷，人民出版社 1994 年版，第 183、193、242、275 页；《三中全会以来重要文献选编》（下），中央文献出版社 2011 年版，第 152、176 页；《十三大以来重要文献选编》（上），中央文献出版社 2011 年版，第 13 页。

实践经验，对经济体制和经营管理方法着手改革，在自力更生的基础上积极发展同世界各国的经济合作，努力采用世界先进技术和先进设备，同时不放松同极少数反革命分子和刑事犯罪分子的阶级斗争，不削弱无产阶级专政，不允许损害安定团结的政治局面；在组织上，健全党的民主集中制，健全党规党法，严肃党纪，强调党中央和各级党委的集体领导，保障党员在党内对上级领导直至中央常委提出批评意见的权利，党的各级领导干部必须带头严守党纪。对于三中全会的政治路线，当时虽然没有概括为"一个中心、两个基本点"，但从上述内容不难看出，这个基本意思已经有了。特别是三中全会之后，党中央为了正确贯彻解放思想的方针，及时重申坚持四项基本原则，并明确提出实行改革开放的总方针，"一个中心、两个基本点"的意思更加凸显出来。对于三中全会的组织路线，会后也有进一步发展。其中最重要的是，在政治合格的前提下，使干部队伍做到年轻化、知识化、专业化，并使选拔中青年干部的工作制度化。

由此可见，十一届三中全会确定的马克思主义路线，是指在坚持四项基本原则的前提下，通过解放思想、改革开放，促进生产力不断发展，实现社会的全面进步，最大限度地满足人民的物质需要和精神需要，巩固和发展社会主义制度；而不是相反，要搞指导思想的多元化、经济制度的私有化、政治体制的西方化，使中国走资本主义的发展道路，融入世界资本主义体系。正如邓小平反复强调的那样，解放思想决不能够偏离四项基本原则的轨道，"离开四项基本原则去'解放思想'，实际上是把自己放到党和人民的对立面去了"。"离开坚持四项基本原则，就没有根，没有方向，也就谈不上贯彻党的思想路线。"[①] "如果不坚持这四项基本原则，纠正极左就会变成'纠正'马列主义，'纠正'社会主义。""某些人所谓的改革，应该换个名字，叫作自由化，即资本主义化。他们'改革'的中心是资本主义化。我们讲的改革与他们不同，这个问题还要继续争论的。"我们决定实行开放政策，"同时也要求刹住自由化的风，这是相互关联的问题"。[②] 历史证明，三中全会以来，我们党和国家之所以能战胜国内国际一个又一个风险和挑战，之所以能在不断深化和扩大改革开放、经济持续飞速发展的情况下始终保持社会的总体稳定，关键就在于有这条马克思主义路线的正确指引。

（二）关于两个会议的基本特点

三中全会及此前的中央工作会议取得了那么多重要的成果，是不是事先计划好了的，是不是有步骤地自然而然地取得的呢？回答这个问题，只要看看这两个会议在中共党史和中国当代史上不同寻常的显著特点就清楚了。

首先，议题中途发生了违反主持人意愿的改变。

中央工作会议开始前发出的通知和开始时由时任中共中央主席华国锋宣布的议题，都是讨论《关于加快农业发展速度的决定》和《农村人民公社工作条例（试行草案）》，商定

①《邓小平文选》第 2 卷，人民出版社 1994 年版，第 279、278 页。
②《邓小平文选》第 3 卷，人民出版社 1993 年版，第 137、297、124 页。

1979 年、1980 年国民经济计划安排，学习李先念在国务院务虚会上的讲话；只在进入正式议题前，用两三天时间讨论从 1979 年 1 月起把全党工作着重点转移到社会主义现代化建设上来的问题。但是，会议刚进入第三天，党的八大时便是中央副主席而"文化大革命"以来一直是中央委员会一般委员的陈云，率先在小组会上发言，指出实现四个现代化是全党和全国人民的迫切愿望，安定团结也是全党和全国人民关心的事，现在干部、群众对党内是否能安定团结有顾虑。接着，他提出了六个影响大或涉及面广、需要由中央考虑决定的冤假错案和问题，如薄一波等六十一人所谓叛徒集团案，陶铸、王鹤寿的历史遗留问题，彭德怀的骨灰安放问题，天安门事件的平反问题，康生的严重错误问题等。这些问题都是当时最为敏感，也是大家最为关心但又不便于说的问题。因此，当他的发言在简报上全文刊出后，立即引起强烈反响，起到了扭转会议方向的作用。代表们纷纷表示赞成他的意见，同时加以发挥和补充。华国锋在紧接着召开的第二次全体会议上虽然要求会议由讨论工作重点转移问题转入讨论农业文件，但代表们并没有照他的要求办，而是依旧热烈讨论重大历史遗留问题，并且延伸到关于真理标准大讨论中出现的不正常情况、对"两个凡是"的提法和对中央个别领导同志的意见，以及对中央领导机构和中央宣传领导部门人事调整的建议等重大现实问题。

鉴于会议形势发生的巨大变化，在会议开始不久后出访回国的邓小平，与叶剑英、李先念等中央政治局常委一起，力促华国锋代表中央政治局，在第三次全体会议上对与会代表所提问题——作出了答复，宣布对天安门事件、"二月逆流"、薄一波等六十一人所谓叛徒集团案、彭德怀问题、陶铸问题、杨尚昆问题予以平反，决定撤销有关"反击右倾翻案风"的全部文件，将康生、谢富治的问题交由中央组织部审理，对地方性重大事件问题交由地方自行解决。这次会后，胡乔木在小组发言中又提出，真理标准问题已在一定意义上成为政治问题，建议华国锋能对这一问题的讨论也作一个结论，以便统一全党思想，澄清国内外各种猜测。于是，华国锋在第四次全体会议（即中央工作会议闭幕会）上，就"两个凡是"的提出作了自我批评，对没有能及时解决在真理标准讨论中的分歧作了解释。

会议对原有议题的突破和取得的进展，使邓小平会前准备的讲话稿也不再适用。会议临近结束时，他针对会议内外出现的新情况，亲自草拟了讲话提纲，提出解放思想是当前一大政治问题，民主是解放思想的重要条件，处理历史遗留问题为的是团结一致向前看，要研究经济建设上的新情况，解决经济管理方法、管理制度改革上的新问题等。这篇题为《解放思想，实事求是，团结一致向前看》的重要讲话，从思想路线的高度对会议作出了深刻总结，为全党指明了改革开放的大方向，受到与会代表的一致拥护，因此，事实上成了三中全会的主题报告。

三中全会原定议题是审议通过中央工作会议讨论后提交的关于农业问题的两个文件和 1979、1980 年国民经济计划安排，选举产生中央纪律检查委员会。但事实上，它除了上述内容外，主要是学习讨论邓小平在中央工作会议上的重要讲话，确认中央工作会议所取得的一系列重要成果，以及增选和增补中央领导机构的成员。

其次，会议持续的时间长，解决的问题数量多、分量重。

中央工作会议于 1978 年 11 月 10 日开始，原定开 20 多天。三中全会原定与中央工作会议间隔十来天，在 12 月 10 日召开，会期 3 天。但由于中央工作会议讨论十分热烈，不断有新问题提出，使会议结束时间一延再延，实际开了 36 天。三中全会则紧接在中央工作会议结束 2 天后召开，会期也比原计划延长了 2 天。两个会加在一起共有 41 天，如果把它们合起来看，大体可以分为三个阶段。

第一阶段从 11 月 12 日陈云在小组会上发言算起，到 11 月 25 日华国锋在第三次全体会议上宣布对一系列重大历史遗留问题的平反决定，共 14 天，可以看作是发动阶段。其间主要讨论历史遗留问题，也涉及对个别中央领导同志的批评。

第二阶段从 11 月 26 日到 12 月 13 日的小组讨论，共 18 天，可以看作是深入阶段。其间主要议论真理标准大讨论中出现的种种不正常情况，对中央个别领导提意见，对中央领导机构和中央宣传领导部门的人事安排提建议。

第三阶段从 12 月 13 日下午邓小平在中央工作会议闭幕会上发表重要讲话，到 12 月 15 日下午会议结束；再从 12 月 17 日三中全会召开小组召集人会议到 12 月 22 日三中全会闭幕会增选陈云、邓颖超、胡耀邦、王震为中央政治局委员，陈云为政治局常委、中央委员会副主席，增补黄克诚等 9 人为中央委员，以及通过全会公报，共 9 天，可以看作是总结阶段。其间主要讨论邓小平在中央工作会议上的重要讲话，酝酿增选、增补中央领导机构成员的名单，同时继续发表前两个阶段没有讲完的意见。

最后，会议气氛生动、活泼、热烈，真正做到了面对面地开展批评与自我批评。

会议开始时，还有扣压简报的事情发生，但当代表提出意见后，情况很快改变了，基本做到了代表们畅所欲言，直言不讳；简报有闻必录，印发及时。正因为如此，邓小平的重要讲话在评价中央工作会议时指出："这次会议讨论和解决了许多有关党和国家命运的重大问题。大家敞开思想，畅所欲言，敢于讲心里话，讲实在话。大家能够积极地开展批评，包括对中央工作的批评，把意见摆在桌面上。一些同志也程度不同地进行了自我批评。这些都是党内生活的伟大进步，对于党和人民的事业将起巨大的促进作用。"① 陈云在三中全会闭幕会上的即席讲话中也说："三中全会和此前的中央工作会议开得很成功。大家在马列主义、毛泽东思想的基础上，解放思想，畅所欲言，充分恢复和发扬了党内民主和党的实事求是、群众路线、批评和自我批评的优良作风，认真讨论了党内存在的一些重大问题，增强了团结，真正实现了毛泽东所提倡的又有集中又有民主，又有纪律又有自由，又

---

① 《邓小平文选》第 2 卷，人民出版社 1994 年版，第 140—141 页。

有统一意志，又有个人心情舒畅、生动活泼的那样一种政治局面。……一九五七年以后，由于种种干扰，毛泽东提出的这种心情舒畅、生动活泼的政治局面很多年没有实现。这一次党中央带了个好头，只要大家坚持下去，就有可能在全国实现。"① 以上这些话，高度概括了会议的真实情况。

在中共党史和中国当代史上，同时具有以上三个特点的会议，即便不是绝无仅有，也是极其少有的。正是这些特点，构成了三中全会成为中国当代史上伟大转折的直接原因。它说明，三中全会的胜利并非自然而然取得的，而是与会的大多数高级干部在老一辈无产阶级革命家带动、支持下，充分发扬党内民主和党的实事求是、群众路线、批评与自我批评作风，通过积极的思想斗争争取到的，是来之不易、弥足珍贵的。

二、三中全会及此前中央工作会议的历史背景与转折的必然性

三中全会前的中央工作会议议题，主要不是全会公报所讲的那些内容；会议之前，中央起码是中央主要负责人，并没有打算开成那样一个会；出席会议的代表起码是绝大多数代表，也没有想到会议会开出那样一个结果。那么，这是否意味着三中全会实现的伟大转折是偶然的、突发的，是可能发生也可能不发生的呢？应当说，转折发生在 1978 年 11 月，

---

① 《陈云年谱（修订本）》下卷，中央文献出版社 2015 年版，第 259 页。

发生在三中全会及此前的中央工作会议，带有一定的偶然性。但是，正如恩格斯所说："在表面上是偶然性在起作用的地方，这种偶然性始终是受内部的隐蔽着的规律支配的。"①三中全会及此前中央工作会议也是这样。如果把它和"文化大革命"中的一系列事件联系起来，把它放在粉碎"四人帮"后国内国际、党内党外、主观客观的大背景下来分析，就可以看出，这个转折绝不是偶然的、突然的，而是必然的、不以人的意志为转移的，是人心之所向、大势之所趋，或迟或早总要发生的。

（一）转折的客观条件

自 1976 年以华国锋为首的党中央一举粉碎"四人帮"到十一届三中全会召开之前的两年里，我们党和国家在政治上、经济上都取得了一定进展和一些成绩。但同时也产生了一些新问题，严重阻碍了党和国家继续前进的步伐，迫切需要得到解决。

首先，在政治上。那两年揭发、批判、清查江青反革命集团及其帮派体系的运动取得了很大成绩，党和国家组织的整顿冤假错案及平反工作也得到了部分进行，但是，由于受"左"的错误思想束缚，当时的党中央主要负责人不仅未能顺应党心民心，纠正"文化大革命"的错误理论、政策和口号，系统清理在党内已持续很长时间的"左"的指导思想，带领

---

①《马克思恩格斯选集》第 4 卷，人民出版社 2012 年版，第 247 页。

全党全国人民乘胜前进，反而提出并推行"两个凡是"的错误方针，压制 1978 年开展的对拨乱反正具有重大意义的关于真理标准问题的讨论，一再拖延和阻挠恢复包括邓小平在内的一大批老干部的工作和平反包括天安门事件在内的一大批历史上的冤假错案，并在继续维护旧的个人崇拜的同时制造新的个人崇拜，严重挫伤了广大干部群众在粉碎"四人帮"后焕发出的社会主义积极性，引起党内外同志的广泛不满。因此，要求尽快解决天安门事件平反和"文化大革命"及此前一系列重大历史遗留问题，重新评价党和国家许多领导人的功过是非，肯定实践是检验真理的唯一标准，改正"两个凡是"的错误方针，调整各方面社会关系，调动一切积极因素投身四化建设等呼声，变得日益强烈。

其次，在经济上。那两年制止了许多地区工矿企业生产和交通运输的混乱状况，使国民经济开始从瘫痪、半瘫痪的状态中走了出来。但是，时任党中央主要负责人在严重失调的国民经济重大比例关系尚未理顺的情况下，又提出许多不切实际的高指标和根本不可能实现的大口号，使积累与消费的关系进一步失衡，违背了人民要求尽快改善生活的强烈意愿，犯了急于求成、片面追求高速度的急躁冒进错误。他虽然看到了国外技术的进步和中美、中日关系解冻后西方在对华贸易、投资方面出现的新形势，提出要引进国外先进技术设备和举借外债，但是不考虑国内对引进的配套和消化能力，也不考虑还债的能力，片面突出钢铁、石油、化工等重工业部门，追求高速度、高积累、高投资，同样是"左"的急躁冒进思想支配下的表现。这一切都迫切要求在经济工作中认真清理"左"的指导思想，对国民经济进行一次重大比例关系的调整。另外，在农村，人民公社"政社合一"的经营管理体制违反农业生产的客观规律，分配上存在严重的平均主义倾向，极大制约了农民生产积极性的发挥和农业生产力的提高，致使粮食供应长期处于紧张状态，一亿多农民有待解决温饱问题。在城市，一方面，"文化大革命"期间对中学毕业生实行上山下乡的政策，累积1000多万返城的知识青年有待安排就业，再加上其他新生劳动力的出现，使国家无法单靠国有企事业单位满足就业需求；另一方面，原有的高度集中的计划经济体制和政企不分、所有权经营权不分、统收统支的国有企业经营方式的弊端，也与经济发展的需要越来越不适应，到了非改变不可的程度。这一切，都在客观上呼唤对经济体制、经营方式、所有制结构进行必要的改革。

（二）转折的主观条件

粉碎"四人帮"后的头两年，在老一辈无产阶级革命家和党内正确力量的努力下，通过部分平反冤假错案，许多在"文化大革命"中被打倒或靠边站的老干部回到了领导岗位；通过真理标准讨论和"两个凡是"的争论，通过按劳分配问题和经济管理体制问题的讨论，实事求是、理论联系实际、一切从实际出发的原则，以及党内民主和民主集中制的原则得到很大宣传，逐渐形成有利于克服"两个凡是"的错误、将党的工作重点转移到经济建设上、对国民经济进行调整，以及实行改革开放方针的舆论氛围。这一切，为三中全会的胜利召开做好了充分的组织准备和思想准备。

首先，在组织上。1977年3月中央工作会议前夕，陈云为呼应党中央副主席叶剑英的意见，与王震等几位中央委员相约，在会上提出为天安门事件平反和恢复邓小平工作的问题。他提交书面发言后，会议简报组要求"按照华主席讲话精神"删去所谓"敏感"内容，华国锋本人也登门做他的工作，均被他拒绝。这篇发言虽然最终未能在简报上刊出，但却产生了很大影响，对中央内部的错误领导形成了巨大压力，加快了邓小平复出的进程。四个月后，邓小平在十届三中全会上恢复了在"反击右倾翻案风"中被撤销的一切职务。与此同时，经过叶剑英、邓小平、李先念和陈云等中央领导人及老一辈革命家的积极争取，一些老同志也陆续恢复了工作。所有这些，都使党中央决策层、领导层内正确与错误两种力量的对比发生了很大变化。正因为如此，陈云在1978年中央工作会议上的发言，才可能取得一呼百应的效果，起到了改变会议议程的作用；邓小平在会议期间的运筹帷幄、因势利导，尤其是在中央工作会议闭幕会上的重要讲话，才可能产生出巨大反响，为三中全会重新确立马克思主义的路线奠定重要的基础，从而使那次会议最终成为开辟中国特色社会主义道路的起点。

其次，在思想上。邓小平自重新回到中央领导岗位后，便针对"两个凡是"的方针，利用各种场合提出并大力宣传毛泽东思想的精髓是实事求是、要准确完整地理解毛泽东思想的观点，引发了关于真理标准问题的大讨论。同时，他还积极支持关于按劳分配问题的讨论，相继提出揭批"四人帮"运动要适时结束、要加大地方和企业自主权、要按照经济规律管理经济等主张。1978 年夏季召开的国务院务虚会，提出要加强综合平衡，在国家统一计划下发挥部门、地方、企业的积极性，搞好技术引进，努力扩大出口等一系列具有改革开放思想的观点。正因为有了这个铺垫，参加中央工作会议的代表们才会一致拥护党的工作着重点转移的决定，批评"两个凡是"的错误方针，肯定真理标准的大讨论，要求平反各种冤假错案，赞成认真解决国民经济中重大比例失调的问题，同意克服经济管理体制中党政企不分、以党代政、以政代企的现象。另外，陈云等老一辈革命家为恢复党的民主集中制所开展的斗争，使以往中央会议简报工作那种压制民主的错误做法越来越不得人心，难以再实行下去。这也是在中央工作会议上，各组讨论情况得以迅速交流、会议获得巨大胜利的一个重要条件。

邓小平在 1980 年初中央召开的干部会议上曾指出："粉碎'四人帮'以后三年的前两年，做了很多工作，没有那两年的准备，三中全会明确地确立我们党的思想路线、政治路线，是不可能的。所以，前两年是为三中全会做了准备。"[1] 只要了解了三中全会及此前中央工作会议的历史背景，对于邓小平的这一论述就会有更加深切的理解，就会明白那次会议

---

① 《邓小平文选》第 2 卷，人民出版社 1994 年版，第 242 页。

之所以成为当代中国史上的伟大转折，完全是老一辈革命家和党内正确力量的努力与国内外形势变化共同作用的必然结果，是顺理成章、水到渠成、瓜熟蒂落；即使那次会议未能实现这一转折，此后的会议也一定会实现这一转折。

三、三中全会的历史意义与转折的性质

我们说党的十一届三中全会是当代中国史上的伟大转折，是从三中全会开始了党在思想、政治、组织等领域的全面拨乱反正，实现了党的工作重点的转移，揭开了改革开放的序幕，开辟了中国特色的社会主义道路，标志着中国从此进入社会主义事业发展新时期等意义上讲的。看不到转折的这些意义，或者对转折作超出这些意义的解释，都是不符合历史客观实际的。

（一）转折不是党的领导工作一般意义上的转变

自从新中国建立后，我们党曾有过多次工作重点的转移、指导思想的转变、发展战略的转折。其中有的正确反映了当时客观实际情况的变化，有的则被实践证明是脱离实际的；有的转得比较顺利，有的则因为种种原因转得不够顺利，甚至中途出现反复。

就拿党的工作重心、中心、重点来说，早在党的七届二中全会时，毛泽东就非常明确地指出，全国解放后，党的工作重心要由乡村转向城市；要求全党"必须用极大的努力去学会管理城市和建设城市"，眼睛要"向着这个城市的生产事

业的恢复和发展",城市中的其他工作"都是围绕着生产建设这一个中心工作并为这个中心工作服务的"。① 新中国成立后,我们接连进行了肃清反革命、土地改革、抗美援朝、"三反"、"五反"等运动,这些都是为着实现工作重心的转移,是工作重心转移所必不可少的前提。在第一个五年计划开始实施、全党工作重心转到经济建设以后,虽然又接连进行了三大改造运动、"大跃进"和人民公社化运动,但这些运动从总体上说,也都是围绕经济建设这个中心而展开的。只是在 1962 年八届十中全会上重提阶级斗争后,经济建设的中心地位才开始动摇。到了"文化大革命",这个中心更被"以阶级斗争为纲"所取代。与以往相比,十一届三中全会作出的关于全党工作重点转移的决定无疑带有更根本的性质,实现的党的指导思想的转变和发展战略的转折无疑也比以前深刻得多。究其原因,除了国内国际形势的变化外,主要在于这次转移、转变、转折,是建立在对社会主义社会以下两个新的认识的基础之上。

首先,建立在对社会主义社会主要矛盾的新认识上。

在三中全会前的中央工作会议上,大家对中央政治局关于党的工作重点转移的决定一致拥护,没有提出任何疑问。但是,在对工作重点转移的解释上则是有分歧的。时任党中央主要负责人在开幕时的讲话中说,重点转移是"国内国际形势的需要",并提出要"在新时期总路线和总任务的指引

①《毛泽东选集》第 4 卷,人民出版社 1991 年版,第 1427—1428 页。

下”实现重点转移。所谓“新时期的总路线和总任务”，其重要内容之一就是坚持“以阶级斗争为纲”的社会主义历史阶段的基本路线和坚持无产阶级专政下的继续革命。这种解释，受到了与会代表的质疑。例如，胡乔木在会议进入小组讨论后的第二天发言说：把工作重点的转移讲成是形势的需要，这个理由不妥。应该说，无产阶级在夺取政权以后，就要把工作重点转到经济建设上。新中国成立后，我们已开始了这种转移，但是没有坚持住，这次转移是根本性的转移，而不是通常意义上的转移。不能给人一种印象，似乎今天形势需要，就把工作重点转过来，明天不需要了，还可以再转回去。他还指出，并不是任何阶级斗争都是进步的，其是否进步的客观标准，就是看它是否为解放和发展生产力创造条件；经济脱离政治一定会走到邪路上去，政治脱离经济也一定会走到邪路上去。除了发生战争，今后一定要把生产斗争和技术革命作为中心，不能有其他的中心。只要我们正确处理人民内部矛盾和敌我矛盾，国内的阶级斗争也不会威胁社会主义建设的中心地位。这篇发言被简报全文刊出后，得到了大多数与会者的赞同。

邓小平在中央工作会议闭幕会上的重要讲话，对工作重点转移问题作了更为精辟的阐述。他说：政治路线的问题解决了，今后看一个部门领导得好不好，应该主要看劳动生产率提高了多少，利润增加了多少，劳动者的个人收入和集体福利增加了多少。“这就是今后主要的政治。离开这个主要的内容，政治就变成空头政治，就离开了党和人民的最大利益。"① 三中全会公报吸收了邓小平讲话的精神，指出："毛泽东同志早在建国初期，特别在社会主义改造基本完成以后，就再三指示全党，要把工作中心转到经济方面和技术革命方面来。""正如毛泽东同志所说，大规模的急风暴雨式的群众阶级斗争已经基本结束，对于社会主义社会的阶级斗争，应该按照严格区别和正确处理两类不同性质的矛盾的方针去解决，按照宪法和法律规定的程序去解决。"② 这里虽然没有明确要停止使用"以阶级斗争为纲"的提法，但这个意思显然已经有了。正因为如此，后来的《历史决议》才指出：三中全会"果断地停止使用'以阶级斗争为纲'这个不适用于社会主义社会的口号"③。正是这一认识，赋予工作重点转移的命题以更大的科学性、稳定性，使它具有了更强的生命力。

三中全会闭幕后不久，邓小平在理论工作务虚会上的讲话中对社会主义基本矛盾、主要矛盾的理论作了进一步阐发。他指出，毛泽东在《关于正确处理人民内部矛盾的问题》一文中提出生产关系和生产力、上层建筑和经济基础矛盾问题，"从二十多年的实践看来，这个提法比其他的一些提法妥当。至于什么是目前时期的主要矛盾，也就是目前时期全党和全国人民所必须解决的主要问题或中心任务，由于三中全会决定把工作重点转移到社会主义现代化建设方面来，实际上已

---

① 《邓小平文选》第 2 卷，人民出版社 1994 年版，第 150 页。

② 《三中全会以来重要文献选编》（上），中央文献出版社 2011 年版，第 3、4 页。

③ 《三中全会以来重要文献选编》（下），中央文献出版社 2011 年版，第 152 页。

经解决了"。他还指出："社会主义社会中的阶级斗争是一个客观存在，不应该缩小，也不应该夸大。……社会主义社会目前和今后的阶级斗争，显然不同于过去历史上阶级社会的阶级斗争，这也是客观的事实，我们不能否认，否认了也要犯严重的错误。"[①] 他的这些论述，更加深入地分析了在社会主义时期沿用"以阶级斗争为纲"口号的错误性，为全党工作重点的转移提供了科学的理论依据。

其次，建立在对社会主义社会管理体制的新认识上。

这里说的管理体制，既包括经济体制，也包括政治体制；既包括国内的经济体制，也包括国内与国外经济联系的体制。新中国成立后实行高度集中的计划经济体制，有在"一穷二白"基础上加快工业化建设的客观需要，也有对苏联经验的全盘学习和对马克思主义创始人关于未来社会可以自觉按比例发展国民经济思想的不准确理解；有在较短时间里为建立独立完整工业体系和国民经济体系奠定初步基础的丰功伟绩，也有因把经济统得过死而造成效益不高、对市场反应不灵活、消费品生产不够丰富多样等种种弊端。在对外经济联系上，由于西方的全面禁运和经济封锁，新中国成立初期只能与苏联和其他社会主义国家进行贸易和经济技术合作；以后与苏联关系破裂，对资本主义国家的贸易开始增加，但总体规模不大。在政治体制上，新中国成立后长期延续战争年代的做法，实行党的一元化领导，一切权力集中在党委，党委

---

① 《邓小平文选》第 2 卷，人民出版社 1994 年版，第 182 页。

权力又往往集中于几个书记，特别是第一书记，造成党政不分、政企不分；对民主与法制建设不重视，基本处于无法可依的状况。尤其在"文化大革命"期间，"左"的指导思想盛行，经济越统越死，对外经济联系的门越关越小，民主集中制的原则被严重破坏，连宪法规定的公民权利也得不到保障。粉碎"四人帮"后，开始从经济与政治管理体制的层面上思考过去的问题，提出了一系列新观点、新思想、新理论，逐步澄清了对社会主义的许多不准确的认识。

关于经济体制，邓小平和中央其他领导同志早在三中全会之前就已提出了一些改革和开放的思想。例如，邓小平曾指出："要实现四个现代化，就要善于学习，大量取得国际上的帮助。要引进国际上的先进技术、先进装备，作为我们发展的起点。""引进先进技术设备后，一定要按照国际先进的管理方法、先进的经营方法、先进的定额来管理，也就是按照经济规律管理经济。一句话，就是要革命，不要改良，不要修修补补。"[①]

又如，陈云在长期思考计划与市场关系这个经济体制改革核心问题的基础上，于 1978 年 7 月三中全会之前国务院务虚会期间，通过李先念提出了"计划经济与市场经济相结合"的命题。三中全会后，陈云又于 1979 年 3 月将自己的思考写成了名为《计划与市场问题》的提纲，其中说："六十年来，无论苏联或中国的计划工作制度中出现的主要缺点：只

①《邓小平文选》第 2 卷，人民出版社 1994 年版，第 133、129—130 页。

有'有计划按比例'这一条，没有在社会主义制度下还必须有市场调节这一条。""在今后经济的调整和体制的改革中，实际上计划与市场这两种经济的比例的调整将占很大的比重。不一定计划经济部分愈增加，市场经济部分所占绝对数额就愈缩小，可能是都相应地增加。"①后来，他又提出"计划经济为主，市场调节为辅"的命题，并被党的十二大确定为经济体制改革的方针。这虽然不同于党的十四大所确定的社会主义市场经济体制的改革目标，但却对全党摆脱在计划与市场关系上的传统观念、形成新的认识，"对推动改革和发展起了重要作用"②；"对推动全党解放思想、实事求是，进行突破高度集中的计划经济体制的改革，产生过广泛而深刻的影响"③。

关于政治体制，邓小平和中央其他领导同志在三中全会前也提出了一些改革的思想。例如，邓小平在 1978 年 10 月 3 日指出："现在关于民主问题的讨论不够，这个问题很重要，要展开讨论。民主和法制实际上是一件事情。法制确实需要建立和健全，民法、刑法要搞，但都没有搞成。没有法，他就乱搞，确实不行。现在是领导人说的话就叫法，不赞成领导人说的话就叫违法，这种状况不能继续下去了。除了搞刑法、民法、诉讼法以外，还要搞经济立法，如工厂法。要搞立法，总得有个立法机构才行。"④

---

①《陈云文选》第 3 卷，人民出版社 1995 年版，第 244—245、247 页。

②《十四大以来重要文献选编》（上），人民出版社 1996 年版，第 18 页。

③《在〈陈云文选〉（一——三卷）、〈陈云〉画册出版发行暨纪念陈云同志诞辰九十周年座谈会上江泽民同志的讲话》，《人民日报》1995 年 6 月 14 日。

④《邓小平年谱（1975—1997）》（上），中央文献出版社 2004 年版，第 394 页。

正因为有这样的认识，三中全会才可能对民主和法制问题进行认真的讨论，全会公报才可能写上："在过去一个时期内，民主集中制没有真正实行，离开民主讲集中，民主太少，当前这个时期特别需要强调民主，强调民主和集中的辩证统一关系，使党的统一领导和各个生产组织的有效指挥建立在群众路线的基础上。……宪法规定的公民权利，必须坚决保障，任何人不得侵犯。""为了保障人民民主，必须加强社会主义法制，使民主制度化、法律化，使这种制度和法律具有稳定性、连续性和极大的权威，做到有法可依，有法必依，执法必严，违法必究。从现在起，应当把立法工作摆到全国人民代表大会及其常务委员会的重要议程上来。检察机关和司法机关要保持应有的独立性；要忠实于法律和制度，忠实于人民利益，忠实于事实真相；要保证人民在自己的法律面前人人平等，不允许任何人有超于法律之上的特权。"①

以上对社会主义社会主要矛盾和管理体制问题的新认识，不仅与"文化大革命"时期的认识相对立，而且与"文化大革命"之前的认识也有很大不同。这种认识上的不同之处，使三中全会所实现的转折与以往的转折产生了许多区别。看不到这种变化，混淆它们之间的区别，就难以理解三中全会所开辟的中国特色社会主义"特"在哪里，难以说清楚为什么三中全会是当代中国史上的伟大转折。

---

① 《三中全会以来重要文献选编》（上），中央文献出版社 2011 年版，第 9 页。

（二）转折不是社会主义基本制度与社会性质的转变

现在有一种观点，把三中全会与 1911 年的辛亥革命相提并论，说它们是中国近代以来两个最伟大的事件；或者把新中国的历史以三中全会断限，说 1840 年至 1949 年的中国历史与三中全会前后的两个历史时期并列构成了中国的近代史、现代史和当代史。这种观点从表面看，似乎在抬高三中全会的历史地位，但由于它无视和抹杀中华人民共和国成立在中国历史上的划时代意义，割裂三中全会前后两个历史时期在社会形态上的内在一致性，因此必然是违背历史实际的主观臆造和对三中全会事实上的贬低。对此，只要看看三中全会及三中全会以来我们党在对待以下两个问题上的态度便清楚了。

首先，在对待社会主义制度不完善的问题上。

我们党早在三中全会上就明确，改革是为了挽救社会主义，使社会主义事业得以继续发展，而不是为了取消社会主义。邓小平在中央工作会议闭幕会上的重要讲话中指出："如果现在再不实行改革，我们的现代化事业和社会主义事业就会被葬送。"[①] 全会公报也号召全党、全军、全国各族人民，"为在本世纪内把我国建设成为社会主义的现代化强国而进行新的长征"[②]。会后，邓小平又在理论工作务虚会的讲话中指出："我们过去对民主宣传得不够，实行得不够，制度上有许多不

---

① 《邓小平文选》第 2 卷，人民出版社 1994 年版，第 150 页。
② 《三中全会以来重要文献选编》（上），中央文献出版社 2011 年版，第 4 页。

完善，因此，继续努力发扬民主，是我们全党今后一个长时期的坚定不移的目标。但是我们在宣传民主的时候，一定要把社会主义民主同资产阶级民主、个人主义民主严格地区别开来，一定要把对人民的民主和对敌人的专政结合起来……如果离开四项基本原则，抽象地空谈民主，那就必然会造成极端民主化和无政府主义的严重泛滥，造成安定团结政治局面的彻底破坏，造成四个现代化的彻底失败。"[1]1980 年初，他在所作《目前的形势和任务》的报告中又说："现在，特别是在青年当中，有人怀疑社会主义制度，说什么社会主义不如资本主义，这种思想一定要大力纠正。社会主义制度并不等于建设社会主义的具体做法。苏联搞社会主义，从一九一七年十月革命算起，已经六十三年了，但是怎么搞社会主义，它也吹不起牛皮。我们确实还缺乏经验，也许现在我们才认真地探索一条比较好的道路。但不管怎么样，社会主义制度的优越性已经得到了证明，不过还要证明得更多更好更有力。我们一定要、也一定能拿今后的大量事实来证明，社会主义制度优于资本主义制度。"[2]

可见，无论是三中全会还是三中全会以后，我们党提出和进行的改革，都不是要把中国由社会主义社会改变成另外一种社会，更不是要否定和抛弃社会主义革命的成果，而是要解决社会主义制度中一些不完善的问题，寻找和走出一条更加适合中国国情的社会主义发展道路。

---

[1]《邓小平文选》第 2 卷，人民出版社 1994 年版，第 176 页。

[2]《邓小平文选》第 2 卷，人民出版社 1994 年版，第 250—251 页。

其次，在对待毛泽东晚年的错误的问题上。

邓小平在中央工作会议闭幕会的重要讲话中说："最近国际国内都很关心我们对毛泽东同志和对文化大革命的评价问题。毛泽东同志在长期革命斗争中立下的伟大功勋是永远不可磨灭的。回想在一九二七年革命失败以后，如果没有毛泽东同志的卓越领导，中国革命有极大的可能到现在还没有胜利，那样，中国各族人民就还处在帝国主义、封建主义、官僚资本主义的反动统治之下，我们党就还在黑暗中苦斗。所以说没有毛主席就没有新中国，这丝毫不是什么夸张。毛泽东思想培育了我们整整一代人。我们在座的同志，可以说都是毛泽东思想教导出来的。没有毛泽东思想，就没有今天的中国共产党，这也丝毫不是什么夸张。毛泽东思想永远是我们全党、全军、全国各族人民的最宝贵的精神财富。我们要完整地准确地理解和掌握毛泽东思想的科学原理，并在新的历史条件下加以发展。当然，毛泽东同志不是没有缺点、错误的，要求一个革命领袖没有缺点、错误，那不是马克思主义。我们要领导和教育全体党员、全军指战员、全国各族人民科学地历史地认识毛泽东同志的伟大功绩。"[1]

三中全会公报也说："毛泽东同志在长期革命斗争中立下的伟大功勋是不可磨灭的。……党中央在理论战线上的崇高任务，就是领导、教育全党和全国人民历史地、科学地认识毛泽东同志的伟大功绩，完整地、准确地掌握毛泽东思想的

---

[1]《邓小平文选》第2卷，人民出版社1994年版，第148—149页。

科学体系，把马列主义、毛泽东思想的普遍原理同社会主义现代化建设的具体实践结合起来，并在新的历史条件下加以发展。"①

《历史决议》进一步指出："因为毛泽东同志晚年犯了错误，就企图否认毛泽东思想的科学价值，否认毛泽东思想对我国革命和建设的指导作用，这种态度是完全错误的。对毛泽东同志的言论采取教条主义态度，以为凡是毛泽东同志说过的话都是不可移易的真理，只能照抄照搬，甚至不愿实事求是地承认毛泽东同志晚年犯了错误，并且还企图在新的实践中坚持这些错误，这种态度也是完全错误的。这两种态度都是没有把经过长期历史考验形成为科学理论的毛泽东思想，同毛泽东同志晚年所犯的错误区别开来。"②

这些都说明，三中全会否定"两个凡是"的方针、解决历史上的重大遗留问题，并不是要否定毛泽东和毛泽东思想，而是为了纠正毛泽东晚年的错误，恢复毛泽东思想的本来面貌，确立毛泽东的历史地位，更好地坚持和发展毛泽东思想。

对于社会主义制度不完善的问题和毛泽东晚年的错误的问题，邓小平在世时，他的观点是始终一贯的，我们党从十一届三中全会起到十七大的观点也是始终一贯的。党的十七大报告指出：改革开放是党在新的时代条件下带领人民

---

① 《三中全会以来重要文献选编》（上），中央文献出版社 2011 年版，第 10—11 页。

② 《三中全会以来重要文献选编》（下），中央文献出版社 2011 年版，第 165—166 页。

进行的新的伟大革命，目的"就是要推动我国社会主义制度自我完善和发展，赋予社会主义新的生机活力，建设和发展中国特色社会主义"；又指出，"改革开放伟大事业，是在以毛泽东同志为核心的党的第一代中央领导集体创立毛泽东思想，带领全党全国各族人民建立新中国、取得社会主义革命和建设伟大成就以及艰辛探索社会主义建设规律取得宝贵经验的基础上进行的"。这再清楚不过地说明，三中全会前后的两个历史时期尽管在一系列方针、政策和制度上有很大区别，但它们的基本社会制度、根本指导思想和远大奋斗目标都是完全一致的。

十一届三中全会实现的转折，是在中华人民共和国成立以及新中国头30年建设成就的基础上完成的，是从对什么是社会主义、怎样建设社会主义的问题由不完全清楚到比较清楚的转变，从探索中国自己的建设社会主义的道路到开辟中国特色社会主义道路的转变，是社会主义制度的自我完善和发展，而不是要与三中全会之前已经建立起来的社会主义社会一刀两断，更不是要倒退到1911年开始的资产阶级革命。因此，不能跨过中华人民共和国成立这个使中国由半殖民地半封建社会变为社会主义社会的伟大事件，而把三中全会与辛亥革命扯到一起；也不能把新中国的历史以三中全会为界，划分为中国的现代史和当代史。

党中央近来强调，中国共产党的领导，人民当家作主，依法治国基本方略，决定了我国社会主义国家政权的性质，也确立了我国作为社会主义大国长治久安的政治保证。各种敌对势力也明白，想西化、分化中国，首先要取消中国共产党的领导，取消人民当家作主的社会主义国家政权。西方敌对势力虽然不能不承认我国发展取得的巨大成就，但出于他们的政治立场和意识形态偏见，他们从来没有也不会认可我国社会主义政治制度，在他们看来，中国成功发展不仅威胁到他们的战略利益，而且威胁到他们奉为圭臬的资本主义制度模式。只要我们坚持共产党领导、坚持社会主义制度，我国越是发展壮大，他们越是要把西化、分化的矛头对准我们。我们同各种敌对势力之间渗透和反渗透、分裂和反分裂、颠覆和反颠覆的斗争将是长期的、复杂的、尖锐的，我们对此一定要有清醒的认识。我们从我国国情出发，发展中国式民主，推进社会主义政治制度的自我完善和发展，绝不照搬西方政治制度的模式，绝不放弃我国社会主义政治制度的根本。没有中国共产党的坚强领导，没有社会主义制度的有力保障，我们就难以把 13 亿人民的智慧和力量凝聚起来，就难以应对前进道路上的各种困难和风险，就难以保持国家的安定团结、社会的和谐稳定。我们要擦亮眼睛，坚定不移地沿着中国特色社会主义道路前进，绝不被国内外敌对势力各种威胁所吓倒，各种干扰所迷惑。

党中央近来还强调，意识形态领域并不平静，各种敌对势力正加紧在意识形态领域对我国进行渗透破坏活动，而且组织越来越严密，方式越来越多样。他们把媒体特别是互联网等现代媒体作为进行意识形态渗透的重要渠道，散布大量有害信息，极力抹黑中国、丑化中国、妖魔化中国。各级党委和政府，特别是主要领导干部，一定要增强政治意识、政权意识、责任意识，增强政治敏锐性和政治鉴别力，把意识形态工作摆上重要议事日程，自觉从政治上观察和处理问题，经常分析意识形态领域的形势，及时发现倾向性、苗头性问题，看好自己的阵地，管好自己的队伍，抓好宣传文化单位领导班子的建设，重视选拔培养意识形态领域的领导干部，确保领导权牢牢掌握在忠诚于党和人民的人手里，确保意识形态安全。我们同各种敌对势力在意识形态领域的斗争，本质上是社会主义价值体系和资本主义价值体系的较量。要把13亿人民团结起来，万众一心推进中国特色社会主义事业，就必须大力推进社会主义核心价值体系建设，在全社会形成共同理想信念、强大精神力量、良好道德风尚，更好地凝魂聚气、强基固本。我们要紧紧抓住树立理想信念这个根本，坚持不懈地用中国特色社会主义理论体系武装全党、教育人民，不断巩固马克思主义在意识形态领域的指导地位，不断巩固全党全国各族人民团结奋斗的共同思想基础，不断提高中华民族的凝聚力、向心力，使全体人民始终保持昂扬向上的精神状态。

2009年是中华人民共和国成立60周年，党的十一届三中全会刚巧处在这60年的中间。这是一次拨乱反正的会议，也是一次承上启下、继往开来的会议。它上承的是新中国头30年所建立的社会主义基本制度，所取得的社会主义建设成就，所探索的社会主义建设经验，所形成的自力更生、艰苦奋斗精神；下启的是后30年的中国特色社会主义建设事业及其未来的发展。三中全会和 30 年来的实践告诉我们，世界形势在变化，国内经济在发展，科学技术在进步，人民需要在增长，不改革不开放，中国是死路一条；同时也告诉我们，中国处于社会主义初级阶段的基本国情将长期存在，西方敌对势力西化、分化中国的战略图谋将长期存在，中国受到发达国家经济科技优势压力的国际环境也将长期存在，改革开放不坚持社会主义方向，中国同样是死路一条。改革开放与四项基本原则的结合是三中全会路线或社会主义初级阶段基本路线中最核心的内容，也是改革开放经验中最核心的部分。我们纪念三中全会召开 30 周年，就要客观全面地认识它的历史意义和它所实现的历史性转折的性质，实事求是地总结和充分运用改革开放的历史经验，一如既往地把以经济建设为中心、坚持改革开放和坚持四项基本原则统一于中国社会主义现代化建设的全过程，坚定不移地沿着三中全会开辟的道路继续前进。

十一届三中全会是一个里程碑，标志着中华人民共和国新的历史时期的开始；是一尊巨鼎，铭刻着我们党的第二代中央领导集体带领全党全国人民进行新长征的业绩；是一把号角，鼓舞着中华民族为实现伟大复兴而奋力地拼搏；是一座灯塔，照耀着中国特色社会主义的巨轮驶向胜利的远方。它和我们党的遵义会议一样，必将永载史册。

争取独立统一民主富强的伟大胜利

——为中华人民共和国光辉的 50 年而作 *

中华人民共和国的 50 年，在历史的长河中只是短暂的一瞬，但对于中国来说，却是翻天覆地的 50 年，伟大光辉的 50 年。

一个多世纪以来，中国人民在前进道路上经历了三次历史性的巨大变化。第一次是辛亥革命，推翻了统治中国几千年的君主专制制度，开创了完全意义上的近代民族民主革命。第二次是中华人民共和国的成立和社会主义制度的建立，推翻了帝国主义、封建主义、官僚资本主义"三座大山"，使中国人民从此站立起来，并取得了社会主义建设的巨大成就。第三次是实行社会主义的改革开放，开辟了建设有中国特色社会主义事业的新道路，取得了举世瞩目的发展。这三次巨变中有两次发生在这 50 年。

鸦片战争后，中国由一个独立的封建国家，逐渐沦为半殖民地半封建的国家。这期间，历届政府腐败无能，听任帝国主义列强的宰割；国家战乱频仍，四分五裂；人民食不果腹，毫无权利；国力日渐衰微，气息奄奄。面对这种悲惨的

---

* 本文曾发表于 1999 年 9 月 10 日《光明日报》第 1 版，收入本书时，作者略作修改。

境遇，具有强烈爱国心的仁人志士们梦寐以求的目标，说到底是四件事八个字，即独立、统一、民主、富强。但是，在中国共产党成立前的漫长岁月里，人们把各种药方都试过了，却始终未能奏效。而在这 50 年里，这四件事中有的办成了，有的基本办成了，有的初步办成了。

在这 50 年里，中国取得了真正的完全的国家独立，并且成功地维护了主权和民族尊严，挫败了外国侵略势力和扩张势力对中国进行的孤立、封锁、干涉和挑衅。

鸦片战争以来，帝国主义列强通过一次次侵略战争，强加给中国上千个不平等条约，割占和强租中国大片土地，获取了在中国领土上的驻兵权、开矿权、筑路权、海关权、领事裁判权、治外法权等各种特权。是新中国的成立，废除了这些不平等条约，收回了列强在华享有的一切特权。新中国成立之初，以美国为首的帝国主义国家对中国的邻国朝鲜进行军事干涉，并把战火烧到鸭绿江边，严重威胁中国的安全。新中国在十分困难的情况下，不畏强暴，毅然决然地进行了抗美援朝战争，并取得了伟大的胜利。20 世纪 50 年代，苏联要求中国建立共同舰队，毛泽东斩钉截铁地对苏联大使说："要讲政治条件，连半个指头都不行。你可以告诉赫鲁晓夫同志，如果讲条件，我们双方都不必谈。""你们不给援助，可以迫使我们自己努力。"[1]1982 年，邓小平对前来谈香港问题的英国首相撒切尔夫人说："主权问题不是一个可以讨论的问

---

① 《毛泽东外交文选》，中央文献出版社、世界知识出版社 1994 年版，第 330 页。

题。"① 这些话令每个中国人无不感到扬眉吐气。旧中国那种任人欺侮、任人宰割的局面，在日益强大的中国面前已经一去不复返了。

在中华人民共和国成立前的近百年里，中国历届政府没有任何自主外交可言。新中国成立后，制定和实行了独立自主的和平外交政策。周恩来在外交部成立大会上充满自豪地说："中国一百年来的外交史是一部屈辱的外交史。我们不学他们。……要有独立的精神，要争取主动，没有畏惧，要有信心。"② 在处理国与国的关系问题上，新中国积极倡导和平共处五项原则，坚定不移地站在发展中国家一边，真正实现了孙中山所提出的"使中国见重于国际社会""联合世界上以平等待我之民族"的理想。进入 20 世纪 70 年代末以后，中国在全方位对外开放的同时，继续贯彻独立自主的和平外交政策，对一切国际事务坚持从中国人民和世界人民的根本利益出发，根据事情本身的是非曲直来决定自己的立场和政策，不屈从于任何霸权主义和强权政治。不久前，在以美国为首的北约对南联盟发动军事攻击的事件中，我国政府伸张了正义；在我驻南使馆遭到导弹袭击的暴行发生后，我国政府提出了最强烈的抗议，并为此向肇事国进行了严正交涉，迫使它们公开道歉并予以赔偿。这在旧中国外交史上，是根本不可想象的。

在这 50 年里，中国彻底结束了一盘散沙的状态，实现了

---

① 《邓小平文选》第 3 卷，人民出版社 1993 年版，第 12 页。
② 《周恩来外交文选》，中央文献出版社 1990 年版，第 5 页。

国家的空前统一和各民族的和睦相处。

在中国近代史上，虽然始终存在着中央政府，但地方割据，山头林立，民族纷争。新中国成立后，只用了很短时间便解放了除台湾和少数海岛以外的绝大部分领土，并且在此基础上统一了全国的财政和币制（藏币自 1959 年停止流通）。国家的法律和政令 100 多年来，第一次在全国各个地区得到了普遍实施。

中国是多民族国家，由于历代统治阶级所实行的反动政策，造成各民族之间相互仇视。新中国从建立伊始便制定了民族平等、民族团结的方针，创造性地建立了民族区域自治制度，取消了历朝历代对少数民族的种种歧视性规定，并在使用语言文字、计划生育、大专院校招生、干部培养和任用、税收、经济开发和建设等方面，给予了种种照顾、优惠和扶持。与此同时，坚决反对一切民族分裂主义行径。50 年来，中国各民族大团结的局面，是中国近代史上从未有过的，也是中国历史上从未有过的。目前，除澳门即将回归祖国外，尚未实现统一的地方只剩下台湾省。为此，我国政府早就提出了"和平统一、一国两制"的基本方针，同时为防止外国势力干涉中国统一和搞"台湾独立"，始终没有承诺放弃使用武力。祖国完全统一是中华民族最重要的价值准则之一，是大势所趋，人心所向，是任何人也阻挡不了的。

在这 50 年里，中国人民特别是过去一直被压在社会最底层的工人、农民彻底翻了身，成了国家和社会的主人，享受到从未有过的政治、经济和文化权利。

中国是一个封建专制历史很长的国家，进入半封建半殖民地社会后，人民更遭受到帝国主义、封建地主阶级和官僚资产阶级的沉重压迫。"他们过着饥寒交迫的和毫无政治权利的生活。中国人民的贫困和不自由的程度，是世界所少见的。"① 新中国推翻了压在人民头上的"三座大山"，实行了工人阶级领导的以工农联盟为基础的人民民主专政的国体和人民代表大会制度的政体，从而为人民当家作主提供了政治上的根本保证。

过去，广大劳动人民之所以没有民主权利，根本原因在于生产资料掌握在地主阶级、资产阶级手中。新中国在全国范围内一举废除了长达数千年的封建土地所有制，铲除了封建专制主义在中国的根基；随后又通过合作化，把分得土地的个体农民组织起来，杜绝了土地重新向少数人集中的可能。20 世纪 70 年代末 80 年代初，农村实行家庭联产承包责任制，使农民的自主权得到了进一步落实。另外，新中国在西藏进行了民主改革，彻底消灭了惨无人道的封建农奴制度。新中国成立后，人民政府还没收了以蒋宋孔陈四大家族为代表的官僚资产阶级的财产，把它们变为全民所有的国营企业。同时，在其他私营企业中消除了封建把头制度，建立了工厂管理委员会和职工代表会议，吸收工人参加管理。20 世纪 50 年代中期，我们又把私营工商业逐步改造成全民所有制和劳动群众的集体所有制。进入 20 世纪 80 年代后，根据变化了的

---

① 《毛泽东选集》第 2 卷，人民出版社 1991 年版，第 631 页。

形势和生产力的实际状况，我们对所有制结构进行了改革，大力发展三资企业和私营个体经济，但公有制始终占据着主体地位，从而在经济制度上保证了工人阶级作为国家领导阶级的政治地位。

在新中国，只要是年满 18 岁的公民，无论男女，都有选举权和被选举权，而且对县级以下人民代表大会的代表实行了直接选举。国家实行的是共产党领导的多党合作和政治协商制度，各民主党派都享有政治自由、组织独立的权利，在各级政协中发挥着参政议政、民主监督的作用，其中许多人士还担任了国家权力机关的领导职务。特别是近 20 年来，鉴于"文化大革命"中的惨痛教训，我们进一步加强了民主法制建设。迄今为止，全国人大及其常委会已制定出 300 多部法律及有关法律问题的决定，并将"依法治国"写进了宪法。

旧中国妇女社会地位极低。新中国成立后，颁布的第一部法律便是婚姻法，废除了包办强迫、一夫多妻的婚姻制度，使妇女得到了彻底解放。50 年来，妇女同男子一样享有接受教育、劳动就业、担任公职等权利，妇女地位之高是世界各国中少有的。

在这 50 年里，新中国建立了比较完整的工业体系和国民经济体系，走完了西方发达国家用 100 年甚至几百年才走完的工业化路程；在一个有着 12 亿人口、家底薄、资源相对贫乏的大国里，正在实现由温饱向小康的历史性跨越。

新中国是在旧中国留下的生产萎缩、物价飞涨、民不聊生的烂摊子和战争废墟的基础上进行建设的。我们仅用了一年多的时间，便制止了恶性通货膨胀，创造了中外经济史上的奇迹；仅用了短短 3 年时间，便全面恢复了国民经济。旧中国从洋务运动开始起，积累的工业固定资产总值不过 130 多亿元。但从 1953 年开始进行的第一个五年计划建设时期，就新增工业固定资产 214 亿元，超过旧中国积累总和的 60%；还使工业产值占工农业总产值的比重由 30% 上升为 43%，重工业产值占工业产值的比重由 35.5% 上升为 45%，大大改变了旧中国工业特别是重工业落后的局面。

我国国内生产总值 1952 年仅为 679 亿元，到 1998 年已达到近 8 万亿元，扣除价格因素，46 年增长了 29 倍，年均增长 7.7%，大大高于同期世界平均增长 3% 左右的水平，比发达国家同期增长的速度更快。在这 46 年里，国内生产总值翻了四番，其中前两番是在 1952 年到 1978 年这 26 年时间内完成的。改革开放后，我国国民经济的发展更加突飞猛进，仅用 15 年便使国内生产总值又翻了两番，而且社会生产力、综合国力和人民生活连上几个台阶，教育、科技、文化、体育、卫生等社会事业获得了全面发展，对外经济交流迅速扩大，城乡面貌日新月异，过去那种不合理的产业结构发生了深刻变化。目前，中国的经济总量在世界上已占第 7 位，外汇储备占世界第 2 位，谷物、肉类、棉花等主要农产品和钢、煤、水泥、化肥、电视机等主要工业品都越居世界第 1 位。其中，粮食产量已接近 5 亿吨，是 1949 年的近 5 倍；钢产量超过 1 亿吨，是 1949 年的 722 倍。

新中国成立后的 50 年比起新中国成立前，变化最为显著的恐怕要算人民生活了。在旧中国，80%的人长期处于饥饿和半饥饿状态，而现在尚未解决温饱问题的只剩下生活在自然条件恶劣地区的4200万人口，不到全国人口的4%。过去，从事农业生产的人占社会劳动力的比重长期保持在80%，而现在已降为50%。1949年，城镇居民人均年现金收入不足100元，农村居民人均纯收入不足50元，而现在分别增加到5425元和2162元，扣除物价因素，实际翻了五番多。最可喜的是，长期困扰我们的商品短缺状况基本改变，人们多年期望的买方市场已初步形成。世界银行高级副行长、首席经济学家斯蒂格利茨先生感慨地说："从人类历史讲，中国在经济领域所取得的成就是最为显著的。因为，中国成功地在非常短的时期内使那么多人口脱贫，同时保持着高增长的速度。"

只有中国共产党才能在这么短的时间里，使国家获得完全的独立，使绝大部分领土获得统一，使占人口绝大多数的工人、农民、知识分子获得民主，使中华民族获得初步的繁荣昌盛。这是历史得出的结论。

要使中国实现独立、统一、民主、富强，就必须有一个能够团结全国人民并起到核心作用的党。在中国，只有中国共产党才能起到这样的作用。中国共产党从诞生的那一天起，就为中国的独立、统一、民主和富强而英勇奋斗，并为此付出了最大的牺牲。正因为如此，她从一个开始只有几十人的小党，迅速发展壮大，赢得了广大人民的信任和拥护，赢得了一切爱国力量的同情和支持，最终取得新民主主义革命的胜利。新中国成立后，她继续坚持全心全意为人民服务的宗旨，与人民群众保持密切联系。正因为如此，它才能在人民群众中享有崇高的威望，拥有巨大的凝聚力；才能紧密团结全国人民，充分发挥他们的聪明才智和积极性、创造性，万众一心地战胜前进道路上的种种困难。诚然，中国共产党执政以后，也犯过错误，出现了某些官僚主义、命令主义、以权谋私、腐化堕落等脱离群众的现象。但这些缺点和错误的存在，并没有改变中国共产党的性质和宗旨，也没有改变党的中央领导集体和绝大多数党组织、广大党员同人民群众的血肉关系。而且，正是中国共产党自己，在犯了错误之后，公开承认和深刻检讨错误，并予以认真地改正。这种情况在其他政党是没有的。

要使中国实现独立、统一、民主、富强，必须有一个能够给中国人民指明正确的前进方向的党。在中国，只有中国共产党才能起到这样的作用。中国共产党是以在中国建立社会主义，最终实现共产主义的社会制度作为自己纲领的。帝国主义列强的入侵虽然促进了中国商品经济的发展，但也阻碍了中国的工业化进程，堵死了中国变成资本主义强国的道路。在这种情况下，要使中国独立、统一、民主、富强，唯一的选择只能是社会主义。在发展中国家里，印度与中国的国情比较接近，由于它选择的是资本主义道路，所以至今仍然只能是有条件的独立，而且封建势力强大，政治纷争不断，经济发展缓慢。印度《金融时报》的社论说：在中国同印度的竞争中，"中国已成为明显的赢家"。我们在建设社会主义的过程中也发生过像"大跃进"，特别是像"文化大革命"那样的严重挫折，但这并不是社会主义制度造成的，不能因此而否定新中国成立后在各方面取得的成就。邓小平在 1980 年就说过："一定要充分肯定三十一年来的巨大成绩；缺点、错误要进行严肃的批评，但决不能说得一团漆黑。"[1] 江泽民在纪念新中国成立 40 周年大会上的讲话中也说，改革开放后的巨大成就，"是贯彻十一届三中全会以来路线、方针、政策的结果，也是前三十年中社会主义革命和建设成果的进一步发展"[2]。正是由于总结了以往失败的教训，我们党才给人民进一步指明了建设有中国特色的社会主义道路。事实证明，只有社会主义能够救中国，也只有有中国特色的社会主义能发展中国。江泽民曾经深刻指出："如果今后不坚持社会主义，而是像有人主张的那样退回去走资本主义道路，用劳动人民的血汗去重新培植和养肥一个资产阶级，在我国人口众多、社会生产力水平很低的情况下，只能使大多数人重新陷入极其贫困的状态。这种资本主义，只能是原始的、买办式的资本主义，只能意味着中国各族人民再度沦为外国资本和本国剥削阶级的双重奴隶。"[3]

要在中国实现独立、统一、民主、富强，就必须有一个能够率领中国人民在前进道路上战胜各种困难的党。在中国，只有中国共产党才能起到这样的作用。在像中国这样一个人口众多、经济文化落后、各地发展极不平衡的东方大国中，

---

[1]《邓小平文选》第 2 卷，人民出版社 1994 年版，第 365 页。

[2]《十三大以来重要文献选编》（中），中央文献出版社 2011 年版，第 64 页。

[3]《十三大以来重要文献选编》（中），中央文献出版社 2011 年版，第 615 页。

要通过社会主义道路实现工业化和现代化，既没有现成方案可以搬用，也没有足够经验可以借鉴，其困难之多之大，可想而知。在这种情况下，如果没有马克思主义这一揭示人类社会发展普遍规律的科学的世界观作为行动指南，如果没有这一科学的世界观与中国社会主义建设具体情况的结合，要战胜各种困难是根本不可能的。中国共产党从成立那天起，就把马克思主义当作自己的指导思想，并且在把马克思主义同中国实际结合的过程中，产生了两次历史性的飞跃和两大理论成果：一个是关于中国革命和建设经验总结的毛泽东思想，一个是作为毛泽东思想最新发展的、建设有中国特色社会主义指导思想的邓小平理论。正是因为有了毛泽东思想，我们党才能够面对新中国成立初期那种国内国际复杂困难的环境，从理论和实践上完成在中国这样一个占世界人口近四分之一、经济文化落后的大国，建立社会主义制度的艰难任务，率领人民从新民主主义走上社会主义道路。正是因为有了作为毛泽东思想最新发展的邓小平理论，我们党才能够在"文化大革命"结束以后的重大历史关头，冲破"两个凡是"的禁锢，在纠正毛泽东晚年所犯错误的同时维护毛泽东思想的历史地位，制定出"一个中心、两个基本点"的社会主义初级阶段基本路线，率领人民走上建设有中国特色社会主义的新道路。同样，正是因为有了以江泽民同志为主要代表的中国共产党人对马克思主义、毛泽东思想、邓小平理论的创造性运用，我们党才能够面对现代化建设新阶段的新形势和新任务，确定建立社会主义市场经济体制，制定出包括建设有中国特色社会主义政治、经济、文化在内的社会主义初级阶段的基本纲领，提出诸如正确处理改革、发展、稳定三者关系等一系列重大方针，率领人民把建设有中国特色社会主义事业不断推向前进。

毛泽东在 1954 年曾经说过："我们要建成一个伟大的社会主义国家，大概经过五十年即十个五年计划，就差不多了，就像个样子了，就同现在大不一样了。现在我们能造什么？能造桌子椅子，能造茶碗茶壶，能种粮食，还能磨成面粉，还能造纸，但是，一辆汽车、一架飞机、一辆坦克、一辆拖拉机都不能造。……就是到五十年后像个样子了，也要和现在一样谦虚。"[①] 当前，我们正处于世纪之交，无论国内还是国际，都面临着大好的机遇，同时也面临着严峻的挑战。我们现在已经能够造汽车、飞机、坦克、拖拉机了，而且还能造很多更为现代化的东西。但正如毛泽东所说的那样，我们仍然要谦虚谨慎，仍然要清醒地看到未来任务的艰巨和复杂。我们要像过去的 50 年那样，继续埋头苦干，奋发图强，为在 21 世纪的头 50 年实现民族的全面振兴，步入中等发达国家的行列，为到新中国成立 100 周年时，把中国建成更加富强民主文明的社会主义现代化国家而努力奋斗。

---

①《毛泽东文集》第 6 卷，人民出版社 1999 年版，第 329 页。

新中国60年的历史是一个光辉的整体

新中国的 60 年，是中国由积贫积弱不断走向繁荣富强的 60 年，是中国历史上最为辉煌的 60 年。在这 60 年，根据我们党的路线、方针和任务的变化，可以划分出一些不同时期，其中最为显著的是改革开放前和改革开放后这两个时期。但要看到，这两个时期并不是割裂的，更不是对立的，而是内在统一、不可分割的光辉整体。我们既不能用前一个时期去否定后一个时期，也不能用后一个时期去否定前一个时期。

一、改革开放前后两个历史时期既有区别也有连续性

改革开放的历史新时期，是由对我们党具有重大历史意义的十一届三中全会开启的。这个时期，开辟了中国特色社会主义道路，极大地调动了亿万人民的积极性，使社会主义和马克思主义在中国大地上焕发出勃勃生机，中华民族大踏步赶上了时代前进的潮流。看不到这个时期的鲜明特色，就不可能懂得中国特色社会主义道路究竟"特"在哪里，就会妨碍我们对改革开放伟大意义的认识。反过来，如果看不到这个时期与改革开放前的连续性，也不可能懂得中国特色社会主义道路为什么是社会主义而不是别的什么"主义"，就会妨碍我们对新中国 60 年历史的整体把握。

从党的指导思想上看。改革开放后，纠正了毛泽东晚年的错误，否定了"以阶级斗争为纲"这个不适合于社会主义时期的错误口号，实现了工作重点向经济建设的转移，制定了党在社会主义初级阶段"一个中心、两个基本点"的基本路线，先后形成了邓小平理论、"三个代表"重要思想和科学发展观等马克思主义中国化的新成果。但同时，科学评价了毛泽东，把毛泽东晚年的错误与毛泽东思想加以区别，确立毛泽东的历史地位，捍卫和高举毛泽东思想的伟大旗帜；继续把马克思主义作为党的指导思想，把四项基本原则当成党的基本路线中两个基本点中的一个基本点和立国之本。对于改革开放前后我们党在指导思想上的异同之处，邓小平作过一个很精辟的说明。他说：有的人"忽略了中国的政策基本上是两个方面，说不变不是一个方面不变，而是两个方面不变。人们忽略的一个方面，就是坚持四项基本原则，坚持社会主义制度，坚持共产党领导。人们只是说中国的开放政策是不是变了，但从来不提社会主义制度是不是变了，这也是不变的嘛！"①

从经济体制上看。改革开放后，打破了公有制和按劳分配一统天下的局面，改变了高度集中的计划经济体制，确立了社会主义市场经济体制；解散了农村人民公社，实行了家庭联产承包责任制；打开了对外开放的大门，并不断拓展开放的广度和深度。但同时，仍然坚持公有制和按劳分配为主

---

① 《邓小平文选》第 3 卷，人民出版社 1993 年版，第 217 页。

体，把全民所有制和集体所有制作为社会主义经济制度的基础，把国有经济作为国民经济中的主导力量和支柱；明确社会主义市场经济是同社会主义基本制度结合在一起的，市场对资源配置的基础性作用要在国家的宏观调控之下来发挥；坚持农村土地集体所有制的性质，既发挥农民家庭经营的积极性，又发挥集体经济的优越性；坚持自力更生的方针，强调走中国特色自主创新道路，不断提高对外开放的安全性。

从政治体制上看。改革开放后，大力加强社会主义民主和法制建设，积极推进政治体制改革，不断改进党的领导，逐步落实对权力的制约、监督和对人权的尊重、保障等原则。但同时，始终坚持共产党在国家事务中总揽全局、协调各方的核心领导作用，坚持政治体制改革的正确方向和党的领导、人民当家作主、依法治国的有机统一，坚持全心全意依靠工人阶级，坚持党对军队的绝对领导，不搞西方的多党制和议会民主、三权分立。

从文化和社会政策上看。改革开放后，摈弃了以往在意识形态工作中"左"的做法，解除了在文艺创作和学术研究中设置的不必要的框框和禁区，积极发展文化、教育、科学事业，深化教育改革和文化管理体制改革，促进人民精神生活和社会生活的多样化，健全基层社会管理体制，推动社会组织建设。但同时，仍然坚持马克思主义在意识形态领域的指导地位，要求共产党员坚定对共产主义远大理想的信仰，引导全体人民树立中国特色社会主义共同理想，把社会主义核心价值体系融入国民教育和精神文明建设的全过程，弘扬爱国主义、集体主义、社会主义思想，抵制各种错误和腐朽思想的影响；坚持社会主义先进文化的前进方向，全面贯彻党的教育方针，培养德智体美全面发展的社会主义建设者和接班人；健全党和政府主导的维护群众权益机制，高度警惕和坚决防范国内外敌对势力各种分裂、渗透、颠覆活动，切实维护国家意识形态安全。

从外交方针上看。改革开放后，随着国际形势的深刻变化，改变了过去关于时代特征的判断，认为和平与发展是当今时代的主题、中国的前途命运日益同世界的前途命运联系在一起，主张建设持久和平、共同繁荣的和谐世界，加强同发达国家的战略对话。但同时，继续实行新中国成立之初所制定的独立自主的和平外交政策和所倡导的和平共处五项原则，加强同广大发展中国家的团结合作，反对各种形式的霸权主义和强权政治，推动国际秩序朝着更加公正合理的方向发展。

以上说明，改革开放后与改革开放前相比，确实存在着党的路线、方针和任务上的一系列重大变化。但是，这种变化只不过是社会主义的自我完善和发展，政治的基本制度、国家的核心领导力量、意识形态的指导思想、党的宗旨和最终奋斗目标等，都没有变化。这两个时期都统一于科学社会主义的原则之下，都是共产党领导的、人民当家作主的、建设社会主义的历史。

二、改革开放前的历史对改革开放具有重要意义

改革开放 30 年来，我国经济飞速发展，综合国力明显增强，人民生活水平大幅度提高，为世界经济发展和人类文明进步作出了重大贡献。所有这些，都是世人有目共睹的。但这一切的起点，并非 1949 年旧中国留下的那个满目疮痍的烂摊子，而是 1978 年新中国在经过 29 年艰苦奋斗后建立起来的宏伟基业。正如胡锦涛在党的十七大报告中所指出的："改革开放伟大事业，是在以毛泽东同志为核心的党的第一代中央领导集体创立毛泽东思想，带领全党全国各族人民建立新中国、取得社会主义革命和建设伟大成就以及艰辛探索社会主义建设规律取得宝贵经验的基础上进行的。新民主主义革命的胜利，社会主义基本制度的建立，为当代中国一切发展进步奠定了根本政治前提和制度基础。"[1] 如果没有改革开放前提供的基础，改革开放要取得如此显著的成就是不可想象的。这主要体现在以下几个方面：

提供了根本政治和制度前提。新中国成立后，取得了民族独立、主权和领土完整，实现了除台、港、澳地区之外的国家统一，铲除了帝国主义、封建势力的统治根基，建立了人民民主专政的政权和人民代表大会制度、中国共产党领导的多党合作和政治协商制度、民族区域自治制度等社会主义基本政治制度，奠定了社会主义全民所有制和集体所有制的经济基础。正

---

[1]《中国共产党第十七次全国代表大会文件汇编》，人民出版社 2007 年版，第 7 页。

是这一切，使中国结束了蒙受屈辱、战乱频仍、四分五裂、民不聊生的黑暗历史，使人民大众翻身做了国家主人，各民族实现了空前大团结，国家走上了社会主义康庄大道。

提供了基本的物质技术条件。新中国成立后，在一穷二白的基础上建立起了独立的比较完整的工业体系和国民经济体系，一定程度上改变了旧中国工业集中于沿海地区的不合理布局，并通过大规模农田水利基本建设，发展农药、化肥、农用机械工业及县办、社办小工业，大幅度改善了农业和农村的生产条件，提高了农作物单位面积产量。同时，大力发展科教事业，使全国高校毕业生超过旧中国 36 年累积总数的 14 倍，专业技术人员达到新中国成立初期同类人员的 13 倍多。《关于建国以来党的若干历史问题的决议》（以下简称《历史决议》）在评价改革开放前的历史贡献时指出："我们现在赖以进行现代化建设的物质技术基础，很大一部分是这个期间建设起来的；全国经济文化建设等方面的骨干力量和他们的工作经验，大部分也是在这个期间培养和积累起来的。"①

提供了思想上的一定保证。胡锦涛指出：毛泽东思想"是被实践证明了的关于中国革命和建设的正确的理论原则和经验总结"②。改革开放以来，毛泽东思想中关于实事求是、群众路线，关于要把我国建设成现代化社会主义强国、对人类作出较大贡献，关于不要机械搬用外国经验，关于社会主义时期要严格区分、正确处理两类不同性质的矛盾，关于要调

①《三中全会以来重要文献选编》（下），中央文献出版社 2011 年版，第 138 页。
②《十六大以来重要文献选编》（上），中央文献出版社 2011 年版，第 641 页。

动一切积极因素、化消极因素为积极因素，关于百花齐放、百家争鸣、古为今用、洋为中用等思想，都被邓小平理论、"三个代表"重要思想和科学发展观所吸收，发挥着重要指导作用。改革开放前开展过的一系列政治运动存在对形势判断过于严重、做法过于简单粗暴、打击面过宽等问题，但其中关于防止执政党脱离群众、警惕"和平演变"和腐败变质的理念，却至今在党的建设中产生着深远影响。改革开放以来，我们党把过去政治运动中合理的部分作为优良传统加以继承和发扬，开展了连续不断的组织整顿和思想教育活动，对各级干部和党员在长期执政、实行市场经济和对外开放的条件下经受考验，起到了积极作用。

提供了正反两方面的经验。改革开放前，在探索社会主义建设规律的过程中，形成了许多反映国情、符合客观的认识，积累了一系列对于今天改革开放仍然具有重要价值的宝贵经验。同时，我们党也犯过不少错误，积累了很多教训。其中最大的教训，就是错误发动"文化大革命"。但正如邓小平所说："没有'文化大革命'的教训，就不可能制定十一届三中全会以来的思想、政治、组织路线和一系列政策。……'文化大革命'变成了我们的财富。"①

提供了相对有利的国际环境。新中国成立后，挫败了外国侵略势力的一系列孤立、封锁、干涉、挑衅行径，积极支持亚非拉民族解放和独立运动，发展同中间地带国家的友好

---

① 《邓小平文选》第 3 卷，人民出版社 1993 年版，第 272 页。

关系，先后研制成功"两弹一星"和核潜艇，打破了超级大国的核垄断和核讹诈。面对苏联霸权主义的军事威胁，毛泽东提出关于三个世界划分的理论，实现了中美和解，进而推动了中国同日本、西欧许多国家关系的改善，并在第三世界国家的支持下恢复了在联合国的合法席位，大大增强了我国国际地位，为和平建设争取了时间。邓小平讲得好："毛泽东同志在世的时候，我们也想扩大中外经济技术交流，包括同一些资本主义国家发展经济贸易关系，甚至引进外资、合资经营等等。但是那时候没有条件，人家封锁我们。后来'四人帮'搞得什么都是'崇洋媚外'、'卖国主义'，把我们同世界隔绝了。毛泽东同志关于三个世界划分的战略思想，给我们开辟了道路。"①

改革开放是在"文化大革命"已经结束，但"两个凡是"的错误方针又使党和国家工作出现前进中徘徊局面的大背景下，以邓小平同志为主要代表的中国共产党人作出的政治决断和战略抉择。没有改革开放，新中国的历史显然难以为继。但没有改革开放前那段历史打下的基础，改革开放也是难以起步的。改革开放前，国家各项事业的发展和人民生活面貌的改变远没有改革开放后那么显著，但这绝不表明那段历史对于改革开放无足轻重、可有可无。如同盖楼一样，打地基时不容易让人看出成绩，但楼房盖得快盖得高，反过来说明了地基打得牢。

---

① 《邓小平文选》第2卷，人民出版社1994年版，第127页。

三、改革开放前取得的建设成就是那段历史的主流

新中国成立到改革开放前，我们党在领导人民探索社会主义建设规律的过程中，有过不少失误和错误，有的错误甚至是全局性、长时期的，给党、国家和人民的事业造成过严重损失。我们说新中国 60 年是光辉的整体，当然不等于说那些错误也是光辉的。但另一方面，我们也必须正确看待那段历史所犯的错误，绝不能因为存在那些错误，就否定那段历史是新中国光辉 60 年的重要组成部分。

要把那段历史中的错误与取得的成就加以比较。对于改革开放前的历史性成就，党中央在改革开放后的不同时期曾作过许多评价，观点是始终明确和一贯的。例如，1979 年邓小平指出："我们尽管犯过一些错误，但我们还是在三十年间取得了旧中国几百年、几千年所没有取得过的进步。"[①]1989 年江泽民指出："中华人民共和国成立以来的四十年，是中国历史发生翻天覆地变化的四十年，是经历艰难曲折、战胜种种困难、不断发展进步的四十年，是中华民族扬眉吐气、独立自主、在国际事务中日益发挥重要作用的四十年。"[②]2006 年胡锦涛指出："在社会主义革命和建设时期，我们确立了社会主义基本制度，在一穷二白的基础上建立了独立的比较完整的工业体系和国民经济体系，使古老的中国以崭新的姿态

---

①《邓小平文选》第 2 卷，人民出版社 1994 年版，第 167 页。
②《十三大以来重要文献选编》（中），中央文献出版社 2011 年版，第 62 页。

屹立在世界的东方。"① 上述评价如实反映和高度概括了改革开放前历史的基本方面，是我们总体评价那段历史的主要依据。只要把那段历史中的错误，包括"大跃进"和"文化大革命"那种严重错误，同上述基本面放在一起比较，孰重孰轻、什么是主流什么是支流，就会一目了然。

要对那段历史的错误进行具体分析。改革开放前，有的错误是全局性的、根本性的，也有的错误只是局部性的，居于次要位置。如果不加分析，以偏概全，看到哪件事情中有缺点有错误就予以全盘否定，势必会得出改革开放前的历史是一连串错误集合的结论。例如，新中国成立初期，在思想文化领域进行过几场比较大的批判运动，有把思想性、学术性问题简单化、政治化的倾向，有的甚至混淆了敌我、敌友的界限，伤害了不少知识分子的感情。但应当看到，正是那些大张旗鼓的批判，加上与此同时进行的知识分子思想改造运动，使文艺界、学术界、教育界原先存在的封建主义和资产阶级的思想受到强烈冲击和迅速清理，使辩证唯物主义和历史唯物主义、为人民服务和人人平等等无产阶级思想，为大多数旧社会过来的知识分子所接受，很快占领了学校讲坛和各种文化宣传阵地，并且直到今天仍然在意识形态领域居于指导地位。

要把那段历史中的错误放在当时的历史条件下去看。所谓放在当时的历史条件下看，就是看那些错误在当时客观条

① 胡锦涛:《在庆祝中国共产党成立 85 周年暨总结保持共产党员先进性教育活动大会上的讲话》,《人民日报》2006 年 7 月 1 日。

件限制下，是可以避免的还是难以避免的。例如，改革开放前很长时间内，积累率过高，人民生活水平提高不快，农村大部分地区面貌变化不大。这既与当时搞建设急于求成的主观指导思想有关，也与对积累和消费比例的安排缺少经验有关。但基本原因还在于，新中国成立初期，一方面，经济基础极为薄弱，人才、资金、资源极为缺乏；另一方面，面对帝国主义侵略的威胁和人民群众要求迅速改变落后面貌的强烈愿望，需要通过优先发展重工业来加快工业化建设步伐。为此，只能实行集中统一的计划经济体制和统购统销政策，以便最大限度地集中财力、物力、人力，从而不得不暂时抑制人民的消费，限制农民进城，维持适当比例的工农业产品剪刀差。可见，那个时期的消费品生产不足，人民生活提高不快，从根本上说，是为工业化打基础所必须付出的代价。问题在于，后来的"大跃进""反右倾"，特别是"文化大革命"等错误，使生活困难的程度更为加重、时间更为延长了。

要把那段历史中的错误与犯错误的时期加以区别。改革开放前，有些错误持续时间较长，但这并不意味着那个时期只有错误。例如，"文化大革命"长达十年时间，但在那十年里，除了"文化大革命"运动，我们党和人民还做了许多其他有益工作，"我国社会主义制度的根基仍然保存着，社会主义经济建设还在进行，我们的国家仍然保持统一并且在国际上发挥重要影响"。"国民经济虽然遭到巨大损失，仍然取得了进展。""在国家动乱的情况下，人民解放军仍然英勇地保卫着祖国的安全。对外工作也打开了新的局面。"①这说明，不能把"文化大革命"与"文化大革命"时期简单画等号，不能因为要彻底否定"文化大革命"，就否定"文化大革命"时期各项建设事业取得的重大成就，更不能因此而否定那一时期我们党和国家、社会的性质。

要把那段历史中好心办坏事与个人专断、个人专断与专制制度加以区别。在可以避免的错误中，有属于急于求成的，也有缘于个人专断的。对急于求成的毛病，邓小平曾分析道："我们都是搞革命的，搞革命的人最容易犯急性病。我们的用心是好的，想早一点进入共产主义。这往往使我们不能冷静地分析主客观方面的情况，从而违反客观世界发展的规律。中国过去就是犯了性急的错误。"②对个人专断，《历史决议》指出，其根源在于骄傲，脱离实际和群众；社会原因是党内民主和国家政治生活中的民主缺少制度化、法律化，权力过分集中于个人；历史原因是长期封建社会造成的封建专制主义思想的影响。但必须看到，受封建专制主义思想影响与封建专制制度本身，毕竟是性质完全不同的两码事。因为存在个人或少数人专断的现象，就妄言改革开放前是什么封建专制主义社会，完全是对历史的歪曲。

新中国即将走过自己的60年。这个时候回顾历史，认识新中国60年的整体性，具有特别重要的意义。对自己民族和

---

① 《三中全会以来重要文献选编》（下），中央文献出版社2011年版，第147、148页。

② 《邓小平文选》第3卷，人民出版社1993年版，第139—140页。

国家历史的认知，从来是一个民族、一个国家主流文化和核心价值体系的重要组成部分，是这个民族、这个国家的重要精神支柱之一。各个阶级各种政治力量，无论是为了维护一个政权还是为了推翻一个政权，都无不高度重视对历史特别是对国家史解释的话语权。古人说过："灭人之国，必先去其史。"毛泽东也说过："历史上不管中国外国，凡是不应该否定一切的而否定一切，凡是这么做了的，结果统统毁灭了他们自己。"① 历史告诉我们，只有社会主义才能救中国，只有改革开放才能发展中国、发展社会主义、发展马克思主义。我们要实现中华民族的伟大复兴，就要重视和加强马克思主义指导下的中华人民共和国史的研究和宣传，抵制各种歪曲新中国历史的错误思潮和观点，努力巩固全党全国各族人民团结奋斗的共同思想基础，坚定不移地沿着中国特色社会主义道路奋勇前进。

---

① 毛泽东:《1959 年 2 月 2 日在省、市、自治区党委书记会议上的讲话》,《党的文献》2007 年第 5 期。

中国共产党与中华民族的伟大复兴

——纪念中国共产党成立 90 周年 [*]

2011 年是中国共产党成立 90 周年，也是辛亥革命爆发 100 周年。这两件关系中国命运的大事刚好相隔 10 年，看似巧合，其实有着必然的内在的联系。它们的目的都是要救中国于危亡之中，进而使中国独立富强，使中华民族实现复兴。但因为辛亥革命要走的资本主义道路在中国走不通，所以选择社会主义道路的中国共产党才登上了历史舞台，担负起了领导中华民族复兴的大任。近一个世纪的历史证明，用马克思主义武装的中国共产党善于把马克思主义普遍真理同中国具体实际相结合，正确回答和解决了中华民族在复兴道路上面对的一系列重大问题，因而继承并发扬光大了辛亥革命的未竟事业，使中华民族的伟大复兴一步步变成现实。

一、中国共产党为中华民族复兴提供了根本的政治前提

中国具有古老而灿烂的文明，历史上一直是一个人口众多、地域辽阔、物产丰富、经济发达的大国强国。但自欧洲工业革命兴起，中国逐渐落后，1840 年鸦片战争爆发以来，

---

* 本文曾发表于《当代中国史研究》2011 年第 3 期。收入本书时，作者略作修改。

更不断遭受西方列强的侵略，沦入半殖民地半封建的悲惨境地。面对民族的衰落、国家的危亡，无数爱国的仁人志士提出了各种解救的方案。维新派、君主立宪派、旧民主主义革命派等提出的方案尽管各不相同，但共同之处都是主张向西方国家寻求真理。唯有中国共产党提出了与它们完全不同的方案，主张把马克思主义这个放之四海而皆准的真理作为解救中华民族的最好的武器。

毛泽东在党的七大报告上说："没有一个独立、自由、民主和统一的中国，不可能发展工业。……没有工业，便没有巩固的国防，便没有人民的福利，便没有国家的富强。一八四〇年鸦片战争以来的一百零五年的历史，特别是国民党当政以来的十八年的历史，清楚地把这个要点告诉了中国人民。"[1] 对于这个认识过程，他在中国共产党成立 28 周年时所写的《论人民民主专政》一文中，曾有过十分精彩的描述。他说："自从一八四〇年鸦片战争失败那时起，先进的中国人，经过千辛万苦，向西方国家寻找真理。""帝国主义的侵略打破了中国人学西方的迷梦。很奇怪，为什么先生老是侵略学生呢？中国人向西方学得很不少，但是行不通，理想总是不能实现。多次奋斗，包括辛亥革命那样全国规模的运动，都失败了。国家的情况一天一天坏，环境迫使人们活不下去。怀疑产生了，增长了，发展了。第一次世界大战震动了全世界。俄国人举行了十月革命，创立了世界上第一个社会主义国家。""这时，也

---

①《毛泽东选集》第 3 卷，人民出版社 1991 年版，第 1080 页。

只是在这时，中国人从思想到生活，才出现了一个崭新的时期。中国人找到了马克思列宁主义这个放之四海而皆准的普遍真理，中国的面目就起了变化了。""就是这样，西方资产阶级的文明，资产阶级的民主主义，资产阶级共和国的方案，在中国人民的心目中，一齐破了产。资产阶级的民主主义让位给工人阶级领导的人民民主主义，资产阶级共和国让位给人民共和国。这样就造成了一种可能性：经过人民共和国到达社会主义和共产主义，到达阶级的消灭和世界的大同。"①

因为中国共产党的主张最合乎中国的实际，最能代表绝大多数中国人的根本利益，最能把中国从灾难深重中解救出来，所以吸引和凝聚了中华民族最优秀的儿女。他们舍身忘己，前赴后继，付出最大牺牲，忠实地实践党的纲领，领导工人阶级，团结和带领广大农民、城市小资产阶级和民族资产阶级，经过 28 年艰苦奋斗，终于赶走了帝国主义，推翻了国民党反动派的独裁统治，扫清了挡在中国发展道路上的一个又一个政治障碍，建立了人民当家作主的中华人民共和国，为中华民族伟大复兴提供了政治上的现实可能性。

二、中国共产党为中华民族复兴抓住了难得的发展机遇

中华民族自近代以来，曾遇到过多次发展机遇，都由于反动势力的阻挠而错过了。新中国成立后，中国共产党坚持用马克思列宁主义观察分析国际国内形势，高瞻远瞩，审时

---

①《毛泽东选集》第 4 卷，人民出版社 1991 年版，第 1469—1471 页。

度势，在中华民族的发展机遇面前，作出了正确的选择。

新中国成立初期，国内实现了和平、独立、统一（除台湾外），迅速恢复了被战争破坏的国民经济；在国际上，两大阵营对峙，美国企图孤立、封锁、包围中国，但苏联答应全面援助我国以重工业为重点的第一个五年计划建设。以毛泽东同志为主要代表的中国共产党人，抓住这个机遇，决定提前向社会主义过渡，并制定了党在过渡时期的总路线，进行了对农业、手工业和资本主义工商业的社会主义改造，实行了计划经济体制，将有限的资金、物资、人才等各种资源集中用于大规模工业化建设。以后，又提出了四个现代化的战略目标。所有这些，使中国用较短时间建成了独立的比较完整的工业体系和国民经济体系，为中华民族的复兴打下了坚实的物质基础。

20 世纪 70 年代，中苏关系恶化，美国为从东南亚败局中脱身、集中力量对付苏联的挑战，急于改善同中国的关系；与此同时，西方国家开始调整经济结构，寻找新的投资出路。以毛泽东同志为主要代表的中国共产党人抓住这个机遇，果断打开了中美关系的大门，推动了与西方国家的建交高潮，并在一定程度上开展了与它们的经济贸易往来，引进了一批在国民经济中起重要作用的先进设备，也为后来实行开放政策作了铺垫。随后不久，"四人帮"被粉碎，党内外越来越强烈地要求纠正长期居于指导地位的"左"的错误。另一方面，国际形势进一步缓和，和平与发展已成为时代的主题，经济全球化的趋势越来越明显，以信息化为先导的科学技术更是飞速发展、日新月异。以邓小平同志为主要代表的中国共产党人抓住这个机遇，毅然决然地恢复了党的马克思主义的思想路线，实现了党的工作重点的转移，实行了改革开放的总方针，充分发挥市场调节的作用，积极吸引外资。从此，我国经济持续高速增长，综合国力大幅提升，人民生活水平不断提高，使中华民族大踏步地赶上了时代前进的潮流，迎来了伟大复兴的光明前景。

20 世纪末和 21 世纪初，中国经过改革开放，经济实力、综合国力进一步增强，国际地位和影响力显著提升；与此同时，世界进入大发展、大变革、大调整的时期，和平、发展、合作的时代潮流更加强劲，多极化和经济全球化深入发展，世界经济对新兴经济体依赖度越来越大，科技创新开始孕育新的突破，围绕生态保护、资源节约的新技术和新产业加速发展。面对这一大有作为的战略机遇期，以江泽民同志为主要代表的中国共产党人和以胡锦涛同志为主要代表的中国共产党人，成功实现了由计划经济体制向社会主义市场经济体制的转折，积极加入了世界贸易组织，及时提出并贯彻了科学发展观，着力转变经济发展方式，推动信息化与工业化的融合，开展自主创新体系的建设，使我国经济在总量连上几个台阶、跃升世界第 2 位的同时，推动了产业结构的优化升级，促进了经济增长由主要依靠投资出口拉动向依靠消费投资出口协调拉动的转变，拓展了对外开放的广度和深度，加强了节能环保的力度，并在清洁能源的投入与生产方面走在了世界前列，再次让中华民族跟上了时代前进的步伐，适应了世界发展的大势。

邓小平说过："我们要利用机遇，把中国发展起来"，"不抓呀，看到的机会就丢掉了，时间一晃就过去了"。[①]事实充分说明，中国共产党执政后尽管也存在因指导思想犯错误和经验不足而耽误时机的情况，但从根本上把握了世界的潮流，从总体上抓住了发展的机遇。否则，中国怎么可能仅用半个多世纪的时间，就走完发达国家一二百年甚至三四百年所走过的路呢？现在，中华民族伟大复兴的曙光在世人面前，已经变得越来越清晰可见。

三、中国共产党为中华民族复兴创造了良好的内外条件

一个民族要振兴，内部一定要有安定团结的氛围和昂扬向上的精神，外部一定要有相对安全的环境和与多数国家友好的关系。否则，内部争斗不止、四分五裂，人民精神萎靡不振、安于现状，外部强敌骚扰不断，与多数国家结怨不和，任何民族都是难以振兴的。新中国成立后，中国共产党通过不懈探索发展道路、构建基本制度、营造内外环境，以及加强自身建设，使中华民族拥有了一个有利于伟大复兴的内部和外部条件。

（一）建立了有利于中华民族复兴的社会主义民主政治和法律体系

新中国成立初期，中国共产党从中国的实际情况出发，

---

① 《邓小平文选》第 3 卷，人民出版社 1993 年版，第 358、375 页。

建立了人民代表大会制度、共产党领导的多党合作和政治协
商制度、民族区域自治制度等根本和基本的政治制度。这些
制度既不同于西方的多党轮流执政制、三权鼎立和两院制，
也有别于苏联的一党制和联邦制。与此同时，我国还制定了
第一部宪法，为社会主义民主法制建设和中国特色社会主义
法律体系的形成奠定了坚实基础。在改革开放新时期，党中
央通过总结"文化大革命"的教训，把加强社会主义民主法
制建设作为坚定不移的方针确定下来，强调必须使社会主义
民主制度化、法律化；把依法治国确定为党领导的人民治理
国家的基本方略，提出构建社会主义和谐社会的重大战略任
务，强调发展社会主义民主政治最根本的是坚持党的领导、
人民当家作主、依法治国的有机统一。现在，一个立足中国
国情和实际、适应改革开放和社会主义现代化建设需要、集
中体现党和人民意志的中国特色社会主义法律体系已经形成。
它既保证了人民各项民主权利的落实，又保证了社会主义集
中力量办大事、决策效率高等优越性的发挥；既妥善处理了
法律前瞻性与可行性的关系，又解决了国家发展中带根本性、
全局性、稳定性、长期性的问题，从而为建设富强民主文明
和谐的社会主义现代化国家、实现中华民族的伟大复兴提供
了强大的法制保障。

（二）开辟了有利于中华民族复兴的发展道路——中国特
色社会主义道路

中国共产党的最高理想和最终奋斗目标是实现共产主义。

在取得新民主主义革命胜利以后，我们党经过艰辛探索，逐渐弄清楚了什么是社会主义和怎样建设社会主义的问题，明白了实现共产主义理想不仅要经过漫长的社会主义阶段，而且在社会主义阶段里又分为不发达、比较发达和发达等不同阶段。中国是由半殖民地半封建社会进入社会主义社会的国家，基础差，起点低，要建设社会主义，必须经过社会主义初级阶段，把坚持社会主义基本制度同发展市场经济结合起来，走中国特色社会主义的道路。

党的十七大报告指出："中国特色社会主义道路，就是在中国共产党领导下，立足基本国情，以经济建设为中心，坚持四项基本原则，坚持改革开放，解放和发展社会生产力，巩固和完善社会主义制度，建设社会主义市场经济、社会主义民主政治、社会主义先进文化、社会主义和谐社会，建设富强民主文明和谐的社会主义现代化国家。中国特色社会主义道路之所以完全正确、之所以能够引领中国发展进步，关键在于我们既坚持了科学社会主义的基本原则，又根据我国实际和时代特征赋予其鲜明的中国特色。在当代中国，坚持中国特色社会主义道路，就是真正坚持社会主义。"这条道路实行30年的历史告诉我们，它完全符合中国的实际，是中华民族复兴最可靠的途径。

（三）开展了有利于中华民族复兴的一系列社会稳定工作

没有社会的稳定就没有政权的巩固，没有政权的巩固就没有民族的复兴。新中国自成立之始，针对国民党撤离大陆时留下的大批特务、正规军分散为匪，捣乱破坏、组织暴动的猖獗活动，进行了大规模剿匪斗争，开展了镇压反革命运动，保证了人民政权的长治久安。随后，又针对极少数民族分裂分子在外国势力支持下发动的武装叛乱，进行了平叛斗争，维护了国家统一和社会稳定。粉碎"四人帮"后，我国结束了十年内乱，恢复并连续30多年保持了社会的安定团结。在此期间，由于国内外敌对势力的渗透、颠覆、分裂活动，也发生过局部动乱乃至反革命暴乱和打砸抢烧事件。对此，党和政府依靠人民群众，坚决予以平息，维护了正常的社会秩序，使改革开放和现代化建设事业得以顺利进行。在长期实践中，中国共产党总结出了一系列指导和引导社会和谐稳定的理论、方针、政策，如正确区分与处理两类不同性质的矛盾、实现改革发展稳定三者的统一、构建社会主义和谐社会、健全党和政府主导的维护群众权益机制等等，为维护社会稳定发挥了重要作用。正如邓小平所说："中国的问题，压倒一切的是需要稳定。没有稳定的环境，什么都搞不成，已经取得的成果也会失掉。""中国不能把自己搞乱，这当然是对中国自己负责，同时也是对全世界全人类负责。"①

（四）培育了有利于中华民族复兴的民族精神和社会风气

在旧中国长期的封建社会里，普通群众无权参与社会事务，缺乏组织性和纪律性，对社会变革也往往表现淡漠，被

---

① 《邓小平文选》第3卷，人民出版社1993年版，第284、361页。

人讥为一盘散沙、麻木不仁。但中国共产党在革命战争和抗日战争时期的根据地里，通过自己以身作则的表率示范作用和发动群众、组织群众、教育群众，凝练了热爱国家、艰苦奋斗的民族精神，形成了关心集体、团结互助、遵守纪律、争当先进的社会风气。取得全国胜利后，中国共产党将这种在根据地培育的精神和风气传播到各地，并通过恢复国民经济、抗美援朝运动、"一五"时期建设，以及学大庆、学大寨、学雷锋、学王进喜、学焦裕禄等先进典型和模范人物的活动，进一步融入自力更生、奋发图强和人人为我、我为人人等新风尚，使这种精神和风气得到更大发扬。改革开放后，又通过"两个文明"建设、"五讲四美三热爱"活动和社会主义核心价值体系建设，进一步发扬了以爱国主义为核心的民族精神，形成了以改革创新为核心的时代精神，培育了无私奉献、助人为乐、廉洁奉公、爱岗敬业、勇于创新、敢为人先的社会风气。在新中国建设的各个历史时期和各个领域各条战线，哪里有重大成就，哪里就有共产党员的足迹；哪里有困难危险，哪里就有共产党员的身影。所有这一切，都促使人民群众始终保持了一种昂然向上的精神状态，从而为中华民族锻造了励志复兴的精神支柱。

（五）构筑了有利于中华民族复兴的国际环境

新中国一成立便奉行独立自主的和平外交政策，倡导不同社会制度国家和平共处的五项原则，坚定站在亚非拉发展中国家一边，积极发展同尚未建交的西方国家之间的民间外交，赢得了国际社会的普遍尊重和广泛赞誉。与此同时，中国共产党在事关国家安全、主权和领土完整等核心利益问题上从不妥协，在极其困难的条件下出兵抗美援朝，下决心研究制造了"两弹一星"，为和平建设提供了必要的安全环境。20世纪70年代，中国调整了外交工作的战略，恢复了在联合国的合法席位，打开了外交工作的新局面。改革开放后，随着国际形势的发展变化，我们党在战争与和平的问题上作出了新的判断，并改变了一度实行的"一条线"战略，推动建设持久和平、共同繁荣的和谐世界，奉行互利共赢的开放战略，强调走和平发展的道路，坚持同发达国家加强战略对话，贯彻同周边国家睦邻友好、务实合作的方针，深化同广大发展中国家的传统友谊，积极参与多边事务，承担相应国际义务，推动国际秩序朝着公正合理的方向发展。所有这一切，为中国的发展营造了相对安全和宽松的外部条件，使中华民族的复兴大业始终处于有利的国际环境中。

（六）坚持了有利于中华民族复兴的执政党自身建设

中国共产党成为新中国的执政党和社会主义建设事业的领导核心，是历史的选择、人民的选择，也是工人阶级政党性质所决定的。工人阶级与资产阶级不同，内部没有不同的利益集团，因此，也就不会有代表不同利益集团的政治派别，不需要照搬资产阶级政党轮流执政的政治体制。但这同时带来一个问题，就是由谁监督共产党。针对这个问题，中国共产党早在根据地建政时期就提出，"苏维埃必须吸引广大民众对于自己工作的监督与批评"①；"只有让人民来监督政府，政府才不敢松懈"②。新中国成立后，毛泽东又特别指出，在对党的各种监督中，"首先是阶级的监督，群众的监督，人民团体的监督"③。为了加强对共产党的监督，他在 1956 年 4 月《论十大关系》中提出中国共产党同民主党派长期共存、互相监督的方针，又在 1957 年 2 月《关于正确处理人民内部矛盾的问题》中作了进一步阐述。他说："主要监督共产党的是劳动人民和党员群众。但是有了民主党派，对我们更为有益。"④党从执政的第一天开始，为了防止改变颜色，产生主观主义、官僚主义和贪污腐败的问题，还不断开展党内整风，力图通过思想建设、组织建设、作风建设，吸收新鲜的血液，排除肌体的毒素，保持自身的纯洁性和先进性，以及与人民群众的血肉联系。改革开放后，党中央一方面总结历史经验，纠正过去整风中实行的"左"的指导思想和采取的政治运动的方式；另一方面继续强调要防止党和国家"改变面貌"，告诫全党要警惕帝国主义搞"和平演变"、打"没有硝烟的战争"，要牢记"两个务必"，要坚持立党为公、执政为民，要坚决惩治和预防腐败，并接二连三地开展组织整顿和思想教育活动。这些加强自身建设的措施，在其他执政或执过政的共产党中

---

①《红色中华》第二次全苏大会特刊第 3 期。

②《毛泽东年谱（1983—1949）（修订本）》中册，中央文献出版社 2013 年版，第 611 页。

③《毛泽东年谱（1949—1976）》第 2 卷，中央文献出版社 2013 年版，第 598 页。

④《毛泽东文集》第 7 卷，人民出版社 1999 年版，第 235 页。

是很少见的，但对我们党经受长期执政、市场经济、对外开放考验，确实起到了重要作用。事实说明，中华民族要复兴就必须坚持共产党的领导，而要坚持共产党的领导就必须坚持党的自身建设，确保党永远不脱离人民群众，不腐化变质。

自从孙中山提出振兴中华的口号后，对于中华民族复兴的目标有各种各样的表述。毛泽东在 20 世纪 50 年代说："一九一一年的革命，即辛亥革命，到今年，不过四十五年，中国的面目完全变了。再过四十五年，就是二千零一年，也就是进到二十一世纪的时候，中国的面目更要大变。中国将变为一个强大的社会主义工业国。中国应当这样。因为中国是一个具有九百六十万平方公里土地和六万万人口的国家，中国应当对于人类有较大的贡献。"[1] 他还说过："中国的人口多、底子薄，经济落后，要使生产力很大地发展起来，要赶上和超过世界上最先进的资本主义国家，没有一百多年的时间，我看是不行的。"[2] 后来，他又提出要实现工业、农业、科学文化和国防现代化。[3] 可见，在他看来，所谓中华民族复兴，就是要把中国建成强大的社会主义工业国，实现四个现代化，赶上和超过世界上最先进的资本主义国家，对人类作出较大贡献。

按照毛泽东的设想，邓小平在 20 世纪 80 年代提出了"三步走"战略。他说："本世纪走两步，达到温饱和小康，

---

[1]《毛泽东文集》第 7 卷，人民出版社 1999 年版，第 156—157 页。
[2]《毛泽东文集》第 8 卷，人民出版社 1999 年版，第 302 页。
[3]《毛泽东文集》第 8 卷，人民出版社 1999 年版，第 116、162 页。

下个世纪用三十年到五十年时间再走一步，达到中等发达国家的水平。""如果达到这一步，第一，是完成了一项非常艰巨的、很不容易的任务；第二，是真正对人类作出了贡献；第三，就更加能够体现社会主义制度的优越性。"[①] 根据邓小平提出的战略，党的十五大又把 21 世纪的头 50 年分为三个阶段，即头 10 年实现国内生产总值比 2000 年翻一番，再用 10 年使国民经济更加发展、各项制度更加完善，到 21 世纪中叶基本实现现代化；并且明确提出，社会主义初级阶段"是逐步缩小同世界先进水平的差距，在社会主义基础上实现中华民族伟大复兴的历史阶段。这样的历史进程，至少需要一百年时间"[②]。党的十六大、十七大进一步把 21 世纪头 50 年分为两个阶段，即头 20 年基本实现工业化，到 21 世纪中叶基本实现现代化。这就意味着，当中国 2050 年前后达到中等发达国家水平的时候，中华民族就可以说实现伟大复兴了。

历史告诉我们，在中华民族复兴的道路上，过去有过今后仍然会有各种艰难险阻。但历史同时告诉我们并将继续告诉我们，中国共产党是中华民族复兴大业的推动者、组织者和引路人，也是中华民族的主心骨和守护神。只要我们始终坚持中国共产党的领导，坚定不移地沿着中国特色社会主义道路前进，同心同德，奋力拼搏，就一定能战胜前进道路上的各种困难，在 21 世纪中叶实现中华民族的伟大复兴。

---

① 《邓小平文选》第 3 卷，人民出版社 1993 年版，第 224、251 页。
② 《十五大以来重要文献选编》（上），中央文献出版社 2011 年版，第 14 页。

走向中华民族伟大复兴的壮阔历程

——庆祝中华人民共和国成立 65 周年 [*]

中华人民共和国成立 65 周年了。这 65 年的历史，是中国由落后农业国成长为经济总量跃居世界第二、接近基本工业化国家的壮阔进程，是中国人民由过去任人宰割、饥寒交迫变为当家作主、生活总体达到小康水平的壮阔进程，是中华民族由近代日益衰败转而走向伟大复兴的壮阔进程。

一

中国是一个具有悠久历史的文明古国，也曾是世界上最强盛的国家之一，只是近代以来错过第一次工业革命的历史机缘，被率先工业化的国家不断侵略，逐步沦为半殖民地半封建国家。面对列强的欺辱和"亡国灭种"的危机，中华民族无数仁人志士认识到，要改变民族命运、实现伟大复兴，唯有争取国家的独立和工业化。

在世界近代史上，解决国家独立和工业化的课题，通常是由资产阶级领导的，走的是资本主义道路。在我国，由于资产阶级同帝国主义、封建势力有着割不断的联系，经济上

---

　　[*] 本文是作者应《人民日报》约稿，为迎接中华人民共和国成立 65 周年写的文章，2014 年 9 月 25 日发表于该报。收入本书时，作者略作修改。

政治上都异常软弱，使解决这两大课题的重担历史地落到了工人阶级肩上，也使代表工人阶级利益的中国共产党在争取社会主义前途的同时，担负起了领导民族民主革命和实现工业化的任务，在作为工人阶级先锋队的同时，成了中华民族的先锋队。

历史已经证明，中国共产党没有辜负中华民族的期望，仅仅用 28 年艰苦卓绝的新民主主义革命，便领导人民推翻了帝国主义、封建势力和官僚资产阶级的联合统治，建立起了工人阶级领导的、以工农联盟为基础的人民民主专政的中华人民共和国，实现了国家的独立；通过没收帝国主义、官僚资本主义的财产和进行彻底的土地改革，掌握了国家经济的主要命脉，铲除了封建势力的社会基础，为实现国家工业化，进而实现中华民族伟大复兴，扫清了政治障碍，开辟了广阔前景。

二

新中国成立至今的 65 年，以党的十一届三中全会为界，大体分为改革开放前 29 年和改革开放后 36 年两个历史时期。这两个历史时期在社会主义建设的指导思想、方针政策、实际工作上虽然有着重大区别，但正如习近平总书记所指出的，它们"决不是彼此割裂的，更不是根本对立的"，"不能用改革开放后的历史时期否定改革开放前的历史时期，也不能用改革开放前的历史时期否定改革开放后的历史时期"。[1] 之所以

---

① 习近平：《毫不动摇坚持和发展中国特色社会主义 在实践中不断有所发现有所创造有所前进》，《人民日报》2013 年 1 月 6 日。

如此，是因为这两个历史时期都内在统一于社会主义的基本
制度和共产党的领导、马克思主义的指导，统一于对社会主
义建设的实践探索，统一于对国家独立、领土完整的坚决维
护和对国家工业化、现代化的不懈努力，统一于为中华民族
伟大复兴的持续奋斗。

新中国成立不久，国内外形势发生了重大变化。首先，
1950年朝鲜战争爆发，对新中国国家安全构成直接威胁，使
中国发展以重工业为基础的现代国防工业显得越发迫切。其
次，中共中央根据国民经济开始好转和抗美援朝战局趋于
稳定的形势，决定从1953年起开始进行第一个五年计划建
设。有关部门在制定计划时反复研究，一致认为要用较快速
度发展工业，必须以重工业为重点。1952年8月，周恩来、
陈云等组成的中国政府代表团前往苏联，商谈苏联援助我国
"一五"建设问题。苏联明确表示愿意援助，从而使我国实施
优先发展重工业的战略有了现实可能性。面对新的形势和历
史机遇，毛泽东于1952年9月讨论"一五"计划方针和听取
周恩来、陈云与斯大林会谈情况汇报的中央书记处会议上，
提出现在就开始向社会主义过渡，并用10年至15年时间完
成过渡的主张。这表明，毛泽东关于由新民主主义向社会主
义转变的步骤、方法，同原来设想发生了变化。

我国在十分落后的情况下进行以重工业为重点的工业化
建设，必须加强资金的内部积累、资源的集中配置、技术人
员的统一调配和粮食生产能力的快速提升。做到这些，当时
只能采用计划经济体制和对主要农产品的统购统销，并相应

对农业、工商业实行生产资料的集体化和国有化。而这在政策和制度上，显然都已超出新民主主义，而转向社会主义了。于是，根据毛泽东的意见，中共中央于1953年底制定了向社会主义过渡的总路线，即"在一个相当长的时期内，逐步实现国家的社会主义工业化，并逐步实现国家对农业、手工业和对资本主义工商业的社会主义改造"。毛泽东把工业化形容为这条路线的主体，而把"三大改造"比喻为工业化的"两翼"。这说明，提前向社会主义过渡，目的是抓住当时国内国际的有利时机，使中国用较短时间由农业国变为工业国，以挽回中华民族在近代被耽误的时间。

随着"三大改造"的提前完成，我国建立了社会主义基本制度，也在经济建设中暴露出一些受苏联模式影响的弊端。为此，我们党曾提出"探索中国社会主义建设规律"的任务和"三为主、三为辅"的改革设想。但由于党的指导思想随后发生了"左"的偏差，不仅这种探索没有继续下去，反而在所有制上更加求公求纯，在计划管理上越统越死，直至发生"大跃进"和"文化大革命"那样的严重错误。然而，改革开放之前，我们党领导全国各族人民为实现工业化和四个现代化艰辛探索、共同奋斗，始终是那个时期的主流。正因为如此，我国才可能用不到30年时间，建立起了独立的比较完整的工业体系和国民经济体系，在工业布局和农业生产条件等方面，改变了旧中国不合理和落后的状况；在固定资产积累和人才培养等方面，超过了旧中国上百年总和的十几倍、几十倍；在经济发展速度、基础设施建设和科技、教育等方面，大大领先于广大发展中国家。另外，在对外关系上，以毛泽东同志为主要代表的中国共产党人，倡导并实行和平共处五项原则，挫败帝国主义、霸权主义对我国的侵犯和威胁，促使广大发展中国家支持中国恢复了在联合国的合法席位。所有这些，为改革开放提供了根本政治前提、宝贵经验教训、雄厚技术力量、坚实物资基础和良好国际环境，也为实现中华民族伟大复兴赢得了宝贵时间。

三

20 世纪 70 年代后期，国内外形势发生了显著变化。在国内，"四人帮"被粉碎，"文化大革命"结束。在国际上，和平与发展成为时代主题；发达国家加紧产业调整，向发展中国家转移制造业；布雷顿森林体系瓦解，美元与黄金脱钩，国际金融流动性增强，大量游资寻找出路。以邓小平同志为主要代表的中国共产党人抓住这一时机，果断否定"两个凡是"的错误观点，恢复党的实事求是的思想路线，开辟了以改革开放为鲜明特征的中国特色社会主义道路。以江泽民同志为主要代表的中国共产党人、以胡锦涛同志为主要代表的中国共产党人继续领导全国人民，坚持党的基本路线，使中国特色社会主义事业不断得到巩固和发展。

中国特色社会主义在发展过程中，先将计划经济与市场调节相结合，实行农村家庭联产承包制和土地承包制，发展城镇个体和私营经济，改革国有企业的管理体制和制度，允许一部分人和一部分地区先富裕起来；随后将计划经济体制转变为社会主义市场经济体制，在宏观调控下让市场对资源配置发挥基础性作用，在确保社会主义制度集中力量办大事的前提下，充分调动各方面积极性，让一切创造社会财富的源泉充分涌流；与此同时，推进政治体制改革，改变权力过分集中的现象，加强社会主义民主和法制，加强对行政权力的制约和监督，实行依法治国方略，建立和完善社会主义法律体系；等等。

在对外关系及祖国统一工作中，中国特色社会主义大胆吸引外资和国外先进技术、先进管理经验，开放、开发沿海沿江城市，创办经济特区和"三资"企业，大力发展对外贸易，鼓励青年到国外留学，团结和动员华侨及海外华人以各种方式支援祖国建设；在坚持和平共处五项原则的基础上，调整对外政策，不以意识形态处理国与国的关系，奉行互利共赢的开放战略，同发达国家加强战略对话；同时，坚定站在广大发展中国家一边，坚决反对霸权主义和强权政治，适时收回港澳主权，推进祖国和平统一，遏制"台独"势力。

正是由于中国特色社会主义伟大旗帜的指引，我国充分利用了难得的战略机遇期，创造出世界瞩目的"中国奇迹"。在改革开放以来30多年时间里，经济高速增长，经济总量跃升为世界第2位，人民生活实现了从温饱不足到总体小康的跨越，正向全面小康迈进。同时，政治、文化、社会等各个领域的工作呈现出欣欣向荣的局面。这一切，为中华民族伟大复兴奠定了更加牢固的物质基础、创造了更加良好的国际环境、积累了更加丰富的成功经验，使中华民族以更大的步伐赶上了时代前进的潮流。

四

党的十八大后，我国进入全面建成小康社会的决定性阶段和深化改革的攻坚期、深水区。面对国内外的新形势新任务，以习近平同志为核心的党中央高举中国特色社会主义伟大旗帜，抓住国际环境总体稳定、我国国际地位和国际影响力大幅度提高、改革开放已积累丰富经验的历史性机遇，以实现中华民族伟大复兴的中国梦凝聚力量，以抓全面深化改革激发活力，以改进党的作风和社会风气振奋人心，在改革发展稳定、内政外交国防、治党治国治军等各方面，提出一系列新思想，作出一系列新部署。

当前，我国正在进行全面深化改革，把完善和发展中国特色社会主义制度、推进国家治理体系和治理能力现代化作为总目标，把促进社会公平正义、增进人民福祉作为出发点和落脚点，强调把握改革的社会主义方向；在经济建设上，坚持稳中求进总基调，把着力点转到提高质量、效益和优化产业结构上，把发挥市场在资源配置中的决定性作用与更好发挥政府作用结合起来，把科技创新摆在国家发展全局的核心位置；在政治建设上，充分发挥人民代表大会制度这一根本政治制度的作用，推进协商民主广泛多层制度化发展，开创依法治国新局面；在文化建设上，巩固马克思主义在意识形态领域的指导地位，弘扬中华优秀传统文化，提高国家文化软实力，牢牢掌握意识形态工作的领导权和话语权；在社会建设上，关注困难群体，抓住人民最关心最直接最现实的利益问题不断改善民生，创新社会治理体制，改进社会治理方式，处理好维稳和维权的关系；在生态建设上，建立更加严格的生态环境保护制度，完善体现生态文明要求的经济社会发展考核评价体系，努力实现中华民族的永续发展；在军队和国防建设上，坚持富国与强军统一，坚持党对军队的绝对领导，提出党在新形势下的强军目标；在外交上，坚持走和平发展道路，争取和平安宁的国际环境，同时坚决维护国家核心利益，不屈服任何外来压力；在党的建设上，强调打铁还需自身硬、革命理想高于天、补足共产党人精神上的"钙"，按照"信念坚定、为民服务、勤政务实、敢于担当、清正廉洁"的标准选拔干部，坚持作风建设从领导干部抓起，以零容忍的态度惩治腐败；等等。

这些新思想、新认识、新部署、新举措，既汲取了改革开放前历史时期的经验，又总结了改革开放后历史时期的经验；既坚持了以经济建设为中心，又全面推进经济、政治、文化、社会、生态文明建设和党的建设；既坚持改革开放，又坚持四项基本原则；既不断解放和发展生产力，又坚持共同富裕的方向；既坚持科学社会主义的基本原则，又根据时代条件和新形势赋予其更鲜明的中国特色。它们标志我们党对共产党执政规律、社会主义建设规律、人类社会发展规律在认识上又大大进了一步，谱写了中国特色社会主义伟大事业和中华民族伟大复兴事业又一新的篇章。

五

怎样才算中华民族实现了伟大复兴？自从孙中山提出"振兴中华"的口号后，始终没有一个明确的表述。20 世纪50 年代毛泽东说过："一九一一年的革命，即辛亥革命，到今年，不过四十五年，中国的面目完全变了。再过四十五年，就是二千零一年，也就是进到二十一世纪的时候，中国的面目更要大变。中国将变为一个强大的社会主义工业国。"① 按照毛泽东的设想，邓小平在 20 世纪 80 年代提出了"三步走"战略，即"本世纪走两步，达到温饱和小康，下个世纪用三十年到五十年时间再走一步，达到中等发达国家的水平"②。他说："现在中国遇到一个难得的发展机遇，不要丧失这个机遇。许多人不懂得这是中华民族的机遇，是炎黄子孙几百年难得遇到的机遇。"③ "我们要利用机遇，把中国发展起来。"④

为了贯彻毛泽东的设想和邓小平的战略，党的十五大提出社会主义初级阶段"是逐步缩小同世界先进水平的差距，在社会主义基础上实现中华民族伟大复兴的历史阶段"⑤；提出20 世纪末实现小康、21 世纪中叶达到中等发达国家水平的奋斗目标。党的十六大鉴于我国已总体达到小康水平，又把 21 世纪头 50 年分为两个阶段，头 20 年全面建设更高水平的小

---

① 《毛泽东文集》第 7 卷，人民出版社 1999 年版，第 156 页。
② 《邓小平文选》第 3 卷，人民出版社 1993 年版，第 251 页。
③ 《邓小平年谱（1975—1997）》（下），中央文献出版社 2004 年版，第 1316 页。
④ 《邓小平文选》第 3 卷，人民出版社 1993 年版，第 358 页。
⑤ 《十五大以来重要文献选编》（上），中央文献出版社 2011 年版，第 14 页。

康社会，基本实现工业化；21 世纪中叶基本实现现代化。在此基础上，党的十七大将 2020 年的奋斗目标具体化为实现人均国内生产总值比 2000 年翻两番；党的十八大进一步提出，2020 年的国内生产总值和城乡人均收入都要比 2010 年翻一番。

上述历史进程说明，新中国在 65 年里尽管存在挫折和曲折，但总体上抓住了历史机遇，一直在朝着中华民族伟大复兴的目标奋进，走完了发达国家用一二百年甚至三四百年才走完的路。习近平总书记指出："实现中华民族伟大复兴，就是中华民族近代以来最伟大的梦想。"[1] 可以毫不夸张地说，我们当前比历史上任何时期都更接近这个目标，都更有信心、有能力实现这个目标。我们完全有理由相信，只要坚定不移地沿着中国特色社会主义道路走下去，我国在中国共产党成立 100 周年时一定能全面建成小康社会，在中华人民共和国建立 100 周年时一定能达到中等发达国家水平。中华民族伟大复兴的梦想一定能最终实现。

---

[1]《承前启后 继往开来 继续朝着中华民族伟大复兴目标奋勇前进》，《人民日报》2012 年 11 月 30 日。

新中国的70年是为中华民族伟大复兴接力奋斗的70年*

实现中华民族伟大复兴是中国一切仁人志士自从鸦片战争后就怀揣的梦想，如果说它过去还只是动员人们为之奋斗的口号的话，那么，经过新中国70年的建设，现在它却"是站在海岸遥望海中已经看得见桅杆尖头了的一只航船"①了。

习近平总书记在纪念长征胜利80周年时说过："每一代人有每一代人的长征路，每一代人都要走好自己的长征路。"②如果20多年算一代，70年刚好历经三代人。新中国至今发生的翻天覆地变化，正是这三代人为实现中华民族伟大复兴而接力奋斗的结果。尽管这一奋斗的历史是波澜壮阔、丰富多彩的，但概括起来主要集中在以下三个方面。

一、坚持和发展社会主义

马克思主义的创立，使社会主义由空想变成了科学；十月革命的胜利，又使社会主义从理论变为了现实。我们党把马克思主义与中国实际相结合，从诞生的那一刻起就坚信，

---

* 本文曾发表于《中华魂》2019年第11期，收入本书时，作者略作修改。
① 《毛泽东选集》第1卷，人民出版社1991年版，第106页。
② 《习近平谈治国理政》第2卷，外文出版社2017年版，第48页。

对于中国这样一个半殖民地半封建社会的大国，又处在世界由资本主义自由竞争进入垄断的阶段，要想实现中华民族的复兴，唯有走社会主义道路。所以，当取得新民主主义革命胜利、建立新中国后，接着进行了社会主义革命。但究竟怎么搞社会主义，最初完全没有经验，只能学习第一个社会主义国家苏联。不过，这种学习从一开始也是注意结合中国实际的。比如，建立人民代表大会制度、共产党领导的多党合作和政治协商制度、民族区域自治制度等制度，实行农业合作化和对资本主义工商业的改造、对主要农产品统购统销等政策，都与当年苏联的做法有所不同。

20 世纪 50 年代中叶，在我们取得一定经验后，新中国第一代领导人便以苏联教训为戒鉴，开始了对适合中国情况的社会主义道路的探索。探索初期围绕的主要问题是如何使人民真正当家作主，使经济以较少投入和较快速度发展，使党在执政条件下不脱离群众，并就此积累了大量宝贵经验。例如，提出要正确处理十大关系，正确区分和处理两类不同性质矛盾，统筹兼顾国家、集体、个人三者关系，发挥中央和地方两个积极性，艰苦奋斗、勤俭建国，自力更生为主、争取外援为辅，农业是国民经济基础，工农业同时并举，工业要大中小并举，健全民主集中制和造成生动活泼政治局面，既反对大汉族主义也反对地方民族主义，等等；强调思想政治工作和放手发动群众在各项事业中的重要意义，提倡"两参一改三结合"的企业管理经验，树立大庆、大寨、雷锋、焦裕禄等先进典型，塑造健康向上的社会风气；同时，为保证党员尤其是各级领导干部不蜕化变质、以权谋私、当官做老爷，接连开展"三反""四清"等各种形式的整党整风运动。探索中也出现一些严重偏差和重大失误，如发动"大跃进"和"文化大革命"，试图走出一条靠搞群众运动和"抓革命"来促生产的路子，反而给社会主义事业造成了损失。

党的十一届三中全会后，第二代领导人总结了过去的经验教训，认识到我国社会主义社会还处在一个相当长的初级阶段，在这个阶段不能以阶级斗争为纲而必须以经济建设为中心，因此，要利用相对和平的国际环境，搞活经济，加快发展，在坚持四项基本原则的前提下实行改革开放，在保持国家宏观调控的作用下让市场在资源配置中起基础性作用，在独立自主的前提下让国内经济与国际经济接轨，在加强国有经济主导作用和公有制主体地位的前提下大力发展个体、私营和三资企业，在坚持按劳分配为主体的前提下让技术、管理、资本参与分配；同时，为克服官僚主义和权力过分集中的问题而启动政治体制改革，提出物质文明建设、精神文明建设要两手抓，强调党风是关系党的生死存亡的大问题，并针对市场经济和对外开放的新形势，规定担任公职的党员领导干部不得经营私人企业，私人企业不得控制国计民生，从而避免了私人资本和利益集团对国家政策的操控。为了保证党经受长期执政、市场经济、对外开放的考验，从20世纪80年代到21世纪头10年的30年间，连续进行了四五次各种主题的党内集中教育活动。在此时期，我们党经过进一步探索，对什么是社会主义、怎样建设社会主义，以及在新形势下建设什么样的党、怎样建设党，实现什么样的发展、怎样发展等重大问题，有了更加清醒的认识，形成了"一个中心、两个基本点"的基本路线，走出了一条中国特色社会主义道路。探索中也存在一些这样或那样的不足，如收入分配差距过大，一些领域消极腐败、道德失范问题突出，环境污染、资源浪费现象比较严重，等等。

党的十八大后，第三代领导人充分肯定了改革开放前后两个历史时期的本质都是进行社会主义建设的实践探索，并系统回答了坚持和发展什么样的中国特色社会主义、怎样坚持和发展中国特色社会主义这一时代课题，更加明确中国特色社会主义是社会主义而不是其他什么主义，不论怎么改革、怎么开放，都必须始终坚持中国共产党领导，坚持"一个中心、两个基本点"的基本路线，坚持社会主义的根本政治制度和基本政治制度、基本经济制度，并统筹和协调推进了"五位一体"的总体布局及"四个全面"的战略布局。同时，强调人民对美好生活的向往就是我们党的奋斗目标，无论发展还是改革都要以人民为中心，政治体制改革不能生搬硬套外国政治制度模式，经济体制改革要给人民群众更多的获得感；提出要让市场在资源配置中起决定性作用，并更好发挥政府作用和社会主义集中力量办大事的制度优越性；改革国家监察体制，实现对所有行使公权力的公职人员监察全覆盖；树立国家总体安全观，增强意识形态领域主导权和话语权，对错误言论敢抓敢管、敢于亮剑；全面从严治党，把政治建设摆在党建首位，严肃党内政治生活，以零容忍态度惩治腐败，坚定共产主义和中国特色社会主义理想信念。正是这些治国理政新理念的贯彻，使中国特色社会主义进入了新时代。十八大以来，为保证党不脱离群众，又在全党和县处级以上干部中分别进行了群众路线教育和"三严三实"教育，目前还在进行"不忘初心、牢记使命"主题教育。尽管过去长期积累的矛盾和问题不可能一下子都解决，但毕竟开启了如何使改革开放更能体现党的初心、更受人民群众欢迎的探索进程。正如党的十九大报告所说：中国特色社会主义进入新时代，意味着科学社会主义在 21 世纪的中国焕发出强大生机活力，也拓展了发展中国家走向现代化的途径，"给世界上那些既希望加快发展又希望保持自身独立性的国家和民族提供了全新选择"。[①]

二、全力以赴建设工业化、现代化国家

自从鸦片战争之后，先进的中国人面对屡遭列强侵略的局面，逐渐认识到要想不受人欺负，必须实现工业化，于是办"洋务"，办实业，但搞了大半个世纪，不仅没有搞出什么名堂，反而使国家在危机中越陷越深。中国共产党也主张工业化，但从一开始就明确指出，要实现工业化，必须首先搬掉在中国工业化道路上的帝国主义和封建势力这两只拦路虎，并为此进行了 28 年艰苦卓绝的斗争。

新中国成立前夕，第一代领导人鉴于当时不具备开展大

---

① 习近平：《决胜全面建成小康社会　夺取新时代中国特色社会主义伟大胜利——在中国共产党第十九次全国代表大会上的报告》，人民出版社 2017 年版，第 10 页。

规模工业化建设的条件，决定先发展轻工业和农业，以积累资金和物资，培养技术和管理人才，并相应实行一个时期的新民主主义政策。但朝鲜战争的爆发，突显了国防工业的紧迫性；苏联答应全面援助中国以发展重工业为重点的"一五"计划建设，又使迅速开展大规模工业化建设具有了现实可能性。于是，党中央改变原有设想，决定优先发展重工业，争取用三到五个五年计划实现国家工业化，并相应提前向社会主义过渡，对私人工商业和农业进行社会主义所有制的改造，实行能把有限资金、物资、人才集中用于工业化建设的计划经济体制，对粮食、棉花等主要农产品采取统购统销政策，动员一切力量进行以苏联援助的 156 项为中心的工业基本建设和大规模农田、水利基本建设，重点解决钢铁工业和粮食生产基础薄弱的问题。20 世纪 60 年代，当第二个五年计划建设即将完成时，党中央又提出在世纪末实现农业、工业、国防和科学技术四个现代化的目标和"两步走"战略，即第一步先在 1980 年以前建成独立的比较完整的工业体系和国民经济体系，第二步在 20 世纪末实现农业、工业、国防和科学技术的现代化。"文化大革命"的十年，经济建设虽然受到干扰和破坏，但并没有停止，相反，取得了许多重要成就，还进行了奠定西南工业基础的三线建设，从西方进口了大批冶金、化工、电力、煤炭工业的先进设备。经过第一代人 29 年节衣缩食和艰苦奋斗，我国终于能生产许多过去生产不了的机电产品，研制出那时只有少数几个国家才有的"两弹一星"，建成了独立的比较完整的工业体系和国民经济体系。那些年的发展速度，遥遥领先于大多数实行资本主义制度的发展中国家，在主要工业品产量和交通设施等方面，也大大缩小了同发达国家之间的差距，并且为后来的南水北调、青藏铁路、航天和信息工业等世纪工程作了前期准备；人民生活水平和农村面貌变化幅度虽然不大，但人均预期寿命却提高了近一倍。20世纪70年代末，我国实现了"两步走"的第一步阶段性目标。

改革开放后，第二代人在第一代打下的坚实基础上，通过改革开放和现代化建设，使国民生产总值由世界第10位攀升到第2位，主要工农业产品产量都跃居世界前列，并使我国成为世界上唯一一个拥有联合国产业分类中全部工业门类的国家。根据实际情况，第二代领导人将"两步走"战略发展成为"三步走"战略，即第一步先用十年，使人民生活达到温饱水平，第二步到20世纪末，使人民生活达到小康水平，第三步到21世纪中叶，使人均国民生产总值达到中等发达国家水平，基本实现现代化；后来，又鉴于20世纪末用人均计算的小康水平已达到原定指标，但经济与社会发展中还存在很多问题，提出在21世纪中叶前再分两步走，到2020年先全面建成小康社会。对经济体制改革，先在计划体制内不断加大市场调节成分，在计划中逐步减少指令性、增加指导性，最终过渡到社会主义市场经济体制。对所有制改革，先由鼓励个体、私营经济作公有制经济有益补充，逐渐确立公有制为主体、多种经济共同发展的社会主义初级阶段基本经济制度；并由农村人民公社体制内实行家庭联产承包责任制，逐渐过渡到耕地所有权、承包权分置，最终实行集体和个人双层经营体制；由国有企业实行经营管理责任制，逐步过渡到股份制和现代企业制度。随着农副产品和轻工业日用品生产的改善，城市逐渐取消了对粮食、布匹等商品供应的限量，农村逐渐放开了对富余劳力进城务工的限制。随着第三产业的发展和管理、技术、资本参与分配，逐渐建立了证券、劳务、技术、信息、房地产等要素市场。在此期间，我国先后开辟了信息化与工业化相互融合的新型工业化道路和中国特色城镇化道路，开展了社会主义新农村建设，实施了科教兴国、西部大开发、中部崛起、东北振兴和"走出去"等战略，形成了以高新技术产业为先导、基础产业和制造业为支撑、服务业全面发展的产业格局，以及经济特区—沿海开放城市—沿海经济开放区—内地的逐步推进和全方位、多层次、宽领域的对外开放格局，充分利用了国际国内两个市场、两种资源，实现了经济增长主要由投资、出口拉动向消费、投资、出口拉动的转变，从而既使经济建设日新月异地向前发展，也使人民生活水平有了显著提高。

党的十八大后，第三代人在前两代人奋斗的基础上，面对世界经济增长乏力和我国经济发展进入新常态等变化，开拓进取，迎难而上，取得了改革开放和现代化建设的一系列新成就。鉴于 2020 年全面建成小康社会的任务即将实现，第三代领导人又提出新的"两步走"战略，即从 2020 年开始，用 15 年基本实现现代化；然后从 2035 年起，再用 15 年把我国建成社会主义现代化强国。同时，提出坚持稳中求进工作总基调，适应、把握、引领经济发展新常态，着力进行供给侧结构改革，坚持创新、协调、绿色、开放、共享的发展理念，从依靠资源、资本、劳动力等要素驱动为主向依靠科技创新驱动转变；推进新型工业化、信息化、城镇化、农业现代化同步协调发展，以及城乡发展一体化，守住耕地红线；实施精准扶贫、精准脱贫，打赢脱贫攻坚战；推动京津冀协同发展和长江经济带发展战略，促进环渤海经济区发展，实现东中西部互动合作。对所有制和分配制度的改革问题，在强调"两个毫不动摇"的同时，着重强调深化国有企业改革是为了"推动国有资本做强做优做大"①，"不能把农村土地集体所有制改垮了"②；在反对分配优先于发展观点的同时，强调要在不断发展的基础上把促进社会公平正义的事情做好，解决好收入差距较大的问题。2013 年到 2018 年国民生产总值平均增长速度虽然比过去 33 年低了，但由于经济总量的基数越来越大，一年增加量比 20 年前全年总量都多，因此，对世界经济增长的平均贡献率由过去百分之十几提高到 30% 左右；而且，与同期发达国家和发展中经济体相比，发展速度仍然要高很多。在此期间，数字经济等新兴产业蓬勃发展，空间实验室"天宫"、深海潜水器"蛟龙"、暗物质粒子探测卫星"悟空"、量子科学实验卫星"墨子"、500 米口径球面射电望远镜"天眼"和干线民用客机 C919 等相继问世。覆盖城乡居

---

① 习近平：《决胜全面建成小康社会 夺取新时代中国特色社会主义伟大胜利——在中国共产党第十九次全国代表大会上的报告》，人民出版社 2017 年版，第 33 页。

②《习近平关于全面深化改革论述摘编》，中央文献出版社 2014 年版，第 66 页。

民的社会保障体系基本建立，6000 多万贫困人口稳定脱贫，贫困发生率从 10.2% 下降到 4% 以下；中等收入群体持续扩大，22% 的农村家庭和 41% 的城市家庭有了私人汽车。

如果把新中国 70 年的建设比喻成建造一座摩天大厦，那么，改革开放前就像在给这座大厦打地基，变化虽不容易让人看出来，但大厦建得高、建得快，反过来说明地基打得好、打得牢。现在，这座大厦已经高耸入云，并且还在不断加高。它是中国人民在中国共产党领导下用自己的辛勤汗水一点一滴攒起来，也是在不断抗击各种恶劣环境下用一砖一瓦盖起来的。它是社会主义制度优越性的充分体现，是中华民族不可战胜的有力证明，是任何外部势力的封锁、禁运、制裁都破坏不了的。

三、坚定不移维护自身权益和争取世界和平

近代中国在外部不断遭受欺凌、掠夺，在内部则战乱不已、四分五裂、一盘散沙。因此，新中国成立后，急需外部和平和内部统一。这一实际决定了新中国在世界政治舞台上天然属于进步与和平的力量，一定会奉行独立自主的和平外交政策，也必然会不惜一切代价捍卫领土完整、主权独立，维护民族团结、国家统一和安全。正因为如此，加之它有庞大的体量，不可避免地要引起帝国主义的特别仇恨和垂涎，总要对它从外部施加政治、军事、经济的压力，进行政治、文化、思想的渗透，并在它的内部制造分裂、煽动不满、培植反对势力，妄图遏制其发展、改变其颜色、颠覆其政权，

将其重新纳入自己的势力范围，最终变为一个附庸国。

新中国在成立前夕制定的《中国人民政治协商会议共同纲领》就明确宣布，我国外交政策的原则是保障本国独立、自由和领土主权的完整，拥护国际的持久和平和各国人民的友好合作，反对帝国主义的侵略政策和战争政策。新中国成立后，立即选择站在当时的社会主义阵营一边，同苏联签订了友好互助同盟条约。当美国趁朝鲜内战之机派舰队侵占台湾海峡，纠合 16 个国家组成所谓"联合国军"侵入朝鲜，把战火烧到中朝边境时，第一代领导人不顾新中国仍处于恢复时期、中美在经济和军事装备上存在巨大差距的情况，毅然派出志愿军赴朝作战，并取得了抗美援朝战争的胜利。随后，我国提出不同社会制度国家之间和平共处的五项原则，还就取消禁运、允许留学生和侨民自由回国等问题与美国举行大使级会谈。为了反对美国制造"两个中国"阴谋和阻挠中国进入联合国，党中央决定对金门国民党军实施大规模炮击。当时的苏联主要领导人对此十分不满，加上他提出在中国建立双方管理的长波电台和"联合舰队"被毛泽东断然拒绝，在中印边境冲突中又站在印度侵略势力一边，使中苏两党产生严重分歧。接着，苏方又单方面召回在华专家、撕毁政府合同和合作项目，导致两国关系破裂。当美国扩大侵越战争并把战火烧到越南北方时，我国立即派出大批防空、工程部队赴越，进行抗美援越斗争。与此同时，蒋介石集团利用国内遇到的暂时经济困难准备反攻大陆，苏联也在中苏边境调兵遣将并不断挑起事端。这一严峻形势促使毛泽东作出不是战争引起革命就是革命制止战争的判断，并提出"两个中间地带"和"一条线、一大片"的思想，表示中国和世界被压迫人民的革命和解放运动要相互支持，指示国防和经济部门要"立足于早打、大打、打原子战争"，"备战备荒为人民"，加大对大小三线和其他战备工程的投资，为我国反侵略战争和防备可能遭受的核打击赢得了时间和主动。60 年代末70 年代初，美国为集中力量同苏联争夺世界霸权，急于从越南战争脱身，频频向我国示好，而苏联却把我国视为主要敌人，在两国边境陈兵百万。根据国际形势的新变化，第一代领导人及时调整外交战略，实现了美国在任总统访华，打开了中美关系。此后，毛泽东又提出"三个世界"划分的理论，表示反对任何形式的霸权主义，中国是第三世界一员，永远不称霸。1971 年，中国主要在第三世界国家支持下恢复了在联合国的合法席位。这一切对改善中国安全环境起到了积极作用，也为后来对外开放政策的实行铺平了道路。

为争取祖国统一、维护国家安全，第一代领导人在新中国成立之始就决定采用民族区域自治的国家结构形式，而不实行苏联那样的邦联制；同时，针对帝国主义制造"西藏独立"的阴谋，抓紧进军西藏，实现西藏和平解放，并允许其在一段时间内保留原有政治制度。1956 年西藏自治区筹委会成立时，中央仍承诺其民主改革"六年不改"。但 1959 年西藏上层反动集团勾结外部势力发动武装叛乱，公开宣布"西藏独立"，完全走上叛国的道路，促使中央人民政府对西藏进行彻底的民主改革，政教合一的封建农奴制度得以废除，百万农奴获得解放。第一代领导人还通过特殊渠道带话给蒋氏父子，表示只要台湾肯回归祖国，除外交统一于中央外，其他均可保持现状，为后来的"一国两制"构想提供了最初蓝本。毛泽东还最早注意到美国政治家提出对社会主义国家改用"和平演变"的战略，要求全党警惕。历史已经证明，他的提醒对于防止党和国家领导人蜕化变质，从根本上维护国家的主权和安全，具有十分深远的意义。

改革开放后，第二代领导人继承和发展了第一代领导人维护自身利益和争取世界和平的精神和成就，为我国开展现代化建设赢得了更加有利的条件。根据大部分殖民地半殖民地国家纷纷获得独立、面临如何发展的难题，以及美苏两个超级大国某种程度上形成均势、世界大战一时打不起来的国际形势新特点，党中央认为当今时代的主要问题是和平与发展，世界和平力量超过了战争力量的增长，因此要抓住战略机遇期，加快自身发展。随后，我国在外交政策上作出了较大调整，强调革命不能输出，在国与国的关系上不计较社会制度和意识形态差别，全方位发展对外友好关系；同时，仍然把反对霸权主义、维护世界和平、加强同第三世界团结合作作为新时期基本的外交政策。针对"八九"政治风波后以美国为首的西方国家对我国的所谓"制裁"，邓小平指出："要维护我们独立自主、不信邪、不怕鬼的形象"①，重申毛泽东关于防止帝国主义搞和平演变的警示。当东欧剧变、苏联解体、冷战格局结束时，他又提

---

① 《邓小平文选》第3卷，人民出版社1993年版，第320页。

出对国际形势变化要冷静观察、稳住阵脚、沉着应对、韬光养晦、善于守拙、决不当头的方针，使我国平稳度过了世界大变动、大动荡的历史关口。进入 21 世纪，我们党准确把握了大发展大变革大调整的时代特点，顺应世界求和平、谋发展、促合作的时代潮流，推动建设和谐世界，并作出"大国是关键、周边是首要、发展中国家是基础、多边是重要舞台"的总体布局，建立了中俄"面向 21 世纪的战略协作伙伴关系"，解决了双方历史遗留的边界问题，先后与有关国家一起启动了中国—东盟自由贸易区，组成了上海合作组织，"金砖国家"组织，亚太经合组织，建立了中非定期协商机制和合作平台——中非合作论坛，加入了世界贸易组织和二十国集团（G20），为自身发展争取了更加有利的国际环境，也为人类进步与和平事业作出了积极贡献。在这一时期，当越南当局驱赶华侨并在中越边境制造流血事件、美国为首的北约在南斯拉夫狂轰滥炸中轰炸我驻南使馆、美国战机在我南海空域与我战机撞击、日本政府宣布"购买"钓鱼岛及其附近岛屿时，我国政府均进行了有理有利有节的斗争，维护了领土完整、国家安全和民族尊严。

在新时期，为推动祖国统一大业，党中央正式提出"一国两制"构想，并将其运用到解决港澳回归祖国的问题上。1997 年和 1999 年，中国政府分别收回了香港、澳门的主权。1992 年，大陆与台湾方面达成了"海峡两岸均坚持一个中国原则"的共识（简称"九二共识"），实现了两岸"三通"；同时，为打击台湾当局制造"两国论"阴谋和"台独"势力的嚣张气焰，大陆方面于 1995 年下半年到 1996 年春，在台湾海峡和台湾附近海域进行了四次大规模军事演习。

党的十八大后，第三代领导人根据国际形势的深刻变化，继承和发展前两代领导人有关时代问题的认识，一方面坚持和平与发展是时代主题、我国发展仍然处在重要战略机遇期的判断，另一方面着重指出当前世界面临的不稳定性不确定性突出，地区热点问题此起彼伏，强调"我们依然处在马克思主义所指明的历史时代"①。资本主义必然消亡、社会主义必然胜利"是社会历史发展不可逆转的总趋势"，要求干部要深刻认识资本主义社会的自我调节能力和西方发达国家在经济科技军事方面长期占据优势的客观现实，"认真做好两种社会制度长期合作和斗争的各方面准备。"②在对时代性质、特征的这一总体判断下，党中央为维护我国正当权益和加强国防建设，设置了东海防空识别区，加强了东海钓鱼岛海域巡航，进行了南海岛礁基础设施建设并部署防御性力量，建立了部队在海外的后勤保障基地，深化了军队改革，并强调做好军事斗争准备，突出战斗力标准，严正声明任何人不要幻想中国吞下损害自身利益的苦果。与此同时，鲜明提出构建人类命运共同体理念，在积极参与和推动已有国际对话和合作平台的基础上，倡议和促进"一带一路"建设；在国际政治与经济交往中反对霸权主义、单边主义，提倡合作共赢，坚持走对话而不对抗、结伴而不结盟的新路，声明中国奉行防御性国防政策，无

---

① 《深刻认识马克思主义时代意义和现实意义 继续推进马克思主义中国化时代化大众化》，《人民日报》2017 年 9 月 30 日。

② 《十八大以来重要文献选编》（上），中央文献出版社 2014 年版，第 117 页。

论发展到什么程度都不会称霸，从而形成了全方位、多层次、立体化的外交布局，使中国越来越多地成为国际组织、国际会议、国际行动的发起者、倡导者、组织者，国际影响力、感召力、塑造力不断提升，日益走近世界舞台的中央。

在新时代，党中央根据国家安全局势的新变化，创造性地提出总体国家安全观，把安全概念由过去局限于政治、国防、治安，扩大到经济、文化、社会、科技、网络、生态、资源、太空、深海、极地、生物以及海外利益等领域。与此同时，对和平统一和"一国两制"作了进一步全面、准确的解读，强调我们愿意以最大诚意、尽最大努力争取台湾的和平统一，但为防止外部势力干涉、挫败任何形式的"台独"分裂图谋，绝不承诺放弃使用武力；"一国"是实行"两制"的前提和基础，只有坚持"一国"，"两制"才能并存。习近平总书记指出："我们有坚定的意志、充分的信心、足够的能力挫败任何形式的'台独'分裂图谋。"[1]"任何危害国家主权安全、挑战中央权力和香港特别行政区基本法权威、利用香港对内地进行渗透破坏的活动，都是对底线的触碰"。[2] 要"坚持爱国者为主体的'港人治港'、'澳人治澳'，发展壮大爱国爱

---

[1] 习近平：《决胜全面建成小康社会 夺取新时代中国特色社会主义伟大胜利——在中国共产党第十九次全国代表大会上的报告》，人民出版社 2017 年版，第 57 页。

[2] 习近平：《在庆祝香港回归祖国二十周年大会暨香港特别行政区第五届政府就职典礼上的讲话》，人民出版社 2017 年版，第 6 页。

港爱澳力量，增强香港、澳门同胞的国家意识和爱国精神"①。针对内地前些年"三股势力"造成大量无辜群众罹难的情况，近几年来有关地区通过职业技能教育培训和整治"泛清真化"现象，遏制了它们的兴风作浪，铲除了它们赖以生存的土壤，维护了国家的统一和安宁，受到人民群众的热烈拥护。

新中国 70 年来的三代人，围绕着中华民族伟大复兴这个大目标，一代又一代地坚持和发展社会主义，一代又一代地努力进行工业化和现代化建设，一代又一代地勇敢捍卫国家领土完整、维护国家主权和安全，坚定支持和推动人类进步与和平事业，构成了新中国发展史的三条主线。它们就像交响乐的三个主题，交汇演奏出一章又一章气壮山河、感天动地的乐曲。每一代人的奋斗中或多或少都留有遗憾，但正如列宁所说："判断历史的功绩，不是根据历史活动家没有提供现代所要求的东西，而是根据他们比他们的前辈提供了新的东西。"② 当前，以习近平同志为核心的党中央正带领全国各族人民在新的长征路上继续奋斗。前面道路上还有许多"雪山""草地"需要跨越，还有许多"娄山关""腊子口"需要征服。但是，中华民族是世界上最能吃苦耐劳的民族，也最有反侵略反封锁反制裁的资格和经验，只要我们不忘记走过的过去，不忘记为什么出发，任何困难都阻挡不了我们前进

---

① 习近平：《决胜全面建成小康社会　夺取新时代中国特色社会主义伟大胜利——在中国共产党第十九次全国代表大会上的报告》，人民出版社 2017 年版，第 56 页。

②《列宁全集》第 2 卷，人民出版社 2013 年版，第 154 页。

的步伐。到 21 世纪中叶，富强民主文明和谐美丽的社会主义现代化强国一定会建成，中华民族伟大复兴的目标也一定会实现。

中国共产党的百年历史与对初心的不渝坚守[*]

在中国共产党成立 28 周年的前夕，毛泽东撰写了著名的纪念文章《论人民民主专政》，其中说："像一个人一样，有他的幼年、青年、壮年和老年。中国共产党已经不是小孩子，也不是十几岁的年青小伙子，而是一个大人了。"①2021 年，我们党迎来成立 100 周年，按照这个比喻，应当已步入老年了。然而，让世人有目共睹的是，她不仅没有一丝老态、暮气，相反生机勃勃，充满活力，不断壮大。原因究竟是什么？在建党百年之际，不能不引起我们的深入思考。

我们党历经百年而不衰，原因可以讲出很多，比如，密切联系群众、善于理论创新等等，但最根本的一条，我认为就源于她的初心和百年来对初心的不渝坚守。

一、对初心的不渝坚守是中国共产党历经百年依然朝气蓬勃的根本原因

习近平总书记曾指出："中国共产党人的初心和使命，就

---

* 本文曾发表于《马克思主义研究》2021 年第 5 期。收入本书时，作者略作修改。
① 《毛泽东选集》第 4 卷，人民出版社 1991 年版，第 1468 页。

是为中国人民谋幸福，为中华民族谋复兴。"[1] 因为，早在我们党建党前夕和初期的宣言、党纲、党章所宣示的奋斗目标、最高理想和宗旨使命中，就有争取无产阶级、劳苦大众的解放、幸福，最终实现共产主义的内容，也有要争取国家的独立、民主、统一和民族复兴的内容。

在世界近代史上，实现国家独立、民主和工业化这类任务，原本应由资产阶级来完成。但在中国，民族资产阶级的经济地位脆弱，政治上软弱、动摇，领导不了反帝反封建的民主主义革命。而五四运动前后的中国工人阶级，虽然文化水平比资产阶级低，人数比农民少，年纪比资本主义国家的工人阶级轻，却代表着新的生产力，而且已有了200万人左右，力量最集中，纪律性最强，又与农民有天然联系，且深受三重压迫，反帝反封建的革命性最彻底。因此，它不仅能肩负自身和劳苦大众解放的重担，也历史地担起了实现国家独立、民主与工业化的责任。它的政党中国共产党，也因此成为无产阶级和中华民族的双重先锋。正如毛泽东所说："中国工人阶级的任务，不但是为着建立新民主主义的国家而斗争，而且是为着中国的工业化和农业近代化而斗争。"[2] "我们共产党是无产阶级的先锋队，同时又是最彻底的民族解放的先锋队。"[3]

---

[1]《中国共产党第十九次全国代表大会文件汇编》，人民出版社2017年版，第1页。

[2]《毛泽东选集》第3卷，人民出版社1991年版，第1081页。

[3]《毛泽东文集》第2卷，人民出版社1993年版，第42页。

（一）正因为我们党具有并始终坚守为国为民的初心，所以对中华民族最优秀的儿女和仁人志士就有了极强的吸引力，总能补充新鲜血液，从而使自己充满生机与活力

大革命时期，黄埔军校大门两侧的对联写着："升官发财请往别处，贪生怕死莫入斯门。"应当说，那时报名进黄埔的多数人，确实怀揣救国救民的理想。但自从蒋介石背叛革命、实行分共政策，想升官发财或与土豪劣绅、官僚买办有利益牵连的，以及思想糊涂的，便留在了国民党里，而真正舍生忘死、想救国救民的有志之士，或者原本就是共产党员，或者从国民党那里跑到了共产党这边。是什么把民族优秀的子孙，包括许多原本不愁吃穿、生活优越的人吸引到我们党这边来的呢？不是别的，就是党的初心。正如后来抗大校歌所唱的那样："黄河之滨，集合着一群中华民族优秀的子孙。"而正因为入党的绝大多数人是被党的初心吸引来的，所以就能面对异常艰苦而残酷的斗争，坚韧不拔，威武不屈，视死如归，前赴后继，使我们党成为一支杀不绝、打不垮、拖不烂、无坚不摧、无往不胜的队伍。

在我们党夺取政权后，入党基本不再有生命危险，但对于绝大多数党员来说，我们党的最大吸引力依然是她的初心和对初心的坚守。这从那些放弃国外优越条件的留学生冲破重重阻力回到新中国、加入共产党的事例可以看出，从各个历史时期、各条战线的骨干和历次先进人物评选出的大多数是共产党员的事实也可以看出，从危急关头和关键时刻，绝大多数共产

党员总能挺身而出、发挥先锋模范作用的事实更可以看出。正是由于在建设和改革年代入党的人，主要是被党的初心所吸引来的，所以在面对复杂环境、繁重任务时，他们能埋头苦干，无私奉献，从而使我们党得以带领人民，披荆斩棘，筚路蓝缕，取得一个又一个辉煌成就，创造一个又一个人间奇迹。

在革命、建设和改革年代，我们党也出过叛徒和变节、腐败分子。他们之所以走上歧途，最根本的原因也在于丢弃了党的初心，因此未能经住生死的考验、利益的诱惑。这说明，党的初心不仅是"吸铁石"，能把中华民族最优秀的儿女吸引过来；同时也是"试金石"，能把意志不坚定的各种败类淘汰出去。

鲁迅先生说过："我们从古以来，就有埋头苦干的人，有拼命硬干的人，有为民请命的人，有舍身求法的人……虽是等于为帝王将相作家谱的所谓'正史'，也往往掩不住他们的光耀，这就是中国的脊梁。"[1]然而，只有共产党，才能把这样的人组织在一起，形成强大的力量，使他们成为中国人民站起来、富起来、强起来的钢铁脊梁。

（二）正因为我们党具有并始终坚守为国为民的初心，所以对广大人民群众和一切爱国人士就有了极强的感召力、凝聚力，总能得到最大多数人的支持与帮助，从而使自己充满众志成城、无坚不摧的力量

人民的利益中有长远的根本的利益，也有眼前的切身的

---

[1]《鲁迅全集》第6卷，人民文学出版社2005年版，第122页。

利益。我们党在为人民利益奋斗的过程中，一向注意兼顾这两种利益：一方面，为了人民的长远和根本利益而进行革命战争、基本建设、体制改革；另一方面，时刻把人民的冷暖放在心上，处处为解决群众眼前的实际困难出主意想办法。关于二者的关系，毛泽东早在红军时期就作过精辟的阐述。他说："要得到群众的拥护吗？要群众拿出他们的全力放到战线上去吗？那末，就得和群众在一起，就得去发动群众的积极性，就得关心群众的痛痒，就得真心实意地为群众谋利益，解决群众的生产和生活的问题，盐的问题，米的问题，房子的问题，衣的问题，生小孩子的问题，解决群众的一切问题。我们是这样做了么，广大群众就必定拥护我们，把革命当作他们的生命，把革命当作他们无上光荣的旗帜。国民党要来进攻红色区域，广大群众就要用生命同国民党决斗。"①

我们党重视群众工作，也重视统一战线工作，并把它和武装斗争、党的建设统称为克敌制胜的三大法宝。解放战争期间，政坛上的主要民主党派之所以大多选择站在我们党一边，根本原因也在于党的为国为民的初心。正因为我们党有这样的初心，所以使一切爱国的阶级、阶层、社会团体和海内外人士，加入我们党的统一战线之中，投入中华民族伟大复兴的壮丽事业。

关于坚守党的初心与党长盛不衰的关系，习近平总书记在党史学习教育动员大会上讲过一段十分深刻的话。他说：

---

① 《毛泽东选集》第 1 卷，人民出版社 1991 年版，第 138—139 页。

"我们党的百年历史，就是一部践行党的初心使命的历史，就是一部党与人民心连心、同呼吸、共命运的历史。……历史充分证明，江山就是人民，人民就是江山，人心向背关系党的生死存亡。赢得人民信任，得到人民支持，党就能够克服任何困难，就能够无往而不胜。反之，我们将一事无成，甚至走向衰败。"① 国际上许多友好政党和人士在评论我们党百年历史时表示，始终坚持将人民放在第一位，把人民对美好生活的向往作为奋斗目标，是中共这个百年大党始终保持生机活力的源泉。②

（三）正因为我们党具有并始终坚守为国为民的初心，所以对前进的方向就有了极强的校正力，总能在发现偏差后勇于承认、坚决纠正，从而使自己充满经受挫折后不断奋起的力量

习近平总书记说过："党的初心和使命是党的性质宗旨、理想信念、奋斗目标的集中体现。"③ 这说明，党的初心与党的性质是连在一起的，初心不变，性质就不会变；初心、性质不变，党犯了错误、走了弯路，受了挫折，就有可能被认识，认识了就能勇敢承认、坚决改正、重新奋起。正如毛泽东所说："因为我们是为人民服务的，所以，我们如果有缺点，就

---

① 习近平：《在党史学习教育动员大会上的讲话》，《求是》2021 年第 7 期。
②《"百年大党始终保持生机活力的源泉"——访欧洲左翼党第一副主席玛丽亚·特蕾莎·莫拉》，《人民日报》2021 年 3 月 23 日。
③《习近平关于"不忘初心、牢记使命"论述摘编》，中央文献出版社、党建读物出版社 2019 年版，第 179 页。

不怕别人批评指出。不管是什么人，谁向我们指出都行。只要你说得对，我们就改正。你说的办法对人民有好处，我们就照你的办。"①

在革命年代，我们党犯过多次错误，之所以最终都能得到纠正，归根结底源于对初心的坚守。当年，毛泽东在分析遵义会议前的中央路线错误时就曾指出："当时犯错误的同志在反对蒋介石、主张土地革命和红军斗争这些基本问题上面，和我们之间是没有争论的。"②陈云在党的七大发言中也说："在内战后期，虽然路线错了，老百姓还是欢迎我们。我这样说不是为那时的错误辩护，而是讲事实。老百姓不说你是教条主义路线，他只看见你是共产主义者、共产党，打土豪分田地，为人民谋利益。这一切证明我们党的力量是伟大的。"③他在 1977 年谈到瞿秋白盲动主义错误时还说过："八七会议后，党号召党员积极分子参加农村暴动。当时凡是积极分子都参加了，不是积极分子的就退党了。暴动中有很多人牺牲了，这些人都没有什么名气。他们虽然是在盲动主义路线下参加农村暴动的，但是为了反对国民党反动统治而英勇牺牲的，被敌人枪杀时还高呼革命口号。"④可见，党的路线与党的性质、初心并不是一回事，路线错了，不等于党的初心和性质就变了。

---

①《毛泽东选集》第 3 卷，人民出版社 1991 年版，第 1004 页。
②《毛泽东选集》第 3 卷，人民出版社 1991 年版，第 938—939 页。
③《陈云文选》第 1 卷，人民出版社 1995 年版，第 294 页。
④《陈云年谱（修订本）》下卷，中央文献出版社 2015 年版，第 238 页。

　　在建设年代，我们党最大的错误莫过于"文化大革命"，但犯这个错误的根源，同样不是党的初心变了。《关于建国以来党的若干历史问题的决议》（以下简称《历史决议》）指出，"'文化大革命'是一场由领导者错误发动，被反革命集团利用，给党、国家和各族人民带来严重灾难的内乱"；同时又指出，"社会主义运动的历史不长，社会主义国家的历史更短，社会主义社会的发展规律有些已经比较清楚，更多的还有待于继续探索"，"毛泽东同志是经常注意要克服我们党内和国家生活中存在着的缺点的……他在犯严重错误的时候，还多次要求全党认真学习马克思、恩格斯、列宁的著作，还始终认为自己的理论和实践是马克思主义的，是为巩固无产阶级专政所必需的，这是他的悲剧所在"。[①] 这就告诉我们，"文化大革命"虽然给党、国家和人民造成了严重挫折和损失，但出发点是探索如何巩固无产阶级专政、防止资本主义复辟。对此，邓小平也说过："毛泽东同志发动这样一次大革命，主要是从反修防修的要求出发的。"[②]

　　党的十八大后，习近平总书记论述改革开放前后两个历史时期的关系时指出：这两个时期"是两个相互联系又有重大区别的时期，但本质上都是我们党领导人民进行社会主义建设的实践探索"[③]。"文化大革命"的十年占了改革开放前历

---

　　①《三中全会以来重要文献选编》（下），中央文献出版社 2011 年版，第 144、149、147 页。

　　②《邓小平文选》第 2 卷，人民出版社 1994 年版，第 149 页。

　　③《十八大以来重要文献选编》（上），中央文献出版社 2014 年版，第 111—112 页。

史的三分之一强，既然改革开放前历史时期是社会主义建设的实践探索，那十年当然也包含在内。历史事实说明，反修防修的探索，早在 20 世纪 60 年代初中苏论战及紧接其后开展的社会主义教育运动时就开始了，而且已经出现了阶级斗争扩大化的偏差。只不过到了"文化大革命"，毛泽东进一步试图用发动群众运动的方法防止党改变颜色，用抓革命的办法促进生产力发展，结果使偏差越来越大，终于酿成失败的悲剧。但探索失败不等于它不是探索，这与失败的科学试验仍然是科学试验，在道理上是一样的。

《历史决议》指出，"文化大革命"时期虽然有反革命集团的干扰破坏，但"我们党没有被摧毁并且还能维持统一，国务院和人民解放军还能进行许多必要的工作，有各族各界代表人物出席的第四届全国人民代表大会还能召开并且确定了以周恩来、邓小平同志为领导核心的国务院人选，我国社会主义制度的根基仍然保存着，社会主义经济建设还在进行，我们的国家仍然保持统一并且在国际上发挥重要影响"。"我国国民经济虽然遭到巨大损失，仍然取得了进展。粮食生产保持了比较稳定的增长。工业交通、基本建设和科学技术方面取得了一批重要成就……人民解放军仍然英勇地保卫着祖国的安全。对外工作也打开了新的局面。"[1] 可见，"文化大革命"时期并非只有"文化大革命"运动，否定"文化大革命"不等于否定"文化大革命"的历史时期，更不等于否定那个

---

[1]《三中全会以来重要文献选编》（下），中央文献出版社 2011 年版，第 147、148 页。

时期的社会主义性质和各族人民在党的领导下取得的成就。

还要看到,《历史决议》说发动"文化大革命"的主要论点不符合马克思列宁主义,指的是无产阶级夺取政权后还要进行"一个阶级推翻一个阶级"的革命、按劳分配和物质利益原则是应该受到限制的"资产阶级权利"那样一些错误论点,不等于所有论点都错了。有些论点,比如"无产阶级夺取政权后还存在得而复失的危险""要防止领导干部脱离群众、当官做老爷"等等,离开当年的具体所指,应当说还是合乎逻辑的,也为后来的苏联解体、东欧剧变以及我国改革开放后出现党内腐败分子的事实所验证。邓小平说:自由化思想"不仅社会上有,我们共产党内也有"。"所谓资产阶级自由化,就是要中国全盘西化,走资本主义道路。"① 苏联解体、苏共下台的一个重要原因,就是一大批思想被"和平演变"的官员丧失了共产主义信念,还有一大批贪污腐败的官员盼望实行资本主义制度。苏联解体后,摇身变为资本家和形形色色"寡头"的人,很多就是苏共原先各级党政机关和国有企业里的干部。可见,发动"文化大革命"的主要论点是错的,在对我国当时阶级斗争形势和干部队伍、知识分子队伍的估计以及具体做法上也都错了,但从坚守党的初心的角度看,防止资本主义复辟等论点,还是具有深远战略意义的。

改革开放后,我们党没有再发生全局性、长时间的错误,不过,在一些具体领域、具体政策、具体做法上也有过失误,

①《邓小平文选》第3卷,人民出版社1993年版,第124、207页。

走过弯路，受过挫折。例如，党的十一届三中全会停止使用"以阶级斗争为纲"这个不适用于社会主义社会的口号，但我们党并没有说这个口号不适用于任何社会阶段，更没有说社会主义社会不存在阶级斗争；相反，一再强调在剥削阶级作为阶级被消灭以后，"由于国内的因素和国际的影响，阶级斗争还在一定范围内长期存在，在某种条件下还有可能激化"[①]。邓小平也说："社会主义社会中的阶级斗争是一个客观存在，不应该缩小，也不应该夸大。实践证明，无论缩小或者夸大，两者都要犯严重的错误。"[②]然而，一些人偏偏忽视甚至否认阶级斗争的存在，结果出现资产阶级自由化思潮泛滥，导致"两个总书记都在资产阶级自由化问题上栽了跟头"。1987年初，邓小平针对一部分学生受资产阶级自由化分子煽动上街闹事的问题指出："我们思想战线上出现了一些混乱，对青年学生引导不力。这是一个重大失误。"此后他又指出："十年最大的失误是教育，这里我主要是讲思想政治教育，不单纯是对学校、青年学生，是泛指对人民的教育。……今天回头来看，出现了明显的不足，一手比较硬，一手比较软。"[③]事实说明，出现这些失误和不足，原因同样不是党的初心变了，因此，一旦认识，同样能以极大的努力加以纠正和弥补。

党的十八大后，习近平总书记更加鲜明地指出，要"推动全党把坚持正确政治方向贯彻到谋划重大战略、制定重大

---

①《十二大以来重要文献选编》（上），中央文献出版社 2011 年版，第 54 页。

②《邓小平文选》第 2 卷，人民出版社 1994 年版，第 182 页。

③《邓小平文选》第 3 卷，人民出版社 1993 年版，第 198、306 页。

政策、部署重大任务、推进重大工作的实践中去，经常对表对标，及时校准偏差"①。他在这里说的"表"和"标"，最大的莫过于党的初心。近些年来，我们党之所以能进一步纠正和弥补过去那些失误和不足，根本原因就在于用党的初心，对照检查了对重大战略的谋划、重大政策的制定、重大任务的部署、重大工作的推进。

例如，改革开放以来，一些人明里暗里反对改革开放必须坚持正确方向，说什么改革开放本身就是方向，无所谓社会主义方向还是资本主义方向。他们一看到重申四项基本原则，就说"政治体制改革滞后了"；一听到强调"国有企业要做大做强做优"，就说"需要重启改革"。对于这些声音，习近平总书记理直气壮地指出："我们的改革开放是有方向、有立场、有原则的。我们当然要高举改革旗帜，但我们的改革是在中国特色社会主义道路上不断前进的改革。"他强调："不能笼统地说中国改革在某个方面滞后。在某些方面、某个时期，快一点、慢一点是有的，但总体上不存在中国改革哪些方面改了，哪些方面没有改。问题的实质是改什么、不改什么，有些不能改的，再过多长时间也是不改。我们不能邯郸学步。世界在发展，社会在进步，不实行改革开放死路一条，搞否定社会主义方向的'改革开放'也是死路一条。"②

改革开放后，我们党肯定了按劳分配原则，提出让一部

---

① 《习近平谈治国理政》第 3 卷，外文出版社 2020 年版，第 93 页。
② 《习近平关于全面深化改革论述摘编》，中央文献出版社 2014 年版，第 14、15 页。

分人一部分地区先富起来的政策，也允许和鼓励资本、技术、管理等生产要素参与分配，目的是使社会的各种活力竞相迸发，一切创造社会财富的源泉充分涌流。但有人却乘机鼓吹新自由主义思潮，胡说什么"公有制效率低""公有制与市场经济不相容""应把国有资产量化到个人""收入分配差距要进一步拉大"等等。进入新时代，党中央坚持"以人民为中心""让改革发展成果更多更公平惠及全体人民"[①]。正因为如此，脱贫攻坚被摆在了治国理政的突出位置，声势浩大的脱贫攻坚战，使现行标准下近一亿农村贫困人口全部脱贫。这是我们党在共同富裕道路上取得的实质性进展，更是坚守初心的鲜明体现。

二、不断进行自身建设是中国共产党历经百年依然坚守初心的主要途径

明白了我们党百年不衰的根本原因在于始终坚守初心，那么，接下来的一个问题便是：我们党是如何做到始终坚守初心的呢？古人说得好："靡不有初，鲜克有终。"一个政党同一个人一样，最初抱有做好事的愿望并不难，难的是实际去做，更难的是一直做下去。像我们这样一个党，不是只有几千人几万人，而是历经百年不断发展壮大，至今已有近一亿党员；也不仅仅是历经百年，而是经历了近 30 年革命斗争，又在全国执政了 70 多年，又有 40 多年处于市场经济和

---

①《习近平关于社会主义社会建设论述摘编》，中央文献出版社 2017 年版，第 16 页。

对外开放的环境，在这种情况下仍能初心如故，这在世界政党史尤其马克思主义政党史上，不能不说是一个奇迹。奥妙究竟在哪里？这同样是不能不引起我们深入思考的问题。

习近平总书记说过："做到不忘初心、牢记使命，并不是一件容易的事情，必须有强烈的自我革命精神。"他在这里说的自我革命，包括"从严管党治党，严肃党内政治生活，坚持经常性教育和集中性教育相结合，勇于开展批评和自我批评，加强党内监督，接受人民监督，不断纯洁党的思想、纯洁党的组织、纯洁党的作风、纯洁党的肌体，等等"。[①] 概括起来，就是注重党的建设，坚持从严治党。我认为，我们党能做到历经百年初心不改，原因也可以说出很多，但最主要的一条就在于此。

（一）坚守党的初心，说到底要依靠广大党员不忘初心，因此，要把好入党关口，严格组织纪律

我们党在组织发展问题上，历来都把确保党员质量放在第一位，强调党员的组织纪律性。早在二大制定的党章中，就详细规定了党员的入党条件、入党手续，以及党的组织系统、组织原则和纪律。革命战争年代，我们党为人民军队制定了"三大纪律、八项注意"，也对地方党员尤其党员干部规定了严格纪律。例如，当年中华苏维埃政府刚成立，毛泽东便签署了《关于惩治贪污浪费行为》的法令，规定贪污公款

[①]《习近平关于"不忘初心、牢记使命"论述摘编》，中央文献出版社、党建读物出版社 2019 年版，第 179、180 页。

500元以上者处以死刑。有一个乡的政府主席，因贪污3000元而被执行枪决。在延安，一位参加过长征的红军团长，因为枪杀了一位女学生而被毫不留情地处以死刑。抗大一位学员毕业后，不服从分配，组织同他谈了7次话仍然无效，最后被开除党籍，并在全党公布。陈云为此写了一篇题为《为什么要开除刘力功的党籍》的文章，指出："党内不准有不遵守纪律的'特殊人物'、'特殊组织'。""党不容许任何党员在党的决议面前有'阳奉阴违'的两面派态度。""纪律虽然带着强制性，但必须自觉遵守。只有使全体党员自觉地遵守纪律，纪律才能成为铁的、不可动摇的、有效的东西。"①

新中国成立后，为防止和克服资产阶级思想的腐蚀，我们党开展了轰轰烈烈的"三反"运动，并召开公判大会，判决了两名犯严重贪污罪的地委级干部死刑。改革开放初期，针对沿海部分地区一些党员干部参与和保护走私活动的问题，我们党又开展了严厉打击经济领域违法犯罪活动的斗争，仅开除党籍的就有9000多人。党的十八大后，在反腐败无禁区、全覆盖、零容忍的方针下，上到中央政治局原常委、军委原副主席，下到县乡一级干部，"老虎""苍蝇"一齐打。所有这些，都是我们党在纪律上从严要求的真实写照。

党在全国执政后，保证党员质量比执政前更难。习近平总书记说过："革命战争年代，检验一个干部理想信念坚定不坚定，就看他能不能为党和人民事业舍生忘死，能不能冲锋

---

① 《陈云文选》第1卷，人民出版社1995年版，第126、128页。

号一响立即冲上去，这样的检验很直接。和平建设时期，生死考验有，但毕竟不多，检验一个干部理想信念是否坚定确实比较难，X光、CT、核磁共振成像也没有办法。"怎么办？他指出："主要看干部是否能在重大政治考验面前有政治定力，是否能树立牢固的宗旨意识，是否能对工作极端负责，是否能做到吃苦在前、享受在后，是否能在急难险重任务面前勇挑重担，是否能经得起权力、金钱、美色的诱惑。"①

我们党由于对执政条件下的组织发展、组织建设有清醒的认识，因此，尽管党员数量不断大幅度增长，但质量总体上仍然得到了保证。否则，无法解释为什么新中国仅用短短70余年就能取得如此多的辉煌成就，综合国力会发展得这么快。党的十八大后，我们党进一步总结和汲取了以往组织发展的经验教训，在控制党员数量增长、确保党员质量方面，制定了许多新的规定，使入党程序更多、大门把得更严，为党坚守初心提供了更加有效的组织保证。

（二）坚守党的初心，必须防止党员思想蜕化、脱离群众，因此，关键在于坚持党内思想斗争，不断自我整顿、自我净化、自我完善、自我提高

毛泽东在延安时就指出："有许多党员，在组织上入了党，思想上并没有完全入党，甚至完全没有入党。……我们的队伍，虽然其中的大部分是纯洁的，但是为要领导革命运动更

---

① 《十八大以来重要文献选编》（上），中央文献出版社2014年版，第340页。

好地发展，更快地完成，就必须从思想上组织上认真地整顿一番。而为要从组织上整顿，首先需要在思想上整顿，需要展开一个无产阶级对非无产阶级的思想斗争。"他还说过："房子是应该经常打扫的，不打扫就会积满了灰尘；脸是应该经常洗的，不洗也就会灰尘满面。我们同志的思想，我们党的工作，也会沾染灰尘的，也应该打扫和洗涤。'流水不腐，户枢不蠹'，是说它们在不停的运动中抵抗了微生物或其他生物的侵蚀。"经常地检讨工作，开展批评和自我批评"正是抵抗各种政治灰尘和政治微生物侵蚀我们同志的思想和我们党的肌体的唯一有效的方法"。[1]这些论述都说明，党要坚守初心，必须通过不断开展思想斗争、经常进行作风整顿，防止党员思想蜕化、脱离群众，舍此没有别的办法。

我们党在建立之后，很长时间处在地下和经常流动的状态，无法集中整风。直到抗战后期，根据地相对稳定了，我们党即以延安为中心，在全党范围开展了一场以反对主观主义、宗派主义、党八股为主要内容的整风运动，为抗日战争的最后胜利和夺取全国政权奠定了思想政治基础。

新中国成立初期，我们党针对全国执政后已经出现和可能出现的新情况，先后开展了一系列整风运动。这些运动有的在指导思想上犯了"左"的错误，有的存在简单化、扩大化问题，留下大小不等的后遗症。但它们的目的都是加强党的自身建设，而且总体上看，也确实对党执政后坚守初心起

---

①《毛泽东选集》第3卷，人民出版社1991年版，第875、1096页。

到了积极作用。

改革开放后，我们党不仅处于和平建设和长期执政的环境，又多了市场经济和对外开放的环境。一些党员尤其党员领导干部，放松思想改造，个人主义膨胀，有的以权谋私、行贿受贿，有的拉帮贿选、买官卖官，严重败坏了党风，损害了党在群众中的形象。针对新形势下的新问题，我们党一方面不再搞过去那种急风暴雨的运动式的整风，另一方面始终没有停止采用集中教育方式进行党内思想斗争和作风整顿。这些活动的主题各有不同，但都采取开门整风方式，听取群众意见，开展批评与自我批评，让党员尤其领导干部对照党的纲领和宗旨进行思想剖析，不同程度上解决了一部分党员思想、作风不纯的问题，起到了复杂环境下警钟长鸣的作用。

党的十八大后，以习近平同志为核心的党中央针对管党治党、执行纪律上存在失之于宽、松、软的问题，鲜明提出全面从严治党的方针，突出强调治国必先治党、治党必须从严，"打铁必须自身硬"，"全面从严治党永远在路上"，①并且紧紧抓住形式主义、官僚主义、享乐主义、奢靡之风四个突出问题，先后出台中央八项规定，惩治严重贪腐、触犯法律的一批高级干部，强化党的巡视监督，集中清理裸官和档案造假等问题。与此同时，在全党或县处级以上干部中，连续开展了2013年党的群众路线教育、2015年"三严三实"专题教育、2016年"两学一做"学习教育等实践活动。党的十九

---

① 《习近平谈治国理政》第3卷，外文出版社2020年版，第47、48页。

大刚开过，全党紧接着开展了 2018 年"不忘初心、牢记使命"主题教育；当前又在开展党史学习教育，其中也包含召开民主生活会的环节。这些活动的频率之所以不断加快，目的就是适应世情、国情、党情的深刻变化，"把思想建设作为党的基础性建设牢牢抓在手里，把坚定理想信念作为根本任务，教育全党牢记党的宗旨，引导党员、干部坚守入党誓言，不移其志、不改其心、不忘其本，经受住各种诱惑和考验"①。

改革开放后，我们党否定了"无产阶级专政下继续革命"的口号，党内和社会上出现了另一种偏向，即怕矛盾、怕斗争、怕讲政治、怕讲革命。对此，习近平总书记旗帜鲜明地指出："我国曾经有过政治挂帅、搞'阶级斗争为纲'的时期，那是错误的。但是，我们也不能说政治就不讲了、少讲了，共产党不讲政治还叫共产党吗？"②"坚持正面宣传为主，决不意味着放弃舆论斗争。"③ 他告诫全党，对于敌对势力的言论"要及时反驳，让正确声音盖过它们。这与韬光养晦或不争论是两码事"。他提倡在大是大非面前，要"敢抓敢管，敢于亮剑"。④ 他强调："实现伟大梦想，必须进行伟大斗争。社会是在矛盾运动中前进的，有矛盾就会有斗争。……必须进行具

---

① 《十九大以来重要文献选编》（上），中央文献出版社 2019 年版，第 188—189 页。

② 《习近平关于"不忘初心、牢记使命"论述摘编》，中央文献出版社、党建读物出版社 2019 年版，第 98 页。

③ 《习近平关于社会主义文化建设论述摘编》，中央文献出版社 2017 年版，第 27 页。

④ 《习近平关于社会主义文化建设论述摘编》，中央文献出版社 2017 年版，第 209、27 页。

有许多新的历史特点的伟大斗争。"①

对于否定共产主义和革命理想、要求给共产党改名、提出"把革命党转变为执政党"等种种谬论，习近平总书记也给予了一一批驳。他反复强调"革命理想高于天"，"不要忘记我们是革命者，任何时候都不要丧失理想信念"。②他指出："中国共产党之所以叫共产党，就是因为从成立之日起我们党就把共产主义确立为远大理想。"③"国内外各种敌对势力，总是企图让我们党改旗易帜、改名换姓，其要害就是企图让我们丢掉对马克思主义的信仰，丢掉对社会主义、共产主义的信念。"④他说："我们现在做的是社会主义初级阶段的事情，但不能忘记初衷，不能忘了我们的最高奋斗目标。在这个问题上，不要含糊其辞，语焉不详。"⑤在纪念陈云同志诞辰110周年座谈会上他又说："在改革开放历史新时期，陈云同志高度重视对党员干部的理想信念教育。他反对'共产主义遥遥无期'的观点，明确指出，这个观点是不对的，应当说，共产主义遥遥有期，社会主义就是共产主义的第一阶段。"⑥他针

---

① 《习近平谈治国理政》第3卷，外文出版社2020年版，第12页。

② 习近平：《在纪念周恩来同志诞辰120周年座谈会上的讲话》，人民出版社2018年版，第10页。

③ 《习近平谈治国理政》第2卷，外文出版社2017年版，第34页。

④ 习近平：《在全国党校工作会议上的讲话》，中央文献出版社2016年版，第8页。

⑤ 《习近平关于全面从严治党论述摘编》，中央文献出版社2021年版，第168页。

⑥ 习近平：《在纪念陈云同志诞辰110周年座谈会上的讲话》，人民出版社2015年版，第6页。

对"我们党已由革命党变为了执政党"的观点指出：这个说法是不准确的，"我们党是马克思主义执政党，但同时是马克思主义革命党，要保持过去革命战争时期的那么一股劲、那么一股革命热情、那么一种拼命精神，把革命工作做到底"。他还强调："不忘初心，继续前进，就包含着不忘革命精神这个重大命题。""在进行社会革命的同时不断进行自我革命，是我们党区别于其他政党最显著的标志，也是我们党不断从胜利走向新的胜利的关键所在。"①

以上论述，从理论上划清了"左"的思想与讲斗争、讲政治、讲革命的区别，为全党不忘初心、坚守初心、践行初心，提供了强有力的思想保证。

（三）坚守党的初心，在改革开放条件下必须防止权钱交易，因此，重点在于加强制度建设，切断党员干部与资本之间的利益输送渠道，杜绝等价交换原则侵入党内政治生活

物质决定精神，存在决定意识，经济基础决定上层建筑，这些都是马克思主义的基本原理。资产阶级政党身后有大资本大财团作支撑，相互之间的利益关联不仅"合法"，而且政府官员与公司高管之间还存在公开的"旋转门"，这些都是资本主义制度决定的。而无产阶级革命，正如《共产党宣言》所说：是"为绝大多数人谋利益的独立的运动"，共产党"没

---

① 《习近平关于"不忘初心、牢记使命"论述摘编》，中央文献出版社、党建读物出版社 2019 年版，第 170、160、175 页。

有任何同整个无产阶级的利益不同的利益"。① 毛泽东也说过："共产党是为民族、为人民谋利益的政党，它本身决无私利可图。"② 习近平总书记进一步指出："我们党以全心全意为人民服务为根本宗旨，没有自己的特殊利益。"③ 总之，除了人民群众的利益之外，再无自己半点私利，乃是我们党与资产阶级政党的最大区别。

在革命年代，我们党不存在资本主义国家中工人阶级政党上层被收买的那种可能性，要坚守党的初心，主要防止组织被敌人破坏。新中国成立后，坚守党的初心，初期重点在于防止干部被资本家"糖衣炮弹"打中；资本主义工商业改造完成后，资本家不存在了，重点在于防止干部多吃多占、贪污腐化。而改革开放后，我国从社会主义初级阶段实际出发，实行公有制为主体、多种所有制经济共同发展的基本经济制度和按劳分配为主体、多种分配方式并存的分配制度，以及市场为资源配置基础的社会主义市场经济体制。这就不能不创办三资企业、引进国外资本，发展民营经济、利用私人资本，不能不遵守等价交换的原则。在这种情况下，党要坚守初心，单靠自我整顿已经不够了，还必须从制度上入手，健全规定，堵塞漏洞，切断党员特别是领导干部与国内外私人资本之间可能出现的利益关联，制止党政机关和党员干部与私人资本之间搞权钱交易、官商勾结、利益输送，防止等

---

①《马克思恩格斯选集》第 1 卷，人民出版社 2012 年版，第 411、413 页。

②《毛泽东选集》第 3 卷，人民出版社 1991 年版，第 809 页。

③《十八大以来重要文献选编》（下），中央文献出版社 2018 年版，第 213 页。

价交换的原则渗透到党内。这对我们党既是重大考验，也是全新课题。由于党从一开始就对此保持了高度警惕，提出了四项基本原则与改革开放相结合的基本路线和"执政党的党风问题是有关党的生死存亡的问题"①的警示，并以锲而不舍的精神不断总结经验、研究对策、制定措施，所以改革开放条件下坚守党的初心，不仅筑起了思想防线，也建造了物质防线。

首先，虽然允许和鼓励私人资本在法律范围内的发展，并让国有即全民所有的经营性资产以资本方式运作，但生产资料所有制的公有制主体地位始终没有动摇。现在，国内外私人资本在国内生产总值、固定资产投资、上缴税收比重等方面都已超过 50%，但土地、矿藏等构成生产要素的主要资源仍然牢牢掌握在国家和集体手中；凡关系国民经济命脉的行业，如金融业、运输业、电信业、能源业等，仍然由国有企业独资或控股经营。国有企业在深化改革过程中存在化公为私、化大公为小公等国有资产流失现象，但国有经济的总体实力还是比过去更强更优更大了。党的十八大后，对私人资本的监管比过去更加严格，最近，针对一些平台企业发展不规范、存在风险的问题，提出了明确的规则，要求进一步加强监管和反对垄断、防止资本无序扩张。同时，提高了国有资本上缴公共财政的比例，规范了国企管理人员薪酬水平和职务消费等措施，进一步堵塞了国有资产流失的渠道。所

① 《陈云文选》第 3 卷，人民出版社 1995 年版，第 273 页。

有这些，充分体现了党的毫不动摇巩固和发展公有制经济，毫不动摇鼓励、支持、引导非公有制经济发展的方针，从而在基本经济制度的层面保证了党对初心的坚守。

其次，虽然吸收民营企业中的代表人物参加各级人民代表大会和政协组织，但绝不允许他们形成任何形式的政治组织；虽然批准其中符合条件的先进分子入党，但他们只能按照党员标准要求自己，全心全意为人民服务，而绝不能充当私人资本的代表；虽然鼓励党政干部积极主动为民营企业排忧解难，维护他们的合法权益，但绝不允许违反规定出入私人会所，更不允许搞以权谋私、权钱交易、利益输送。党的十八大后，习近平总书记提出构建"亲""清"新型政商关系，进一步界定了政治权力与私人经济的关系，既有利于防止金钱对权力的腐蚀，维护党政干部的人民公仆本色，也有利于营造企业的公平竞争环境，防止权力对金钱的寻租，促进民营企业健康发展。在允许技术、管理、资本等生产要素参与分配的情况下，不同利益群体之间必然会产生矛盾，但人民民主专政的制度决定了这种矛盾绝不允许发展到根本利害冲突的程度，也不允许有与人民根本利益相对立的利益集团存在，更不允许这种利益集团组织政党，同代表人民整体利益的共产党相互竞争、轮流执政。在当代中国的政治舞台上，政治权力与私人资本之间的利益是被完全隔绝的，私人资本没有干预政治决策的渠道。我们党虽然出过一些腐败分子，政策、决策也存在一些不够完善的地方，但无论治国理政的总体取向，还是定政策、作决策的出发点，都是为大多数人而不是为少数人着想，考虑问题的角度都是人民的根本利益、长远利益而不是私人资本的利益，从而在政治制度的层面，保证了党对初心的坚守。

最后，虽然允许党政干部下海经商办企业，但绝不允许在职干部办私人企业，或在私人企业中任职；党政干部及其家属可以买卖股票和委托金融机构理财，但县处级以上领导干部买卖的每只股票每个理财产品，必须在年终个人事项报告书中如实填写买入价格和收益。党的十九大后，党中央在原有基础上重新修订印发了《中国共产党纪律处分条例》，对领导干部及其配偶、子女及其配偶，以及领导干部离职或退休后从事经营活动，作出了更具体更切合实际更便于操作的明确规定。所有这些，限制了党员领导干部及其家属在市场经济条件下从事涉及个人利益的经济活动，以免作决策时受到特殊利益的干扰，从而在党内制度的层面保证了党对初心的坚守。

习近平总书记在党的十九大报告中提出："自觉抵制商品交换原则对党内生活的侵蚀"，"坚决防止党内形成利益集团"。① 这两个命题如同两条高压线，是我们党在私人资本存在和发展的条件下坚守初心、牢记使命的最大保险。西方一些民意调查机构在我国反复民调，结果总是显示群众对我们党和政府的满意度处于世界的最高水平，而且还逐年提高，其

---

① 习近平：《决胜全面建成小康社会 夺取新时代中国特色社会主义伟大胜利——在中国共产党第十九次全国代表大会上的报告》，人民出版社 2017 年版，第 62、67 页。

深层原因也概出于此。

20 世纪 50 年代，毛泽东就说过，进到 21 世纪的时候，"中国将变为一个强大的社会主义工业国"①。80 年代，邓小平提出"三步走"战略，说要使中国在 21 世纪中叶达到中等发达国家水平。20 世纪末，党的十五大对 21 世纪前半叶的奋斗目标，提出了"两个一百年"的概念，即建党 100 年时，使国民经济更加发展，各项制度更加完善；新中国成立 100 年时，基本实现现代化，建成富强民主文明的社会主义国家。在此基础上，习近平总书记在党的十九大上又对 2020 年到新中国成立 100 年的 30 年，作出了"两步走"安排，即用 15 年先基本实现社会主义现代化，然后再用 15 年建成富强民主文明和谐美丽的社会主义现代化强国。由此可以得出结论，在 21 世纪中叶，当我国建成现代化强国之时，就是中华民族实现伟大复兴之日。

当前，我国胜利完成了全面建成小康社会的历史任务，又开启了全面建设社会主义现代化国家的新征程，正处于"两个一百年"奋斗目标的历史交汇期。习近平总书记指出："今天，我们比历史上任何时期都更接近、更有信心和能力实现中华民族伟大复兴的目标。"② 同时他又指出："行百里者半九十。中华民族伟大复兴，绝不是轻轻松松、敲锣打

---

① 《毛泽东文集》第 7 卷，人民出版社 1999 年版，第 156 页。

② 习近平：《决胜全面建成小康社会 夺取新时代中国特色社会主义伟大胜利——在中国共产党第十九次全国代表大会上的报告》，人民出版社 2017 年版，第 15 页。

鼓就能实现的。全党必须准备付出更为艰巨、更为艰苦的努力。""我们千万不能在一片喝彩声、赞扬声中丧失革命精神和斗志，逐渐陷入安于现状、不思进取、贪图享乐的状态，而是要牢记船到中流浪更急、人到半山路更陡，把不忘初心、牢记使命作为加强党的建设的永恒课题，作为全体党员、干部的终身课题。"① 这就告诉我们，要全面建成社会主义现代化国家，实现中华民族伟大复兴，路途还很漫长，任务还很艰巨，绝不能有丝毫松懈。这其中最重要的一条，仍然是坚守和践行党的初心。只要这样做了，我们就一定能从过去的胜利走向新的更大的胜利，最终实现第二个百年奋斗目标。

---

① 《习近平谈治国理政》第 3 卷，外文出版社 2020 年版，第 12、531 页。

进一步认识三线建设史研究的意义与任务*

2014 年，中华人民共和国国史学会三线建设研究分会成立时，我曾在贺词中说：分会的成立"标志三线建设史研究作为国史研究的分支学科，向学术殿堂迈出了重要一步"。七年来，分会在组织广大会员进行史料收集、课题研究、论文写作、舆论宣传等方面做了大量工作，还参与了大型电视文献纪录片《大三线》的摄制，创办了《三线春秋》杂志，召开了主题为"三线建设与新时代中国特色社会主义文化"等研讨会。在电视片首映式、研讨会开幕式、杂志创刊号上，我都曾应邀致了词、写了寄语、发了言。在今天的研讨会上，我结合当前的新形势，就如何进一步认识三线建设史研究的意义与任务，再讲几点意见，供大家参考。

一、用三线建设史研究为党史学习教育和"四史"宣传教育服务

三线建设是 20 世纪 60 年代，以毛泽东同志为主要代表的中国共产党人，针对当时的严峻国际形势，为加强战备和内地建设而作出的一项十分重大而英明的战略决策。它以沿

---

* 本文为 2021 年 10 月 23 日作者在第三届全国三线建设学术研讨会上的讲话，曾发表于《当代中国史研究》2022 年第 3 期。

海一些重要工业向西南、西北省份和中部及沿海地区腹地等内陆地区转移为目标，以国防科技工业、机械与能源工业、原材料工业及铁路与公路干线建设为重点，前后投入 2000 多亿元和上千万人力，构筑起了规模庞大、门类齐全的内地科研与生产相结合的现代工业交通体系，为改革开放前做好反侵略战争准备提供了强大而巩固的后方基地，也为改革开放后现代化建设的突飞猛进，奠定了坚实而雄厚的物质基础，谱写出新中国史册上伟大而光辉的一页。[①]

三线建设于 1964 年开始酝酿，1965 年作出决策，紧接着成立了西南、西北、中南三个建设委员会，以及中央直接领导的工作组、指挥部，开始着手实施。到 1983 年，主体建设结束，总共耗时 18 年。加上从 1984 年到 2006 年进行的后续调整改造时期，三线建设前后长达 40 年，贯穿改革开放前后两个历史时期，囊括了云、贵、川、陕、甘、宁、青、湘、鄂、豫、晋、粤、桂等 13 个省市自治区，涉及三分之一的国土面积，其中的重点是 8 个省市。另外，各省市区还有自己的三线建设，俗称"小三线"。[②]

经过 14 年三线建设，到 1978 年，中西部工业固定资产原值已经占全国的 56%，超过了东部沿海地区；职工人数由 325.65 万增加到 1129.5 万；工业总产值增长 3.92 倍。尤其值得一提的是，我国成功爆炸的第一颗原子弹、氢弹，成功发

---

①《中华人民共和国简史》，人民出版社、当代中国出版社 2021 年版，第 95—97 页。

②《新中国 70 年》，当代中国出版社 2019 年版，第 103—105 页。

射的第一颗人造地球卫星，建成的第一个军用核反应堆，成功试射的第一枚中程弹道导弹，建成的第一艘核潜艇和第一台电子加速器，制造的第一批国产喷气歼击机，绝大部分研制、试验基地都在三线地区。三线地区还建成了攀枝花、酒泉等钢铁基地，金川、宝鸡等有色金属工业基地，四川合成氨、河南煤化工等化学工业基地，德阳东方、天水海林等机械制造工业基地，绵阳、都匀等电子工业基地，六盘水、渭北等煤炭工业基地，川、贵、陕等航空工业基地，葛洲坝、刘家峡、龙羊峡和焦作、秦岭等水电站、火电厂，成昆、襄渝、湘黔、枝柳、青藏（西宁至格尔木段）等铁路干线，以及西南合成、中南制药等轻纺医药企业；形成了攀枝花"钒钛之都"、绵阳"科学城"、六盘水"江南煤都"、德阳"重装城"、十堰"汽车城"、金昌"镍都"、梓潼"两弹城"、西昌"航天城"等60多个新兴工业城市。[1]所有这些，极大地增强了新中国的工业实力，完善了其工业体系。

2018年2月，习近平总书记考察四川时，对三线建设给予了高度评价。他指出：三线建设，使一大批当时属于顶尖的军工企业、国有企业、科研院所来到西部，这些都是我们发展的宝贵财富。[2]然而，由于三线建设是以备战为中心的，整个建设处于保密状态，成千上万人都是悄悄地来，在深山僻野中隐姓埋名，一干就是几十年；加上当时正值"文化大革命"期间，建设中也难免受到"左"的思潮影响，使后来

---

[1]《新中国70年》，当代中国出版社2019年版，第104—105页。
[2]《新中国70年》，当代中国出版社2019年版，第105页。

宣传上颇多顾虑，以至于许多感人事迹、重要成就，直到现在仍然鲜为人知。唯其如此，更需要三线建设史研究者深入研究和大力宣传，揭开这段历史的神秘面纱，用无可辩驳的事实，证明三线建设的辉煌成就及其在新中国史上的重要地位，反击历史虚无主义的污蔑歪曲，让全国人民特别是青少年从中受到生动的爱国主义教育，更加深刻认识到中国共产党为国家为民族作出的伟大贡献，更加增强新中国的历史自信，更加坚定中国特色社会主义的理想信念，更加自觉地听党话、跟党走。

2021 年，全党在开展党史学习教育的同时，全社会也在开展党史、新中国史、改革开放史、社会主义发展史的宣传教育活动。这"四史"合在一起，正是社会主义由空想变为科学，变为革命运动，在中国取得成功，再进一步发展为中国特色社会主义的逻辑过程和有机整体。其中，改革开放前后两个历史时期都是我们党领导人民进行社会主义建设的实践探索。三线建设史刚好贯穿这两个历史时期，对于我们理解两个历史时期的关系进而更深刻地理解党史、新中国史、改革开放史、社会主义发展史，都有着直接的帮助。因此，研究三线建设史，无论对于党史学习教育还是"四史"宣传教育，都是重要内容之一。

二、用三线建设史为丰富、弘扬、传承党的精神谱系服务

党的十八大以来，以习近平同志为核心的党中央高度重视用革命精神鼓舞人、教育人。2021 年 2 月 20 日，习近

平总书记在党史学习教育动员大会上指出："在一百年的非凡奋斗历程中，一代又一代中国共产党人顽强拼搏、不懈奋斗，涌现了一大批视死如归的革命烈士、一大批顽强奋斗的英雄人物、一大批忘我奉献的先进模范，形成了井冈山精神、长征精神、遵义会议精神、延安精神、西柏坡精神、红岩精神、抗美援朝精神、'两弹一星'精神、特区精神、抗洪精神、抗震救灾精神、抗疫精神等伟大精神，构筑起了中国共产党人的精神谱系。"①7月1日，他在庆祝中国共产党成立100周年大会上又指出："一百年来，中国共产党弘扬伟大建党精神，在长期奋斗中构建起中国共产党人的精神谱系，锤炼出鲜明的政治品格。"②他要求我们继续弘扬光荣传统、赓续红色血脉，永远把党的精神谱系继承下去，发扬光大。9月，经党中央批准，中央宣传部梳理公布了第一批纳入中国共产党人精神谱系的伟大精神。③三线建设史研究者要借助这股东风，通过研究，更深入地挖掘三线建设史料，更系统地论述"三线精神"，为丰富、弘扬和传承党的精神谱系贡献智慧和力量。

在以往的三线建设史研究中，三线精神曾被概括成四句话十六个字，即"艰苦创业、无私奉献、团结协作、勇于创新"。我认为，这四句话十六个字对三线精神的概括是比较准

① 习近平：《在党史学习教育动员大会上的讲话》，《求是》2021年第7期。

② 习近平：《在庆祝中国共产党成立100周年大会上的讲话》，《人民日报》2021年7月2日。

③《中国共产党人精神谱系第一批伟大精神正式发布》，《人民日报》2021年9月30日。

确、比较深刻的，也是经得起时间检验和历史推敲的。

"艰苦创业"是三线精神的精髓，浸润着三线建设的历史全过程。当年出于战备需要，来自全国各地的数百万建设者，放弃相对舒适的生活和相对优厚的物质待遇，告别亲人，远离城市，奔赴人烟稀少的深山峡谷、大漠荒野，或扎根，或转战，与天斗，与地斗，与各种困难斗，披荆斩棘，顽强拼搏，锲而不舍，坚持不懈，涌现出无数可歌可泣的模范人物和英雄事迹。例如，攀枝花钢铁基地，选址在总面积仅 2.5 平方公里、自然地形坡度达 10%—20% 的金沙江边小岛弄弄坪上，被国际同行普遍认为不可能建大型企业。[①] 然而，攀枝花建设者偏不信这个邪，凭着"三块石头支口锅、帐篷搭在山窝窝"的精神，硬是靠人拉肩扛，把成千上万吨大型器材设备和生活物资运了上去。同时，他们又进行科学的总体布置，精心地设计工艺流程，合理地制定运输方案，终于在深山峡谷中建起了被誉为"象牙微雕"的现代化大型钢铁联合企业。[②]再如，成昆铁路沿线地形险峻、地质复杂，山体错落滑坡，危岩滚落崩塌，以及岩溶、岩爆、泥石流等各种危险现象时有发生，被国外专家断定为"筑路禁区"。但是，铁路建设者在这样的恶劣条件下，硬是逢山凿洞，遇水架桥，全线共建有各种桥梁 991 座、隧道 427 座，桥隧总延长达 433.7 公里，占线路总长度 1100 公里的 40%，有些车站甚至建在了隧道

---

① 黄明全：《四川地名故事》，中国社会出版社 2011 年版，第 61、62 页。

②《中国共产党简史》，人民出版社、中共党史出版社 2021 年版，第 208 页。

中、桥梁上。^① 因此，成昆铁路也被联合国誉为"象征 20 世纪人类征服自然的三大奇迹"之一。^②

"无私奉献"是三线精神的魂魄，传承着几代三线人的家国情怀。至今仍被广为流传的"献了青春献终身、献了终身献子孙"的口头禅，正是三线人精神境界的真实写照。他们为了国家和人民的需要，把三线企业所在地当成了自己的第二故乡，其深厚感情有的甚至超过了生育他们的第一故乡。在他们之中，有不畏烈火、保护油井的四川 32111 钻井队英雄集体^③，有抱病牺牲在工地的好干部陶惕成^④。修建成昆铁路时，有两千多铁道兵干部战士牺牲，^⑤ 相当于平均每修一公里就牺牲两个人。修建地下核反应堆"816"工程时，百余名官兵献出了宝贵的生命，但因为工程在当时处于保密状态，家人很长时间不知道他们为何牺牲，埋在哪里。^⑥在全国三线地区，到处可见当年修建的烈士墓园。它们是三线人英雄事迹的见证，默默传颂着三线人万世垂范的奉献精神。

"团结协作"是三线精神的根基，彰显着社会主义制度的优越性。在三线建设时期，一线企业向三线搬迁是一项重要

---

① 冯金声：《中国西南铁路纪事》，西南交通大学出版社 2017 年版，第 160 页。

②《莽莽成昆出大山》，《人民日报》2020 年 12 月 14 日。

③《四川省志·大事纪述》（下），四川科学技术出版社 1999 年版，第 129 页。

④ 邓国超主编：《好人好马上三线：贵州三线记忆口述实录》，孔学堂书局 2019 年版，第 191 页。

⑤ 曾从技：《成昆线上》，中国铁道出版社有限公司 2020 年版，第 96 页。

⑥《一项工程——见证三线建设艰难辉煌》，《重庆日报》2021 年 7 月 1 日。

任务。当时流传的一句口号："好人好马上三线，备战备荒为人民"，一方面说明，无论援建职工还是企业都是同行业中的佼佼者；另一方面也说明，无论援建职工还是企业，都随时听从上级调遣，只要一声令下，不讲价钱，不计得失，闻风而动，打起背包就出发，从四面八方汇聚而来。那时，上海、沈阳、北京等一线大城市的许多重点企业，直接和三线地区进行对口支援。如鞍钢支援攀钢、一汽支援二汽、上海支援四川时，都是把最好的师傅和设备调过去。有两个车间的，调去一个车间；有一个车间的，调去半个车间。为了支援水城钢厂，鞍钢搬迁了一座 568 立方米的高炉及相应配套的焦炉、烧结机、矿山、动力等一批设备到贵州六盘水。[1]攀枝花钢铁基地的建设，更是冶金、化工、煤炭、铁道、电力、地质、机械、交通等十几个中央部委，和云、贵、川三省团结协作的结果。[2]据统计，1966—1976 年，全国共内迁项目 380 个、职工 14.5 万人、设备 3.8 万余台，11 个三线省区共投资 1173.41 亿元，从而形成了西南机械工业基地、华中机械工业中心和汉中、天水、银川、西宁工业区等一批新的、各具特点的工业中心。[3]正是当年部门、地区、企业之间的这种团结协作，对改变全国工业布局和少数民族地区工业的落后面貌，发挥了重要的历史性作用。

---

[1]《六盘水市志·冶金工业志》，贵州人民出版社 2003 年版，第 63 页。

[2]《攀西开发志·综合卷》，四川人民出版社 2007 年版，第 14 页。

[3] 马洪、孙尚涛：《现代中国经济大事典》第 2 卷，中国财政经济出版社 1993 年版，第 1582 页。

"勇于创新"是三线精神的旗帜，引导着三线人不断攀登高峰。与其他时期的大规模工业建设相比，三线建设一个最大特点，是在苏联终止援助、撤走专家之后的困境里艰难起步的，也是在西方实施物资禁运、技术封锁的包围中出奇制胜的，更是在荒山野岭、环境闭塞的条件下创造奇迹的。其中，以重庆为中心的常规兵器工业基地体系，不仅能够大批量生产轻武器，而且能够生产相当数量的先进重武器，到1975年兵器生产能力已占全国的近一半；分布在四川、贵州、陕西的电子工业基地，形成了生产门类齐全、元器件与整机配套、军民用兼有的体系；四川、陕西等地的战略武器科研生产基地，拥有从铀矿开采提取、元件制造到核动力、核武器研制的核工业系统。① 这些三线企业，蕴含了大量现代科技和高科技人才，成为其自主创新的基础。如钒钛磁铁矿冶炼是当时国内外尚未解决的难题，为此，100多名科技人员经过反复试验，终于用普通高炉攻下了这一难关，首创世界最高水平的钒钛冶炼技术。② 又如，中国燃气涡轮研究院经过30多年攻关实验，建成了亚洲第一台航空发动机模拟高空实验平台，荣获国家科技进步特等奖。③ 更为难能可贵的是，当年按照计划经济体制被安排到山沟里的三线企业，改革开放初期大多面临停产和停发工资的困境。但三线企业职工没有怨天

---

① 武力：《中华人民共和国经济史》（上），中国时代经济出版社2010年版，第558页。

②《留在大裂谷的回忆》，四川辞书出版社2003年版，第45页。

③《亲历三十年：国防科技工业离退休人员纪念改革开放30周年征文获奖作品选》，航空工业出版社2008年版，第175页。

尤人，而是服从大局需要，克服种种困难，自筹资金，"找米下锅"，实现了由军转民，在计划经济体制向社会主义市场经济体制的过渡中，走出了一条产业转型的创新之路，既实现了自身的长足发展，也为所在地的社会发展进步作出了巨大贡献。例如，四川省成都市的现代工业大发展和城市建设规模，就是由此而来的。到 20 世纪 80 年代末，成都的大都市格局已具雏形，90 年代更成了西南地区科技、金融、商贸、交通和通信枢纽中心。[①]

从以上事例不难看出，三线精神是与革命年代的井冈山精神、苏区精神、长征精神、延安精神、西柏坡精神等精神一脉相承的，也是与建设年代的"两弹一星"精神、大庆精神、红旗渠精神、西迁精神等精神高度契合的。它彰显了中国人民长期以来形成的伟大奋斗精神、奉献精神、团结精神、创造精神，同样是我们党的伟大精神谱系的组成部分。面对新时代新征程，三线建设史研究者理应把挖掘、提炼、阐述三线精神作为研究的重点，为打造三线文化，增强中国特色社会主义软实力，丰富中国共产党人精神谱系，激励广大党员干部群众弘扬革命传统、赓续红色血脉，为实现中华民族伟大复兴凝聚强大精神力量，发挥自己的光和热。

---

① 王癸鳕：《简论三线企业调迁成都》，四川省情网，2020 年 2 月 17 日，http：//scsqw.cn/ztzl/scsxjs/zjyt/content_32025。

三、用三线建设史研究为深入总结党和国家的历史经验服务

我们党历来重视总结和汲取党的历史经验。党的十八大以来，习近平总书记多次强调要认真总结党的历史经验，为党和国家工作大局服务。2021 年 2 月 20 日，他在党史学习教育动员大会上强调："党的历史是最生动、最有说服力的教科书。""回望过往的奋斗路，眺望前方的奋进路，我们必须把党的历史学习好、总结好，把党的成功经验传承好、发扬好。""我们党一步步走过来，很重要的一条就是不断总结经验、提高本领，不断提高应对风险、迎接挑战、化险为夷的能力水平。党的经验不是从天上掉下来的，也不是从书本上抄来的，而是我们党在历经艰辛、饱经风雨的长期摸索中积累下来的，饱含着成败和得失，凝结着鲜血和汗水，充满着智慧和勇毅。"① 他的论述说明，认真总结党的历史，更好地发挥党的历史的鉴今、资政作用，是新形势下推动党和国家事业不断发展的迫切需要。

2021 年 11 月，在党的十九届六中全会通过的《中共中央关于党的百年奋斗重大成就和历史经验的决议》中，提到了党领导人民在一百年伟大奋斗中积累的十条经验。② 可以毫不夸张地说，在所有这些经验中，都饱含着三线建设的成败和

---

① 习近平：《在党史学习教育动员大会上的讲话》，《求是》2021 年第 7 期。
②《中共中央关于党的百年奋斗重大成就和历史经验的决议》，《人民日报》2021 年 11 月 17 日。

得失，凝结着三线建设的鲜血和汗水，充满着三线建设者的智慧和勇毅。其中有长远谋划、通盘考虑的经验；有全国一盘棋、集中力量办大事的经验；有服从决定听指挥、雷厉风行的经验；有抓住重点、合力攻关的经验；有拼命精神加科学态度、苦干加巧干的经验；等等。三线建设史研究者应当在深入学习贯彻六中全会精神的过程中，进一步加强对三线建设宝贵经验的总结和研究，为新时代推进西部大开发提供智力支持。

四、用三线建设史研究为三线工业遗产的保护和利用服务

习近平总书记指出："革命文物承载党和人民英勇奋斗的光荣历史，记载中国革命的伟大历程和感人事迹，是党和国家的宝贵财富，是弘扬革命传统和革命文化、加强社会主义精神文明建设、激发爱国热情、振奋民族精神的生动教材"。[①]三线的工业遗产，同样是革命文物，是三线历史、三线文化、三线精神的载体，是弘扬革命传统、传承革命文化、加强社会主义精神文明建设、激发人民群众爱国热情和振奋民族精神的生动教材，是党和国家的宝贵财富。

当前，三线工业遗产一方面由于历史时间还不够长而未被列入文物保护范围；另一方面一些工业遗产在企业改制、改组中遭到拆除、破坏，还有一些地方在工业遗产利用中较多重视空间转型、业态升级的经济价值，而忽视其活化历史、

---

①《切实把革命文物保护好管理好运用好　激发广大干部群众的精神力量》，《人民日报》2021 年 3 月 31 日。

寓教于乐的教育意义，造成不少有历史价值的工业遗产濒临毁灭。尤其西部地区在三线建设时期留存下来的一些厂房、实验室，更存在保护不足、缺乏更新的困境。三线建设史研究者面对这种状况，更应当通过历史研究，提供史实依据，制定遗产标准，列出保护名录，积极参与到抢救、保护、开发、利用三线工业遗产的工作中去。

对三线工业遗产的保护，要重视厂房、实验室等物质类的遗产，同时，也不能忽视文献史料、技术档案、口述回忆等非物质类的遗产。当年三线建设从战备出发选址，需要"靠山、分散、隐蔽"，许多企事业单位分布在深山丛林。后来国际形势缓和，加之实行改革开放，一些机构向城市搬迁，一些人员四处分散，一些企业改制解体，许多文献资料由于未能被档案部门、主管单位回收保管，导致有的流散民间、海外，有的甚至被当作废纸处理，使一些见证我国工业化历程的图纸丢失，一些在历史上起过重要作用的关键技术失传，一些有教育意义的人物事迹失去了文字图片依据。三线建设史研究者在参与抢救、保护三线工业遗产的工作中，急需通过研究，寻找、发现、抢救、保护这些非物质类的遗产。尤其要采取措施，抓紧访问仍健在的三线建设领导人、参与者，进行录音、录像，开展抢救性的口述史研究，使其成为编写三线历史、讲好三线故事、传播三线精神的"活材料"。

党的十八大以来，以习近平同志为核心的党中央高度重视革命、建设、改革历史的研究宣传，重视革命精神、红色文化的赓续弘扬，重视历史经验的总结、运用，重视革命文物的保护利用。三线建设史研究者要抓住机遇，乘势而上，继承、发扬三线精神，持之以恒地研究三线历史，把三线建设史研究不断引向深入，为党史学习教育和"四史"宣传教育服务，为党的精神谱系发扬光大服务，为新中国工业遗产的保护利用服务，为党和国家的历史经验总结服务，为新时代中国特色社会主义事业作出三线建设史研究者的应有贡献。

中国当代史的经验总结

研究中华人民共和国史经验应当注意的
几个方法问题*

　　研究历史经验从来是史学研究的重要内容，也是史学宗旨的具体体现。司马迁说过，他写《史记》的目的，是"究天人之际，通古今之变，成一家之言"①。换成今天的话讲，就是要揭示历史原因，总结历.史经验，成为安邦治国的一家之言。朱熹则说："读史当观大伦理、大机会、大治乱得失"②，意思也是讲，研究历史不要纠缠一些琐碎事件，而应关注重大事件，重视对历史经验的总结。

　　我们党是一个既重视总结又善于总结历史经验的党。毛泽东早就指出："好的政策都是经验之总结。"③ "一切带原则性的军事规律，或军事理论，都是前人或今人做的关于过去战争经验的总结。这些过去的战争所留给我们的血的教训，应该着重地学习它。这是一件事。然而还有一件事，即是从自己经验中考证这些结论，吸收那些用得着的东西，拒绝那些用不着的东西，增加那些自己所特有的东西。这后一件事是

　　* 本文发表于《中国社会科学》2011 年第 4 期。收入本书时，作者略作修改。
　　①《汉书》卷 62《司马迁传·报任安书》，中华书局 1962 年版，第 2735 页。
　　② 黎靖德编：《朱子语类》卷 11《学五·读书法下》，中华书局 1986 年版，第 196 页。
　　③《毛泽东文集》第 2 卷，人民出版社 1993 年版，第 417 页。

十分重要的，不这样做，我们就不能指导战争。"①邓小平在制定《关于建国以来党的若干历史问题的决议》（以下简称《历史决议》）时也指出：认真学习马克思、列宁和毛泽东同志的著作，"必须联系中国革命的历史，这样就能了解党是怎样领导革命的，了解毛泽东同志有哪些功绩，使大家知道中国革命是怎样成功的"②。江泽民在 20 世纪 90 年代中叶谈提高干部队伍素质的问题时强调："以史为鉴，可以知兴替。今天的中国是历史的中国的发展，作为当代中国的领导干部，如果不了解中国的历史，特别是中国的近代史、现代史和我们党的历史，就不可能认识和把握中国社会发展的客观规律，继承和发扬我们党在长期斗争中形成的光荣传统，也就不能胜任领导建设有中国特色社会主义的职责。"③胡锦涛在 21 世纪初主持中央政治局集体学习时进一步指出："中华民族历来就有治史、学史、用史的传统。我们党在领导革命、建设和改革的过程中，一贯重视对历史经验的借鉴和运用。在新形势下，我们要更加重视学习历史知识，更加注重用中国历史特别是中国革命史来教育党员干部和人民。"④他们的论述说明，总结历史经验无论对于我们党的事业、革命的事业，还是社会主义建设事业、改革开放事业的成败，都具有重要意义。

毛泽东、邓小平和江泽民、胡锦涛的论述是针对党的领

---

① 《毛泽东选集》第 1 卷，人民出版社 1991 年版，第 181 页。
② 《邓小平文选》第 2 卷，人民出版社 1994 年版，第 381 页。
③ 江泽民：《论党的建设》，中央文献出版社 2001 年版，第 224—225 页。
④ 胡锦涛：《进一步认识把握社会历史发展规律　增强推进改革发展的自觉性主动性》，《人民日报》2003 年 11 月 26 日。

导机关、领导干部说的，但对于中华人民共和国史研究者同样适用。作为国史研究者，要继承和发扬中国史学重在研究历史经验的优良传统，也要继承和发扬我们党重视总结历史经验的优良传统。当然，国史研究者研究历史经验属于学术范畴，与领导机关、领导干部总结历史经验的目的、方法、作用并不完全一样。党的领导机关、领导干部总结历史经验，一般要从当前面临的全局性和紧迫性的问题入手，总结出的经验也往往会直接用于制定政策、指导工作和教育干部群众。国史研究者虽然也要关注具有全局性和紧迫性的问题，但一般会把研究的视野放得更宽；研究成果一般也不会直接用于制定政策，而是为领导机关、领导干部制定政策提供历史依据，为广大干部群众学习和总结历史经验提供参考，这也就是人们常说的"资政育人"。然而，无论领导机关、领导干部还是国史研究者，总结或研究历史经验都要站在人民群众根本利益的立场上，都要以马克思主义为指导，都要为中国特色社会主义建设事业服务，在这些方面是没有也不应当有什么区别的。即使在研究的基本方法上，二者大体上也应当是相同或相似的。

下面，谈谈国史研究者在研究国史经验时应当注意掌握的几个基本方法。

一、既要研究新中国不同时期的经验，又要把各个历史时期的经验联系起来研究

新中国成立距今已有 61 年，其间根据社会历史条件和党

的工作重点等的变化，可以划分为若干不同阶段。例如，以党的十一届三中全会为界，可以分为改革开放前的 29 年和改革开放后的 32 年。在改革开放前的 29 年里，又可以分为1949—1956 年由新民主主义向社会主义过渡的 7 年和 1957—1978 年进行社会主义道路探索的 22 年。在改革开放至今的32 年里，也可大体分为 1978—1992 年开创中国特色社会主义道路的 14 年和 1992—2003 年确立社会主义市场经济体制的11 年。这些不同阶段有着各自不同的特点，因此，研究历史经验，需要把它们分为不同时期来研究。例如，研究在市场经济条件下如何发挥宏观指导作用，在土地承包到户的条件下如何发挥集体经济作用、解决农田水利建设和农村环境污染问题，在农村青壮年劳动力大量涌入城市的情况下如何建设社会主义新农村，在城市化加速推进的条件下如何保护农业用地，在推进互联网发展的同时如何加强对它的监管，在不搞政治运动的条件下如何防止党脱离群众、端正干部作风等经验，就不大适合笼统地放在 61 年中研究，而应当主要放在后 32 年里加以研究。因为这些问题在前 29 年基本没有产生的条件，因而也不可能有解决这些问题的经验。

然而，新中国到今天的 61 年历史无论划分为多少阶段，基本国情都没有根本性的改变。除最初的 7 年外，它们都处在社会主义初级阶段，基本特点都是人口多、耕地少、底子薄、资源缺，主要矛盾都是人民日益增长的物质文化需要同落后的社会生产之间的矛盾。因此，各个阶段虽然有各自的特殊问题，有的差别还非常大，但都存在不少共性问题。例如，如何把马克思主义基本原理与中国社会主义建设的实际结合好，如何使生产关系和上层建筑更适合生产力和经济基础的实际，如何使国民经济既快速又协调稳定地向前发展，如何处理经济建设与政治、文化、社会领域建设的关系，如何回应人民内部各利益群体的诉求、最大限度地激发社会创造活力，如何保证党不脱离群众、永远同人民保持血肉联系，等等。这些问题以及解决这些问题的经验，前 29 年里有，后 32 年里也有。研究解决这些问题的经验，就需要把 61 年里各个阶段的历史联系起来，并通过比较加以考察。这样研究，才会使我们把问题看得更清楚，使研究更深入。

以"急于求成"为例。这在新中国历史中可以说是带有一定顽固性的问题。如果把改革开放前后大体划分为两个 30 年的话，应当说它的表现程度和后果在这两个 30 年里是不一样的：前 30 年发生范围大，持续时间长，损失程度重；而后 30 年一般来说，范围比较小，持续时间比较短，损失也没那么大。但是，只要把两个 30 年中"急于求成"的问题放在一起比较，我们就不难发现，二者确有很多相同或相似的地方。例如，它们的出发点都是希望尽快改变落后面貌，把建设速度搞得快一点，以便缩小和发达国家的差距，把耽误的时间（无论是由于帝国主义侵略还是由于"文化大革命"造成的）夺回来；而失误都在于把主观愿望与客观可能混淆了，过分夸大了主观能动性和主观意志的作用，忽视了客观经济规律和自然规律；而且，其中或多或少都有不正确的政绩观在作怪。因此，我们在研究如何克服"急于求成"问题的历史经验时，需要重点研究如何把领导干部的思想方法搞正确，如何改进干部的考核、评价办法。这些问题不解决，"急于求成"的毛病今后还会反复出现。

再以生产关系和上层建筑领域的变革为例。这种变革在改革开放前后两个 30 年里也都存在，只不过前 30 年往往把变革称为"革命"，如所有制上的社会主义革命，企业里的管理制度革命，意识形态领域的思想革命、文化革命，直至后来搞的"无产阶级文化大革命"，等等。且不说这些"革命"的方向是否都正确，是否都合乎客观实际的要求，单就处理"不断革命"与"革命发展阶段"的关系，就有不少值得总结的教训。今天，我们不再搞那些"革命"了，而是要进行经济体制和政治体制的改革，但改革有时也被称为"革命"。邓小平就说过："我们把改革当作一种革命，当然不是'文化大革命'那样的革命。""改革是中国的第二次革命。""改革也可以叫革命性的变革。"①因此，研究当年处理"不断革命"与"革命发展阶段"关系上的教训，对于总结 30 年改革的经验，也是不无益处的。

改革开放以来，境内外敌对势力一方面以私有化为标尺，攻击我们经济体制改革不彻底；另一方面以西方政治制度为标尺，攻击我们只搞经济体制改革而不搞政治体制改革，诬蔑我们的政治改革"严重滞后"了。对于这种谬论，《人民日报》署名郑青原的文章给予了有力驳斥，强调社会主义民主

①《邓小平文选》第 3 卷，人民出版社 1993 年版，第 82、113、135 页。

政治是一个不断发展、不断完善的过程，需要不断改革。① 这无疑是完全正确的。但要使大家真正弄清楚改革究竟是否滞后的问题，还需要研究"不断改革"与"改革发展阶段"的辩证关系，弄清楚改革在不同阶段的区别和任务。毛泽东说过："一切事物总是有'边'的。事物的发展是一个阶段接着一个阶段不断地进行的，每一个阶段也是有'边'的。不承认'边'，就是否认质变或部分质变。"② 马克思主义者正是遵循这一客观规律，把"不断革命论"与"革命发展阶段论"相结合。我们党前 30 年之所以在上层建筑领域变革中犯了一些严重错误，固然有把革命对象、内容、方法搞错的一面，也与片面强调"不断革命"而忽视"革命发展阶段"有关。而 20 世纪 80 年代，邓小平论述政治体制改革时，首先明确："评价一个国家的政治体制、政治结构和政策是否正确，关键看三条：第一是看国家的政局是否稳定；第二是看能否增进人民的团结，改善人民的生活；第三是看生产力能否得到持续发展。"然后，他一方面指出，"我国政治体制改革总的目标有三条：第一，巩固社会主义制度；第二，发展社会主义社会的生产力；第三，发扬社会主义民主，调动广大人民的积极性"；另一方面指出，改革的具体任务也是三条：第一，党政要分开，解决党如何领导的问题；第二，权力要下放，

---

① 《沿着正确政治方向积极稳妥推进政治体制改革——三论牢牢抓住历史机遇、全面建设小康社会》，《人民日报》2010 年 10 月 27 日。

② 《毛泽东文集》第 8 卷，人民出版社 1999 年版，第 108 页。

解决中央和地方的关系；第三，要精简机构。①他这样讲政治体制改革，既讲明了判断政治体制是否正确的标准，又讲明了政治体制改革的必要性；既明确了改革的总体目标，又明确了改革的阶段性任务，这就把"不断改革"与"改革发展阶段"的辩证关系讲清楚了，也使改革是否滞后的问题有了科学的判断标准。

可见，把改革开放前后两个 30 年里生产关系、上层建筑领域变革的历史经验联系起来研究，对于我们更好地从历史中吸取教训，牢牢把握改革的正确方向，始终掌握改革的主动权和节奏性，不给敌对势力以可乘之机，都是非常必要的。

二、既要研究新中国各个领域的历史经验，又要从宏观层面对历史经验作综合的研究

人们认识事物总要先从个别再到一般，先从局部再到整体。研究国史经验同样应当遵循这样的认识路线。毛泽东在延安时期论述调查研究工作时曾说过：对于近百年的中国史，"应先作经济史、政治史、军事史、文化史几个部门的分析的研究，然后才有可能作综合的研究"②。他的这个意见对我们今天加强国史经验研究，仍然具有指导意义。

当前，各领域经验中需要研究的问题很多。例如，在政治史领域，需要研究完善人民代表大会制度、善于使党的主张通过法定程序成为国家意志的历史经验；坚持共产党领导

①《邓小平文选》第 3 卷，人民出版社 1993 年版，第 213、178、177 页。
②《毛泽东选集》第 3 卷，人民出版社 1991 年版，第 802 页。

多党合作的政党制度的历史经验；人民政协履行政治协商、民主监督、参政议政职能的历史经验；完善中国特色社会主义法律体系的历史经验；深化政治体制改革的历史经验；加快行政管理体制改革的历史经验；调整地方行政建制的历史经验；建立健全各种权力既相互制约又相互协调的权力结构及运行机制的历史经验；完善社会管理，健全基层社会管理体制，加强社会组织建设和管理的历史经验；加强反腐倡廉建设的历史经验；加强国防和人民军队建设的历史经验；巩固和发展平等团结互助和谐的社会主义民族关系的历史经验；发挥宗教界人士和信教群众促进经济社会发展积极作用的历史经验；等等。

在经济史领域，需要研究完善社会主义市场经济体制的历史经验；加快转变经济发展方式的历史经验；推进经济结构调整的历史经验；提高自主创新能力的历史经验；提高经济整体素质和国际竞争力的历史经验；正确处理城乡关系的历史经验；建立合理的收入分配制度，使收入差距维持适当比例的历史经验；物价稳定与社会稳定关系的历史经验；增加粮食生产与经济作物生产的历史经验；提高节能环保水平的历史经验；加强跨行政区域经济协作的历史经验；等等。

在文化史领域，需要研究坚持和加强马克思主义在意识形态领域指导地位的历史经验；建设社会主义核心价值体系的历史经验；加强和改进思想政治工作的历史经验；加强社会主义精神文明建设的历史经验；全面贯彻党的教育方针的历史经验；贯彻"双百"方针，繁荣发展社会主义文化的历史经验；对祖国传统文化取其精华、去其糟粕的历史经验；批判地汲取世界先进文化的历史经验；深化文化体制改革的历史经验；实施文化"走出去"战略、争取国际交流话语权的历史经验；维护意识形态安全、防范敌对势力渗透的历史经验；等等。

在社会史领域，需要研究社会综合治理和维护稳定的历史经验；加强与完善党和政府主导的维护群众权益机制的历史经验；建立覆盖城乡居民的社会保障体系的历史经验；建立基本医疗卫生制度的历史经验；加强与完善流动人口和特殊人群管理和服务的历史经验；坚持和完善计划生育政策的历史经验；加强与完善公共安全体系的历史经验；加强与完善非公有制经济组织、社会组织管理的历史经验；等等。

在外交史领域，需要研究判断时代特征和国际形势，制定国际战略的历史经验；奉行独立自主的和平外交政策的历史经验；坚持在和平共处五项原则基础上发展与不同制度国家关系的历史经验；同发达国家战略对话的历史经验；加强同周边国家睦邻友好和务实合作的历史经验；加强同发展中国家团结合作、提供力所能及援助的历史经验；积极参与多边事务、在国际组织中发挥建设性作用、推动国际秩序向更加公正合理方向发展的历史经验；维护国家主权独立、领土完整的历史经验；等等。

在祖国统一史的领域，需要研究贯彻"一国两制"方针的历史经验；维护港澳长期繁荣稳定的历史经验；促进海峡两岸统一的历史经验；反对和遏制"台独"分裂势力的历史经验；反对和遏制"藏独""疆独"等民族分裂势力的历史经验；等等。

以上这些需要研究的不同领域的历史经验，都是一些很大很重要的问题。但相对于整个国家的全局性、整体性的经验来说，仍然属于局部问题。什么是国家的全局性、整体性经验呢？像《历史决议》对改革开放前 30 年历史总结的十条经验、江泽民在党的十六大报告中对十三届四中全会至十六大召开的 13 年历史总结的十条经验、胡锦涛在纪念党的十一届三中全会召开 30 周年大会上的讲话中对改革开放 30 年历史总结的十条经验等，就属于这种经验。研究国史经验当然要从不同领域的历史经验研究开始，但绝不能忽略对国家全局性、整体性经验的研究。我们说要加强国史经验研究，首先指的就是要加强对这类经验的研究。这是因为，研究各个具体领域经验的目的之一，是对国家全局性、整体性的经验进行综合研究；研究国家全局性、整体性的经验，在国史经验研究中更具决定意义；正确总结国家全局性、整体性的经验，会更有利于对具体领域经验的研究。

在国家全局性、整体性历史经验的研究方面，可作的题目也是很多的。例如，党的基本路线与党的基本经验是什么关系，党的执政历史经验与新中国的历史经验以及改革开放前后两个 30 年的历史经验之间有哪些相同之处和不同之处，党的基本经验的依据有哪些、核心是什么，等等，就很值得研究。如果我们只关注具体领域的历史经验，而忽视国家全局性、整体性的历史经验，不仅对于国史经验研究来说是不全面的，而且有可能在事关党和国家方向、方针的问题面前，由于失去应有的判断力和辨别力而成为错误"经验总结"的俘虏。

就拿总结"以阶级斗争为纲"的历史经验教训来说。《历史决议》说，党的十一届三中全会果断地停止使用了这个不适用于社会主义社会的口号，并没有说这个口号不适用于任何时期，也没有说在社会主义社会不存在阶级斗争。党中央从来没有这样总结过经验，相反，总是说在无产阶级进行革命的时期，在社会主义改造完成之前，阶级矛盾是社会的主要矛盾；总是说在剥削阶级作为阶级消灭以后，"由于国内的因素和国际的影响，阶级斗争还在一定范围内长期存在，在某种条件下还有可能激化"[1]。邓小平在党的十一届三中全会不久后指出："社会主义社会中的阶级斗争是一个客观存在，不应该缩小，也不应该夸大。实践证明，无论缩小或者夸大，两者都要犯严重的错误。"[2]江泽民也曾指出："我们与国内外各种敌对势力在渗透与反渗透、颠覆与反颠覆上的斗争将是长期的复杂的。这是阶级斗争在我国一定范围内仍然并将长期存在的主要表现。我们纠正过去一度发生的'以阶级斗争为纲'的错误是完全正确的。但是这不等于阶级斗争已不存在了，只要阶级斗争还在一定范围内存在，我们就不能丢弃马克思主义的阶级和阶级分析的观点与方法。这种观点与

---

[1]《中国共产党第十七次全国代表大会文件汇编》，人民出版社2007年版，第60页。

[2]《邓小平文选》第2卷，人民出版社1994年版，第182页。

方法始终是我们观察社会主义与各种敌对势力斗争的复杂政治现象的一把钥匙。在坚持改革开放、加强对外经济文化交流的同时，要十分注意警惕和防范敌对势力的渗透、颠覆活动。"① 如果我们不注意研究领会党中央在"以阶级斗争为纲"问题上总结出来的经验，就难以运用这个正确的思想去指导具体领域的研究，更难以识别在这个问题上的种种似是而非的所谓"经验总结"。

与研究阶级斗争问题经验相联系的，还有一个如何总结党内斗争经验的问题。在我们党的历史上，曾发生过滥用"路线""路线斗争""路线错误"这些词，从而伤害大批同志、破坏党内民主的情况，留下了惨痛教训。正是有鉴于此，胡乔木在负责起草《历史决议》时提出，今后要少用或不用这些术语，更不要把党的历史描绘成党内路线斗争史。但是能不能从中引申出党内从此不再有路线，而且不再有斗争的结论呢？不能。按照胡乔木的看法，"路线"一词从严格的意义上说，是指"总的、根本性的、全局性的方针"②。只要回顾一下我们党在改革开放后的历史就不难看到，这种总的、根本性、全局性的方针分歧和斗争，并不是没有出现过。总结这方面的经验教训，实质不在于要不要用"路线""路线错误""路线斗争"这些词，而在于用什么样的标准科学界定党内的思想分歧和思想斗争，以及用什么样的态度和方法来对待这些分歧和斗争，包括总的、根本性、全局性的方针分歧

---

① 江泽民：《论"三个代表"》，中央文献出版社 2001 年版，第 61—62 页。

② 《胡乔木谈中共党史（修订本）》，人民出版社 2015 年版，第 143 页。

和斗争。

事实上，我们党至今并没有停止使用"路线"一词，党在社会主义初级阶段"一个中心、两个基本点"的基本路线不就是路线吗？有人至今仍然在反对这条路线，这难道不是客观存在的事实吗？邓小平说过："自由化的思想前几年有，现在也有，不仅社会上有，我们共产党内也有。""在整个四个现代化的过程中都存在一个反对资产阶级自由化的问题。"① 可见，少用或不用"路线""路线错误""路线斗争"这些词，不等于说从此没有错误思想、思潮了，更不等于说有了错误思想、思潮也只能听之任之，不能批评，不能斗争。那样总结历史经验，不仅不会使错误思想、思潮消失，相反，只会使自己的思想麻痹，丧失警惕，任凭错误思想、思潮泛滥成灾。

江泽民曾指出："对于违反以经济建设为中心、违反四项基本原则、违反改革开放政策的错误思想政治观点，对于反马克思主义的挑战和攻击，必须进行积极的思想斗争，不能听之任之。如果面对错误的思想政治观点，不闻不问，不批评，不斗争，听任他们去搞乱人们的思想、搞乱我们的意识形态，那是极其危险的，势必危害整个国家和社会的安定团结。"② 我们在研究以往党内斗争问题的经验教训时，应当牢记这个指导思想，对错误思想和反对错误思潮的斗争既防止"无限上纲"和"扩大化"的倾向，也要做到坚持原则，该批

---

① 《邓小平文选》第 3 卷，人民出版社 1993 年版，第 124、208 页。
② 《江泽民文选》第 3 卷，人民出版社 2006 年版，第 88 页。

评的批评，该制止的制止，旗帜鲜明，毫不含糊。

三、既要研究新中国历史中的成功经验，又要注意对失误和挫折的经验进行研究

新中国 61 年来取得的进步，是旧中国几千年历史无法比拟的，也是同期发展中国家中最令人瞩目的，更胜过发达国家相应历史时段的发展。我们国家之所以能取得这么大的成就，当然不是偶然的，其中蕴含着丰富的成功经验。例如，在国家基本政治制度的设计上，新中国既没有照搬西方的多党轮流执政制、三权鼎立和两院制，也没有照搬苏联的联邦制、一党制，而是从自己的国情出发，实行了人民代表大会制，以及共产党领导的多党合作制、民族区域自治制、基层群众自治制。党所制定的政治路线也是从中国的实际情况出发的，如 20 世纪 50 年代初期实行的"一化三改"的社会主义过渡时期的总路线，70 年代末开始实行的"一个中心、两个基本点"的社会主义初级阶段的基本路线。事实说明，这些基本政治制度和政治路线对于保证我国的政权稳固、国家统一、民族团结、社会安宁和经济建设的高速发展，发挥了至关重要的作用，本身就是新中国 61 年历史的基本成功经验。

新中国 61 年来，在政治、经济、文化、社会等各领域，也积累了不少成功经验。例如，改革开放前提出的社会主义社会存在两类不同性质的矛盾，必须严格区分和正确处理敌我矛盾和人民内部矛盾；解决人民内部矛盾要实行"团结—

批评—团结"的公式；在与民主党派的关系上要实行"长期共存、互相监督"的方针；在科学文化工作中要实行"百花齐放、百家争鸣"的方针；在经济工作中要对城乡各阶层统筹安排，兼顾国家、集体、个人三者的利益；要以农业为基础，工农业同时并举，以农轻重为序安排经济工作；要处理好经济建设与国防建设、大型企业与中小型企业、汉族与少数民族、沿海与内地、中央与地方、自力更生与学习外国等的关系；要处理好消费与积累的关系，使基本建设与国力相适应；要调动一切积极因素、化消极因素为积极因素；等等。再如，改革开放后提出的要把坚持四项基本原则同坚持改革开放结合起来、牢牢扭住经济建设这个中心；要把社会主义基本制度同发展市场经济结合起来、发挥社会主义制度的优越性和市场配置资源的有效性；要把发展社会生产力同提高全民族文明素质结合起来、推动物质文明和精神文明协调发展；要把提高效率同促进社会公平结合起来、推动社会主义和谐社会建设；要把坚持自力更生同参与经济全球化结合起来、统筹好国内国际两个大局；要把促进改革发展同保持社会稳定结合起来，坚持改革力度、发展速度和社会可承受程度相统一；要把推进中国特色社会主义伟大事业同推进党的建设的伟大工程结合起来、提高党的领导水平和执政水平；等等。所有这些都在社会主义建设事业中发挥了和发挥着重要作用，都是新中国历史的成功经验。

我们常说，新中国历史的主流是成就，既然如此，在研究国史经验时，理所当然地要把成功经验作为研究重点，以揭示这些经验成功的奥秘，使更多的人从中受益，使这些经验发挥更大的作用。同时，我们也应当看到，在过去的 61 年特别是前 29 年里，除了成就也有过失误和挫折，有的失误甚至给国家造成了灾难性的后果。尽管这些是国史的支流，但同样应当对其中的经验教训加以研究。毛泽东说过："我们有两种经验，错误的经验和正确的经验。正确的经验鼓励了我们，错误的经验教训了我们。"① "错误往往是由于经验不足造成的，马克思主义总共只有一百多年的历史。错误是一定会犯的，各个国家的革命和建设都会发生错误。中国将来也一定会犯错误。认真一些，就会少犯错误，少犯全国性的错误，即使犯了全国性的错误也会及早纠正。不犯错误是不可能的，如果我们相信唯物论的话。人的思维不可能完全确切地反映客观实际。人类只能在认识事物的过程中逐渐克服认识的不足，这是没有办法的事。事物是十分错综复杂的，又是在发展变化的，人的思维的反映跟不上客观实际，就一定会犯错误，如果我们相信辩证法的话。"② 他还说过："失败是成功之母。失败如果没有什么好处，为什么是成功之母？错误犯得太多了，一定要反过来。这是马克思主义。'物极必反'，错误成了堆，光明就会到来。"③ "错误常常是正确的先导。"④ "坏事也算一种经验，也有很大的作用。"⑤ "犯错误是正确路线形

---

①《毛泽东文集》第 8 卷，人民出版社 1999 年版，第 338 页。
②《毛泽东文集》第 7 卷，人民出版社 1999 年版，第 65—66 页。
③《毛泽东文集》第 7 卷，人民出版社 1999 年版，第 136 页。
④《毛泽东选集》第 3 卷，人民出版社 1991 年版，第 803 页。
⑤《毛泽东文集》第 7 卷，人民出版社 1999 年版，第 91 页。

成的必要条件。"① 因此，失误和挫折的经验教训从一定意义上对于我们更可宝贵，更应当引起我们的重视。

现在，人们对于"文化大革命"的经验教训研究得比较多，也比较深入。例如，《历史决议》从党和国家的工作重点、经济建设的指导思想、所有制结构和经济管理体制、社会主要矛盾、民主与法制、科教文化和知识分子地位、民族与宗教政策等方面，对"文化大革命"总结出了十条教训。正如邓小平所说："过去的成功是我们的财富，过去的错误也是我们的财富。我们根本否定'文化大革命'，但应该说'文化大革命'也有一'功'，它提供了反面教训。没有'文化大革命'的教训，就不可能制定十一届三中全会以来的思想、政治、组织路线和一系列政策。三中全会确定将工作重点由以阶级斗争为纲转到以发展生产力、建设四个现代化为中心，受到了全党和全国人民的拥护。为什么呢？就是因为有'文化大革命'作比较，'文化大革命'变成了我们的财富。"② 今后，对于"文化大革命"的经验教训我们仍然要继续研究，使后人永远不要重犯这样的错误。不过，与总结"文化大革命"的教训相比较，人们对发生在1989年那场政治风波的教训却显得重视不够，以至于那场风波虽然比"文化大革命"距离现在更近，但近些年走上领导岗位的许多年轻干部已经说不清楚那场风波究竟发生了什么事，其中有哪些值得汲取的教训。这说明，在开展国史经验的研究中，对"八九"政治风

---

①《毛泽东文集》第7卷，人民出版社1999年版，第375页。
②《邓小平文选》第3卷，人民出版社1993年版，第272页。

波经验教训的研究也应当给予足够的重视。

党的十三届四中全会公报指出："八九"政治风波是极少数人利用学潮，在北京和一些地方掀起的"一场有计划、有组织、有预谋的政治动乱，进而在北京发展成了反革命暴乱"①。它不仅使首都及部分城市的生活和社会秩序受到严重破坏，而且使社会主义政权一度处于危险边缘。邓小平在风波刚刚平息后就说过："这次事件爆发出来，很值得我们思索，促使我们很冷静地考虑一下过去，也考虑一下未来。也许这件坏事会使我们改革开放的步子迈得更稳、更好，甚至于更快，使我们的失误纠正得更快，使我们的长处发扬得更好。"②此后，他从多方面深刻论述了那场风波带给我们的教训。重温这些论述，对于我们深入研究这一事件的历史经验，使这件坏事也变成财富，是十分必要和重要的。

从《邓小平文选》和《邓小平年谱》中可以看出，他对"八九"政治风波的反思，主要集中在坚持四项基本原则、反对资产阶级自由化、惩治腐败、重视维护社会稳定、把国家主权安全放在第一位、贯彻"两手抓、两手都要硬"的方针、防止两极分化、防止党内特别是中央出问题等八个方面。

例如，他说："四个坚持本身没有错，如果说有错误的话，就是坚持四项基本原则还不够一贯……四个坚持、思想政治工作、反对资产阶级自由化、反对精神污染，我们不是没有

①《十三大以来重要文献选编》（中），中央文献出版社 2011 年版，第 1 页。
②《邓小平文选》第 3 卷，人民出版社 1993 年版，第 304 页。

讲，而是缺乏一贯性，没有行动，甚至讲得都很少。"①

他说："这次出这样的乱子，其中一个原因，是由于腐败现象的滋生，使一部分群众对党和政府丧失了信心。因此，我们首先要清理自己的错误。""不惩治腐败，特别是党内的高层的腐败现象，确实有失败的危险。""腐败现象很严重，这同不坚决反对资产阶级自由化有关系。这次动乱后，大家的头脑清醒了。""这次动乱还使我们更加认识到稳定的重要性。……中国要摆脱贫困，实现四个现代化，最关键的问题是需要稳定。"②

他说："这次动乱从反面教育了我们。国家的主权、国家的安全要始终放在第一位，对这一点我们比过去更清楚了。西方的一些国家拿什么人权、什么社会主义制度不合理不合法等做幌子，实际上是要损害我们的国权。"③

他说："十年最大的失误是教育，这里我主要是讲思想政治教育，不单纯是对学校、青年学生，是泛指对人民的教育。""今天回头来看，出现了明显的不足，一手比较硬，一手比较软。一硬一软不相称，配合得不好。讲这点，可能对我们以后制定方针政策有好处。"④

他说："我们讲要防止两极分化，实际上两极分化自然出现。……少部分人获得那么多财富，大多数人没有，这样发

①《邓小平文选》第 3 卷，人民出版社 1993 年版，第 305 页。
②《邓小平文选》第 3 卷，人民出版社 1993 年版，第 300、313、325、348 页。
③《邓小平文选》第 3 卷，人民出版社 1993 年版，第 348 页。
④《邓小平文选》第 3 卷，人民出版社 1993 年版，第 306 页。

展下去总有一天会出问题。……过去我们讲先发展起来。现在看，发展起来以后的问题不比不发展时少。"①

他还说："正确的政治路线要靠正确的组织路线来保证。中国的事情能不能办好……从一定意义上说，关键在人。帝国主义搞和平演变，把希望寄托在我们以后的几代人身上。江泽民同志他们这一代可以算是第三代，还有第四代、第五代。我们这些老一辈的人在，有分量，敌对势力知道变不了。但我们这些老人呜呼哀哉后，谁来保险？所以，要把我们的军队教育好，把我们的专政机构教育好，把共产党员教育好，把人民和青年教育好。中国要出问题，还是出在共产党内部。对这个问题要清醒，要注意培养人，要按照'革命化、年轻化、知识化、专业化'的标准，选拔德才兼备的人进班子。"②

邓小平在"八九"政治风波后的反思并不限于以上八个方面，但这八个方面无疑是那场政治风波给予我们最为深刻的教训。近些年来，国内外敌对势力一方面歪曲"八九"政治风波的真相，企图以此攻击共产党的领导和社会主义制度；另一方面千方百计收集我们党和政府工作中的缺点、不足，企图以此煽动群众，把矛头对准共产党的领导和社会主义制度。我们应当高度重视敌对势力的动向，认真研究和记取邓小平对"八九"政治风波的反思，使新走上领导岗位的年轻干部也能从那场政治风波中吸取教训，不让敌对势力的企图

---

① 《邓小平年谱（1975—1997）》（下），中央文献出版社 2004 年版，第 1364 页。

② 《邓小平文选》第 3 卷，人民出版社 1993 年版，第 380 页。

得逞。

四、既要用今天的眼光研究新中国历史的经验，又要把经验放到特定的历史条件下研究

毛泽东说过："人对事物的认识，总要经过多少次反复，要有一个积累的过程。"他在 1960 年讲过一段很著名的话，他说："由必然王国到自由王国的飞跃，是在一个长期认识过程中逐步地完成的。对于我国的社会主义革命和建设，我们已经有了十年的经验了，已经懂得了不少的东西了。但是我们对于社会主义时期的革命和建设，还有一个很大的盲目性，还有一个很大的未被认识的必然王国，我们还不深刻地认识它。"①正因为如此，我们在做任何事情包括研究历史经验时，都要站在最新的认识高度，用最新的思想认识去指导，不能停留在过去的认识水平上。比如，研究计划经济的历史经验，就不能再用计划经济是社会主义本质特征的旧观念，而应当用"计划多一点还是市场多一点，不是社会主义与资本主义的本质区别"，"计划和市场都是经济手段"的新观点作为指导。否则，不仅经验研究不好，还可能得出错误的结论。

但是，研究历史经验也不能用今天的认识去代替当时的客观条件，而要把经验放到特定的历史条件下研究。否则，也不可能正确总结经验，还有可能把本来是成功的经验当成失误而抛弃。同样以计划经济为例。现在有人因为我们国家

---

① 《毛泽东文集》第 8 卷，人民出版社 1999 年版，第 389、198 页。

由计划经济体制转变为社会主义市场经济体制，就把计划经济说得一无是处，指责我们党当年选择计划经济体制、搞统购统销是失误，阻碍了经济发展和人民生活水平的提高。这种观点的毛病，就出在没有把计划经济放在特定历史条件下来分析。江泽民曾指出："原有经济体制有它的历史由来，起过重要的积极作用。"[①] "对计划经济体制曾经起过的历史作用，我们是充分肯定的。"[②] 什么是它的由来？它所起过的积极的历史作用又是什么？要回答这些问题，只能把计划经济体制放到确立它的 20 世纪 50 年代来看。

20 世纪 50 年代初，以毛泽东同志为主要代表的中国共产党人，面对国内经济极其落后的局面和国际上以美国为首的帝国主义武装侵略的严重威胁，抓住苏联答应全面援助我国以重工业为重点的"一五"计划建设的历史机遇，改变了原先作出的实行一个较长时间的新民主主义政策，以重点发展轻工业和农业，待条件成熟时再重点发展重工业的决策，决定优先发展重工业，提前向社会主义过渡，实行对农业、手工业和资本主义工商业的社会主义改造，并确立了高度集中的计划经济体制。正是这一决策，使我国将有限的资金、物资、人才等各种资源集中到了大规模工业化建设上，从而使 1952 年至 1978 年的工业发展速度年均递增 11.2%，全民所有制企业的固定资产比旧中国近百年的积累增加了 24 倍。当然，在此期间，人民生活特别是农民的生活水平提高不快，

---

① 《十四大以来重要文献选编》（上），中央文献出版社 2011 年版，第 3 页。
② 江泽民：《论社会主义市场经济》，中央文献出版社 2006 年版，第 203 页。

消费物资短缺。其中原因除了由于缺少经验和主观上急于求成导致工作失误外，基本上属于为了给工业化打基础而必须付出的代价。凡事有利必有弊。那段时间，我们的生活与旧中国比虽有提高，但变化不明显，然而只用了二十几年时间，就"在旧中国遗留下来的'一穷二白'的基础上，建立了独立的比较完整的工业体系和国民经济体系"[1]，为改革开放时期的经济腾飞打下了坚实基础。我们只要把问题放到当时历史背景下分析，就会看到，当年选择计划经济体制，不仅不是什么失误，相反，是保证优先发展重工业战略实施的关键性措施，是善于抓住机遇发展自己的宝贵经验。

肯定当年选择计划经济体制的正确性和它对于奠定我国工业化基础所作出的贡献，不等于说计划经济时期没有缺点、失误和损失，也不等于说我国工业化基础已经奠定、经济规模成倍扩大后，仍然要坚守高度集中的计划经济体制，更不等于说我们不应当在 20 世纪 90 年代初将计划经济体制转变为社会主义市场经济体制。而且，江泽民在党的十四大前夕解释为什么要用"社会主义市场经济体制"这个提法称呼新经济体制时说过："有计划的商品经济，也就是有计划的市场经济。社会主义经济从一开始就是有计划的，这在人们的脑子里和认识上一直是清楚的，不会因为提法中不出现'有计划'三个字，就发生是不是取消了计划性的疑问。"[2] 可见，实行社会主义市场经济体制，也不是要绝对排斥计划手段。

---

① 《三中全会以来重要文献选编》（上），中央文献出版社 2011 年版，第 185 页。
② 江泽民：《论社会主义市场经济》，中央文献出版社 2006 年版，第 6 页。

　　总之，对于历史经验，既要用人们今天达到的认识高度来分析，又要按照历史唯物主义的要求，把它放到特定历史条件下来分析。只有这样研究，才可能做到实事求是，总结出真正的经验。

　　研究国史经验的方法还有很多。比如，既要研究本国的历史经验，又要把别国的经验与本国的经验放在一起进行比较研究，等等。上面说的四个方法，只是从一定角度讲的，目的在于引起国史研究者的更大兴趣，提出更多的研究方法，促进国史研究更加深入，拿出更多有价值的研究成果，以便更好地为中国特色社会主义建设事业服务。

新中国初期克难制胜的历史启示*

　　如果要对新中国至今 70 多年历史进行分期的话，1949年中华人民共和国成立到 1956 年社会主义改造基本完成的七年可称作新中国初期，也是毛主席说的"进京赶考"的第一阶段。

　　常言道，万事开头难。但像新中国初期面临的困难那么多那么大，在人类历史上不是绝无仅有，也是世所罕见的。

　　首先，新中国宣布成立时，解放战争还没有完全结束，国民党尚有 128 万正规军在西南、华南和沿海岛屿负隅顽抗，其溃败的正规军及特务、土匪结合形成的反革命武装多达 260 余万人，潜伏各地的反革命分子和反动党团骨干、反动会道门组织合计也有 120 余万人，另外，西藏地方政府分裂主义分子正在策划所谓"独立"，人民解放军要追击、清剿和进军。其次，中国近代经济本来就落后，加上长时间连绵不断的战争和国民党政府滥发纸币，更是百业凋零，物价飞涨，交通梗阻，民不聊生，新解放的地区尤其城市要迅速制止通货膨胀，恢复国民经济。再次，中国尚有三分之二地区没能土地改革，那里的农民仍然在封建土地制度下遭受盘剥，广

　　* 本文曾发表于《中国党政干部论坛》2020 年第 7 期，原题为《进京赶考的第一份答卷——新中国初期克难制胜的历史启示》。

大工人还在遭受封建把头欺压，占人口一半的妇女还在遭受封建婚姻制度的压迫，娼、赌、毒等旧社会痼疾还在摧残人民的身心，这些也都需要人民政府通过以土地改革为中心的民主改革尽快解决。最后，帝国主义尤其是美国在援蒋反共失败后，仍对新中国采取敌视态度，不仅不予承认，而且在朝鲜战争爆发后，迅速派遣第七舰队侵入台湾海峡，阻止我解放台湾，随后出兵入侵朝鲜，越过三八线，向中朝边境推进，并派飞机侵入我国侦察和轰炸，使新生的人民政权面临严重威胁，如何应对也需要党中央立即抉择。

面对以上种种超乎想象的困难，中国共产党人并没有被吓住，而是带领各族人民一一克难制胜，并在这个过程中极大地激发出中国人民的爱国热情，促进了各族人民的大团结，解放了生产力，为新中国奠定了坚实的制度基础和物质基础，树立了崭新的国际形象，交出了"进京赶考"的第一份优良答卷，留下了许多对于我们今天迎接国际国内各种挑战具有重要意义的启示。

一、新中国是人民当家作主的国家，必须切实保证一切从人民的利益出发

马克思主义认为，国家是阶级社会的产物，也是阶级压迫的工具。但自古以来，国家都是少数人压迫多数人，只是俄国十月革命后才出现了多数人占统治地位的新型国家。新中国就是中国共产党领导中国人民经过 28 年浴血奋战建立起的这种新型国家。毛泽东在《新民主主义论》中说过，中国

共产党当下主张建立的是"在无产阶级领导下的一切反帝反封建的人们联合专政的民主共和国"①。新民主主义革命彻底胜利前夕,他在论述人民民主专政性质时特别强调:"各级政府都要加上'人民'二字,各级政权机关都要加上'人民'二字,如法院叫人民法院,军队叫人民解放军,以示和蒋介石政权不同。"②他反复告诫我们的干部,"不论职位高低,都是人民的勤务员"③。他指出:"全心全意地为人民服务,一刻也不脱离群众;一切从人民的利益出发,而不是从个人或小集团的利益出发;向人民负责和向党的领导机关负责的一致性;这些就是我们的出发点。"④

为了体现人民当家作主的性质、确保一切从人民利益出发,新中国自建立之初,就从建政、民生和整党三方面入手,采取了一系列行之有效的措施。

新中国成立前夕,中国人民政治协商会议第一届全体会议制定的共同纲领明确规定:中华人民共和国的国家政权属于人民;人民行使国家政权的机关为各级人民代表大会和各级人民政府;在普选的地方人民代表大会召开以前,由地方各界人民代表会议代行人民代表大会职权。随着人民解放军胜利推进,凡是新解放的地区,军管会都在社会和生产秩序恢复的前提下,适时召开各界人民代表会议,作为人民参政

①《毛泽东选集》第2卷,人民出版社1991年版,第675页。
②《毛泽东文集》第5卷,人民出版社1996年版,第135—136页。
③《毛泽东文集》第3卷,人民出版社1996年版,第243页。
④《毛泽东选集》第3卷,人民出版社1991年版,第1094—1095页。

议政的初级形式。在此基础上，城乡还普遍建立起带有半政权性质的群众自治组织，以逐步完成新旧政权的更迭。这种民主建政的工作，使新政权一开始就牢固建立在了坚实的群众基础之上。

将封建半封建的土地所有制改变为农民的土地所有制，既是新民主主义革命的重要任务，也关系占人口最大多数农民的最大民生。新中国成立后，新解放区先普遍进行了减租、减息和退押（土地押租金）工作，随即颁布了《土地改革法》，组织土改工作队，分期分批开展土改，将没收征收的约 7 亿亩土地分给了 3 亿多农民。接着，为增强抵抗天灾人祸的能力，解决日用品、农产品购销和借贷等困难，又引导农民按照自愿互利原则，组织生产互助组和生产、供销、信用合作社，举办城乡物资交流会，发放农业贷款。为了减少水旱灾害给农业生产和人民生命财产造成的损失，又在财政十分紧张的情况下，投入大量资金治理淮河，实行荆江分洪，加固江河堤防，兴建官厅水库等水利基础设施。针对上海等大城市不法投机商趁新旧秩序转变之机兴风作浪，造成物价飞涨、人心浮动的局面，人民政府还采用经济和行政手段，迅速遏制了投机，稳住了物价，安定了人心。与此同时，为把广大妇女从封建婚姻制度的压迫下解放出来，颁布了婚姻法，并查封妓院、关闭烟馆、赌场，极大净化了社会环境，保护了人民的身心健康。所有这些都使人民群众从切身体验中，感受到人民政府确实是为人民服务的政府。

新中国成立前夕，毛泽东曾发出过要防止以功臣自居、防止"糖衣炮弹"、谦虚谨慎和戒骄戒躁等警告，但当我们党由地下秘密状态走向公开，由农村根据地进入城市，由局部掌权变为在全国执政，尤其身处新民主主义五种经济成分并存的环境时，党员队伍中还是出了不少问题。有的革命意志衰退、个人主义膨胀，有的官僚主义、命令主义作风严重，有的以权谋私、腐化堕落，有的被资本家"糖衣炮弹"打中。面对这种情况，尽管当时亟待解决的问题堆积如山，但党中央认为这个问题更大，如果不解决，我们就有可能成为李自成，就会失败，于是决定从 1950 年下半年起，用三年时间在全党全军开展一次整风运动。不久，增产节约运动中暴露出各级党政机关存在惊人的贪污浪费等现象，党中央又决定从 1952 年起再开展一个反贪污反浪费反官僚主义的"三反"运动。毛泽东指出："官僚主义和命令主义在我们党和政府，不但在目前是一个大问题，就是在一个很长的时期内还将是一个大问题。""他们脱离群众，脱离下面的实际情况，关在房子里写决议，写指示。决议案、指示像雪片一样地飞出去，下面的情况究竟怎么样，能不能执行，不去管。"他强调，对于贪污蜕化分子、官僚主义分子必须撤销职务、清除出党，违法乱纪分子必须加以惩处，"最严重者应处以极刑，以平民愤，并借以教育干部和人民群众"。①

由于我们党从新中国成立起就高度重视民主建政、民生问题和从严治党，所以，不仅经受住了全国执政和市场经济

———————
① 《毛泽东文集》第 6 卷，人民出版社 1999 年版，第 254、265、255 页。

的考验，而且与人民的关系更加巩固和加强，在各阶层群众中的威信更加提高，解决困难自然也就相对容易了。

二、新中国是主权独立和统一的国家，必须坚决反对任何外来干涉和分裂行径

中国是世界上最古老的国家之一，曾创造过世界最灿烂的文明，只是在近代工业革命后逐渐落伍，屡遭列强的侵略、凌辱，沦为半殖民地半封建国家。鸦片战争以来，清政府、北洋军阀政府和国民党政府对帝国主义一概卑躬屈膝，不断割地赔款，出卖主权，甚至提出"量中华之物力，结与国之欢心"的可耻主张。一些爱国的中国人梦想通过学习西方科技文化来救中国，却在帝国主义侵略面前被一次次打破。民族独立原本是殖民地半殖民地国家资产阶级革命的任务，但由于资本主义道路在中国走不通，加上中国资产阶级天生的弱软性，这个任务历史地落在了中国工人阶级及其代表中国共产党的肩上。

中国共产党自诞生起，便高举彻底反帝反封建的大旗。正如毛泽东所说，中国共产党"代表了中国工农大众的最大利益，也是代表了整个中华民族的利益。"[1]他在新中国成立前夕的新政协会筹备会上指出："中国的事情必须由中国人民自己作主张，自己来处理，不容许任何帝国主义国家再有一丝一毫的干涉。"他提醒人们，帝国主义及其走狗是不会甘心他

---

[1] 毛泽东：《为建立抗日民族统一战线而让步》，《党的文献》1995 年第 4 期。

们失败的，还会用各种可能的方法捣乱和破坏，如派遣他们的走狗钻进中国内部进行分化工作、封锁中国海港、侵扰中国边境等等。"所有这些，我们都必须充分地估计到。我们决不可因为胜利，而放松对于帝国主义分子及其走狗们的疯狂的报复阴谋的警惕性，谁要是放松这一项警惕性，谁就将在政治上解除武装，而使自己处于被动的地位。"①

为了巩固新中国独立，恢复国家主权完整，中央人民政府对于帝国主义一方面采取只要他们一天不改变敌视我们的态度，就一天不给他们在中国以合法地位的政策；另一方面将二战后由国民党政府保留的帝国主义尤其是美国的在华特权一一取消，不再允许外国人掌握中国海关大权，收回或征用外国在北京等城市的兵营地产，规定外国轮船不能再擅自驶入中国内河，停止外国资本和外国人在中国办报办杂志办广播电台，等等。

西藏地区自古属于中国领土，只是英帝国主义趁清末国力衰微侵入，在那里培植了亲英分裂势力。新中国成立前夕，西藏地方政府少数分裂分子在帝国主义势力策动下，妄图将西藏从中国分离出去。这当然是新中国所绝不能允许的。1950 年初，中央人民政府在十世班禅和藏族上层爱国人士及各界人民要求下，作出进军西藏的决定，并在取得昌都战役胜利、藏军主力投诚的情况下，于 1951 年同西藏地方政府签订了《关于和平解放西藏办法的协议》，规定驱逐帝国主义侵

---

① 《毛泽东选集》第 4 卷，人民出版社 1991 年版，第 1465 页。

略势力出西藏，西藏人民回到中华人民共和国祖国大家庭，西藏地方政府协助人民解放军进藏；同时，对西藏现行政治制度、达赖和班禅地位、宗教信仰和风俗习惯均不予变更。西藏的和平解放，粉碎了帝国主义及西藏上层分裂分子策划"西藏独立"的企图，捍卫了国家主权统一和领土完整，在中国历史上第一次真正密切了西藏与中央人民政府的关系。

美帝国主义对于援蒋反共的失败本来就耿耿于怀、心有不甘，故在出兵介入朝鲜战争时，妄想趁机把战火烧到中国境内，颠覆中国的新生政权。当时，新中国刚刚结束战争，中美两国国力、军力又相差悬殊，究竟要不要同意朝鲜领导人出兵支援的请求，的确甚费斟酌。毛泽东经过反复考虑，终于作出抗美援朝的决策，并带头将自己的长子送到朝鲜前线。在中国人民志愿军英勇作战和国内参军、参战、支前热潮的有力配合下，抗美援朝战争仅用三年便取得了将美军推回到三八线的胜利。这一胜利顶住了美国侵略扩张的势头，戳穿了美帝国主义不可战胜的神话，极大提高了中国的国际地位和中国人民的民族自信心、自豪感，治愈了一部分人的"恐美""崇美"症。而且，国民经济的恢复也没有因为抗美援朝而被耽误，相反加快了速度；中国人民的爱国热情和集体主义精神、中国的社会动员能力和组织能力，也因此被最大限度地激发和调动出来，不仅支撑住了这场现代化战争的消耗，还把对经济建设的影响减少到了最低限度。

在朝鲜战争前后，美国对中国实施了军事锁封、经济制裁、贸易禁运，并在 1952 年纠合一些西方国家，组成专门针对社会主义国家实行战略物资、科技产品禁运的巴黎统筹委员会，其中对中国的禁运品种甚至超过了苏联，妄图以此孤立、遏制中国。然而，他们的算盘又打错了。首先，我国通过改进出口结构，扩大对苏联和人民民主国家的贸易；其次，利用帝国主义国家内一些资本家和一些新兴独立国家希望与中国做生意、港澳经济极度依赖大陆贸易等矛盾，进口我国需要的物资、设备；再次，在与资本主义国家贸易时，一般采用易贷方式，需要现汇交易的，也用货到付款方式，从而在很大程度上弥补了封锁、制裁、禁运造成的损失。另外，积极发展同西方国家的民间贸易，广泛吸引海外华侨的汇款、投资，等等。通过这些措施，我们不仅没有被孤立、遏制住，相反，利用这个机会弥补了中国经济中的半殖民地缺陷，激发了中国人民自力更生的精神，加快了独立自主的步伐。

新中国初期反侵略、反封锁、反分裂斗争的事实说明，维护主权独立、领土完整是凝聚海内外中华儿女的最大"公约数"。邓小平后来说过，世界上最不怕孤立、封锁、制裁的就是中国。"建国以后，我们处于被孤立、被封锁、被制裁的地位有几十年之久。但归根结底，没有损害我们多少。为什么？因为中国块头这么大，人口这么多，中国共产党有志气，中国人民有志气。还可以加上一点，外国的侵略、威胁，会激发起中国人民团结、爱国、爱社会主义、爱共产党的热情，同时也使我们更清醒。"他用历史经验告诫我们的同志，要维护独立自主、不信邪、不怕鬼的形象。"我们绝不能示弱。你越怕，越示弱，人家劲头就越大。并不因为你软了人家就对你好一些，反倒是你软了人家看不起你。……中国有抵御外敌入侵的丰富经验，打垮了侵略者，我们再来建设。"①

三、新中国是以工业化为奋斗目标的国家，必须牢牢把握经济建设的中心地位

中国近代不断被西方列强欺辱的一个重要原因，就在于错过了工业化的时代列车，在工业上"技不如夷"。因此，实现工业化成为中国近代以来一切仁人志士追求的目标。但在中国，不推翻帝国主义、封建主义、官僚资本主义而要实现工业化，只能是幻想。所以，这个任务也历史地落在了中国工人阶级及其代表中国共产党的肩上。

毛泽东在党的七大上提出："中国工人阶级的任务，不但是为着建立新民主主义的国家而斗争，而且是为着中国的工业化和农业近代化而斗争。"在获得新民主主义政治条件后，必须逐步建立重工业和轻工业，"使中国由农业国变为工业国"。②但新中国成立前后的一段时间里，党中央考虑到中国现代性工业产值只占国民经济的 10% 左右，还有 90% 左右的经济生活停留在古代，资金、物资、人才等各个方面，都不具备马上开展大规模工业化建设的条件，因此，在"一个相当长的时期内，还需要尽可能地利用城乡私人资本主义的积极性"③，先实行一段新民主主义政策，等条件成熟时再优先发展

①《邓小平文选》第 3 卷，人民出版社 1993 年版，第 329、320 页。
②《毛泽东选集》第 3 卷，人民出版社 1991 年版，第 1081 页。
③《毛泽东选集》第 4 卷，人民出版社 1991 年版，第 1431 页。

重工业，并相应地采取社会主义政策。

然而，朝鲜战争的爆发，彰显了优先发展重工业的紧迫性，"一五"计划的编制突出了优先发展重工业的必要性，苏联答应全面援助我国以重工业为重点的"一五"计划建设更使优先发展重工业具有了现实可能性。在这种情况下，党中央改变了原先的思路，决定立即开展以重工业为重点的大规模工业化基础建设；同时，为解决资金、物资、人才匮乏的矛盾，决定采用高度集中的计划经济体制，并相应地实行生产资料的公有化。正是这一切，导致了提前由新民主主义向社会主义过渡，制定并实行了"一化三改"的过渡时期总路线。

大规模工业化建设的开展，使以农产品为原料的工业和因为基本建设而增加的城市居民对粮棉及副食品、布匹的需求与供应之间的矛盾更趋尖锐。为此，党中央一方面采取加快农业合作化的办法，以期大幅度增加农产品产量；另一方面以农民能接受的价格，对主要农产品实行统购统销，以稳定市场、保证供应，并给工业化积累资金。

为了适应工业化建设的需要，党中央还指导各有关部门和地方举办各种形式的专业技术培训班，大力发展专门学院和专科学校，并发出"向现代科学进军"的号召，强调社会主义建设"必须依靠体力劳动和脑力劳动的密切合作，依靠工人、农民、知识分子的兄弟联盟"，要求"全党努力学习科学知识，同党外知识分子团结一致，为迅速赶上世界科学先进水平而奋斗"。① 国务院还为此成立了科学规划委员会，制定了科技发展的远景规划纲要。

以上表明，新中国从一开始就是高度重视生产建设中心地位的，并随着"一五"计划建设的开展，逐步将工作中心转移到生产力发展上。无论最初决定先实行一个较长时间的新民主主义，还是后来决定提前向社会主义过渡，对资本主义工商业进行社会主义改造、加快农业合作化、实行计划经济体制、推行统购统销，以及教育系统的"院系改革"等等，都是为了变农业国为工业国；尤其后者，更是为抓住历史机遇，解决在当时条件下突击工业化带来的各种实际困难，以适应工业化和促进工业化。后来的实践也证明，那些措施的确为"一五"计划建设奠定我国社会主义工业化初步基础发挥了积极作用，使那一时期成为新中国历史上被公认的最好的时期之一。

四、新中国是实行民主集中制的国家，必须始终坚持在共产党领导下调动一切积极因素

新中国初期之所以能克服重重困难而取得胜利，还有一个重要原因，就是很好地处理了党与非党、工人阶级与农民阶级、汉族与少数民族、中央与地方等的关系。而这些说到底，在于很好地贯彻了民主集中制的原则，充分调动了社会上的一切积极因素。

---

① 《中国共产党的七十年》，中共党史出版社 1991 年版，第 343—344 页。

世界上任何国家都有自己的国体和政体。毛泽东曾说过，新民主主义中国的国体是各革命阶级联合专政，政体是民主集中制，即采用人民代表大会作为政权机关去选举政府，以"表现民意和指挥革命斗争"①。《共同纲领》规定："各级政权机关一律实行民主集中制。"②一届全国人大通过的宪法进一步明确"国家机构实行民主集中制的原则"，并规定中央和地方职权的划分，要遵循在中央统一领导下充分发挥地方主动性、积极性的原则，国家要维护和发展各民族的平等、团结、互助关系，把民族区域自治、共产党领导的多党合作和政治协商作为国家的基本政治制度。那时，对基层群众自治还没有明确为基本制度，但土改时的农民协会，农业合作化后的合作社社员大会以及解放后逐步规范的城市居民委员会，已经具备了这一制度的雏形。可见，正是由于实行民主集中制，才使新中国既保证了党的集中统一领导，避免了旧中国四分五裂、各自为政和一盘散沙的局面，又充分发挥了各方面的积极因素。

毛泽东于 1956 年和 1957 年作出的《论十大关系》和《关于正确处理人民内部矛盾的问题》两篇著名讲话，虽然分别发表在新中国初期的末尾和结束，但都可以说是建立在那七年实践基础之上的，是对那些年经验的总结。其中指出："没有矛盾就没有世界。我们的任务，是要正确处理这些矛盾。……要努力把党内党外、国内国外的一切积极的因素，

①《毛泽东选集》第 2 卷，人民出版社 1991 年版，第 677 页。
②《中华人民共和国开国文选》，中央文献出版社 1999 年版，第 279 页。

直接的、间接的积极因素，全部调动起来，把我国建设成为一个强大的社会主义国家。""在人民内部，不可以没有自由，也不可以没有纪律；不可以没有民主，也不可以没有集中。这种民主和集中的统一，自由和纪律的统一，就是我们的民主集中制。""现在的情况是：革命时期的大规模的急风暴雨式的群众阶级斗争基本结束，但是阶级斗争还没有完全结束……在这个时候提出划分敌我和人民内部矛盾的界限，提出正确处理人民内部两类矛盾的问题，以便团结全国各族人民进行一场新的战争——向自然开战，发展我们的经济，发展我们的文化，使全体人民比较顺利地走过目前的过渡时期，巩固我们的新制度，建设我们的新国家。"① 显然，这些论述道出的，正是新中国初期克难制胜的深层次原因。

新中国初期距离现在已经过去了大半个世纪，无论国内还是国际的环境都发生了巨大变化。但是，新中国的性质、根本原则、中心任务、基本制度都没有改变，前进道路上的矛盾和困难依然很多。只要我们结合新的历史条件，在以习近平同志为核心的党中央领导下，创造性地运用那段历史留下的启示，坚持一切从人民利益出发，坚决捍卫国家主权和领土完整，牢牢把握经济建设这个中心，最大限度地调动一切积极因素，那就照样会排除和战胜国内国际的各种困难、挑战，最终实现"两个一百年"奋斗目标，把我国建成社会主义现代化强国。

---

① 《毛泽东文集》第 7 卷，人民出版社 1999 年版，第 44、209、216 页。

中国改革开放基本经验的核心*

我国改革开放 30 年来，经济以年均高于世界经济 6 个百分点的速度持续发展，在世界各国排名中，经济总量从第 11 位上升到第 4 位，进出口总额从第 32 位上升到第 3 位，外汇储备从第 40 位上升到第 1 位，钢铁产量从第 6 位上升到第 1 位，高速公路更是由零上升到第 2 位。与此同时，农村居民纯收入和城市居民可支配收入分别提高 6 倍多；人均居住面积在农村增加了近 3 倍，在城市增加了 4.4 倍；人均预期寿命也由 68 岁提高到 73 岁，超过世界人均数 8 年。对于这个变化，世界上绝大多数人都是承认的，有的甚至把这个时期中国的发展道路，称之为"中国模式"或"北京共识"。在改革开放 30 周年到来之际，人们更是试图通过回顾和总结这段历史，找出中国改革开放的成功经验，揭示中国发展道路的"奥妙"所在。我们虽然并不认为中国的发展道路是其他发展中国家可以照搬的"模式"，但这一发展道路向世界提供了不同于西方"模式"的另一种现代化选择，则是确定无疑的。

---

* 这是作者应邀为越南社会科学院中国研究所于 2008 年 12 月举办的"中国改革开放 30 年的成就与经验"国际研讨会提交的论文。本文曾发表于《马克思主义研究》2009 年第 5 期，原标题为《中国改革开放 30 年基本经验的核心》。收入本书时，作者略作修改。

因此，总结我国改革开放的经验，不仅对中国有益，对广大发展中国家也是有益的。

说起我国改革开放的经验，当然会有很多；即使其中的基本经验，也绝不只一条。但在唯物辩证法看来，决定事物性质的诸多矛盾中必定有一个是最主要的、起核心作用的。总结改革开放30年的经验，也应当尽力找出所有经验中最主要的、起核心作用的经验。因为只有这样，才能准确把握改革开放的内在规律，推动我国改革开放继续沿着正确道路发展，并向其他情况类似的发展中国家提供真实可靠、具有借鉴意义的参考。那么，基本经验的核心究竟是什么呢？目前无论国内还是国外，对此都存在许多不同甚至截然相反的见解。我认为，这个核心其实并不神秘，它就是我们常说的：坚持改革开放与坚持社会主义道路、坚持人民民主专政、坚持中国共产党的领导和坚持马列主义、毛泽东思想这四项基本原则相结合。

一、坚持改革开放与坚持四项基本原则是我们党十一届三中全会路线的核心内容

改革开放是由党的十一届三中全会揭开序幕，并在三中全会路线指引下进行的。总结改革开放的经验，首先应当弄清楚什么是三中全会路线。所谓三中全会路线，是指我们党在十一届三中全会上形成并在改革开放过程中不断丰富发展的社会主义初级阶段的基本路线。其核心内容是："以经济建设为中心，坚持四项基本原则，坚持改革开放"，简称"一个

中心、两个基本点"。可见，由十一届三中全会开始的改革开放，是与四项基本原则结合在一起的改革开放，是社会主义制度的自我完善和发展。我们说改革开放是在三中全会路线或基本路线指引下进行的，就是说它是按照"一个中心、两个基本点"有机统一的要求进行的。所谓中国特色社会主义，最大的特色就在于此。从一定意义上可以讲，它在实践上的展开就是中国特色社会主义道路，在理论上的展开就是中国特色社会主义理论体系。因此，党的十七大号召高举中国特色社会主义伟大旗帜，从根本上讲，就是要我们坚持"一个中心、两个基本点"的有机统一。

从改革开放 30 年的实践看，改革开放与四项基本原则相结合的主要内容，大体有以下三点。

首先，在经济上要一方面发展个体私营经济，逐步使市场对资源配置起基础性作用；另一方面坚持以公有制和按劳分配为主体，加强社会主义国家对市场活动的宏观调控。新中国成立后的 20 多年，我国实行计划经济体制与生产资料的全民所有和集体所有制，为奠定工业化的初步基础、改善农田水利的基本状况建立了不可磨灭的功绩。可是，由于缺少经验和"左"的思想影响，过早地取消了个体经营和按照市场变化的自由生产。尤其当独立完整的工业体系和国民经济体系基本建立起来、经济规模逐渐扩大后，不仅没有从生产力水平仍然十分低下的实际情况出发，适时调整经济体制，发挥社会主义条件下的个体私营经济和市场调节的作用，相反，在所有制结构上越来越追求"一大二公"，在经济计划上越统越多、越统越死。改革开放后，我们对什么是社会主义进行了再认识，破除了社会主义社会不能有个体私营经济和市场调节的思想禁锢，对原有的所有制结构、分配方式和经济运行体制进行了一系列改革，打破了公有制和按劳分配一统天下的局面，落实了国有企业和农民对企业与土地的经营自主权，发挥了市场对资源配置的基础性作用。但与此同时，我们始终坚持了公有制的主体地位和国有经济的主导地位，不允许搞私有化，更不允许出现私人垄断资本、金融和产业寡头，以及买办集团；不放弃计划手段，更不放弃国家对市场经济的宏观控制。正因为如此，我们的改革开放才可能做到对内没有出现两极分化和阶级压迫，也没有导致经济失控的局面；对外没有成为发达国家的经济附庸，也没有走上某些后起的帝国主义国家靠发动战争掠夺别国资源和市场的老路，从而为我国连续 30 年的快速发展提供了良好的经济环境和国际环境。

其次，在政治上要一方面加强社会主义民主与法制建设，进行社会主义政治体制改革，推进社会主义民主政治；另一方面坚持共产党在国家事务中总揽全局、协调各方的核心领导作用，牢牢掌握社会主义政权的专政职能。我们党过去长期处在革命战争和地下斗争的环境，取得政权后未能及时调整自己的领导方式，因此一度存在权力过分集中、以党代政等弊端。另外，由于我们党缺少执政经验，我国又有着较长的封建历史，经济和文化的发展水平也比较低，因此一度存在忽视民主与法制建设的弊病，使社会主义民主政治建设严重滞后。改革开放后,我们党提出改进党的领导和政治体制改革的任务,实行党政职能适当分开的方针,进行干部人事制度、政府机构和司法制度等一系列改革,树立法律面前人人平等、有法必依、违法必究的观念,确立党必须在宪法和法律的范围内活动、对权力要加强制约与监督、尊重和保障人权、维护司法公正等原则,实施依法治国的方略,并积极借鉴人类政治文明的有益经验,有组织有步骤地丰富和完善社会主义民主的实现形式。这一切极大地发展了社会主义的民主政治,使人民群众的民主权利不断得到落实和扩大。但与此同时,我们党始终强调政治体制是社会主义政治制度的自我完善和发展,必须坚持党的领导、人民当家作主、依法治国的有机统一;它虽然要借鉴人类政治文明中的有益成果,但必须结合我国经济文化社会发展的实际情况,不搞西方的多党制和议会民主、三权鼎立。正因为如此,改革开放才可能保留全国一盘棋、集中力量办大事等社会主义的优越性,才没有像一些照搬西方政治制度的发展中国家那样,出现政局动荡、社会混乱、内战连绵的局面,从而为连续 30 年的快速发展提供了良好的政治环境。

最后,在意识形态上要一方面克服对马克思主义的教条式理解,否定"两个凡是"的方针,承认并认真纠正新中国成立后所犯的历史错误;另一方面坚持马克思主义指导不动摇,充分肯定毛泽东同志的历史地位,从总体上正面评价新中国成立后的历史。新中国成立后的一段时间,我们党对马克思主义有过一些教条式的理解,对形势的分析和对国情的认识有过主观主义的偏差，在政治上犯过阶级斗争扩大化的错误，在经济上犯过急躁冒进的错误，尤其发生过"文化大革命"那样全局性、长时期的错误。粉碎"四人帮"后的头两年，又在"两个凡是（凡是毛主席作出的决策都要坚决拥护，凡是毛主席的指示都要始终不渝地遵循）"的错误方针下，拖延了对历史错误的清理。改革开放后，我们党否定了"两个凡是"的方针，停止了使用"以阶级斗争为纲"这个不适合于社会主义社会的口号，审查和解决了党的历史上一批重大冤假错案和一些重要领导人的功过是非问题；但同时强调："毛泽东同志在长期革命斗争中立下的伟大功勋是不可磨灭的。……党中央在理论战线上的崇高任务，就是领导、教育全党和全国人民历史地、科学地认识毛泽东同志的伟大功绩，完整地、准确地掌握毛泽东思想的科学体系，把马列主义、毛泽东思想的普遍原理同社会主义现代化建设的具体实践结合起来，并在新的历史条件下加以发展。"① 以后，我们党又作出《关于建国以来党的若干历史问题的决议》（以下简称《历史决议》），对新中国头 32 年的重大历史事件逐一进行了实事求是的分析，指出："因为毛泽东同志晚年犯了错误，就企图否认毛泽东思想的科学价值，否认毛泽东思想对我国革命和建设的指导作用，这种态度是完全错误的。对毛泽东同志的言论采取教条主义态度，以为凡是毛泽东同志说过的话都是不可移易的真理，只能照抄照搬，甚至不愿实事求是地

---

① 《三中全会以来重要文献选编》（上），中央文献出版社 2011 年版，第 10—11 页。

承认毛泽东同志晚年犯了错误，并且还企图在新的实践中坚持这些错误，这种态度也是完全错误的。这两种态度都是没有把经过长期历史考验形成为科学理论的毛泽东思想，同毛泽东同志晚年所犯的错误区别开来。"《历史决议》还指出："三十二年来我们取得的成就还是主要的，忽视或否认我们的成就，忽视或否认取得这些成就的成功经验，同样是严重的错误。我们的成就和成功经验是党和人民创造性地运用马克思列宁主义的结果，是社会主义制度优越性的表现，是全党和全国各族人民继续前进的基础。"[①] 在此后的 20 多年里，我们党始终一贯地坚持了上述基本评价和估计。正因为如此，改革开放才可能在纠正历史错误的同时，维护全党全国各族人民团结奋斗的共同思想基础，才没有重蹈一些前社会主义国家由于否定革命领袖和社会主义历史而导致信仰危机、政权崩溃的覆辙，从而为我国连续 30 年快速发展提供了良好的思想和舆论环境。

二、改革开放与四项基本原则相结合是党中央对改革开放历次经验总结的主要结论

对改革开放经验进行专题总结，最早是 1992 年党的十四大。十四大报告在"十四年伟大实践的基本总结"一节中指出："十四年伟大实践的经验，集中到一点，就是要毫不动摇地坚持以建设有中国特色社会主义理论为指导的党的基本路

---

① 《三中全会以来重要文献选编》（下），中央文献出版社 2011 年版，第 165—166、132 页。

线。这是我们事业能够经受风险考验，顺利达到目标的最可靠的保证。"①

1997 年，党的十五大报告又说："在把我们的事业全面推向二十一世纪的历史时刻，必须郑重指出：全党要毫不动摇地坚持党在社会主义初级阶段的基本路线，把以经济建设为中心同四项基本原则、改革开放这两个基本点统一于建设有中国特色社会主义的伟大实践。这是近二十年来我们党最可宝贵的经验，是我们事业胜利前进最可靠的保证。"②

随后，江泽民在 1998 年 12 月纪念十一届三中全会召开 20 周年大会的讲话中，将改革开放的实践概括出 11 条主要历史经验。其中，坚持改革开放与四项基本原则的结合是紧接着坚持马克思主义思想路线之后的第二条经验。

在党的十六大上，江泽民又对我国"八九"政治风波之后的 13 年进行了专门总结，提出了十条基本经验。其中第一条是坚持以邓小平理论为指导，第二、三、四条分别是坚持以经济建设为中心、坚持改革开放、坚持四项基本原则，第五、六、七条依次为坚持物质文明与精神文明两手抓、坚持稳定压倒一切的方针、坚持党对军队的绝对领导等。

在 2007 年召开的党的十七大上，胡锦涛总结了我国改革开放近 30 年的实践，提出把坚持马克思主义基本原理同推进马克思主义中国化结合起来，把坚持四项基本原则同坚持改革开放结合起来，把尊重人民首创精神同加强和改善党的领

---

① 《十四大以来重要文献选编》（上），中央文献出版社 2011 年版，第 12 页。
② 《十五大以来重要文献选编》（上），中央文献出版社 2011 年版，第 15 页。

导结合起来等"十个结合"，并指出这些是"我们这样一个十几亿人口的发展中大国摆脱贫困、加快实现现代化、巩固和发展社会主义的宝贵经验"。不久后，他又对这"十个结合"作了进一步阐述，指出其中"前三条是管总的，揭示了我国改革开放取得成功的关键和根本"。

从以上过程可以清楚地看出，在党中央对改革开放进行的历次经验总结中，四项基本原则与改革开放相结合始终居于最为显著的位置，一直被看作是改革开放经验中"最可宝贵的经验"，是改革开放"最可靠的保证"，是"取得成功的关键和根本"。因此，它无疑是所有经验中的核心和统帅。

三、改革开放与四项基本原则相结合是我国与大多数发展中国家相比较的最大优势所在

有一种观点认为，改革开放之所以成功，根本原因在于实行了改革开放。且不说这种观点在逻辑上的毛病，即使说它逻辑上成立，在事实上也是站不住脚的。因为，所谓改革，主要是以市场为取向；所谓开放，说到底是与国际经济接轨。而世界200多个国家和地区的67亿人口中，除了20多个发达资本主义国家的8亿人一直在实行市场经济和主导着国际经济之外，余下绝大多数发展中国家和地区的50多亿人口，要么早就在实行市场经济和与国际经济接轨，要么也是在向市场经济和与国际经济接轨的方向过渡。在这么多实行市场经济和与国际经济接轨的国家和地区中，为什么唯独中国改革开放后的发展速度最快，而且持续时间最长呢？如果再考

虑到我国人口负担重、经济基础弱、气候条件差、人均耕地和各种资源相对贫乏、区域发展极不平衡等不利因素，能做到这一点就更不容易了。可见，仅仅用实行改革开放这一条来解释改革开放成功的根本原因，是经不起推敲，也是难以令人信服的。

近代以来，中国曾丧失过很多发展机遇，但有两次机遇被我们抓住了，从而实现了自身跨越式的发展。一次是在新中国成立初期，一次是在改革开放以后。如果说第一次的主要原因是由于我们选择了社会主义制度的话，第二次的主要原因则是我们在社会主义基本制度的基础上，实行了改革开放。可见，我们与大多数发展中国家和地区的最大区别，并不在于是否改革开放，而在于改革开放是脱离本国国情，盲目照搬西方经济、政治制度，还是立足于本国国情，有选择地学习和利用当今世界上一切于己有利的好做法好经验。这才是我们的改革开放成功的关键所在和根本原因。

四、改革开放与四项基本原则的结合是国内外敌对势力对我们进行攻击的焦点

对于中国从本国国情出发，把改革开放与四项基本原则相结合，从而在保持社会基本稳定的前提下实现经济快速发展的这个"奥妙"，许多发展中国家渐渐看明白了，因此，他们对西方的制度模式产生了越来越大的怀疑，对中国的发展道路产生了越来越大的兴趣。同样，这个"奥妙"，西方敌对势力也很明白。正因为如此，他们以及与他们勾结的国内民

族分裂势力、邪教组织、民运分子，为了遏制中国的进一步发展，为了消除中国的发展道路对发展中国家的吸引力，一方面抓住一切机会，利用各种题目，或在海外制造反华事端，或在国内挑唆群众与党和政府对立，千方百计对我国进行渗透、分裂、颠覆活动；另一方面把攻击的矛头对准改革开放与四项基本原则的结合。

国内外敌对势力对我国改革开放与四项基本原则相结合的攻击，在经济体制上的表现是，竭力兜售西方的新自由主义，集中攻击我国社会主义市场经济体制，说它不是真正的市场经济，市场经济前面不必加"社会主义"四个字；经济转型"要靠私有化推动"，要把公有制为主体变为"以民营经济为主体"，"只要保证民营经济发展，任何宏观经济措施都可以不要"；政府只要为企业服务就行了，不必管理经济；等等。在政治体制上的表现是，竭力贩卖社会民主主义或民主社会主义，集中攻击中国共产党的领导和人民民主专政，说中国共产党是"独裁的专制的党"，中国是"专制国家"，"是西方自由民主模式最大的潜在对手"，要"更多地支持不同政见者致力于中国的政治开放"；"新一轮政治改革的总目标是宪政"，"思想解放的根本任务是要从国家垄断一切、管制一切、控制一切的旧传统中解放出来"；等等。在意识形态上的表现是，竭力鼓吹历史虚无主义，集中攻击中国革命、中国共产党和中华人民共和国的历史，丑化、妖魔化毛泽东、周恩来、邓小平等领袖人物，把中共党史和中国当代史描绘成一连串错误的集合；并且颠倒黑白，大作历史人物的翻案文章，妄图重写中国近代史、革命史和新中国的历史。

在国内外敌对势力看来，随着我国私营经济和市场经济的发展、政治体制改革的深入、对历史错误揭发批判的持续，中国早晚有一天会放弃社会主义制度、人民民主专政、共产党领导和马克思主义指导。因此，他们往往显得比我们更关心改革开放，一有风吹草动就造谣说我们的改革开放政策要变了。可见，他们并不反对改革开放，而是反对改革开放与四项基本原则的结合。这恰好从反面证明，改革开放与四项基本原则相结合，才是各种敌对势力最为害怕的。正如邓小平早就指出的："某些人所谓的改革，应该换个名字，叫作自由化，即资本主义化。他们'改革'的中心是资本主义化。我们讲的改革与他们不同。""中国的政策基本上是两个方面，说不变不是一个方面不变，而是两个方面不变。人们忽略的一个方面，就是坚持四项基本原则，坚持社会主义制度，坚持共产党领导。人们只是说中国的开放政策是不是变了，但从来不提社会主义制度是不是变了，这也是不变的嘛！"[1]

新加坡大学东亚研究所所长郑永年教授撰文说："欧洲（实际上整个西方世界）实际上是期望中国的发展会实现西方价值。但现实是，中国的发展不仅没有使得西方价值在中国开花结果；反而，中国的发展经验对发展中国家产生了很大的影响，从而对西方的价值构成了挑战。""在很大程度上，欧洲人对于一个政治中国的担忧和恐惧甚于一个经济中国。

---

[1]《邓小平文选》第 3 卷，人民出版社 1993 年版，第 297、217 页。

并且，这种担忧和恐惧还相当普遍。现实地说，这种担忧甚至恐惧很难在短时间内消除，也很可能随着中国的进一步崛起和外在影响力的提高而强化。"[①] 他的话也从一个侧面说明，西方敌对势力最为反对的，正是我们最为成功的地方。

五、改革开放与四项基本原则的脱节是苏共下台、苏联解体的最大教训

苏共下台、苏联解体的原因虽然有很多，但最主要的是戈尔巴乔夫搞的改革"放弃了社会主义道路，放弃了无产阶级专政，放弃了共产党的领导地位，放弃了马克思列宁主义，结果使得已经相当严重的经济、政治、社会、民族矛盾进一步激化，最终酿成了制度剧变、国家解体的历史悲剧"[②]。他们在经济改革方面服用了"新自由主义"毒药，搞"五百天计划""休克疗法"，推进放任自流的市场经济和私有化，造成生产下降、物价飞涨、少数人暴富、多数人贫困的局面；在政治改革方面服用了"人道的民主的社会主义"毒药，搞议会民主、三权分立、多党制那一套，逐渐使苏共失去了对国家的领导地位；在意识形态方面错用了多元化、公开性的药方，发动全民对苏共和苏联历史进行清算，由大反斯大林发展到反列宁、反十月革命、反马克思主义，相反，把托洛茨基等人奉为英雄，把沙皇当成布尔什维克"暴政"的受害者，从而使苏共威信扫地，使苏联的历史臭不可嗅，使人民对革

---

① 新加坡《联合早报》2008 年 5 月 13 日。

②《江泽民文选》第 3 卷，人民出版社 2006 年版，第 230 页。

命领袖的崇敬和对社会主义的信念彻底动摇。试想，在这种形势下，苏共怎么可能不下台，苏联又怎么可能不解体呢？

近些年来，俄罗斯执政者和不少有识之士开始反思，并逐渐调整在苏联解体初期的政策。他们在经济体制上，废止福利货币化的改革方案，打压一些在苏联解体过程中暴富的金融、产业寡头，接连出台一系列重新国有化和旨在加强国家宏观调控政策的措施；在政治体制上，探索"有管理的民主""主权民主""发展式民主"等适合自身特点的政治道路，试图在多党制的基础上，重建一个能控制议会多数直至整个社会的政党；在意识形态上，开始改变对苏联时期领导人和历史全盘否定的态度，强调要对历史虚无主义、媚外思想进行清算，要把苏联历史看作俄罗斯历史的重要组成部分，并在由政府审定的教科书中，对斯大林和斯大林执政时期的工业化建设与农业集体化的历史作用作出了比较合乎实际的评价。

苏联最后一位部长会议主席雷日科夫到当代中国研究所作关于苏联解体原因的报告，说苏联是靠苏联共产党凝聚的，没有了苏联共产党，苏联是不可能存在的。为了使改革有稳固和强有力的国家权力作保证，千万要坚持共产党的领导；而为了使这个党具有凝聚力，千万不要搞私有化。就连戈尔巴乔夫也对我们的记者说："改革时期，加强党对国家和改革进程的领导，是所有问题的重中之重。……如果党失去对社会和改革的领导，就会出现混乱。""我给中国朋友的忠告是：不要搞什么'民主化'，那样不会有好结果！千万不要让局势混乱，稳定是第一位的……""在这些方面，中国处理得很好。"① 他们的话，在很大程度上代表了当今俄罗斯思想界对 20 世纪 80 年代那场改革的新认识。它从反面进一步说明，社会主义国家的改革开放要避免失败，关键在于不能让改革开放与四项基本原则相脱节。

改革开放 30 年虽然使我国经济总量跃升至世界第 4 位，但按人均计算，我们尚处于世界第 100 位左右。这说明，我国仍处于并将长期处于社会主义初级阶段，不断解放和发展生产力，最终实现工业化和现代化，仍是我国当前乃至今后相当长历史时期的主要任务。要完成这个任务，必须继续保持国家的安全和稳定，这就要求我们必须继续把改革开放与四项基本原则结合在一起。不改革不开放，生产力不可能发展，社会也不可能稳定；改革开放不坚持四项基本原则，生产力不仅要遭到破坏，社会还会分崩离析。这是中国改革开放 30 年实践得出的最为重要的结论，是改革开放基本经验的核心，也是中国现代化道路超越西方资本主义现代化道路的主要原因。如果说中国特色社会主义道路有什么普遍意义的话，意义就在这里。

---

① 杨政：《戈尔巴乔夫后悔了》，《环球人物》2006 年第 5 期。

新时代与改革开放航向的校准[*]

党的十八大以来，中国特色社会主义进入了新时代，改革开放也进入了新时代。如同一艘巨轮行驶在大海上需要不断比对目的地校准航向一样，改革开放在前进道路上也需要不断比对目标、校准航向。习近平总书记在 2018 年 6 月 29 日中央政治局第六次集体学习会上指出：要"推动全党把坚持正确政治方向贯彻到谋划重大战略、制定重大政策、部署重大任务、推进重大工作的实践中去，经常对表对标，及时校准偏差"[①]。实践表明，进入新时代的六年，既是改革开放继续深化的六年，也是对改革开放航向不断对表对标、校准偏差的六年。这种校准，既有针对过去工作不足而进行的纠偏和补救，也有根据实际情况变化和形势发展需要而采取的应对措施。

新时代对改革开放航向的校准，我体会最深的有以下六点。

一、关于改革开放的方向和方法论

改革开放有没有方向，方向是什么？要不要先行试点、

　　* 本文曾发表于《马克思主义研究》2018 年第 11 期，原标题为《新时代与改革开放航向的校准——论我国改革开放 40 年的根本经验》。收入本书时，作者略作修改。
　　①《把党的政治建设作为党的根本性建设 为党不断从胜利走向胜利提供重要保证》，《人民日报》2018 年 7 月 1 日。

稳步推进、"摸着石头过河"？在这些问题上，过去不是没有不同意见的争论。对此，习近平总书记明确指出："我们的改革开放是有方向、有立场、有原则的。我们当然要高举改革旗帜，但我们的改革是在中国特色社会主义道路上不断前进的改革，既不走封闭僵化的老路，也不走改旗易帜的邪路。"他还说："改革开放是一场深刻革命，必须坚持正确方向，沿着正确道路推进。""推进改革的目的是要不断推进我国社会主义制度自我完善和发展，赋予社会主义新的生机活力。这里面最核心的是坚持和改善党的领导、坚持和完善中国特色社会主义制度，偏离了这一条，那就南辕北辙了。"① 在回答推进国家治理体系和治理能力现代化往什么方向走的问题时，他又强调："考虑这个问题，必须完整理解和把握全面深化改革的总目标，这是两句话组成的一个整体，即完善和发展中国特色社会主义制度、推进国家治理体系和治理能力现代化。这里面有一个前一句和后一句的关系问题。前一句，规定了根本方向，我们的方向就是中国特色社会主义道路，而不是其他什么道路。"②

改革开放以来，总有一些人对我们党坚持改革开放正确方向发出种种诘难。例如，看到重申改革要坚持四项基本原则，就说什么"政治体制改革滞后了"；听到强调"国有企业

---

① 《习近平关于全面深化改革论述摘编》，中央文献出版社 2014 年版，第14、18 页。

② 《习近平关于协调推进"四个全面"战略布局论述摘编》，中央文献出版社 2015 年版，第 82 页。

要做大做强做优"，就说什么"需要重启改革"啦。对于这些声音，习近平总书记并不回避，而是针锋相对、理直气壮地予以驳斥。他指出："不能笼统地说中国改革在某个方面滞后。在某些方面、某个时期，快一点、慢一点是有的，但总体上不存在中国改革哪些方面改了，哪些方面没有改。问题的实质是改什么、不改什么，有些不能改的，再过多长时间也是不改。我们不能邯郸学步。世界在发展，社会在进步，不实行改革开放死路一条，搞否定社会主义方向的'改革开放'也是死路一条。在方向问题上，我们头脑必须十分清醒。我们的方向就是不断推动社会主义制度自我完善和发展，而不是对社会主义制度改弦易张。我们要坚持四项基本原则这个立国之本，既以四项基本原则保证改革开放的正确方向，又通过改革开放赋予四项基本原则新的时代内涵，排除各种干扰，坚定不移走中国特色社会主义道路。"① 他还说："我们不断推进改革，是为了推动党和人民事业更好发展，而不是为了迎合某些人的'掌声'，不能把西方的理论、观点生搬硬套在自己身上。"② "怎么改、改什么，有我们的政治原则和底线，要有政治定力。"③ 他强调："我们既要有冒的勇气、闯的劲头，又始终坚持以我为主，应该改又能够改的坚决改，不应改的

①《习近平关于全面深化改革论述摘编》，中央文献出版社 2014 年版，第 15 页。

②《习近平关于协调推进"四个全面"战略布局论述摘编》，中央文献出版社 2015 年版，第 69 页。

③《习近平关于全面深化改革论述摘编》，中央文献出版社 2014 年版，第 49 页。

坚决守住；应该改而不具备条件的创造条件改，该快的一定要快、不能快的则循序渐进。对看准了的改革，要下决心推进，争取早日取得成效。"①

习近平总书记不仅据理批驳指责我们不改革的各种言论，而且深刻揭露这类言论的本质和目的。他说："一些敌对势力和别有用心的人也在那里摇旗呐喊、制造舆论、混淆视听，把改革定义为往西方政治制度的方向改，否则就是不改革。他们是醉翁之意不在酒，'项庄舞剑，意在沛公'。对此，我们要洞若观火，保持政治坚定性，明确政治定位。"②"如果我们用西方资本主义价值体系来剪裁我们的实践，用西方资本主义评价体系来衡量我国发展，符合西方标准就行，不符合西方标准就是落后的陈旧的，就要批判、攻击，那后果不堪设想！最后要么就是跟在人家后面亦步亦趋，要么就是只有挨骂的份。"③他反复提醒大家："要牢牢把握改革正确方向，在涉及道路、理论、制度等根本性问题上，在大是大非面前，必须立场坚定、旗帜鲜明。"④在改革开放的方向上要有政治定力，"那就是不论怎么改革、怎么开放，我们都始终要坚持中国特色社会主义道路、中国特色社会主义理论体系、中国特

①《习近平关于协调推进"四个全面"战略布局论述摘编》，中央文献出版社 2015 年版，第 69 页。
②《习近平关于全面深化改革论述摘编》，中央文献出版社 2014 年版，第 19 页。
③ 习近平：《在全国党校工作会议上的讲话》，人民出版社 2016 年版，第 9 页。
④ 习近平：《把握大局审时度势统筹兼顾科学实施 坚定不移朝着全面深化改革目标前进》，《人民日报》2014 年 1 月 23 日。

色社会主义制度，坚持党的十八大提出的夺取中国特色社会主义新胜利的基本要求"①。

在改革开放的方法论上，过去有些人对稳步推进、先行试点、"摸着石头过河"等主张也颇有微词。进入新时代，习近平总书记对此同样作出了正面回应，并充分阐明了上述方法的科学性、合理性、必要性。概括起来，要点大体有以下四个。

第一，这种方法符合马克思主义认识论。他说："摸着石头过河，是富有中国智慧的改革方法，也是符合马克思主义认识论和实践论的方法。实践中，对必须取得突破但一时还不那么有把握的改革，就采取试点探索、投石问路的方法，先行试点，尊重实践、尊重创造，鼓励大胆探索、勇于开拓，取得经验、看得很准了再推开。有些国家搞所谓'休克疗法'，结果引起了剧烈政治动荡和社会动乱，教训是很深刻的。"②

第二，这种方法经过了我国改革开放的实践检验。他说："改革开放是前无古人的崭新事业，必须坚持正确的方法论，在不断实践探索中推进。……我国改革开放就是这样走过来的，是先试验、后总结、再推广不断积累的过程，是从农村到城市、从沿海到内地、从局部到整体不断深化的过程。这种渐进式改革，避免了因情况不明、举措不当而引起的社会

---

① 《十八大以来重要文献选编》（上），中央文献出版社 2014 年版，第 110 页。

② 《习近平关于全面深化改革论述摘编》，中央文献出版社 2014 年版，第 43 页。

动荡，为稳步推进改革、顺利实现目标提供了保证。摸着石头过河，符合人们对客观规律的认识过程，符合事物从量变到质变的辩证法。不能说改革开放初期要摸着石头过河，现在再摸着石头过河就不能提了。"①

第三，这种方法可以避免重犯一哄而起、仓促上马的老毛病。他说："要有序推进改革。该中央统一安排的各地不要抢跑，该尽早推进的不要拖延，该试点的不要仓促面上推开，该深入研究后再推进的不要急于求成，该先得到法律授权的不要超前推进。要避免在时机尚不成熟、条件尚不具备的情况下一哄而上，欲速而不达。"②

第四，这种方法可以防止改革出现颠覆性错误。他说："'治大国若烹小鲜。'我国是一个大国，决不能在根本性问题上出现颠覆性错误，一旦出现就无法挽回、无法弥补。……现阶段推进改革，必须识得水性、把握大局、稳中求进。实践告诉我们，有的政策经过一段时间后发现有偏差，要扭转回来很不容易。我们的政策举措出台之前必须经过反复论证和科学评估，力求切合实际、行之有效、行之久远，不能随便'翻烧饼'。"③

另外，党的十八届三中全会关于全面深化改革的决定，

①《习近平关于全面深化改革论述摘编》，中央文献出版社 2014 年版，第 34—35 页。

②《习近平关于全面深化改革论述摘编》，中央文献出版社 2014 年版，第 49 页。

③《习近平关于全面深化改革论述摘编》，中央文献出版社 2014 年版，第 42 页。

一定意义上也是对改革开放方法论的校准。习近平总书记指出：所谓全面深化改革，"就是要统筹推进各领域改革，就需要有管总的目标，也要回答推进各领域改革最终是为了什么、要取得什么样的整体结果这个问题"。他说："过去，我们也提出过改革目标，但大多是从具体领域提出的。"比如，政治体制改革总的目标、经济体制改革的目标等等，都是这样的目标。而十八届三中全会提出的全面深化改革的总目标，包括了经济体制、政治体制、文化体制、社会体制、生态文明体制和党的建设制度深化改革的分目标，"体现了我们党对改革认识的深化和系统化"。[①] 他还说："随着改革开放不断深入，改革开放的关联性和互动性明显增强，这就要求我们更加注重各项改革的相互促进、良性互动。"[②] "对涉及面广泛的改革，要同时推进配套改革。"[③] 这些论述表明，在改革开放的方法论上，新时代比较过去也显得更加成熟了。

二、关于改革开放的出发点和落脚点

社会主义是把全社会和人民大众利益放在首位的社会理想和社会制度，其本质在于反对剥削、倡导公平，科学社会主义的本质仍在于此，只不过把这一理想建立在了科学的基

---

① 《习近平关于全面深化改革论述摘编》，中央文献出版社 2014 年版，第26—27 页。

② 《习近平关于协调推进"四个全面"战略布局论述摘编》，中央文献出版社 2015 年版，第 55—56 页。

③ 《习近平关于全面深化改革论述摘编》，中央文献出版社 2014 年版，第43 页。

础上。新中国成立后，鉴于生产力水平很低，原本打算先实行一段新民主主义再实行社会主义，但为了抓住优先发展重工业的历史机遇，实行了高度集中的计划经济和生产资料所有制的国有化、公有化及按劳分配制度，提前完成了向社会主义的过渡。后来受"左"的思想影响，所有制上求大求纯、分配上偏重平均主义，以致小商店、小餐馆、小维修铺都取消了个体经营，"计件工资""奖金"等属于按劳分配范畴的激励机制也被取消，连农民的自留地和家庭副业也被当成"资本主义尾巴"。改革开放以来，肯定了按劳分配是社会主义原则，提出了让一部分人一部分地区先富起来的政策，允许和鼓励资本、技术、管理等生产要素参与分配，最终形成了以公有制为主体、多种所有制经济共同发展的基本经济制度和以按劳分配为主体、多种分配方式并存的分配制度，并完成了计划经济体制向社会主义市场经济体制的转变。但与此同时，社会上又出现了另一种偏向，鼓吹所谓"经济人"假设，胡说什么"公有制效率低""公有制与市场经济不相容""把国有资产量化到个人""收入分配差距要进一步拉大"等等。这些错误思想一度影响了对公平与效率关系的认识，导致提出"效率优先、兼顾公平"的口号。进入 21 世纪后，这个口号被改为了"既重视效率也重视公平、把公平放在更加突出的位置"，后来又把"初次分配注重效率、再分配注重公平"改为"初次分配和再分配都要处理好效率和公平的关系、再分配要更加注重公平"，进而提出要"逐步提高居民收入在国民收入中的比重、劳动报酬在初次分配中的比重，着力提高低收入者收入水平，有效调节高收入"，但是始终没有跳出把效率与公平当成一对矛盾的圈子。进入新时代后，党中央不再并提"效率与公平"，而是把处理这对关系置于"以人民为中心""让改革发展成果更多更公平惠及全体人民"①这一总的指导思想之下。

党的十八大之后不久，习近平总书记就在党的十八届三中全会上指出："全面深化改革必须以促进社会公平正义、增进人民福祉为出发点和落脚点。这是坚持我们党全心全意为人民服务根本宗旨的必然要求。……如果不能给老百姓带来实实在在的利益，如果不能创造更加公平的社会环境，甚至导致更多不公平，改革就失去意义，也不可能持续。"②他强调：要"把以人民为中心的发展思想体现在经济社会发展各个环节，做到老百姓关心什么、期盼什么，改革就要抓住什么、推进什么，通过改革给人民群众带来更多获得感。"③同时，他也明确反对那种让"分配优先于发展"的主张，说："这种说法不符合党对社会主义初级阶段和我国社会主要矛盾的判断。"只有更好地推动经济社会发展，才能"为人民群众生活改善不断打下更为雄厚的基础"。④

---

①《习近平关于社会主义社会建设论述摘编》，中央文献出版社 2017 年版，第 13、16 页。

②《十八大以来重要文献选编》（上），中央文献出版社 2014 年版，第 552—553 页。

③《改革既要往增添发展新动力方向前进 也要往维护社会公平正义方向前进》，《人民日报》2016 年 4 月 19 日。

④《习近平关于社会主义社会建设论述摘编》，中央文献出版社 2017 年版，第 41 页。

当前人民群众对于不公平的反映主要有哪些，对改革最关心最期盼的又是什么呢？从习近平总书记的论述中可以看出，问题主要是收入分配不公，是基本需求中有许多还没有能得到满足。他指出：收入分配中存在的突出问题，"主要是收入差距拉大、劳动报酬在初次分配中的比重较低、居民收入在国民收入分配中的比重偏低"①。他还具体列举了许多人民群众所关心的问题，比如，食品安不安全、暖气热不热、雾霾能不能少一点、河湖能不能清一点、垃圾焚烧能不能不有损健康、养老服务顺不顺心、能不能租得起或买得起住房等等。他说："相对于增长速度高一点还是低一点，这些问题更受人民群众关注。如果只实现了增长目标，而解决好人民群众普遍关心的突出问题没有进展，即使到时候我们宣布全面建成了小康社会，人民群众也不会认同。"②他指出："当前，民生工作面临的宏观环境和内在条件都在发生变化，过去有饭吃、有学上、有房住是基本需求，现在人民群众有收入稳步提升、优质医疗服务、教育公平、住房改善、优美环境和洁净空气等更多层次的需求。"③

根据以上分析，习近平总书记认为，端正改革的出发点和落脚点，首先必须抓住公平正义和共同富裕问题作文章，

①《习近平关于社会主义社会建设论述摘编》，中央文献出版社2017年版，第37页。

②《习近平关于社会主义社会建设论述摘编》，中央文献出版社2017年版，第19页。

③《习近平关于社会主义社会建设论述摘编》，中央文献出版社2017年版，第17页。

"要把促进社会公平正义、增进人民福祉作为一面镜子，审视我们各方面体制机制和政策规定，哪里有不符合促进社会公平正义的问题，哪里就需要改革；哪个领域哪个环节问题突出，哪个领域哪个环节就是改革的重点"。他指出："在全面深化改革进程中，遇到关系复杂、难以权衡的利益问题，要认真想一想群众实际情况究竟怎样？群众到底在期待什么？群众利益如何保障？群众对我们的改革是否满意？提高改革决策的科学性，很重要的一条就是要广泛听取群众意见和建议。"他强调："'蛋糕'不断做大了，同时还要把'蛋糕'分好。我国社会历来有'不患寡而患不均'的观念。我们要在不断发展的基础上尽量把促进社会公平正义的事情做好，既尽力而为、又量力而行，努力使全体人民在学有所教、劳有所得、病有所医、老有所养、住有所居上持续取得新进展。"[1] "经济发展、物质生活改善并不是全部，人心向背也不仅仅决定于这一点。发展了，还有共同富裕问题。物质丰富了，但发展极不平衡，贫富悬殊很大，社会不公平，两极分化了，能得人心吗？"[2] "我们必须坚持发展为了人民、发展依靠人民、发展成果由人民共享，作出更有效的制度安排，使全体人民朝着共同富裕方向稳步前进，绝不能出现'富者累巨万，而贫者食糟糠'的现象。"[3] "要坚持社会主义基本经济制度和分配

---

[1] 《习近平关于全面深化改革论述摘编》，中央文献出版社 2014 年版，第 98、41、97 页。

[2] 习近平：《做焦裕禄式的县委书记》，中央文献出版社 2015 年版，第 35 页。

[3] 《十八大以来重要文献选编》（中），中央文献出版社 2016 年版，第 827 页。

制度，调整收入分配格局，完善以税收、社会保障、转移支付等为主要手段的再分配调节机制，维护社会公平正义，解决好收入差距问题，使发展成果更多更公平惠及全体人民。"①

其次，端正改革的出发点和落脚点必须紧紧抓住和解决群众身边的权益问题。习近平总书记对地方的同志说：要促进公共资源向基层延伸、向农村覆盖、向弱势群体倾斜，"多做雪中送炭的事情"，"做那些现实条件下可以做到的事情，让群众得到看得见、摸得着的实惠"。② 比如，"城镇建设中出现了不少让老百姓诟病的问题，一些地方大拆大建、争盖高楼，整个城市遍地都是工地；城市建设缺乏特色、风格单调；一些城市建设贪大求洋，一些干部追求任期内的视觉效果；一些城市漠视历史文化保护，毁坏城市古迹和历史记忆；一些城市教育、卫生、文化、体育等基本公共服务不配套，给市民带来极大不便。这些问题，既与城市建设经验和能力不足有关，也与一些干部急于求成、确定的定位过高、提出的口号太多有关。"他批评党的十八大之前一些地方在农村推行所谓"三集中"、逼农民上楼的做法，说："推进农业转移人口市民化，要坚持自愿、分类、有序。自愿就是要充分尊重农民意愿，让他们自己选择，不能采取强迫的做法，不能强取豪夺，不顾条件拆除农房，逼农民进城，让农民工'被落

---

① 习近平：《在省部级主要领导干部学习贯彻党的十八届五中全会精神专题研讨班上的讲话》，人民出版社 2016 年版，第 25 页。

②《习近平关于全面深化改革论述摘编》，中央文献出版社 2014 年版，第 92 页。

户'、'被上楼'。"① 他还对政法部门的同志说：要"让人民群众切实感受到公平正义就在身边。要重点解决好损害群众权益的突出问题，决不允许对群众的报警求助置之不理，决不允许让普通群众打不起官司，决不允许滥用权力侵犯群众合法权益，决不允许执法犯法造成冤假错案"。②

党的十八大以前，我们党也强调要做大做强国有经济，但更多地从国有企业是国民经济支柱，是社会主义制度重要基础，是参与国际竞争、合作、分工基本力量等角度论述。这些当然是正确的。不过，进入新时代以来，习近平总书记把国有企业改革进一步放入以人民为中心、让人民共享改革成果这一指导思想之下分析，指出：公有制主体地位和国有经济主导作用不能动摇，这"是保证我国各族人民共享发展成果的制度性保证"；国有企业是"保障人民共同利益的重要力量"。③ 以上分析，更彰显了国有企业的全民所有制性质，更突出了国有经济与人民根本利益之间的关联。从改革开放的出发点和落脚点角度看，这显然也是一种校准。

三、关于改革开放的核心问题

改革开放以来很长时间，我们一直把处理计划与市场或

---

① 《十八大以来重要文献选编》（上），中央文献出版社 2014 年版，第602、594 页。

② 《习近平关于社会主义社会建设论述摘编》，中央文献出版社 2017 年版，第 31 页。

③ 《习近平关于社会主义经济建设论述摘编》，中央文献出版社 2017 年版，第 63、54 页。

市场与宏观调控的关系，作为经济体制改革（很大程度上也包括对外经济交流）的核心问题。改革开放初期，资源配置由过去单一计划手段变为计划手段为主、市场手段为辅。计划经济过渡到社会主义市场经济后，市场成为资源配置的基础，计划手段和价格、金融、税收等经济手段被纳入宏观调控范畴。这时受新自由主义影响，经济学界出现了一种舆论，认为宏观调控仍然"残留计划经济的痕迹"，"今后政府只要做好市场服务就行了"，提出所谓"大市场、小政府"的主张。进入新时代，习近平总书记将宏观调控归结为政府作用，把经济体制改革的核心问题概括为"处理好政府与市场关系"，把市场在资源配置中起基础作用的提法改为"起决定性作用"，同时强调要"更好发挥政府作用"[1]，从而在对改革开放核心问题的认识和处理上作出了进一步校准。

习近平总书记解释说，之所以要将市场在资源配置中的基础性作用改为决定性作用，是因为"经过 20 多年实践，我国社会主义市场经济体制已经初步建立，但仍存在不少问题，主要是市场秩序不规范，以不正当手段谋取经济利益的现象广泛存在；生产要素市场发展滞后，要素闲置和大量有效需求得不到满足并存；市场规则不统一，部门保护主义和地方保护主义大量存在；市场竞争不充分，阻碍优胜劣汰和结构调整，等等。这些问题不解决好，完善的社会主义市场经济体制是难以形成的"。他还说，作出"'使市场在资源配置中

---

① 习近平：《关于〈中共中央关于全面深化改革若干重大问题的决定〉的说明》，《人民日报》2013 年 11 月 16 日。

起决定性作用'的定位，有利于在全党全社会树立关于政府和市场关系的正确观念，有利于转变经济发展方式，有利于转变政府职能，有利于抑制消极腐败现象"。①

　　这样定位市场作用，是否等于政府在市场经济中的作用就要被削弱，只要服务无须管理或少管理了呢？对此，习近平总书记斩钉截铁地作出了否定的答复。他指出："市场起决定性作用，是从总体上讲的，不能盲目绝对讲市场起决定性作用，而是既要使市场在配置资源中起决定性作用，又要更好发挥政府作用。"②"市场在资源配置中起决定性作用，并不是起全部作用。"③"使市场在资源配置中起决定性作用和更好发挥政府作用，二者是有机统一的，不是相互否定的，不能把二者割裂开来、对立起来。""在市场作用和政府作用的问题上，要讲辩证法、两点论，'看不见的手'和'看得见的手'都要用好，努力形成市场作用和政府作用有机统一、相互补充、相互协调、相互促进的格局，推动经济社会持续健康发展。"④他还针对政府对市场要少管甚至不管的主张指出："政府要切实履行好服务职能，这是毫无疑义的，但同时也不要忘了政府管理职能也很重要，也要履行好，只讲服务不讲管

<hr>

①　习近平：《关于〈中共中央关于全面深化改革若干重大问题的决定〉的说明》，《人民日报》2013年11月16日。

②《习近平关于社会主义经济建设论述摘编》，中央文献出版社2017年版，第57—58页。

③　习近平：《关于〈中共中央关于全面深化改革若干重大问题的决定〉的说明》，《人民日报》2013年11月16日。

④《正确发挥市场作用和政府作用　推动经济社会持续健康发展》，《人民日报》2014年5月28日。

理也不行，寓管理于服务之中是讲管理的，管理和服务不能偏废，政府该管的不仅要管，而且要切实管好。""加大政府职能转变力度，既积极主动放掉该放的权，又认真负责管好该管的事，从'越位点'退出，把'缺位点'补上。"① 例如，在国防建设等领域，政府要起决定作用；一些带战略性的能源资源，政府也要牢牢掌控；在解决经济中的结构性矛盾，推进"三去、一降、一补"，增强有效供给能力，加快核心技术自主研发速度等方面，更要发挥政府的政策指导作用。

尤其值得我们重视的是，习近平总书记不仅强调政府在市场经济中应有的作用，而且把这种作用与社会主义制度优越性联系在一起强调。他说："我国经济发展获得巨大成功的一个关键因素，就是我们既发挥了市场经济的长处，又发挥了社会主义制度的优越性。我们是在中国共产党领导和社会主义制度的大前提下发展市场经济，什么时候都不能忘了'社会主义'这个定语。之所以说是社会主义市场经济，就是要坚持我们的制度优越性，有效防范资本主义市场经济的弊端。我们要坚持辩证法、两点论，继续在社会主义基本制度与市场经济的结合上下功夫，把两方面优势都发挥好，既要'有效的市场'，也要'有为的政府'，努力在实践中破解这道经济学上的世界性难题。"② 这一论述进一步凸显了在市场经济

---

① 《习近平关于全面深化改革论述摘编》，中央文献出版社 2014 年版，第54、55 页。

② 《习近平关于社会主义经济建设论述摘编》，中央文献出版社 2017 年版，第 64 页。

条件下，社会主义和资本主义两种政府所起作用的本质区别；同时，也使人们进一步认识到在社会主义条件下，如何把政府和市场两方面作用结合好的问题至今仍然未能完全解决，还需要我们继续探索。

四、关于改革开放的立足点

我们党历来主张，把革命、建设、改革的立足点放在自己力量的基础上。早在 1956 年，毛泽东就说过："中国的革命和中国的建设，都要依靠发挥中国人民自己的力量为主，以争取外国援助为辅。"[①] 新中国成立后，一方面，我们积极争取社会主义阵营国家的援助，千方百计同资本主义国家进行贸易；另一方面，面对美帝国主义经济封锁和赫鲁晓夫集团中断援助，发扬自力更生精神，创造出以"两弹一星"为代表的一大批科研成果，建立了独立完整的工业体系和国民经济体系。"文化大革命"中，极左思潮泛滥，把进口国外先进设备也当成"洋奴哲学""卖国主义"。改革开放后，通过拨乱反正，纠正了这种极左错误，但又出现了另一种偏向，认为凡是能从国外买到的，就不必自己重走研发的老路。近 40 年来，我国经济总量大幅度攀升，科技水平也有长足进步，然而从总体看，科技对经济社会发展支撑能力不足，贡献率远低于发达国家水平，核心技术研发缺乏像微软、英特尔、谷歌、苹果等大公司那样的强强联盟，经济增长很大程度上

①《建国以来毛泽东文稿》第 6 册，中央文献出版社 1992 年版，第 148 页。

仍以资源、资本、劳动力等要素投入为主，在国际经济产业链中仍处于中低端，很多关键和核心的技术、材料、零部件、设备都受制于人。这种情况的出现，就与我们的外部条件改善后，自力更生意识反而弱化有很大关系。对此，历届党中央虽然都很重视，提出并实施了科教兴国等战略，逐步加大了国家对科技研发的投入，但情况仍然不容乐观。于是，十八大以来，党中央进一步提出创新是引领发展的第一动力，实施创新驱动发展战略，推进"中国制造2025"，要求破除一切妨碍科技创新的体制机制障碍，最大限度地解放和激发科技蕴藏的巨大潜能。这表明，新时代在改革开放的立足点上，同样作出了校准。

对于自主创新的重要意义和路径，习近平总书记主要从以下三个关系上进行了论述。

首先是大国与强国、经济规模与科技水平的关系。他指出："历史事实表明，经济大国不等于经济强国。一个国家长期落后归根到底是由于技术落后，而不取决于经济规模大小。历史上，我国曾长期位居世界经济大国之列，经济总量一度占到世界的三分之一左右，但由于技术落后和工业化水平低，近代以来屡屡被经济总量远不如我们的国家打败。为什么会这样？我们不是输在经济规模上，而是输在科技落后上。由于技术创新和工业制造落后于人，西方列强才得以用坚船利炮轰开我们的国门。中国近代史上落后挨打的根子就是技术落后。这个教训太深刻了！我们要牢牢记取。"①"虽然我国经济总量跃居世界第二，但大而不强、臃肿虚胖体弱问题相当突出，主要体现在创新能力不强，这是我国这个经济大块头的'阿喀琉斯之踵'。"②

其次是科技创新与经济社会发展的关系。他说："总体上看，我国关键核心技术受制于人的局面尚未根本改变，创造新产业、引领未来发展的科技储备远远不够，产业还处于全球价值链中低端，军事、安全领域高技术方面同发达国家仍有较大差距。我们必须把发展基点放在创新上，通过创新培育发展新动力、塑造更多发挥先发优势的引领型发展。"③他指出："国际经济竞争甚至综合国力竞争，说到底就是创新能力的竞争。谁能在创新上下先手棋，谁就能掌握主动。我们要大力实施创新驱动发展战略，加快完善创新机制，全方位推进科技创新、企业创新、产品创新、市场创新、品牌创新，加快科技成果向现实生产力转化，推动科技和经济紧密结合。"④"协调发展、绿色发展、开放发展、共享发展都有利于增强发展动力，但核心在创新。抓住了创新，就抓住了牵动经济社会发展全局的'牛鼻子'。"⑤美国发动贸易战之后，他

---

① 《习近平关于社会主义经济建设论述摘编》，中央文献出版社 2017 年版，第 126 页。

② 《十八大以来重要文献选编》（下），中央文献出版社 2018 年版，第 159 页。

③ 《十八大以来重要文献选编》（下），中央文献出版社 2018 年版，第 159 页。

④ 《习近平关于社会主义经济建设论述摘编》，中央文献出版社 2017 年版，第 125 页。

⑤ 《十八大以来重要文献选编》（下），中央文献出版社 2018 年版，第 157 页。

更是多次强调："自力更生是中华民族自立于世界民族之林的奋斗基点，自主创新是我们攀登世界科技高峰的必由之路。"①要发扬光大"两弹一星"精神，加强关键技术攻关，推动核心技术突破，把科技发展主动权牢牢掌握在自己手里。

最后是体制机制改革与科技创新的关系。他指出："实施创新驱动发展战略，必须深化改革。""全面深化改革，要围绕使企业成为创新主体、加快推进产学研深度融合来谋划和推进。"②要解决科技创新链条上存在的诸多体制机制关卡、创新和转化各环节衔接不紧的症结，"必须深化科技体制改革，破除一切制约科技创新的思想障碍和制度藩篱"③。他为此具体提出了一系列政策措施，例如，建立完善的知识产权保护制度，惩治侵权的违法犯罪行为，创造平等竞争的良好环境；完善有利于企业技术创新的税收政策，消除价格、利率、汇率等经济杠杆的扭曲；组建国有资产运营公司或投资公司，设立国有资本风险投资基金，支持包括小微企业在内的创新型企业；加快军民融合式的发展步伐，发挥军民各自优势。他尤其提到要改革和完善人才发展机制，建立更灵活的人才管理机制，完善评价这个指挥棒，打通人才流动、使用、发挥作用的体制机制障碍；深化教育改革，提高人才培养质量，形成有利于创新人才成长的育人环境；制定更积极

①《瞄准世界科技前沿引领科技发展方向　抢占先机迎难而上建设世界科技强国》，《人民日报》2018 年 5 月 29 日。

②《习近平关于社会主义经济建设论述摘编》，中央文献出版社 2017 年版，第 140 页。

③《十八大以来重要文献选编》（中），中央文献出版社 2016 年版，第 25 页。

的国际人才引进计划，吸引更多海外创新人才回国创业或来中国工作。他特别提出：要使优秀的科技人才"名利双收"，"名就是荣誉，利就是现实的物质利益回报，其中拥有产权是最大激励"。①"如果是'造导弹的不如卖茶叶蛋的，拿手术刀的不如拿剃头刀的'，就谈不上创新驱动。"②

除了对体制改革的立足点作出上述校准，习近平总书记还在科技体制改革的问题上着重强调了党中央顶层设计和社会主义制度优越性的作用。他说："我们要注意一个问题，就是我国社会主义制度能够集中力量办大事是我们成就事业的重要法宝。我国很多重大科技成果都是依靠这个法宝搞出来的，千万不能丢了！要让市场在资源配置中起决定性作用，同时要更好发挥政府作用，加强统筹协调，大力开展协同创新，集中力量办大事，抓重大、抓尖端、抓基本，形成推进自主创新的强大合力。"③他指出："在核心技术研发上，强强联合比单打独斗效果要好，要在这方面拿出些办法来，彻底摆脱部门利益和门户之见的束缚。抱着宁为鸡头、不为凤尾的想法，抱着自己拥有一亩三分地的想法，形不成合力，是难以成事的。"④不难看出，这些论述深刻反映了改革开放前后

---

①《习近平关于社会主义经济建设论述摘编》，中央文献出版社 2017 年版，第 139 页。

②《习近平关于社会主义社会建设论述摘编》，中央文献出版社 2017 年版，第 42 页。

③《十八大以来重要文献选编》（中），中央文献出版社 2016 年版，第 26 页。

④ 习近平：《在网络安全和信息化工作座谈会上的讲话》，人民出版社 2016 年版，第 14 页。

我国在自主创新方面的经验教训，确实切中了问题的要害。

五、关于改革开放的自主性

改革开放搞得对不对、好不好，究竟应当以什么为标准？是以西方资产阶级的政治制度和社会主张为标准，还是以中国人民的根本利益和马克思主义的科学理论为标准？这个问题，自改革开放伊始就一直存在。改革开放之初，邓小平就说过："中国在粉碎'四人帮'以后出现一股思潮，叫资产阶级自由化，崇拜西方资本主义国家的'民主'、'自由'，否定社会主义。""自由化的思想前几年有，现在也有，不仅社会上有，我们共产党内也有。"他指出："某些人所谓的改革，应该换个名字，叫作自由化，即资本主义化。他们'改革'的中心是资本主义化。我们讲的改革与他们不同，这个问题还要继续争论的。"[①] 事实证明，这股思潮后来果然不断变换花样，近些年比较突出的有两个表现，一个叫西方"宪政"，一个叫"普世价值"。受此影响，我们党内也出现"把革命党转变为执政党""给共产党改名""取消无产阶级专政""允许其他政党和共产党竞争""让共产党组织从各级机关中退出""实行军队国家化"等种种论调。有的人还以所谓"不争论"为借口，反对与这些错误主张正面交锋，说什么这样会把它们"炒热"。对此，党中央在新时代给予了一一驳斥，旗帜鲜明地表明了自己的立场。

---

① 《邓小平文选》第3卷，人民出版社1993年版，第123、124、297页。

针对中国能否以西方所谓"宪政"为模板改革社会主义制度、能否取消人民民主专政和共产党领导等问题，习近平总书记明确指出："我国人民民主与西方所谓的'宪政'本质上是不同的。中国共产党领导是中国特色社会主义最本质的特征。"① "中国实行工人阶级领导的、以工农联盟为基础的人民民主专政的国体，实行人民代表大会制度的政体，实行中国共产党领导的多党合作和政治协商制度，实行民族区域自治制度，实行基层群众自治制度，具有鲜明的中国特色。"② 他说，这样一套制度安排，能够有效保证人民享有更加广泛、充分的权利和自由，有效调节国家政治关系，有效促进生产力发展和人民生活水平不断提高，有效维护国家独立自主。

针对给"中国共产党改名"和把"革命党变为执政党"的种种议论，习近平总书记指出："国内外各种敌对势力，总是企图让我们党改旗易帜、改名换姓，其要害就是企图让我们丢掉对马克思主义的信仰，丢掉对社会主义、共产主义的信念。而我们有些人甚至党内有的同志却没有看清这里面暗藏的玄机，认为西方'普世价值'经过了几百年，为什么不能认同？西方一些政治话语为什么不能借用？接受了我们也不会有什么大的损失，为什么非要拧着来？有的人奉西方理

---

① 《习近平关于社会主义政治建设论述摘编》，中央文献出版社 2017 年版，第 27—28 页。

② 《十八大以来重要文献选编》（中），中央文献出版社 2016 年版，第 61—62 页。

论、西方话语为金科玉律，不知不觉成了西方资本主义意识形态的吹鼓手。"① 他反复强调"革命理想高于天"，在党的十九大报告中再次指出："革命理想高于天。共产主义远大理想和中国特色社会主义共同理想，是中国共产党人的精神支柱和政治灵魂，也是保持党的团结统一的思想基础。要把坚定理想信念作为党的思想建设的首要任务，教育引导全党牢记党的宗旨，挺起共产党人的精神脊梁，解决好世界观、人生观、价值观这个'总开关'问题，自觉做共产主义远大理想和中国特色社会主义共同理想的坚定信仰者和忠实实践者。"② 在 2018 年初纪念周恩来同志诞辰 120 周年座谈会上，他又说道："不要忘记我们是共产党人，不要忘记我们是革命者，任何时候都不要丧失理想信念。"③

针对以所谓"不争论"为幌子，放弃意识形态领域斗争，任凭宣扬"普世价值"的言论大行其道的现象，习近平总书记指出："坚持正面宣传为主，决不意味着放弃舆论斗争。敌对势力在那里极力宣扬所谓的'普世价值'。这些人是真的要说什么'普世价值'吗？根本不是，他们是挂羊头卖狗肉，目的就是要同我们争夺阵地、争夺人心、争夺群众，最终推翻中国共产党领导和中国社会主义制度。如果听任这些言论

① 习近平：《在全国党校工作会议上的讲话》，人民出版社 2016 年版，第 8 页。
②《中国共产党第十九次全国代表大会文件汇编》，人民出版社 2017 年版，第 52 页。
③ 习近平：《在纪念周恩来同志诞辰 120 周年座谈会上的讲话》，《人民日报》2018 年 3 月 2 日。

大行其道，指鹿为马，三人成虎，势必搞乱党心民心，危及党的领导和社会主义国家政权安全。""对别有用心的人散布的政治谣言和奇谈怪论，我们的党员、干部耳朵根子不要软，不要听风就是雨。同时，我们不能默不作声，要及时反驳，让正确声音盖过它们。这与韬光养晦或不争论是两码事。"他要求，对一切错误的言行都要"敢抓敢管、敢于亮剑"；"有的放矢，正面交锋"。①

为什么改革不能照搬西方的所谓"宪政"呢？习近平总书记阐述了如下几点理由。

第一，我们对自己的制度要有自信。他说："我们全面深化改革，不是因为中国特色社会主义制度不好，而是要使它更好；我们说坚定制度自信，不是要固步自封，而是要不断革除体制机制弊端，让我们的制度成熟而持久。我们不仅要防止落入'中等收入陷阱'，也要防止落入'西化分化陷阱'。"②

第二，一个国家实行什么样的制度取决于这个国家的国情。他说："'橘生淮南则为橘，生于淮北则为枳'。我们需要借鉴国外政治文明有益成果，但绝不能放弃中国政治制度的根本。中国有九百六十多万平方公里土地、五十六个民族，我们能照谁的模式办？谁又能指手画脚告诉我们该怎么办？

---

① 《习近平关于社会主义文化建设论述摘编》，中央文献出版社 2017 年版，第 27、209、27、34 页。

② 《习近平关于全面深化改革论述摘编》，中央文献出版社 2014 年版，第 22 页。

对丰富多彩的世界，我们应该秉持兼容并蓄的态度，虚心学习他人的好东西，在独立自主的立场上把他人的好东西加以消化吸收，化成我们自己的好东西，但决不能囫囵吞枣、决不能邯郸学步。照抄照搬他国的政治制度行不通，会水土不服，会画虎不成反类犬，甚至会把国家前途命运葬送掉。只有扎根本国土壤、汲取充沛养分的制度，才最可靠、也最管用。"① "百里不同风，千里不同俗。一个国家选择什么样的治理体系，是由这个国家的历史传承、文化传统、经济社会发展水平决定的，是由这个国家的人民决定的。我国今天的国家治理体系，是在我国历史传承、文化传统、经济社会发展的基础上长期发展、渐进改进、内生性演化的结果。我国国家治理体系需要改进和完善，但怎么改、怎么完善，我们要有主张、有定力。"②

第三，评判一个国家政治制度的优劣不可能脱离特定的社会政治条件而归于一尊。他说："在政治制度上，看到别的国家有而我们没有就简单认为有欠缺，要搬过来；或者，看到我们有而别的国家没有就简单认为是多余的，要去除掉。这两种观点都是简单化的、片面的，因而都是不正确的。"③

第四，我国的实践证明治理一个国家并不只有西方制度一种模式。他说："我们用事实宣告了'历史终结论'的破产，

① 《十八大以来重要文献选编》（中），中央文献出版社 2016 年版，第 60 页。
② 《习近平关于全面深化改革论述摘编》，中央文献出版社 2014 年版，第 21 页。
③ 《十八大以来重要文献选编》（中），中央文献出版社 2016 年版，第 59—60 页。

宣告了各国最终都要以西方制度模式为归宿的单线式历史观的破产。"[1]

第五，把西方政治制度当成范本是西方挑动别国动乱的惯用伎俩。他说："西方国家策划'颜色革命'，往往从所针对的国家的政治制度特别是政党制度开始发难，大造舆论，大肆渲染，把不同于他们的政治制度和政党制度打入另类，煽动民众搞街头政治。"但是，"搞了西方的那套东西就更自由、更民主、更稳定了吗？一些发展中国家照搬西方政治制度和政党制度模式，结果如何呢？很多国家陷入政治动荡、社会动乱，人民流离失所。活生生的例子就在眼前。'往者不可谏，来者犹可追。'我们头脑一定要清醒、一定要坚定"。"在政治制度模式上，我们就是要咬定青山不放松，任尔东西南北风。"[2]

为什么对宣扬"普世价值"的言论不能默不作声，必须及时反驳呢？习近平总书记分析道，这是因为宣传思想战线的同志，首先要有政权意识和阵地意识。他说："意识形态关乎旗帜、关乎道路、关乎国家政治安全。""宣传思想阵地，我们不去占领，人家就会去占领。"[3] 其次要有敌情观念。他说：各种敌对势力要颠覆中国共产党领导和我国社会主义制

①《习近平关于社会主义政治建设论述摘编》，中央文献出版社 2017 年版，第 7 页。

②《习近平关于社会主义政治建设论述摘编》，中央文献出版社 2017 年版，第 18、19、8 页。

③《习近平关于社会主义文化建设论述摘编》，中央文献出版社 2017 年版，第 35—36、30 页。

度，"选中的一个突破口就是意识形态领域，企图把人们思想搞乱，然后浑水摸鱼、乱中取胜。新形势下，意识形态领域斗争复杂尖锐。历史和现实都警示我们，思想舆论阵地一旦被突破，其他防线就很难守得住。在意识形态领域斗争上，我们没有任何妥协、退让的余地，必须取得全胜"①。最后要有责任意识。他说：现在，一方面，"境外敌对势力加大渗透和西化力度，境内一些组织和个人不断变换手法，制造思想混乱，与我争夺人心"；另一方面，"一些单位和党政干部政治敏感性、责任感不强，在重大意识形态问题上含含糊糊、遮遮掩掩，助长了错误思潮的扩散"。他强调："各级党委和宣传思想部门、组织部门、教育部门要加强领导和管理，党报党刊党网、党政干部院校、大专院校要强化政治意识、责任意识，在重大问题上与党中央保持高度一致，绝不允许与中央唱反调，绝不允许吃共产党的饭、砸共产党的锅。""宣传思想战线的同志要当战士、不当绅士，不做'骑墙派'和'看风派'，不能搞爱惜羽毛那一套。宣传思想战线的同志要履行好自己的神圣职责和光荣使命，以战斗的姿态、战士的担当，积极投身宣传思想领域斗争一线。"他还要求，对政治性、原则性、导向性问题不仅必须旗帜鲜明、敢抓敢管，对出现偏差和错误的不仅要严肃批评、严肃处理，而且"对发出正义

---

① 《习近平关于社会主义文化建设论述摘编》，中央文献出版社 2017 年版，第 37 页。

声音而受到围攻的媒体和新闻舆论工作者要坚决力挺"。①

　　在阐述对于宣扬"普世价值"的言论必须及时反驳的道理时，习近平总书记特别提到重视互联网上斗争的问题。他说："互联网已经成为舆论斗争的主战场。有同志讲，互联网是我们面临的'最大变量'，搞不好会成为我们的'心头之患'。西方反华势力一直妄图利用互联网'扳倒中国'，多年前有西方政要就声称'有了互联网，对付中国就有了办法'，'社会主义国家投入西方怀抱，将从互联网开始'。从美国的'棱镜'、'X—关键得分'等监控计划看，他们的互联网活动能量和规模远远超出了世人想象。在互联网这个战场上，我们能否顶得住、打得赢，直接关系我国意识形态安全和政权安全。"②

　　党的十八大以来，习近平总书记反复强调："当今世界，意识形态领域看不见硝烟的战争无处不在，政治领域没有枪炮的较量一直未停。"③他还在 2015 年指出："今后五年，可能是我国发展面临的各方面风险不断积累甚至集中显露的时期。我们面临的重大风险，既包括国内的经济、政治、意识形态、社会风险以及来自自然界的风险，也包括国际经济、政治、军事风险等。如果发生重大风险又扛不住，国家安全就可能

---

①《习近平关于社会主义文化建设论述摘编》，中央文献出版社 2017 年版，第 35、36、45、49—50 页。
　　②《习近平关于社会主义文化建设论述摘编》，中央文献出版社 2017 年版，第 28—29 页。
　　③《习近平关于社会主义政治建设论述摘编》，中央文献出版社 2017 年版，第 18 页。

面临重大威胁，全面建成小康社会进程就可能被迫中断。我们必须把防风险摆在突出位置，'图之于未萌，虑之于未有'，力争不出现重大风险或在出现重大风险时扛得住、过得去。"①国内国际形势的新变化，既充分证明了当年党中央的风险预判，也充分显示了党中央的抗风险能力。

从以上事实可以清楚地看出，新时代对于改革开放的自主性的强调，对于西方"宪政"、"普世价值"一类思潮的批判，比起以往任何时候都更为鲜明。这无疑也是新时代对于改革开放航向的校准。

六、关于改革开放中的党风和社会风气

党风和社会风气问题，改革开放前也存在，但改革开放后较之改革开放前确有许多不同表现。比如，在党风中，有的搞权钱交易，拉票贿选，买官卖官，甚至"明码标价、批发官帽"，"一手交钱、一手交货"；②有的一个人办好几个身份证、好几本护照、好几本港澳通行证，把老婆孩子送到国外，自己当"裸官"，甚至自己也持有外国绿卡；一部分党员干部中充斥着关系学、厚黑学、官场术、潜规则等庸俗腐朽的政治文化；等等。在社会风气中，一些人价值观缺失，观念中没有善恶，行为缺少底线，什么假食品药品也敢造，什么

---

①《十八大以来重要文献选编》（中），中央文献出版社 2016 年版，第 833 页。

②《习近平关于严明党的纪律和规矩论述摘编》，中央文献出版社 2016 年版，第 47、48 页。

瘦肉精、孔雀石绿也敢用，什么伤天害理、违法乱纪的事也
敢干；黄赌毒现象屡禁不止，黑社会性质组织此起彼伏；网
上充斥着虚假、诈骗、暴力、色情信息，甚至有人利用网络
制造谣言、教唆犯罪、歪曲历史、污蔑烈士；一些文艺工作
者甘当市场奴隶，急于把作品兑换成人民币，把作品当作追
逐利益的"摇钱树"、感官刺激的"摇头丸"，搜奇猎艳，一
味媚俗，以丑为美。所有这些虽然不是改革开放本身的问题，
但确实是在市场经济和对外开放环境下出现的，是一些人把
市场规律无限扩大的结果。对此，党中央从一开始就提醒全
党要两个文明一起抓、两手都要硬，绝不能让商品经济的原
则渗透到党内来，并且出台了许多相关规章、制度、法律，
进行了多次整党整风教育活动和打击经济犯罪及黑恶势力斗
争。但问题一直没有得到根本解决，有的还愈演愈烈。进入
新时代，党中央在这些方面加大了整治力度，取得了显著成
效，在一定意义上也体现出对改革开放航向的校准。

早在改革开放之初，邓小平就说过："对外开放，资本
主义那一套腐朽的东西就会钻进来；对内搞活经济，活到什
么程度，也是有问题的。……必须同时还有另外一手，这就
是打击经济犯罪活动。"[1] "在整个改革开放过程中都要反对
腐败。……只要我们的生产力发展，保持一定的经济增长速
度，坚持两手抓，社会主义精神文明建设就可以搞上去。"[2] 后
来，经济虽然保持了较高增长速度，但党风、社会风气中的

---

[1]《邓小平文选》第 2 卷，人民出版社 1994 年版，第 409 页。
[2]《邓小平文选》第 3 卷，人民出版社 1993 年版，第 379 页。

问题没有得到相应解决，有些反而更加严重。对其原因，习近平总书记从两方面作了分析。客观上，他认为改革"不注意配套和衔接，不注意时序和步骤，也容易产生体制机制上的缝隙和漏洞，为一些人提供寻租、搞腐败的机会"。他说："这些现象，改革开放以来我们是见识过的，一些人就是利用新旧制度转换的落差和时差来谋取私利、中饱私囊的。价格双轨制，肥了多少人？国有企业改制，又肥了多少人？"① 主观上，他认为"一个重要原因是讲'认真'不够"②，"执行纪律失之于宽、失之于松、失之于软"，"有的领导干部不敢抓不敢管，抱着'鸵鸟心态'，唯恐得罪人、丢选票"③。他批评有的宣传干部不敢理直气壮地讲党管媒体，说什么"现在是'资本为王'的'资本媒体'、'商业媒体'时代，是'人人都有麦克风'的自媒体时代，再提坚持党管媒体没有意义"，因此没有能牢牢"掌握价值观念领域的主动权、主导权、话语权"。④

针对党风方面的问题，党中央自十八大后突出强调了治国必先治党、治党必须从严，出台了"中央八项规定"，惩治了一批严重贪腐、触犯法律的高级干部，开展了党的群众路

---

① 《习近平关于全面深化改革论述摘编》，中央文献出版社 2014 年版，第81—82 页。

② 《十八大以来重要文献选编》（上），中央文献出版社 2014 年版，第351 页。

③ 《习近平关于严明党的纪律和规矩论述摘编》，中央文献出版社 2016 年版，第 67、123 页。

④ 《习近平关于社会主义文化建设摘编》，中央文献出版社 2017 年版，第42、107 页。

线教育和"三严三实"专题教育、"两学一做"学习教育等活动，强化了党的组织纪律、巡视监督，集中清理了裸官、档案造假等问题。正如习近平总书记所说，这些措施"总的来讲，都是围绕着解决管党治党、执行纪律失之于宽、失之于松、失之于软这样的问题"①。他提出：从严治党，必须从严明纪律做起；"严明党的纪律，首要的就是严明政治纪律"；从严治党，"就从中央政治局抓起"，"关键是要抓住领导干部这个'关键少数'"，"关键是从严治吏"；"要把权力关进制度的笼子里"，"坚持制度面前人人平等、执行制度没有例外"；要"坚持'老虎'、'苍蝇'一起打，既坚决查处领导干部违纪违法案件，又切实解决发生在群众身边的不正之风和腐败问题"；"从严治党，最根本的就是要使全党各级组织和全体党员、干部都按照党内政治生活准则和党的各项规定办事"。②针对一些人关于对党员、干部要求是否过严的质疑，他指出："现在的主要倾向不是严了，而是失之于宽、失之于软，不存在严过头的问题。"③

对于社会风气方面的问题，党中央根据问题的不同性质，也提出了一系列有破有立的应对措施。例如，对于社会治理层面的问题，及时开展了专项斗争。习近平总书记指出："对

---

① 《习近平关于严明党的纪律和规矩论述摘编》，中央文献出版社 2016 年版，第 67 页。

② 《习近平关于严明党的纪律和规矩论述摘编》，中央文献出版社 2016 年版，第 13、98、110、59、71、82 页。

③ 习近平：《在党的群众路线教育实践活动总结大会上的讲话》，人民出版社 2014 年版，第 23 页。

黄赌毒现象、黑社会性质犯罪等，露头就要打，不能让它们形成气候。对危害食品药品安全、环境污染等重点问题……要强化治理和管理。"要"严把从农田到餐桌、从实验室到医院的每一道防线，着力防范系统性、区域性风险"。① 他特别要求一定要管好互联网，说"既要尊重网民交流思想、表达意愿的权利，也要依法构建良好网络秩序"②。对于精神层面的问题，党中央提出要大力培育和弘扬社会主义核心价值体系和核心价值观，加快构建充分反映中国特色、民族特性、时代特征的价值体系，努力抢占价值体系的制高点。习近平总书记说："要认真汲取中华优秀传统文化的思想精华和道德精髓，大力弘扬以爱国主义为核心的民族精神和以改革创新为核心的时代精神。"③ 要"大力加强社会公德、职业道德、家庭美德、个人品德建设，营造全社会崇德向善的浓厚氛围"④。

对于文艺作品在引领社会风气、建设精神文明中的作用，习近平总书记尤其重视。他说："要通过文艺作品传递真善美，传递向上向善的价值观，引导人们增强道德判断力和道德荣誉感，向往和追求讲道德、尊道德、守道德的生活。""要把文艺队伍建设摆在更加突出的重要位置……在发展社会主义

---

① 《习近平关于总体国家安全观论述摘编》，中央文献出版社 2018 年版，第 135、142 页。

② 习近平：《在第二届世界互联网大会开幕式上的讲话》，《人民日报》2015 年 12 月 17 日。

③ 《习近平关于社会主义文化建设论述摘编》，中央文献出版社 2017 年版，第 141 页。

④ 《习近平谈治国理论》第 2 卷，外文出版社 2017 年版，第 324 页。

市场经济条件下，还要处理好义利关系，认真严肃地考虑作品的社会效果，讲品位，重艺德，为历史存正气，为世人弘美德，为自身留清名。"他指出，在社会主义市场经济条件下，文化产品不能完全不考虑经济效益。"然而，同社会效益相比，经济效益是第二位的，当两个效益、两种价值发生矛盾时，经济效益要服从社会效益，市场价值要服从社会价值。"①他就文化体制改革的问题强调，一定要"把握好意识形态属性和产业属性、社会效益和经济效益的关系，始终坚持社会主义先进文化前进方向，始终把社会效益放在首位。无论改什么、怎么改，导向不能改，阵地不能丢"②。

新时代对改革开放航向的校准是全方位的，既包括政治也包括经济、文化、社会、生态，既包括内政也包括外交、国防，以上六点只是其中的几个方面。之所以能作出这些校准，一方面，是由于新时代较之前些年的改革开放有了更长时间的实践，经验积累得更丰富，问题暴露得也更充分；另一方面，也是更重要的一点在于，以习近平同志为核心的党中央抱着对党和人民高度负责、敢于担当的精神，正确解决了对改革开放前后两个历史时期相互关系的认识问题，从而为贯通总结新中国的历史经验，为与改革开放的初心对表对标、发现偏差和不足，提供了更加有利的条件。当然，这些

———————

①《十八大以来重要文献选编》（中），中央文献出版社 2016 年版，第 135、126、132 页。

②《习近平关于社会主义文化建设论述摘编》，中央文献出版社 2017 年版，第 185 页。

问题有的距离根本解决还有很长的路要走，有的则刚刚开始着手解决。但无论哪种情况，关键在于坚冰已经打破，航道已经开通，道路已经指明。只要我们沿着习近平新时代中国特色社会主义思想指引的航向继续前进，一如既往地坚持解放思想、实事求是，社会主义改革开放的巨轮就一定能够乘风破浪，胜利抵达光辉的彼岸。

站在新时代的历史高度贯通总结和研究
新中国70年历史经验*

在新中国迄今为止的 70 年历史中，有许多不同阶段，其中最为基本的是两个阶段，即改革开放前和改革开放后。正如习近平总书记所说，这两个时期"在进行社会主义建设的思想指导、方针政策、实际工作上有很大差别"[①]。所以，我们总结和研究它们的历史经验，有时需要将其分别放在各自的历史时期中。例如，如何健全党委领导下的厂长（经理）负责制、如何做好统购统销工作、如何处理农村三级所有制经济之间的关系、如何做好城市消费品的计划供应工作等问题，基本发生在改革开放前。总结和研究这方面的历史经验，当然只能将问题放在那个历史时期内。而如何发挥市场经济条件下的宏观调控作用，如何解决土地承包条件下的农田水利建设、农村环境污染问题，如何在青壮年大量涌入城市的情况下实施乡村振兴战略、建设社会主义新农村，如何防止官商勾结、权钱交易、买官卖官，如何加强对互联网的监管等

---

* 本文曾发表于《红旗文稿》2019 年第 13 期。原标题为《站在新时代的高度贯通总结和研究新中国 70 年历史经验》。

[①]《十八大以来重要文献选编》（上），中央文献出版社 2014 年版，第 112 页。

问题，改革开放前基本不存在。要总结和研究这方面的历史经验，也只适合将问题放在改革开放后的历史时期内。

然而，新中国历史无论划分多少时期，迄今为止的基本国情都没有根本性的改变。除了最初七年处在向社会主义社会的过渡中，初期三十年没有实行改革开放政策，最近二三十年综合国力大幅度提升外，其他基本情况差不太多。比如，都是共产党领导，都处在社会主义的初级阶段，都有人口多、耕地少、底子薄、资源缺的特点，等等。尤其像习近平总书记说的那样，改革开放前后两个时期，"本质上都是我们党领导人民进行社会主义建设的实践探索"[①]。因此，各个历史时期虽然有各自的特殊问题，有的问题差别还非常大，但也存在不少共性问题。例如，如何把马克思主义基本原理与中国的建设实际结合得更好，如何使生产关系、上层建筑与生产力、经济基础更相适应，如何使国民经济既快速又稳妥地向前发展，如何处理好经济建设与政治、文化、社会建设的关系，如何回应和兼顾人民内部各种利益的诉求，如何最大限度地激发群众的积极性、创造力，如何正确区分和处理敌我与人民内部两类不同性质的矛盾，如何保证共产党特别是党的各级领导干部不脱离群众，等等。另外，有些现象，如形式主义、急于求成、走极端、"大呼隆"、"一刀切"，以及地方搞保护、机关办企业等，也是许多历史时期都出现过的。如果仅仅把总结和研究历史经验局限于某一个历史时期，

---

① 《十八大以来重要文献选编》（上），中央文献出版社 2014 年版，第112 页。

而不是把各个历史时期贯通和联系起来，显然不利于对问题的认识和解决。

马克思主义哲学认为，物质运动的存在形式是时间和空间。因此，要认清某个事物，对它观察的时间越长、空间越大，越有利。毛泽东说过："人对事物的认识，总要经过多少次反复，要有一个积累的过程。"他在 1960 年还讲过一段很著名的话："由必然王国到自由王国的飞跃，是在一个长期认识过程中逐步地完成的。对于我国的社会主义革命和建设，我们已经有了十年的经验了，已经懂得了不少的东西了。但是我们对于社会主义时期的革命和建设，还有一个很大的盲目性，还有一个很大的未被认识的必然王国，我们还不深刻地认识它。"[①]习近平总书记在 2013 年 "1·5" 讲话中阐释中国特色社会主义的本质时，也是把社会主义运动放在世界范围内和它的全部历史过程中来观察的，其中包括欧洲空想社会主义的产生和发展，马克思、恩格斯创立科学社会主义理论体系，列宁领导十月革命胜利并实践社会主义，苏联模式的逐步形成，新中国成立后对社会主义的探索和实践，开创和发展中国特色社会主义，前后六个时间段，[②]上下跨度 500 年。

过去总结和研究中国当代史经验，往往要么局限于改革开放前的历史时期，要么局限于改革开放后的历史时期，很少把它们打通。之所以出现这种情况，主要原因是前一阶段，

---

①《毛泽东文集》第 8 卷，人民出版社 1999 年版，第 389、198 页。

②《毫不动摇坚持和发展中国特色社会主义　在实践中不断有所发现有所创造有所前进》，《人民日报》2013 年 1 月 6 日。

在对改革开放前后两个历史时期相互关系的认识上，存在误区和禁忌。然而，在党的十八大后，这种误区和禁忌已经被习近平总书记澄清和打破了。既然如此，总结中国当代史经验，就不应当再在这两个历史时期之间设置人为的障碍，而应当理直气壮地把它们联系和贯通起来。

现在，新中国已经有了 70 多年历史，不仅经历了社会主义革命和建设，也经历了改革开放和社会主义现代化建设；不仅同世界上绝大多数国家建立起了外交关系，恢复了在联合国的合法席位，还加入或发起成立了上百个国际组织，形成了全方位、多层次、立体化的外交布局，使自己在国际舞台上得到了更大的施展空间，日益走近世界舞台的中央。所有这些，使我们有了在较长时间段和较大空间范围里总结当代中国历史经验的客观条件。特别是党的十八大后，中国特色社会主义进入了新时代，中国站到了新的历史起点上，形成了习近平新时代中国特色社会主义思想，使我们又有了站在新的高度，通盘总结和研究这 70 多年历史的主观条件。具备了以上有利的主观条件和客观条件，我们更应当把改革开放前后两个历史时期的经验联系起来总结。这无论对于全面、深入地总结和研究当代中国的历史经验，还是对于今后在建设社会主义现代化国家的过程中少走弯路、少付"学费"，都是十分必要的。

如何把中国当代史经验贯通起来总结，是一个重大而严肃的课题，也可以有许多不同的角度和重点。2021 年党的十九届六中全会通过的《中共中央关于党的百年奋斗重大成

就和历史经验的决议》，对包括新中国成立后 70 多年历史在
内的党的百年历史，进行了贯通总结，概括出了十条经验。
这些经验是站在党的百年历史和党中央的政治高度，从国内
国际的广阔视野来总结的，具有毋庸置疑的权威性和指导性，
是所有人都应当深刻领会、切实记取的。作为中国当代史的
学者，从学术研究的角度总结历史经验，当然不可能有党中
央那样的高度，像党中央那样做到全面、准确、深刻，但是，
同样有必要对历史经验进行总结，同样需要把各个时期的经
验贯通起来总结。这里，我尝试选择八个方面的经验教训，
用上下、左右、长短、多少、虚实、表里、快慢、革守 16 个
字加以概括。

第一，所谓上与下，系指处理上级与下级、中央与地方、
政府与群众等关系的经验。

在这个问题上，70 多年里有许多类似的经验和教训值得
总结。例如，1956 年，毛泽东在《论十大关系》的讲话中谈
到过正确处理国家、生产单位和生产者个人的关系，中央和
地方的关系，党和非党的关系，指出必须兼顾国家、集体和
个人三方面的关系，发挥中央和地方两个积极性，保留民主
党派并发挥它们的作用，同时，坚持和加强共产党的领导和
无产阶级专政。后来的实践一再证明，我们国家发展得顺利
与否，很大程度上就取决于这些关系处理得是否恰当。

改革开放前，有过权力过于集中的情况，也有过该集中
的权力集中不够的情况。改革开放后，汲取了"文化大革命"
时期的教训，着力解决权力过于集中的问题，在政治上推进

政治体制改革，实行党政分开；经济上推进经济体制改革，实行放权让利，对发扬民主、克服官僚主义、调动各方面积极性、搞活经济起到了积极作用。但与此同时，也带来了权力过于分散和党的集中统一领导在某种程度上被削弱的问题，有令不行、有禁不止的现象比较普遍，有时甚至比较严重。

党的十八大以来，在继续坚持发扬民主，调动各部门、各地方、各方面积极性的同时，突出强调要保证党领导人民有效治理国家，要切实防止出现群龙无首、一盘散沙、民族隔阂、相互掣肘、内耗严重等现象。习近平总书记着重指出："坚持中国特色社会主义政治发展道路，关键是要坚持党的领导、人民当家作主、依法治国有机统一。"[1]"我国宪法以根本法的形式反映了党带领人民进行革命、建设、改革取得的成果，确立了在历史和人民选择中形成的中国共产党的领导地位。""我国人民民主与西方所谓的'宪政'本质上是不同的。中国共产党领导是中国特色社会主义最本质的特征。"[2] 显然，这些论述就是贯通总结新中国 70 多年历史经验得出的重要结论。

第二，所谓"左"与右，系指处理带全局性问题时出现"左"与右两种倾向的经验。

刘少奇在新中国成立之初说过，领导就像开汽车，方向

---

①《十八大以来重要文献选编》（上），中央文献出版社 2014 年版，第 88—89 页。

②《习近平关于社会主义政治建设论述摘编》，中央文献出版社 2017 年版，第 30、27—28 页。

盘不可能一点不偏，关键在于发现偏向要及时调整，不要让偏向过大。毛泽东也常讲"要注意一个倾向掩盖着另一个倾向"[1]。遗憾的是，改革开放前的历史时期，有些事明明已经很"左"了，还要坚持反右，结果导致"左"的倾向进一步发展，给人民和国家造成严重损害。例如，1958 年的"大跃进"已经很"左"了，1959 年却依然开展"反右倾"斗争；"文化大革命"兴起后，林彪、"四人帮"鼓吹的极左思潮已经泛滥成灾了，1974 年开展的"批林批孔"运动，却依然批林彪的极右，接着搞"评法批儒"，批"右倾回潮"，结果越闹越"左"。这些都是典型事例。

党的十一届三中全会后，汲取了过去的教训，在重点纠正"左"的错误的同时，对资产阶级自由化和精神污染等右的倾向也没有视而不见，不是一股劲地坚持反"左"，而是有"左"反"左"、有右反右。但是，20 世纪 80 年代，也存在明明妨碍社会稳定的主要是右的倾向，却一味强调"左"是主要倾向的情况，导致右的倾向越来越严重，直至发生学潮和动乱。

党的十八大后，党中央没有再讲"左"和右的问题，而是强调"要高度重视苗头性、倾向性问题"，并实事求是地提出各领域存在的主要倾向。例如，在体制改革的问题上，明确反对把改革开放定义为西方的"宪政"和"普世价值"，强调改革的"实质是改什么、不改什么，有些不能改的，再过

---

[1] 引自周恩来在党的八大上的报告。

多长时间也是不改"。①在意识形态问题上，强调对于重大原则问题，"不要躲躲闪闪、含糊其辞"，"不当绅士，不做'骑墙派'和'看风派'，不能搞爱惜羽毛那一套"，要"敢抓敢管，敢于亮剑"，"要增强阵地意识"，"坚持党性原则"，提出"坚持正面宣传为主，决不意味着放弃舆论斗争"，批驳错误言论"与韬光养晦或不争论是两码事"。②在党风建设问题上，强调"革命理想高于天"，防止精神上的软骨病，提出"现在的主要倾向不是严了，而是失之于宽、失之于软"③。这些说明，中国共产党在反倾向的问题上，汲取了新中国成立以来各个历史时期的经验教训，真正做到了从实际出发，进行分类指导，不再把反对某种主要倾向凝固化和扩大化，有什么倾向反对什么倾向，同时防止一种倾向掩盖另一种倾向。

第三，所谓长与短，系指处理人民长远利益、根本利益与眼前利益、局部利益关系的经验。

新中国成立初期，面对旧中国积贫积弱的状态，是先重点发展轻工业、农业，在较快改善人民生活的同时，为今后重点发展重工业准备条件好，还是优先发展重工业，把有限的资金、物资、人才集中用于工业化建设，人民生活水平提高放慢一些，但为今后大发展奠定尽可能坚实的基础好呢？

---

① 《习近平关于总体国家安全观论述摘编》，中央文献出版社 2018 年版，第 111、29 页。

② 《习近平关于社会主义文化建设论述摘编》，中央文献出版社 2017 年版，第 25、45、27、30、41、27、209 页。

③ 《十八大以来重要文献选编》（中），中央文献出版社 2016 年版，第 98 页。

对此究竟如何抉择，涉及人民眼前利益与长远利益的权衡。

以毛泽东同志为主要代表的中国共产党人，鉴于当时资金、物资、技术极度匮乏的实际，一度决定先实行一段新民主主义政策，以便充分利用资本主义工商业，重点发展轻工业和农业，为今后重点发展重工业积累条件。但当美帝国主义出兵侵略朝鲜，对中国安全构成严重威胁，使优先发展重工业变得十分迫切，而苏联又表示要全面援助中国以重工业为重点的"一五"计划建设时，党中央及时调整了方针，决定立即实施优先发展重工业战略，并提前向社会主义过渡。这时有人站出来，指责这样做违背了所谓"仁政"的原则。针对这种观点，毛泽东提出："仁政"有大有小，我们要的是有利于人民长远利益和根本利益的"大仁政"。周恩来也说："重工业需要的资金比较多，建设时间比较长，赢利比较慢，产品大部分不能直接供给人民的消费，因此在国家集中力量发展重工业的期间，虽然轻工业和农业也将有相应的发展，人民还是不能不暂时忍受生活上的某些困难和不便。但是我们究竟是忍受某些暂时的困难和不便，换取长远的繁荣幸福好呢，还是贪图眼前的小利，结果永远不能摆脱落后和贫困好呢？我们相信，大家一定会认为第一个主意好，第二个主意不好。"①

在实施优先发展重工业战略的过程中，中国共产党也汲取了苏联长期忽视农业、轻工业的教训，提出"工业与农业

①《周恩来选集》（下），人民出版社 1984 年版，第 133—134 页。

同时并举"，"以农业为基础，以工业为主导"的方针，在计划安排上强调以农、轻、重为序，为国民经济打下了良好基础。但由于种种原因，农业、轻工业的发展与重工业相比，总体上还是显得比例失调。针对这种情况，以邓小平同志为主要代表的中国共产党人启动改革，调整政策，使农业、轻工业以及服务业有了较快发展，人民生活在前 30 年打下的工业基础上得到了显著提高。

这时又遇到基本建设、物价改革和民生的矛盾，出现了要求财政既要多发工资、奖金，又要对各地建设项目加大投资力度的急躁情绪。针对这种倾向，陈云提出"一要吃饭，二要建设"的原则。所谓"吃饭"，是指民生，即人民的眼前利益；所谓建设，是指基本建设等关系人民长远利益、根本利益的事。他说：饭可以吃得好一点，"但是，吃得太好了也办不到"[1]，"吃光用光，国家没有希望；吃了之后，还有余力搞建设，国家才有希望"。并指出："财力物力只有那么多，不分轻重缓急，大家一齐上，你挤我，我挤你，势必因小失大，处处被动。"[2]

党的十八大后，以习近平同志为核心的党中央结合新时代的实际，在处理发展、改革与民生的问题上，进一步总结了以往的经验教训，一方面提出并推进"五位一体"的总体布局和"四个全面"的战略布局，推动经济社会全面、协调、可持续发展，为人民群众生活改善打下更加雄厚的基础；另

---

① 《陈云文集》第 3 卷，中央文献出版社 2005 年版，第 489 页。
② 《陈云文选》第 3 卷，人民出版社 1995 年版，第 323 页。

一方面，提出坚持以人民为中心的发展理念，既坚持改革，又把保障民生作为底线；既不断做大"蛋糕"，又努力把"蛋糕"分好，从而比较好地解决了涉及人民长远利益与眼前利益矛盾的问题。

第四，所谓多与少，系指处理人口大多数与少数人群体利益关系的经验。

中国共产党从来把争取、捍卫最广大人民群众根本利益作为自己奋斗的出发点和归宿，同时，一向主张对各方面利益要统筹兼顾。在新民主主义向社会主义过渡时期，毛泽东一方面批评"公私一律平等纳税"的主张，另一方面没有采取苏联对私人工商业一律没收的办法，而是创造性地实行了赎买政策，在公私合营后让资本家拿定息。

改革开放后，从社会主义初级阶段的生产力水平出发，为扭转过去平均主义、"大锅饭"现象比较普遍的倾向，提出"让一部分人、一部分地区先富起来"和"效率优先、兼顾公平"的口号，实行了公有制为主体、多种所有制经济共同发展，以及按劳分配为主体、多种分配方式并存的制度，允许和鼓励技术、管理、资本参与分配，调动了各方面积极性，加快了经济社会的发展。但与此同时，也出现了国有资产流失和分配不公、收入差距悬殊等现象。

进入 21 世纪后，党中央将"效率优先，兼顾公平"的口号，逐渐改为"初次分配注重效率，再分配注重公平"；"既重视效率也重视公平，把公平放在更加突出的位置"；"着力提高低收入者收入水平，有效调节高收入"。党的十八大更把

"逐步实现全体人民共同富裕"纳入中国特色社会主义的定义之中，把"收入分配差距缩小"作为全面建成小康社会的新要求之一。习近平总书记在十八大闭幕后第一次面对中外记者时就宣布，新一届中央领导机构对民族、对人民、对党的一个重要责任，就是努力解决群众生产生活困难，坚定不移走共同富裕道路。从那时起，他反复强调："我国社会历来有'不患寡而患不均'的观念。我们要在不断发展的基础上尽量把促进社会公平正义的事情做好。"[1] 他告诫人们，人心向背并不仅仅决定于经济发展。"发展了，还有共同富裕问题。物质丰富了，但发展极不平衡，贫富悬殊很大，社会不公平，两极分化了，能得人心吗？"[2] 在党中央的不懈努力下，城乡居民近几年收入增速超过了经济增速，中等收入群体持续扩大；对贫困线以下的人口，党中央实施精准扶贫，2021 年已实现农村贫困人口全部脱贫，全国贫困县全部摘帽。这些提法和做法，与中国共产党重视总结和研究改革开放前后两个历史时期在分配领域里的经验教训，显然也是分不开的。

第五，所谓虚与实，系指处理思想、政治、文化等精神文明建设与物质文明建设关系的经验。

中国共产党历来重视思想政治工作的重要性。新中国成立后，毛泽东一再强调，思想和政治是统帅、是灵魂，政治工作是经济工作的生命线，精神可以变物质，等等，对物质文明建设起到了促进作用。然而，后来发生了过分强调人

---

① 《十八大以来重要文献选编》（上），中央文献出版社 2014 年版，第 553 页。
② 习近平：《做焦裕禄式的县委书记》，中央文献出版社 2015 年版，第 35 页。

的主观能动性和思想政治工作的情况，直至发展到批判所谓"右倾保守"、"唯生产力论"和"白专道路""业务挂帅"的程度，提出"人有多大胆、地有多大产""突出政治""政治可以冲击一切"等口号，使大量生产、科研、本职工作时间被"空对空"的"政治学习"占用，严重损害和阻碍了物质文明建设。

改革开放后，吸取过去的教训，把工作重心重新转回到了经济建设上。但与此同时，又出现忽视思想政治工作的倾向，导致过分强调物质生产和物质条件，抓物质文明一手硬、抓精神文明一手软；有人甚至提出"抬头向前看，低头向钱看，只有向钱看，才能向前看""有一点精神污染不算什么""对经济领域犯罪问题看得过重会妨碍经济建设"等错误观点，致使先人后己、助人为乐、勤俭朴素、艰苦奋斗等传统美德和优良作风被丢弃，许多新中国成立初期已被消灭的社会丑恶现象死灰复燃。1989 年政治风波过后，邓小平总结教训，指出十年最大的失误是教育，主要是思想政治教育，并提出"两手抓、两手都要硬"的方针。

党的十八大后，习近平总书记进一步总结了在处理精神文明和物质文明关系问题上成功与失误两方面的经验教训，在坚持以经济建设为中心的前提下，强调要高度重视对中华传统美德、优良文化、共产主义理想信念、马克思主义基本理论的宣传教育，接连召开部队政治工作、全国文艺工作、党校工作、新闻工作、哲学社会科学工作、学校思想政治理论课教师等座谈会。所有这些，都是对过去思想政治工作削弱的纠正和弥补。他指出："我国曾经有过政治挂帅、搞'阶级斗争为纲'的时期，那是错误的。但是，我们也不能说政治就不讲了、少讲了，共产党不讲政治还叫共产党吗？"① 在党的十九大上，他突出强调推动中华优秀传统文化的创造性转化和继承革命文化、发展社会主义先进文化的问题，要求把这些连同培育和践行社会主义核心价值观一起，纳入坚持和发展中国特色社会主义基本方略之中，以便切实做到物质文明和精神文明两手抓、两手都要硬。

第六，所谓表与里，系指处理治国理政的政策、策略与国家发展方向、战略、理论之间关系的经验。

新中国初期，由于战略和策略都对头，所以各方面工作的起步阶段总体十分顺利。但后来出现了急躁冒进的情绪，在生产力上提出"超英赶美"，在生产关系上提出"跑步进入共产主义"，结果欲速不达，使社会主义事业遭受严重挫折。党的十一届三中全会后，中国共产党正确分析了国情，认为中国尚处在社会主义的初级阶段，并相应实行了改革开放的政策和社会主义市场经济体制。这时有人又跑出来宣扬"共产主义遥遥无期""改革无所谓社会主义方向资本主义方向""市场经济是永恒的""私有制最符合人性""国有企业晚卖不如早卖""在纪律上要给干部松绑"等论调，致使国有资产一度大量流失，走私贩私、制假售假、贪污贿赂之风盛行。对此，邓小平强调："风气如果坏下去，经济搞成功又有什么意义？会

①《习近平关于全面从严治党论述摘编》，中央文献出版社 2021 年版，第 97—98 页。

在另一方面变质，反过来影响整个经济变质，发展下去会形成贪污、盗窃、贿赂横行的世界。"① 陈云也指出："我们搞社会主义，一定要抵制和清除这些丑恶的思想和行为，要动员和组织全党和社会的力量，以除恶务尽的精神，同这种现象进行坚决的斗争。"他针对所谓"松绑论"指出："党性原则和党的纪律不存在'松绑'的问题。没有好的党风，改革是搞不好的。"② 他还针对"共产主义遥遥无期论"的观点明确指出："这个观点是不对的，应当说，共产主义遥遥有期，社会主义就是共产主义的第一阶段。"③

党的十八大后，以习近平同志为核心的党中央更加注意把党的奋斗目标、基本理论与现行政策加以区别，不因坚持远大理想而对执行现行政策稍微懈怠，也不因执行现行政策而对远大理想、基本理论有任何松动。习近平总书记在提醒大家防止干超越阶段的事的同时，反复强调："我们的改革开放是有方向、有立场、有原则的。我们当然要高举改革旗帜，但我们的改革是在中国特色社会主义道路上不断前进的改革。"④ "我们是在中国共产党领导和社会主义制度的大前提下发展市场经济，什么时候都不能忘了'社会主义'这个定

①《邓小平文选》第 3 卷，人民出版社 1993 年版，第 154 页。
②《陈云文选》第 3 卷，人民出版社 1995 年版，第 356、275 页。
③ 习近平：《在纪念陈云同志诞辰 110 周年座谈会上的讲话》，人民出版社 2015 年版，第 6 页。
④《习近平关于全面深化改革论述摘编》，中央文献出版社 2014 年版，第 14 页。

语。"① 在对待马克思主义理论的问题上，他一方面强调不能采取教条主义的态度；另一方面强调"科学社会主义基本原则不能丢"②，尤其针对"马克思主义政治经济学过时了""《资本论》过时了"等论调，鲜明指出："这个说法是武断的。……资本主义固有的生产社会化和生产资料私人占有之间的矛盾依然存在"③。在对待同资本主义国家关系的问题上，他一方面强调资本主义必然灭亡、社会主义必然胜利是历史发展不可逆转的总趋势；另一方面强调这是一个很长的历史过程，要深刻认识资本主义社会的自我调节能力，充分估计西方发达国家在经济科技军事方面长期占据优势的客观现实，"认真做好两种社会制度长期合作和斗争的各方面准备"④。所有这些都说明，新中国 70 多年历史的不同时期，确实有很多带共性的经验，需要我们联系起来加以总结。

第七，所谓快与慢，系指处理经济建设和各方面工作时防止要求过急、急于求成的经验。

中国近代以来，经济一直落后，新中国成立后，又长期处于帝国主义军事威胁、贸易禁运、技术封锁之中。所以，从上到下憋着一股劲，总想把建设和各方面工作搞得快一些，

---

① 《习近平关于社会主义经济建设论述摘编》，中央文献出版社 2017 年版，第 64 页。

② 《十八大以来重要文献选编》（上），中央文献出版社 2014 年版，第 109 页。

③ 《习近平关于社会主义文化建设论述摘编》，中央文献出版社 2017 年版，第 81 页。

④ 《十八大以来重要文献选编》（上），中央文献出版社 2014 年版，第 117 页。

但结果往往事与愿违，欲速不达。例如，1956 年针对普遍存在的冒进情绪提出反冒进，接着在 1957 年来了个反反"冒进"，又在 1958 年轻率发动了"大跃进"，形成以高指标、瞎指挥、浮夸风、共产风为标志的"左"倾错误，加上后来的自然灾害，造成严重的经济困难。这时，本来应当吸取教训、纠正偏差，但 1959 年又发起"反右倾"斗争，更加恶化了困难形势，只好进行国民经济调整。"文化大革命"期间，尽管形成政治冲击经济的局面，但在与"帝、修、反"抢时间、抢速度的口号下，仍然出现了职工人数、工资总额、粮食销量"三突破"的问题。粉碎"四人帮"后，为了把被"四人帮"耽误的时间和造成的损失夺回来，急于求成的情绪再次滋长，催生了新的跃进高潮，提出了一系列过高的指标，加重了原本已经十分严重的重大比例失调状况，只好再次进行国民经济调整。后来，在对待改革的问题上，也曾有人提出"允许改革者犯错误但不允许不改革"等口号，致使一些情况还没等摸清就急于出台改革措施，搞乱了经济，损害了民生，引起群众不满。

十八大后，党中央认真总结和汲取了急于求成的经验教训，提出稳中求进的工作总基调。习近平总书记强调，改革要继续摸着石头过河，该试点的不要仓促推开，该深入研究后再推进的不要急于求成，"避免在时机尚不成熟、条件尚不具备的情况下一哄而上，欲速则不达"[1]。他强调汲取历史经验的重要性，指出："出现一些失误是难免的，但学费不能白付，

---

[1]《习近平关于全面深化改革论述摘编》，中央文献出版社 2014 年版，第 49 页。

要吃一堑长一智，举一反三，避免同一种失误一犯再犯。"① 他在 2019 年"两会"期间谈到实现脱贫攻坚目标时特别提醒大家，要记取"大跃进"刮"浮夸风"、搞急功近利、虚假政绩的教训，说"这些问题我们历史上都有深刻教训。对这类问题现在就要敲打，防患未然，防微杜渐"。他的这些论述，为我们作出了把改革开放前后历史经验贯通起来总结的示范。

第八，所谓革与守，系指处理变革与守成、革命与稳定、改革与继承之间关系的经验。

共产党是干革命的政党。马克思说："革命是历史的火车头"。② 因此，共产党普遍强调要不断革命。但从马克思主义哲学的角度看，打破旧秩序与建立和维护新秩序，对于社会进步具有同样重要的意义；革命有助于打破旧秩序，而稳定则有助于巩固新秩序，使革命成果得以保存和发展。毛泽东在 1959 年读苏联《政治经济学教科书》时，就事物的稳定和变革问题，说过一段非常富有哲理的话。他说："保守和进步，稳定和变革，都是对立的统一，这也是两重性。生物的代代相传，就有而且必须有保守和进步的两重性。稻种改良，新种比旧种好，这是进步，是变革。……保守的一面，也有积极作用，可以使不断变革中的植物、动物，在一定时期内相对固定起来，或者说相对地稳定起来，所以稻子改良了还是稻子，儿子比父亲粗壮聪明了还是人。但是如果只有保守和

---

① 《习近平关于社会主义经济建设论述摘编》，中央文献出版社 2017 年版，第 329 页。

② 《马克思恩格斯选集》第 1 卷，人民出版社 2012 年版，第 527 页。

稳定，没有进步和变革一方面，植物和动物就没有进化，就永远停顿下来，不能发展了。"① 在社会革命的问题上，道理同样如此。历史辩证法告诉我们，革命既是不间断的，又是分阶段的；既要用不间断的革命推动社会进步，又要有相对稳定的时期来巩固革命的成果。毛泽东历来强调，要把不断革命论与革命发展阶段论相结合。然而悲剧在于，在改革开放前的历史时期中，并未很好处理这对关系，以致后来提出"无产阶级专政下继续革命"的理论，被"四人帮"所利用，打着这个旗号全盘否定了过去 17 年取得的成就。

改革开放后，纠正了无产阶级专政下一个阶级推翻另一个阶级的"继续革命"理论，又有人打着"改革"的旗号，试图从右的方面，全盘否定新中国头 29 年的成就，甚至攻击对四项基本原则的强调使"改革滞后了"。为此，习近平总书记对改革与继承的关系进行了全面论述。他指出："应该改又能够改的，就要坚决改……不应该改的，就决不能改。""'稳'也好，'改'也好，是辩证统一、互为条件的。一静一动，静要有定力，动要有秩序。"② 他要求共产党员要坚定共产主义理想信念，坚决顶住国内外敌对势力让我们党改旗易帜、改名换姓的企图。在 2019 年纪念五四运动 100 周年大会上，他特别提醒广大青年："面对复杂的世界大变局，要明辨是非、恪守

---

① 《毛泽东文集》第 8 卷，人民出版社 1999 年版，第 107 页。

② 《习近平关于全面深化改革论述摘编》，中央文献出版社 2014 年版，第 78、49 页。

正道，不人云亦云、盲目跟风。"①他的这些论述，旗帜鲜明，掷地有声，不仅是对新中国历史中处理有关革命、改革与坚守、继承这类关系的经验总结，也是对社会主义国家解决这类问题的经验总结。

新中国 70 多年里带有共性的经验远不止这些，举出以上几个例子，不过是为了说明，在总结中国当代史经验时，把各个历史时期联系和贯通起来，会把问题看得更清楚，使经验总结得更深入。

总结历史经验是史学研究的重要内容和目的之一，也是为政者要做的一项重要工作。区别在于，对于史学工作者来说，总结历史经验是为了给为政者治国理政提供历史借鉴，即人们常说的资政；而对于实际工作者来说，总结历史经验可以直接用于治国理政。史学家司马迁说过：网罗天下旧闻加以考据，是为了"稽其成败兴坏之理"②。刘知幾也说：历史的作用，"为国家之要道"③。龚自珍则说："欲知大道，必先为史。"④而作为政治家的唐太宗则说："以史为鉴，可以知兴替"。⑤毛泽东也说过："好的政策都是经验之总结。"⑥我们不仅要学习前人通过总结经验留下的结论，还要"从自己经验中考证这些结

---

① 习近平：《在纪念五四运动 100 周年大会上的讲话》，人民出版社 2015 年版，第 11 页。

② 班固：《汉书·司马迁传》。

③《史通·史官建置》。

④《龚自珍全集·尊史》。

⑤《新唐书·魏征传》。

⑥《毛泽东文集》第 2 卷，人民出版社 1993 年版，第 417 页。

论，吸收那些用得着的东西，拒绝那些用不着的东西，增加那些自己所特有的东西"①。习近平同志 2007 年到中央工作后，在题为《领导干部要读点历史》的讲话中进一步指出："重视对历史的学习和对历史经验的总结与运用，善于从不断认识和把握历史规律中找到前进的正确方向和正确道路，这是我们党 90 年来之所以能够领导中国革命、建设、改革不断取得胜利的一个重要原因。"要"善于借鉴历史上治理国家和社会的各种有益经验"。②他们的论述说明，无论史学工作者还是实际工作者，总结历史经验对于治国理政来说，都有非常重要的意义。

2019 年是新中国成立 70 周年，为了从历史中更多地汲取正反两方面的经验，我们在总结新中国历史经验的工作中，应当更加自觉地站在新时代的历史高度，把新中国 70 年历史贯通起来总结和研究，以求"在对历史的深入思考中更好走向未来"③。

---

①《毛泽东选集》第 1 卷，人民出版社 1991 年版，第 181 页。
② 习近平：《领导干部要读点历史》，《学习时报》2011 年 9 月 5 日。
③《在对历史的深入思考中更好走向未来 交出发展中国特色社会主义合格答卷》，《人民日报》2013 年 6 月 27 日。

邓小平、陈云与党的第二个《历史决议》的制定*

　　党的十九届六中全会通过的《中共中央关于党的百年奋斗重大成就和历史经验的决议》（以下简称党的第三个《历史决议》）指出："一九四五年党的六届七中全会通过的《关于若干历史问题的决议》、一九八一年党的十一届六中全会通过的《关于建国以来党的若干历史问题的决议》，实事求是总结党的重大历史事件和重要经验教训，在重大历史关头统一了全党思想和行动，对推进党和人民事业发挥了重要引领作用，其基本论述和结论至今仍然适用。"看到这段话，不禁让人想起《关于建国以来党的若干历史问题的决议》（以下简称党的第二个《历史决议》）的制定过程，尤其是邓小平、陈云等老一辈革命家在这一决议制定过程中发挥的重要指导作用。

一

　　适当时侯，对新中国成立以来的历史，尤其"文化大革命"作一个总结，这个意见最早是由邓小平在 1978 年 12 月党的十一届三中全会之前的中央工作会议闭幕会上的讲话中提出来的。他说："文化大革命已经成为我国社会主义历史发

---

　　* 本文曾发表于《百年潮》2022 年第 3 期，原标题为《邓小平、陈云与第二个历史决议的制定》。

展中的一个阶段，总要总结，但是不必匆忙去做。要对这样一个历史阶段做出科学的评价，需要做认真的研究工作，有些事要经过更长一点的时间才能充分理解和作出评价，那时再来说明这一段历史，可能会比我们今天说得更好。"①

之后不久，陈云于 1979 年 3 月会见马来西亚共产党总书记陈平时，也提到对"文化大革命"作总结的事。他说："这个问题需要作一个总结，总结时要很慎重 …… 不必匆忙做，越往后，问题会看得越清楚，结论可能更客观、更符合实际、更科学。"②

几乎与此同时，一些同志在中央召开的理论务虚会上提出，应当像 1945 年党的六届七中全会那样，对新中国成立以来的历史问题也作个决议。这一年的 10 月 1 日，刚好是中华人民共和国成立 30 周年，中央在 6 月份决定，先以叶剑英委员长在国庆 30 周年大会讲话的形式，对新中国成立以来的历史作一个初步的总结，并为此成立了由胡乔木主持的起草小组。用胡乔木的话说：这个讲话既不是单纯的庆祝讲话，也不是全面的总结，里面有庆祝的内容，也有对过去 30 年作相当重要又是最基本总结的内容，"不是对过去三十年作全面的总结。那样的总结只能在另外的时间经过另外的会议，经过详细讨论，作出正式的专门的文件。"③对这篇讲话，邓小平不仅"提了原则性的意见"，而且"还提了一些比较具体的意

---

① 《邓小平文选》第 2 卷，人民出版社 1994 年版，第 149 页。
② 《陈云年谱（修订本）》下卷，中央文献出版社 2015 年版，第 266 页。
③ 《胡乔木谈中共党史（修订本）》，人民出版社 2015 年版，第 44—45 页。

见"。①

就在叶剑英委员长的国庆讲话中，正式宣布了中共中央关于对过去 30 年特别是"文化大革命"十年的历史，在"适当的时候，经过专门的会议，作出正式的总结"②的决定。国庆 30 周年庆典一结束，中央政治局常委会进一步决定，立即着手起草新中国成立以来党的若干历史问题的决议；起草工作由邓小平主持，胡耀邦、胡乔木、邓力群组织实施，胡乔木主要负责。决议从开始起草到最后在党的十一届六中全会上通过，前后历时一年八个月，其间自始至终都受到了邓小平、陈云等老一辈革命家的悉心指导。

二

邓小平对于决议起草工作的指导，或通过与起草组负责同志谈话，或在中央会议上讲话，总共有十六七次之多，仅收入《邓小平文选》的就有九篇。陈云的有关谈话，也有八九次，收入《陈云文选》的有四篇。他们的谈话、讲话，从决议起草的指导原则到具体方法，从对起草涉及的重大问题的分析、定夺到决议制定后的贯彻，都提出了明确的意见和建议，对决议的制定起到了至关重要的作用。

（一）关于以什么作为指导原则

对决议的中心意见，邓小平、陈云早在提出适当时候总

①《胡乔木谈中共党史（修订本）》，人民出版社 2015 年版，第 43 页。
②《三中全会以来重要文献选编》（上），中央文献出版社 2011 年版，第 187 页。

结"文化大革命"之始，就已十分明确地指出了。例如，邓小平在党的十一届三中全会之前的中央工作会议上的讲话中就说过："最近国际国内都很关心我们对毛泽东同志和对文化大革命的评价问题。毛泽东同志在长期革命斗争中立下的伟大功勋是永远不可磨灭的。……如果没有毛泽东同志的卓越领导，我们党就还在黑暗中苦斗。所以说没有毛主席就没有新中国，这丝毫不是什么夸张。毛泽东思想培育了我们整整一代人。……没有毛泽东思想，就没有今天的中国共产党，这也丝毫不是什么夸张。"[1]在 1979 年初党的理论工作务虚会上的讲话中，他针对当时已经冒头的资产阶级自由化思潮，旗帜鲜明地提出了四项基本原则，其中第四项原则就是：必须坚持马列主义、毛泽东思想。他严厉批评所谓"只拥护'正确的毛泽东思想'，而不拥护'错误的毛泽东思想'"的说法，指出我们所要坚持的和要当作行动指南的，"是马列主义、毛泽东思想的基本原理，或者说是由这些基本原理构成的科学体系"。他说："毛泽东思想过去是中国革命的旗帜，今后将永远是中国社会主义事业和反霸权主义事业的旗帜，我们将永远高举毛泽东思想的旗帜前进。"[2]

陈云在提到对"文化大革命"需要作个总结的那次谈话中也指出："'文化大革命'不能说毛泽东没有一点责任，但我们对毛泽东的评价不会像赫鲁晓夫对斯大林那样。在这个问题上，要平心静气，掌握分寸，慎重考虑，不能感情用事。

---

[1]《邓小平文选》第 2 卷，人民出版社 1994 年版，第 148—149 页。
[2]《邓小平文选》第 2 卷，人民出版社 1994 年版，第 171、172 页。

这不仅是中国的问题，而且是世界的问题。就像对斯大林的评价一样，不仅是苏联的问题，而且是世界的问题。"①

然而，决议起草小组最初拿出的提纲，没有很好地体现出上述思想。所以，邓小平看后，找负责起草工作的三位领导同志谈话，明确提出了决议应有的三个中心意思：第一，确立毛泽东的历史地位，坚持和发展毛泽东思想；第二，对新中国成立以来的大事进行实事求是地分析，作出公正评价；第三，通过对历史的基本总结，引导大家团结一致向前看。他指出，这三条是总的要求、总的原则、总的指导思想，其中第一条最重要、最根本、最关键。当决议草稿拿出后，他还是不大满意，原因就是"没有很好体现原先的设想"。他强调："对毛泽东同志的评价，对毛泽东思想的阐述，不是仅仅涉及毛泽东同志个人的问题，这同我们党、我们国家的历史是分不开的。"针对有人提出决议中不必阐述毛泽东思想的主张，他指出："这一部分不能不要。这不只是个理论的问题，尤其是个政治问题，是国际国内的很大的政治问题。如果不写或写不好这个部分，整个决议都不如不做。"②

对于邓小平的上述指导意见，陈云明确表示同意。他在同起草组负责同志谈话时说："《决议》要按照小平同志的意见，确立毛泽东同志的历史地位，坚持和发展毛泽东思想。"③他指出："一定要在我们这一代人还在的时候，把毛泽东的功

---

① 《陈云年谱（修订本）》下卷，中央文献出版社 2015 年版，第 267 页。
② 《邓小平文选》第 2 卷，人民出版社 1994 年版，第 297、299 页。
③ 《陈云文选》第 3 卷，人民出版社 1995 年版，第 283—284 页。

过敲定，一锤子敲定，一点一点讲清楚。这样，党的思想才会统一，人民的思想才会统一。如果我们不这样做……把毛主席真正打倒，不但会把毛主席否定，而且会把我们这些作含糊笼统决议的人加以否定。因此，必须对毛泽东的功过问题讲得很透彻。"① 关于"文化大革命"，邓小平指出这是毛主席"晚年的一个最大的悲剧"，同时又指出，要看到林彪、"四人帮"的干扰破坏，有些坏事他们背着毛主席干，"造成既成事实"。②

（二）关于如何体现上述指导原则

为了使决议切实体现确立毛泽东历史地位、坚持和发展毛泽东思想这个总的原则，邓小平、陈云提出了一系列指导性的意见和建议。

一是，关于毛泽东的缺点错误和"文化大革命"问题应当如何分析。

毛泽东晚年犯了"左"的错误，"文化大革命"是一场内乱，使党、国家和人民遭到严重挫折损失。这些都是事实，否认这个事实，既不可能说服人，也不可能统一党内外思想。但问题在于，如何看待和分析这些错误。邓小平指出，毛泽东同志犯错误，"是一个伟大的马克思主义者犯错误"；毛主席的功绩是第一位的，错误是第二位的；对毛主席的错误不能都归结到个人品质上，也不能都算到一个人身上；"毛泽东

---

① 《陈云年谱（修订本）》下卷，中央文献出版社 2015 年版，第 294—295 页。
② 《邓小平文选》第 2 卷，人民出版社 1994 年版，第 301 页。

同志的错误在于违反了他自己正确的东西"；"从许多方面来说，现在我们还是把毛泽东同志已经提出、但是没有做的事情做出来，把他反对错了的改正过来，把他没有做好的事情做好"。① 这些意见为决议正确处理确立毛泽东历史地位、坚持和发展毛泽东思想与承认毛泽东晚年的错误之间的矛盾，指明了重要方法。

另外，邓小平在决议起草之前还讲过："关于'文化大革命'，也应该科学地历史地来看。毛泽东同志发动这样一次大革命，主要是从反修防修的要求出发的。"② 陈云在决议起草前也讲过类似的观点，他说："毛泽东发动'文化大革命'，主要是为了防止中国变修、出现像赫鲁晓夫那样的事件，最初也不是要搞那么大。这个问题需要做一个总结，总结时要很慎重，要把林彪、'四人帮'等人的破坏作用估计进去。"③

二是，关于决议的内容和结构应当如何安排。

决议要确立毛泽东的历史地位，坚持和发展毛泽东思想，要达到这个目的，起草组感到写来写去，总是显得根据不够充分。为了解决这个矛盾，陈云经过深思熟虑，提出增加回顾新中国成立前 28 年历史段落的建议。他说："有了党的整个历史，解放前解放后的历史，把毛泽东同志在六十年中间重要关头的作用写清楚，那末，毛泽东同志的功绩、贡献就会概括得更全面，确立毛泽东同志的历史地位，坚持和发展

---

① 《邓小平文选》第 2 卷，人民出版社 1994 年版，第 307、298、300 页。
② 《邓小平文选》第 2 卷，人民出版社 1995 年版，第 149 页。
③ 《陈云年谱（修订本）》下卷，中央文献出版社 2015 年版，第 266 页。

毛泽东思想，也就有了全面的根据；说毛泽东同志功绩是第一位的，错误是第二位的，说毛泽东思想指引我们取得了胜利，就更能说服人了。"陈云还举出四点为例。第一，"从遵义会议到抗日战争胜利，毛泽东同志一个无可比拟的功绩，是培养了一代人。"第二，毛泽东在抗战时期为我们党制定了一系列正确的方针政策，他写出的那些重要著作，"我们党里头没有第二个人写出"。第三，"延安整风时期，毛泽东同志提倡学马列著作，特别是学哲学，对于全党的思想提高、认识统一，起了很大的作用。"第四，"毛泽东同志在党内的威望，是通过长期的革命斗争实践建立起来的。……老一代人拥护毛泽东同志是真心诚意的。"①

对于陈云的上述建议，邓小平明确表示："这个意见很好，请转告起草小组。"他在讨论决议稿的中央政治局扩大会上又说："前面要加建国以前的二十八年。这是一个很重要的意见。"②起草组的同志普遍感到，决议加了对新中国成立前 28 年历史的回顾，把它作为前言，使决议的气势一下子就显现了出来，面貌确实得到了很大改变。

除此之外，邓小平还指出，要把决议的"重点放在毛泽东思想是什么、毛泽东同志正确的东西是什么这方面。……主要的内容，还是集中讲正确的东西。因为这符合历史。""总之，中心是两个问题，一个是毛泽东同志的功绩是第一位，还是错误是第一位？第二，我们三十二年，特别是

---

① 《陈云文选》第 2 卷，人民出版社 1995 年版，第 284—285 页。
② 《邓小平文选》第 2 卷，人民出版社 1994 年版，第 303、306 页。

‘文化大革命’前十年，成绩是主要的，还是错误是主要的？是漆黑一团，还是光明是主要的？还有第三个问题，就是这些错误是毛泽东同志一个人的，还是别人也有点份？这个决议稿中多处提到我们党中央要承担责任，别的同志要承担点责任，恐怕这比较合乎实际。第四，毛泽东同志犯了错误，这是一个伟大的革命家犯错误，是一个伟大的马克思主义者犯错误。”① 他很赞成陈云关于毛泽东在延安时期提倡学马克思主义哲学著作，对全党思想水平的提高起了很大作用，中央也应当提倡学习哲学，重点学毛主席哲学著作的建议，要求“历史决议中关于毛泽东同志对马克思主义哲学的贡献，要写得更丰富，更充实”②。

在决议的内容方面，陈云还提出了一个意见，就是“要写国际上对我们的帮助”。他特别提出第一个五年计划中的156个重大建设项目，说：“那确实是援助，表现了苏联工人阶级和苏联人民对我们的情谊。这样一些问题，《决议》应该如实地按照事情本来面貌写上去。要通过对这些历史问题的论断，再一次说明中国共产党人是公正的。”③ 对此，起草组也予以了采纳，将这个意思写入了决议。

三是，关于起草过程中碰到的一些重要观点、提法和讨论中提出的问题应当如何裁决、取舍。

---

① 《邓小平文选》第 2 卷，人民出版社 1994 年版，第 297、306—307 页。
② 《邓小平文选》第 2 卷，人民出版社 1994 年版，第 304 页。
③ 《陈云文选》第 3 卷，人民出版社 1995 年版，第 285—286 页。

决议起草中，碰到诸如新中国成立以来各个历史时期应当如何评价，"文化大革命"时期党是否还存在、党的代表大会和中央全会是否还合法，要不要涉及小资产阶级思想影响等问题，都是由邓小平一一给予明确回答的。还有一些观点，虽然是别人提出的，但也是经过向邓小平请示，由他首肯的。比如，不提"左"倾路线、路线错误，是什么错误就说什么错误；再如，将毛泽东晚年思想改为晚年错误；等等。

三

党的第二个《历史决议》从通过到现在，已经40多年。在党的十九届六中全会第一次全体会议上，习近平总书记受中央政治局委托，就党的第三个《历史决议》起草的有关情况向全会作说明时指出：党的第二个《历史决议》"回顾了新中国成立以前党的历史，总结了社会主义革命和建设的历史经验，对一些重大事件和重要人物作出了评价，特别是正确评价了毛泽东同志和毛泽东思想，分清了是非，纠正了'左'右两方面的错误观点，统一了全党思想，对推动党团结一致向前看、更好推进改革开放和社会主义现代化建设产生了重大影响。"这个论断充分说明，第二个《历史决议》真正达到了原先设想的要求，其基本论述和结论经受住了历史的反复检验，至今仍然站得住脚。这一成果毫无疑问凝聚了党中央的集体智慧，决议起草组也起了很重要的作用，但邓小平、陈云等老一辈革命家的指导，与之更是密不可分的。今天回头重温这个决议，令人感触最大的，我认为有以下五点。

（一）把决议的核心问题和非核心问题加以区别

所谓核心问题，就是邓小平说的"确立毛泽东同志的历史地位，坚持和发展毛泽东思想"。毋庸讳言，当年之所以需要制定这个决议，主要原因就是对"文化大革命"这个"使党、国家和人民遭到建国以来最严重的挫折和损失"的"全局性、长时间的'左'倾错误"，需要有一个统一的看法。而要评价"文化大革命"，毛泽东的错误、责任就绕不过去。在这个问题上稍有不慎，势必会损害毛泽东的形象，产生不可估量的严重后果。由于决议起草工作认真贯彻了邓小平提出的指导原则，充分吸收了陈云提出的重要建议和党内4000多名高级干部及中央政治局扩大会议、中央全会四轮讨论中提出的好意见，终于妥善解决了既不回避毛泽东的错误、责任，又不伤害毛泽东整体形象的问题。

决议对毛泽东的评价，最集中地体现在以下这句话中："毛泽东同志是伟大的马克思主义者，是伟大的无产阶级革命家、战略家和理论家。他虽然在'文化大革命'中犯了严重错误，但是就他的一生来看，他对中国革命的功绩远远大于他的过失。他的功绩是第一位的，错误是第二位的。他为我们党和中国人民解放军的创立和发展，为中国各族人民解放事业的胜利，为中华人民共和国的缔造和我国社会主义事业的发展，建立了永远不可磨灭的功勋。他为世界被压迫民族的解放和人类进步事业作出了重大的贡献。"① 可以毫不夸张地说，在一定意义上，正是这个论断，给我们国家带来了 40 年的安定团结和快速发展的局面。党的十八大后，习近平总书记在一次讲话中引用邓小平关于"毛泽东思想这个旗帜丢不得"、对毛泽东的评价和毛泽东思想的阐述"同我们党、我们国家的整个历史是分不开的"等论述后指出："试想一下，如果当时全盘否定了毛泽东同志，那我们党还能站得住吗？我们国家的社会主义制度还能站得住吗？那就站不住了，站不住就会天下大乱。"② 他的话恰如其分地道出了决议在解决这个核心问题上的重大历史作用。

（二）把"文化大革命"的错误与出发点加以区别

对于"文化大革命"的错误，决议毫不含糊地给予了揭示和批判，指出它既混淆了是非又混淆了敌我，既脱离了党的组织又脱离了群众，给一些投机分子、野心分子、阴谋分子以可乘之机；它打倒的"走资派"，是党和国家各级组织中的领导骨干；它不是也不可能是任何意义上的革命或社会进步，不是"乱了敌人"而只是乱了自己。但与此同时，决议又按照邓小平、陈云关于发动"文化大革命"是从"反修防修的要求出发的"论述精神，对毛泽东发动"文化大革命"的初衷，进行了实事求是地分析。这主要表现在以下三点上。

---

① 《三中全会以来重要文献选编》（下），中央文献出版社 2011 年版，第 155—156 页。

② 《十八大以来重要文献选编》（上），中央文献出版社 2014 年版，第 113 页。

一是指出毛泽东"经常注意要克服我们党内和国家生活中存在着的缺点"。二是指出毛泽东即使在犯严重错误的时候，仍然要求全党认真学习马列著作，"还始终认为自己的理论和实践是马克思主义的，是为巩固无产阶级专政所必需的"。三是指出毛泽东虽然在全局上坚持"文化大革命"的错误，"但也制止和纠正过一些具体错误，保护过一些党的领导干部和党外著名人士，使一些负责干部重新回到重要的领导岗位"；尤其是"领导了粉碎林彪反革命集团的斗争，对江青、张春桥等人也进行过重要的批评和揭露，不让他们夺取最高领导权的野心得逞"，在四届全国人大会前"确定了以周恩来、邓小平同志为领导核心的国务院人选"；另外，"顶住了社会帝国主义的压力，执行正确的对外政策"；使"我们党没有被摧毁并且还能维持统一"，"我们的国家仍然保持统一并且在国际上发挥重要影响"。这些分析，使人们明晰了为什么说毛泽东发动"文化大革命"的出发点是"反修防修"的道理。①

所谓"修"，指的是篡改马克思主义基本原理的修正主义，即放弃社会主义原则而走资本主义道路。因此，要"反修防修"，就要防止领导干部脱离群众，防止党内出现要走资本主义道路的自由化分子和腐化分子。对于这个问题，邓小平、陈云在改革开放中始终高度警惕，反复予以强调。例如，邓小平说过："所谓资产阶级自由化，就是要中国全盘西化，

---

①《三中全会以来重要文献选编》（下），中央文献出版社2011年版，第147页。

走资本主义道路。""资本主义是想最终战胜社会主义，过去拿武器，用原子弹、氢弹，遭到世界人民的反对，现在搞和平演变。""在整个改革开放过程中都要反对腐败。"①

对于这些问题，陈云同样高度重视。他讲过：改革开放"有些人看见外国的摩天大厦、高速公路等等，以为中国就不如外国，社会主义就不如资本主义，马克思主义就不灵了。对于这些人，我们要进行批评教育；对其中做意识形态工作的同志，经过教育不改的，要调动他们的工作"。他提醒全党："帝国主义的侵略、渗透，过去主要是'武'的，后来'文'、'武'并用，现在'文'的（包括政治的、经济的和文化的）突出起来，特别是对社会主义国家搞所谓的'和平演变'。""现在有些人，包括一些共产党员，忘记了社会主义和共产主义的理想，丢掉了为人民服务的宗旨。他们为了私利，'一切向钱看'，不顾国家和群众的利益，甚至违法乱纪。""'一切向钱看'的资本主义腐朽思想，正在严重地腐蚀我们的党风和社会风气。"②

历史告诉我们，苏联解体、苏共下台的一个重要原因，就是一大批思想被"和平演变"的官员丧失了共产主义、社会主义信念，另有一大批贪污腐败的官员盼望着实行资本主义制度。苏联在解体后，摇身变为资本家和形形色色"寡头"的人，很多就是苏共原先各级党政机关和国有企业里的干部。

---

①《邓小平文选》第 3 卷，人民出版社 1993 年版，第 207、326、379 页。
②《陈云文选》第 3 卷，人民出版社 1995 年版，第 332、370、352、356 页。

（三）把"文化大革命"得以发生的主观原因与客观原因加以区别

决议在分析"文化大革命"的原因时，除了讲毛泽东发动和领导的主观原因外，也讲了一些客观原因。这些同样是从邓小平的指导意见中引申出来的。邓小平在决议起草期间指出："讲错误，不应该只讲毛泽东同志，中央许多负责同志都有错误。'大跃进'，毛泽东同志头脑发热，我们不发热？刘少奇同志、周恩来同志和我都没有反对，陈云同志没有说话。在这些问题上要公正，不要造成一种印象，别的人都正确，只有一个人犯错误。这不符合事实。"他还说："制度是决定因素，那个时候的制度就是那样。那时大家把什么都归功于一个人。有些问题我们确实也没有反对过，因此也应当承担一些责任。"①按照这个思路，决议分析了毛泽东在领导"文化大革命"上的错误这个直接原因之外，又分析了复杂的社会历史原因。归纳起来，主要有以下几条。

一是指出："社会主义运动的历史不长，社会主义国家的历史更短，社会主义社会的发展规律有些已经比较清楚，更多的还有待于继续探索。"②这就是说，"文化大革命"的错误从本质上讲，是探索社会主义发展规律过程中的错误。关于这个观点，习近平总书记在党的十八大之后讲过一段很重要的话，他说："我们党领导人民进行社会主义建设，有改革开

---

① 《邓小平文选》第2卷，人民出版社1994年版，第296、308—309页。
② 《三中全会以来重要文献选编》（下），中央文献出版社2011年版，第149页。

放前和改革开放后两个历史时期。这是两个相互联系又有重大区别的时期，但本质上都是我们党领导人民进行社会主义建设的实践探索。"① 在纪念毛泽东同志诞辰 120 周年座谈会上的讲话中，他明确指出：毛主席在晚年特别是在"文化大革命"中犯的错误，是"在社会主义建设道路的探索中"，走过的弯路。②

二是指出："我们党过去长期处于战争和激烈阶级斗争的环境中，对于迅速到来的新生的社会主义社会和全国规模的社会主义建设事业，缺乏充分的思想准备和科学研究。"因此，"容易把已经不属于阶级斗争的问题仍然看做是阶级斗争，并且面对新条件下的阶级斗争，又习惯于沿用过去熟习而这时已不能照搬的进行大规模急风暴雨式群众性斗争的旧方法和旧经验，从而导致阶级斗争的严重扩大化。""认为党内的思想分歧都是社会阶级斗争的反映"。③

三是指出："国际共产主义运动史上由于没有正确解决领袖和党的关系问题而出现过的一些严重偏差，对我们党也产生了消极的影响。""长期封建专制主义在思想政治方面的遗毒仍然不是很容易肃清的，种种历史原因又使我们没有能把党内民主和国家政治社会生活的民主加以制度化，法律化，

---

①《十八大以来重要文献选编》（上），中央文献出版社 2014 年版，第 111—112 页。

② 习近平：《在纪念毛泽东同志诞辰 120 周年座谈会上的讲话》，人民出版社 2013 年版，第 10 页。

③《三中全会以来重要文献选编》（下），中央文献出版社 2011 年版，第 149 页。

或者虽然制定了法律，却没有应有的权威。"①

以上这些分析，令人信服地道出了"文化大革命"得以发生和持续的几个重要的客观原因。这种分析，既符合实际，也有助于人们把问题看得更全面，更容易从中总结经验、吸取教训。

（四）把"文化大革命"运动与"文化大革命"时期加以区别

"文化大革命"发生在"文化大革命"时期，因此，很容易把"文化大革命"与"文化大革命"时期相混淆。"文化大革命"运动是一场政治运动，它与"文化大革命"时期有关系，但并不完全是一回事。对此，邓小平在指导决议起草时就说过这个意思。例如，他反对"文化大革命"中党不存在了的说法，指出："党的组织生活停止过一段时间，但是党实际上存在着。否则，怎么能不费一枪一弹，不流一滴血，就粉碎了'四人帮'呢？"他还说过："'文化大革命'期间，外事工作取得很大成绩。……国际地位有提高。"②陈云在谈到四个现代化如何实现时也说："现有工业是基础，在这个基础上加以改造和引进新技术。现有技术人员是我们知识力量的基础。""必须肯定，七十年代、八十年代的技术水平，应该

---

① 《三中全会以来重要文献选编》（下），中央文献出版社 2011 年版，第150—151 页。

② 《邓小平文选》第 2 卷，人民出版社 1994 年版，第 304、305 页。

来之于这些五十年代、六十年代水平的技术骨干。"①决议循着这个思路，不仅肯定了"文化大革命"期间，老一辈革命家、广大干部、知识分子、工农群众对"文化大革命"的抵制，而且肯定了"文化大革命"期间，经济、科技、国防、外交等各个领域取得的成绩。决议指出："我国国民经济虽然遭到巨大损失，仍然取得了进展。粮食生产保持了比较稳定的增长。工业交通、基本建设和科学技术方面取得了一批重要成就，其中包括一些新铁路和南京长江大桥的建成，一些技术先进的大型企业的投产，氢弹试验和人造卫星发射回收的成功，籼型杂交水稻的育成和推广，等等。在国家动乱的情况下，人民解放军仍然英勇地保卫着祖国的安全。对外工作也打开了新的局面。"在那个时期，"党、人民政权、人民军队和整个社会的性质都没有改变"。肯定这些，不是肯定"文化大革命"，而是肯定历史事实，肯定我们党，肯定社会主义制度，肯定广大干部、群众在"文化大革命"时期所作的贡献。当然，正如决议所说："如果没有'文化大革命'，我们的事业会取得大得多的成就。"②

（五）把"文化大革命"中对正确理论的误解、曲解与正确理论本身加以区别

邓小平在分析毛泽东晚年的错误时表达了一个很重要的观点，即"毛泽东同志的错误在于违反了他自己正确的东

①《陈云文选》第 3 卷，人民出版社 1995 年版，第 281 页。
②《三中全会以来重要文献选编》（下），中央文献出版社 2011 年版，第 148 页。

西"①。这就告诉人们，一些原本正确的理论，由于作了超出事实的发挥而可能成为错误理论；在纠正这种错误理论时，要防止把原本正确的理论也一起抛弃。正如列宁所说："只要再多走一小步，看来像是朝同一方向多走了一小步，真理就会变成错误。"②不要"同时把小孩子和水一起从澡盆里泼出去"③。决议对此十分注意，并作了严格区分。

例如，在关于阶级斗争的问题上。决议指出："在一九六二年九月的八届十中全会上，毛泽东同志把社会主义社会中一定范围内存在的阶级斗争扩大化和绝对化，发展了他在一九五七年反右派斗争以后提出的无产阶级同资产阶级的矛盾仍然是我国社会的主要矛盾的观点。"由此，在社会主义教育运动中和意识形态领域发生了愈来愈严重的"左"的偏差，"并且在后来发展成为'文化大革命'的导火线"。④但决议在指出党的十一届三中全会"果断地停止使用'以阶级斗争为纲'这个不适用于社会主义社会的口号"⑤的同时，坚持了邓小平在理论务虚会讲话中关于"社会主义社会中的阶级斗争是一个客观存在，不应该缩小，也不应该夸大"⑥的观点，指出："由于国内的因素和国际的影响，阶级斗争还将在一定范围内长期存在，在某种条件下还有可能激化。既要反

---

① 《邓小平文选》第 2 卷，人民出版社 1994 年版，第 298 页。
② 《列宁选集》第 4 卷，人民出版社 2012 年版，第 211 页。
③ 《列宁全集》第 18 卷，人民出版社 2017 年版，第 274 页。
④ 《三中全会以来重要文献选编》（下），中央文献出版社 2011 年版，第 140 页。
⑤ 《三中全会以来重要文献选编》（下），中央文献出版社 2011 年版，第 152 页。
⑥ 《邓小平文选》第 2 卷，人民出版社 1994 年版，第 182 页。

对把阶级斗争扩大化的观点，又要反对认为阶级斗争已经熄灭的观点。"①

再如，在关于继续革命的问题上。决议指出，发动"文化大革命"的一个重要论点是党内走资派在中央形成了一个资产阶级司令部，在各省各部门都有代理人，只有实行"文化大革命"，公开地、全面地、自上而下地发动群众揭发，才能把权力重新夺回来。这实质上是一个阶级推翻另一个阶级的政治大革命，后来被概括成为所谓的"无产阶级专政下继续革命的理论"，"从而使'无产阶级专政下继续革命'一语有了特定的含义"②。但决议同时依据邓小平关于这个提法按照"文化大革命"中的解释已被实践证明是错误的，"至于作出新的解释，可以在党内继续研究"的指示精神，对这个问题作了专门的大段阐述。决议指出：否定这种特定含义的"继续革命"的错误口号，"绝对不是说革命的任务已经完成，不需要坚决继续进行各方面的革命斗争。社会主义不但要消灭一切剥削制度和剥削阶级，而且要大大发展社会生产力，完善和发展社会主义的生产关系和上层建筑，并在这个基础上逐步消灭一切阶级差别，逐步消灭一切主要由于社会生产力发展不足而造成的重大社会差别和社会不平等，直到共产主义的实现。这是人类历史上空前伟大的革命。我们现在为建设社会主义现代化国家而进行的斗争，正是这个伟大革命的

---

① 《三中全会以来重要文献选编》（下），中央文献出版社 2011 年版，第 169 页。
② 《三中全会以来重要文献选编》（下），中央文献出版社 2011 年版，第 142 页。

一个阶段。"① 可见，决议在否定错误的"继续革命"理论的同时，已经明确地把它同正确的继续革命理论加以了区别。

2018 年，习近平总书记在一次讲话中指出：把"革命党"变成"执政党"的"说法是不准确的。我们党的正式提法是，我们党历经革命、建设、改革，已经从领导人民为夺取全国政权而奋斗的党，成为领导人民掌握全国政权并长期执政的党；已经从受到外部封锁和实行计划经济条件下领导国家建设的党，成为对外开放和发展社会主义市场经济条件下领导国家建设的党。这里面并没有区分'革命党'和'执政党'，并没有把革命和执政当作两个截然不同的事情。马克思主义认为，社会革命以生产力和生产关系的矛盾运动为基础，不仅仅是一种破除旧的政治上层建筑的社会运动，更是一种新的社会建设运动。我们党是马克思主义执政党，但同时是马克思主义革命党，要保持过去革命战争时期的那么一股劲、那么一股革命热情、那么一种拼命精神，把革命工作做到底。"② 他的论述进一步说明，无产阶级在完成夺取政权的革命任务后，革命并没有结束。社会主义建设和改革仍然是革命，我们党做的仍然是革命工作，而且要把这种革命工作一直做下去。

邓小平、陈云都是以毛泽东同志为核心的党的第一代中央领导集体的重要成员；在党的第二代中央领导集体中，邓

---

① 《三中全会以来重要文献选编》（下），中央文献出版社 2011 年版，第 172 页。

② 《习近平关于"不忘初心、牢记使命"论述摘编》，中央文献出版社、党建读物出版社 2019 年版，第 170 页。

小平是核心，陈云是重要成员。他们既有丰富的斗争经验，也有崇高的威望。有他们掌舵，是党的第二个《历史决议》得以成功制定的关键因素，也是我们党和国家在纠正历史错误、进行改革开放时能牢牢把握正确方向、避免重蹈有的社会主义国家覆辙的重要原因。当我们学习、贯彻党的第三个《历史决议》、深入开展党史学习教育和"四史"宣传教育时，回顾邓小平、陈云在党的第二个《历史决议》制定中发挥的重要指导作用，不仅有利于人们了解和缅怀他们的丰功伟绩，更有利于人们深入、全面地领会党的第三个《历史决议》的精神，从而真正做到以史为鉴、开创未来、埋头苦干、勇毅前行，为实现第二个百年奋斗目标和中华民族伟大复兴的事业而接续奋斗。

深刻认识党的第三个《历史决议》的时代特色*

　　相对于 1945 年党的六届七中全会和 1981 年党的十一届六中全会上通过的两个《历史决议》，党的十九届六中全会通过的《中共中央关于党的百年奋斗重大成就和历史经验的决议》，可以说是我们党的第三个《历史决议》。

　　新中国史研究和宣传教育，过去一直是以 1981 年党的第二个《历史决议》作为重要指导原则和对重大事件、重要人物评价依据的。然而，那个决议的重点，是解决党的十一届六中全会前 30 多年的历史是非问题，未能涉及之后的改革开放历史。现在，改革开放已经实行了 40 多年，客观上确有总结经验的需要。党的第三个《历史决议》虽然总结的是党的百年奋斗重大成就和历史经验，但主要篇幅是放在改革开放后的，而且重点又在中国特色社会主义进入新时代的 9 年。所以，这一决议对新中国史研究和宣传教育的指导，要比党的第二个《历史决议》更有现实意义，也更完整、更系统、更全面。

　　党的第三个《历史决议》与前两个《历史决议》相比，可以说既一脉相承又与时俱进。说它一脉相承，主要指它对

* 本文曾发表于《马克思主义研究》2022 年第 1 期。

党的十八大之前历史的概述，是在前两个《历史决议》对历史问题已有总结和结论的基础上作出的；说它与时俱进，主要指第三个《历史决议》是站在新的历史起点上作出的，具有许多与前两个《历史决议》不同的时代特色。这种特色与时代本身的演进，尤其中国特色社会主义进入新时代有着密切关联。所以，从一定意义上说，党的第三个《历史决议》的时代特色，就是中国特色社会主义新时代的特色。

中国特色社会主义新时代，最早是由党的十九大作出的论断和给出的定义。党的第三个《历史决议》重申了这一定义，指出：新时代"是承前启后、继往开来、在新的历史条件下继续夺取中国特色社会主义伟大胜利的时代，是决胜全面建成小康社会、进而全面建设社会主义现代化强国的时代，是全国各族人民团结奋斗、不断创造美好生活、逐步实现全体人民共同富裕的时代，是全体中华儿女勠力同心、奋力实现中华民族伟大复兴中国梦的时代，是我国不断为人类作出更大贡献的时代"。同时，决议进一步指出：新时代是党的十八大以来进入的，是我国发展新的历史方位。这就意味着，从历史研究的角度看，自党的十八大后，新中国史也相应进入了一个新的时期。这个时期不完全同于改革开放前，也不完全同于改革开放后，而是总结、融合了两个历史时期的经验，吸纳、发扬了两个时期的长处，促使改革开放螺旋式地上升到了一个新的境界。

我们既然要以党的第三个《历史决议》作为新中国史研究和宣传教育的指导原则，那就需要弄清楚，为什么说决议的时代特色主要是由中国特色社会主义新时代决定的，这一特色具体表现在哪些方面。

一、分析历史的问题站位更高、视野更广

世界物质运动的存在形式是时间和空间，人类历史上某个事物的发展时间越长、活动空间越大，就越有利于人们对它进行观察和认识。不过，这只是为人们更全面深入地观察和认识事物提供了可能性，要使这种可能性转化为现实性，还要具备相应的主观条件。其中最重要的是，正确的历史观和大历史观。2013 年 1 月 5 日，习近平总书记在新进中央委员会的委员、候补委员学习贯彻党的十八大精神研讨班开班式上的重要讲话（以下简称"1·5"讲话）中，阐释中国特色社会主义本质时，就是把社会主义运动放在世界范围内和它的全部历史过程中来分析的。其中包括欧洲出现空想社会主义理论，马克思恩格斯创立科学社会主义理论，列宁领导十月革命胜利并实践社会主义，苏联模式逐步形成，新中国成立后对社会主义的探索和实践，开创和发展中国特色社会主义。前后六个时间段，上下跨度 500 年，范围覆盖全世界。

我们党在制定第一个《历史决议》时，建党仅 24 年，并且处在抗日战争末期。那时，党虽然已建有 18 个抗日根据地（抗战胜利后变为解放区），总面积约 95 万平方公里，人口接近 1 亿人，但毕竟没有取得全国政权；党中央虽然与共产国际乃至美国等资本主义国家的一些在华代表有不同程度的联

系和来往，但毕竟缺少开展外交活动的国际舞台。党制定第
二个《历史决议》，在时间上比第一个《历史决议》多了 36
年；而且，新中国的历史也有了 32 年，同世界上大多数国家
也建立了外交关系，还恢复了在联合国的合法席位。而党的
第三个《历史决议》在制定时，无论在历史发展时间的长度
上，还是活动空间的宽度上，都要比前两个《历史决议》多
得多、大得多。这时党已成立整整百年，不仅经历了新民主
主义革命、社会主义革命和建设，而且进行了相当长时间的
改革开放和社会主义现代化建设；不仅对国家的管理深入到
了社会的各个领域、各个层次，而且我国还参加了联合国维
和行动等许多国际活动，加入或发起成立了上百个政府间国
际组织，深入开展并形成了全方位、多层次、立体化的外交
布局，在国际舞台上空前活跃，"日益走近世界舞台中央"[1]。
正是这些时空上的变化，为我们党制定第三个《历史决议》
做到站位更高、视野更广提供了良好的客观条件。这些条件
在前两个《历史决议》制定时，都是不具备的。

　　然而，党的第三个《历史决议》的制定，之所以能站位
更高、视野更广，主要还在于它所拥有的主观条件，也就是
决议所说的："以习近平同志为主要代表的中国共产党人，坚
持把马克思主义基本原理同中国具体实际相结合、同中华优
秀传统文化相结合，坚持毛泽东思想、邓小平理论、'三个代
表'重要思想、科学发展观，深刻总结并充分运用党成立以

---

[1] 习近平：《在庆祝改革开放 40 周年大会上的讲话》，人民出版社 2018 年
版，第 18 页。

来的历史经验，从新的实际出发，创立了习近平新时代中国特色社会主义思想。"正是因为有了这一思想的指导，我们党制定第三个《历史决议》，才可能继续"坚持辩证唯物主义和历史唯物主义的方法论，用具体历史的、客观全面的、联系发展的观点来看待党的历史"，"坚持正确党史观、树立大历史观，准确把握党的历史发展的主题主线、主流本质，正确对待党在前进道路上经历的失误和曲折"，"旗帜鲜明反对历史虚无主义"；① 才可能在坚持党的前两个《历史决议》基本论述和结论的基础上，把着力点放在总结党的百年奋斗重大成就和历史经验上；才可能在聚焦总结党的百年重大成就、历史经验时，增加对百年奋斗历史意义的概括，涵盖对各个历史时期的总体评述；才可能在总结中国特色社会主义新时代取得历史性成就、发生历史性变化时，不仅涉及坚持党的全面领导、全面从严治党和经济、政治、文化、社会、生态文明建设，也涉及全面深化改革、全面依法治国、国防和军队建设、维护国家安全、坚持"一国两制"和推进祖国统一，以及外交工作和构建人类命运共同体。所以，正是上述主客观条件，使党的第三个《历史决议》表现出了站位更高、视野更广的时代特色，从而使我们在以第三个《历史决议》的精神指导对新中国史的研究和宣传教育时，也能具有更高的站位和更广的视野。

---

① 习近平:《关于〈中共中央关于党的百年奋斗重大成就和历史经验的决议〉的说明》,《人民日报》2021 年 11 月 17 日。

二、叙述历史的过程更突出主线主流

所谓历史主线，是指贯穿历史始终的主要脉络。在马克思主义历史观的语义下，历史主线是由历史主体——人民群众——在既定历史条件下的主要动机和行动相互作用形成的。所谓历史主流，是马克思主义历史观对特定历史时期主要方面的评价用语，是相对历史支流而言的。

党的第一个《历史决议》，即《关于若干历史问题的决议》，重点在于总结建党以来特别是六届四中全会至遵义会议前党的历史及其基本经验教训，论述历次"左"倾错误在政治、军事、组织、思想方面的表现和危害，分析产生这些错误的社会根源、思想根源，阐明毛泽东运用马克思列宁主义基本原理解决中国问题的杰出贡献，及确立毛泽东在全党领导地位的重大意义。党的第二个《历史决议》，即《关于建国以来党的若干历史问题的决议》，出发点是彻底进行党在指导思想上的拨乱反正，重点是评价毛泽东的事业和思想，在确立毛泽东的历史地位、坚持和发展毛泽东思想的前提下，从根本上否定"文化大革命"和"无产阶级专政下继续革命"的错误理论，总结新中国成立以来社会主义革命和建设的经验教训。因此，它们都没有能把主要篇幅用在梳理历史主线、评论历史主流上。

制定第三个《历史决议》时，党中央对新民主主义革命的历史、新中国改革开放之前的历史，都已作过总结，对其中的重大是非问题也都有了结论。而改革开放后的时期，正如习近平总书记所指出的："尽管党的工作中也出现过一些问题，但总体上讲党和国家事业发展是顺利的，前进方向是正确的，取得的成就是举世瞩目的。"[①] 因此，从这个实际出发，党中央决定在制定新的《历史决议》时，"把着力点放在总结党的百年奋斗重大成就和历史经验上，以推动全党增长智慧、增进团结、增加信心、增强斗志"[②]。正是出于这个目的，决议在总结革命、建设、改革的宝贵经验时，虽然也提到了党在历史上犯过的严重错误，但对这些错误只是依据过去两个《历史决议》已有的结论，作了原则性概述，并未过多展开；同时，注意把错误与犯错误的时期加以严格区分，把犯错误的主要代表人物与广大党员、干部的奋斗与牺牲加以严格区分；即使对犯错误时期的成就和经验，也作出了比前两个《历史决议》更加充分的论述。

例如，党的第三个《历史决议》的第一部分，既指出了党内以陈独秀为代表的右倾机会主义错误，也指出了王明"左"倾教条主义在党内的错误领导及其造成的损失，并从正面批评了大革命失败后试图像十月革命那样通过首先占领中心城市来取得革命胜利的错误做法。但这部分的绝大多数篇幅，是论述我们党自诞生起，如何正确认识近代中国社会的主要矛盾和任务，如何领导全国反帝反封建伟大斗争，如

---

① 《中共中央关于党的百年奋斗重大成就和历史经验的决议》，人民出版社 2021 年版，第 80 页。

② 习近平：《关于〈中共中央关于党的百年奋斗重大成就和历史经验的决议〉的说明》，《人民日报》2021 年 11 月 17 日。

何确立以毛泽东同志为主要代表的马克思主义正确路线并形成以毛泽东同志为核心的党的第一代中央领导集体，如何经过 28 年浴血奋斗建立了新中国、结束了旧中国半殖民地半封建社会的历史、为实现中华民族伟大复兴创造了根本社会条件。

再如，决议第二部分，虽然按照第二个《历史决议》的基调，指出了"大跃进"运动、人民公社化运动的错误，反右派斗争被严重扩大化的问题，"文化大革命"酿成的十年内乱给党、国家、人民造成的严重挫折和损失，但绝大部分篇幅是论述我们党自新中国成立后，领导人民战胜政治、经济、军事等方面的一系列严峻挑战，建立和巩固工人阶级领导的、以工农联盟为基础的人民民主专政国家政权，完成对生产资料私有制的社会主义改造，确立社会主义的根本和基本政治制度，提出全国人民的主要任务是集中力量发展社会生产力，领导人民开展了大规模社会主义建设，建立起独立的比较完整的工业体系和国民经济体系，显著改变农业生产条件，发展教科文卫体事业，取得国防尖端科技的突破，壮大和提高人民解放军的整体力量，坚持独立自主的和平外交政策，坚定维护国家独立、主权、尊严，为实现中华民族伟大复兴奠定了根本政治前提和制度基础，也为新的历史时期开创中国特色社会主义提供了宝贵经验、理论准备、物质基础。可见，决议对改革开放前历史时期所犯错误，虽然也实事求是地指出了，但都是当成历史支流来写的；作为历史主流、用浓墨重彩书写的，依然是那段历史所取得的伟大成就和宝贵经验。

决议第二部分在涉及对毛泽东的评价问题上，坚持了党的第二个《历史决议》总的原则和指导思想，即确立毛泽东同志的历史地位、坚持和发展毛泽东思想，明确新中国成立后最初 30 年里的大事哪些是正确的、哪些是错误的，通过总结过去引导大家团结一致向前看，并用较多篇幅阐述了毛泽东在社会主义革命和建设时期的贡献。决议指出，毛泽东把马列主义基本原理同中国具体实际进行了"第二次结合"，强调这些独创性理论成果至今仍具有重要指导意义；重申毛泽东思想是马列主义在中国的创造性运用和发展，是被实践证明了的关于中国革命和建设的正确的理论原则和经验，是马克思主义中国化的第一次历史性飞跃。关于毛泽东在这一时期所犯错误，决议一方面指出"毛泽东同志在关于社会主义社会阶级斗争的理论和实践上的错误发展得越来越严重"，另一方面也指出了"当时严峻复杂的外部环境，党极为关注社会主义政权巩固，为此进行了多方面努力"的历史背景，以及"党中央未能及时纠正这些错误"的责任；一方面指出"毛泽东同志对当时我国阶级形势以及党和国家政治状况作出完全错误的估计"，另一方面也指出了"林彪、江青两个反革命集团利用毛泽东同志的错误，进行了大量祸国殃民的罪恶活动"的事实；并且强调，从新中国成立到改革开放前夕，进行的是中华民族有史以来最为广泛而深刻的社会变革，其间虽然经历了严重曲折，但都是"在探索过程中"的曲折。

党的十八大以来，习近平总书记对党的历史发表过许多重要讲话，作出过许多重要论述，提出过许多重要观点。学习党的第三个《历史决议》，应当同学习这些讲话、论述和观点结合起来。例如，在如何看待改革开放前后两个历史时期的问题上，党的十八大闭幕不久，习近平总书记就在"1·5"讲话中指出："这是两个相互联系又有重大区别的时期，但本质上都是我们党领导人民进行社会主义建设的实践探索"；"两者决不是彼此割裂的，更不是根本对立的"；"不能用改革开放后的历史时期否定改革开放前的历史时期，也不能用改革开放前的历史时期否定改革开放后的历史时期"；"正确处理改革开放前后的社会主义实践探索的关系，不只是一个历史问题，更主要的是一个政治问题"。[①]"文化大革命"持续了十年之久，占新中国改革开放前历史时期的三分之一强。说改革开放前的时期是党领导人民进行社会主义建设的实践探索，当然包括"文化大革命"时期在内。由于"文化大革命"演变成了一场内乱，因此，它是不成功的乃至失败的探索。但不能因为探索失败了，就否定它是探索。在纪念毛泽东同志诞辰 120 周年座谈会上，习近平总书记更加明确地指出，毛泽东晚年特别是"文化大革命"中所犯的严重错误，是他"在社会主义建设道路的探索中"走过的弯路，并强调："他的错误在于违反了他自己正确的东西，是一个伟大的革命家、伟大的马克思主义者所犯的错误"；他的错误"有其主观因素和

---

①《十八大以来重要文献选编》（上），中央文献出版社 2014 年版，第 111—114 页。

个人责任，还在于复杂的国内国际的社会历史原因"；"不能把历史顺境中的成功简单归功于个人，也不能把历史逆境中的挫折简单归咎于个人"。^①我们应当把这些论述，都作为学习领会决议精神的重要依据。

三、对待存在的问题更多地采用正面分析的方式

前面说过，改革开放以来，党和国家事业的发展在总体上是顺利的，没发生过全局性、长时间的错误。因此，党的第三个《历史决议》不像前两个《历史决议》那样，主要针对重大是非问题，着重评价重大事件、重要人物，集中总结失败的教训，而是聚焦总结党的重大成就和历史经验。但这并非意味改革开放以来党的工作没有问题，没出现过失误；更不等于说党的第三个《历史决议》对改革开放以来历史经验的总结缺少针对性，是无的放矢的。

历史表明，改革开放后虽然没发生过全局性、长时间的错误，但在一些具体领域、具体政策、具体做法上，也有过失误，走过弯路，受过挫折。1987 年初，邓小平谈到资产阶级自由化思潮泛滥的问题时就说过："我们思想战线上出现了一些混乱，对青年学生引导不力。这是一个重大失误。"^②1989年的严重政治风波过后，他又指出："十年最大的失误是教育，这里我主要是讲思想政治教育，不单纯是对学校、青年学生，是泛指对人民的教育。""今天回头来看，出现了明显的不足，

①《十八大以来重要文献选编》（上），中央文献出版社 2014 年版，第 693 页。
②《邓小平文选》第 3 卷，人民出版社 1993 年版，第 198 页。

一手比较硬，一手比较软。"①党的十八大以来，习近平总书记指出，要"推动全党把坚持正确政治方向贯彻到谋划重大战略、制定重大政策、部署重大任务、推进重大工作的实践中去，经常对表对标，及时校准偏差，坚决纠正偏离和违背党的政治方向的行为"②。这些论述都说明，我们党在改革开放以来的工作中，确实存在这样那样的问题，需要用坚持正确政治方向的"表"和"标"，去校准重大战略、政策、任务、工作的谋划、制定、部署和推进中的偏差。

决议第四部分指出，以习近平同志为核心的党中央，"解决了许多长期想解决而没有解决的难题，办成了许多过去想办而没有办成的大事，推动党和国家事业取得历史性成就、发生历史性变革"。只要认真分析一下随后列举的 13 个方面的历史性成就和变革，就不难看出，这里说的难题和大事，很多正是改革开放以来工作失误和不足而造成的；这里说的成就和变革，很多正是解决失误和不足采取的对策和积累的经验而形成的。只不过，决议对于这些问题更多地采用了正面表述的方式。这种表述方式大体有以下三个类型。

（一）通过总结成就的方式表明需要解决的问题

例如，决议在肯定改革开放后党和国家事业取得重大成就的同时指出："管党治党一度宽松软带来党内消极腐败现象蔓延、政治生态出现严重问题，党群干群关系受到损害，党

---

①《邓小平文选》第 3 卷，人民出版社 1993 年版，第 306 页。
②《习近平谈治国理政》第 3 卷，外文出版社 2020 年版，第 93 页。

的创造力、凝聚力、战斗力受到削弱";党内"存在不少对坚持党的领导认识模糊、行动乏力问题,存在不少落实党的领导弱化、虚化、淡化、边缘化问题,特别是对党中央重大决策部署执行不力,有的搞上有政策、下有对策,甚至口是心非、擅自行事";"一度出现管党不力、治党不严问题,有些党员、干部政治信仰出现严重危机,一些地方和部门选人用人风气不正,形式主义、官僚主义、享乐主义和奢靡之风盛行,特权思想和特权现象较为普遍存在。特别是搞任人唯亲、排斥异己的有之,搞团团伙伙、拉帮结派的有之,搞匿名诬告、制造谣言的有之,搞收买人心、拉动选票的有之,搞封官许愿、弹冠相庆的有之,搞自行其是、阳奉阴违的有之,搞尾大不掉、妄议中央的也有之,政治问题和经济问题相互交织,贪腐程度触目惊心"。

以上罗列的问题,不可谓不开门见山、尖锐痛彻。正是针对这些问题,决议指出,在党的十八大后,党明确提出要加强和维护党中央的集中统一领导,"旗帜鲜明讲政治",提高领导干部政治判断力、政治领悟力、政治执行力,确保党在各级组织中发挥领导作用,完善推动党中央重大决策落实机制,严格执行向党中央请示报告制度,强化政治监督,深化政治巡视;要全面从严治党,"以永远在路上的清醒和坚定,坚持严的主基调,突出抓住'关键少数'","把全面从严治党贯穿于党的建设各方面";要"坚持从中央政治局做起、从领导干部抓起,以上率下改进工作作风","中央政治局每年召开民主生活会,听取贯彻执行八项规定情况汇报,开展批评和自我批评"；要"坚持无禁区、全覆盖、零容忍，坚持重遏制、强高压、长震慑，坚持受贿行贿一起查，坚持有案必查、有腐必惩，……坚定不移'打虎'、'拍蝇'、'猎狐'"，"坚决整治群众身边腐败问题，深入开展国际追逃追赃"，"查处拉票贿选案"。所有这些对策，显然都有极强的针对性。

又如，决议在肯定改革开放后党扭住经济建设这个中心，领导人民埋头苦干，创造出经济快速发展的奇迹，国家经济实力大幅提升的同时，指出"一些地方和部门存在片面追求速度规模、发展方式粗放等问题"。对此，决议首先指出，党中央在十八大后分析了我国经济已由高速增长阶段转向高质量发展阶段的客观情况，以及面临的增长速度换档期、结构调整阵痛期、前期刺激政策消化期"三期叠加"的复杂局面；然后指出，党中央一方面根据经济发展进入新常态的实际，提出"稳中求进"的工作总基调，另一方面要求贯彻新发展理念，提出"不能简单以生产总值增长率论英雄"，并在论述新时代干部标准时，把不唯生产总值与"不唯票、不唯分、不唯年龄"放在一起加以强调。以上这些，对改革开放后出现的问题及其对策，也都是摆在明面，表述得十分清晰。

再如，决议指出："改革开放以后，党坚持依法治国，不断推进社会主义法治建设。同时，有法不依、执法不严、司法不公、违法不究等问题严重存在，司法腐败时有发生，一些执法司法人员徇私枉法，甚至充当犯罪分子的保护伞，严重损害法治权威，严重影响社会公平正义。"对此，决议指出，党中央在十八大后一方面强调，"权力是一把'双刃剑'，依法依规行使可以造福人民，违法违规行使必然祸害国家和人民"。另一方面提出，要坚持依宪治国，依宪执政；坚持依法治国、依法执政、依法行政共同推进，法治国家、法治政府、法治社会一体建设；努力让人民群众在每一项法律制度、每一个执法决定、每一宗司法案件中都感受到公平正义；加快完善以宪法为核心的中国特色社会主义法律体系，深化以司法责任制为重点的司法体制改革，加强对执法司法活动的监督制约，开展政法队伍教育整顿，依法纠正冤错案件，严厉惩治司法腐败；等等。这里对改革开放后出现的问题和解决问题的对策，也是讲得十分明白的。

还如，决议指出："改革开放以后，党坚持物质文明和精神文明两手抓、两手硬，推动社会主义文化繁荣发展，振奋了民族精神，凝聚了民族力量。同时，拜金主义、享乐主义、极端个人主义和历史虚无主义等错误思潮不时出现，网络舆论乱象丛生，一些领导干部政治立场模糊、缺乏斗争精神，严重影响人们思想和社会舆论环境。"决议指出，针对这些新问题，十八大后的党中央强调，要"准确把握世界范围内思想文化相互激荡、我国社会思想观念深刻变化的趋势"，明确"意识形态工作是为国家立心、为民族立魂的工作"，文化自信"是一个国家、一个民族发展中最基本、最深沉、最持久的力量"，要求各级党组织要"牢牢把握意识形态工作领导权"，"更好构筑中国精神、中国价值、中国力量，巩固全党全国各族人民团结奋斗的共同思想基础"。显而易见，这里对改革开放后出现的问题及解决问题的经验，都给予了充分揭示和深刻总结。

在总结新时代国防和军队建设的成就和经验时，决议尖锐指出："有一个时期，人民军队党的领导弱化问题突出，如果不彻底解决，不仅影响战斗力，而且事关党指挥枪这一重大政治原则。"这里说的党的领导弱化的问题，包括鼓吹"军队国家化"的舆论喧嚣。对此，决议指出：党中央和中央军委自党的十八大以来，狠抓全面从严治军，果断决策整肃人民军队政治纲纪，在古田召开全军政治工作会议，全面加强军队党的领导和党的建设，实现了人民军队整体性革命性的重塑。决议在总结这一经验时还强调："建设强大人民军队，首要的是毫不动摇坚持党对人民军队绝对领导的根本原则和制度，坚持人民军队最高领导权和指挥权属于党中央和中央军委，全面深入贯彻军委主席负责制。"

上述例子说明，党的第三个《历史决议》对改革开放后出现的问题，完全是正视的，没有回避，提出的对策和总结的经验，也都是有的放矢的。

（二）通过反对错误观点和言行的方式表明需要解决的问题

决议指出，要"防止和反对个人主义、分散主义、自由主义、本位主义、好人主义等"。为什么强调这一点呢？就是因为改革开放之后，不同程度地存在这样的问题。

改革开放前，由于一度提出"以阶级斗争为纲"，过分强调斗争哲学，导致极左思潮泛滥，对各种问题小题大做、无限上纲，严重抑制人们的积极性。党的十一届三中全会停止使用了这个不适用于社会主义社会的口号，但"又出现了另一种倾向，即怕矛盾，怕斗争，怕得罪人"①。甚至有些人面对走私猖獗、腐败成风、资产阶级自由化思潮泛滥、宗教极端势力和各种分裂势力的挑衅，也不敢理直气壮采取处置措施。针对这种情况，党的十八大以来，习近平总书记反复强调要提倡我们党一贯的坚持原则、敢于斗争的精神。他在党的十九大报告中指出："社会是在矛盾运动中前进的，有矛盾就会有斗争。……必须进行具有许多新的历史特点的伟大斗争，任何贪图享受、消极懈怠、回避矛盾的思想和行为都是错误的。"② 正因为如此，决议把"坚持敢于斗争"作为党的历史经验中"十个坚持"之一，并在结尾处突出强调，"必须保持越是艰险越向前的英雄气概，敢于斗争、善于斗争"。

决议又指出，要"持之以恒纠治'四风'，反对特权思想和特权现象，狠刹公款送礼、公款吃喝、公款旅游、奢侈浪费等不正之风，解决群众反映强烈、损害群众利益的突出问题"。之所以强调这一点，也是因为改革开放以后上述问题都曾一度成风。

早在新中国成立前夕党的七届二中全会上，毛泽东就提

①《陈云文选》第3卷，人民出版社1995年版，第274页。
② 习近平：《决胜全面建成小康社会 夺取新时代中国特色社会主义伟大胜利——在中国共产党第十九次全国代表大会上的报告》，人民出版社2017年版，第15页。

醒全党，"因为胜利，党内的骄傲情绪，以功臣自居的情绪，停顿起来不求进步的情绪，贪图享乐不愿再过艰苦生活的情绪，可能生长"，我们队伍中的意志薄弱者可能"经不起人们用糖衣裹着的炮弹的攻击"。[①] 因此，务必继续保持谦虚、谨慎、不骄、不躁和艰苦奋斗的作风。为此，新中国成立后，党着重提出了执政条件下党的建设的重大课题，并接连开展整党整风，高度警惕并着力防范党员干部腐化变质，坚决惩治腐败，从而密切了党同人民群众的关系。但改革开放后，有人曲解思想解放的方针和对外开放、对内搞活的政策，提出"要在纪律上给干部松绑"等错误口号，致使一些人在思想上放松了拒腐防变的弦。正如陈云在 1985 年所指出的："一说对外开放，对内搞活，有些党政军机关、党政军干部和干部子女，就蜂拥经商。……其中相当一部分，同一些违法分子、不法外商互相勾结，互相利用。钻改革的空子，买空卖空，倒买倒卖，行贿受贿，走私贩私……等等丑事坏事，都出现了。'一切向钱看'的资本主义腐朽思想，正在严重地腐蚀我们的党风和社会风气。"[②] 党在十八大前，虽然也不断采取措施整顿党风，但问题总是时起时伏，有的甚至愈演愈烈，由请客送礼发展到贪污巨款、买官卖官、批发官帽、明码标价。

正是针对这种现象，党中央在十八大后提出全面从严治党的方针，并采取雷霆手段，终于"刹住了一些过去被认为

---

① 《毛泽东选集》第 4 卷，人民出版社 1991 年版，第 1438 页。
② 《陈云文选》第 3 卷，人民出版社 1995 年版，第 355—356 页。

不可能刹住的歪风，纠治了一些多年未除的顽瘴痼疾，党风政风和社会风气为之一新"。决议总结的"十个坚持"的重要经验中，就有两个涉及党风问题：一曰"坚持人民至上"，二曰"坚持自我革命"。决议强调，"党的最大政治优势是密切联系群众，党执政后的最大危险是脱离群众。党代表中国最广大人民根本利益，没有任何自己特殊的利益，从来不代表任何利益集团、任何权势团体、任何特权阶层的利益，这是党立于不败之地的根本所在"；"党的伟大不在于不犯错误，而在于从不讳疾忌医……勇于自我革命。只要我们不断清除一切损害党的先进性和纯洁性的因素，不断清除一切侵蚀党的健康肌体的病毒，就一定能够确保党不变质、不变色、不变味"。以上论述，显然也是针对改革开放以来问题而作出的总结。

决议还指出，要"着力解决意识形态领域党的领导弱化问题，立破并举、激浊扬清"；要"敢抓敢管、敢于斗争，旗帜鲜明反对和抵制各种错误观点"。之所以强调这个问题，是因为"中国在粉碎'四人帮'以后出现一种思潮，叫资产阶级自由化，崇拜西方资本主义国家的'民主'、'自由'，否定社会主义"。自由化的思想"不仅社会上有，我们共产党内也有"。① 后来，从这股思潮又引出历史虚无主义、新自由主义、民主社会主义、西方"宪政"、"普世价值"等错误思潮。在我们党与这些错误思潮的斗争中，有人歪曲邓小平提

---

① 《邓小平文选》第 3 卷，人民出版社 1993 年版，第 123、124 页。

出的"不争论",把它说成在改革开放的方向等重大政治问题上也不要问"姓资姓社",并给同这些错误思潮进行的斗争扣上"搞争论""炒热"等帽子,使错误思潮在某些报刊尤其网络上一度畅行无阻、甚嚣尘上。

针对上述现象,习近平总书记在党的十八大后一再强调,不能用"不争论""不炒热""让说话"等理由替不作为开脱,更不能在有人同错误思潮斗争时袖手旁观,甚至"拉偏架",而要敢抓敢管,敢于亮剑。他指出,"坚持正面宣传为主,决不意味着放弃舆论斗争";对错误言论"不能默不作声,要及时反驳,让正确声音盖过它们。这与韬光养晦或不争论是两码事"。他说:"宣传思想阵地,我们不去占领,人家就会去占领。"各种敌对势力颠覆中国共产党领导和社会主义制度,"选中的一个突破口就是意识形态领域,……历史和现实都警示我们,思想舆论阵地一旦被突破,其他防线就很难守得住。在意识形态领域斗争上,我们没有任何妥协、退让的余地,必须取得全胜",但"一些单位和党政干部政治敏感性、责任感不强,在重大意识形态问题上含含糊糊、遮遮掩掩,助长了错误思潮的扩散"。① 他要求:"各级党委和宣传思想部门、组织部门、教育部门要加强领导和管理,党报党刊党网、党政干部院校、大专院校要强化政治意识、责任意识,在重大问题上与党中央保持高度一致,绝不允许与中央唱反调,绝不允许吃共产党的饭、砸共产党的锅。""宣传思

① 《习近平关于社会主义文化建设论述摘编》,中央文献出版社 2017 年版,第 27、209、30、37、35 页。

想战线的同志要当战士、不当绅士，不做'骑墙派'和'看风派'，不能搞爱惜羽毛那一套。宣传思想战线的同志要履行好自己的神圣职责和光荣使命，以战斗的姿态、战士的担当，积极投身宣传思想领域斗争一线。"他还说，对政治性、原则性、导向性问题，不仅必须旗帜鲜明、敢抓敢管，对出现偏差和错误的不仅要严肃批评、严肃处理，而且，"对发出正义声音而受到围攻的媒体和新闻舆论工作者要坚决力挺"。针对网上斗争的问题，他明确指出："互联网已经成为舆论斗争的主战场。……在互联网这个战场上，我们能否顶得住、打得赢，直接关系我国意识形态安全和政权安全"，"过不了互联网这一关，就过不了长期执政这一关。党管媒体，不能说只管党直接掌握的媒体"①。

为贯彻习近平总书记有关意识形态工作的一系列指示精神，党中央先后召开了全国宣传思想工作会议和文艺工作、党的新闻舆论工作、网络安全和信息化工作、哲学社会科学工作座谈会，以及全国高校思想政治工作会议，就一系列根本性问题阐明了原则立场，廓清了理论是非，校正了工作导向。同时，推动理想信念教育常态化，完善思想政治工作体系，建立健全党和国家功勋荣誉表彰制度，建立烈士纪念日，推动学习"四史"等。可见，决议有关党的十八大后意识形态领域工作的经验总结，同样是有的放矢的。

---

①《习近平关于社会主义文化建设论述摘编》，中央文献出版社 2017 年版，第 36、45、49—50、28—29、42 页。

（三）通过肯定正确做法的方式表明需要解决的问题

决议反复强调，必须坚定理想信念。决议指出："马克思主义信仰、共产主义远大理想、中国特色社会主义共同理想，是中国共产党人的精神支柱和政治灵魂，也是保持党的团结统一的思想基础。"又指出："共产党人如果没有理想信念，精神上就会'缺钙'，就会得'软骨病'，必然导致政治上变质、经济上贪婪、道德上堕落、生活上腐化。"为什么强调这些呢？就是因为改革开放以来，有些人认为"共产主义遥遥无期"，主张今后要"少讲甚至不讲共产主义"，只讲中国特色社会主义就行了。有人甚至提出，为了使资本家放心，最好把共产党的名字改一下，比如叫人民党、劳动党、社会党等。受此影响，舆论界出现了一种怪现象，似乎谁讲共产主义谁就是"左"，就是反对改革。以至在报刊、广播、电视等宣传媒体中，"共产主义"几个字几乎绝迹。

针对怕讲共产主义的问题，习近平总书记在党的十八大后旗帜鲜明地指出："在我们党员、干部队伍中，信仰缺失是一个需要引起高度重视的问题。在一些人那里，有的以批评和嘲讽马克思主义为'时尚'、为噱头；有的精神空虚，认为共产主义是虚无缥缈的幻想，'不问苍生问鬼神'，热衷于算命看相、求神拜佛，迷信'气功大师'；有的信念动摇，把配偶子女移民到国外、钱存在国外，给自己'留后路'，随时准备'跳船'；有的心为物役，信奉金钱至上、名利至上、享乐至上，心里没有任何敬畏，行为没有任何底线。"他强调："社会主义是共产主义初级阶段，共产主义是我们的最高理想。我们现在做的是社会主义初级阶段的事情，但不能忘记初衷，不能忘了我们的最高奋斗目标。在这个问题上，不要含糊其辞、语焉不详。含糊其辞、语焉不详是理想信念模糊甚至动摇的一种表现，好像这个东西太遥远，我们也拿不准，所以就不愿提及了。眼前的事情，我们看得到，所以敢提，社会主义初级阶段敢提，'两个一百年'敢提，全面建成小康社会二〇二〇年就能实现了，看得挺准，更敢提。我觉得，作为党章明确规定的内容，作为我们党一贯明确坚持的理想，我们要坚定信念，坚信它是具有科学性的。如果觉得心里不踏实，就去钻研经典著作，《共产党宣言》多看几遍。"①

针对"共产主义遥遥无期"的观点，习近平总书记在纪念陈云同志诞辰 110 周年座谈会上的讲话中，特别引用陈云的话说："共产主义遥遥有期，社会主义就是共产主义的第一阶段。"② 习近平总书记指出："我们党以马克思主义为立党之本，以实现共产主义为最高理想，以全心全意为人民服务为根本宗旨。这就是共产党人的本。没有了这些，就是无本之木。我们整个道路、理论、制度的逻辑关系就在这里。……改革开放以来，我们党带领全国各族人民开创和发展中国特色社会主义道路、中国特色社会主义理论体系、中国特色社

---

① 《习近平关于全面从严治党论述摘编》，中央文献出版社 2021 年版，第162、168 页。

② 习近平：《在纪念陈云同志诞辰 110 周年座谈会上的讲话》，人民出版社2015 年版，第 6 页。

会主义制度，都源于这个理想信念。立忠诚笃信之志，就是要坚定这个理想信念。"①

针对"既然实现共产主义是很漫长的过程，为什么共产党员还要为之奋斗"的问题，习近平总书记说："实现共产主义是我们共产党人的最高理想，而这个最高理想是需要一代又一代人接力奋斗的。如果大家都觉得这是看不见摸不着的东西，没有必要为之奋斗和牺牲，那共产主义就真的永远实现不了了。我们现在坚持和发展中国特色社会主义，就是向着最高理想所进行的实实在在努力。"②他还说：在党的历史中，"一代又一代共产党人为了追求民族独立和人民解放，不惜流血牺牲，靠的就是一种信仰，为的就是一个理想。尽管他们也知道，自己追求的理想并不会在自己手中实现，但他们坚信，只要一代又一代人为之持续努力，一代又一代人为此作出牺牲，崇高的理想就一定能实现"③。

针对"要给共产党改名"的鼓噪，习近平总书记指出："国内外各种敌对势力，总是企图让我们党改旗易帜、改名换姓，其要害就是企图让我们丢掉对马克思主义的信仰，丢掉对社会主义、共产主义的信念。而我们有些人甚至党内有的同志却没有看清这里面暗藏的玄机，认为西方'普世价值'经过了几百年，为什么不能认同？西方一些政治话语为什么不能

---

① 《习近平关于全面从严治党论述摘编》，中央文献出版社 2021 年版，第163—164 页。

② 《十八大以来重要文献选编》（中），中央文献出版社 2016 年版，第 321 页。

③ 《十八大以来重要文献选编》（上），中央文献出版社 2014 年版，第 116 页。

借用？接受了我们也不会有什么大的损失，为什么非要拧着来？"① 他说："中国共产党之所以叫共产党，就是因为从成立之日起我们党就把共产主义确立为远大理想。我们党之所以能够经受一次次挫折而又一次次奋起，归根到底是因为我们党有远大理想和崇高追求。"②

正是由于总结了过去在对待理想信念方面的经验教训，党的十八大以来，全党连续开展了党的群众路线教育实践活动、"三严三实"专题教育、"两学一做"学习教育、"不忘初心、牢记使命"主题教育，以及党史学习教育等集中教育活动。这些教育活动虽然各有侧重，但中心都是为了增进广大党员的理想信念。为此，决议鲜明指出，"世界范围内社会主义和资本主义两种意识形态、两种社会制度的历史演进及其较量发生了有利于社会主义的重大转变"；我们要"站在历史正确的一边，站在人类进步的一边"；领导干部要"解决好世界观、人生观、价值观这个'总开关'问题""全党要牢记中国共产党是什么、要干什么这个根本问题，把握历史发展大势，坚定理想信念，牢记初心使命"。

决议还强调，必须端正改革正确方向。决议指出，要"坚持改革正确方向，以促进社会公平正义、增进人民福祉为出发点和落脚点"，"必须使中国特色社会主义政治制度深深扎根于中国社会土壤，照抄照搬他国政治制度行不通，甚至

---

① 习近平：《在全国党校工作会议上的讲话》，人民出版社 2016 年版，第 8 页。
② 习近平：《在庆祝中国共产党成立 95 周年大会上的讲话》，人民出版社 2016 年版，第 10 页。

会把国家前途命运葬送掉", "必须警惕和防范西方所谓'宪政'、多党轮流执政、'三权鼎立'等政治思潮的侵蚀影响"。决议重申要"毫不动摇坚持四项基本原则，坚决排除各种干扰，从容应对关系我国改革发展稳定全局的一系列风险考验"，强调"实践发展永无止境，解放思想永无止境，改革开放也永无止境，改革只有进行时、没有完成时，停顿和倒退没有出路，必须以更大的政治勇气和智慧推进全面深化改革"。为什么强调这些呢？也是因为改革开放以来，一些人在体制改革问题上宣扬所谓"改革开放无方向论""政治体制滞后论"等错误观点。

针对改革无所谓这个方向那个方向的谬论，习近平总书记在党的十八大后多次指出："我们的改革开放是有方向、有立场、有原则的。我们当然要高举改革旗帜，但我们的改革是在中国特色社会主义道路上不断前进的改革。"他强调："不能笼统地说中国改革在某个方面滞后。在某些方面、某个时期，快一点、慢一点是有的，但总体上不存在中国改革哪些方面改了，哪些方面没有改。问题的实质是改什么、不改什么，有些不能改的，再过多长时间也是不改。我们不能邯郸学步。世界在发展，社会在进步，不实行改革开放死路一条，搞否定社会主义方向的'改革开放'也是死路一条。"①在庆祝改革开放 40 周年大会上的讲话中，他更加掷地有声地讲道："牢牢把握改革开放的前进方向。改什么、怎么改必须以是否

---

① 《习近平关于全面深化改革论述摘编》，中央文献出版社 2014 年版，第 14、15 页。

符合完善和发展中国特色社会主义制度、推进国家治理体系和治理能力现代化的总目标为根本尺度，该改的、能改的我们坚决改，不该改的、不能改的坚决不改。我们要坚持党的基本路线，把以经济建设为中心同坚持四项基本原则、坚持改革开放这两个基本点统一于新时代中国特色社会主义伟大实践，长期坚持，决不动摇。"①

针对有人散布"市场经济"前面不必加"社会主义"的谬论，习近平总书记指出："我们是在中国共产党领导和社会主义制度的大前提下发展市场经济，什么时候都不能忘了'社会主义'这个定语。之所以说是社会主义市场经济，就是要坚持我们的制度优越性，有效防范资本主义市场经济的弊端。"② "如果不能给老百姓带来实实在在的利益，如果不能创造更加公平的社会环境，甚至导致更多不公平，改革就失去意义，也不可能持续。"③

关于市场与政府、民营与国有、资本与劳动、效率与公平的关系问题，决议也作出了一系列论断。决议指出，要"使市场在资源配置中起决定性作用，更好发挥政府作用"；要"支持国有资本和国有企业做强做优做大"；要"构建亲清政商关系，促进非公有制经济健康发展和非公有制经济人士健康成长"；要"强化市场监管和反垄断规制，防止资本无序

---

① 《习近平谈治国理政》第 3 卷，外文出版社 2020 年版，第 184 页。
② 《习近平关于社会主义经济建设论述摘编》，中央文献出版社 2017 年版，第 64 页。
③ 《十八大以来重要文献选编》（上），中央文献出版社 2014 年版，第 552—553 页。

扩张"；要"保护广大劳动者和消费者权益"；要"努力建设体现效率、促进公平的收入分配体系，调节过高收入，取缔非法收入，增加低收入者收入，稳步扩大中等收入群体"。之所以强调这些，同样都是有针对性的。

改革开放以来，受"新自由主义"思潮影响，有人提出"宏观调控仍然残留计划经济的痕迹"，"今后政府只要做好市场服务就行了"，主张所谓"大市场、小政府"；还有人说"公有制效率低""公有制与市场经济不相容""应当以民营经济为主体"，鼓吹"国有企业早晚要卖，晚卖不如早卖"，要"把国有资产量化到个人"；甚至有人主张"分配差距要进一步拉大"，反对在社会主义初级阶段提"共同富裕"的口号。针对上述错误观点，习近平总书记斩钉截铁地提出："市场起决定性作用，是从总体上讲的，不能盲目绝对讲市场起决定性作用，而是既要使市场在配置资源中起决定性作用，又要更好发挥政府作用"[①]；"市场在资源配置中起决定性作用，并不是起全部作用"[②]；"使市场在资源配置中起决定性作用和更好发挥政府作用，二者是有机统一的，不是相互否定的，不能把二者割裂开来、对立起来"[③]；"在市场作用和政府作用的问题上，要讲辩证法、两点论，'看不见的手'和'看得见的手'都要用好，努力形成市场作用和政府作用有机统一、相

---

① 《习近平关于社会主义经济建设论述摘编》，中央文献出版社 2017 年版，第 57—58 页。

② 《习近平关于全面深化改革论述摘编》，中央文献出版社 2014 年版，第 57 页。

③ 《习近平谈治国理政》第 1 卷，外文出版社 2018 年版，第 117 页。

互补充、相互协调、相互促进的格局，推动经济社会持续健康发展"①。针对政府对市场要少管甚至不管的主张，他指出："政府要切实履行好服务职能，这是毫无疑义的，但同时也不要忘了政府管理职能也很重要，也要履行好，只讲服务不讲管理也不行，寓管理于服务之中是讲管理的，管理和服务不能偏废，政府该管的不仅要管，而且要切实管好。"②

对于还要不要坚持"以公有制为主体、国有经济为主导"的问题，习近平总书记明确回答："国有企业是壮大国家综合实力、保障人民共同利益的重要力量，必须理直气壮做强做优做大，不断增强活力、影响力、抗风险能力，实现国有资产保值增值……坚决防止国有资产流失"③；"不能在一片改革声浪中把国有资产变成牟取暴利的机会"④；"深化国企改革是大文章，国有企业不仅不能削弱，而且还要加强"⑤。在全国国有企业党的建设工作会议上，他再次强调："国有企业是中国特色社会主义的重要物质基础和政治基础，是我们党执政兴国的重要支柱和依靠力量。"⑥

---

① 《习近平谈治国理政》第 1 卷，外文出版社 2018 年版，第 116 页。

② 《习近平关于全面深化改革论述摘编》，中央文献出版社 2014 年版，第 54 页。

③ 《理直气壮做强做优做大国有企业 尽快在国企改革重要领域和关键环节取得新成效》，《人民日报》2016 年 7 月 5 日。

④ 《习近平：不能在一片改革声浪中把国有资产变成谋取暴利的机会》，新华网，2014 年 3 月 9 日，http://www.xinhuanet.com/politics/2014-03/09/c_119679886.htm。

⑤ 参见习近平总书记两会期间参加上海代表团审议时讲话，《解放日报》2014 年 3 月 6 日。

⑥ 《习近平谈治国理政》第 2 卷，外文出版社 2017 年版，第 175 页。

对于分配问题，习近平总书记说，当前"分配不公问题比较突出，收入差距、城乡区域公共服务水平差距较大。在共享改革发展成果上，无论是实际情况还是制度设计，都还有不完善的地方"，必须"使全体人民朝着共同富裕方向稳步前进，绝不能出现'富者累巨万，而贫者食糟糠'的现象"。①针对有人反对在社会主义初级阶段强调共同富裕的言论，他明确回答："我国正处于并将长期处于社会主义初级阶段，我们不能做超越阶段的事情，但也不是说在逐步实现共同富裕方面就无所作为，而是要根据现有条件把能做的事情尽量做起来，积小胜为大胜，不断朝着全体人民共同富裕的目标前进。"②他告诫人们，人心向背并不仅仅决定于经济发展。"发展了，还有共同富裕问题。物质丰富了，但发展极不平衡，贫富悬殊很大，社会不公平，两极分化了，能得人心吗？"③

显而易见，决议强调"毫不动摇巩固和发展公有制经济，毫不动摇鼓励、支持、引导非公有制经济发展"，要推动"全体人民共同富裕取得更为明显的实质性进展"，都是从上述经验总结中得出的重要结论。

我们要弄清党的第三个《历史决议》的时代特色，固然要从历史研究的角度分析决议文本，然而，仅仅这样还不够，还应当从哲学的视角，在理论的高度，进行思考和理解。

---

①《十八大以来重要文献选编》（中），中央文献出版社 2016 年版，第 827 页。
②《十八大以来重要文献选编》（下），中央文献出版社 2018 年版，第 169 页。
③ 习近平：《做焦裕禄式的县委书记》，中央文献出版社 2015 年版，第 35 页。

唯物辩证法中有一个重要规律叫否定之否定，意思是任何事物都包含肯定和否定两个方面，由于双方的矛盾作用，当否定一方占据支配地位时，事物便会由肯定方面转化为对自身的否定，然后又会有新的否定对前一个否定进行否定；但是，每次否定都不是简单的抛弃，而是扬弃，即只否定原有肯定部分中的消极因素，而保留其积极因素，以实现事物的自我更新和发展。恩格斯说，否定之否定"是自然界、历史和思维的一个极其普遍的、因而极其广泛地起作用的、重要的发展规律"①。根据这一规律，任何事物的前进都不可能是直线式的，而只能是螺旋式的上升。马克思曾借用黑格尔的术语，把历史的前进概括为正题、反题、合题的过程，称这"是否定的否定，是对立面的统一"。②因此，从哲学视角思考并用哲学语言表达，可以把改革开放前的29年看成一个"肯定"或"正题"，把改革开放后到党的十八大召开前的34年看成一个"否定"或"反题"，把十八大以来的9年看成"否定"后的"否定"，即新的"肯定"，或"正题"和"反题"之后的"合题"。就是说，从哲学上理解，无论中国特色社会主义进入新时代，还是新中国史开始了新时期，都表明历史的螺旋式上升运动，达到了在继承中发展的新高度。从这个视角看待党的第三个《历史决议》的时代特色，就会更加深刻地理解习近平总书记关于决议"体现了党中央对党的百年奋斗的新认识"的论述。用这种新认识作指导，新中国史的

① 《马克思恩格斯选集》第3卷，人民出版社2012年版，第519—520页。
② 《马克思恩格斯选集》第1卷，人民出版社2012年版，第255—256页。

研究和宣传教育就会向深度和广度继续进军，进而反过来为中国特色社会主义事业提供更多有价值的历史启迪和经验，使广大群众特别是青年进一步增强新中国的历史自信和中国特色社会主义的"四个自信"。

社会主义的初级阶段与初级阶段的社会主义[*]

　　党的十八大之后，习近平总书记针对把中国特色社会主义曲解为"资本社会主义""国家资本主义""新官僚资本主义"的谬论，明确指出："中国特色社会主义是社会主义而不是其他什么主义"；同时，基于新时代以来我国经济社会发展的实际，他又作出了"新发展阶段，就是社会主义初级阶段中的一个阶段"的论断。社会主义初级阶段的理论，使我们认清了中国当前最大的实际；中国特色社会主义即初级阶段的社会主义理论，使我们明确了与社会主义初级阶段相适应的一系列方针政策和其发展的正确方向；新发展阶段的论断，又使我们进一步看到社会主义初级阶段并非凝固不变，而是在不断向前发展的。只要我们用习近平新时代中国特色社会主义思想统一全党和群众的思想，既不做超越阶段的事，也不做违背社会主义基本原则的事，而是尽力而为地去做让初级阶段不断向前发展的事，那就一定能使社会主义初级阶段经过新发展阶段和今后其他一些阶段，逐步进入社会主义社会的高级阶段，实现中华民族的伟大复兴，最终达到共产主义的理想社会。

---

　　* 本文曾发表于《世界社会主义研究》2022 年第 10、第 11 期，收入本书时，作者略作修改。

如果说中国新民主主义革命胜利的根本原因之一，是弄清楚了中国社会和革命的性质，找到了指引革命事业的正确理论、方针、政策的话，那么，中国改革开放在短短 40 多年时间里取得举世瞩目成就的根本原因之一，就是弄清楚了新中国当前发展阶段的社会性质，找到了指引改革开放事业的正确理论、方针、政策。这个社会的性质就是社会主义初级阶段，这个理论、方针、政策就是中国特色社会主义。根据习近平关于"社会主义是共产主义初级阶段"[1] 和 "中国特色社会主义是社会主义而不是其他什么主义"[2] 的重要论述，社会主义初级阶段也就是共产主义初级阶段中的初级阶段，中国特色社会主义也就是适应并指导社会主义初级阶段朝着共产主义远大目标前进的科学社会主义。

习近平总书记在党的二十大报告中指出："我们要以科学的态度对待科学、以真理的精神追求真理，坚持马克思主义基本原理不动摇，坚持党的全面领导不动摇，坚持中国特色社会主义不动摇，紧跟时代步伐，顺应实践发展，以满腔热忱对待一切新生事物，不断拓展认识的广度和深度，敢于说前人没有说过的新话，敢于干前人没有干过的事情，以新的理论指导新的实践。"他又说："我国是一个发展中大国，仍处于社会主义初级阶段，正在经历广泛而深刻的社会变革，

---

①《习近平关于全面从严治党论述摘编》，中央文献出版社 2021 年版，第 168 页。

②《十八大以来重要文献选编》（上），中央文献出版社 2014 年版，第 109 页。

推进改革发展、调整利益关系往往牵一发而动全身。我们要善于通过历史看现实、透过现象看本质，把握好全局和局部、当前和长远、宏观和微观、主要矛盾和次要矛盾、特殊和一般的关系……为前瞻性思考、全局性谋划、整体性推进党和国家各项事业提供科学思想方法。"① 以上论述为人们深刻认识我国社会所处阶段和前进方向，进一步提供了科学态度和科学思维方法。我们要为实现党的第二个百年奋斗目标和中华民族伟大复兴继续奋斗，就要把大家的思想统一到习近平新时代中国特色社会主义思想上来，用这一思想进一步认识社会主义的初级阶段和初级阶段的社会主义，切实弄清楚二者的关系。

一、进一步认识社会主义社会中初级阶段和高级阶段的区别

马克思恩格斯在把社会主义由空想变成科学时指出："在资本主义社会和共产主义社会之间，有一个从前者变为后者的革命转变时期。"② 他们称这个时期为共产主义社会的第一阶段，也就是社会主义社会。他们解释说，这个社会"是刚刚从资本主义社会中产生出来的，因此它在各方面，在经济、道德和精神方面都还带着它脱胎出来的那个旧社会的痕迹"。

---

① 习近平：《高举中国特色社会主义伟大旗帜　为全面建设社会主义现代化国家而团结奋斗——在中国共产党第二十次全国代表大会上的报告》，人民出版社 2022 年版，第 20—21 页。

②《马克思恩格斯选集》第 3 卷，人民出版社 2012 年版，第 373 页。

他们指出，所谓旧制度痕迹的一个主要表现是，在这个社会里，"通行的是商品等价物的交换中通行的同一原则，即一种形式的一定量劳动同另一种形式的同量劳动相交换"，"所以，在这里平等的权利按照原则仍然是资产阶级权利，虽然原则和实践在这里已不再互相矛盾……但这个平等的权利总还是被限制在一个资产阶级的框框里"，"这种平等的权利，对不同等的劳动来说是不平等的权利"。他们认为，"这些弊病，在经过长久阵痛刚刚从资本主义社会产生出来的共产主义社会第一阶段，是不可避免的"。只有"在共产主义社会高级阶段，在迫使个人奴隶般地服从分工的情形已经消失，从而脑力劳动和体力劳动的对立也随之消失之后；在劳动已经不仅仅是谋生的手段，而且本身成了生活的第一需要之后；在随着个人的全面发展，他们的生产力也增长起来，而集体财富的一切源泉都充分涌流之后，——只有在那个时候，才能完全超出资产阶级权利的狭隘眼界，社会才能在自己的旗帜上写上：各尽所能，按需分配！"①

以上论述表明，在马克思恩格斯看来，这个过渡的社会只能是共产主义的初级阶段。然而，这个社会的时间究竟有多长？里面还有没有不同的阶段？如果有，不同阶段又应当如何划分？对于这些问题，他们没有讲，当社会主义社会还未出现之前，他们也不可能讲。

马克思恩格斯相继逝世二三十年后的 1917 年，社会主

---

① 《马克思恩格斯选集》第 3 卷，人民出版社 2012 年版，第 363—365 页。

义社会在俄国（苏联）真的出现了。但对它究竟有多长时间，其中还有没有不同阶段，人们最初仍然不是很清楚，而且，往往存在把时间看得比较短的倾向。例如，列宁在十月革命胜利后就说过，当时的年轻人再过 10 年、20 年，就会生活在共产主义社会。不久后，他发现实现共产主义没有那么容易，承认在这个问题上犯了错误，提出了"社会主义最初级形式"[1] 的概念，并推行了新经济政策。他说："没有一个社会主义者想到过要'许诺'共产主义高级发展阶段的到来，而伟大的社会主义者在预见这个阶段将会到来时所设想的前提，既不是现在的劳动生产率，也不是现在的庸人，这种庸人……很会'无缘无故地'糟蹋社会财富的储存和提出不能实现的要求。"[2] 这段话的意思是说，共产主义社会的到来，除了需要生产力的极大提高，还需要人的道德水平的极大提高。

再往后，斯大林一度犯了急性病，在 1936 年宣布建成了社会主义，并在 1938 年提出五年内从社会主义过渡到共产主义。苏联卫国战争结束后，他反对急于向共产主义过渡，在 1952 年说，苏联正处在从社会主义过渡到共产主义的时期。但斯大林强调社会主义存在商品生产和价值规律，并且认为这是区别于共产主义的。到了赫鲁晓夫执政时期，头脑又发热，把话说得更加绝对，在 1959 年的苏共二十一大上宣布，苏联已进入全面开展共产主义建设的时期，并提出 12 年内（即 1971 年）建成共产主义。他的继任者对于这种过于冒失

---

① 《列宁选集》第 4 卷，人民出版社 2012 年版，第 92 页。
② 《列宁选集》第 3 卷，人民出版社 2012 年版，第 198 页。

的言论进行了纠正，但仍然提出苏联已处于建设发达社会主义的时期。

新中国成立后，同样碰到了急于由社会主义社会进入共产主义社会的问题。根据过渡时期总路线，我国于 1956 年完成了对资本主义工商业的改造，由新民主主义社会进入社会主义社会。接着，在 1958 年"大跃进"高潮中，"左"的急于求成的思想占了上风。所谓急于求成，一"急"是急于加快经济建设速度，增加产品数量，实现"超英赶美"；另一"急"便是急于进入共产主义。那时有的文件说，"共产主义在我国的实现，已经不是什么遥远将来的事情了"①，还有的文件提出，在第三个五年计划以前（即 1967 年）进入共产主义。上面急，下面更急，有的县提出"跑步进入社会主义"，"两年进入共产主义"，"大战二百天进入共产主义"。共产主义就是"楼上楼下、电灯电话"的通俗解释，广为传播，深入人心。

随着"共产风"、浮夸风等问题的暴露，毛泽东和党中央其他领导人的头脑逐渐冷静下来。在 1958 年底的中央工作会议（第一次郑州会议）上，毛泽东说："现在有一种偏向，好像共产主义越快越好。实现共产主义是要有步骤的。"② 会议决议明确指出，"现阶段仍然处在社会主义社会"③。在接着召开的党的八届六中全会上，毛泽东又说："我们现在是一穷二白，

① 《建国以来重要文献选编》第 11 册，中央文献出版社 2011 年版，第 388 页。
② 《毛泽东文集》第 7 卷，人民出版社 1999 年版，第 436 页。
③ 《中国共产党历史》第 2 卷（下），中共党史出版社 2011 年版，第 513 页。

还有一个一穷二弱。现在吹得太大了，我看是不合事实，没有反映客观实际。"①1959 年底，他在小范围里甚至说道："社会主义这个阶段，又可能分为两个阶段，第一个阶段是不发达的社会主义，第二个阶段是比较发达的社会主义。""建成社会主义不要讲得过早了。"②遗憾的是，他的这个思想只是闪现了一下，未能展开。

后来，毛泽东正确指出，"社会主义社会是一个相当长的历史阶段"③。他在 1962 年修改党的八届十中全会公报时说："这个时期需要几十年，甚至更多的时间。"④1964 年他在修改"九评"时又说，建设社会主义，"几十年内是不行的，需要一百年到几百年的时间才能成功。在时间问题上，与其准备短些，宁可准备长些"⑤。起初，他说社会主义需要很长时间，主要是从经济建设角度讲的。例如说"我们要建成一个伟大的社会主义国家，大概经过五十年即十个五年计划，就差不多了"⑥；"在我国，要建设起强大的社会主义经济，我估计要花一百多年"，"中国的人口多、底子薄，经济落后，要使生产力很大地发展起来，要赶上和超过世界上最先进的资本主

---

①《毛泽东年谱（1949—1976）》第 3 卷，中央文献出版社 2013 年版，第 519 页。

②《毛泽东文集》第 8 卷，人民出版社 1999 年版，第 116 页。

③《建国以来重要文献选编》第 16 册，中央文献出版社 2011 年版，第 274 页。

④《建国以来重要文献选编》第 15 册，中央文献出版社 2011 年版，第 553 页。

⑤《建国以来重要文献选编》第 19 册，中央文献出版社 2011 年版，第 57 页。

⑥《毛泽东文集》第 6 卷，人民出版社 1999 年版，第 329 页。

义国家，没有一百多年的时间，我看是不行的"①。

但 1962 年之后，毛泽东在解释社会主义社会建设长期性问题上，角度渐渐由经济转变为阶级斗争和"资产阶级法权"，认为需要较长时间的主要原因，是要消灭阶级、阶级斗争和限制"资产阶级法权"，所以时间不可能短。例如，1962年，根据他的意见，党的八届十中全会公报写道："由资本主义过渡到共产主义的整个历史时期（这个时期需要几十年，甚至更多的时间）存在着无产阶级和资产阶级之间的阶级斗争，存在着社会主义和资本主义这两条道路的斗争。"②1974年底，他在同周恩来的谈话中又说："我国现在实行的是商品制度，工资制度也不平等，有八级工资制，等等。这只能在无产阶级专政下加以限制。所以，林彪一类如上台，搞资本主义制度很容易。"③

其实，关于社会主义长期性的观点，无论从经济的角度还是政治的角度论证都是不错的，问题发生在对社会主义时期主要矛盾和主要任务的判断上。就是说，错在把阶级斗争当作社会主义时期的主要矛盾，把抓阶级斗争当作社会主义时期的主要任务。不过，值得注意的是，当"文化大革命"进入"斗、批、改"阶段时，毛泽东在谈到经济计划制定时也说过一句："许多方面要改革，怎样搞社会主义，就是不

①《毛泽东文集》第 8 卷，人民出版社 1999 年版，第 301、302 页。
②《毛泽东传（1949—1976）》（下），中央文献出版社 2003 年版，第1260 页。
③《毛泽东年谱（1949—1976）》第 6 卷，中央文献出版社 2013 年版，第572 页。

懂。"① 可见，无论从哪个角度看问题，毛泽东都认识到了社会主义到共产主义不仅需要很长时间，而且还有许多问题需要探索。

改革开放后，邓小平通过对世界社会主义运动特别是中国社会主义实践的思考，进一步发展了毛泽东的上述思想，并明确社会主义社会的主要任务是发展生产力。他指出："什么叫社会主义，什么叫马克思主义？我们过去对这个问题的认识不是完全清醒的。马克思主义最注重发展生产力。我们讲社会主义是共产主义的初级阶段，共产主义的高级阶段要实行各尽所能、按需分配，这就要求社会生产力高度发展，社会物质财富极大丰富。所以社会主义阶段的最根本任务就是发展生产力，社会主义的优越性归根到底要体现在它的生产力比资本主义发展得更快一些、更高一些，并且在发展生产力的基础上不断改善人民的物质文化生活。"② 正是受他这一思想的启发，党中央提出了社会主义初级阶段理论。

"社会主义初级阶段"作为一个概念，第一次明确使用，是在中共中央《关于建国以来党的若干历史问题的决议》（以下简称党的第二个《历史决议》）中，只不过没有发挥。1987年党的十三大报告对此作了具体阐述，指出：社会主义初级阶段"这个论断，包括两层含义。第一，我国社会已经是社会主义社会。我们必须坚持而不能离开社会主义。第二，我

---

① 《毛泽东年谱（1949—1976）》第 6 卷，中央文献出版社 2013 年版，第 230 页。

② 《邓小平文选》第 3 卷，人民出版社 1993 年版，第 63 页。

国的社会主义社会还处在初级阶段。我们必须从这个实际出发，而不能超越这个阶段。"① 在资本主义向共产主义过渡的社会主义历史阶段，即共产主义的初级阶段中，又划分出一个初级阶段，这无疑是对科学社会主义的一次重大理论创新。

后来，党的十五大报告对于社会主义初级阶段作过一个规范性表述，指出："社会主义初级阶段，是逐步摆脱不发达状态，基本实现社会主义现代化的历史阶段；是由农业人口占很大比重、主要依靠手工劳动的农业国，逐步转变为非农业人口占多数、包含现代农业和现代服务业的工业化国家的历史阶段；是由自然经济半自然经济占很大比重，逐步转变为经济市场化程度较高的历史阶段；是由文盲半文盲人口占很大比重、科技教育文化落后，逐步转变为科技教育文化比较发达的历史阶段；是由贫困人口占很大比重、人民生活水平比较低，逐步转变为全体人民比较富裕的历史阶段；是由地区经济文化很不平衡，通过有先有后的发展，逐步缩小差距的历史阶段；是通过改革和探索，建立和完善比较成熟的充满活力的社会主义市场经济体制、社会主义民主政治体制和其他方面体制的历史阶段；是广大人民牢固树立建设有中国特色社会主义共同理想，自强不息，锐意进取，艰苦奋斗，勤俭建国，在建设物质文明的同时努力建设精神文明的历史阶段；是逐步缩小同世界先进水平的差距，在社会主义基础

---

① 《十三大以来重要文献选编》(上)，中央文献出版社 2011 年版，第 9 页。

上实现中华民族伟大复兴的历史阶段。"① 这个表述说明，社会主义初级阶段和社会主义阶段一样，也是一个相当长的历史阶段，同样不能把它看短了。

社会主义初级阶段与中国特色社会主义，有联系但不完全是一个概念。前者指的是社会形态，后者指的是对应这种社会形态的一整套理论体系、制度体系和方针政策。可以说，社会主义初级阶段，自从中国完成社会主义改造之后就已经进入了；但中国特色社会主义的实行，则是在党的十一届三中全会之后。

最早出现中国特色社会主义这个概念，是在邓小平所作的《中国共产党第十二次全国代表大会开幕词》中。但他的开幕词和十二大报告，对这个概念都没有作出阐释。从党的十三大到党的十六大的历次党代表大会，对中国特色社会主义虽然都下了定义作了阐述，但都未能用明确的语言对其内涵加以概括。给出完整表述的，是党的十七大报告。报告指出："中国特色社会主义道路，就是在中国共产党领导下，立足基本国情，以经济建设为中心，坚持四项基本原则，坚持改革开放，解放和发展社会生产力，巩固和完善社会主义制度，建设社会主义市场经济、社会主义民主政治、社会主义先进文化、社会主义和谐社会，建设富强民主文明和谐的社会主义现代化国家。"② 在此基础上，党的十八大作了进一步

---

① 《十五大以来重要文献选编》（上），中央文献出版社 2011 年版，第 13—14 页。

② 《十七大以来重要文献选编》（上），中央文献出版社 2009 年版，第 9 页。

丰富，增加了建设"社会主义生态文明"和"促进人的全面发展，逐步实现全体人民共同富裕"等内容。[①]党的十九大又提出了中国特色社会主义的总体布局、战略布局和最本质特征，从而使中国特色社会主义的概念更加完善。这些论述表明，社会主义初级阶段有多长，中国特色社会主义的道路就有多长。

二、进一步认识社会主义初级阶段中不同阶段之间的区别

当 1997 年党的十五大强调中国仍处于并将长期处于社会主义初级阶段的时候，中国的国内生产总值尚处在世界的第五六位。然而，到了 2010 年，中国国内生产总值已超过日本，位居世界第二。在这种情况下，是否还能说中国仍处于并将长期处于社会主义初级阶段呢？

经过近十年的建设和探索，习近平总书记在 2017 年党的十九大指出，"中国特色社会主义进入了新时代，这是我国发展新的历史方位"。但他同时指出："我国仍处于并将长期处于社会主义初级阶段的基本国情没有变，我国是世界最大发展中国家的国际地位没有变。"[②]2020 年党的十九届五中全会提出了"新发展阶段"这一概念。习近平总书记指出："发展

---

① 《十八大以来重要文献选编》（上），中央文献出版社 2014 年版，第 10 页。

② 习近平：《决胜全面建成小康社会 夺取新时代中国特色社会主义伟大胜利——在中国共产党第十九次全国代表大会上的报告》，人民出版社 2017 年版，第 10、12 页。

社会主义不仅是一个长期历史过程，而且是需要划分为不同历史阶段的过程。……今天我们所处的新发展阶段，就是社会主义初级阶段中的一个阶段，同时是其中经过几十年积累、站到了新的起点上的一个阶段。"① 这些论述表明，一方面，社会主义初级阶段要经历很长时间，不能轻言结束；另一方面，这个阶段并不是凝固不变的，而是不断发展前进的，其中也会有不同的一个比一个更高水平的阶段。强调中国特色社会主义进入了新时代，不仅意味着新中国史、改革开放史进入了一个新阶段，而且意味着社会主义初级阶段也进入了一个新阶段。这个阶段从发展的角度来看，就是以贯彻新发展理念、构建新发展格局、推动高质量发展为主题的阶段。在社会主义初级阶段中又划分出不同阶段，这无疑是对科学社会主义的再一次重大的理论创新。

从党中央有关论述看，作出党的十八大以来中国社会主义初级阶段出现了一个新阶段的判断，大体有以下几点依据：首先，我国社会主要矛盾已经由人民日益增长的物质文化需要同落后的社会生产之间的矛盾，转化为人民日益增长的美好生活需要同不平衡不充分的发展之间的矛盾。其次，全面建成小康社会的目标已经如期实现，国内生产总值已经突破100 万亿元，人均国内生产总值突破了 1 万美元，农村贫困人口已全部实现脱贫，高等教育已进入普及化阶段，世界规模最大的社会保障体系也已建立起来，基本医疗保险覆盖超过

---

① 习近平：《把握新发展阶段，贯彻新发展理念，构建新发展格局》，《求是》2021 年第 9 期。

90% 的人口，基本养老保险覆盖近 10 亿人，国家综合国力已跃上新的大台阶，经济总量占世界经济的比重已由 11.3% 提升到 18.5%；人力资源丰富，市场空间广阔，生态环境明显改善，发展韧性强劲。再次，对外开放继续扩大，全方位、多层次、立体化的对外开放格局已经形成，共建"一带一路"稳步推进，我国国际影响力、感召力、塑造力进一步提高，日益走近世界舞台的中央；同时，国防建设水平大幅提升，军队组织形态实现重大变革，国家安全全面加强，社会保持和谐稳定，社会主义中国以更加雄伟的身姿屹立于世界东方。

既然我国在 21 世纪第二个十年里，社会主要矛盾、经济实力、人民生活水平、国际地位等与此前相比，都发生了明显变化，呈现显著的阶段性差别，为什么不能讲中国已经进入了社会主义社会的新阶段或社会主义的高级阶段，而一定要讲进入了社会主义初级阶段中的新阶段呢？这是不是过于谨慎、过于保守了呢？对这个问题，党的十九届五中全会作出了深入分析和明确回答，其中指出：我国虽然已进入新的发展阶段，但"发展不平衡不充分问题仍然突出，重点领域关键环节改革任务仍然艰巨，创新能力不适应高质量发展要求，农业基础还不稳固，城乡区域发展和收入分配差距较大，生态环保任重道远，民生保障存在短板，社会治理还有弱项"[①]。就是说，从总体看，我国的发展仍然处在社会主义的初级阶段。如果把上述存在的问题和制约发展的因素加在一

①《十九大以来重要文献选编》（中），中央文献出版社 2021 年版，第 789 页。

起分析，我认为起码有以下几点应当考虑到。

第一，各项指标的人均数还比较低。我国尽管经过几十年计划生育，人口增长率大幅度降低，至今比不实行计划生育大体少生了 2 亿人，但目前仍然有 14 亿多人，仍是世界第一人口大国。改革开放以来，中国经济虽然发展很快，国内生产总值由世界第 10 位跃居第 2 位，但人均的 1.14 万美元刚刚与世界平均水平持平，只相当于高收入国家人均的四分之一弱，更是美国人均的六分之一，在世界 200 多个国家和地区排名中只占第 60 位左右。许多产品的产量虽位居世界前列，但按人均计算也都偏低。例如，2021 年我国钢产量已达到 10 亿吨，占世界钢产量的一半多，但人均产量只有 700 多公斤，与日本、韩国差不多；谷物产量已达 6.8 亿吨，约占世界谷物产量的四分之一，比美国还多 1 亿吨，但按人均计算仅为美国的四分之一，2021 年仍进口 1.6 亿吨，其中大豆为9000 万吨，谷物为 7000 万吨，相当于全国谷物产量的十分之一。

第二，经济增长的方式和结构还不够合理。与世界各国比较，我国近几十年来经济发展速度虽然很快，但增长方式总体上还比较粗放，结构上也不够合理，发展中不平衡、不协调、不可持续的问题仍然比较突出。首先，为经济增长而付出的资源、环境、生态代价过大。随着城市化、工业化的高速发展，我国耕地、水资源和生态环境压力越来越大。例如，近些年来，在节能减排、生态维护等方面做了大量工作，也取得了显著成效，但国内生产总值的单位能耗仍是世界平均水平的 1.5 倍，单位耗水量是发达国家的 1 倍左右；人均二氧化碳排放量虽然远低于发达国家，甚至低于世界人均水平，但绝对量已升至全球第 1 位。另外，江河湖水中有 70% 不能饮用；耕地中有 20% 重金属含量超标，单位面积化肥用量是世界平均水平的近 3 倍，农药中的高毒、高残留、高污染比例仍然比较严重，有效利用率也比发达国家低很多。要减少耗能多、污染多的企业，与发展工业和充分就业之间存在矛盾；要减少化肥、农药使用，与促进粮食增产、提高单位面积产量之间也有矛盾。而且，解决这些问题，都需要有一个高科技产品研发、生产和推广使用的过程。其次，经济发展的质量和效益普遍不够高，劳动生产率仍低于发达国家，重复建设和中低端产能过剩的情况比较严重。例如，钢铁产业一方面由于盲目设厂、恶性竞争，导致利润下滑、债务上升，产能被大量闲置；另一方面每年还要从国外进口大批优质和特殊钢材。再次，居民分配问题突出，城乡之间、东西部之间的发展和高低收入人群之间的收入差距依然较大。国家统计局和国内外研究机构公布的中国基尼系数尽管不完全一样，但都超过了国际公认收入警戒线的 0.4（国家统计局 2019 年的数据是 0.465）。自党的十八大以来，经过连续进行脱贫攻坚战，至 2020 年，农村贫困人口已实现全部脱贫，但脱贫标准总体上仍然是 2014 年制定的人均年收入 2800 元，全国近一半人口月收入还不足 1000 元，城乡居民收入差距仍然大于 2.5：1，许多地方的农村基础设施还很落后，社会保障水平也比较低。

第三，科技创新能力还不够强。目前，我国在全球出口市场占有率排名第一的产品约有 1500 种之多，但这些产品的核心技术、关键部件、设计软件，大部分不在中国手里；制造这些产品的高端芯片和装备，大部分还要进口。许多中外合资企业，生产在中国，技术、专利却留在对方，使我国长期处于制造业的中低端，利润大头被对方拿走。就连服装、鞋帽等技术含量较低的消费品，很多专利、品牌也是国外的。农业中的一些优质种子和深加工产品的国内市场，也被跨国公司掌握。我国全社会研发经费支出占国内生产总值的比重虽然逐年提高，但仍然低于一些发达国家的水平。

第四，妨碍中国发展的国内国际因素还比较多。首先，随着我国几十年计划生育政策的实施和人们生育观念的变化，生育率持续下降，导致中国劳动年龄人口从 2011 年开始负增长，同时，进入了老龄化社会。目前，我国 14 岁以下人口比重已低于世界平均水平，老龄人口比重却高于世界平均水平。2020 年，60 岁以上人口超过 18.7%，65 岁以上人口占比 13.5%，80 岁以上的老人有 3500 多万。其次，劳动力工资提高较快，土地价格不断上升，环境保护要求越来越严，企业成本压力持续加大，导致一些外资企业甚至国内民营企业开始向成本相对偏低的国家和地区转移。最后，2008 年资本主义金融危机和债务危机的影响至今没有完全消除，又出现了新危机的迹象，造成世界经济增长乏力，西方发达国家各种形式的保护主义抬头，世界经济的不稳定性、不确定性突出，国际贸易摩擦加剧，逆全球化倾向显现。所有这些，都会对中国的经济发展、财政收入造成下行压力，带来不利影响。

第五，工业化、现代化的标准还在随着经济和科技的发展而变化。工业化和现代化既是一个确定的概念，也是一个动态的概念；既有各国基于不同国情的一些自身特色，也有世界公认的共同特征。随着人类经济、科技与社会的不断进步，工业化的内涵和标准都是会变化的。衡量工业化标准，一般看生产工具的状况。自 18 世纪欧洲工业革命以来，工业化经历了机械化、电气化、数字化过程；进入 21 世纪后，出现了3D 打印、物联网、云计算、机器人等智能化，被人们称为第四次工业革命。每次工业革命，都使那个时代的工业化标准相应提高。比如，在第一次工业革命时，工厂和交通工具使用蒸汽机就算是工业化了；但到第二次工业革命时，使用蒸汽机就不能再算作工业化的标志了。20 世纪 70 年代以来，出现了信息技术、太空技术、纳米科技、生物科技、新能源科技等，有人称之为信息时代、知识经济、数字经济，或者叫后工业化。在这种形势下，衡量一个国家是否实现了工业化，也不能不考虑这些新技术带来的新变化。例如，在计算机技术被广泛应用的今天，如果工业生产中还没有运用这种技术，机床没有实现自动化、数字化，即使工业产值在国民生产总值中占据了主要位置，也很难说实现了工业化。再者，发达国家早在 20 世纪 60 年代末就进入了非工业化轨道，服务业在经济中所占比重不断上升，而工业比重持续下降。在这种情况下，看一个国家是否实现了工业化，也不能简单以工业在经济中的比重多少为标准。前些年，中国工业增加值已占国内生产总值的 50%，而美国却是 26%，但不能因此就认为中国工业化程度高过了美国。现在一些发达国家虽然提出再工业化的口号，但这个工业化的内涵，已与原先大为不同。

现代化概念的提出比工业化要晚。从经济层面上说，工业化就是现代化。我们党最初对现代化不仅称之为工业化，还称过近代化。例如，毛泽东在 1945 年党的七大上说："中国工人阶级的任务，不但是为着建立新民主主义的国家而斗争，而且是为着中国的工业化和农业近代化而斗争。"[①] 新中国成立后，我们党在 1952 年提出的社会主义过渡时期总路线，其主体任务仍然是逐步实现社会主义的工业化。后来，在 1954 年一届全国人大一次会议上，出现了"现代"和"现代化"的提法。毛泽东在致开幕词时说："准备在几个五年计划之内，将我们现在这样一个经济上文化上落后的国家，建设成为一个工业化的具有高度现代文化程度的伟大的国家。"[②] 周恩来在政府工作报告中说，我国要建设现代化的工业、农业、交通运输业和国防。再后来，周恩来在 1964 年三届全国人大一次会议上明确提出实现"四个现代化"的历史性任务，指出：要"在不太长的历史时期内，把我国建设成为一个具有现代农业、现代工业、现代国防和现代科学技术的社会主义强国，赶上和超过世界先进水平"[③]。这表明，从那时起，我们党已将现代化作为自己的奋斗目标。

---

①《毛泽东选集》第 3 卷，人民出版社 1991 年版，第 1081 页。
②《毛泽东文集》第 6 卷，人民出版社 1999 年版，第 350 页。
③《中国共产党历史》第 2 卷（下），中共党史出版社 2011 年版，第 673 页。

从内涵上看，现代化比工业化更宽泛更丰富，不仅包括经济，也包括社会和生态。国际公认的现代化标准，要看生产力的发展程度，还要看社会进步、人类发展、生态环境的状况。所以，当今时代衡量一个国家是否达到了现代化标准，既看经济实力、科技实力是否跻身创新型国家的前列，也要看人民平等参与、平等发展的权利是否得到了充分保障，法治国家、法治政府、法治社会是否基本建成；社会文明程度是否达到了新的高度，国家文化软实力是否显著增强；人民生活是否更为宽裕，中等收入群体比例是否明显提高，城乡区域发展差距和居民生活水平差距是否显著缩小；现代社会治理格局是否基本形成，社会是否既充满活力又和谐有序；生态环境是否根本好转；等等。概括起来，就是要看物质文明、政治文明、精神文明、社会文明、生态文明是否得到全面提升。正因为如此，党的十九大在规划第二个百年奋斗目标时，提出了两步走战略，即第一步到 2035 年，先在全面建成小康社会的基础上基本实现现代化，然后到 21 世纪中叶，把我国建成富强民主文明和谐美丽的社会主义现代化强国。

当代中国通过 70 多年的努力，使综合国力大大增强，社会生产力水平总体上显著提高，据此作出在 21 世纪第二个 10 年进入了中国特色社会主义的一个新时代和中国经济与社会发展新阶段的判断，是完全合乎科学社会主义基本原理的。恩格斯说过："所谓'社会主义社会'不是一种一成不变的东西，而应当和任何其他社会制度一样，把它看成是经常变化和改革的社会。"① 当然，这个新阶段在发展上还是很不充分的，距离当今发达国家先进水平还有很大差距，要追上还有很长的路。所以，它只能是社会主义初级阶段中的更高一级阶段，而不是社会主义社会的高级阶段。

三、进一步认识社会主义初级阶段与初级阶段社会主义的关系

列宁曾指出，科学社会主义理论"提供的只是总的指导原理，而这些原理的应用具体地说，在英国不同于法国，在法国不同于德国，在德国又不同于俄国"②；同时指出："一切民族都将走向社会主义，这是不可避免的，但是一切民族的走法却不会完全一样，在民主的这种或那种形式上，在无产阶级专政的这种或那种形态上，在社会生活各方面的社会主义改造的速度上，每个民族都会有自己的特点"③。历史已经表明，中国对于科学社会主义原理的应用，就不同于英、法、德、俄等国的社会主义政党；在走向社会主义的方法和实行无产阶级专政的形态等方面，也有别于苏联的实践。然而，各国的具体国情无论有多么不同，只要是进行社会主义革命和建设，就不能脱离和违背科学社会主义的原理和原则。具体到我国当前，虽然是实行社会主义初级阶段的政策，但同时必须坚持科学社会主义的原理、原则。就是说，要用初级

---

① 《马克思恩格斯选集》第 4 卷，人民出版社 2012 年版，第 601 页。
② 《列宁选集》第 1 卷，人民出版社 2012 年版，第 274 页。
③ 《列宁选集》第 2 卷，人民出版社 2012 年版，第 777 页。

阶段社会主义的理论，指导和规范社会主义初级阶段的实践。那么，怎样才算做到了这一点，以什么标准来检验是否做到了这一点呢？我认为，起码要看以下三条。

（一）在实行社会主义初级阶段政策的同时，始终坚定共产主义的理想信念

毛泽东在新民主主义革命时期指出："关于社会制度的主张，共产党是有现在的纲领和将来的纲领，或最低纲领和最高纲领两部分的。"[①] 所谓共产党的最高纲领，就是马克思恩格斯根据人类社会发展规律而宣布的为实现共产主义而奋斗；最低纲领，就是各国共产党人为了实现共产主义远大目标，在不同历史阶段要达到的当前奋斗目标和主要斗争策略。毛泽东指出："我们共产党人从来不隐瞒自己的政治主张。我们的将来纲领或最高纲领，是要将中国推进到社会主义社会和共产主义社会去的，这是确定的和毫无疑义的。我们的党的名称和我们的马克思主义的宇宙观，明确地指明了这个将来的、无限光明的、无限美妙的最高理想。每个共产党员入党的时候，心目中就悬着为现在的新民主主义革命而奋斗和为将来的社会主义和共产主义而奋斗这样两个明确的目标，而不顾那些共产主义敌人的无知的和卑劣的敌视、污蔑、谩骂或讥笑。"[②] 为什么在执行党的最低纲领时必须牢记党的最高纲领、坚定共产主义的理想信念呢？我认为，主要有以下两条

①《毛泽东选集》第 2 卷，人民出版社 1991 年版，第 686 页。
②《毛泽东选集》第 3 卷，人民出版社 1991 年版，第 1059 页。

原因。

第一，只有坚定共产主义理想信念，才能在完成党的每一个最低纲领的过程中不迷失方向。

我们党在过去 100 多年里的不同历史阶段，有着具体内容各不相同的最低纲领或当前纲领。在新民主主义革命的历史阶段，党的最低纲领总起来说是"反帝反封建"。具体到抗日战争时期，是结成广泛的抗日民族统一战线打败日本帝国主义侵略者；解放战争时期，是团结一切可以团结的力量打倒蒋介石、建立新中国。新中国成立后，我们党提出通过对农业、手工业、资本主义工商业的社会主义改造，进行工业化建设；后来又提出多快好省地建设社会主义，力争早日实现工业化和"四个现代化"。在改革开放和社会主义现代化建设新时期，我们党又提出社会主义初级阶段的基本纲领，即建设有中国特色社会主义的经济、政治、文化、社会、生态文明。中国特色社会主义进入新时代后，我们党又提出"向第二个百年奋斗目标进军"的任务。这个任务就是党的十九大所宣布的："高举中国特色社会主义伟大旗帜，锐意进取，埋头苦干，为实现推进现代化建设、完成祖国统一、维护世界和平与促进共同发展三大历史任务，为决胜全面建成小康社会、夺取新时代中国特色社会主义伟大胜利、实现中华民族伟大复兴的中国梦、实现人民对美好生活的向往继续奋斗！"[1] 这个任务，也可以看作是我们党在社会主义初级阶段

①《中国共产党第十九次全国代表大会文件汇编》，人民出版社 2017 年版，第 56—57 页。

进入新发展阶段时的当前纲领。尽管过去 100 多年来的各个历史时期，我们党最低纲领或当前纲领的具体内容各不相同，但归纳起来看，它们的一个共同点都是为中华民族的伟大复兴而奋斗。

我们党在执行不同历史时期的最低纲领或当前纲领的过程中，虽然也出现过这样那样的问题，但总是能从一个胜利走向另一个胜利。究其原因，最基本的一条就是，我们党在执行这些最低纲领或当前纲领、为中华民族伟大复兴而奋斗时，心目中始终秉承着党的最高纲领，始终坚守着为实现共产主义最大目标而奋斗的理想和信念。正如邓小平所说："我们共产党人的最高理想是实现共产主义，在不同历史阶段又有代表那个阶段最广大人民利益的奋斗纲领。因此我们才能够团结和动员最广大的人民群众，叫做万众一心。有了这样的团结，任何困难和挫折都能克服。"①

毛泽东在社会主义建设初期就提醒人们："社会主义会有缺点的，将来还要发展到共产主义。"②他说，各尽所能，按劳取酬的性质"还是社会主义的"，只有到"社会产品极大地丰富了，全体人民的共产主义的思想觉悟和道德品质都极大地提高了，全民教育普及并且提高了，社会主义时期还不得不保存的旧社会遗留下来的工农差别、城乡差别、脑力劳动与体力劳动的差别，都逐步地消失了，反映这些差别的不平等的资产阶级法权的残余，也逐步地消失了，国家职能只是为

---

① 《邓小平文选》第 3 卷，人民出版社 1993 年版，第 190 页。
② 《毛泽东文集》第 6 卷，人民出版社 1999 年版，第 490 页。

了对付外部敌人的侵略，对内已经不起作用了，在这种时候，我国社会就将进入各尽所能，各取所需的共产主义时代"①。

改革开放后，为了适应社会主义初级阶段的生产力水平和新中国头30年建设达到的经济规模，将过去完全的公有制改为了公有制为主体，将高度集中的计划经济体制改为了社会主义市场经济体制；同时，吸收国外投资，兴办中外合资企业，与资本主义发达国家主导的国际经济接轨。在这种情况下，邓小平、陈云等老一辈革命家更加注意提醒共产党员，特别是党的各级干部，一定要坚守社会主义基本原则，牢记共产主义远大理想。

邓小平说："我们就是要坚决执行和实现这些社会主义的原则。从长远说，最终是过渡到共产主义。现在有人担心中国会不会变成资本主义。这个担心不能说没有一点道理。我们不能拿空话而是要拿事实来解除他们的这个忧虑，并且回答那些希望我们变成资本主义的人。我们的报刊、电视和所有的宣传工作都要注意这个问题。"他还说："马克思主义，另一个词叫共产主义。我们过去干革命，打天下，建立中华人民共和国，就因为有这个信念，有这个理想。……革命胜利以后搞建设，我们也是把马克思主义的基本原则同中国实际相结合。我们搞四个现代化建设，人们常常忘记是什么样的四个现代化，是社会主义的四个现代化。"他在1992年南方讲话中再次强调："马克思主义是科学。它运用历史唯物主

①《建国以来重要文献选编》第11册，中央文献出版社2011年版，第387页。

义揭示了人类社会发展的规律。封建社会代替奴隶社会，资本主义代替封建主义，社会主义经历一个长过程发展后必然代替资本主义。这是社会历史发展不可逆转的总趋势。"①

陈云在党的十二届二中全会上，针对一些人到国外考察，看见摩天大厦、高速公路等，就以为中国不如外国、社会主义不如资本主义、马克思主义不灵了的情况指出："资本主义必然要被共产主义所代替，这是无可改变的法则。现在世界上共产党领导的社会主义国家的存在，这就是社会主义、共产主义必然要代替资本主义的铁证。我们可以充满信心，高呼：社会主义万岁！共产主义万岁！"后来，他在全国端正党风工作经验交流会上又指出："要使全党同志明白，我们干的是社会主义事业，最终目的是实现共产主义。"他批评"有些人，包括一些共产党员，忘记了社会主义和共产主义的理想，丢掉了为人民服务的宗旨。他们为了私利，'一切向钱看'，不顾国家和群众的利益，甚至违法乱纪"。②

在中国特色社会主义进入新时代后，习近平总书记更是反复强调要"不忘初心、牢记使命"。所谓初心和使命，就是中国共产党建立之初确立的奋斗目标、宗旨和任务。他指出："中国共产党之所以叫共产党，就是因为从成立之日起我们党就把共产主义确立为远大理想。我们党之所以能够经受一次次挫折而又一次次奋起，归根到底是因为我们党有远大理想

---

① 《邓小平文选》第 3 卷，人民出版社 1993 年版，第 111、173、382—383 页。
② 《陈云文选》第 3 卷，人民出版社 1995 年版，第 332—333、347、352 页。

和崇高追求。"① "对马克思主义、共产主义的信仰，对社会主义的信念，是共产党人精神上的'钙'。没有理想信念，理想信念不坚定，精神上就会得'软骨病'，就会在风雨面前东摇西摆。"②

第二，只有坚定共产主义理想信念，才能在执行党的最低纲领的漫长过程中始终不松懈斗争意志。

改革开放以来，有人认为现在是社会主义初级阶段，再讲共产主义，不利于吸引外资；共产主义是很遥远的事，还是少讲为好；甚至胡说共产主义是乌托邦，不应作为人民的奋斗目标；市场经济是永恒的，在市场经济前面不应加社会主义四个字；等等。

共产主义社会当然还很遥远，但不等于遥不可及，是乌托邦和空中楼阁。而且要看到，共产主义不仅仅指未来社会，它也是以实现共产主义为目标的一种运动、斗争。只要是以共产主义为理想的运动和斗争，每一个胜利都是向共产主义社会前进的一步。马克思说："共产主义对我们来说不是应当确立的状况，不是现实应当与之相适应的理想。我们所称为共产主义的是那种消灭现存状况的现实的运动。"③ 党的十二大报告也指出过："共产主义作为社会制度，在我国得到完全的实现，还需要经过若干代人的长时期的努力奋斗。但是，共

---

① 《十八大以来重要文献选编》（下），中央文献出版社 2018 年版，第 347 页。

② 习近平：《在纪念陈云同志诞辰 110 周年座谈会上的讲话》，人民出版社 2015 年版，第 6 页。

③ 《马克思恩格斯选集》第 1 卷，人民出版社 2012 年版，第 166 页。

产主义首先是一种运动。……这种运动的最终目的是实现共产主义的社会制度。在我国，共产主义思想的传播，人们为最终实现共产主义理想而进行的运动，早在中国共产党成立和领导进行新民主主义革命的时候就开始了。现在这个运动在我国已经发展到建立起作为共产主义社会初级阶段的社会主义社会。……因此，共产主义的思想和共产主义的实践早已存在于我们的现实生活中。那种认为'共产主义是渺茫的幻想'、'共产主义没有经过实践检验'的观点，是完全错误的。"①

党的十八大后，习近平总书记对各种质疑共产主义理想信念的声音给予了严厉批驳。在纪念陈云同志诞辰 110 周年座谈会上，他特别引用了陈云同志针对"共产主义遥遥无期"的观点所指出的"共产主义遥遥有期，社会主义就是共产主义的第一阶段"②的论述，强调："国内外各种敌对势力，总是企图让我们党改旗易帜、改名换姓，其要害就是企图让我们丢掉对马克思主义的信仰，丢掉对社会主义、共产主义的信念。"③他说，在共产党最高奋斗目标是共产主义"这个问题上，不要含糊其辞、语焉不详"。他还说："我们党以马克思主义为立党之本，以实现共产主义为最高理想，以全心全意为人民服务为根本宗旨。这就是共产党人的本。没有了这些，

①《十二大以来重要文献选编》（上），中央文献出版社 2011 年版，第 23 页。

② 习近平：《在纪念陈云同志诞辰 110 周年座谈会上的讲话》，人民出版社 2015 年版，第 6 页。

③ 习近平：《在全国党校工作会议上的讲话》，人民出版社 2016 年版，第 18 页。

就是无本之木。我们整个道路、理论、制度的逻辑关系就在这里。……我们党带领全国各族人民开创和发展中国特色社会主义道路、中国特色社会主义理论体系、中国特色社会主义制度，都源于这个理想信念。"① "不能因为实现共产主义理想是一个漫长的过程，就认为那是虚无缥缈海市蜃楼，就不去做一个忠诚的共产党员。……实现共产主义是我们共产党人的最高理想，而这个最高理想是需要一代又一代人接力奋斗的。如果大家都觉得这是看不见摸不着的东西，没有必要为之奋斗和牺牲，那共产主义就真的永远实现不了了。我们现在坚持和发展中国特色社会主义，就是向着最高理想所进行的实实在在努力。"② "一代又一代共产党人为了追求民族独立和人民解放，不惜流血牺牲，靠的就是一种信仰，为的就是一个理想。尽管他们也知道，自己追求的理想并不会在自己手中实现，但他们坚信，只要一代又一代人为之持续努力，一代又一代人为此作出牺牲，崇高的理想就一定能实现。"③

正因为只有坚定共产主义理想信念，才能在执行党的最低纲领过程中不迷失方向，不松懈斗争意志，所以，在执行党的最低纲领的同时进行共产主义理想信念教育，是天经地义的要求。早在抗日战争期间，毛泽东就曾针对有人提出执行新民主主义行动纲领时是否应当宣传共产主义思想的疑问指出："毫

---

① 《习近平关于全面从严治党论述摘编》，中央文献出版社 2021 年版，第 168、163 页。

② 《十八大以来重要文献选编》（中），中央文献出版社 2016 年版，第 321 页。

③ 《十八大以来重要文献选编》（上），中央文献出版社 2014 年版，第 116 页。

无疑义，应该扩大共产主义思想的宣传，加紧马克思列宁主义的学习，没有这种宣传和学习，不但不能引导中国革命到将来的社会主义阶段上去，而且也不能指导现时的民主革命达到胜利。"但同时，他也提醒："应把对于共产主义的思想体系和社会制度的宣传，同对于新民主主义的行动纲领的实践区别开来；又应把作为观察问题、研究学问、处理工作、训练干部的共产主义的理论和方法，同作为整个国民文化的新民主主义的方针区别开来。"① 他的这些论述，虽然是在民主革命时期作出的，但其中蕴含的关于处理共产党最高纲领与当前行动纲领之间关系的原则，直到今天仍然没有过时。

关于改革开放后在实行中国特色社会主义基本纲领的情况下，还要不要坚持共产主义远大理想，进行共产主义思想的宣传教育，邓小平、陈云等老一辈革命家有过同样明确的论述。邓小平说："我们干的是社会主义事业，最终目的是实现共产主义。""要特别教育我们的下一代下两代，一定要树立共产主义的远大理想。""没有理想和纪律，建设四化是不可能的。"② 陈云也说："应当把共产主义思想的教育、四项基本原则的宣传，作为思想政治工作的中心内容。""民主革命时期，我们用共产主义思想教育党员和群众中的先进分子，才使党始终有战斗力，使革命取得了胜利。"③

党的十八大之后，以习近平同志为核心的党中央为了对

①《毛泽东选集》第 2 卷，人民出版社 1991 年版，第 706 页。
②《邓小平文选》第 3 卷，人民出版社 1993 年版，第 110、111、191 页。
③《陈云文选》第 3 卷，人民出版社 1995 年版，第 352—353 页。

党员尤其党员干部加强理想信念教育，在全党开展了一次以县处级以上领导干部为重点，以"不忘初心、牢记使命"为主题的教育活动。习近平总书记指出："党内政治生活出现这样那样的问题，根子还是一些党员、干部理想信念这个'压舱石'发生了动摇，世界观、人生观、价值观这个'总开关'出现了松动。"①他要求教育引导广大党员干部，筑牢信仰之基，补足精神之钙，把稳思想之舵。

可见，我们党在社会主义社会初级阶段之所以始终能保持正确方向不走样，始终把党的当前行动纲领与最高纲领紧密结合，始终把践行中国特色社会主义共同理想同坚定共产主义远大理想相统一，不断对广大党员进行共产主义理想信念教育，是其中一个至关重要的原因。

（二）在实行社会主义初级阶段政策的同时，始终坚持四项基本原则

在社会主义初级阶段，只能从初级阶段的实际出发，实行与初级阶段相适应的各项政策。例如，要鼓励、支持、引导非公有制经济，要允许资本参与分配，要让市场在资源配置中发挥基础性乃至决定性作用，要引进资本主义国家的资本，要与资本主义主导的国际经济接轨，等等。如果不实行这些政策，就是脱离中国社会主义初级阶段的实际。然而，中国特色社会主义既然叫作社会主义，也不能脱离社会主义

---

① 《十八大以来重要文献选编》（下），中央文献出版社 2018 年版，第 458 页。

的一些最基本的原则，否则就不是社会主义。好比钢，其基本性质是含碳量小于 2% 的铁碳合金，在此基础上可以加各种合金元素，使其成为有不同用处的合金钢。但无论加什么元素，碳的含量都不能超过 2%，超过了就不能称其为钢，而是铁或者其他金属了。

党的十八大后，习近平总书记对什么是中国特色社会主义讲过一段十分重要的话，他说："科学社会主义基本原则不能丢，丢了就不是社会主义。""国内外有些舆论提出中国现在搞的究竟还是不是社会主义的疑问，有人说是'资本社会主义'，还有人干脆说是'国家资本主义'、'新官僚资本主义'。这些都是完全错误的。我们说中国特色社会主义是社会主义，那就是不论怎么改革、怎么开放，我们都始终要坚持中国特色社会主义道路、中国特色社会主义理论体系、中国特色社会主义制度。"在阐述中国特色社会主义的主要内容时，他提到"以经济建设为中心，坚持四项基本原则，坚持改革开放"，并指出"这些都是在新的历史条件下体现科学社会主义基本原则的内容，如果丢掉了这些，那就不成其为社会主义了"。①

在习近平总书记列举的上述中国特色社会主义内容中，我认为最能体现中国特色社会主义本质的，也是科学社会主义最核心的东西，就是坚持四项基本原则。理由有以下三点。

第一，坚持四项基本原则与坚持改革开放相结合是我国

①《十八大以来重要文献选编》（上），中央文献出版社 2014 年版，第 109、110 页。

改革开放成功的主要经验。

坚持四项基本原则是邓小平早在改革开放初期就提出的，具体是坚持社会主义道路，坚持无产阶级专政，坚持共产党的领导，坚持马列主义、毛泽东思想，他说："这四项基本原则并不是新的东西，是我们党长期以来所一贯坚持的。"之所以要强调宣传它们，是因为现在"社会上有极少数人正在散布怀疑或反对这四项基本原则的思潮，而党内也有个别同志不但不承认这种思潮的危险，甚至直接间接地加以某种程度的支持"。①

从改革开放 40 多年的实践看，中国特色社会主义事业之所以能够在大局稳定的前提下不断向前发展，主要原因就是把坚持改革开放与坚持四项基本原则紧密结合在一起。这是改革开放"最可靠的保证"②，是"最可宝贵的经验"③，是"取得成功的关键和根本"④，是"国家的生命线、人民的幸福线"⑤，是规定和影响其他经验的核心经验。

有一种观点认为，改革开放成功的根本原因是实行了改革开放。且不说这种观点在逻辑上是否成立，即使成立，在事实上也是站不住脚的。因为，所谓改革，主要点在于经济体制以市场为取向；所谓开放，说到底是与资本主义发达国家主导的国际经济规则相接轨。目前，世界上 200 多个国家

---

① 《邓小平文选》第 2 卷，人民出版社 1994 年版，第 165、166 页。

② 《十四大以来重要文献选编》（上），中央文献出版社 2011 年版，第 581 页。

③ 《十五大以来重要文献选编》（上），中央文献出版社 2011 年版，第 15 页。

④ 《十七大以来重要文献选编》（上），中央文献出版社 2009 年版，第 101 页。

⑤ 《十八大以来重要文献选编》（下），中央文献出版社 2018 年版，第 349 页。

和地区，除了 20 多个发达国家一直实行市场经济和主导国际经济秩序之外，余下的绝大多数发展中国家和地区，要么早就在实行市场经济和与国际经济规则接轨了，要么也是在向市场经济和与国际经济规则接轨的方向过渡。可是，在这么多实行和试图实行市场经济、与国际经济规则接轨的发展中国家和地区中，唯独中国的发展速度最快，持续时间最长，取得的成就最大。如果再考虑到中国经济基础薄弱、气候自然条件较差、人均耕地和各种资源相对贫乏、区域发展很不平衡等不利因素，能做到这一点就更加不易。只要把中国与大多数发展中国家和地区比较一下就不难看出，它们之间的最大区别并不在于是否改革开放，是否实行了市场经济和与国际经济规则接轨，而在于中国的改革开放没有脱离本国国情，没有照搬西方经济、政治制度的模式；在于中国把市场经济规则与社会主义基本经济制度相结合，保留了国家的计划手段和宏观调控能力，更好地发挥了政府作用；在于中国一方面与国际经济规则接轨，另一方面没有完全融入世界资本主义经济体系，更没有受国际垄断财团、跨国公司的任意摆布。说到底，在于中国把坚持四项基本原则与改革开放结合在了一起。

第二，坚持四项基本原则是敌对势力攻击我们的主要矛头所向。

中国从本国国情出发，把坚持改革开放与坚持四项基本原则相结合，从而在保持社会基本稳定的前提下实现经济快速发展，这个"奥妙"许多发展中国家渐渐看明白了，对西方的制度模式产生了越来越大的怀疑，对中国发展道路产生了越来越大的兴趣。同样，这个"奥妙"西方敌对势力也看得很清楚。正因为如此，他们以及与他们相勾结的民族分裂势力、邪教组织、自由化分子、民运分子，为了遏制中国进一步发展，消除中国发展道路在发展中国家产生的影响力、吸引力，在利用一切机会制造反华事端，挑唆群众与政府对立，千方百计进行渗透、分裂、颠覆活动的同时，集中攻击中国坚持改革开放与坚持四项基本原则相结合的做法。

在国内外敌对势力看来，随着中国私营经济和市场经济的发展、政治体制改革的深入、对历史错案的揭发纠正，中国早晚有一天会放弃四项基本原则。因此，他们显得比我们更关心改革开放，一有风吹草动，就造谣说改革开放的政策要变了。由此可见，他们并不反对改革开放，而是反对改革开放与四项基本原则的结合。这从反面证明，改革开放与四项基本原则相结合，才是各种敌对势力最害怕最痛恨的。邓小平曾指出："台湾集中攻我们四个坚持，恰恰证明四个坚持不能丢。没有四个坚持，中国就乱了。""中国的政策基本上是两个方面，说不变不是一个方面不变，而是两个方面不变。人们忽略的一个方面，就是坚持四项基本原则，坚持社会主义制度，坚持共产党领导。人们只是说中国的开放政策是不是变了，但从来不提社会主义制度是不是变了，这也是不变的嘛！"[1]

---

[1]《邓小平文选》第 3 卷，人民出版社 1993 年版，第 286、217 页。

前些年，一位新加坡学者撰文说："欧洲（实际上整个西方世界）实际上是期望中国的发展会实现西方价值。但现实是，中国的发展不仅没有使得西方价值在中国开花结果；反而，中国的发展经验对发展中国家产生了很大的影响，从而在发展中国家对西方的价值构成了挑战。""在很大程度上，欧洲人对于一个政治中国的担忧和恐惧甚于一个经济中国。并且，这种担忧和恐惧还相当普遍。现实地说，这种担忧甚至恐惧很难在短时间内消除，也很可能随着中国的进一步崛起和外在影响力的提高而强化。"[①] 他的话从另一个侧面说明，西方敌对势力最反对的，正是我们最成功的地方。

第三，放弃社会主义基本原则是苏联改革失败的主要原因。

苏共下台、苏联解体的原因很多，但历史已经清楚地表明，最主要的原因就是戈尔巴乔夫之流搞的"改革"。这个所谓改革，"放弃了社会主义道路，放弃了无产阶级专政，放弃了共产党的领导地位，放弃了马克思列宁主义，结果使得已经相当严重的经济、政治、社会、民族矛盾进一步激化，最终酿成了制度剧变、国家解体的历史悲剧"[②]。他们在经济改革方面，错用了"五百天计划"和"休克疗法"等新自由主义药方，推进放任自流的市场经济和私有化，造成生产下降、物价飞涨、少数人暴富、多数人贫困的局面；在政治改革方

---

① 郑永年：《欧洲人的中国认知和中国担忧》，（新加坡）《联合早报》2008年5月13日。

②《江泽民文选》第3卷，人民出版社2006年版，第230页。

面，错用了"人道的民主的社会主义"药方，搞议会民主、三权鼎立、多党制那一套，逐渐使苏共失去了国家的领导地位；在意识形态方面，错用了"多元化、公开性"药方，发动全民对苏共和苏联历史进行清算，由反斯大林发展到反列宁、反十月革命、反马克思主义。相反，把托洛茨基等人奉为英雄，甚至把沙皇当成布尔什维克"暴政"的受害者，从而使苏共威信扫地，使苏联历史变得臭不可闻，使人民对革命领袖的崇敬和对社会主义的信念彻底动摇。试想，在这种形势下，苏共怎么可能不下台，苏联又怎么可能不解体？

2008 年，苏联最后一任部长会议主席雷日科夫到当代中国研究所作题为《苏联解体原因》的报告。他说，苏联是靠苏联共产党凝聚的，没有了苏联共产党，苏联是不可能存在的。为了使改革有稳固和强有力的国家权力作保证，千万要坚持共产党的领导；而为了使这个党具有凝聚力，千万不要搞私有化。就连戈尔巴乔夫也对我们的记者说："改革时期，加强党对国家和改革进程的领导，是所有问题的重中之重。……如果党失去对社会和改革的领导，就会出现混乱。""我给中国朋友的忠告是：不要搞什么'民主化'，那样不会有好结果！千万不要让局势混乱，稳定是第一位的……""在这个方面，中国处理得很好。"[①] 他们的话，在很大程度上代表了当今俄罗斯思想界对 20 世纪 80 年代那场改革的新认识。这进一步说明，社会主义国家的改革开放要避免失败，

---

① 杨政：《戈尔巴乔夫后悔了》，《环球人物》2006 年第 5 期。

关键在于不能让改革开放与四项基本原则相脱节。

党的十八大后，习近平总书记以苏联为例，告诫人们在改革中迷失社会主义方向会导致严重后果。他指出，苏联解体、苏共垮台的一个重要原因，就在于全面否定苏联历史，否定列宁、斯大林，搞历史虚无主义，把思想搞乱了，党组织不起作用了，军队也不在党的领导之下了。他说："苏共早年在有二十万党员时能够夺取政权，在有二百万党员时能够打败法西斯侵略者，而在有近二千万党员时却丢失了政权、丢失了自己。"[①] 个中原因，就在于苏共抛弃了共产主义的理想信念。[②] 他一再强调，坚守新民主主义革命的胜利成果，肯定社会主义革命建设的成就，坚持改革开放和社会主义现代化建设的方向，是"党和人民在当今世界安身立命、风雨前行的资格"[③]；要"坚决反对任何歪曲和丑化党的历史的错误倾向。这是党史工作必须遵循的党性原则，也是每一个党史工作者应该履行的政治责任"[④]。他的论述告诉人们，维护中国共产党和新中国的历史，就是维护社会主义制度和中国人民的最大利益；只有坚持四项基本原则，才能确保改革开放行稳致远，才能使社会主义初级阶段逐步发展到高级阶段。

其一，关于坚持社会主义道路。一个国家的社会形态和

---

① 《十八大以来重要文献选编》（上），中央文献出版社 2014 年版，第 134 页。

② 习近平：《推进党的建设新的伟大工程要一以贯之》，《求是》2019 年第 19 期。

③ 习近平：《在纪念邓小平同志诞辰 110 周年座谈会上的讲话》，人民出版社 2014 年版，第 23 页。

④ 《全国党史工作会议在京举行》，《人民日报》2010 年 7 月 22 日。

社会制度，是由其经济基础与上层建筑以一定形式的结合而构成的，这是马克思主义的基本原理。立足当代，看一个国家是资本主义的还是社会主义的，主要看构成这个国家的社会形态中的经济基础及其上层建筑，是以资本为中心，还是以社会即人民为中心。改革开放前的中国社会主义与改革开放后的中国特色社会主义相比较，最大不同就在于，后者允许私人资本（无论国内还是国外）的存在，并鼓励私人资本在法律允许的范围内发展；同时，推动国有企业改革，让其中的经营性资产也以资本的方式运作；相应地，允许资本参与分配，拉开经营者与生产者的收入差距。但是，任何事物都有一定的度，中国特色社会主义之所以还是社会主义，就因为在生产资料所有制和分配制度上，把握住了这个度，做到了以公有制和按劳分配为所有制制度和分配制度的主体。

邓小平曾指出："一个公有制占主体，一个共同富裕，这是我们所必须坚持的社会主义的根本原则。""我们始终坚持两条根本原则，一是以社会主义公有制经济为主体，一是共同富裕。""社会主义有两个非常重要的方面，一是以公有制为主体，二是不搞两极分化。"他还说："我们允许个体经济发展，还允许中外合资经营和外资独营的企业发展，但是始终以社会主义公有制为主体。社会主义的目的就是要全国人民共同富裕，不是两极分化。如果我们的政策导致两极分化，我们就失败了；如果产生了什么新的资产阶级，那我们就真是走了邪路了。"① 改革开放以来，在发展非公有制经济和国有企业改革的过程中，虽然也出现过权钱交易、官商勾结、偷税漏税、变公为私、国有资产流失等问题，但公有制始终在所有制结构中占据主体地位，国有经济始终控制国民经济的命脉。所以，我国仍然是社会主义国家。从这个意义上说，所谓坚持社会主义道路，就是坚持公有制占主体的道路。

有人认为，在今天的中国，个体私营企业已占到全部税收的 50% 以上、国内生产总值的 60% 以上、技术创新的 70% 以上、城镇就业的 80% 以上、企业总数的 90% 以上，还能说公有制占主体吗？持这种疑问的人忽略了中国特色社会主义实践摸索出的一个真理，即某种所有制是否占经济的主体，主要应当看它对经济的控制力而不是其他。

改革开放后，我国宪法进行了多次修订，但第六、第七、第九、第十条始终没有变，其中规定："中华人民共和国的社会主义经济制度的基础是生产资料的社会主义公有制，即全民所有制和劳动群众集体所有制。""国营经济是社会主义全民所有制经济，是国民经济中的主导力量。国家保障国营经济的巩固和发展。""矿藏、水流、森林、山岭、草原、荒地、滩涂等自然资源，都属于国家所有，即全民所有。""城市的土地属于国家所有。农村和城市郊区的土地，除由法律规定属于国家所有的以外，属于集体所有；宅基地和自留地、自

---

① 《邓小平文选》第 3 卷，人民出版社 1993 年版，第 111、142、138、110—111 页。

留山，也属于集体所有。"① 可见，在中国对国民经济起主导作用的企业，以及土地、矿藏、河流、森林等构成生产要素的自然资源，仍然被法律规定由国家和集体掌握。凡是关系国民经济命脉的行业，如金融业、运输业、电信业、能源业等，事实上都由国有企业独资或控股经营。在全社会资产总额中，国有企业也占绝对优势。因此，说中国当前仍然由公有制占主体，由国有经济控制国民经济命脉，是毫无疑义的；私人资本虽然取得了很大发展并仍然有很大发展空间，但绝不占也不可能占生产资料的主体，没有也不可能控制国民经济的命脉。

还要看到，个体私营经济在满足市场需求、吸收就业人口等方面虽然作用巨大，但国有企业承担的一些无利可图甚至亏本的重大项目，以及各种社会责任，是它们不愿承担也难以承担的。它们给国家贡献了税收，但国有企业不仅要纳税，还要上缴利润。仅 2021 年，中央企业就上缴了 1 万亿元，而这是个体私营企业不愿做也做不到的。

另外，随着改革开放的深入发展，国家在鼓励、支持非公有制经济发展的同时，也逐渐加强了对它们的引导和监管。特别是党的十八大以来，面对少数人搞官商勾结、中饱私囊，一些领域资本无序扩张、肆意操纵、牟取暴利，习近平总书记提出构建亲清的政商关系，反对不正当竞争，防止资本野蛮生长，有效控制资本的消极作用，"既不让'资本大鳄'恣

①《十二大以来重要文献选编》（上），中央文献出版社 2011 年版，第 188—189 页。

意妄为，又要发挥资本作为生产要素的功能"①。他指出："要发挥资本促进社会生产力发展的积极作用。同时，必须认识到，资本具有逐利本性，如不加以规范和约束，就会给经济社会发展带来不可估量的危害。"②另外，他在强调支持国有资本和国有企业做强做优做大，增强国有经济的竞争力、创新力、控制力、影响力、抗风险力的同时，也要求加大对国有资产的监管力度，提高国有资本上缴公共财政的比例，严格规范国有企业管理人员薪酬水平和职务消费，依法堵塞国有资产流失的各种漏洞。所有这些举措，更加增强了公有制的主体地位和国有经济对国民经济的主导作用。

分配制度决定于生产资料所有制，是马克思主义政治经济学的一个基本原理。邓小平说过："吸收外资也好，允许个体经济的存在和发展也好，归根到底，是要更有力地发展生产力，加强公有制经济。只要我国经济中公有制占主体地位，就可以避免两极分化。"③正因为如此，目前尽管收入分配上的差距仍然较大，尽管出现了少数资产阶级分子，但社会上并没有能形成一个完整的新生资产阶级。

党的十八大报告在把"逐步实现全体人民共同富裕"纳入中国特色社会主义道路定义的同时，把"调整国民收入分配格局，加大再分配调节力度，着力解决收入分配差距较大

① 习近平：《正确认识和把握我国发展重大理论和实践问题》，《求是》2022年第10期。

②《依法规范和引导我国资本健康发展　发挥资本作为重要生产要素的积极作用》，《人民日报》2022年5月1日。

③《邓小平文选》第3卷，人民出版社1993年版，第149页。

问题"①，作为夺取中国特色社会主义新胜利的"八个必须坚持"之一。针对有人反对在社会主义初级阶段强调共同富裕的论调，习近平总书记明确指出："我们现在做的是社会主义初级阶段的事情，但不能忘记初衷，不能忘了我们的最高奋斗目标。"② "我国正处于并将长期处于社会主义初级阶段，我们不能做超越阶段的事情，但也不是说在逐步实现共同富裕方面就无所作为，而是要根据现有条件把能做的事情尽量做起来，积小胜为大胜，不断朝着全体人民共同富裕的目标前进。"③

早在 2013 年，习近平总书记就说过："坚持和发展中国特色社会主义，必须不断适应社会生产力发展调整生产关系，不断适应经济基础发展完善上层建筑。""社会基本矛盾总是不断发展的，所以调整生产关系、完善上层建筑需要相应地不断进行下去。"④ 这正是社会主义初级阶段中出现新发展阶段、需要更加关注共同富裕问题的理论基础。在 2020 年召开的党的十九届五中全会上，习近平总书记指出："随着我国全面建成小康社会、开启全面建设社会主义现代化国家新征程，我们必须把促进全体人民共同富裕摆在更加重要的位置。"在阐述中国式现代化的中国特色时，他列举了五点，其中第二

---

① 《十八大以来重要文献选编》（上），中央文献出版社 2014 年版，第 12 页。

② 《习近平关于全面从严治党论述摘编》，中央文献出版社 2021 年版，第 168 页。

③ 《十八大以来重要文献选编》（下），中央文献出版社 2018 年版，第 169 页。

④ 《习近平关于协调推进"四个全面"战略布局论述选编》，中央文献出版社 2015 年版，第 74、75 页。

点就是："全体人民共同富裕的现代化"。他说："我国现代化坚持以人民为中心的发展思想，自觉主动解决地区差距、城乡差距、收入分配差距，促进社会公平正义，逐步实现全体人民共同富裕，坚决防止两极分化。"①2021 年初，他再次强调："进入新发展阶段，完整、准确、全面贯彻新发展理念，必须更加注重共同富裕问题。"②他的这些论述，集中体现了新时代中国特色社会主义对待社会主义初级阶段的基本指导思想，那就是虽然不能做超越初级阶段的事，但并不等于说在初级阶段不能按照社会主义基本原则做符合社会主义社会以人民为中心的事，不能在初级阶段进入新发展阶段、在条件允许的情况下，把共同富裕放在更加突出的位置。对于实现共同富裕，尤其是解决人民群众切身利益的问题，共产党任何时候都要尽力而为。

其二，关于坚持无产阶级专政。二十世纪五六十年代以后，由于受到"左"的思想影响，对人民民主专政中的"专政"一面过分强调，甚至在"文化大革命"中提出"全面专政""群众专政"等错误口号，严重混淆了两类不同性质的矛盾，造成大量冤假错案，引起广大群众强烈不满。粉碎"四人帮"后，由于资产阶级自由化思潮的泛滥，一些人又走到另一个极端，歪曲马克思主义的国家学说，主张削弱国家的

---

① 《十九大以来重要文献选编》（中），中央文献出版社 2021 年版，第 784、825 页。

② 习近平：《论把握新发展阶段、贯彻新发展理念、构建新发展格局》，中央文献出版社 2021 年版，第 502 页。

专政职能，反对再讲人民民主专政和无产阶级专政，甚至主张反革命言论也可以自由发表。

针对上述错误观点，邓小平在《坚持四项基本原则》的讲话中说："发展社会主义民主，决不是可以不要对敌视社会主义的势力实行无产阶级专政。"① 他还讲过："马克思说，阶级斗争不是他的发现，他的理论最实质的一条就是无产阶级专政。无产阶级作为一个新兴阶级夺取政权，建立社会主义，本身的力量在一个相当长时期内肯定弱于资本主义，不靠专政就抵制不住资本主义的进攻。坚持社会主义就必须坚持无产阶级专政，我们叫人民民主专政。在四个坚持中，坚持人民民主专政这一条不低于其他三条。"② 他在晚年一次谈话中还说过："社会主义市场经济优越性在哪里？就在四个坚持。四个坚持集中表现在党的领导。……没有人民民主专政，党的领导怎么实现啊？"③

有人问，既然已经停止使用"以阶级斗争为纲"的口号，为什么还要讲无产阶级专政呢？专政的对象是谁呢？更有甚者，从根本上质疑马克思主义的阶级和阶级斗争理论。对于这些问题，邓小平在《坚持四项基本原则》的讲话中也作出了回答，他说："社会主义社会中的阶级斗争是一个客观存在，不应该缩小，也不应该夸大。实践证明，无论缩小或者夸大，

---

①《邓小平文选》第 2 卷，人民出版社 1994 年版，第 168 页。
②《邓小平文选》第 3 卷，人民出版社 1993 年版，第 364—365 页。
③《邓小平年谱（1975—1997）》（下），中央文献出版社 2004 年版，第 1363 页。

两者都要犯严重的错误。"① 党的第二个《历史决议》指出："在剥削阶级作为阶级消灭以后，阶级斗争已经不是主要矛盾。由于国内的因素和国际的影响，阶级斗争还将在一定范围内长期存在，在某种条件下还有可能激化。既要反对把阶级斗争扩大化的观点，又要反对认为阶级斗争已经熄灭的观点。"② 随后，这些论述被写进 1982 年党的十二大修订的《中国共产党章程》和 1983 年五届全国人大五次会议通过的《中华人民共和国宪法》，明确规定："由于国内的因素和国际的影响，阶级斗争还在一定范围内长期存在，在某种条件下还有可能激化"；"中国人民对敌视和破坏我国社会主义制度的国内外的敌对势力和敌对分子，必须进行斗争"。③

对于社会主义社会阶级斗争都有哪些表现的问题，邓小平当年的回答是："在社会主义社会，仍然有反革命分子，有敌特分子，有各种破坏社会主义秩序的刑事犯罪分子和其他坏分子，有贪污盗窃、投机倒把的新剥削分子，并且这种现象在长时期内不可能完全消灭。同他们的斗争不同于过去历史上的阶级对阶级的斗争（他们不可能形成一个公开的完整的阶级），但仍然是一种特殊形式的阶级斗争，或者说是历史上的阶级斗争在社会主义条件下的特殊形式的遗留。"④ 现在，反革命罪在刑法中已被取消，取而代之的是煽动颠覆国家罪，

---

①《邓小平文选》第 2 卷，人民出版社 1994 年版，第 182 页。
②《三中全会以来重要文献选编》（下），中央文献出版社 2011 年版，第 169 页。
③《十二大以来重要文献选编》（上），中央文献出版社 2011 年版，第 54、186 页。
④《邓小平文选》第 2 卷，人民出版社 1994 年版，第 169 页。

但这个罪行具体指的是："以造谣、诽谤或者其他方式煽动颠覆国家政权、推翻社会主义制度。"① 要颠覆国家政权、推翻社会主义制度，这不是阶级斗争又是什么？以造谣、诽谤或者其他方式煽动颠覆国家政权、推翻社会主义制度，就要定罪处罚，这不是无产阶级专政又是什么？

自从改革开放以来，阶级斗争的一个重要表现是意识形态领域中资产阶级自由化思潮的泛滥。邓小平说过："中国在粉碎'四人帮'以后出现一种思潮，叫资产阶级自由化，崇拜西方资本主义国家的'民主'、'自由'，否定社会主义。""自由化是一种什么东西？实际上就是要把我们中国现行的政策引导到走资本主义道路。"他还说："自由化本身就是资产阶级的，没有什么无产阶级的、社会主义的自由化，自由化本身就是对我们现行政策、现行制度的对抗，或者叫反对，或者叫修改。""所谓资产阶级自由化，就是要中国全盘西化，走资本主义道路。"② 既然资产阶级自由化要否定社会主义，对抗中国的现行制度和政策，要引导中国走资本主义道路，要搞全盘西化，这当然是阶级斗争的表现。

邓小平还指出："自由化的思想前几年有，现在也有，不仅社会上有，我们共产党内也有。"③ 他要求党员中的作家、艺术家、思想理论工作者必须遵守党的纪律，不搞资产阶级自

①《中华人民共和国刑法》，人民出版社 2021 年版，第 32 页。
②《邓小平文选》第 3 卷，人民出版社 1993 年版，第 123、181、182、207 页。
③《邓小平文选》第 3 卷，人民出版社 1993 年版，第 124 页。

由化，强调"现在的许多问题正出在我们党内"①。一些煽动反对共产党领导，反对社会主义制度，主张把西方资本主义制度全盘搬到中国来的人，"恰恰就在共产党里"②。1989年，他在会见外宾时又说："我们两个总书记都在资产阶级自由化问题上栽了跟头。"1992年南方谈话中，他再次谈到要防止党内出问题，指出："中国要出问题，还是出在共产党内部。"所以，要选拔培养德才兼备的第三代进领导班子。"但是没有解决问题，两个人都失败了，而且不是在经济上出问题，都是在反对资产阶级自由化的问题上栽跟头。"③这些事实说明，意识形态领域的阶级斗争不仅的确存在，而且在共产党内也有反映，有时斗争确实很激烈。

党的十八大以来，习近平总书记反复强调要增强的"四个意识"中，第一个就是政治意识。所谓政治，在马克思主义的话语体系里是经济的集中表现，核心问题是国家政权，而国家"是阶级矛盾不可调和的产物和表现"④。他在党代会报告和重要讲话中多次重申："我国是工人阶级领导的、以工农联盟为基础的人民民主专政的社会主义国家。"⑤他强调："我们党作为马克思主义政党，讲政治是突出的特点和优势。没有强有力的政治保证，党的团结统一就是一句空话。我国曾经有过政治挂帅、搞'阶级斗争为纲'的时期，那是错误的。

①《邓小平文选》第2卷，人民出版社1994年版，第392页。
②《邓小平文选》第3卷，人民出版社1993年版，第198页。
③《邓小平文选》第3卷，人民出版社1993年版，第344、380页。
④《列宁选集》第3卷，人民出版社2012年版，第114页。
⑤《十九大以来重要文献选编》（上），中央文献出版社2019年版，第357页。

但是，我们也不能说政治就不讲了、少讲了，共产党不讲政治还叫共产党吗？"① "马克思主义政治立场，首先就是阶级立场，进行阶级分析。"② 他在党的十九届三中全会上讲到如何认识党政关系时还指出，改革开放以来，我们曾经讨论过党政分开问题，应该说，我们当时对这个问题的理论认识和实践经验都不够，对如何解决国家治理体系、治理能力问题还是探索性的。无论我们对党政关系进行了怎样的调整，有一条是不变的，就是党的领导。讲到这里，他说："邓小平同志在谈到坚持党的领导时，还专门引用了列宁说的话：'无产阶级专政是对旧社会的势力和传统进行的顽强斗争，流血的和不流血的，暴力的和和平的，军事的和经济的，教育的和行政的斗争。……没有铁一般的和在斗争中锻炼出来的党，没有为本阶级全体忠实的人所信赖的党，没有善于考察群众情绪和影响群众情绪的党，要顺利地进行这种斗争是不可能的。'邓小平同志强调，列宁所说的这个真理现在仍然有效。"③ 可见，在坚持党的领导与坚持人民民主专政的关系问题上，习近平总书记和邓小平的观点都是："四个坚持是'成套设备'"④。

---

① 《习近平关于全面从严治党论述摘编》，中央文献出版社 2021 年版，第 97—98 页。

② 转引自刘世军：《中国政治学研究新时代的到来》，《文汇报》2014 年 6 月 30 日。

③ 《十九大以来重要文献选编》（上），中央文献出版社 2019 年版，第 277 页。

④ 《邓小平年谱（1975—1997）》（下），中央文献出版社 2004 年版，第 1363 页。

《中共中央关于党的百年奋斗重大成就和历史经验的决议》(以下简称党的第三个《历史决议》)在"开创中国特色社会主义新时代"部分总结新时代政治建设的成就和经验时指出:"必须使中国特色社会主义政治制度深深扎根于中国社会土壤,照抄照搬他国政治制度行不通,甚至会把国家前途命运葬送掉。""必须警惕和防范西方所谓'宪政'、多党轮流执政、'三权鼎立'等政治思潮的侵蚀影响。"① 可见,我们党在改革开放后总结的有关处理阶级斗争问题的经验中,既有历史的传承,也有继承中的发展。

其三,关于坚持共产党的领导。中国近代史和当代史都证明,没有中国共产党的领导,就没有中国革命的胜利,就不可能有新中国的建立和建设,更不可能有中华民族的解放和复兴。毛泽东通过总结历史经验反复强调:"领导我们事业的核心力量是中国共产党。"②"中国共产党是全中国人民的领导核心。没有这样一个核心,社会主义事业就不能胜利。"③"工、农、商、学、兵、政、党这七个方面,党是领导一切的。"④

1978 年为天安门事件平反后,社会上一度出现了怀疑和否定共产党领导的思潮。对此,邓小平明确指出:"一九七六年的天安门广场悼念周恩来总理的群众运动,尽管不是党

---

① 《中共中央关于党的百年奋斗重大成就和历史经验的决议》,人民出版社 2021 年版,第 39 页。

② 《毛泽东文集》第 6 卷,人民出版社 1999 年版,第 350 页。

③ 《毛泽东文集》第 7 卷,人民出版社 1999 年版,第 303 页。

④ 《毛泽东文集》第 8 卷,人民出版社 1999 年版,第 305 页。

有组织地领导的运动，仍然是一个坚决拥护党的领导而反对"四人帮"的运动，参加这个运动的群众的革命觉悟同党多年来的教育是不可分的，而且他们中间的主要积极分子正是党团员。因此，决不能把天安门广场那个群众运动看成为与党的领导无关的像五四运动那样纯粹自发的运动。事实上，离开了中国共产党的领导，谁来组织社会主义的经济、政治、军事和文化？谁来组织中国的四个现代化？在今天的中国，决不应该离开党的领导而歌颂群众的自发性。党的领导当然不会没有错误……但是这决不能成为要求削弱和取消党的领导的理由。我们党经历过多次错误，但是我们每一次都依靠党而不是离开党纠正了自己的错误。"他还说："坚持四项基本原则的核心，是坚持共产党的领导。没有共产党的领导，肯定会天下大乱，四分五裂。"① "文化大革命""说是'全面内战'，到底不是大打，真正的内战并没有出现。现在就不同了，如果再乱，乱到党不起作用了，国家权力不起作用了，这一派抓一部分军队，那一派抓一部分军队，就是个内战的局面。一些所谓民主斗士只要一拿到权力，他们之间就会打起来。一打内战就是血流成河，还谈何'人权'？"②

随着我国经济体制改革的发展，逐渐暴露出政治体制不相适应的问题。正如邓小平论述的："从党和国家的领导制度、干部制度方面来说，主要的弊端就是官僚主义现象，权力过分集中的现象，家长制现象，干部领导职务终身制现象和形

---

① 《邓小平文选》第 2 卷，人民出版社 1994 年版，第 170、391 页。
② 《邓小平文选》第 3 卷，人民出版社 1993 年版，第 360—361 页。

形色色的特权现象。"① 为此，提出了政治体制改革的任务，中心内容是解决党如何善于领导的问题、中央和地方及地方各级之间的关系问题，以及精简机构等问题。邓小平指出，政治体制改革总的目的是"要有利于巩固社会主义制度，有利于巩固党的领导，有利于在党的领导和社会主义制度下发展生产力"②。然而，一些人却利用这个机会，歪曲"党政分开"的原则，试图用西方"宪政""多党制""三权分立"的原则来引导和衡量我国的政治体制改革，只要没有达到他们的标准，就散布什么政治体制改革"停顿了""滞后了"的舆论。受这种舆论的影响，一些企事业单位，甚至意识形态领域的社会科学研究机构、高等院校等，纷纷取消了党委或党组领导下的行政首长分工负责制，从而严重削弱了党的领导。

党的十八大后，以习近平同志为核心的党中央纠正了政治体制改革中的偏向，代之以完善和发展中国特色社会主义制度、推进国家治理体系和治理能力现代化，走中国特色的社会主义政治发展道路。习近平总书记批评有些人把分管工作当成自己的禁脔，"不愿意党委过问，不然就是党政不分了"。他说："这种想法是不正确的。党委是起领导核心作用的，各方面都应该自觉向党委报告重大工作和重大情况，在党委统一领导下尽心尽力做好自身职责范围内的工作。"③

关于政治体制改革与加强共产党领导的关系，习近平总

---

① 《邓小平文选》第 2 卷，人民出版社 1994 年版，第 327 页。
② 《邓小平文选》第 3 卷，人民出版社 1993 年版，第 241 页。
③ 《十八大以来重要文献选编》（上），中央文献出版社 2014 年版，第 772 页。

书记指出："推进改革的目的是要不断推进我国社会主义制度自我完善和发展，赋予社会主义新的生机活力。这里面最核心的是坚持和改善党的领导、坚持和完善中国特色社会主义制度，偏离了这一条，那就南辕北辙了。"① "我们强调坚持党的领导、人民当家作主、依法治国有机统一，最根本的是坚持党的领导。""党政军民学，东西南北中，党是领导一切的，是最高的政治领导力量。"② 在这一认识的指引下，过去企事业单位被取消的党委领导体制逐渐得以恢复。党的十九大后，中小学校也被要求建立党组织领导下的校长负责制，凡有一定数量党员的民营企业也普遍建立了党的基层组织。

还要看到，中国特色社会主义虽然允许私人资本的存在和发展，并且吸收民营企业家中符合共产党员条件的人入党、有代表性的人物参加各级人民代表大会和政协组织，但是绝不允许他们形成任何形式的政治组织，绝不允许他们染指国家政权。习近平总书记说过："一个国家的政治制度决定于这个国家的经济社会基础。"③ 就是说，一个国家的上层建筑包括它的政党制度，归根结底是由这个国家的经济基础决定的。中国实行中国共产党领导的多党合作和政治协商的政党制度而不实行多党轮流执政，军队由中国共产党绝对领导而不搞"国家化"，这一切最深刻的原因，就在于中国社会主义初级

①《习近平关于全面深化改革论述摘编》，中央文献出版社 2014 年版，第 18 页。

②《习近平关于社会主义政治建设论述摘编》，中央文献出版社 2017 年版，第 26、30 页。

③《十八大以来重要文献选编》（中），中央文献出版社 2016 年，第 62 页。

阶段的基本经济制度是公有制为主体、多种所有制经济共同发展。这个经济制度决定了在中国特色社会主义社会里，人民内部的根本利益是一致的，并且不允许有任何政治力量破坏这种利益的根本一致性。所以，建立在这种经济基础之上并为之服务的政治制度、政党制度，只能是工人阶级领导的以工农联盟为基础的人民民主专政，只能是中国共产党领导的多党合作和政治协商制度。

在中国特色社会主义社会，当然也会有不同利益的矛盾。但是，公有制的主体地位决定了这种矛盾不能发展到根本利害冲突的程度，也决不允许有与人民根本利益相对立的利益集团存在，更不允许这种利益集团组织政党，同代表最大多数人民整体利益、根本利益的共产党相互竞争、轮流执政。新中国成立之初，参加政治协商会议的民主党派和无党派人士虽然代表的是民族资产阶级和小资产阶级的利益，但他们都承认中国共产党的领导。当中国完成对资本主义工商业的改造、进入社会主义社会之后，他们不再是过去那些阶级的代表，而是工商界、知识界的代表了，他们的利益与占人口大多数的人民的利益也变得根本一致了。实践已经证明并将继续证明，这种政党制度完全符合中国的实际，对于维护人民根本利益和调动各方面积极性，具有极大的优越性。

一些人之所以总认为坚持共产党领导"不民主"，原因就在于他们把资本主义国家的政党竞选和一人一票的选举制度，当成了一种"普世价值"，并拿来作为衡量我国政治制度是否民主的标准。然而，现在就连西方学者中，也有越来越多的人认识到，那种制度只不过是以金钱为后盾的利益集团，尤其是垄断财团愚弄选民的把戏，对于大多数选民并没有多少实际意义。社会主义民主当然也有选举，但是，在我国，更重要的民主形式是党的各级领导干部经常性的深入群众走访，下基层考察调研，同各行各业的群众座谈，和不同阶层的代表相互协商，以及接待和处理群众来信来访等等。通过这些形式，使执政党保持与广大群众的密切联系，及时听到群众特别是基层群众的声音，从而保证政策和决策能从占人口大多数的群众利益出发，能有效解决人民群众的实际问题。

党的第三个《历史决议》总结的中国共产党百年奋斗的十条历史经验中，第一条就是坚持党的领导。决议指出："历史和现实都证明，没有中国共产党，就没有新中国，就没有中华民族伟大复兴。"① 可见，从宏观层面总结中国当代史的经验，相对于各领域的经验具有更大的决定性意义。

其四，关于坚持马列主义、毛泽东思想。这个原则也是从中国革命史和中国当代史宏观层面总结出的一条极为重要的经验，其中包含三个要点。

一是马列主义、毛泽东思想的基本原理一定不能丢。

毛泽东在党的七大上说过："我们的党从它一开始，就是一个以马克思列宁主义的理论为基础的党，这是因为这个主义是全世界无产阶级的最正确最革命的科学思想的结晶。"② 新

---

① 《中共中央关于党的百年奋斗重大成就和历史经验的决议》，人民出版社2021年版，第65页。

② 《毛泽东选集》第3卷，人民出版社1991年版，第1093页。

中国成立后，他又说："指导我们思想的理论基础是马克思列宁主义。"①对此，我们党无论在革命时期还是建设时期，都没有发生过动摇。二十世纪五六十年代，苏联出现一股否定斯大林进而抛弃列宁主义的浪潮，毛泽东在党的八届二中全会指出："我看有两把'刀子'：一把是列宁，一把是斯大林。现在，斯大林这把刀子，俄国人丢了。""列宁这把刀子现在是不是也被苏联一些领导人丢掉一些呢？我看也丢掉相当多了。十月革命还灵不灵？还可不可以作为各国的模范？苏共二十次代表大会赫鲁晓夫的报告说，可以经过议会道路去取得政权，这就是说，各国可以不学十月革命了。这个门一开，列宁主义就基本上丢掉了。"②

改革开放后，邓小平之所以突出强调四项基本原则，并把坚持马列主义、毛泽东思想作为四项基本原则中的一项，原因就在于粉碎"四人帮"后，有少数人或者公开反对马列主义，或者口头上拥护马列主义但反对毛泽东思想，说什么只拥护"正确的毛泽东思想"，而不拥护"错误的毛泽东思想"。对此，邓小平指出："我们坚持的和要当作行动指南的是马列主义、毛泽东思想的基本原理，或者说是由这些基本原理构成的科学体系。至于个别的论断，那末，无论马克思、列宁和毛泽东同志，都不免有这样那样的失误。但是这些都不属于马列主义、毛泽东思想的基本原理所构成的科学体系。"他强调，毛泽东思想是"半个多世纪中国人民革命斗争

①《毛泽东文集》第6卷，人民出版社1999年版，第350页。
②《毛泽东传（1949—1976）》（上），中央文献出版社2003年版，第606页。

经验的结晶", "毛泽东思想过去是中国革命的旗帜，今后将永远是中国社会主义事业和反霸权主义事业的旗帜，我们将永远高举毛泽东思想的旗帜前进"。①

邓小平在指导党的第二个《历史决议》起草时，明确提出决议应有的三个中心意思，第一条也是最核心的一条，就是"确立毛泽东同志的历史地位，坚持和发展毛泽东思想"②。在他的指导下，决议从六个方面概括了毛泽东思想对马克思主义的独创性丰富和发展，并从三个方面论述了毛泽东思想的活的灵魂。决议指出："毛泽东思想是我们党的宝贵的精神财富"，"我们必须继续坚持毛泽东思想，认真学习和运用它的立场、观点和方法来研究实践中出现的新情况，解决新问题"。③

然而，随着资产阶级自由化的不断蔓延，各种歪曲、丑化、诬蔑中国共产党和革命领袖尤其是毛泽东的言论层出不穷、屡禁不止。进入新时代，习近平总书记在纪念毛泽东同志诞辰 120 周年座谈会上指出："毛泽东思想教育了几代中国共产党人，它培养的大批骨干，不仅在新民主主义革命、社会主义革命、社会主义建设时期发挥了重要作用，也为新的历史时期开创和建设中国特色社会主义发挥了重要作用。""在邓小平同志领导下，我们党解决了正确评价毛泽东同志和毛泽东思想的历史地位、根据新的实际和历史经验确

---

①《邓小平文选》第 2 卷，人民出版社 1994 年版，第 171、172 页。

②《邓小平文选》第 2 卷，人民出版社 1994 年版，第 291 页。

③《三中全会以来重要文献选编》（下），中央文献出版社 2011 年版，第 165 页。

立中国实现社会主义现代化的正确道路这两个相互联系的重大历史课题。""新形势下，我们要坚持和运用好毛泽东思想活的灵魂，把我们党建设好，把中国特色社会主义伟大事业继续推向前进。"① 在习近平新时代中国特色社会主义思想的指导下，党的第三个《历史决议》坚持了对毛泽东思想的正确评价，指出它是在革命斗争中把马克思列宁主义基本原理同中国具体实际相结合的产物，并且在社会主义革命和建设中得到进一步丰富和发展，完成了马克思主义中国化的第一次历史性飞跃。在论述中国共产党百年奋斗的历史意义时，决议指出它的意义之一，就在于展示了马克思主义的强大生命力，在于使马克思主义的科学性和真理性在中国得到了充分检验。

二是马列主义、毛泽东思想必须和实际相结合。

这条重要经验，是从革命年代血的教训中总结出来的，并为中国当代史所反复验证。毛泽东不仅在新民主主义革命时期不断强调要反对教条主义、本本主义，还以反对主观主义、宗派主义、党八股为主题，发起了延安整风运动。新中国成立后，他也一再强调理论要与实践统一，说这是"马克思主义的一个最基本的原则"②。遗憾的是，他在晚年的一些"左"倾错误论点，却"明显地脱离了作为马克思列宁主义普

①《十八大以来重要文献选编》（上），中央文献出版社 2014 年版，第 692、694、695 页。

②《毛泽东文集》第 7 卷，人民出版社 1999 年版，第 90 页。

遍原理和中国革命具体实践相结合的毛泽东思想"①。粉碎"四人帮"后的最初两年，推行"两个凡是"的方针，同样违背了理论与实践统一的原则。为了恢复和发展毛泽东倡导的实事求是、理论联系实际、一切从实际出发、在实践中检验真理和发展真理的思想路线，在邓小平等老一辈革命家的支持下，全国开展了真理标准问题大讨论，并就"两个凡是"问题进行了激烈争论，最终通过党的十一届三中全会，重新确立了马克思主义实事求是的思想路线，否定了"两个凡是"的错误方针。对此，邓小平讲了两句十分经典的话："我们取得的成就，如果有一点经验的话，那就是这几年来重申了毛泽东同志提倡的实事求是的原则。""照抄照搬别国经验、别国模式，从来不能得到成功。这方面我们有过不少教训。把马克思主义的普遍真理同我国的具体实际结合起来，走自己的道路，建设有中国特色的社会主义，这就是我们总结长期历史经验得出的基本结论。"②

在新时代，同样存在要不要和如何把马克思主义与中国具体实际相结合的问题。习近平总书记指出："我们党的历史反复证明，什么时候理论联系实际坚持得好，党和人民事业就能够不断取得胜利；反之，党和人民事业就会受到损失，甚至出现严重曲折。"③党的第三个《历史决议》列举的新时代

---

①《三中全会以来重要文献选编》（下），中央文献出版社 2011 年版，第 142 页。

②《邓小平文选》第 3 卷，人民出版社 1993 年版，第 95、2—3 页。

③《立志做党光荣传统和优良作风的忠实传人　在新时代新征程中奋勇争先建功立业》，《人民日报》2021 年 3 月 2 日。

所解决的那些长期想解决而没有解决的难题，办成的那些过去想办而没有办成的大事，取得的那些历史性成就，发生的那些历史性变革，可以说都是把马克思主义与当前实际相结合的结果。

三是马列主义、毛泽东思想需要随着时代的发展而发展。

环顾当今世界，恐怕没有任何一个社会主义政党，像中国共产党这样忠于马克思主义，热衷于学习马克思主义了；同时，也没有哪一个社会主义政党，像中国共产党这样重视对马克思主义的发展，积极创新马克思主义的理论。

早在二十世纪三四十年代，毛泽东就强调"要分清创造性的马克思主义和教条式的马克思主义"①，指出"实践是发展的，理论也应是发展的"②。新中国成立后，他继续反复宣讲马克思主义必须不断发展的道理，指出："马克思主义一定要向前发展，要随着实践的发展而发展，不能停滞不前。停止了，老是那么一套，它就没有生命了。"③"马克思这些老祖宗的书，必须读，他们的基本原理必须遵守，这是第一。但是，任何国家的共产党，任何国家的思想界，都要创造新的理论，写出新的著作，产生自己的理论家，来为当前的政治服务，单靠老祖宗是不行的。"④

如果说对于发展马克思主义的问题，改革开放前就已经

———————

① 《毛泽东文集》第 2 卷，人民出版社 1993 年版，第 373 页。
② 《毛泽东年谱（1893—1949）（修订本）》，上册，中央文献出版社 2013 年版，第 687 页。
③ 《毛泽东文集》第 7 卷，人民出版社 1999 年版，第 281 页。
④ 《毛泽东文集》第 8 卷，人民出版社 1999 年版，第 109 页。

十分重视的话，那么，改革开放后就更加重视了。正如邓小平说的，这一方面是由于在"文化大革命"中，"林彪、'四人帮'的精神枷锁束缚了人们的思想，限制了人们充分发挥智慧和创造性"①；另一方面是由于当代"世界形势日新月异，特别是现代科学技术发展很快。现在的一年抵得上过去古老社会几十年、上百年甚至更长的时间"②。他还说："绝不能要求马克思为解决他去世之后上百年、几百年所产生的问题提供现成答案。列宁同样也不能承担为他去世以后五十年、一百年所产生的问题提供现成答案的任务。真正的马克思列宁主义者必须根据现在的情况，认识、继承和发展马克思列宁主义。""不以新的思想、观点去继承、发展马克思主义，不是真正的马克思主义者。"③

党的十八大后，人们对于"及时总结党领导人民创造的新鲜经验，不断开辟马克思主义中国化新境界，让当代中国马克思主义放射出更加灿烂的真理光芒"④有了更加丰富、深切的感悟。习近平指出："马克思主义基本原理是普遍真理，具有永恒的思想价值，但马克思主义经典作家并没有穷尽真理，而是不断为寻求真理和发展真理开辟道路。"⑤"实践没有止境，理论创新也没有止境。要使党和人民事业不停顿，首先理论上不能停顿。我们要根据时代变化和实践发展，不断

---

①《邓小平文选》第 2 卷，人民出版社 1994 年版，第 232 页。

②《邓小平文选》第 3 卷，人民出版社 1993 年版，第 291 页。

③《邓小平文选》第 3 卷，人民出版社 1993 年版，第 291、292 页。

④《十八大以来重要文献选编》（上），中央文献出版社 2014 年版，第 697 页。

⑤《十八大以来重要文献选编》（上），中央文献出版社 2014 年版，第 696 页。

深化认识，不断总结经验，不断进行理论创新，坚持理论指导和实践探索辩证统一，实现理论创新和实践创新良性互动，在这种统一和互动中发展二十一世纪中国的马克思主义。"①

党的第三个《历史决议》总结的我们党百年奋斗的十条历史经验中，有一条就是"坚持理论创新"。决议写道："习近平同志指出，当代中国的伟大社会变革，不是简单延续我国历史文化的母版，不是简单套用马克思主义经典作家设想的模板，不是其他国家社会主义实践的再版，也不是国外现代化发展的翻版。只要我们勇于结合新的实践不断推进理论创新、善于用新的理论指导新的实践，就一定能够让马克思主义在中国大地上展现出更强大、更有说服力的真理力量。"②历史说明，习近平新时代中国特色社会主义思想，就是马克思主义在中国大地上展现出更强大更有说服力的最新理论创新成果。

可见，我国的改革开放之所以获得了巨大成功，关键在于既执行了适合社会主义初级阶段的各项政策，又坚持了党的最高纲领和四项基本原则。相反，如果仅仅用改革开放解释改革开放成功的原因，显然是经不起推敲，也是难以令人信服的。

---

①《习近平关于社会主义文化建设论述摘编》，中央文献出版社 2017 年版，第 65 页。

②《中共中央关于党的百年奋斗重大成就和历史经验的决议》，人民出版社 2021 年版，第 67 页。

（三）在实行社会主义初级阶段政策的同时，始终防范和抵御西方的"和平演变"

既有资料显示，最先提出对社会主义国家进行和平演变的，是20世纪50年代的美国国务卿杜勒斯；而最先提出要警惕帝国主义对社会主义国家搞"和平演变"的，是毛泽东。早在1959年，毛泽东就指出：杜勒斯说要用和平的转变代替武力，"和平转变谁呢？就是转变我们这些国家，搞颠覆活动，内部转到合乎他的那个思想。就是说，他那个秩序要维持，不要动，要动我们，用和平转变，腐蚀我们"[1]。他还告诫大家：美帝国主义"力图对社会主义国家推行'和平演变'政策，实行资本主义复辟，瓦解社会主义阵营"[2]。后来，之所以发生中苏论战，之所以开展城乡社会主义教育运动，之所以发动"文化大革命"，出发点在很大程度上都与抵御"和平演变"、防止资本主义复辟的指导思想有关。改革开放后，我们党虽然否定和纠正了在反对"和平演变"中的一些"左"的错误，但并没有否定反对"和平演变"。

第一，越是改革开放越要防范和抵御"和平演变"。

现在回头看，"和平演变"那套办法，在当年以美国为首的西方阵营对我国实行军事包围、外交孤立、经济封锁，双方缺少人员往来、文化交流的情况下，并不能起多少作用，

①《毛泽东年谱（1949—1976）》第4卷，中央文献出版社2013年版，第237页。

②《毛泽东文集》第8卷，人民出版社1999年版，第355页。

真正起作用的是在我国实行对外开放政策之后。对此，邓小平、陈云等老一辈革命家，从改革开放一开始就抱有高度的警惕。

1980年，邓小平在中共中央政治局扩大会议上指出："近一两年内，通过不同渠道运进了一些黄色、下流、淫秽、丑恶的照片、影片、书刊等，败坏我们社会的风气，腐蚀我们的一些青年和干部。如果听任这种瘟疫传布，将诱使许多意志不坚定的人道德败坏，精神堕落。各级组织都要严肃地注意这个问题，采取坚决有效的措施，予以查禁、销毁。"[1]1983年，他在党的十二届二中全会上又批评对西方哲学、经济学、社会政治和文学艺术思潮一窝蜂地盲目崇拜，甚至输入不少低级庸俗或有害的书籍、电影、音乐、舞蹈以及录像、录音等的现象，强调："这种用西方资产阶级没落文化来腐蚀青年的状况，再也不能容忍了。"他还说："实行开放政策必然会带来一些坏的东西，影响我们的人民。要说有风险，这是最大的风险。"[2]陈云也说："对外开放，不可避免地会有资本主义腐朽思想和作风的侵入。这对我们社会主义事业，是直接的危害。"他提醒人们："'一切向钱看'的资本主义腐朽思想，正在严重地腐蚀我们的党风和社会风气。""要动员和组织全党和社会的力量，以除恶务尽的精神，同这种现象进行坚决的斗争。"[3]

---

[1]《邓小平文选》第2卷，人民出版社1994年版，第338页。

[2]《邓小平文选》第3卷，人民出版社1993年版，第44、156页。

[3]《陈云文选》第3卷，人民出版社1995年版，第355、356页。

　　1989 年的政治风波过后，邓小平、陈云等老一辈革命家对毛泽东提出的反对"和平演变"的思想有了更加深刻的体会。当年的 9 月 8 日，陈云在一次谈话中说："从历史事实看，帝国主义的侵略、渗透，过去主要是'武'的，后来'文'、'武'并用，现在'文'的（包括政治的、经济的和文化的）突出起来，特别是对社会主义国家搞所谓的'和平演变'。"①过了八天，邓小平在一次谈话中也说道："美国，还有西方其他一些国家，对社会主义国家搞和平演变。美国现在有一种提法：打一场无硝烟的世界大战。我们要警惕。资本主义是想最终战胜社会主义，过去拿武器，用原子弹、氢弹，遭到世界人民的反对，现在搞和平演变。"②后来，他又多次指出，"西方国家正在打一场没有硝烟的第三次世界大战。所谓没有硝烟，就是要社会主义国家和平演变"。"帝国主义搞和平演变，把希望寄托在我们以后的几代人身上。"他强调："对这个问题要清醒，要注意培养人，要按照'革命化、年轻化、知识化、专业化'的标准，选拔德才兼备的人进班子。"③

　　第二，反对"和平演变"的重点在于政治和文化尤其意识形态领域。

　　进入新时代后，以习近平同志为核心的党中央认真汲取历史的经验教训，更加警惕"和平演变"问题，并把它提升到维护国家安全的高度，提出坚持总体国家安全观，完善国

---

　　①《陈云文选》第 3 卷，人民出版社 1995 年版，第 370 页。
　　②《邓小平文选》第 3 卷，人民出版社 1993 年版，第 325—326 页。
　　③《邓小平文选》第 3 卷，人民出版社 1993 年版，第 344、380 页。

家安全机制，维护重点领域的国家安全。习近平总书记指出："增强忧患意识，做到居安思危，是我们治党治国必须始终坚持的一个重大原则"，要"坚持总体国家安全观，以人民安全为宗旨，以政治安全为根本，以经济安全为基础，以军事、文化、社会安全为保障，以促进国际安全为依托，走出一条中国特色国家安全道路"。①

在维护重点领域国家安全方面，习近平总书记强调较多的是政治安全和文化安全。关于政治安全，他指出：国内外各种敌对势力总是企图让我们党改旗易帜、改名换姓，"而我们有些人甚至党内有的同志却没有看清这里面暗藏的玄机，认为西方'普世价值'经过了几百年，为什么不能认同？西方一些政治话语为什么不能借用？接受了我们也不会有什么大的损失，为什么非要拧着来？有的人奉西方理论、西方话语为金科玉律，不知不觉成了西方资本主义意识形态的吹鼓手"。"冷战结束以来，在西方价值观念鼓捣下，一些国家被折腾得不成样子了……如果我们用西方资本主义价值体系来剪裁我们的实践，用西方资本主义评价体系来衡量我国发展，符合西方标准就行，不符合西方标准就是落后的陈旧的，就要批判、攻击，那后果不堪设想！"他强调要把握政治体制改革的方向，说"有的人把改革开放定义为往西方'普世价值'、西方政治制度的方向改，否则就是不改革开放。这是曲解我们的改革开放。不能笼统地说中国改革在某个方面滞

---

① 《习近平关于总体国家安全观论述摘编》，中央文献出版社 2018 年版，第 3、4 页。

后。在某些方面、某个时期，快一点、慢一点是有的，但总体上不存在中国改革哪些方面改了，哪些方面没有改。问题的实质是改什么、不改什么，有些不能改的，再过多长时间也是不改。我们不能邯郸学步。世界在发展，社会在进步，不实行改革开放死路一条，搞否定社会主义方向的'改革开放'也是死路一条。在方向问题上，我们头脑必须十分清醒"。① "一些敌对势力和别有用心的人也在那里摇旗呐喊、制造舆论、混淆视听，把改革定义为往西方政治制度的方向改，否则就是不改革。他们是醉翁之意不在酒，'项庄舞剑，意在沛公'。对此，我们要洞若观火，保持政治坚定性，明确政治定位。"② 以上这些论述，就是提醒人们要警惕和抵制西方的和平演变图谋，确保国家的政治安全。

在文化安全方面，习近平总书记同样反复告诫人们，要高度警惕和坚决抵制西方的和平演变。他指出："我们在集中精力进行经济建设的同时，一刻也不能放松和削弱意识形态工作。在这方面，我们有过深刻教训。一个政权的瓦解往往是从思想领域开始的，政治动荡、政权更迭可能在一夜之间发生，但思想演化是个长期过程。" "当前，各种敌对势力一直企图在我国制造'颜色革命'，妄图颠覆中国共产党领导和我国社会主义制度。这是我国政权安全面临的现实危险。他

---

① 《习近平关于总体国家安全观论述摘编》，中央文献出版社 2018 年版，第33—34、19—20 页。

② 《习近平关于全面深化改革论述摘编》，中央文献出版社 2014 年版，第19 页。

们选中的一个突破口就是意识形态领域，企图把人们思想搞乱，然后浑水摸鱼、乱中取胜。……历史和现实都警示我们，思想舆论阵地一旦被突破，其他防线就很难守得住。在意识形态领域斗争上，我们没有任何妥协、退让的余地，必须取得全胜。"他强调："意识形态关乎旗帜、关乎道路、关乎国家政治安全。各级党委和宣传思想部门、组织部门、教育部门要加强领导和管理，党报党刊党网、党政干部院校、大专院校要强化政治意识、责任意识，在重大问题上与党中央保持高度一致，绝不允许与中央唱反调，绝不允许吃共产党的饭、砸共产党的锅。"①

第三，反对"和平演变"必须反腐倡廉特别是防止官商勾结。

抵御西方推行"和平演变"、制造"颜色革命"的图谋，还有一条重要战线，就是反腐倡廉。有人或许认为，反腐败是国际共识，社会主义国家反腐败，资本主义国家也反腐败，并不存在什么阶级性的差别。然而，事实并非如此。首先，对于什么是腐败，社会主义和资本主义的观念和标准就不一样。比如，在资本主义国家，资本家可以直接从政，担任政府高官和国会议员，甚至当选总统，都不认为这是腐败。而在社会主义国家，这种现象是被严格禁止的，不要说当高官，就是当一般干部也不行，如果发生就是腐败，要被查处。其次，贪腐的根源来自资本主义的私有制和私有观念。社会主

①《习近平关于总体国家安全观论述摘编》，中央文献出版社 2018 年版，第 100、118、111 页。

义国家的干部队伍之所以出现腐败分子，说到底是受西方散布的个人至上、享乐主义思想腐蚀的结果。而腐败分子一旦贪污了赃款赃物，由于在社会主义制度下无法变现和被子女继承，必然想往资本主义的私有制，希望改变现有制度，成为资产阶级自由化的保护伞和西方敌对势力的内应。最后，在社会主义国家，一旦腐败成风，必然引起群众不满，从而为西方敌对势力制造"颜色革命"创造条件、提供借口。所以，社会主义国家中的腐败现象，本质是西方推行"和平演变"的结果，也是西方制造"颜色革命"的土壤；预防和惩治腐败，就是抵御"和平演变"和防范"颜色革命"的重要举措。正因为如此，党的十八大后提出腐败是党长期执政的最大威胁，要以反腐败永远在路上的坚韧和执着，深化标本兼治，保证干部清正、政府清廉、政治清明，坚持反腐败无禁区、全覆盖、零容忍，重遏制、强高压、长震慑，受贿行贿一起查，坚决防止党内形成利益集团。

在实行改革开放和市场经济的条件下，腐败的一个温床是共产党的干部与私人资本之间的不正当联系。因此，预防腐败除了要加强思想政治工作，提高干部思想上的免疫力之外，还要从制度上采取措施。例如，我们允许私人资本的存在和发展，但绝不允许各级党政干部经商办企业；允许党政干部及其家属买卖股票和委托金融机构理财，但县处级以上干部买卖的每只股票每个理财产品，必须在年终的个人事项报告书中如实填写买入价格和收益；允许并鼓励党政干部积极主动为民营企业排忧解难，维护他们的合法权益，但绝不允许违反规定出入私人会所，同民营企业家之间进行权钱交易、利益输送。进入新时代以来，党中央在原有基础上重新修订印发了《中国共产党纪律处分条例》，对领导干部及其配偶、子女及其配偶，以及领导干部离职或退休后从事经营活动，作出了更加严格的规定。正如习近平总书记指出："当官就不要发财，发财就不要当官，这是两股道上跑的车。"① 所有这些措施，都是为了从制度上切断党员干部与私人资本之间的利益关联，防止市场经济条件下的官商勾结。

中国共产党过去出过、今后也难免不出少数腐败分子，制定政策时也会存在这样或那样一些不够完善的地方。但作为无产阶级政党的性质、宗旨、纪律，决定了它的政策制定者和参与决策的人，绝不能办私人企业，拥有私人资本。因此，它的治国理政的取向，它制定的政策、作出的决策，都只能是以人民为中心，为全社会着想，为人民根本利益和长远利益考虑，而不可能代表私人资本的利益。相反，在资本主义国家里，政府、政党、政客可以公开代表私人资本的利益，商品交换原则可以合法进入政治领域，允许政党竞选接受私人资本资助，也允许私人资本用金钱雇人游说议员，官商之间相互勾结、利益输送完全正当。因此，国家政策必然向资本利益倾斜，政府和企业为了资本利益最大化，可以合法损害民众利益，牺牲精神文明，破坏生态环境。

社会主义社会既然是资本主义和共产主义之间的过渡阶

①《习近平关于严明党的纪律和规矩论述摘编》，中央文献出版社、中国方正出版社 2016 年版，第 103 页。

段，必然存在两种因素和两种可能性：一种可能是向前发展，由社会主义社会逐步过渡到共产主义社会；另一种可能是倒退回资本主义社会。中国的社会主义社会是由旧中国半殖民地半封建社会脱胎而来的，所以，在整个社会主义阶段都必然存在半殖民地半封建和社会主义两种因素的斗争。中国要倒退，也只能是倒退到半殖民地半封建，甚至变成殖民地，而不可能变成主权独立的资本主义国家。为了确保中国不倒退，就必须在社会主义初级阶段全面、完整、准确地实行中国特色社会主义，切实警惕和抵御帝国主义的和平演变图谋。只有这样，中国的社会主义才不会倒退，才能逐步地向它的高级阶段发展。

我们党现在已走过 101 个春秋，新中国也迎来了自己的73 周年。回首往事，社会主义建设事业取得了举世公认的辉煌成就，同时在这个过程中也出现过这样那样的曲折，在建设社会主义的问题上也有过这样那样的分歧。这些成就的取得和曲折、分歧的产生，无不与对中国社会主义社会的实际情况和发展方向的认识有关。社会主义初级阶段的理论，使我们认清了中国当前最大的实际、最大的国情；初阶阶段的社会主义理论，使我们明确了与社会主义初级阶段相适应的一系列方针、政策，以及社会主义初级阶段前进的正确方向；新发展阶段的论断，又使我们进一步看到社会主义初级阶段并非凝固不变，而是不断向前发展的。

习近平总书记在党的十九大报告中指出："共产主义远大理想和中国特色社会主义共同理想，是中国共产党人的精神支柱和政治灵魂，也是保持党的团结统一的思想基础。要把坚定理想信念作为党的思想建设的首要任务，教育引导全党牢记党的宗旨，挺起共产党人的精神脊梁，解决好世界观、人生观、价值观这个'总开关'问题，自觉做共产主义远大理想和中国特色社会主义共同理想的坚定信仰者和忠实实践者。"①他在十九届中央政治局第六次集体学习会上还强调，要"推动全党把坚持正确政治方向贯彻到谋划重大战略、制定重大政策、部署重大任务、推进重大工作的实践中去，经常对表对标，及时校准偏差"②。只要我们用习近平新时代中国特色社会主义思想统一全党和群众的思想，用共产主义远大理想和中国特色社会主义共同理想规定的正确政治方向，及时校准在重大战略的谋划、重大政策的制定、重大任务的部署、重大工作的推进中可能出现的偏差，既不做超越阶段的事，也不做违背社会主义基本原则的事，而是尽力而为地去做让初级阶段不断向前发展的事，那就一定能使社会主义初级阶段经过新发展阶段和今后其他一些阶段，逐步进入社会主义的高级阶段，实现中华民族的伟大复兴，最终达到共产主义的理想社会。

---

①《十九大以来重要文献选编》（上），中央文献出版社 2019 年版，第 44—45 页。

②《把党的政治建设作为党的根本性建设 为党不断从胜利走向胜利提供重要保证》，《人民日报》2018 年 7 月 1 日。

中国当代史与
当代中国问题研究

观察当代中国的基本方法*

　　当代中国国情是个很大的题目，我在一个报告中不可能面面俱到。因此，今天主要讲解观察当代中国的基本方法，从这个角度扼要介绍一些当代中国的情况，并结合其中一些问题，对 2015 年党的十八届五中全会通过的对国家制定国民经济和社会发展第 13 个五年规划的建议作一点简要介绍。

一、历史地观察当代中国

　　一个国家和一个人一样，之所以是这样而不是别的样子，都与自己成长的历史有密切关系。我们所说的当代中国，是指 1949 年中华人民共和国成立以后的中国。因此，要了解当代中国，既要了解她在 1949 年之后的历史，也要了解她在 1949 年之前特别是 1840 年以来的历史；不仅要看她在 1978 年改革开放以来的历史，也要看她在改革开放以前的历史。

　　中国是一个地域辽阔、人口和民族众多的国家，也是一

　　* 本文是在作者 2009 年以来每年为中国社会科学院研究生院举办的发展中国家官员研修班讲授当代中国国情的报告稿基础上撰写而成的，曾先后发表于《红旗文稿》和《思想理论教育导刊》等。因每年最新统计数字有变化，故版本有差异。收入本书的，发表于 2016 年第 1 期的《思想理论教育导刊》，题为《如何观察当代中国（2015 年版）》。收入本书时，作者略作修改。文中使用的统计数据除随文注释外，均引自国家统计局编写的《中国统计摘要》《国际统计年鉴》以及《人民日报》等权威媒体。

个具有悠久历史的文明古国。依据考古发现，中国有 5000 多年的文明史，有文字记载的历史也有 3000 多年。历史上，中国曾多次出现分裂、割据局面，但统一始终是她的主流；外来文化曾多次进入，与中华文明相互交融，但中华文明始终是她的主体。中国在很长的历史时期里曾是一个经济强国，但从 18 世纪后半叶开始落后，1840 年英国发动第一次鸦片战争后，更逐步沦为半殖民地半封建社会。

面对西方强国的不断入侵和封建专制制度的腐朽，中国的有识之士和人民群众进行了持续反抗。由孙中山领导的资产阶级民主革命在 1911 年推翻了清王朝的统治，却未能赶走帝国主义，也没有打倒封建地主阶级。直到 1921 年中国共产党成立，中国人民才找到了一条民族复兴的正确道路，并通过新民主主义革命，用 28 年时间推翻了帝国主义、封建势力和官僚买办资产阶级的联合统治，建立了中华人民共和国，实现了国家的独立、统一和各民族大团结，为中国由农业国变为工业国扫清了政治障碍。

新中国成立后，没有选择西方国家普遍实行的多党制、议会制，以及苏联实行的一党制和联邦制，而是建立了人民代表大会制、中国共产党领导的多党合作和政治协商制、民族区域自治制等基本政治制度。面对国内工业落后、农业生产力低下、科技人才奇缺和资金匮乏，以及以美国为首的帝国主义国家的军事威胁和经济封锁，以毛泽东同志为代表的新中国第一代领导人，于 1952 年抓住苏联答应全面援助中国工业化建设的机遇，放弃了新中国成立前夕确定的先重点发展农业和轻工业、相应实行较长时间新民主主义政策的设想，选择优先发展重工业的战略，并相应实行了以计划经济和生产资料公有制为特征的社会主义政策，把有限的资金、物资、人才等资源集中用于大规模的工业化基本建设，仅用 29 年时间便在中国建立起了独立的比较完整的工业体系和国民经济体系，不仅远远超过了旧中国上百年的建设成就，而且在某些领域大大缩小了与发达国家之间的差距。

高度集中的计划经济体制和单一的生产资料公有制在实行过程中，逐渐暴露出生产经营主体活力不足、市场反应不够灵活等弊病。为此，早在 20 世纪 50 年代中期，中国共产党便提出要探索适合自己特点的建设社会主义道路的任务。可惜，由于指导思想上的急于求成和"左"的偏差，在探索过程中先后犯了盲目追求建设高速度和工作重心向阶级斗争倾斜的错误，给国家发展造成了一定损失。

1978 年，以邓小平同志为主要代表的中国共产党人，总结了前一阶段的历史经验教训，抓住国内"四人帮"被粉碎、国际局势趋缓、发达国家实行产业结构调整和扩大资本输出的机遇，决定将工作重心由阶级斗争转回到经济建设上来，并进行了经济体制改革，实行了对外开放政策，掀开了中国特色社会主义的历史进程。主要内容是：在计划经济体制中加大市场调节的成分，在农村集体经济基础上实行家庭联产承包制和土地承包制，在公有制和按劳分配为主体的前提下发展个体、私营经济，允许资本、技术、管理等生产要素参与分配，吸引国外间接或直接投资，兴建经济特区和对外开放沿海、沿江、沿边城市。与此同时，进行了旨在克服权力过分集中的政治体制改革，加强了法制建设。这一系列改革措施，使中国经济和人民生活在过去 29 年积累的基础上，出现了突飞猛进的增长和日新月异的变化。

1989 年，党的十三届四中全会后，以江泽民同志为主要代表的中国共产党人在 11 年改革开放的基础上，又领导人民实现了计划经济体制向社会主义市场经济体制的转变，让市场在资源配置中起基础性作用，让个体、私营经济与公有制经济共同发展。在这一经济体制下，国有企业特别是大中型企业被推向市场，商品价格的形成机制绝大部分由市场决定，资本、劳动力、技术等生产要素市场逐步形成。但是，这种市场经济体制仍然不同于资本主义国家建立在私有制基础之上的自由市场经济，社会主义全民所有制经济即国有经济仍然是国民经济中的主导力量，国家对市场活动仍然进行着宏观指导和调控，计划调节仍然是国家宏观调控的重要手段。

2002 年召开的党的十六大，在国内生产总值已经达到人均 1000 美元，实现了 20 世纪末建成小康社会目标的基础上，又确认用大约 20 年时间，即在 2020 年，使国内生产总值比 2000 年再翻两番，以全面建成小康社会，基本实现工业化。此后的 10 年时间里，我国取得了抗击"非典"疫情、汶川特大地震等自然灾害的胜利，战胜了国际金融危机，成功举办了北京奥运会、上海世博会，实现了载人航天、探月工程、载人深潜、超级计算机、高速铁路等创新工程的重大突破，使经济总量从世界第 6 位跃升到第 2 位。

2012 年，党的十八大召开，习近平当选中央委员会总书记，并在随后举行的全国人民代表大会上当选国家主席。十八大在 2010 年国内生产总值比 2000 年已经翻了一番的基础上，进一步提出到 2020 年国内生产总值和城乡居民人均收入都比 2010 年翻一番的奋斗目标；而且面对治国理政方面的不足，提出推进国家治理体系和治理能力现代化、建设社会主义法治国家的任务，作出全面建成小康社会、全面深化改革、全面依法治国、全面从严治党的战略布局，使国家政治生活出现了可喜变化；面对国际经济疲软态势和国内产能过剩局面，提出稳中求进的总基调和"一带一路"倡议，京津冀协同发展、长江经济带建设战略，带领人民顶住经济下行压力，使经济由高速增长平稳过渡到中高速增长的新常态，使对外开放出现了"引进来"和"走出去"并行的新局面。

事实说明，当代中国在改革开放的 36 年来，无论经济体制还是政治体制，都有重大改进；无论经济社会各项指标还是人民生活水平，都有显著提高。中国人民从自身历史中深切认识到，中国只有走社会主义的独立自主和改革创新的道路，才会屹立于世界民族之林，才会不断发展壮大。可以肯定，中国今后将继续坚持共产党领导，坚持改革开放，沿着中国特色社会主义道路，朝着 2020 年全面建成小康社会和 21 世纪中叶达到中等发达国家人均收入水平的奋斗目标前进。

二、全面地观察当代中国

我们看一个人，既要看他的优点、长处，也要看他的缺点、不足。看一个国家同样应当如此，否则就会像寓言说的盲人摸象那样，仅仅摸到大象的一只耳朵或大腿，便以为那是整个大象。

中国自从 1949 年以后，经济社会和人民生活与旧中国比，与广大发展中国家比，在某些方面与发达国家比，都有翻天覆地的进步，为后来的发展奠定了坚实的物质基础。改革开放以来，中国在经济社会和人民生活方面，更是出现了举世公认的奇迹。以下举几个例子。

首先看 1949 年到 1978 年的情况。

在经济增长率和固定资产积累方面。新中国成立时，从官僚买办资产阶级手中没收的固定资产仅有 112 亿元；在 1956 年对资本主义工商业改造时，从民族资本家手中赎买的固定资产不足 20 亿元，二者相加 130 亿元。中国人民就是靠这点家当，在内缺资金、技术、资源、经验，外有西方经济封锁的情况下，发扬自力更生、艰苦奋斗的精神（仅在初期得到苏联一些援助），通过连续 5 个五年计划建设，使 1952—1978 年的工农业总产值年均增长 8.2%（如果按国内生产总值计算，有权威统计学家认为年均增长率为 7.3%），工业总产值年均增长 11.4%；基本建设投资 6440 亿元，累计新增固定资产比 1949 年增加了 56.3 倍。

在工农业产品方面。1979 年，中国的钢产量达到 3200 万吨，比旧中国最高年份产量增长 35 倍；与英国相比，由 1949 年相差 99 倍变为反超 60%；与美国相比，由 1949 年相差 438 倍变为相差 3.6 倍。发电量达到 2566 亿千瓦时，比旧中国最高年份增长 43 倍；与英国相比，由 1949 年相差 13 倍变为反超 17%；与美国相比，由 1949 年相差 80 倍变为相差 9 倍。石油产量由旧中国最高年份的 32 万吨提高到 1 亿吨，做到了自给自足。粮食产量由旧中国最高年份的 1.4 亿吨提高到 3 亿吨，增长了 1 倍多。

在交通运输方面。1949—1978 年，铁路运营里程、公路里程、港口吞吐量分别由 2 万公里、8 万公里、1400 万吨，提高到 4.8 万公里、89 万公里和 2 亿吨。与印度相比，铁路由相差其 3 万公里，变为相差其 1 万公里。

在制造业和科技方面。通过 29 年的建设，由旧中国一辆汽车、一架飞机、一辆坦克、一辆拖拉机都不能造的局面，变为 500 多种工业门类基本齐全，不仅造出了汽车、飞机、坦克、拖拉机，而且造出了火车、万吨轮船、数十万千瓦的发电机、万吨水压机等，成功试爆了原子弹、氢弹，发射并成功回收了人造地球卫星。

在文教卫生方面。1949—1978 年，小学、中学和高等院校在校学生分别增长了 6 倍、62 倍、7 倍，科技人员增长了 10 倍，婴儿死亡率下降至原来的 10%（从 200‰ 下降到 20‰），天花、鼠疫、霍乱、黑热病、回归热、斑疹、伤寒、性病等恶性传染病被消灭或基本消灭，人口总数由 5.4 亿增长到 10.2 亿，人均预期寿命由 35 岁提高到 67 岁，均增长了近 1 倍。

再看 1978 年以后的情况。

在经济增长率和经济总量方面。1978—2011 年，中国的国内生产总值年均增长 9.8%，在世界上的位次由第 10 位升至第 2 位，占世界经济的份额由 1.8% 提高至 10%。2012年以来，中国经济受欧美发达国家经济不景气的影响和由于自身经济结构调整的需要，国内生产总值增幅连续 3 年下降（7.8%、7.7%、7.4%），但仍然高于世界其他新兴经济体；2014 年经济总量达到 10 万亿美元，没有出现一些人所担心的"硬着陆"。同时，居民消费价格指数回落到 2% 以下，2015年预期也不会超过 2%。可以看出，在世界经济增长乏力的情况下，中国经济总体形势依然是良好的、健康的。

在工农业基础产品和制造业方面。1978—2014 年，粗钢年产量增加到 8.2 亿吨，增长 25 倍，约占世界总产量的 50%；原煤年产量增加到 38.7 亿吨，增长 6 倍；石油产量增加到 2.1 亿吨，增长 1 倍；年发电量增加到 5.65 万亿千瓦时，增长 22 倍；汽车年产量由 15 万辆增加到 2372 万辆，其中轿车年产量由 0.5 万辆增加到 1248 万辆；家用电冰箱年产量由 2.8万台增加到 8796 万台；房间空气调节器年产量由 200 台增加到 1.4 亿台；粮食年产量增加到 6.07 亿吨，增长 1 倍；肉类年产量增加到 8706 万吨，增长 10 倍，均处于世界第 1 或第 2位。近些年来，虽然用于榨油的大豆主要依赖进口，但粮食作物始终坚持基本自给。就是说，我国仅用占世界 7% 的耕地，生产了占世界 25% 的粮食，养活了占世界 22% 的人口。

在交通运输方面。1978—2014 年，铁路、公路运营里程由 4.8 万公里和 89 万公里增加到 11.18 万公里和 446 万公里，分别增长 1 倍多和 4 倍；其中高速铁路和高速公路从无到有，分别达到 1.3 万公里和 11.19 万公里。沿海港口年吞吐量和民航、铁路年客运量达到 77 亿吨、3.9 亿人次、23.6 亿人次，分别增长 38.3 倍、169 倍和 2.9 倍；其中港口集装箱年吞吐量从无到有，已达到 1.88 亿标准箱，跃居世界第 1 或第 2 位。而印度在此期间，铁路营运里程增加了不到 5000 公里，高速铁路和高速公路更是毫无进展，仍然为 0 公里。

在对外经济方面。1978—2013 年，年进出口贸易总额增长了 200 倍，增加到 4.16 万亿美元，占世界贸易总额的比重由 0.8% 提高到 11%，由世界第 29 位上升到第 1 位；入境过夜旅游人数由 71.6 万人次增加到 5772 万人次，增长 80 倍。35 年来，实际利用外资累计 1.47 万亿美元，其中外商直接投资 1 万亿美元，国家外汇储备达 3.82 万亿美元。在"引进来"的同时，我国也在逐步"走出去"，仅非金融类对外投资一项，即由 2000 年的 10 亿美元增加到 2013 年的 902 亿美元，14 年增长近 90 倍。

在科技和教育方面。改革开放以来，相继建成了性能不断提高的正负电子对撞机、同步辐射光源，以及由每秒 1 亿次发展为每秒几千万亿次的高性能计算机，制成了位数不断升高的电子计算机中心处理器（CPU），先后实现了载人航天飞行（包括航天员出舱）、卫星绕月和登月飞行、飞船与空间站对接，基本建成了卫星定位导航系统。各教育阶段的入学率，小学和初中已基本达到 100%，高中和高等教育分别达到 86% 和 37%。1978—2014 年，大专院校在校学生增长 28 倍，达到 2488 万人，累计培养大专以上学历学生 5400 多万人，其中研究生 420 万人；出国留学人员累计 240 万人。

在社会事业和人民生活方面。1978—2014 年，城市化率由 18% 提高到 54.8%，农业劳动力占全部劳动力的比重由 71% 下降至 29.5%，服务业就业人口占全部就业人口的比重由 12% 上升到 40.6%。城乡居民人均可支配收入分别达到 2.88 万元（约合 4570 美元）和 1.05 万元（约合 1682 美元），扣除价格因素增长 6 倍多，年均增长 7%。城乡居民存款余额由 211 亿元增加到 48.5 万亿元，增长 2400 倍，相当于当年国民生产总值的 76%。城乡人均居住面积，分别由 6.7 平方米和 8.1 平方米增加到 32.9 平方米和 37.1 平方米。城乡居民恩格尔系数，分别由 57.5% 和 67.7% 下降到 35% 和 37.7%（居住面积和恩格尔系数为 2012 年数字）。农村绝对贫困人口标准不断提高而人口不断减少，联合国开发计划署的《千年发展目标报告》显示，中国农村贫困人口的比例从 1990 年的 60% 以上下降到 2002 年的 30% 以下，不仅为世界减贫事业作出了最大贡献（贡献率超过 70%），而且提前实现了将贫困人口比例降低一半的目标，减少贫困人口 4.39 亿。由于实行严格的计划生育政策，人口年自然增长率由 1970 年的 25.8‰ 下降到 2014 年的 5.21‰，相当于 40 多年里少生了 3 亿到 4 亿人。人均预期寿命由 67 岁提高到 75 岁。另外，私人轿车和手机拥有量、互联网上网人数，分别由零增长到 6410 万辆和 12.3 亿户、6.18 亿，互联网普及率达到 45.8%。

然而也要看到，当代中国在飞跃发展的同时，还存在许多不容忽视的严重问题。

第一，按人均计算，各项发展指标都偏低。

我国目前有 13.6 亿人。任何一个数乘以 13 亿都会变得很大，相反，除以 13 亿也会变得很小。例如，2014 年中国国内生产总值虽然达到 10 万亿美元，但人均为 7300 多美元，只相当于全球平均水平的 70%，是高收入国家人均的 20%，在世界 213 个国家和地区中位居 80 位左右，不如许多发展中国家，如南非、毛里求斯、毛里塔尼亚、马来西亚、哈萨克斯坦、乌兹别克斯坦、墨西哥、智利、阿根廷等国。按照联合国开发计划署报告，中国的人文发展指数排在第 91 位。许多工农业产品按人均计算也偏低。例如，2013 年钢的人均产量 570 公斤，只相当于日本、韩国的一半多；粮食人均产量 441 公斤，也低于世界人均 450 公斤的水平。

第二，经济增长方式粗放，发展不平衡、不协调、不可持续的问题仍然突出。

首先，收入分配问题较大，城乡之间、东西部之间和高低收入人群之间的收入差别较为悬殊。城乡居民收入差距近几年尽管有所缩小，但仍然大于 2.5∶1。尤其是农村贫困人口的绝对数量仍然很大。我国曾先后制定过四个农村贫困人口年收入最低标准，1986 年标准是 206 元人民币，2008 年标准是 1196 元人民币（相当于每天 0.4 美元），2010 年标准是 2300 元人民币（相当于每天 1 美元），2014 年标准是 2800 元人民币（相当于每天 1.22 美元）。按照最后的标准，现在还有 7017 万人没有脱贫。这比越南人口略少，但比斯里兰卡和尼泊尔人口加起来还多。如果按照世界银行贫困线日均 1.25 美元计算，我国贫困人口还要多一些；如果按新近宣布的日均1.9 美元计算，则我国贫困人口又要超过 1 亿。国家统计局和国内外研究机构公布的中国基尼系数尽管不完全一样，有的还很不一样，但都超过了国际公认的警戒线 0.4。同时，社会保障体系也很不健全，保障水平还比较低。

其次，产业结构不合理，经济发展质量和效益不够高，劳动生产率远低于发达国家，重复建设和中低端产能过剩的情况比较严重。例如，2014 年钢产量已达 8.2 亿吨，占世界总产量的 50%，但由于盲目设厂、恶性竞争、产品大部分为建筑材料，导致利润很低而债务很高，产能大量闲置，每年却还要从国外进口大量优质和特殊钢材。水泥、玻璃等产业的情况也大体类似。

最后，为经济增长付出的资源、环境、生态代价过大。我国人均耕地和水资源本来就少，仅为世界人均的二分之一和三分之一，随着城市化、工业化的高速发展，耕地、水资源和生态环境的压力会越来越大。2011 年，中国国内生产总值占世界的比重还不到 10%，而能源消耗却占世界的 20%。2012 年，中国每形成 1 万美元产值，耗水 73 吨，每生产 1 公斤粮食耗水 1 吨，都大大高于世界平均水平。现在，二氧化碳人均排放量虽然低于发达国家，甚至低于世界人均数，但绝对量却升至全球第 1 位，约占世界的 25%。据监测，近 30多年来，中国流域面积超过 100 平方公里的 5 万条河流已消失一半多，剩下的 2.3 万条河流也有 40% 被污染，其中 20%的河水完全不能饮用。空气和水污染造成的损失，相当于中国一年国内生产总值的 5.8%。土地污染问题也日趋严重。据检测，全国 20% 的耕地重金属含量超标。无论从自身利益还是全人类利益出发，我国都必须大力推行绿色经济。但是，要节能减排，就要在环保上多投入，多关停耗能和污染多的企业，而这与发展工业、充分就业之间就有矛盾；要继续促进粮食增产，只能主要靠提高单位面积产量，而这与少用化肥、农药也会形成矛盾。这对于尚处于工业化中后期阶段的中国来说，无疑也是一种发展的制约因素。

第三，科技创新能力不足。

目前，在全球出口市场占有率第一的产品中，中国约有 1500 种，居数量排名首位，其次是德国、美国、日本等等。但是，这些产品的核心技术、关键部件，大部分都不在中国人手里，制造这些产品的高端装备，大部分也要从国外进口。许多中外合资企业，生产在中国，技术却留在对方国内，使中国长期处于制造业的中低端，利润的大部分被外资方面拿走。就连服装、鞋帽等技术含量较低的消费品，很多专利、品牌也是别人的。农业中的优质种子和一些深加工产品的市场，也面临失守危险。据统计，我国全社会研究与试验发展经费支出占国内生产总值的比重，虽然已由 2007 年的 1.4% 提高到 2013 年的 2.09%，但仍然大大低于发达国家的水平。这不仅制约中国今天的发展，也影响今后发展的潜力。

第四，国内国际出现了一些新的不利因素。

首先，中国劳动年龄人口从 2011 年开始负增长，目前 14 岁以下人口比重已低于世界平均水平。同时，老龄人口占人口比重持续增加，已高于世界平均水平。2014 年，60 岁以上人口超过 15%，65 岁以上人口达到 10%，80 岁以上的老人有 2000 多万，表明中国已进入老龄化社会。其次，劳动力工资提高较快，土地价格不断攀升，环境保护要求越来越严，使企业成本逐年增加，一些外商投资企业开始向东南亚和非洲国家转移。最后，国际金融危机的影响和一些发达国家的债务危机短期难以消除和化解，世界经济低速增长态势短期难以扭转，美国等发达国家各种形式的保护主义不断抬头，加大了世界经济的不稳定、不确定因素，影响我国外贸出口。这些都对中国经济和财政收入造成下行压力，给中国稳定物价和就业形势增加了难度。

以上说明，当代中国通过 60 多年特别是近 30 多年的努力，取得了巨大发展，综合国力已大大增强。但是，经济与社会还有脆弱的一面，自身问题一大堆，仍然处于并将长期处于社会主义初级阶段的基本国情没有变，仍然是世界上最大的发展中国家的国际地位也没有变。中国当前乃至今后相当长时间里的主要任务，仍然只能是自身的发展。

三、发展地观察当代中国

中国有个寓言，叫刻舟求剑，说的是一个人坐在船上，不小心把宝剑掉到河里，于是在船舷刻了一个记号，想等到船停下之后，再按照那个记号下水捞剑。但他忘了，船是行走的，按照他刻的记号捞剑，永远也不会成功。这个寓言告诉我们，看待任何事物都要用发展的眼光，而不能用静止的眼光，否则会得出错误的结论。看待一个国家，同样如此。

我们从不隐讳中国存在着继续发展的制约因素，而且清醒地看到在前进道路上除了自身障碍以外，还有外部敌对势力的遏制、干扰和破坏。但是，只要用发展的观点分析一下就会知道，中国同时存在着与这些制约因素相抗衡的因素，而且后者的力量更大。

（一）当代中国具有继续发展的制度优势

现在世界到处都在热议"中国道路""中国模式""北京共识"。我认为，人类的发展道路具有多样性，可以也应当相互借鉴，但在社会制度上不存在"普适"的模式。我们不赞成中国照搬别国经验，也不赞成别国照搬中国经验。如果说有一个"中国模式"，这个模式只能是社会主义制度中的一种模式。如果说有一条"中国道路"，这条道路只能是具有中国特色的社会主义道路。如果说这条道路具有"普适"的原则，这个原则只能是马克思主义普遍真理与本国具体国情相结合。有人说"中国模式"是"一党执政加市场经济"，这种理解过于狭隘和偏颇。中国之所以发展速度非常快，在国际经济危机中受到的冲击比较小，并不是由于中国只有一个党执政，更不是由于这个党实行了专制制度，而是由于这个党是一个以马克思主义理论为指导思想、以谋取绝大多数人整体利益为奋斗目标、以民主集中制为制度的党；并不是由于中国实行了市场经济，而是由于这个市场经济是与社会主义基本政治经济制度相联系，以公有制和按劳分配为主体，在发挥市场对资源配置决定性作用的同时更好发挥政府的作用。正是由于中国实行了这种制度，所以既有利于调动人的积极性，让一切劳动、知识、技术、管理和资本的活力竞相迸发，让一切创造社会财富的源泉充分涌流，又有利于提高决策效率，有利于弥补市场失灵，有利于各种利益群体的总体和谐和社会稳定，有利于把各个民族、各种信仰的人团结在一起，有利于集中力量办大事。只要中国坚持这种制度，今后发展中的难题仍然会被一一破解。

（二）当代中国具有有利于继续发展的科学理念

当代中国占指导地位的思想是马克思主义与中国实际情况相结合的产物——毛泽东思想，以及继承和发展这一思想的中国特色社会主义理论体系，其中包括邓小平理论、"三个代表"重要思想和科学发展观。习近平总书记面对我国经济社会发展遇到的新矛盾、新挑战，进一步继承和发展毛泽东思想和中国特色社会主义理论体系，创立了习近平新时代中国特色社会主义思想。其中包含一系列关于发展的新理念。这些理念集中体现在中共中央关于制定国民经济和社会发展的第十三个五年规划的建议书中，主要是创新、协调、绿色、开放和共享。具体说，就是要把创新摆在国家发展全局的核心位置，作为引领发展的第一动力；正确处理发展中的重大关系，促进城乡区域及经济社会的协调发展；促进新型工业化、信息化、城镇化、农业现代化的同步发展，在增强国家硬实力的同时注重软实力的提升；坚持节约能源、保护环境的基本国策，加快建设资源节约型、环境友好型社会；顺应我国经济深度融合世界经济的趋势，奉行互利共赢的开放战略；坚持发展为了人民、发展依靠人民、发展成果由人民共享，朝共同富裕的方向稳步前进。可以预见，只要把这些理念落到实处，中国今后发展道路上的障碍将会得到有效克服和抑制，中国的发展就会实现可持续。

比如，针对粮食的基本供给问题，我国已划定了确保基本农田面积不少于 18 亿亩的红线，实行种粮补贴政策、粮食最低收购价和仓储补贴政策、土地承包权流转和规模化经营政策。据测算，我国粮食生产能力到 2020 年只要达到 5.5 亿吨，就能保持 95% 的自给率，而 2015 年产量已有 6.2 亿吨。我国人口在 2030 年将达到峰值，因此只要保住基本农田面积，保护农民的种粮积极性，提升农业的科技含量和机械化水平，提高种子、肥料（减轻化肥副作用，增加有机肥比重）、农药质量，中国人自己养活自己应当是不成问题的。（1978—2013 年，我国人口由 9.6 亿增加到 13.6 亿，增长超过 41%；而粮食亩产量由 166.6 公斤提高到 357 公斤，增长 1 倍多；粮食总产量由 3 亿吨增加到 6 亿吨，增长 100%；人均粮食产量由 312.5 公斤增加到 441 公斤，增长 41%。）

又比如，针对一些地方地力严重透支、水土流失、地下水严重超采、土壤退化、面源污染加重等问题，我国决定利用现阶段国内外粮食市场供给宽裕的时机，在部分地区实行耕地轮作和休耕。

又比如，针对水资源紧缺的压力，我们一方面推广滴灌、喷灌等技术提高灌溉效率，通过修建水源工程和调水工程、防治水污染、开发利用再生水、海水淡化等办法保证水的基本供应；另一方面采用阶梯水价，实行总量控制与单位农产品产量、工业品产值水资源消耗控制的双控措施。

再比如，针对二氧化碳减排的压力，我们一方面淘汰高耗能、高污染的落后产能，对化石能源进行低排放的技术改造；另一方面通过退耕还林、还草、还湿，植树造林来改善生态，通过发展核能、水能、风能、太阳能等清洁能源来减少对化石能源的依赖。我国政府在 2009 年联合国气候变化哥本哈根大会上承诺，到 2020 年碳排放要比 2005 年下降 40%—45%，可再生能源占能源供应的比重要达到 15%。而 2014 年碳排放已经比 2005 年下降了 33.8%，可再生能源已经占能源供应的 11.2%。最近几年，我国国内生产总值中的能耗一直在下降；能耗中的电力增长速度，一直大于煤炭、石油用量的增长速度；发电装机容量中清洁能源的增长速度，一直快于火电的增长速度。目前世界在建 67 座核电站，超过三分之一在中国。这些说明，我国向世界承诺的减排目标是认真的，也是有把握兑现的。

（三）当代中国具有应对挑战和风险的经济实力

我国未来发展尽管存在种种不利因素和各种可预见或不可预见的挑战、风险，但综合各方面情况看仍然是乐观的，不会掉进所谓的"中等收入陷阱"，更不会出现某些人预言的"崩溃"。

我国经济增长中尽管存在一些水分和不健康因素，但与改革开放初期相比，特别是与新中国成立初期相比，毕竟基础雄厚多了，水平提高多了，抗风险的能力也强多了。中国经济未来增速会有所减缓，但现在7%左右速度的年增长量比改革开放初期10%左右速度的年增长量还要多，而且速度减缓对于我国调整经济结构，转变增长方式，改变过去简单纳入国际分工体系、过分依赖出口、主要靠投资与消耗资源发展的做法，也有积极的一面。

我国出口形势虽然严峻，但国内市场潜力巨大，把这种潜力挖掘出来，可以在一定程度上替代外贸出口失去的市场。目前，我国城市化的浪潮方兴未艾，它将极大地刺激内需特别是消费需求。我国现在按常住人口计算，城市化率已接近55%，但仍有近2.5亿在城市居住半年以上的农民工还没有取得城市户籍，所以按户籍人口计算，城市化率只有36%。今后五年，这些人以及从农村进城上大学的人中，将有1亿多要在城市落户。据测算，每增加一个城市户口，城市基础设施和公共服务设施需要投资10万元，1亿人就是10万亿元。另外，农民工变成城市居民后，还要买房、租房和购物，要支付医疗、教育、社会保险费用，这些对扩大消费需求、稳定房地产市场都有利。同时，我国在2020年要全面建成小康社会，必须进一步缩小居民之间、城乡之间、区域之间的收入差距，使中等收入群体持续扩大，社会保障全面覆盖，医疗卫生服务和住房保障体系基本形成。我国还将继续实施西部大开发战略，继续改善公路、铁路、港口、机场等基础设施。所有这些加在一起，投资和消费需求仍会十分旺盛。

世界经济虽然仍不景气，我国在海外的市场会有所减少，在中国投资的海外企业有些也会转移到其他发展中国家，但中国商品的价格和质量仍然具有竞争力，中国的投资环境也仍然具有吸引力。2013 年以来，我国外贸总额一直保持世界第 1 位，年出口额始终在 2 万亿美元以上；每年使用外商直接投资也在 1000 亿美元以上，而且已经连续 20 多年成为吸引外商投资最多的发展中国家。目前，世界 500 强跨国公司中有 480 多家在华投资或开展经营活动。国际著名会计师事务所普华永道的调查表明，中国至今仍然是跨国公司全球投资的首选目标。

随着国力的增强和人民生活水平的提高，我国不仅会继续扩大出口、吸引国外投资和国外旅游者，而且货物进口量、对外投资额和中国公民赴海外旅游的人数也会逐年增加。2013 年，我国因私出境旅游 7700 万人次，旅游消费额 1020 亿美元，我国已成为世界第一大国际旅游消费国。我国政府宣布，从 2013 年到 2018 年，我国将进口 10 万亿美元左右的商品，对外投资规模将达到 5000 亿美元，出境旅游可能超过 4 亿人次。据估计，2015 年出境旅游将超过 1 亿人次，对外投资也将超过 1000 亿美元，进口将超过 2 万亿美元。可见，未来中国不仅不会缺少市场，相反还会给世界提供更大的市场。

（四）当前中国正在逐步加大对科技创新的投入

我国已将科技创新作为发展战略的核心，正在加快建设以企业为主体、市场为导向、产学研相结合的技术创新体系。按照我国第十二个五年规划，2015 年全社会研发投入将占国内生产总值的 2.2%，相当于高收入国家 10 年前的平均水平（2000 年，研发经费支出占国内生产总值比重，世界平均为 2.13%，高收入国家为 2.42%，中国为 0.9%）。随着经济实力增强，这个比例还会不断提高。为落实创新驱动发展战略，我国正在实施一批国家重大科技项目和在重大创新领域组建一批国家实验室，包括高端通用芯片、集成电路装备、宽带移动通信、高档数控机床、核电站、新药创制等关键核心技术。根据我国第十三个五年规划，将实施的重大项目还有航空发动机、量子通信、智能制造和机器人、深空深海探测、重点新材料、脑科学、健康保障等。同时，我国近些年一直在加大对知识产权的保护力度。所有这些都会推动中国由"制造大国"，向"创造大国"逐步迈进。

（五）中国的经济结构已出现向合理方向发展的趋势

首先，服务业的增长速度一直高于同期国内生产总值的增长速度，在国内生产总值中的比重一直呈上升趋势。三次产业占国内生产总值的比重已由 2000 年的 14.7%、45.4%、39.8%，变为 2014 年的 9.2%、42.6%、48.2%。其次，最终消费对国内生产总值增长的贡献率也在逐渐提高。最终消费、资本形成、对外净出口三大需求对国内生产总值的贡献率由 2008 年的 44.7%、51.8%、3.5%，变为 2014 年的 50.2%、48.5%、1.3%。

（六）当代中国仍然拥有充足的劳动力

中国的劳动年龄人口绝对量和占人口的比重，今后虽然将逐年下降，但劳动力总量，特别是农村富余劳动力还很多（2013 年农民工总量为 2.69 亿，比 2012 年增加 2.4%）。有人预测，直到 2045 年之前，中国人口结构仍处于劳动供给充足的成年型阶段（预测 2050 年 0—14 岁、15—59 岁、60 岁以上的人口比重是 13.5：46.6：33.9）。特别是最近我国政府已将实施了 35 年的一对夫妇只生育一个孩子的政策，改为一对夫妇可生育两个孩子的政策。这一政策调整，预计可使我国每年多出生 300 万人，适当缓解人口老龄化压力。另外，现在 15 岁以上的成人识字率高达 95%，大学粗入学率为 37.5%，大专院校每年毕业生多达 650 万人，说明劳动力的素质也将不断提高。

（七）当代中国拥有真心拥护中国共产党、热爱祖国、勤劳节俭、自强不息的 13 亿人民

中国共产党是当代中国的执政党，因此，人们对生活的任何不满，都有可能归咎于党的领导。特别是党内出现的官僚主义和官员腐败问题，更会引起群众的不满。但是，中国共产党有全心全意为人民服务的宗旨，有与人民群众长期共同奋斗的历史，有自我批评和不断清理自身污点的传统。为了保证与人民群众的血肉联系，中国共产党自执政以来，曾连续不断地开展过各种整风运动；改革开放以来，几乎每隔

几年也要在全党范围开展一次以批评与自我批评为主要内容的教育活动，同时逐步建立起了惩治和预防腐败的体系。十八大以来，党中央更是采取了一系列打击腐败、改进作风的措施，进一步密切党与人民群众的联系，受到党内外、国内外的普遍好评，大大提升了党的威信。现在，人民群众对于中国共产党及其领导的政府尽管还有这样或那样的意见，但对党和政府总体上是信任的，对其工作成效和清理自身蛀虫的认真态度也是认同的。中国共产党现有 8500 万党员，其中，35 岁以下的约占 25%。持续了 20 年的一项高校学生问卷调查显示，对党的执政能力增强和中国特色社会主义事业发展持乐观态度的人分别占 89.6% 和 98.1%。美国爱德曼公司发布的 2009—2010 年中美两国民众对政府信任度比较报告表明，2009 年信任度分别为 74% 和 46%，2010 年分别为 88% 和 40%。美国皮尤研究中心 2011 年民意调查表明，中国、美国、欧洲民众对未来五年感到乐观的人，分别占人口总数的 74%、52%、40%；对国家发展方向感到满意的人，美国和欧洲都不足 50%，而中国则为 87%。可见，中国共产党在普通民众中是受欢迎、有威信的。只要有这样的党和政府，有这样的人民，中国就会有向心力、凝聚力、创造力和发展潜力，中国前进的步伐就不会停顿。

（八）当代中国拥有总体和谐的国际关系和良好的国际形象

中国近代以来曾有过受尽别国欺凌、侮辱的历史，与世界上各被压迫民族有着共同的命运和感受。因此，新中国成立不久便提出了不同社会制度国家和平共处五项原则，以及第三世界各国之间求同存异、加强团结的倡议。此后，中国始终支持亚非拉民族解放运动，亚非拉大多数国家也一直支持中华人民共和国恢复在联合国的合法席位。近30多年来，中国作为维护世界和平的坚定力量，继续高举和平外交的大旗，走和平发展的道路，坚持国家不分大小、强弱、贫富一律平等，尊重各国人民自己选择发展道路的权利；奉行互利共赢的战略，不以意识形态处理国与国的关系，不干涉别国内部事务，反对任何形式的霸权主义和强权政治，推动国际秩序朝着公正合理的方向发展；坚持同发达国家的战略对话，同周边国家的睦邻友好，同广大发展中国家的团结合作。中国现在的发展水平虽然还很低，但长期以来一直向发展中国家提供力所能及的援助，近些年来更积极参与地区热点问题的解决，努力应对能源、粮食、气候变化、恐怖主义、自然灾害、金融危机等全球性问题。中国今后仍然会积极参与国际事务，但是只能承担与自身国力相适应的国际义务；仍然会坚定不移地走和平发展道路，但是绝不会以牺牲自己的核心利益为代价。新中国从不威胁任何人，也不怕任何人威胁。目前，发达国家普遍看好中国的发展前景，纷纷加强与中国的友好关系。虽然仍有个别国家出于霸权主义的动机，不时挑起事端、制造麻烦，但它们失道寡助，难以编织出新的反华联盟。以中国的幅员、人口和经济总量，只要自己不乱，任何外来势力都奈何不了我们。

2015年9月，国家主席习近平在联合国发展峰会上发表讲话，指出中国在过去 60 多年里，共向 166 个国家和国际组织提供了近 4000 亿元人民币的援助，派遣了 60 多万援助人员。他宣布，中国将设立南南合作援助基金，首期提供 20 亿美元；继续增加对最不发达国家的投资，力争 2030 年达到 120 亿美元；将免除有关最不发达国家、内陆发展中国家、小岛屿发展中国家截至 2015 年底到期未还的政府间无息贷款债务；并表示愿意同有关各方一道，继续推进 "一带一路" 建设，推动亚洲基础设施投资银行和金砖国家新开发银行早日投入运营，为发展中国家经济增长和民生改善贡献力量。这进一步说明，中国政府和人民的心，是和发展中国家连在一起的。

正因为有上述有利条件，中国一定会克服前进道路上的各种不利因素，持续发展，不断壮大。中国在 2020 年全面建成小康社会、在 21 世纪中叶实现人均国民生产总值达到中等发达国家的目标一定会达到。所谓 "中国崩溃论"，不过是某些人的一厢情愿罢了。

中国当代史与当代中国问题研究*

一、关于优先发展重工业问题

中国自鸦片战争以后一直挨打，究其原因，根子在于世界已进入工业时代，而中国还停留在农业时代。对此，就连封建士大夫中的有识之士也看到了，所以才会有洋务运动。在这个问题上，中国共产党和资产阶级政党的看法并没有分歧，不同的只是，我们党认为中国要由农业国变为工业国，首先要扳倒挡在中国工业化道路上的三只拦路虎——帝国主义、封建主义和官僚资本主义，而且不能再走西方资本主义的老路，必须顺应世界民族民主革命的浪潮，走俄国十月革命的道路，然后通过社会主义道路实现国家工业化。在革命的问题上，我们党又提出同俄国共产党不同的做法，即分两步走，先完成新民主主义革命，再进行社会主义革命。到了新中国成立的前夕，眼看新民主主义革命的任务就要完成，毛泽东、刘少奇等领导人又提出，新民主主义革命胜利后还要先搞一段新民主主义，然后再进行社会主义革命。他们之

---

　* 本文是作者在访谈录基础上节选修改而成的，曾收入当代中国出版社2019年出版的作者所著《历史经验总结与当代中国史》一书。原文曾发表于《中国农业大学学报（社会科学版）》2014年第1期，题为《中国当代史与当代中国问题研究——朱佳木教授访谈录》。收入本书时，作者略作修改。

所以这样主张，主要是考虑那时中国的近代机器工业在国民经济中仅占 10%—20%，中国不具备马上发展重工业的条件，需要先重点发展农业、轻工业，以此积累发展重工业的资金，到条件成熟时再重点发展重工业。而轻工业当时主要掌握在民族资本家手里，所以，先重点发展轻工业就意味着要允许和鼓励民族资本主义的发展，而不是实行社会主义政策。

然而，1950 年爆发的朝鲜战争，使情况发生了重大变化。首先，以美国为首的帝国主义国家把战火烧到了鸭绿江边，对中国安全构成了直接威胁，使制造大炮、飞机、军舰等现代军事工业的问题被提上日程，发展重工业的任务因而变得紧迫起来，也使优先发展重工业变成了当时正在制定的第一个五年计划的重点。其次，中国在苏联一时未能提供空中掩护的情况下，答应斯大林的请求，毅然决定出兵朝鲜，以血肉之躯把用钢铁武装的美国军队打回到"三八线"，巩固了中国的安全，也巩固了苏联东部的安全，使斯大林由过去对中国共产党的将信将疑变为完全的信任，因而答应全面援助中国以重工业为重点的第一个五年计划。我认为，这两大变化是促使毛主席改变关于先搞一段新民主主义再搞社会主义的设想的最主要最直接的原因。

从当时人们的认识看，生产资料所有制的国有化、公有化，以及经济运行和资源配置的计划化，是社会主义制度的两大基本特征。而从实际出发，对于一个经济基础落后的国家，要在短时间里实现工业化，也只能采取国有化、公有化和计划化这种有利于资金、人才、资源高度集中的经济体制，就是说采取社会主义的内部积累的办法。尤其我们"一五"计划建设的重点项目，都是建立在苏联对图纸设计、设备制造、专家帮助和人才培育等全面援助的前提之下的，而苏联采用的是国有化、公有化、计划化的体制，更需要我们与之接轨。这就如同我们改革开放后要同国际市场接轨，因而需要采取市场经济体制的道理是一样的。

事实上，根据记载，毛泽东第一次提出现在就向社会主义过渡，恰恰是在 1952 年 9 月 24 日讨论"一五"计划方针和听取周恩来、陈云汇报与斯大林会谈有关苏联援助"一五"计划建设的中央书记处会议上。这说明，苏联同意全面援助中国"一五"计划建设，中央最终确定"一五"计划优先发展重工业，毛泽东提出提前向社会主义过渡，这三件事之间是有内在因果联系的。也就是，由于苏联同意援助"一五"计划建设，"一五"计划的重点才确定为重工业；由于"一五"计划的重点确定为重工业，毛泽东才提出提前向社会主义过渡。如果当时苏联不同意对中国"一五"计划建设给予全面援助，我想我们仍然不具备把重点发展农业、轻工业改变为重点发展重工业的条件，也就不会把先搞十几年新民主主义再搞社会主义的设想改变为提前由新民主主义向社会主义过渡的决策。毛泽东的这个提议符合优先发展重工业的需要，而且与原先关于新民主主义向社会主义转变的设想，只是在步骤方法上有所变化，本质上并没有变化——前者是十几年后"一个早晨"突然过渡，后者是马上开始过渡，用十几年过渡完。所以，当他提出这个新的设想时，党中央的其他领导都没有提出异议。

到今天为止，在世界历史上恐怕还没有哪个国家像当年苏联对中国那样，全面援助过另一个大国的经济建设。陈云曾说过，苏联对我们"一五"计划中的 156 项，那确实是援助。他还说过，苏联那时对我们的援助是真心诚意的。比如，苏联造了两台机器，他们一台，我们一台。1953 年 3 月斯大林去世后，赫鲁晓夫在上台初期对中国的援助也是很积极的。但他是一个实用主义者，中苏两党发生分歧后，他撕毁合同撤走专家，给我们的建设造成很大被动。不过，那些援建项目的基础毕竟打下了，我们送到苏联学习和自己培养的技术专家、管理专家也基本学成了。所以，我在文章中说过，毛泽东决定提前向社会主义过渡不仅不是什么错误，相反是为中华民族抓住了一次难得的历史机遇。如果不是当初的这个决策，我们就不可能在 20 世纪 70 年代初建立起独立的比较完整的工业体系和国民经济体系，改革开放也就不可能建立在一个比较坚实雄厚的物质基础之上，不可能取得这么快这么显著的成效。

尽管 1952 年的国民经济已经得到恢复，国营工业在工业总产值中也超过了私营工业，但工业在国民经济中的比重仍然很低，原有的资金匮乏、技术落后等问题并没有解决。因此，以上几个变化虽然是促使提前向社会主义过渡的重要原因或必要条件，但不能说是主要原因或充足条件。如果仅仅是这些变化，还不足以使党中央改变原定的设想。因为，如果不是苏联答应对我国优先发展重工业的"一五"计划给予全面援助，即使国内有了这些变化，我们又用什么购买和制造大型工业设备呢？如果不是要优先发展重工业，我们又有什么必要搞计划经济和资本主义工商业改造呢？

我之所以反复强调这一点，第一，因为这是事实，是历史的实际情况。第二，因为只有这样认识问题，才有助于人们如实地看到当年作出向社会主义提前过渡的决策，并不是因为急于向社会主义过渡，而是急于发展重工业；并不是为了搞社会主义而搞社会主义，而是为了进行大规模工业化建设而搞社会主义。中国共产党本来就是要通过社会主义道路来实现工业化的，过去提出先搞一段新民主主义，是因为搞工业化的物质条件不具备。现在有了苏联的帮助，加上自己的努力，使工业化建设可以提前进行，既然如此，为什么不可以提前向社会主义过渡呢？总之，无论是打算过十几年再向社会主义过渡，还是决定提前向社会主义过渡，都是为了适应中国工业化建设的实际情况。我过去之所以提出国史主线起码有三条，除了探索社会主义外，还有为争取早日实现工业化而奋斗和捍卫国家的领土完整、主权独立这两条，也是为了说明，争取早日实现工业化同样是决定新中国一系列重大决策、重大事件的根本原因之一。否则，向社会主义提前过渡这样的事就不好解释了。

当然，这个问题还可以讨论。在我看来，为什么向社会主义提前过渡不仅是国史研究中的重大问题，甚至可以说是国史研究的首要问题。

二、关于农业合作化和统购统销问题

中国是个农业大国、农业古国，但也是一个农业弱国。新中国成立时，全国粮食平均亩产只有 137 斤，黄河以北甚至不到 100 斤。因此，粮食的商品率很低。我认为，这也是我们党最初打算先重点发展农业、轻工业，然后再重点发展重工业的一个重要原因。如果不是后来把经济发展战略改为优先发展重工业，这种农业的低水平与需求之间的矛盾也许还不会那么突出，那么尖锐。但是，第一个五年计划把发展重点变为重工业，农业生产与需求之间的矛盾就大了。因为优先发展重工业就要增加工厂，增加工人，增加城市人口，增加提供给工业的农业原料和为出口换机器的农产品，最终决定了增加粮食的商品率。这就和当年粮食商品率低形成了矛盾。所以，陈云在作"一五"计划报告时说，计划中最薄弱的环节是农业，即使完成计划，也是很紧张的。他还说，我国工业化与资本主义国家的工业化不同，资本主义工业化是一个长期过程，一开始是搞轻工业，而且可以掠夺殖民地，可以在盲目中靠自然调节达到按比例发展；而我们是突击，一开始就搞重工业，并且主要依靠自己，说是按比例发展，实际上很难做到。所以，吃穿方面供不应求的实质在于工农业的矛盾。农业赶不上工业发展的需要是个长期趋势。

面对这个问题怎么办呢？如果要抓住苏联答应全面援助中国这个历史机遇，优先发展重工业，只有两个办法：一是尽可能增加粮食产量，二是尽可能稳定粮食市场。从当年的实际情况出发，增加粮食产量的办法有三个，一是开荒，实质是增加耕地面积；二是大规模兴修水利，实质是改善耕地质量。但这两种办法投资大、时效慢，比较起来，花钱少、见效快的办法是搞合作化，即第三个办法。土地改革以后，农民虽然分得了土地，但一家一户要改善生产条件，抵御自然灾害，能力上必然受到限制。而组织起来搞合作化，根据测算，全国五年可以平均提高产量 15%—30%。后来核定，增产没有那么多，大约为 10%—20%。那几年粮食产量虽然没有完成"一五"计划增产的指标，但从 1952 年的 3200 亿斤，到 1957 年接近 4000 亿斤，五年里提高产量近 800 亿斤，增产 25%，平均每年增产近 160 亿斤，这个速度是中国有史以来从未有过的。现在人们在分析毛泽东当年急于推进农业合作化的问题时，往往偏重于他担心农民的资本主义自发倾向和农村两极分化的一面。这一面的考虑固然有，但我认为主要原因还是急于提高农业生产力，急于使农业适应工业化高速发展的需要，这从他的讲话、文章、批语中也可以看得出来。另外还有一个原因，就是为了使农民的组织形式适应统购统销的需要。因为国家征购粮食如果同分散的一家一户打交道是很困难的，而同有组织的合作社或生产队打交道就容易多了。

那么，为什么要对粮食、棉花、油料作物等主要农产品实行统购统销？说到底，还是为了适应工业化高速发展的需要。新中国成立初期，一年大概需要 500 亿—600 亿斤商品粮，主要用于满足城市人口，以及灾区农民和棉农、果农的口粮，另外要留一部分用于国家储备，还要有一部分用于出口。当时苏联虽然向我们提供设备，但不是无偿的，要用物资换，其中主要是农产品和矿产品。在农产品中还要拿出一部分同资本主义国家贸易，比如同锡兰（今斯里兰卡）换天然橡胶。当年斯大林答应对我们全面援助时只提了一个要求，就是希望我们种橡胶，因为在当时的社会主义阵营里，只有中国有热带，能种橡胶。而橡胶是战略物资，帝国主义对社会主义国家实行禁运。为此，我们也确实在海南岛、云南试种了橡胶，但从种植到收获总要有一个过程，所以要先从锡兰进口。1953 年我国出口粮食 32 亿斤，其中 20 亿斤大豆出口苏联，5.4 亿斤粮食出口锡兰。我们那时缺少外汇，只能用粮食换，好在锡兰政府对中国友好，否则用粮食也换不来。

总之，那些年我们对粮食的需求越来越多。特别是"一五"计划开始实施后，基本建设投资一下子增加了一倍，城市人口一下子增加了 600 多万，使商品粮的需求量大增，供需关系更加紧张。在此之前，粮食在农村收购和城市销售两方面都允许自由市场存在。粮食一紧张，投机商就出来抬价收购，农民一看粮食涨价更不愿意出手，导致城市里的粮价上涨。粮价一涨，吃穿等生活必需品都跟着涨价。在这种情况下，职工工资和各种原材料价格势必也要涨，财政预算就要被突破。只要农业生产力和粮食商品率不出现大的提高，这种局面就只会越来越严重，造成恶性循环。如果市场长期动荡不安，大规模工业化建设就无法进行，优先发展重工业的战略就会落空，中华民族难得的发展机遇就会丧失。

面对这个情况，党中央要陈云同志想办法。他当时一共想到八种方案，但想来想去，只能又征又配，就是在农村统一征购，在城市统一配售。所谓征购，就是除了粮食税以外，国家按照一定价格，把余粮从农民手里收上来。这个价格当然低于市场价，但与城市生活水平相比，并不是低得很多，可以说是一个比较公道的价格。即使这样，陈云也要求大家有思想准备，一些地方可能出乱子，可能发生农民"打扁担"的事。果然，在实行统购统销的第一年，农民由于对粮食征购心中无底，加上农业合作化运动搞得比较急，出现了一些不满。针对这个情况，国家制定了粮食"定产、定购、定销"的"三定"政策，使矛盾很快得到了缓解。以后，在统购统销这件事上没有再出现什么大的问题。

现在学术界有一种看法，认为新中国成立后农民生活提高慢，农村面貌变化小，根子在合作化和统购统销。这种看法不能说一点道理没有，但并不全面。我认为，看这个问题首先应当明确三点。

第一，要把合作化和统购统销放在国家工业化的大背景下看，要算大账。其实，当时党内党外就有不赞成合作化和统购统销的议论。例如，有人看到城里国营工厂工人的工资、福利、劳保比解放前高了，而农业税重了，农民不能再把余粮拿到自由市场卖高价了，就说现在"工人在九天之上，农民在九地之下"，"共产党丢了农民""忘掉了农村"，对农民"挖得太苦"，要求对农民"施仁政"，确保农民的"四大自由"，等等。对于这个问题，毛泽东解释说：所谓仁政有两种，一种是为人民的当前利益，一种是为人民的长远利益，两者应该兼顾，但重点应当放在大仁政上，也就是要放在建设重工业上。要建设，就要资金，其中相当大的部分只能从农业方面的积累中来。周恩来在一届全国人大一次会议上也说：重工业需要资金多，建设时间长，赢利比较慢，人民只能暂时忍受生活上的某些困难和痛苦，以换取长远的繁荣幸福。陈云更是反复强调：中国是个农业国，工业化的投资不能不从农业上打主意。缩小工农业产品价格的剪刀差是我们的目标，但不可能很快做到，因为还要积累资金，扩大再生产。可见，对于优先发展重工业给农业、农民、农村带来的负面问题，我们党的领导层在当时就看得很清楚，也向党内外开诚布公地讲清楚了。世界上的事有一利必有一弊，只有利没有弊的事是没有的，关键要看利大还是弊大。只要把中国工业化的基础建设放在当年国际国内的大背景下看，究竟合作化和统购统销利大还是弊大，便一目了然了。

第二，要把合作化和统购统销的方针、政策与工作中的错误区别开来。按照原来的设想，除了粮、棉、油等主要农产品实行统购统销外，其他农产品和副产品由市场调剂；而且，统销只是暂时措施，随着生产能力的扩大和产量的增长，销售市场会逐步放开。但是，由于"左"的急于求成的思想和在所有制上求公求纯的思想一再作怪，结果欲速而不达，经济发展反复出现曲折，不仅统销未能解除，相反，要"统"的东西越来越多，各种票证也越来越多。不过，这些问题应另当别论，不应与合作化的方针和统购统销的政策混为一谈。

第三，要实事求是地看待合作化和统购统销与农民生活水平提高慢的关系。我们说农民生活水平提高慢，是同改革开放后比较的，而不是同旧中国比较的。同旧中国比，广大农民的生活水平不仅不低，相反普遍提高了。否则，农民群众就不会在新中国成立后拥护共产党的领导。另外，如果不搞合作化和统购统销，是不是农民生活水平就一定会提高很快呢？在土地私有和粮食市场放开的情况下，一部分农民会因此发家致富，但大部分农民很可能因为天灾人祸而出卖土地、借高利贷，最终导致破产，重新当雇工、当流民。如果出现那种局面，不要说工业化搞不成，就连社会都无法稳定，还谈什么生活水平的提高。

还有一点应该看到，改革开放后农民生活水平提高快，实行包产到户的政策固然起了决定性作用，但合作化和统购统销时代进行的工业化建设和农田水利基本建设的成就，也起了重要作用。如果没有改革开放前的合作化、集体经济为农田基本建设和水利建设打下的基础，没有工业化建设为农业机械生产、化肥成套设备制造打下的基础，单靠政策对头、包产到户，要做到快速提高农民生活水平也是不可能的。旧中国农民从地主手中"承包"土地，包了上千年，单位面积产量并没有多大提高。其中除了地主阶级的超经济剥削外，一个重要原因就是农田基本条件不好。江苏的华西村在"大跃进"中就是典型，那时吴仁宝就是生产队长了。我看过他们的村史，当时村里的土地有上千个坑，是"铁姑娘队"用肩膀担土把坑填平的。没有这个基础性的工作，再承包，粮食产量恐怕也难上去。

我国从 20 世纪 50 年代的 "一五" 计划建设开始就大力发展农业机械制造业，156 项中就有拖拉机厂，60 年代开始试制国产化肥厂的成套设备，"文化大革命" 时期又经过毛泽东、周恩来批准，动用 43 亿美元，从欧洲、日本进口了一批包括化肥厂在内的成套设备。这些设备在 70 年代末陆续投产，对那时粮食产量的大幅度提高起了重要作用。据统计，1957 年农业机械耕作面积仅占全部耕地面积的 2.4%，而 1978 年提高到 41%；1957 年每亩耕地平均用电量和施用化肥量分别为 1.4 度和 0.4 斤，而 1978 年分别提高到 17 度和 12 斤，分别增加了 11 倍和 29 倍。1979 年粮食一年增产 500 多亿斤，与这个物质基础有很大关系。

再有，党的十一届三中全会后大幅度提高粮食收购价格，平均每年提高 30%；大规模进口粮食，每年进口 1500 万吨左右。这两项政策对于刺激农民种粮、卖粮的积极性，减轻农民上缴公粮的负担，使农民有余粮多喂猪、多养鸡，从而改善农民生活和城市的副食品供应，也都起了重要作用。

但是，1984 年粮食产量达到 8000 亿斤后，连续 5 年减产，直到 1990 年才恢复增产。为什么会出现这个波折呢？原因虽然是多方面的，但有一条不能不看到，那就是过分夸大了包产到户的作用，认为一包就灵，认为中国粮食问题已经过关了，政府不用再管了，种不种、种什么都由农民说了算。在这种氛围下，政府减少了对农业的投入，农民更多的是选择务工、经商或种烟叶等经济作物这些赚钱多的活干。所以，粮食自然滑坡。正因为如此，陈云才在 1985 年党的全国代表会议上呼吁，不能只讲"无工不富"，还要强调"无农不稳"，并提出"无粮则乱"。

这里顺便说一下，我对土改时期是国家和农民的"蜜月期"、国家通过合作化把农民的土地所有权又收回去了等提法，都不赞成。按照这种提法，似乎农民与党和政府的关系在土改以后就不好了。实际情况并不是这样。前面说到，合作化和统购统销初期，我们由于缺乏经验，使农民产生了一些意见，比如杀猪宰羊等等。但政策很快调整后，农民也是满意的。1958 年的"大跃进"就是先从农民利用冬闲兴修水利、进行农田改造开始的，当时农民的积极性确实非常高，否则，靠人力造出那么多水库是难以想象的。后来，刮浮夸风、"共产风"、瞎指挥风，办大食堂，减自留地，挫伤了农民积极性。但通过调整政策，不断下放人民公社的内部核算单位，实际回到了高级社状态。对此，农民也是满意的。所以，说合作化时期农民积极性没得到充分发挥是可以的，说农民同我们党终结了所谓"蜜月期"则是不符合实际的。另外，说合作化以后国家把农民的土地所有权收回了，也不符合事实，起码表述不准确。合作化只是把农村土地的私有性质改变为集体所有性质，并没有实行土地国有化。改革开放后，实行联产承包也好、土地承包也好，土地仍然是集体所有的。直到今天，政策允许土地流转抵押，指的都是土地的承包权，土地的所有权仍然是集体，既不是私人的，也不是国家的。所以，不存在什么土地所有权被国家收回的问题。

现在还有一种提法叫作"城乡二元结构"。我认为对这个概念也需要搞清楚。如果这是指城乡差别，那人类自从有了城市以后就存在这种现象，不能说这是计划经济和统购统销造成的。共产党人要消灭的"三大差别"里就包括城乡差别，实现这个目标要靠生产力水平的极大提高，目前只能是逐步缩小差别，尤其要防止扩大差别。改革开放前，尽管农村生活水平比较低，但那时城市生活水平也不高，城乡居民消费水平大体在 2.5∶1 左右，而近些年扩大到了 3∶1 以上。这就更不能说是计划经济和统购统销造成的了。

如果说"城乡二元结构"是指在工业化时代，城市经济已经实现了社会化，而农村仍以小生产为主要特点，那么这种现象的根源首先要追溯至中国近代 100 年里封建主义、帝国主义的双重压迫。新中国成立后的头 30 年，特别是合作化以后，国家一直在努力发展支农工业，到改革开放前夕，机器排灌、耕种、收割已经有了相当的普遍性。改革开放到现在的 30 多年，农业机械化程度更是逐步提高。但农村经济要达到城市经济的社会化程度，要有一个过程，最终还要依赖生产力的发展。所以，在这个意义上，也不能说"城乡二元结构"是计划经济、统购统销造成的。

如果说"城乡二元结构"是指户籍有壁垒，农民不能随意变成城市居民，那应当承认，改革开放前确实如此。但对于其中的原因和后果，都应当做实事求是的历史的分析。那时，农民并不是完全不能变成城市居民，城市要兴办工厂、扩大基本建设，劳动力主要从农村来，只不过每年招工多少要根据计划决定。因为工人进城，家属也要来，城市人口就要增加，这样就要增加工资总额和商品粮供应。而这些都要受到粮食总产量和征购量、生活必需品和副食品供应量的制约。新中国成立的最初几年，城市人口平均每年增加 500 万左右，1958 年到 1960 年因为扩大基本建设规模，城市人口 3 年里猛增了 3000 万，商品粮、生活必需品、副食品等的供应都适应不了。加上那几年农业生产形势不好，国民经济出现严重比例失调，只好动员 2000 万人回乡。可见，那时农民不能随意变成城市市民，主要原因还在于粮食生产能力满足不了这个需要。

旧中国乃至世界上的大多数国家虽然不限制农民进城，但农民进城如果找不到工作，只能住贫民窟，或者流落街头、忍饥挨冻，甚至卖儿卖女、铤而走险，造成严重的社会问题。所以，新中国初期采取户籍管理的办法，严格控制农民随意到城市，是党和政府对人民负责任的表现。改革开放后，随着粮食生产的增加和城市二、三产业的扩大，过去限制农民进城的那些前提条件逐渐改变了，城市化率逐年提高，现在已经达到 52%。但即使这样，城市户籍人口仍然只占人口总数的 35%，仅比改革开放前的 1978 年增加了 17 个百分点。是城市不欢迎农民吗？是政府思想不够解放吗？我认为都不是。根本原因还在于城市的容纳能力和"农转非"方面的一些具体问题，还有待进一步提高和解决。现在，中小城市户籍早已放开，户籍限制主要发生在大城市尤其是特大城市。这些地方为了控制城市人口的过度增长，恐怕在今后很长时间内都不会完全放开户口。我们总不能把这也说成是坚持"城乡二元结构"吧？

总之，把改革开放前实行城乡不同的户籍管理制度、农民不能随意成为市民说成是"二元结构"，似乎新中国的计划经济、统购统销制造了"二元结构"，这种说法是缺乏历史分析的，也是颠倒因果的。

三、关于"三农"问题

新中国的"三农"问题，大体可以分为改革开放前的30年和改革开放后的近30年两大阶段。这两个阶段的问题尽管存在共性，但各自的阶段性特征也很明显。前一阶段所处的历史条件是中国要在一穷二白的基础上进行优先发展重工业的快速工业化建设，面临的主要任务是农业要为工业化提供大量原材料和尽可能多而且价格稳定的商品粮，因此，除了大型水利设施、部分农业机械和化肥生产设备外，农业很少得到国家投资；农民除了按国家计划被城市招工的人外，大部分被固定在农村从事农业生产。后一个阶段是在改革开放前30年建设基础上实行了近30年改革开放政策并出现经济社会大发展的时期，是工业化、信息化、市场化、城镇化、国际化同时到来并引起社会大变迁的时期。这个阶段面临的任务已不是也不应该是农业如何为工业化做积累做贡献，而是工业如何反哺农业、城市如何支援农村；已不是农民能不能进城，而是农民进城后的户籍管理、社会保障、子女上学等问题如何解决；已不是国家财政要不要覆盖农村，而是财政如何保障农业增产，如何支持新农村建设，如何帮助解决妇女、老人、孩子"三留守"等问题。

党的十八大后，新一届中央领导集体对"三农"问题格外重视，采取了一系列新方针和新举措，特别是十八届三中全会提出要形成以工促农、以城带乡、工农互惠、城乡一体的新型工农、城乡关系。2014年召开的中央农村工作会议又特别强调，必须把解决好"三农"问题作为全党工作的重中之重。历史经验反复说明，在当代中国，只要党中央和各级党委、政府重视，农业就有希望，农村就有前途，农民就有奔头。

从历史上看，要解决好"三农"问题，我认为应当特别注意以下三点。

第一，任何时候都不要轻言中国农业尤其是粮食生产过关。在这方面，我们有过多次教训。1958年在浮夸风下，对当年粮食产量越吹越玄乎，由计划的3900亿斤吹到1万亿斤，到年底说产了5000亿斤，而实际产量是4000亿斤。即使这样，也比1957年增产200亿斤。但由于产生了盲目乐观情绪，引发了农业问题已过关、粮食多得吃不了的错觉，结果放松了农业，把劳动力抽去大炼钢铁，使很多粮食烂在地里，丰产没有丰收。特别是从1959年起，连续几年发生大面积旱涝灾害，加上政策错误，导致粮食产量逐年下降，直到1966年，产量才超过1958年的水平。后来，我们接受了这个教训，"文化大革命"时期尽管"天下大乱"，但对农业和粮食始终抓得很紧，还开展了农业学大寨运动。结果粮食产量由 1966 年的 4200 亿斤提高到 1971 年的 5000 亿斤和 1978 年的 6000 亿斤，连上了两个大台阶。改革开放后的最初几年，粮食产量提高更快，1982 年达到 7000 亿斤，1984 年猛增到 8000 亿斤。但接着又产生了错觉，以为粮食问题已经过关，结果产量第二年就掉下来，直到 1990 年才恢复到 1984 年的水平。这个波折前面已经说过。后来，粮食产量还有过一次波折，就是 1998 年达到 1 万亿斤后连续下滑，直到 2008 年才重新超过 1998 年的产量。从那时到现在，已经连续 6 年增产，2013 年突破了 1.2 万亿斤。

新中国历史上粮食产量的这个起伏过程，起码说明了两个问题。一是中国人口占世界的 22%，而耕地面积只有世界的 7%，所以，粮食即使年年增产，供需之间仍然是紧张的。今后人口在 2020 年达到峰值之前，每年还要净增六七百万人；另外，饮食中肉类比重的提高，只会更加助长对粮食的需求。在工业化、城镇化浪潮下，现有耕地不减少已经很不错，要增加则很困难。因此，粮食增产主要靠单位面积产量的提高。但现在平均亩产量已经六七百斤，再提高也很困难。为了农产品食用安全，今后不可能再靠增用化肥、农药提高产量，这就需要政府进一步加大对农业高科技的资金投入和政策投入。中国人口多，把粮食供需平衡寄托在进口上，更是不现实的。二是中国农业收成虽然会受自然气候的影响，但更会受国家决策层指导思想的影响，思想上稍微一放松，产量就下去；稍微一重视，产量就上来。最近习近平总书记反复讲，中国人的饭碗任何时候都要牢牢端在自己手上。这表明新一届党中央在粮食增产面前头脑是清醒的，因此，可以预测今后若干年，粮食持续增产应当不成问题。

第二，任何时候都不要忘记对农村的投入。中国现在城镇化发展很快，但大部分地方仍然是农村；城镇化率不断提高，但农村仍然有六七亿人，即使今后城市化率到了70%，农村仍然会有四五亿人，比美国人口都多。所以，中国是不是现代化，关键看农村；中国能不能现代化，关键也看农村。农村很落后，城市搞得再先进，也不能说中国现代化了。改革开放前，基本建设投资主要投向工业，但那时仍然拿出了相当多的资金投给支农产业，特别是"大跃进"期间，通过地方财政大搞社办企业、队办企业。这些企业在国民经济调整中纷纷下马，但调整结束后又陆续恢复，并在改革开放初期发展成乡镇企业，发挥了"异军突起"的作用，为改变农村面貌提供了"第一桶金"。

最近这些年，农村无论是通电通路还是居住条件，都比改革开放前强得多，那为什么大家还感到乡村越来越落后呢？我想这主要是和城市比较的结果。改革开放前的农村虽然比现在落后，但那时城市建设也不大行，两者反差并不大。而改革开放后，城市建设日新月异，越来越漂亮，城乡之间的差距就显得大了。出现这种局面的原因有很多，比如，农村强壮劳力大部分都跑到城里务工，剩下老人和妇女，要改变村里的面貌，心有余而力不足；城市管理跟不上，很多地方把污水、垃圾排向农村。但我认为还有一个重要原因，就是自从20世纪80年代实行"地改市、市管县"改革以后，地方财政、政府贷款基本都用于城市建设了，对农村基础设施投入很少。发达国家也有农村，但它们的农村建设是纳入市政预算的。所以，那里的农村除了没有大马路、大商场、大剧院以外，其他设施都和城市差不多，而且比起城市，居住宽敞、空气新鲜、视野开阔。中国农村里的青年人为什么到过城市的大多不愿再回去？就是因为农村的基础设施太差了，社会福利、社会保障水平太低了，生活太不方便了。而要改变这种状况，没有政府投入是不行的。中国农民为工业化作出过两次贡献：一次是20世纪50年代到70年代末，用较低的粮食价格为工业化积累了大量资金；再一次是80年代到现在，用较低的劳动力价格为工业化赚取了大量外汇。因此，现在确实到了工业反哺农业、城市反馈农村的时候。我们应当从巩固工农联盟的高度，进一步加大政府对农村基础设施建设和社会保障的资金投入力度，使广大农民同样享受到改革开放的成果。

第三，任何时候都不要动摇农民走集体化道路的方向。改革开放后废除人民公社，实行家庭联产承包责任制是符合中国农业生产特点的，也是符合中国现阶段生产力水平的。但中国农业人口多而耕地少的局面在很长时间里难以改变，城市也不可能在短时间里吸纳过多的农村富余劳动力。在这种情况下，农民一家一户承包几亩十几亩土地，即使不交农业税，单靠种粮食也赚不了多少钱，有时还会赔钱，长此下去，势必影响农民积极性。所以，中国农民走集体化道路同样是符合现阶段生产力水平的。邓小平晚年曾指出：仅是一家一户的耕作，不向集体化、集约化经济发展，农业现代化的实现是不可能的。就是过一百年二百年，最终还是要走这条路。他还提出农业改革发展"两个飞跃"的思想，说社会主义经济以公有制为主体，农业也一样，最终要以公有制为主体。党的十八届三中全会之前，一些人鼓噪，说要进行第二次土改了，要把第一次土改后被国家收回的土地再次分给农民了，意思是要实行土地私有化。然而，三中全会通过的《关于全面深化改革若干重大问题的决定》讲得很清楚，要"坚持农村土地集体所有权，依法维护农民土地承包权，发展壮大集体经济"，在这个前提下，赋予农民对承包地的流转及承包经营权的抵押、担保权能。中央农村工作会议讲得更清楚："坚持农村土地农民集体所有，这是坚持农村基本经营制度的'魂'。"就是说，无论土地的承包权还是经营权，无论家庭农场、专业大户还是农民合作组织、产业化龙头企业，都要建立在农村土地集体所有制的基础之上。

如果说新民主主义与中国特色社会主义有什么不同，我认为农村、农业方面，最大的不同就在于前者的土地是私有的，而后者的土地是公有的。中国历史告诉我们，封建王朝每次改朝换代初期，往往要对土地重新分配。但时间长了，一些农民由于种种原因必然要出卖土地，地主豪强也要通过种种手段掠夺土地，从而造成新的土地兼并和集中，形成广大的失地群体、赤贫群体，最后官逼民反，揭竿而起，再次改朝换代，历史重演一遍。如果今天回过头搞土地私有制，这个历史还会重演。

近些年我每到外地出差，常提出要看农村，当地同志带我去的总是集体经济强的村子。为什么？就是因为只有集体经济的实力强，农民的房子才能做到统一规划、统一建设，村容村貌才能整齐漂亮。如果一个村只有少数几家富、多数人家穷，或者虽然普遍富，但集体经济弱，村子的建设肯定好不了。所以，中央坚持土地集体所有制这一条，完全符合中国国情。只要在这个前提下不断探索农村土地集体所有制的有效实现形式，帮助农民构建以农户家庭经营为基础、合作与联合为纽带、社会化服务为支撑的现代农业经营体系，中国的农业就会成为有奔头的产业，农民就会成为体面的职业，农村就会成为安居乐业的美丽家园。

四、关于当代社会思潮问题

近些年来，我国意识形态领域很不平静，历史虚无主义、民主社会主义、"新自由主义"等思潮，"普世价值""宪政民主""公民社会"等观念纷纷登场。这些思潮和观念尽管五花八门，令人眼花缭乱，但实际上都是围绕一个根本问题，就是中国还要不要坚持共产党领导？还要不要以公有制为主体？还要不要走中国特色社会主义的道路？

历史虚无主义并不是对什么历史都采取虚无的态度，它的虚无是有针对性的，是以反思和重写近代史、现代史为名，意在否定中国革命、中国共产党和社会主义道路，鼓吹革命不好改良好、反侵略不好侵略好。有人说中国革命使历史走入了歧途，因此要告别革命。还有人说，中国当殖民地的时间太短了，如果早一点被殖民化，中国早就现代化了；上海之所以在旧中国最先繁荣起来，就是因为帝国主义在那里办租界；长春让日本人占领的时间太短了，如果再占领几十年，长春也会像东京一样现代化。一个时期以来，要求在中小学课本中淡化甚至删除革命内容的声音，一些汉奸作品受到热捧的现象，也是这种思潮的反映。

民主社会主义实际上是说，共产党领导的社会主义不民主，只有实行多党制、议会制的社会主义才是民主的，比如北欧那些由社会民主党执政的国家。我们可以先不去评论北欧国家是不是社会主义，但起码有两点应当明确：第一，多党制、议会制虽然相对于封建专制主义是民主的，但民主并不只有这一种形式；第二，把多党制、议会制那一套搬到中国来，已被历史证明行不通。中国在辛亥革命后也搞过多党制、议会制，结果搞得军阀混战，国家分崩离析，人民饥寒交迫。正因为如此，中国出了个共产党，把资产阶级没搞成的民族民主革命搞成了，又领导人民走上了社会主义道路，实行了社会主义的人民民主专政制度。有些人总以为议会、投票才是民主，但不能忘记，1840 年英国对中国发动鸦片战争，就是经过议会投票决定的；美国对伊拉克的战争，也是总统先决定然后由议会投票追认的；连希特勒都是经过议会选举才上的台。所以，是否民主不能只看形式、只看是否投票、只看谁的票多，还要看民主的实质，看这种民主是为谁服务的，是为少数人服务还是为多数人服务，是为侵略服务还是为反侵略服务。现在世人都看到了，美国的"民主"带给伊拉克人民的究竟是什么。为什么美国总要发动对外战争呢？因为战争对大财团有利，对巩固资产阶级的统治有利。在资本主义国家，即使不贿选，选举的游戏规则也决定了一个人没有财团的支持是很难当选议员、总统的；即使当选了，如果不代表财团的利益也是干不长的。总之，对民主要分析，不要以为只有多党制、议会制才是民主。

"新自由主义"的所谓"新"，是相对于亚当·斯密的自由主义而言的，是针对凯恩斯主义的。20 世纪 30 年代资本主义世界发生经济危机，而苏联由于采用计划经济体制，仅用三个五年计划建设便跃居为仅次于美国的世界第二强国。在这个背景下，出现了凯恩斯主义，强调除了用"看不见的手"以外，还要用"看得见的手"，就是说政府要干预经济。罗斯福接受了凯恩斯主义，实施新政，抑制资本家的利润，扩大政府对公共设施的投资，由国家办公共事业，让工人充分就业，对失业进行补贴，等等，最终渡过了那次危机。但到了六七十年代，这一套搞不下去了，政府债务太多，负担太重，有些领失业救济的人比干活的人生活都好。于是，在资本家的支持下，出现了一种新的理论，主张减少福利，对国有的企业事业实行再私有化，政府对经济不加干预，把一切交给市场，这就是新自由主义。英国首相撒切尔夫人和美国总统里根带头推行新自由主义政策，一定程度上缓解了资本主义经济中的问题。当时刚好社会主义国家也在酝酿对计划经济体制进行改革，因此，"新自由主义"思潮对社会主义国家的经济学界产生了很大影响。一些人不考虑社会主义与资本主义的制度区别、国情区别，盲目接受"新自由主义"，主张对国有经济、公有经济实行私有化，把计划经济改成完全的市场经济。苏联解体后的俄罗斯听信了这种主张，制定"五百天计划"，搞"休克疗法"，结果整个经济下降了50%。我们没有接受这种主张，而是搞公有制为主体多种所有制经济共同发展，搞宏观调控下的市场经济体制，不仅避免了重蹈俄罗斯的覆辙，并且创造了经济奇迹。现在中国也有人要求把国有经济的比重进一步降低，比如降到20%、10%；还有人要求把国有企业的资产量化到个人。但俄罗斯搞"五百天计划"，通过发放债券"量化"国有资产，最终把国有企业"量化"到了哪些人手里，世人是有目共睹的。

至于"普世价值""宪政民主""公民社会"这些概念，都是一些有特定内涵、特定指向的政治话语。我们不能只从字面上来理解它们，而应看到搬弄这些话语的人所要达到的目的。

"普世价值"的所谓"价值"，指的是价值观，是类似于真理观、道德观那样的观念形态、社会意识。在阶级社会里，社会意识无不打上阶级的烙印，就是说，不同阶级的存在，决定了人们有不同的价值观，所谓超阶级的普世的价值观，只能是骗人的鬼话。恩格斯在《反杜林论》中说过，道德始终是阶级的道德，只有消灭了阶级对立，而且在实际生活中也忘却了这种对立的社会发展阶段，真正人的道德才成为可能。宣扬"普世价值"的人，他们心目中的"普世价值"绝不会是马克思主义，必然是西方的政治理念；他们要表达的意思也不会是说西方政治制度违背了"普世价值"，而是说中国特色社会主义制度不符合"普世价值"。

"宪政民主"如果仅从字面上看，似乎是要求按照宪法施政。而我国宪法明确规定了共产党的领导地位，因此，一些善良的人们认为这个主张也是可以接受的。但如果从实质上看，事情就不是那么回事了。"宪政"这个概念，最早是英国资产阶级在革命时期为了反对封建王朝的专制而提出的，另一种翻译是立宪主义，其核心是要求实行多党制、议会制、军队国家化。这在特定历史条件下当然是有进步意义的，但把它拿到今天的中国，显然不会是要求在宪法范围内坚持中国共产党的领导，而是要在中国实行西方资本主义的政治制度。前几年出笼的鼓吹"宪政民主"的"零八宪章"，就明确要求共产党从政府、政法机关、军队、学校中退出去。这已经不是要求"政治体制改革"了，而是要求从根本上改变中国现行的社会主义政治制度。

"公民社会"这个概念最早也起源于英国，是资产阶级为建立不受封建政权控制的社会力量而提出的，有时被译为市民社会。今天要求在中国建立公民社会的人，也不是要求加强共产党对社会建设的领导，而是要求形成不受共产党领导或与党和政府闹对立的社会力量。这样一种力量，只能是社会主义的敌对势力。我们党现在提出要建立的社会管理体制，是党委领导、政府负责、社会协同、群众参与、法治保障的社会管理体制；我们要发展的社会组织，也是受党领导并要在其中建立党组织的社会组织。这些与所谓的公民社会都是不同的，与西方的非政府组织也不同。即使在西方，许多非政府组织，特别是那些从事对其他国家进行政治渗透、分裂活动，搞所谓"颜色革命"的组织，背后仍然是政府，是受政府资助、由政府操纵的。

在我国为什么必须实行共产党领导而不能实行多党轮流执政？为什么军队必须由共产党领导而不能搞所谓"国家化"？对这些问题不仅要从历史上、国情上给予回答，也要从理论上给予回答。科学社会主义的理论告诉我们，政党制度是国家政治制度的一部分，属于社会的上层建筑，是建立在经济基础之上的。因此，有什么样的经济基础，就会有什么样的政党制度。

资本主义国家实行的是资产阶级私有制，而资产阶级内部是分为不同利益集团的。这种制度决定了在资本主义国家，需要建立代表不同利益集团的政党，而且各个政党之间必须相互竞争、轮流执政，不能一党执政，否则其他利益集团的利益就得不到保障；同时，决定了其军队必须实行国家化，而不能由哪一个政党单独领导，否则，多党制就无法实行，就会出法西斯独裁统治。从实质上看，资本主义国家的多党制也是一党制，因为无论哪个党上台，都会从根本上维护资产阶级的统治。每次大选后更换新的执政党，军队、警察、监狱、情报机关等国家机器的主体都无须变动，便是一个有力的证明。

我国实行的是社会主义制度，经济基础是生产资料的社会主义公有制，这种制度和国情决定了人民内部的根本利益是一致的，其政治制度只能是由工人阶级领导的以工农联盟为基础的人民民主专政，其政党制度也只能是由代表最广大人民根本利益的中国共产党领导下的多党合作制。在市场经济条件下，人民内部也会有不同利益的矛盾，但社会主义制度不允许少数人利益与多数人利益产生根本的利害冲突，不允许任何人破坏全国人民利益的根本一致性，因此，不允许由代表少数人利益的政党掌握国家政权。在这种情况下，当然谈不上其他政党与共产党轮流执政。既然如此，军队当然只能由代表人民根本利益的中国共产党一党绝对领导。可见，在我国实行共产党领导和党对军队的绝对领导，是社会主义根本经济、政治制度决定的，它不仅不妨碍社会主义政治体制的运行、不影响人民军队的国防军性质，相反，是确保人民根本利益不受侵犯、党和人民内部团结统一的不可或缺的必要条件。

前些时候，有一位国外学者问我，中国什么时候会实行多党制。我对他说，只要中国实行公有制为主体，就不会也没有必要实行多党制；如果有一天中国实行了私有制，出现了财团、寡头、利益集团，到那时候恐怕会实行多党制。不过，那时中国已经不再是社会主义社会，也不再是一个政治稳定的社会了。

五、关于当代知识分子历史使命问题

对于一个正直的有责任感的知识分子，不管是搞学术研究的学者还是搞教学的老师，我认为都应当在各自的岗位上发挥唤醒民众的作用。这里说的唤醒民众，与抗日战争时期动员民众起来救亡不一样。我说的唤醒民众是指：第一，提醒大家不要沉迷于物质利益。我们现在还处在社会主义初级阶段，当然要以经济建设为中心，当然要贯彻物质利益原则。但应当教育人们，不要只顾追求物质利益，"一切向钱看"，忽略精神文明、社会责任、道德规范。正如毛泽东讲的，要兼顾国家、集体和个人利益，不能把物质利益、个人利益看得高于一切，不能把人们引导到只为个人利益而奋斗的道路上去。第二，告诉大家当前中华民族最大的利益是在共产党领导下争取伟大复兴。当前，中华民族正处在一个伟大复兴的关键时期。按照"三步走"的战略，我国在 21 世纪中叶，也就是中华人民共和国建立 100 年时，达到中等发达国家的水平。实现这个目标，最重要的条件是内有稳定，外有和平。而在今天的中国，能带给我们这个条件的政治力量唯有中国共产党，政治道路唯有中国特色社会主义。因此，要实现中华民族伟大复兴的理想，就要拥护中国共产党领导，支持和积极参加中国特色社会主义建设。

有人说，中华民族复兴不一定非要共产党领导不可，俄罗斯没有共产党领导，不是也在复兴吗？说这种话的人忘了，当年以俄罗斯为主体的苏联是仅次于美国的超级大国，而苏共下台后，不仅原来的国家解体了，俄罗斯也降为了二流国家。另外，俄罗斯人口比我们少，而各种资源却比我们多得多，经济、科技的底子比我们厚得多，人口受教育程度也比我们高得多。所以，它没有了共产党领导，虽然社会上的问题比过去多，社会管理的难度比过去大，但总体还算稳定。但中国国情与它相比有很大不同。邓小平说过，中国如果闹到共产党和国家权力不起作用，肯定是个内战的局面，一打内战就是各霸一方，生产衰落，交通中断，难民成堆，血流成河，那不仅是中国的灾难，也是世界性的灾难。我认为他这个话绝不是危言耸听，而是建立在对中国国情的深刻体察基础之上的，是很值得每一个对国家有责任心的人深思的。

国家的政治体制和家里客厅的摆设不一样，不能看这种摆法不合适，就试试另一种摆法，不行再变回来。国家的政治体制一旦变化，要想再变回来就没那么容易了。据我所知，现在俄罗斯有相当多的人，特别是知识分子对苏联解体表示后悔。但后悔又有什么用呢？这个潘多拉魔盒既然打开了，不要说恢复苏联不可能，就是维持俄罗斯的政治稳定，都不是一件很容易的事。要是中国有一天也出现那种局面，弄得各自为政，分崩离析，军阀混战，从中受益的只能是极少数家私万贯并有出国护照的人，绝大多数老百姓将会重新陷入水深火热之中。到了那时，要想重新恢复统一、稳定的局面，从中国历史看，没有几十年、几百年时间是做不到的。

现在国内外敌对分子寻找各种理由攻击共产党的领导，尤其喜欢抓住共产党干部搞腐败的问题大作文章。共产党有没有腐败分子？当然有，而且在市场经济和对外开放的条件下，这种人还不少。但是应当看到，第一，这种人在8000多万共产党员和几百万党政干部中毕竟只是极少数；第二，这种人在共产党里一旦被发现，迟早都会被查处、被清除；第三，各条战线的精英、骨干、优秀分子绝大多数仍然是共产党员。那些以"反腐败"为借口反对共产党领导的人，并不是真的要反对腐败，而是像邓小平说的那样，是唯恐天下不乱，是采用"文化大革命"的办法进行煽动，以便乱中夺权。这些人一旦夺取权力，只会比腐败分子更腐败。在为人民服务和密切联系群众、严密组织纪律性这些方面，任何政治力量都无法和共产党相比。

中国共产党第一代领导人大多是知识分子，就参加革命前的个人社会地位来说并不算低，生活境遇也不差。但他们并不满足于自己过得好，而是以天下为己任，对劳苦大众和民族命运充满责任感。今天中国有志气的知识分子应该向他们学习，把个人的命运和人民、国家、民族的命运联系在一起，多从如何有利于中华民族复兴、国家稳定和发展出发想问题、搞研究、写文章、教学生。前些时候，经济学界为祝贺刘国光同志九十大寿，举办了一个有关他的学术思想研讨会。他在会上发表了一篇题为《九十感恩》的答词，其中说道："在社会主义初级阶段，我们需要继续完善市场经济的改革，但这个市场经济改革的方向必须是社会主义的，而不是资本主义的。这个问题关系到我国改革的前途命运，也是现今经济领域里意识形态斗争的焦点。环绕这个问题的针锋相对的纷争，当然有理论是非的问题，但是在更大程度上，这是当今社会不同利益阶层势力的对决。反对'市场经济'与'社会主义'相结合，主张私有化、自由化和两极分化的声音，虽然有雄厚的财富和权力的实力背景，但毕竟只代表少数人的利益。而主张'市场经济'必须与'社会主义'相结合，以公有制为主体，以国家宏观计划调控为导向，以共同富裕为目标的声音，则代表了工农大众和知识分子群体的希望。我国经济改革的前景，不取决于争论双方一时的胜负，最终将取决于广大人民群众的意志。所以，我虽然年满九十，来日不多，但对此仍然满怀信心和激情。"什么是知识分子的担当？什么是知识分子的良心？什么是知识分子在当今时代的责任？我觉得刘国光同志这篇讲话是最有代表性的回答。我们吃着农民种出来的粮食，穿着工人织出来的布，住着工人盖出来的房子，拥有比工人、农民好得多的工作和生活条件。我们究竟应当代表谁的利益，这难道不是每一个知识分子、每一个学者应该经常扪心自问的问题吗！

中国特色社会主义是科学社会主义理论逻辑和中国社会发展历史逻辑的统一[*]

习近平总书记 2013 年 1 月 5 日在新进中央委员会委员、候补委员学习贯彻党的十八大精神研讨班开班式上的讲话（以下简称"1·5"讲话），是一篇对深入领会十八大精神、全面总结历史经验、促进全党警醒具有重大意义的讲话。讲话从六个时间段分析了社会主义思想从提出到现在的历史过程，强调中国特色社会主义是科学社会主义理论逻辑和中国社会发展历史逻辑的辩证统一，是根植于中国大地、反映中国人民意愿、适应中国和时代发展进步要求的科学社会主义。讲话不仅有助于人们更加科学地认识什么是中国特色社会主义、怎样建设中国特色社会主义，也为如何正确看待和研究中华人民共和国历史提供了更加明确的指导思想。

一

习近平总书记的"1·5"讲话指出："中国特色社会主义是社会主义而不是其他什么主义，科学社会主义基本原则不能丢，丢了就不是社会主义。"在当前国内外敌对势力和错误

---

* 本文是作者为原中共中央党史研究室编辑的学习习近平总书记"1·5"重要讲话而撰写的文章，曾发表于《思想理论教育导刊》2013 年第 3 期。

思潮肆意攻击中国特色社会主义，把它污蔑为"资本社会主义"、"国家资本主义"或"新官僚资本主义"的情况下，突出强调这个问题具有很强的现实针对性。

世界上任何事物都有质的规定性。好比钢，其基本性质是含碳量小于2%的铁碳合金，在此基础上可以加各种合金元素，使其成为不同用处的合金钢。但无论加什么元素，碳的含量都不能超过2%，否则就不成其为钢，而是铁或其他金属了。中国特色社会主义虽然立足于中国仍处于并将长期处于社会主义初级阶段的国情，体现着世界呈现和平与发展两大时代主题的特征，但它作为一种政治理论、社会实践、社会制度，归根结底属于科学社会主义范畴。既然如此，它当然要遵循科学社会主义的基本原则，否则就不成其为科学社会主义，而是别的什么主义了。

社会主义起初是针对资本主义剥削而在16世纪欧洲产生的一种学说，它对未来理想社会描绘得十分美好、十分具体，但未能揭示资本主义灭亡的必然规律、指出埋葬资本主义的社会力量、找到通向理想社会的现实道路，因而只能流于空想。马克思、恩格斯批判地继承、吸收了德国古典哲学、英国古典政治经济学和法国、英国空想社会主义的合理成分，创立了唯物史观和剩余价值学说，揭露了资本主义剥削的秘密，阐明了资本主义必然被社会主义代替的客观规律，论证了无产阶级的历史使命和推翻资产阶级统治的必由之路，从而将社会主义由空想变成了科学。

科学社会主义自创立之后，经过马克思、恩格斯的继续充实和完善，又经过列宁、斯大林在领导俄国社会主义革命和建设实践过程中的丰富和发展，从理论逐步变为现实，并形成了一系列基本原则。例如，由资本主义到社会主义，必须经过无产阶级革命；无产阶级革命必须由马克思主义理论武装的无产阶级政党领导；建立社会主义制度必须打碎资产阶级的国家机器，实行无产阶级专政；无产阶级专政必须以工农联盟为基础，坚持共产党领导，镇压国内敌对势力的反抗，防范国外敌人的侵略、颠覆，保障全体劳动者的民主权利；建设社会主义必须变生产资料的私有制为公有制，由国家有计划地进行，不断提高社会生产力，满足人民群众日益增长的物质文化生活的需要，逐步消灭阶级，直到实现共产主义；等等。但是，正如列宁所说：马克思主义的理论"所提供的只是总的指导原理，而这些原理的应用具体地说，在英国不同于法国，在法国不同于德国，在德国又不同于俄国"。[1] "一切民族都将走向社会主义，这是不可避免的，但是一切民族的走法却不会完全一样，在民主的这种或那种形式上，在无产阶级专政的这种或那种形态上，在社会生活各方面的社会主义改造的速度上，每个民族都会有自己的特点。"[2] 中国特色社会主义，就是在中国具体国情下所实行的既坚持了科学社会主义基本原则，又根据中国实际和时代特征赋予其鲜明中国特色的社会主义。例如，中国特色社会主义在国体和政体上虽然实行包括工人阶级、农民阶级和新社会阶层

①《列宁选集》第1卷，人民出版社2012年版，第274—275页。
②《列宁选集》第2卷，人民出版社2012年版，第777页。

在内的人民民主专政及人民代表大会制度，但人民民主专政和人民代表大会制度都是工人阶级（通过中国共产党）领导，因此，其实质仍然是无产阶级专政；在经济制度和体制上虽然鼓励、支持和引导非公有制经济发展，允许和鼓励资本参与分配，让市场在资源配置上起基础性作用，但公有制和按劳分配仍然占主体，国有经济仍然控制国民经济命脉，国家对市场活动仍然发挥宏观指导和调控作用，计划调节仍然是国家宏观调控的重要手段，因此，其实质仍然是社会主义。

马克思在《哥达纲领批判》中指出："消费资料的任何一种分配，都不过是生产条件本身分配的结果；而生产条件的分配，则表现生产方式本身的性质。"[①]邓小平在改革开放初期也说过："一个公有制占主体，一个共同富裕，这是我们所必须坚持的社会主义的根本原则。""只要我国经济中公有制占主体地位，就可以避免两极分化。"[②]江泽民强调："我们干的是社会主义事业，国家经济的主体必然是公有制经济。这一点必须坚定不移，决不能动摇。"[③]正因为如此，我们党在推进所有制改革的过程中，始终强调要以公有制为主体、以国有经济为主导。事实说明，只有公有制占主体，分配上才能保证共同富裕，从而使社会主义原则落到实处。

改革开放初期，针对我国生产力水平较低和过去长期存

---

①《马克思恩格斯选集》第3卷，人民出版社2012年版，第365页。

②《邓小平文选》第3卷，人民出版社1993年版，第111、149页。

③《江泽民论有中国特色社会主义（专题摘编）》，中央文献出版社2002年版，第50页。

在平均主义、吃"大锅饭"的现象，我们党曾提出"让一部分人、一部分地区先富起来"，提倡"效率优先、兼顾公平"，允许和鼓励资本参与分配。这一方针和政策的实施，对于调动各方面积极性、加快经济发展，起到了重要作用。但与此同时，也出现了分配不公、收入差距过大的现象和"一切向钱看"的思想倾向，引起广大群众的不满，并且受到来自右的和极左的两种思潮的夹击，就连资本主义国家的舆论也不时予以嘲讽。针对这一情况，我们党对分配政策进行了逐步调整。例如，把"效率优先、兼顾公平"的口号改为"既重视效率也重视公平、把公平放在更加突出的位置"；要求初次分配和再分配都要处理好效率和公平的关系，再分配要更加注重公平；逐步提高居民收入在国民收入中的比重，提高劳动报酬在初次分配中的比重，提高低收入者收入，提高扶贫标准和最低工资标准；等等。党的十八大，更把"逐步实现全体人民共同富裕"纳入中国特色社会主义定义，把"坚持走共同富裕道路"作为夺取中国特色社会主义新胜利必须把握的基本要求之一，把"收入分配差距缩小"作为全面建成小康社会的新要求之一，并旗帜鲜明地提出"共同富裕是中国特色社会主义的根本原则"。十八大闭幕后，习近平总书记在第一次会见中外媒体时便强调，新一届中央领导机构对民族、对人民、对党的一个重要责任，就是努力解决群众生产生活困难，坚定不移走共同富裕道路。所有这些都表明，我们党对分配领域出现的新问题，认识是清醒的，解决的决心也是坚定的。

要摆正先富与共富、效率与公平、资本与劳动的关系，涉及各方切身利益，不可能没有阻力，更不可能一帆风顺。比如，有人认为我国的贫富差距还不够大，说"只有拉大差距，社会才能进步，和谐社会才有希望"，"没有贫富差距就相当于吃大锅饭"。还有人把收入差距扩大说成是政府管理经济和"国有垄断""国进民退"造成的，提出"民富优先""国退民进""以民营经济为主体""要把国有企业量化到人民手中"等主张。这些言论既违背宪法原则和中国特色社会主义的理论、纲领、路线和方针，又违背客观实际。

我国宪法规定："国有经济是社会主义全民所有制经济，是国民经济的主导力量。"因此，不存在什么国有企业还要"量化到人民手中"的问题。要求所谓"量化"，说穿了，无非是要把国有资产私有化。苏联解体时给全体居民发放国有企业的证券，结果把国有资产都"量化"到了哪些人手里，世人是有目共睹的。党的十五届四中全会通过的《关于国有企业改革和发展若干重大问题的决定》指出，国有经济需要控制的行业中包括"自然垄断的行业"，国有企业中也要有"极少数必须由国家垄断经营的企业"。[1]离开了这种垄断，国有经济发挥国民经济主导作用就会成为一句空话。我们一方面要反对包括国有企业在内的一切企业的垄断行为，另一方面绝不能借口"反垄断"来反对国家通过国有企业实行必要的"自然垄断"和"垄断经营"。江泽民说："国有企业是我国国民经济的支柱，是我国社会主义制度的重要经济基础"，"国有大中型企业是发展社会主义市场经济的主力军"，"是我

---

[1]《十五大以来重要文献选编》(中)，人民出版社 2011 年版，第 168、169 页。

国经济参与国际竞争、合作、分工的基本力量"。①胡锦涛指出："要毫不动摇巩固和发展公有制经济……不断增强国有经济活力、控制力、影响力。"②习近平在 2009 年视察大庆油田时也指出："国有企业是中国特色社会主义的重要支柱，是我们党执政的重要基础，也是贯彻和实践党的基本理论的重要阵地。"③当前，某些西方大国正是以我国国有企业受政府优惠为名，在贸易、投资、资产收购等领域对其百般刁难和限制。这从反面说明，国有企业在国际竞争中确实具有较强实力，使西方跨国公司、大财团和它们的代理人也感到不好对付。

另外，是不是"国进民退"和"国富民穷"，应当用事实说话。2008 年第二次全国经济普查的结果与 2004 年第一次普查的结果相比，国有企业单位比重下降了 20%，资产下降了 8.1%；而私营企业单位增长了 81.4%，资产增加了 3.3%。④2011 年，全国规模以上工业企业主营收入中，国有及国有控股企业仅占 27%，而私营企业占 30%，外商投资企业占 26%。⑤还应当看到，中国特色社会主义社会并不是无阶级

①《江泽民论有中国特色社会主义（专题摘编）》，中央文献出版社 2002 年版，第 145、143、142 页。

② 胡锦涛：《坚定不移沿着中国特色社会主义道路前进　为全面建成小康社会而奋斗——在中国共产党第十八次全国代表大会上的报告》，人民出版社 2012 版，第 20—21 页。

③《大庆油田发现 50 周年庆祝大会隆重举行》，《中国石油报》2009 年 9 月 23 日。

④《国企占比下降私企占比上升》，《人民日报》2009 年 12 月 26 日。

⑤ 国家统计局：《中国统计摘要 2012》，中国统计出版社 2021 年版。

社会,"国"和"民"没有摆脱也不可能摆脱阶级性,对"民穷"还是"国富"都要作具体分析。现在,一方面,我国还有1.25亿人处于新的扶贫标准线以下;另一方面,我国早已经成为全球第二大奢侈品市场。我国工业企业中,国有及国有控股企业的产值、资产占比均已不到30%;国民收入中,国家财政收入占比也只有30%。而24个工业化国家平均税负为45.3%,29个发展中国家平均税负为35.5%,都比我国要高。可见,笼统说"国进民退""国富民穷",都是站不住脚的。

改革开放以来,我们党针对过去一度存在的权力过分集中、忽视民主与法制建设的问题,提出并推进政治体制改革,大力加强社会主义民主与法制建设,同时,始终强调改革要坚持社会主义方向。有人说,改革就是改革,无所谓社会主义方向和资本主义方向,并以邓小平讲过"改革不问姓'资'姓'社'""不搞争论"作为根据。只要看看《邓小平文选》就会知道,邓小平从来没有在改革方向问题上说过不问姓"资"姓"社",相反,他一再提醒我们:"在改革中坚持社会主义方向,这是一个很重要的问题。""在整个改革开放的过程中,必须始终注意坚持四项基本原则。"他还强调:"如果不坚持这四项基本原则,纠正极左就会变成'纠正'马列主义,'纠正'社会主义。"[1]邓小平也从来没有在改革的方向上说过"不搞争论",相反,他在"八九"政治风波后说:"某些人所谓的改革,应该换个名字,叫作自由化,即资本主义

---

[1]《邓小平文选》第3卷,人民出版社1993年版,第138、379、137页。

化。他们'改革'的中心是资本主义化。我们讲的改革与他们不同，这个问题还要继续争论的。"①江泽民在庆祝建党70周年大会上讲："要划清两种改革开放观，即坚持四项基本原则的改革开放，同资产阶级自由化主张的实质上是资本主义化的'改革开放'的根本界限。"②胡锦涛在纪念党的十一届三中全会召开30周年大会上讲："既以四项基本原则保证改革开放的正确方向，又通过改革开放赋予四项基本原则新的时代内涵。""离开四项基本原则和改革开放，经济建设就会迷失方向和丧失动力。"③他们的论述都说明，党中央历来认为改革存在坚持什么方向的问题，这个方向不是别的，就是社会主义；对这个方向的保证也不是别的，就是坚持四项基本原则。

我国政治体制无疑还有许多需要继续深化改革的问题和空间。比如，要进一步健全权力运行的制约和监督体系，要推进权力运行的公开化、规范化，要更加注重改进党的领导方式、执政方式，要不断发挥法治在国家治理和社会管理中的作用，等等。但是，改革的目标只能是社会主义制度的自我完善和发展，原则只能是坚持中国共产党领导、人民当家作主、依法治国的有机统一，前提只能是有利于政局稳定、人民团结、经济发展、生活改善。现在有人无视我国30多年

①《邓小平文选》第3卷，人民出版社1993年版，第297页。
②《十三大以来重要文献选编》（下），中央文献出版社2011年版，第184页。
③《十七大以来重要文献选编》（上），中央文献出版社2009年版，第797、798页。

来政治体制改革取得的巨大进步和正在进行的改革，指责政治体制改革停顿了、滞后了、倒退了，认为现有政治体制已经成为进一步市场化改革的阻力，鼓吹"重启政改"。显然，他们所要的"政治改革"并不是我们党所推动的政治体制改革，而是要把西方资本主义那一套政治体制搬到中国来。经济基础决定上层建筑。我们的经济体制改革不是要建立私有制基础上的自由市场经济，政治体制改革当然也不可能照搬适应那种市场经济的多党轮流执政和三权鼎立的政治体制。既然从来没有启动过那种"政治改革"，又怎么谈得上"停滞"和"倒退"的问题呢？那种"政治改革"既不会给中国带来真正的民主，也解决不了腐败问题，更促进不了经济发展，相反，只会使社会混乱、国家分裂、内战爆发，使已有的发展成果丧失殆尽，使人民重新陷入无穷灾难。对此，我们当然不能接受。

现在还有人鼓吹所谓"宪政"改革。这一论调的要害在于把共产党的领导同宪法原则相对立，实质在于要求实行多党制、三权鼎立、军队国家化等资本主义政体，目的在于从根本上改变中国特色社会主义的政治制度。我国宪法规定了中国共产党在国家的社会主义建设事业中的领导地位，《中国共产党章程》也规定了党必须在宪法和法律的范围内活动。因此，坚持共产党领导与遵守宪法原则是一致的，不存在相互排斥的问题。资本主义国家在经济上实行资产阶级所有制，在政治上由资产阶级统治。由于资产阶级有不同的利益集团，因此，需要有不同的政党代表这些集团。这种多党制决定了其军队不能由哪一个党单独领导，必须国家化；而各政党在维护资产阶级政治统治这一点上的一致性，又决定了无论哪个党上台都不会改变军队作为资产阶级专政工具的性质。然而，我国是社会主义国家，实行工人阶级领导的以工农联盟为基础的人民民主专政；中国共产党作为工人阶级政党，同时代表着最广大人民的根本利益。这一国情决定了我国不允许产生剥削阶级，更不允许有代表剥削阶级利益的政党同共产党轮流执政。在社会主义市场经济条件下，人民内部会有不同利益的矛盾，但这一经济是由中国共产党领导、以公有制为主体、以国家宏观调控为前提的，不允许在人民内部出现根本的利害冲突，因而也不需要建立代表不同阶层利益的政党，而只能实行共产党领导的多党合作和政治协商制度。在这种情况下，军队当然必须由而且完全可以由中国共产党绝对领导。这种领导是和我国国家性质、经济与政治的基本制度，以及政党制度相一致的，它不仅不会妨碍我国政治体制的运行，影响军队的国防军性质，相反，是坚持中国特色社会主义、维护人民根本利益、保证党和人民内部团结统一及社会稳定的不可或缺的必要条件。

二

习近平总书记的"1·5"讲话指出：改革开放前后两个历史时期，"是两个相互联系又有重大区别的时期，但本质上都是我们党领导人民进行社会主义建设的实践探索。……两者决不是彼此割裂的，更不是根本对立的。不能用改革开放后的历史时期否定改革开放前的历史时期，也不能用改革开放前的历史时期否定改革开放后的历史时期"。[①] 在当前怀疑、反对改革开放或怀疑、反对四项基本原则的人，总是把改革开放前后两个历史时期加以割裂和对立，不是拿前者否定后者就是拿后者否定前者的情况下，突出强调这个问题也有很强的现实针对性。

中国特色社会主义是改革开放后开创的，但它不是在新中国刚成立时面对的那个百孔千疮的烂摊子上开创的，而是在改革开放前中国已进入社会主义并已进行了 20 多年社会主义建设的基础上开创的。如果 1978 年没有实行改革开放，或者 1978 年以后不把改革开放坚持下去，新中国的历史将难以为继。但如果 1949 年不建立新中国，新中国不选择社会主义道路，不进行大规模工业化建设和农田水利基本建设，没有形成独立的完整的工业体系和国民经济体系，没有培养出大批从事经济、科技、文教事业的人才，改革开放也是难以起步的。这些已经为新中国的历史所证明。而且，改革开放如果不沿着社会主义道路前进，相反改旗易帜，误入资本主义歧途，其结果也必然是亡党亡国。这一点已为东欧剧变的历史所证明。

正确认识我国改革开放前的历史，必须分清那段历史的主流和支流。改革开放前的历史虽然有曲折，但它取得的成就和经验是主要的。正如党的十八大报告所说：改革开放前

[①]《十八大以来重要文献选编》（上），中央文献出版社 2014 年版，第 111—112 页。

的 30 年，"进行了社会主义改造，确立了社会主义基本制度，成功实现了中国历史上最深刻最伟大的社会变革，为当代中国一切发展进步奠定了根本政治前提和制度基础"。那段历史"在探索过程中，虽然经历了严重曲折，但党在社会主义建设中取得的独创性理论成果和巨大成就，为新的历史时期开创中国特色社会主义提供了宝贵经验、理论准备、物质基础"。[①]比如，在那段历史时期提出了一系列正确观点和方针，有些当年虽然没有得到很好贯彻，但在改革开放时期却发挥了并正在发挥着重要作用。那段历史与改革开放后相比，虽然在经济发展的成果和人民生活水平的提高上没有那么显著，但这绝不表明那个时期的成就不伟大、不重要。如同盖楼一样，打地基时不容易让人看出成绩，但楼房盖得快盖得高，反过来说明地基打得牢。

正确认识我国改革开放前的历史，还必须对那段历史的曲折进行具体分析。首先，要把具有全局性的失误与个别的、局部的失误加以区别。对于"文化大革命"要彻底否定，但对于"三反"、"五反"，批判《武训传》，三线建设，"四清"运动等工作，则不能因为其中有缺点有错误就全盘否定。其次，要把失误与发生失误的时期加以区别。"文化大革命"长达十年时间，不能把党和人民在那十年所做的工作连同"文化大革命"一起否定。《关于建国以来党的若干历史问题的决议》（以下简称《历史决议》）指出："在'文化大革命'中，

①《十八大以来重要文献选编》（上），中央文献出版社 2014 年版，第 8 页。

我们党没有被摧毁并且还能维持统一，国务院和人民解放军还能进行许多必要的工作，有各族各界代表人物出席的第四届全国人民代表大会还能召开并且确立了以周恩来、邓小平同志为领导核心的国务院人选，我国社会主义制度的根基仍然保存着，社会主义经济建设还在进行，我们的国家仍然保持统一并且在国际上发挥重要影响。""我国国民经济虽然遭到巨大损失，仍然取得了进展。粮食生产保持了比较稳定的增长。工业交通、基本建设和科学技术方面取得了一批重要成就。"[1]再次，要把可以避免的失误与难以避免的失误加以区别。由于个人专断造成的失误当然是可以避免的，但由于客观条件不足或缺少经验而造成的失误则是难以避免的。例如，改革开放前农村面貌变化不大，其中有政策失误的原因，但基本原因还在于我国是一个农业国，又长期处于半殖民地半封建社会，搞工业化建设缺少资金和商品粮，不得不从农业上打主意，保持工农业产品的剪刀差和实行粮食、棉花等农副产品的统购统销。最后，要把造成失误的动机和结果加以区分。毛泽东发动"大跃进"和"文化大革命"，无疑造成了灾难性后果。但他的本意是为了给中国找到一条发展速度更快的道路，防止党脱离群众、国家改变颜色。另外，也不能把错误都推给毛泽东一个人。邓小平说过："我们都是搞革命的，搞革命的人最容易犯急性病。我们的用心是好的，想早一点进入共产主义。这往往使我们不能冷静地分析主客观方

①《三中全会以来重要文献选编》（下），中央文献出版社 2011 年版，第147、148 页。

面的情况，从而违反客观世界发展的规律。"① "毛泽东同志发动这样一次大革命，主要是从反修防修的要求出发的。" "讲错误，不应该只讲毛泽东同志……不要造成一种印象，别的人都正确，只有一个人犯错误。这不符合事实。"②

正确认识改革开放前后两个历史时期的关系，要看到它们之间深刻的历史性变化。例如，改革开放后与此前相比较，在指导思想上，由"以阶级斗争为纲"，变为以经济建设为中心，进而变为经济建设、政治建设、文化建设、社会建设、生态文明建设"五位一体"全面发展，等等。在经济体制上，由单一的公有制和按劳分配，变为以公有制为主体、多种所有制经济共同发展和以按劳分配为主体、多种分配方式并存；由高度统一的计划经济体制变为社会主义市场经济体制；等等。在政治体制上，由一度权力过分集中、党对政府事务包揽过多，变为党政职能适当分开，政企分开、政资分开、政事分开，决策权、执行权、监督权既相互制约又相互协调；由无法可依、有法不依、民主权利缺乏保障，变为高度重视民主与法制建设，初步建成社会主义法律体系；由领导职务事实上的终身制，变为实行退休制、问责制、引咎辞职制、离任审计制；由干部选拔任用由少数人决定，变为票决制、差额选举制；由政务不透明，变为实行政务公开、决策听证；等等。在文化政策上，由一度轻视教育科学文化、歧视知识分子、过多干预文艺创作，变为尊重知识、尊重知识分

①《邓小平文选》第 3 卷，人民出版社 1993 年版，第 139—140 页。
②《邓小平文选》第 2 卷，人民出版社 1994 年版，第 149、296 页。

子，把科学技术作为第一生产力，落实"百花齐放、百家争鸣"方针，主张弘扬主旋律、提倡多样化和尊重差异、包容多样，等等。在社会生活上，由经济成分、利益关系、组织形式、就业方式、分配方式相对单一，变为日益多样化；由人的思想活动相对统一，变为独立性、选择性、差异性不断增强；由人口基本不流动、一切由单位管理，变为人口大规模流动，实行基层群众自治管理，促进社会组织发展，积极构建和谐社会；等等。所有这些，都使改革开放前后两个历史时期有着明显的差别。看不到它们的差别，不可能看清楚中国特色社会主义究竟"特"在哪里；而看不到它们的共性，也不可能弄明白中国特色社会主义为什么是社会主义而不是别的什么主义。它们的差别把改革开放前后划分为两个历史时期，而它们的共性又把两个历史时期有机地联系在了一起。

改革开放前后两个历史时期的差别与共性相比较，共性的一面更带有本质性。例如，改革开放后，在指导思想上，虽然否定了"以阶级斗争为纲"的错误，但仍然坚持马克思主义的阶级和阶级斗争观点，仍然认为阶级斗争还在一定范围内长期存在，某种条件下还有可能激化，因而，仍然要坚持无产阶级专政。在经济建设上，虽然允许和鼓励包括私营经济在内的非公有制经济发展，允许和鼓励资本参与分配，但始终坚持包括全民所有制经济在内的公有制经济和按劳分配的主体地位，始终明确国有经济即社会主义全民所有制经济是国民经济中的主导力量和支柱；虽然确定市场对资源配置起基础性作用，但始终明确这种作用的发挥要在社会主义国家的宏观调控之下，要与社会主义基本制度结合在一起，要使国家计划作为宏观调控的重要手段之一；虽然不断拓展对外开放的广度和深度，但始终注重防范国际经济风险，坚持自主创新的道路。在政治建设上，虽然不断推进政治体制改革，但始终坚持党的领导、人民当家作主、依法治国三者的统一；虽然不断完善国家的各项政治制度，但始终坚持人民代表大会制度等各项根本制度和基本制度不动摇；虽然不断改进党的领导方式和执政方式，但始终着眼于党对国家的有效治理。在文化建设上，虽然提出尊重差异、包容多样，但始终坚持马克思主义在意识形态领域的指导地位；虽然提出并推动文化产业发展，但始终强调要把社会效益放在首位，经济效益要与社会效益相统一。在社会建设上，虽然推动基层群众自治管理，发展社会组织，但始终强调党在群众自治管理中的领导作用，积极构建党委领导、政府负责的社会管理体制，建立健全党和政府主导的维护群众权益机制，防范敌对势力的分裂、渗透、颠覆活动。所有这些，都使改革开放前后两个历史时期处于同一种社会形态，使它们共同成为中国现代史或中国当代史内在统一的组成部分。

大量事实说明，对历史问题的认识，往往与对现实问题的认识密切相关。如何认识改革开放前后两个历史时期的关系，就是一个与如何认识中国特色社会主义相关度极高的问题。大量事实还说明，对国家史的认识和解释，历来是意识形态领域各个阶级、各种政治力量较量的重要战场。统治阶级为了维护统治，总是高度重视对国家史的解释，并把它视作国家主流意识形态和核心价值体系的组成部分；而要推翻一个政权的阶级和政治力量，也十分看重对历史的解释，总要用它说明原有统治的不合理性。这是一个具有普遍规律的社会现象。前人早就说过："灭人之国，必先去其史。"当前，国内外敌对势力总爱拿历史尤其是当代史做文章，肆意歪曲、诬蔑中国革命史和新中国历史，攻击、丑化我们党和国家的领袖，同时竭力为被打倒的反动阶级的代表人物翻案，为大地主、大汉奸涂脂抹粉、歌功颂德。他们的目的，就是要用篡改历史的手法，否定中国共产党的领导，推翻社会主义制度。苏共下台、苏联解体的原因固然有很多，但戈尔巴乔夫为推行他的"新思维"，在苏联掀起一场从否定斯大林到否定列宁、十月革命和苏联历史，再到否定马克思、恩格斯和国际共产主义运动历史的逐步升级的运动，导致人民群众严重的思想混乱和信任危机、信仰危机，不能不说是一个重要原因。我们要记取前车之鉴，绝不能上国内外敌对势力的当，不能因为改革开放前的历史有错误有曲折就轻率否定它，相反，要理直气壮地把新中国60多年的历史作为一个光辉整体加以宣传，把正确认识和解释国史纳入建设社会主义核心价值体系的工作中，融入国民教育、精神文明建设的全过程。这是正确对待改革开放前后两个历史时期关系的需要，也是从根本上维护改革开放后历史的需要，是树立道路自信、理论自信、制度自信的需要。

党的十八大报告中有一句很有分量的话，叫作"既不走封闭僵化的老路，也不走改旗易帜的邪路"。然而有人却望文生义，认为这里说的"封闭僵化的老路"，指的是改革开放前走过的路。如果这样理解，不仅与党中央对那段历史的一贯评价不一致，也与十八大报告对那段历史的评价相互矛盾。只要尊重事实就会看得很清楚，这里说的"老路"，指的是改革开放前在所有制问题上求公求纯、在经济计划问题上越统越死的错误，特别是指"文化大革命"时期把市场调节、个体经济统统批成资本主义，把学习、引进国外先进技术统统批成洋奴哲学的错误。另外应当看到，改革开放前的大部分时间里，所谓"封闭"主要不是自我封闭，而是被封闭，先是被以美国为首的帝国主义国家"封闭"，后是被以苏联为首的社会主义国家"封闭"。况且，即使在那种情况下，我们仍然千方百计寻找与包括资本主义国家在内的各国进行贸易的机会。就在"文化大革命"时期，毛泽东、周恩来还抓住尼克松访华后美国放松对华出口限制的机会，决定用43亿美元从欧洲、日本进口一批成套设备。可见，把改革开放前的历史笼统说成是"封闭僵化"的历史，既不符合历史事实，也有违十八大报告的精神。

三

习近平总书记的"1·5"讲话指出："我们既要坚定走中国特色社会主义道路的信念，也要胸怀共产主义的崇高理想……没有远大理想，不是合格的共产党员；离开现实工作而空谈远大理想，也不是合格的共产党员。"[1] 在我们党面临的执政考验、改革开放考验、市场经济考验和外部环境考验日益复杂、越发严峻的情况下，突出强调这个问题同样具有很强的现实针对性。

早在延安时期，毛泽东就指出："关于社会制度的主张，共产党是有现在的纲领和将来的纲领，或最低纲领和最高纲领两部分的。在现在，新民主主义，在将来，社会主义，这是有机构成的两部分，而为整个共产主义思想体系所指导的。"[2] 为了使广大党员处理好这两个纲领的关系，他一方面要求所有党员必须为着完成资产阶级民主革命这个党的最低纲领而奋斗，强调凡是"看不起这个资产阶级民主革命而对它稍许放松，稍许怠工，稍许表现不忠诚、不热情，不准备付出自己的鲜血和生命，而空谈什么社会主义和共产主义"的人，都是有意无意地或多或少地背叛社会主义和共产主义，都不是自觉的忠诚的共产主义者；另一方面主张用共产主义思想体系教育干部和党员，要求每个党员在入党的时候，心目中就要悬着为新民主主义革命而奋斗和为将来的社会主义与共产主义而奋斗这样两个明确的目标，"而不顾那些共产主义敌人的无知的和卑劣的敌视、污蔑、谩骂或讥笑"。[3] 他一方面指出我们党如果不扩大共产主义思想的宣传、加紧马克思列宁主义的学习，"不但不能引导中国革命到将来的社会主义

---

① 《十八大以来重要文献选编》（上），中央文献出版社 2014 年版，第 116 页。

② 《毛泽东选集》第 2 卷，人民出版社 1991 年版，第 686 页。

③ 《毛泽东选集》第 3 卷，人民出版社 1991 年版，第 1059 页。

阶段上去，而且也不能指导现时的民主革命达到胜利"；另一方面提醒全党"既应把对于共产主义的思想体系和社会制度的宣传，同对于新民主主义的行动纲领的实践区别开来，又应把作为观察问题、研究学问、处理工作、训练干部的共产主义的理论和方法，同作为整个国民文化的新民主主义的方针区别开来"。①正因为我们党能够辩证统一地认识和处理最高纲领与最低纲领的关系，没有因为要为最高纲领奋斗而轻视最低纲领，也没有因为要实行最低纲领而忘记最高纲领，所以带领人民比较顺利地取得了新民主主义革命的胜利。

社会主义建设时期，同样存在如何认识和处理最高纲领与基本纲领关系的问题。我们党在改革开放前之所以屡犯"左"的错误，归根结底在于没有处理好这对关系；而改革开放后之所以没有出现全局性的和长时间的错误，重要原因也在于比较好地处理了这对关系。从一定意义上说，党的"一个中心、两个基本点"的基本路线，就是党在社会主义初级阶段的基本纲领与共产主义最高纲领辩证统一的具体化。它既体现了我们党在现阶段的目标和任务，又体现了我们党的大目标和大方向。胡锦涛指出："实现共产主义是一个非常漫长的历史过程，要立足我国正处于并将长期处于社会主义初级阶段这个实际，脚踏实地地为实现党在现阶段的基本纲领而不懈努力。……不断向党的最终目标前进。忘记远大理想而只顾眼前就会失去方向，离开现实工作而空谈远大理想就

---

① 《毛泽东选集》第 2 卷，人民出版社 1991 年版，第 706 页。

会脱离实际。"① 习近平同志在 2012 年中央党校春季学期开学
典礼上所作的题为《扎实做好保持党的纯洁性各项工作》的
讲话也指出："保持思想纯洁，最重要的是保持对共产主义的
坚定信仰、对中国特色社会主义的坚定信念。"② 这说明，为
社会主义初级阶段的基本纲领而奋斗，与不忘党的最高纲领、
保持对共产主义的坚定信仰之间并不矛盾。

有人认为，共产主义既然是遥远将来的事，现在何必要
讲它呢？还有人认为，共产主义是"乌托邦"，是虚幻的，根
本就实现不了。这些看法都是错误的。首先，共产主义是马
克思主义创始人根据人类社会发展客观规律而科学预言的必
然会达到的理想社会。共产党人对共产主义的信仰，依据的
是马克思主义的科学理论，同宗教徒对神和天堂的信仰根本
不同。其次，共产主义既是指人类社会的理想制度，也是指
一种思想体系和一种运动。党的十二大报告说："在我国，共
产主义思想的传播，人们为最终实现共产主义理想而进行的
运动，早在中国共产党成立和领导进行新民主主义革命的时
候就开始了。……共产主义的思想和共产主义的实践早已存
在于我们的现实生活中。"③ 就是说，只要是以实现共产主义为
最终奋斗目标的事业，就是共产主义事业。这一事业是现实
的、客观存在的，是千千万万人曾经参加过、现在仍然在前

赴后继的事业。因此，共产主义作为一种制度虽然还很遥远，但作为一项事业却无时无刻不在我们身边。

强调共产党员胸怀共产主义目标，不是要现在就实行共产主义的政策，而是为了提醒广大党员时刻不忘前进的大方向，为了给广大党员鼓舞斗志、增强战胜困难的决心和毅力。好比一个人远行，既要一步一步地走，也要始终明确目的地和方向。否则，要么会迷路，要么稍有困难便会泄气，最终半途而废、前功尽弃。陈云曾指出："民主革命时期，我们用共产主义思想教育党员和群众中的先进分子，才使党始终有战斗力，使革命取得了胜利。"[①]胡锦涛也指出："革命先烈在生与死的考验面前所以能够威武不屈，就是因为他们对共产主义理想坚贞不渝、矢志不移。""现在，有的党员在矛盾面前畏缩不前，在困难面前悲观失望，在诱惑面前不能洁身自好，说到底，还是共产主义理想和中国特色社会主义信念不坚定。"[②]党的十八大报告强调："对马克思主义的信仰，对社会主义和共产主义的信念，是共产党人的政治灵魂，是共产党人经受住任何考验的精神支柱。"[③]如果说我们党在民主革命时期能够靠共产主义理想支撑广大党员奋斗的意志，那么今天距离共产主义总不会比那时更远，为什么就不能要求广大党员牢记共产主义理想呢？

共产主义理想不仅是共产党人的精神支柱，也是社会主

---

①《陈云文选》第 3 卷，人民出版社 1995 年版，第 352—353 页。
②《十六大以来重要文献选编》（中），中央文献出版社 2011 年版，第 621 页。
③《十八大以来重要文献选编》（上），中央文献出版社 2014 年版，第 115 页。

义精神文明建设的灵魂。邓小平说过："所谓精神文明，不但是指教育、科学、文化（这是完全必要的），而且是指共产主义的思想、理想、信念、道德、纪律，革命的立场和原则，人与人的同志式关系……我们不是靠马克思主义的科学理论和上述的革命精神参加革命到现在吗？从延安到新中国，除了靠正确的政治方向以外，不是靠这些宝贵的革命精神吸引了全国人民和国外友好人士吗？没有这种精神文明，没有共产主义思想，没有共产主义道德，怎么能建设社会主义？党和政府愈是实行各项经济改革和对外开放的政策，党员尤其是党的高级负责干部，就愈要高度重视、愈要身体力行共产主义思想和共产主义道德。否则，我们自己在精神上解除了武装，还怎么能教育青年，还怎么能领导国家和人民建设社会主义！我们在新民主主义革命时期，就已经坚持用共产主义的思想体系指导整个工作；用共产主义道德约束共产党员和先进分子的言行；提倡和表彰'全心全意为人民服务'，'个人服从组织'，'大公无私'，'毫不利己、专门利人'，'一不怕苦、二不怕死'。现在已经进入社会主义时期，有人居然对这些庄严的革命口号进行'批判'，而这种荒唐的'批判'不仅没有受到应有的抵制，居然还得到我们队伍中一些人的同情和支持。每一个有党性、有革命性的共产党员，难道能够容忍这种状况继续下去吗？"[1]这个论述告诉我们，在社会主义社会如果不讲共产主义思想和道德，精神文明建设也是搞

---

①《邓小平文选》第2卷，人民出版社1994年版，第367页。

不好的。

现在有一种流行观点，叫作"要把我们党由革命党变为执政党"。这种观点实际上是"告别革命论"的翻版和历史虚无主义思潮的表现，它的传播很容易使广大党员特别是党的各级领导干部把我们党的执政同资产阶级政党的执政混为一谈，从而丢掉党的革命理想、革命传统、革命作风、革命精神，助长官僚主义、形式主义和脱离群众的歪风邪气。近些年，党的干部队伍和党风中发生的种种问题，与这种观点的散布不能说没有关系。不错，我们党现在是执政党，但它同时也是革命党。准确讲，应当是革命的执政党或执政的革命党。就是说，我们党虽然执政了，但仍然要为最终实现共产主义的远大理想而奋斗，仍然要继续保持和发扬革命精神，仍然要继承革命年代密切联系群众、艰苦奋斗的传统，并且要用共产主义的理想信念去教育和影响下一代。离开了这些，我们党就失去了立足的根本和存在的必要。

革命这个概念具有多种含义，有的指一个阶级推翻另一个阶级的变革，即政治革命；有的指组织和建设新的社会经济制度，如社会主义革命；有的指积极进取、奋发向上的精神状态，如革命精神；有的指某一领域中的重大变革，如产业革命、科技革命等。社会主义革命具有特定含义，它不仅指一个阶级推翻另一个阶级，也指用社会主义制度代替资本主义制度，最后实现共产主义。就是说，无产阶级在取得政权后，并不意味着革命的结束。建立社会主义制度，进行社会主义建设，直至实现共产主义，相对于资本主义来说都是革命，是革命这一概念的深化与延伸。它与"文化大革命"中提出的"无产阶级专政下继续革命"的理论根本不同，因为那种理论的内涵是，无产阶级取得政权后仍然要进行一个阶级推翻另一个阶级。我们否定了那种"左"的"继续革命"理论，并不等于否定了本来意义上的继续革命。

《历史决议》指出："我们坚决纠正'文化大革命'中所谓一个阶级推翻一个阶级的'无产阶级专政下继续革命'口号的错误，这绝对不是说革命的任务已经完成，不需要坚决继续进行各方面的革命斗争。社会主义不但要消灭一切剥削制度和剥削阶级，而且要大大发展社会生产力，完善和发展社会主义的生产关系和上层建筑，并在这个基础上逐步消灭一切阶级差别，逐步消灭一切主要由于社会生产力发展不足而造成的重大社会差别和社会不平等，直到共产主义的实现。这是人类历史上空前伟大的革命。我们现在为建设社会主义现代化国家而进行的斗争，正是这个伟大革命的一个阶段。这种革命和剥削制度被推翻以前的革命不同，不是通过激烈的阶级对抗和冲突来实现，而是通过社会主义制度本身，有领导、有步骤、有秩序地进行。这个转入和平发展时期的革命比过去的革命更深刻，更艰巨，不但需要很长的历史时期才能完成，而且仍然需要许多代人坚持不懈、严守纪律的艰苦奋斗，英勇牺牲。在这个和平发展的历史时期中，革命的道路决不会是风平浪静的，仍然有公开的和暗藏的敌人以及其他破坏分子在伺机捣乱，我们必须十分注意提高革命警惕，随时准备挺身而出，捍卫革命利益。我们全体中国共产党员和全国各族人民，在新的历史时期中一定要继续保持崇高的革命理想和旺盛的革命斗志，把伟大的社会主义革命和社会主义建设进行到底。"①党的十八大报告在讲到加强军队全面建设时，仍然把军队的革命化建设包括在内，仍然要求"持续培育当代革命军人核心价值观"。既然如此，怎么能说领导这支军队的党不再是革命党了呢？习近平总书记在"1·5"讲话中强调："革命理想高于天。"可见，我们说在无产阶级夺取政权后要继续革命，要始终怀抱革命理想，指的就是要继续为共产主义事业而奋斗，为实现共产主义理想而脚踏实地地做好现实工作。只要共产主义没有实现，共产党就永远是革命党，共产党员就要始终继承和保持革命的理想、革命的传统、革命的作风、革命的精神状态。党的十八大后，党中央制定并推行《关于改进工作作风、密切联系群众的八项规定》，就是我们党在新形势下保持革命理想的生动写照。

习近平总书记的"1·5"讲话还指出："衡量一名共产党员、一名领导干部是否具有共产主义远大理想，是有客观标准的，那就要看他能否坚持全心全意为人民服务的根本宗旨，能否吃苦在前、享受在后，能否勤奋工作、廉洁奉公，能否为理想而奋不顾身去拼搏、去奋斗、去献出自己的全部精力乃至生命。"②这一论述把共产党员坚定理想信念的要求更加具体化了，与实际结合得更加紧密了，标准也更便于人们把握了。

①《三中全会以来重要文献选编》（下），中央文献出版社 2011 年版，第172—173 页。

②《十八大以来重要文献选编》（上），中央文献出版社 2014 年版，第 116 页。

依照这个思路去思考，看一个领导干部是否具有共产主义远大理想，除了要看以上这些标准，还应当看他在贯彻党的基本纲领时，是否做到了全面、完整、准确；在推进经济、政治、文化等体制改革时，是否坚持了四项基本原则；在领导物质文明建设时，是否同时注意了精神文明建设和党的自身建设。凡是这样做的，说明他具有共产主义的远大理想；反之，则说明他动摇了、忘记了、抛弃了。

习近平总书记的"1·5"讲话通篇贯穿着辩证唯物主义和历史唯物主义的思想，体现了《历史决议》和党的十一届三中全会以来历次代表大会报告的精神，是对毛泽东思想、邓小平理论、"三个代表"重要思想、科学发展观的继承和发展。我们要像党的十八大要求的那样，不为任何风险所惧，不被任何干扰所惑，在以习近平同志为核心的党中央领导下，继续坚定不移地沿着中国特色社会主义道路前进，为在这条道路上实现中华民族的伟大复兴而不懈奋斗。

坚持和加强中国共产党领导的理论与实践依据[*]

中国共产党成立至今已经 95 年了，如果用人来比喻，已经经过幼年、少年、青年，进入了中年。毛泽东为纪念建党 28 周年撰写的《论人民民主专政》一文中指出："人到老年就要死亡，党也是这样。阶级消灭了，作为阶级斗争的工具的一切东西，政党和国家机器，将因其丧失作用，没有需要，逐步地衰亡下去，完结自己的历史使命，而走到更高级的人类社会。"① 不过，我们党的历史使命现在还远远没有完结，因此党不仅不能衰亡，相反要不断壮大；党的领导不仅不能削弱，相反要继续加强，直到自己历史使命的完结。

当年，毛泽东在《论人民民主专政》一文中运用马克思主义基本原理，对帝国主义反动派咒骂中国共产党"独裁""极权""不仁""太刺激了"等种种谬论进行了一一驳斥，同时对幻想走"第三条道路"的人们进行了说服教育。近些年来，国内外敌对势力又通过散布历史虚无主义、民主社会主义、西方"宪政"、"普世价值"等思潮，诬蔑我们党的领

---

* 本文是作者为纪念中国共产党成立 95 周年而作，曾发表于《世界社会主义研究》2016 年第 1 期，原标题为《我们为什么要坚持和加强中国共产党的领导——为纪念中国共产党成立 95 周年而作》。

①《毛泽东选集》第 4 卷，人民出版社 1991 年版，第 1468 页。

导是什么"专制"的、"不民主"的、"不合法"的、不符合"宪政"原则和"普世价值"的，竭力为否定、取消和推翻中国共产党的领导制造理论根据。我们要坚持中国特色社会主义，就要运用马克思主义的基本原理，进一步论证共产党领导的必然性、必要性、正义性、科学性、民主性、合法性和合理性，批驳敌对势力的这些谬论，同时为对这些问题有所疑惑的群众做好解疑释惑的工作。

一、坚持和加强中国共产党的领导是中国人民的历史选择

中国自 1840 年鸦片战争后就面临两大历史问题，即国家的独立和工业化。为此，中国的仁人志士曾进行种种努力，试图通过走西方资本主义道路来加以解决，最终统统抱恨而归。在此背景下，中国工人阶级的政党中国共产党应运诞生，并从成立伊始便担起了阶级解放以及本该由资产阶级负责解决的国家独立和工业化这两副重担。

现在有人说，中国工人阶级在中国共产党成立时人数很少，并没有建立政党的条件，中国共产党的成立是俄国共产党策划和经费支持的结果；还说列宁这样做包藏利己的动机，是为了让帝国主义无法集中力量对付俄国革命。这些说法并非什么新发明，而是从历史垃圾堆里捡来的破烂货。

中共在建党时得到过俄共帮助是事实，但这并不表明中共是靠外援建立起来的。第一，中国工人阶级当时人数少，只是相对农民阶级而言，就其绝对数量来说并不少，1914 年

已有 100 万人以上，五四运动前夕更达到了 200 多万人。而共产主义者同盟成立时，英国工人阶级不过 400 多万人；俄国共产党成立时，产业工人也只有 300 万；日本工人阶级的政党社会民主党第二次成立时，全国工人还不到 100 万。[①] 由于外国人在中国直接经营企业比中国民族工业要早，所以，"中国无产阶级的很大一部分较之中国资产阶级的年龄和资格更老些，因而它的社会力量和社会基础也更广大些"[②]。第二，中国工人阶级由于受到本国资产阶级、帝国主义势力和本国封建地主阶级的三重压迫，反帝反封建的要求最为强烈，斗争性也最为坚定，五四运动以前就多次举行反帝反封建的大规模游行示威，五四运动中更作为独立的政治力量登上了历史舞台。第三，中国一批接受马克思主义的先进知识分子，早在"五四"期间就自觉地与工人运动相结合，并意识到建立工人阶级政党的必要性，已经在着手建党，许多地方也建立了党的早期组织，只是还没有统一罢了。第四，俄共当时不仅资助共产党，也给国民党经费，而且比给中共的多得多。第五，世界近代史上的革命运动得到外国资助的情况并不鲜见，如美国独立战争、法国大革命等等。所以，中共的建立是中国工人阶级的斗争需要和革命形势的必然，即使没有外力帮助，迟早也是会建立的。至于列宁号召世界无产阶级革命，支持殖民地半殖民地国家进行民族民主解放运动，不仅来源于马克思主义世界革命的理论，而且完全符合当时世界

① 参见周一良、吴于廑主编：《世界通史·近代部分》，人民出版社 1972 年版。
②《毛泽东选集》第 2 卷，人民出版社 1991 年版，第 627 页。

革命的形势，并非只是为了分散帝国主义对俄国新生革命政权的压力。

中国共产党建立后，把马克思主义与中国实际相结合，正确回答了在一个农民占人口绝大多数、农村占国土绝大面积、农业占国民经济绝大成分的半殖民地半封建国家里，如何实现民族独立和工业化等一系列理论和实践问题，从而取得了民族民主革命的领导权，并用自己的模范行动，带领人民通过艰苦卓绝的斗争，推翻了帝国主义、封建主义、官僚资本主义的反动统治，夺取了新民主主义革命的胜利，建立了人民当家作主的新中国。接着，它又带领人民通过社会主义革命和建设，确立了社会主义的基本制度，建立了独立的比较完整的工业体系和国民经济体系；通过改革开放和社会主义现代化建设，开创了中国特色社会主义道路，大幅度提高了中国的综合国力、人民生活水平和国际地位，从根本上改变了中国人民的前途命运。正是这一切，赢得了中国人民对它的信任和拥护。所以，中国共产党的领导地位不是自封的，更不是什么人赐予的，而是历史和人民选择的结果。正如习近平同志在 2011 年出席纪念中国共产党成立 90 周年党建研讨会时指出的："没有共产党，就没有新中国；有了共产党，中国的面貌就焕然一新。这是中国人民从长期奋斗中得出的最重要最基本的结论。"①

---

① 习近平：《中国共产党 90 年来指导思想和基本理论的与时俱进及历史启示》，《学习时报》2011 年 6 月 27 日。

二、坚持和加强中国共产党的领导是中国法律的明确规定

现在有人以中国共产党没有进行所谓"政党登记"为借口，指责我们党的领导"不合法"。他们煞有介事地摆出一副法律专家的架势，自以为找到了可以置中共于死地的"法宝"，结果却是搬起石头砸自己的脚，暴露出他们反共反华势力马前卒的丑恶嘴脸。

凡是对马克思主义国家学说稍有常识的人都知道，社会主义国家同资本主义国家是社会制度根本不同的两种国家，它们的重大区别之一就是，前者公开声明自己实行无产阶级专政，由无产阶级政党领导，不允许代表资产阶级利益的政党与自己分享政权；而后者表面上把自己打扮成"全民国家"，搞所谓多党竞选、轮流执政，实际上实行的却是资产阶级专政。马克思说过："革命是人民权利的法律根据。"[①]列宁也说过："无产阶级的革命专政是由无产阶级对资产阶级采用暴力手段来获得和维持的政权，是不受任何法律约束的政权。"[②]这就告诉我们，无产阶级革命以及革命胜利后建立的无产阶级政权，都是不受资产阶级法律限制的。因此，社会主义国家不能再用资产阶级的法律来对待政党设置和政党登记一类的问题。

社会主义国家不搞政党登记，并不等于无产阶级政党的领导就没有法律依据。拿中国共产党来说，新中国成立前，

①《马克思恩格斯全集》第6卷，人民出版社1961年版，第130页。
②《列宁选集》第3卷，人民出版社2012年版，第594—595页。

它就在所有革命力量中确立了自己的领导核心地位，正因为如此，各民主党派、无党派人士纷纷响应它关于召开新政治协商会议、成立民主联合政府的号召。中国人民政治协商会议第一届全体会议通过的《共同纲领》第一章总纲中明确规定："中华人民共和国为新民主主义即人民民主主义的国家，实行工人阶级领导的，以工农联盟为基础的、团结各民主阶级和国内各民族的人民民主专政。"这里所说的实行工人阶级领导，自然意味着实行工人阶级的政党——中国共产党的领导；所说的团结各民主阶级，自然意味着团结各民主阶级的政党——各民主党派和无党派民主人士。在那次会上，中国民主同盟、民主建国会、国民党革命委员会、农工民主党、致公党、九三学社、民主促进会和无党派民主人士、华侨民主人士、全国工商界、宗教界的领导或代表，均声明坚决拥护中国共产党领导。可见，无论是中国共产党的执政地位还是拥护中国共产党的民主党派和无党派民主人士的参政资格，都是新中国成立伊始就在具有临时宪法性质的《共同纲领》中得到确立的，根本不存在还要通过什么"政党登记"来加以确认的问题。

此后，1954年一届全国人大一次会议上通过的宪法，以及1975年、1978年、1982年历次修改的宪法序言部分，都明确指出中华人民共和国是中国共产党领导各族人民经过长期革命斗争后建立的，今后各族人民要继续在共产党的领导下进行社会主义建设，各民主党派和各人民团体参加的爱国统一战线也要继续在共产党的领导下巩固和发展。这些论述都是中国共产党作为中国人民领导核心，处于中国执政地位的法律依据。1982 年宪法还指出，我国"生产资料私有制的社会主义改造已经完成，人剥削人的制度已经消灭，社会主义制度已经确立。……在我国，剥削阶级作为阶级已经消灭……中国人民政治协商会议是有广泛代表性的统一战线组织，过去发挥了重要的历史作用，今后在国家政治生活、社会生活和对外友好活动中，在进行社会主义现代化建设、维护国家统一和团结的斗争中，将进一步发挥它的重要作用"①。这些论述意味着，自从 1956 年中国由新民主主义过渡到社会主义社会之后，参加政协的各民主党派已经不再是民族资产阶级利益的代表者了，共产党领导的多党合作、政治协商已经成为中国社会主义的一项基本政治制度。可见，那种以所谓没进行政党登记而妄图否定中国共产党领导合法性的言论，完全是痴人说梦。事实说明，真正违法、违宪的恰恰是发表那种言论的人。

三、坚持和加强中国共产党的领导是社会主义经济基础的必然要求

很长时间以来，一些人总爱以西方"宪政"作为根据，攻击社会主义国家实行共产党一党执政违反了西方"宪政"的多党轮流执政的原则，是什么"一党专政"。少数群众从表面上看问题，认为他们说的似乎有道理。其实，只要深入分

---

① 《改革开放三十年重要文献选编》（上），中央文献出版社 2008 年版，第 299—300 页。

析一下就可以看出，他们的所谓道理纯粹是歪道理，是把资本主义国家的政党制度作为普世标准，衡量和剪裁社会主义国家的政治制度，是根本站不住脚的。

经济基础决定上层建筑，一个国家实行什么样的政治制度、政党制度，归根结底由这个国家实行的经济制度所决定，这是马克思主义的一个基本原理。中国实行共产党领导的多党合作、政治协商的政党制度而不实行多党轮流执政，军队由共产党绝对领导而不搞"非党化""国家化"，这一切最深刻的根源在于中国实行的是公有制为主体、多种所有制经济共同发展的基本经济制度，在于社会主义全民所有制经济是中国国民经济的主导力量。这种经济制度决定了，在我国人民内部的根本利益是一致的，并且不允许任何势力破坏这种根本利益的一致性。建立在这种经济制度之上并为之服务的政治制度，只能是工人阶级领导的以工农联盟为基础的人民民主专政，其政党制度也只能是由代表人民根本利益的工人阶级政党一党执政。在社会主义初级阶段和市场经济条件下，人民内部的利益必然呈现多元化态势，不同利益之间的矛盾肯定比单一公有制条件下的矛盾复杂和激烈得多。但社会主义的基本制度又决定了这种矛盾是受到限制的，就是说，在中国特色社会主义社会里，人民内部的矛盾无论多复杂多激烈，都不允许发展到根本利害冲突的程度，不允许出现与人民根本利益相对立的利益集团及其政治代表。既然如此，当然不需要有其他政党与代表人民根本利益的中国共产党相互竞争、轮流执政；同时，为了使共产党的执政地位不被架空、人民的根本利益不受损害，军队也必须由而且只能由中国共产党一党绝对领导。

资本主义国家之所以要实行多党竞选、轮流执政的政党制度，同样是由其经济基础决定的。资本主义实行生产资料的资本家私人占有制，在这种制度下掌握生产资料的资产阶级内部分为不同的利益集团。这就决定了资本主义国家必须实行多党制和多党轮流执政，而不能实行一党执政，否则，有些利益集团就会缺少自己的政治代表者，代表不同利益集团的政党就会缺少平等上台的机会。同样，这一制度也决定了其军队只能"非党化""国家化"，而不能由哪一个政党单独领导，否则，多党轮流执政就难以实行。这些情况在社会主义国家是根本不存在的。然而，同时又要看到，资本主义国家里的不同利益集团，毕竟同属于资产阶级，因此，代表不同利益集团的政党归根结底都是资产阶级政党。西方国家中的资产阶级政党之间虽然有利益之争，但在维护资本主义私有制、压制工人阶级和人民大众的反抗、保证西方发达国家始终主导国际经济金融政治秩序等方面，彼此利益又是一致的。从这个意义上说，资本主义国家的多党制实际上也是一党制，是资产阶级的一党制。美国哥伦比亚大学一位教授就说，不管是共和党还是民主党掌权，结果几乎没有什么不同。在这种情况下，资本主义国家的军队虽然是"非党化""国家化"的，但并没有改变其由资产阶级政党绝对领导和作为资产阶级专政工具的本质。

中国共产党在社会主义初级阶段的基本路线是"以经济

建设为中心，坚持四项基本原则、坚持改革开放"。而在四项基本原则中，除了社会主义道路、中国共产党领导、马克思主义和毛泽东思想之外，还有无产阶级专政即人民民主专政。邓小平指出："无产阶级作为一个新兴阶级夺取政权，建立社会主义，本身的力量在一个相当长时期内肯定弱于资本主义，不靠专政就抵制不住资本主义的进攻。坚持社会主义就必须坚持无产阶级专政，我们叫人民民主专政。"[1] 他还指出："没有人民民主专政，党的领导怎么实现啊？"[2] 这些话表明，要坚持社会主义道路、坚持中国共产党的领导，就要坚持人民民主专政，坚持党对军队的绝对领导。

习近平总书记反复强调，要树立中国特色社会主义的道路自信、制度自信、理论自信。要树立这些自信，就要树立对社会主义政治制度、政党制度的自信。这些制度都是在社会主义经济基础上建立起来的，同时又反过来保证社会主义的经济制度不被破坏，保证改革开放不走偏方向，保证最大多数人民的整体利益不受侵犯，保证我们国家的安全不遭危害。国内外敌对势力之所以起劲反对中国共产党领导，鼓噪我们的军队、政法队伍要"非党化""国家化"，其根本原因也在这里。

四、坚持和加强中国共产党的领导是人民民主的实现形式

民主是相对专制而言的政治制度，但同样实行民主制的

---

① 《邓小平文选》第 3 卷，人民出版社 1993 年版，第 365 页。
② 《邓小平年谱（1975—1997）》（下），中央文献出版社 2004 年版，第 1363 页。

国家，对民主的理解和实践却大相径庭。马克思主义导师在谈论民主时，总是把它和阶级问题联系在一起，认为在阶级社会里，民主实质上是统治阶级的民主。列宁说：在资本主义社会，比较完全的民主制度就是民主共和制，"但是这种民主制度始终受到资本主义剥削制度狭窄框子的限制，因此它实质上始终是少数人的即只是有产阶级的、只是富人的民主制度"。① 资产阶级为了模糊民主的阶级性质，总是把是否进行多党竞选、轮流执政，作为衡量一个国家是否民主的尺子。所谓社会主义国家"不民主""专制"的说法，就是用这把尺子衡量的产物。

选举当然是民主的一种形式，但选举并不等于就是民主，尤其不等于真正的实质的民主。同样是选举，由于对选举权有不同规定，其广泛性会有很大差别。例如，西方国家在相当长时期内就对选举权作过诸如财产、性别、族裔、居住时间等的限制。正因为如此，"二战"前的苏联和"二战"后诞生的社会主义国家曾被世人普遍认为是民主国家，而西方国家则是反民主的国家。只是后来西方国家在国内人民争取民主权利的持续斗争下，逐渐放宽了选举权上的种种限制，这才回过头来以所谓实行"一党专制"为由，攻击社会主义国家"不民主"。另外，选举本身也有各种形式，如直接选举、间接选举等。究竟采用哪种形式好，与国家大小、人口多少、选举内容等都有关系。只把西方的选举形式视为民主的标杆，

---

① 《列宁选集》第 3 卷，人民出版社 2012 年版，第 189 页。

而攻击社会主义国家的选举不民主，是毫无道理的。即使在西方国家，选举至今也有直接、间接之分。

选举能不能反映大多数人民的真正意愿，还取决于选举的规则。例如，西方国家的总统或议会选举，普遍实行募集竞选资金的办法，使选举很大程度上被金钱所操纵，成为金钱的竞争，而这恰恰反映了资本主义民主的本质。现在已有越来越多的人认清了这种民主的虚伪性，就连西方国家一些良知未泯的政治家、学者也承认，在他们那里的总统、议会选举中，真正起作用的是金钱。例如，美国前总统卡特就说过："美国只有寡头政治，无限制的政治贿选成为提名总统候选人或当选总统的主要影响因素。州长、参议员和国会成员的情况也是如此。"[1] 美国前国务卿科林·鲍威尔办公室主任的劳伦斯·威尔克森也说，美国的政治由大约 400 人决定，他们掌握着数万亿美元的资产，在幕后操控美国政府的决策。"因此，政权掌握在约占美国总人口 0.001% 的人的手中。"[2] 美国明尼苏达州前州长、《美国阴谋》一书作者杰西·文图拉还对《参考消息》报记者说："美国总统大选以及其他政治活动已被财力雄厚的大公司所操纵，美国选举已被金钱扭曲。"[3] 就连参加 2015 年美国总统竞选的候选人伯尼·桑德斯也说："有些人认为国会控制着华尔街，然而真相是华尔街控制着国会。"[4]

---

[1]《参考消息》2015 年 8 月 12 日。

[2]《美前国务卿办公室主任：美国政治由 400 富翁幕后操控》，昆仑策网，2015 年 9 月 11 日，www.kunlunce/ssjj/guojipinglun/2015–09–11/12641.html。

[3]《参考消息》2015 年 10 月 19 日。

[4]《中国社会科学报》2015 年 10 月 9 日。

难怪 2015 年美国盖洛普公司的民调显示，2012 年美国民众对国会"非常有信心者"和"较有信心者"相加仅为 13%，而这一数字在 2014 年进一步降到了 7%。①2016 年 4 月，美国许多城市发生了反金钱政治的"民主之春"活动，示威者们要求"结束金钱政治的腐败行为"，手中的标语上写着："将巨额献金清扫出政治""金钱滚出政治"。② 在这种情况下，还硬要把西方选举民主拿来作为评判其他国家是否民主的"普世价值"，岂不让人笑不可抑。

尤其应当看到，民主的本质不同，在实现形式上必然会有很大不同。社会主义民主即人民民主，是多数人的真正的民主，是不同于资本主义民主的新型民主。这种民主的本质在于使占人口多数的人民群众的利益能够在国家的法律、制度、政策、决策中得到充分体现。实现这样的民主，当然不能不用选举的形式，但更为重要的是，要使代表多数人利益的政党牢固地执掌政权。《共产党宣言》说："过去的一切运动都是少数人的，或者为少数人谋利益的运动。无产阶级的运动是绝大多数人的，为绝大多数人谋利益的独立的运动。""在无产阶级和资产阶级的斗争所经历的各个发展阶段上，共产党人始终代表整个运动的利益。"③ 这就说明，共产党正是这种"为绝大多数人谋利益"，"始终代表整个运动的利

---

① 《人民日报》2015 年 5 月 25 日。

② 包尔文、赵卓昀等：《掀开美式民主的面纱》，新华网，2016 年 5 月 6 日，http://news.xinhuanet.com/politics/2016—05/06/c_128963095.htm。

③ 《马克思恩格斯选集》第 1 卷，人民出版社 2012 年版，第 411、413 页。

益"的政党。尤其在近代中国，特殊的历史条件决定了中国共产党从建党之初就既是无产阶级先锋队又是中华民族先锋队。因此，只要站在多数人的立场上看问题，就不能不承认中国共产党的领导是中国最大多数人民主的前提条件、真正体现和重要保障，是人民民主的首要实现形式。

此外，为了实现人民民主，中国共产党还建立了与各民主党派和各界代表定期协商的制度，各级领导干部深入调研、广泛听取基层群众意见的制度，党和政府接受与认真处理群众信访的制度，等等。所有这些也都是人民民主的实现形式。可见，人民民主的实现形式绝非只有选举。我们还要看到，即使选举，照样不能离开党的领导。否则，任由少数人用金钱搞暗箱操作，只会使民主变味、走样，成为向社会主义民主制度的挑战。近些年在湖南衡阳、四川南充和辽宁等地发生的拉票贿选案件，都从反面有力地说明了这一点。

五、坚持和加强中国共产党的领导是中华民族伟大复兴的根本保证

中华民族曾经创造过世界最古老灿烂的文明，只是近代落伍了，现在要追赶世界的先进水平，重新自立于世界民族之林，必须有一个能代表民族整体利益，能把蕴藏在包括海外炎黄子孙中的力量最大限度地调动出来、集中起来的政党来领导国家。在当代中国，这个党不可能是其他任何政治组织，而只能是中国共产党。

历史已经证明，中国共产党的领导对于中华民族伟大复

兴的事业不仅是必要条件，而且是最大的政治优势。习近平同志在 2012 年省部级主要领导干部专题研讨班结业式上，曾把我们党经过长期奋斗形成的独特优势，概括为理论优势、政治优势、组织优势、制度优势和与人民群众密切联系的优势。这一概括无论对于我们充分认识坚持党的领导的必要性，还是深刻认识珍惜、继承和发扬党的优良传统和宝贵资源，都具有极为重要的意义。

最近，人民大学出版社出版了台湾"中央研究院"院士朱云汉所著《高思在云：一个知识分子对 21 世纪的思考》一书。书中说，新中国拥有三大得天独厚的优势，其中第一个优势就是特殊政治体制的优势。书中写道，许多学者认为，从 1949 年新中国成立到 1979 年改革开放，中国前 30 年都浪费掉了。然而恰恰是这个时期，中国以高昂的社会代价建设了动员能力特别强的现代国家，完成了相当彻底的社会主义革命，将土地和工业资本全面公有化，建立了非常强的国家意识，成为中国近 30 年快速发展的基础。如果将中国与印度相比，社会政治体制对经济发展的作用更为明显。20 世纪 50 年代，印度与中国处在同一发展水平，到 2014 年，印度成人识字率仍未赶上中国 1990 年的水平，在健康、卫生、平均寿命等指标上，印度都落后中国 20 年以上。西方媒体总是给印度冠以"世界最大民主国家"的头衔，但印度的民主只是空有其表，无法有效增进大多数民众的福祉，不能满足大多数普通民众的需求。大多数曾在中印做过实地考察的学者都承认，中国政治体制的治理能力要远强于印度。朱云汉对我国政治制度的这些评论是很有见地的，其客观性、深刻性比起内地的一些所谓"公知"，不知要强出多少倍。

中国共产党现有 8800 多万党员，其中，35 岁以下的约占 25%。我们要看到新中国成立前入党的党员在党员比重中越来越少，但也要看到青年人成为党员主体是党保持活力、后继有人、前途光明的象征；要看到要求入党的人中的确有一些动机不够端正的，但也要看到大多数人是抱着为人民服务的愿望入党的，而且入党动机往往还要在入党后通过不断的教育和学习、实践加以逐步端正；要看到党内一部分干部的腐败和官僚主义、形式主义问题相当严重，但更要看到绝大多数党员和广大基层干部在为国家为人民积极工作、默默奉献；要看到的确有一些愿意为人民服务、个人品行也端正的人，由于党内腐败现象而不愿意入党，但也要看到大多数要求入党的人能够把腐败分子、腐败现象与我们党的性质、宗旨、纲领加以区别；要看到群众中存在对党和政府工作的信任危机，但也要看到广大群众对党和政府的满意度、信任度与世界各国的同类民意调查结果相比，都是最高的。

持续了 20 年的一项高校学生问卷调查显示，对党的执政能力增强和中国特色社会主义事业发展持乐观态度的人分别占 89.6% 和 98.1%。[①] 美国爱德曼公司发布的 2009—2010 年中美两国民众对政府信任度比较报告表明，2009 年分别为 74% 和 46%，2010 年分别为 88% 和 40%，中国比美国高一倍左

---

① 唐爱军：《坚定对中国特色社会主义道路的自信》，《刊授党校》2013 年第 1 期。

右。①可见，我们党在普通民众中仍然是很受欢迎、很有威信的。另外，前两年英国《金融时报》报道，世界大企业研究会有个统计，说中国的执行能力在世界上排名第三，仅次于跨国公司和各国的中央银行，远远高于美国总统和美国国会。这也说明，我们党和政府机关尽管存在"中间梗阻"的现象和有些方面效率不够高的问题，但从总体看，执行力还是很强的，起码不比发达国家差。

中华民族为了实现伟大复兴，从 19 世纪中叶的农民起义算起，到现在整整奋斗了 160 多年。如果说过去的奋斗中难免走弯路的话，在剩下的有限时间里则容不得我们再犯大的错误，尤其不能犯全局性、颠覆性的错误。要做到这一点，必须继续有一个用先进的科学的理论武装和有丰富执政经验能保证中华民族始终沿着正确方向前进的政党来领导国家。在当代中国，这个党不可能是其他任何政治组织，而只能是中国共产党。

中国共产党在过去领导民主革命和后来领导社会主义建设、改革的过程中，都曾经犯过错误，有的还是大错误，今天仍然存在许多缺点、错误，今后也不能保证完全不犯错误。但是，中国共产党并没有因为这些错误而失去人民的信任和尊重。这是因为，中国共产党的宗旨始终是全心全意为人民服务，除了人民的利益没有自己的私利。凡是我们党犯过的错误，都是由自己发现、自己纠正的，像中国共产党这样能

---

①《政府信任度 中国全球第一由世界著名公关公司发布 信任度达 88% 巴西跃升至第二》，《法制晚报》2011 年 1 月 26 日。

够坦诚揭露和分析自己错误的党，在世界历史上还找不出第二个。正如毛泽东在《为人民服务》一文中所说："因为我们是为人民服务的，所以，我们如果有缺点，就不怕别人批评指出。不管是什么人，谁向我们指出都行。只要你说得对，我们就改正。你说的办法对人民有好处，我们就照你的办。"①另外，这些缺点和错误再大，与中国共产党为中华民族复兴已作出和正在作出的贡献相比，都是第二位的。尤其值得一提的是，中国共产党非常善于从错误中吸取教训，有自我整顿、自我清理的传统，也有极强的自我纠错机制和纠错能力。改革开放前，中国共产党搞过不少政治运动，其中有些由于受"左"的思想干扰，简单化倾向严重，打击面过宽，负作用很大。但大多数运动的主旨，都在于防止党脱离群众、腐化变质，而且确实起到了拒腐防变的作用。改革开放后，中国共产党一方面总结经验教训，纠正了过去整风中"左"的错误和简单方法，着重于制度建设，加强对权力的监督与制约；另一方面继承和发扬不断整风的优良传统，接二连三地开展党内整顿和教育活动。例如，1984 年进行整党，1990 年进行党员重新登记，1998 年进行"三讲"教育，2000 年进行"三个代表"重要思想学习教育，2008 年进行保持共产党员先进性教育，党的十八大后开展党的群众路线教育和"三严三实"专题教育，最近又决定在全国基层党组织中搞"两学一做"学习教育。这些教育活动的主题虽然各有不同，但中心

①《毛泽东选集》第 3 卷，人民出版社 1991 年版，第 1004 页。

仍然是提醒全体党员特别是党员领导干部牢记"两个务必"，不忘党风问题关系党的生死存亡，坚持立党为公、执政为民的思想，防止脱离群众，警惕帝国主义的"和平演变"；而且在实践中对中国共产党经受长期执政、市场经济、对外开放的考验，确实起到了和正在起着积极有效的作用。事实反复说明，只要有这样的党来领导，中国特色社会主义事业的胜利、中华民族的伟大复兴便是任何势力也阻挡不了的。

习近平总书记在庆祝中国共产党成立 95 周年大会上的讲话指出："中国特色社会主义最本质的特征是中国共产党领导，中国特色社会主义制度的最大优势是中国共产党领导。坚持和完善党的领导，是党和国家的根本所在、命脉所在，是全国各族人民的利益所在、幸福所在。"① 国内外敌对势力之所以总是把攻击的矛头对准中国共产党的领导，不断鼓吹"中共灭亡论""中国崩溃论"，也是出于这个原因。然而，95 年来，中国共产党不仅没有被骂倒，相反愈益壮大；67 年来，中华人民共和国不仅没有被唱衰，相反愈加强盛。我们现在要走好实现"两个一百年"奋斗目标的新长征路，要战胜前进道路上的各种风险挑战，必须继续坚持和加强中国共产党的领导。让我们更加紧密地团结在以习近平同志为核心的党中央周围，为在建党一百年时全面建成小康社会、新中国成立一百年时达到中等发达国家水平而努力奋斗。最后胜利一定属于伟大的中国共产党和伟大的中国人民！

---

① 习近平：《在庆祝中国共产党成立 95 周年大会上的讲话》，《人民日报》2016 年 7 月 2 日。

全面推进中华民族伟大复兴必须继续坚持和加强中国共产党的领导*

习近平总书记在党的二十大报告中指出："从现在起，中国共产党的中心任务就是团结带领全国各族人民全面建成社会主义现代化强国、实现第二个百年奋斗目标，以中国式现代化全面推进中华民族伟大复兴。"同时指出："全面建设社会主义现代化国家、全面推进中华民族伟大复兴，关键在党。""坚持党的全面领导是坚持和发展中国特色社会主义的必由之路，中国特色社会主义是实现中华民族伟大复兴的必由之路。"①这些论述表明，中华民族过去为实现伟大复兴的奋斗，靠的是中国共产党的领导；今后要全面推进中华民族的伟大复兴，仍然必须坚持和加强中国共产党的领导。

一、中国近代的历史说明只有中国共产党具有领导中华民族伟大复兴的资格

一个民族如果始终兴盛而未曾衰败，或者虽然衰败却一

---

* 本文曾发表于《思想理论教育导刊》2022 年第 12 期。

① 习近平：《高举中国特色社会主义伟大旗帜 为全面建设社会主义现代化国家而团结奋斗——在中国共产党第二十次全国代表大会上的报告》，《人民日报》2022 年 10 月 26 日。

直安于现状、不思进取，都不存在复兴的问题。然而，中华民族与这两种情况都不同。

中华文明是人类历史上四大文明之一，也是唯一延续至今未曾中断的文明。自古以来，中国在地域、人口、经济、文化等方面，长期处于世界前列。但近代以来，由于清王朝的顽固、腐败和愚昧，中国错过了世界第一次工业化的浪潮，导致国力由盛转衰。自从1840年鸦片战争中中国败给先行工业化的英国之后，直到19世纪末，中国几乎每隔十年便要遭受一次帝国主义无论大国小国的入侵，导致被迫签订了300多个不平等条约，赔偿了10多亿两白银，丧失了300多万平方公里的国土，租借了大片土地，交出了许多作为主权国家必须拥有的权利，几乎到了亡国灭种的边缘。

中华民族从来就是勤劳智慧顽强的民族，骨子里渗透着坚韧不拔、不畏强暴、不屈不挠、不向命运低头的精神。封建王朝的腐败无能和列强的不断入侵，使一切爱国的仁人志士无不痛心疾首，盼望民族的复兴，并为此进行了不懈努力。但由于缺少先进阶级的领导和一条正确的复兴之路，所有的努力，包括太平天国起义、洋务运动、戊戌变法、义和团运动、辛亥革命，统统归于失败。对于这个结果，毛泽东在《论人民民主专政》一文中写道："国家的情况一天一天坏，环境迫使人们活不下去。怀疑产生了，增长了，发展了。""西方资产阶级的文明，资产阶级的民主主义，资产阶级共和国的方案，在中国人民的心目中，一齐破了产。资产阶级的民主主义让位给工人阶级领导的人民民主主义，资产阶级的共和国让位给人民共和国。这样就造成了一种可能性：经过人民共和国到达社会主义和共产主义，到达阶级的消灭和世界的大同。"① 历史证明，这条道路，而且只有这条道路，才是唯一行得通的中华民族复兴之路。

中华民族在近代衰败的主要表现有两个，一是主权不能独立，二是工业不能发展。而主权之所以不能独立、工业之所以不能发展，关键都在于封建势力与帝国主义的阻挠。因此，民族要复兴，就要首先解决国家独立和工业化问题；而要解决国家独立和工业化问题，就必须首先打倒阻碍中国独立和工业化的帝国主义和封建势力。而在近代中国处于社会上层、具有经济实力的阶级，除了地主阶级之外，只有资产阶级。后者本应担起民族复兴的重任，但其中的大资产阶级由官僚、买办组成，与封建势力、帝国主义相互勾结，同样是民族复兴的绊脚石；中产阶级由民族资本家组成，虽然不满帝国主义和封建势力，但经济上与它们有着千丝万缕的联系，政治上又摇摆不定，因此，担不起领导民族复兴的重任；小资产阶级虽然有强烈的反帝反封建愿望，但自身力量薄弱，也不可能担起领导民族复兴的重任。

在帝国主义经济侵略、民族工业缓慢发展过程中产生和成长起来的中国工人阶级，在 19 世纪末的甲午中日战争时期已经有约 10 万人，20 世纪初的"一战"时期达到了约 100 万人，1919 年"五四"时期发展到约 200 万人。他们与先进的

---

① 《毛泽东选集》第 4 卷，人民出版社 1991 年版，第 1470、1471 页。

生产力和生产关系相联系，具有远大的政治眼光和宽广的胸怀。他们深受帝国主义、封建势力、资产阶级的三重剥削压迫，革命性最彻底。他们中的产业工人队伍，组织上最集中、最有纪律性，政治上最坚定、最有战斗力。他们与中国的资产阶级相比，文化和社会地位虽低，但年龄和资格却更老一些，同农民阶级又有天然联系，所以拥有巨大的社会影响力。他们在五四运动中，与接受了马克思主义的先进知识分子相结合，产生了代表自己利益的政治组织中国共产党，从此正式登上了中国的政治舞台。

中国工人阶级作为资本主义制度的埋葬者，当然要反对资本家的剥削压迫。但是在中国的具体条件下，他们感受最深的是帝国主义、封建势力的剥削压迫。因此，中国共产党自从成立起，便高举起了社会主义和反帝反封建的两面大旗，担负起了本该由资产阶级担负的民族复兴的重任。正如毛泽东所指出的："中国工人阶级的任务，不但是为着建立新民主主义的国家而斗争，而且是为着中国的工业化和农业近代化而斗争。"① 共产党"代表了中国工农大众的最大利益，也是代表了整个中华民族的利益"②。"共产党是无产阶级的先锋队，同时又是最彻底的民族解放的先锋队。"③ 正因为如此，我们党不仅把信仰马克思主义、代表劳苦大众利益的先进分子凝聚到了自己的队伍里，而且，对一切希望拯救民族于危难之中

① 《毛泽东选集》第 3 卷，人民出版社 1991 年版，第 1081 页。
② 毛泽东：《为建立抗日民族统一战线而让步》，《党的文献》1995 年第 4 期。
③ 《毛泽东文集》第 2 卷，人民出版社 1993 年版，第 42 页。

的人们，具有同样强大的吸引力、感召力，从而集合了中华民族最优秀的儿女。他们有明确的目标，坚定的意志，大无畏的牺牲精神和敢于战胜一切敌人的英雄气概。他们前赴后继，百折不挠，愈挫愈勇，一往无前，并在长期斗争中建立了与人民群众的鱼水深情。历史一再表明，中国共产党不仅能够担起中华民族伟大复兴的重任，而且完全胜任，是唯一能够带领中华民族复兴事业从胜利走向胜利的领导力量。

二、中国革命和新中国建设的历史说明中国共产党拥有领导中华民族伟大复兴的卓越能力

中国共产党在诞生后的 100 年里，领导中国各族人民，先经过 28 年的浴血奋战，推翻了封建主义、帝国主义、官僚资本主义这三座大山，建立了人民当家作主的新中国，实现了国家独立、统一（除台湾和港澳地区外）；然后，又经过70 多年彻底的社会改造和有计划、不间断的工业化、现代化建设，使中国从一个一穷二白、积贫积弱、屡战屡败、备受欺凌的弱国，变成一个工业门类齐全的制造业大国和经济总量位居世界第二、正在迈向基本实现现代化目标的经济强国，一个有绝对把握战胜一切来犯之敌的军事强国，一个独立自主且日益走近世界舞台中央的外交大国。可以毫不夸张地说，尽管中国还没有完全达到发达国家的水平，中华民族还没有最终实现伟大复兴的目标，但它已经用 70 多年时间走完了发达国家用几百年才走完的路，大大缩短了与它们之间的差距，使中华民族伟大复兴进入了不可逆转的历史进程。历史已经

表明并在继续表明，所有这些成就的取得，主要缘于中国共产党人始终不忘初心、牢记使命，把为人民谋幸福、为民族谋复兴放在最高位置；缘于中国共产党善于把马克思主义普遍真理与中国实际相结合，使不同时期制定的路线、方针、政策和战略、策略，总能最大限度地代表各族人民的根本利益，最大限度地符合中国的实际情况。

对于中国共产党为中华民族伟大复兴作出的巨大贡献，我体会最深的有以下七个方面。

（一）为民族复兴指明正确的前进道路

十月革命之前，无论民族的独立，还是国家的工业化，只有资本主义这一条道路。但自从资本主义由自由竞争进入垄断阶段，自从世界进入帝国主义时代，殖民地半殖民地国家要实现独立和工业化，再走资本主义道路已经走不通了。正当此时，俄国率先爆发了无产阶级的社会主义革命，给中国送来了马克思列宁主义，指出了不同于资本主义的另一种选择，即走社会主义的道路。

中国共产党作为以马克思主义为指导的无产阶级政党，一方面拥有为共产主义远大目标而奋斗的最高纲领，另一方面又有根据不同历史阶段主要矛盾而制定的最低纲领，或曰当前的行动纲领。例如，在新民主主义革命的历史阶段，党的最低纲领总体是反帝反封建、建立新中国；具体说，抗日战争时期是结成广泛的抗日民族统一战线，打败日本帝国主义侵略者，解放战争时期是团结一切可以团结的力量，打倒蒋介石，解放全中国。新中国成立后，我们党又先后提出"一化三改"的社会主义过渡时期的总路线，以及多快好省地建设社会主义的总路线等行动纲领；改革开放后，先提出社会主义初级阶段的基本纲领，进入新时代又提出两个"一百年"的奋斗目标。上述所有最低纲领、行动纲领，概括起来，既是为着建立社会主义制度、进行社会主义建设，为最终实现共产主义创造条件，同时，也是为着实现中华民族的伟大复兴。

正因为我们党能够始终把最高纲领与最低纲领既相区别又相统一，既能用一个个最低纲领逐步落实最高纲领，又用最高纲领统率一个个最低纲领，所以，总能引领中华民族沿着社会主义的道路不断前进，一步步接近伟大复兴的目标。

（二）为民族复兴创造必要的政治前提

帝国主义和封建势力既然是中国实现独立和工业化的主要障碍，中华民族要复兴，当然要先搬掉它们以及同它们沆瀣一气的官僚买办资产阶级这三块"绊脚石"。为此，我们党结合中国的实际情况，采取将革命分为上下两步走的战略，即先进行工人阶级领导的新民主主义革命，再进行社会主义革命。在新民主主义革命中，我们党又从中国的实际出发，采取工农联盟、武装斗争和农村包围城市的战略，在人民群众的支持下，通过艰苦卓绝的英勇斗争，彻底推翻了阻挡中华民族伟大复兴的"三座大山"，取得了国家独立，为国家的工业化建设扫清了政治障碍。正是这个胜利，使得中华民族终于能够自立于世界民族之林，伟大复兴终于有了政治前提。如果没有这个前提条件，其他一切都谈不到。

（三）为民族复兴抓住难得的发展机遇

近代中国由于错过了世界工业化的历史列车，加上不断遭受帝国主义侵略战争的破坏，以致山河破碎、百业凋零、民不聊生，在经济上与西方发达国家相比，至少落后了几百年。因此，要使中华民族在尽可能短的时间内赶上那些先行工业化的国家，把失去的时间补回来，只有用比它们更快的速度发展才行。而要做到这一点，除了靠自力更生、艰苦奋斗外，还需要审时度势、抓住机遇、借助外力，取得哪怕一个先行工业化国家的帮助与合作，并争取打破帝国主义国家对中国的外交孤立、经济封锁。纵观新中国的历史，正是中国共产党抓住了起码三次历史性机遇。

第一次，通过抗美援朝，粉碎了美国从北面威胁我新生政权的图谋，维护了包括社会主义苏联远东地区的东北亚的和平，取得了苏联对我优先发展重工业计划给予全面援助的承诺，并为了抓住这一难得的历史机遇，迅速作出提前由新民主主义向社会主义过渡的决策，采用高度集中的计划经济体制，仅通过四个五年计划建设，便建立起独立的完整的工业体系和国民经济体系，为中国工业化奠定了坚实的物质基础。

第二次，通过抗美援越，粉碎了美国从南面对我国威胁的图谋，并抓住美国欲从越南脱身、以便集中精力同已蜕化为霸权主义的苏联争霸的机会，打开了中美关系的大门，突破了美国对我的外交孤立和经济封锁，为我同西方发达国家建立外交关系、进行贸易往来和经济合作铺平了道路。

第三次，根据和平与发展代替战争与和平成为时代主要特征的国际形势的变化，毅然决然地实行对外开放政策，与资本主义发达国家主导的国际经济规则接轨，为快速发展自己、追赶发达国家，再次抓住了弯道超车的机会。

所谓机会、机遇，是相对常态而言的，是与某种恰到好处的时间相联系的，是需要捕捉、稍纵即逝的。比如，苏联答应全面援助我国的机遇，仅持续了八年，当赫鲁晓夫反华、中苏关系破裂后，这个机遇就结束了。如果不是当年抓住斯大林答应全面援助我国工业化基础建设的机会，提前向社会主义过渡，并通过自己的艰苦努力，用很短时间打下工业化基础，我们独立、完整的工业体系和国民经济体系的建立将大大推后。所以，善于捕捉机会、抓住机遇，也是我们党领导能力的一大体现，也是对中华民族作出的巨大贡献。

（四）为民族复兴打造有利的内外环境

一个国家要想集中精力搞建设，必须有内部安定、外部和平的环境，否则一天到晚，里面乱糟糟、动乱不已，外面闹哄哄、战乱频仍，是不可能安心搞建设的。纵观新中国70多年的历史，我们党为中华民族伟大复兴作出的另一大贡献，就是打造了一个有利于工业化、现代化建设的安定团结、和平发展的良好环境。

在内部，新中国自成立后，便进行了一系列针对半殖民地半封建社会的改造运动，如土地改革、镇压反革命、没收官僚资本、工矿企业民主改革、扫除黄赌毒、知识分子思想改造等等；开展了一系列政治安全和社会安全的工作，如剿匪、镇反、平叛；建立了一系列适合中国情况的社会主义基本政治和经济制度，形成了广泛的爱国统一战线，采取了区分两类不同性质矛盾的方针，从而调动了一切积极因素。改革开放后，我们党又提出社会主义初级阶段的理论，开辟了中国特色社会主义道路，正确处理了发展、改革、稳定的关系，制止了动乱，防范和打击了敌对势力的各种渗透、颠覆、分裂活动，从而维护了国家安定和社会稳定。

在外部，新中国自成立起，便奉行独立自主的和平外交政策，倡导不同社会制度国家和平共处五项原则，坚定站在发展中国家一边，反对强权政治和霸权主义，走和平发展道路，广交朋友，主持正义，树立了良好国际形象；同时，通过抗美援朝、抗美援越、中印边界自卫反击战等战争、战斗，坚决粉碎了一切妄图侵略我国、干涉我国内政的企图，坚定捍卫了国家主权、安全和领土完整，从而为我国社会主义现代化建设争取了70多年和平建设的宝贵时间。

（五）为民族复兴实施切合实际的发展战略

经济发展战略与军事战略一样，都是事关全局和长远的大事。进行工业化、现代化建设，不仅要有切合国情的发展战略，而且要能持之以恒，有不达目的绝不罢休的韧劲。新中国 70 多年的历史表明，我们党在不同时期制定的发展战略，不仅切合实际，而且都能得到坚决、彻底的贯彻。

改革开放前，我们党先后制定和实施了优先发展重工业，以工业为主导、以农业为基础，发挥中央和地方两个积极性，备战备荒为人民，三线建设，以及 20 世纪末实现四个现代化等战略。这些战略不仅在当时产生了明显成效，而且为后来的发展创造了十分有利的条件。

改革开放后，我们党制定和实施了到 21 世纪中叶"三步走"和新"三步走"，走出去、引进来，市场、资源"两头在外"，全面建设小康社会，科教兴国，人才强国，东部沿海率先发展，西部大开发，东北振兴，中部崛起等一系列战略。

进入新时代，我们党又实行了"五位一体"，"一带一路"，京津冀协同发展，粤港澳大湾区建设，长江区域一体化发展，长江经济带发展，黄河流域生态保护和高质量发展，海南全面深化改革开放，创新驱动，数字中国，"中国制造 2025"，为实现第二个百年奋斗目标"两步走"，供给侧结构性改革，构建以国内大循环为主体、国内国际双循环相互促进的新发展格局等一系列战略。

以上战略，有的因为达到了目的而胜利结束，如全面建设小康社会等；有的根据形势变化进行了调整，如"三步走"等；有的几十年如一日地持续接力，如科教兴国等。中国之所以在短短 70 多年时间里走完了西方发达国家几百年才走完的路，这些战略的制定和贯彻，无疑起了十分重要的作用。

（六）为民族复兴解决和正在继续解决祖国完全统一的问题

国家的完全统一，是民族强大的重要标志，更是中华民族复兴的重要标志。新中国成立后，人民解放军在追击国民党反动派残余军队，解放华中、华南、西南诸省的同时，为解决旧中国留下的国家分裂问题，毅然进军西藏，并在党中央积极争取下，实现了西藏的和平解放。

1949 年，在解放军到达广东深圳河北岸时，党中央为打破西方经济封锁，保留一个与资本主义国家贸易的通道，在英国政府同意我方条件后，决定暂缓收回香港主权。20 世纪 80 年代，我们党考虑九龙半岛租期将到及国内外形势的变化，依照"一国两制"方针，妥善解决了中英、中葡间的历史遗留问题，于 1997 年和 1999 年先后收回了港、澳主权，洗刷了百年国耻，向祖国完全统一的目标迈出了重要一步。21 世纪 20 年代初，针对香港回归后出现的隐患，全国人大和全国人大常委会又先后制定涉港国家安全法律，完善香港选举制度，进一步落实了中央对香港的全面管治权和"爱国者治港""爱国者治澳"的原则，实现了香港社会由乱到治的转变，维护了香港的繁荣稳定。

台湾问题是解放战争的遗留问题，由于美国封锁台湾海峡，干涉中国内政，致使台湾至今未能与大陆统一。20 世纪 50 年代，为粉碎美国制造"两个中国"的阴谋，党中央一方面决定暂缓解放金门、马祖，把它们作为连接大陆与台湾的"脐带"，另一方面提出以和平方式解决台湾与大陆统一问题的方案。改革开放后，党中央确立了和平统一的大政方针，大陆与台湾达成了"九二共识"，实现了"三通"。此后针对"台独"势力上台，全国人大常委会通过了《反分裂国家法》。进入新时代后，党中央继续坚持以最大诚意、尽最大努力争取和平统一的前景，但决不承诺放弃使用武力，对"台独"分子勾连国际反华势力，进行了坚决反制。随着民族复兴的历史车轮滚滚向前，祖国完全统一的日子，肯定不会太远了。

（七）为民族复兴培育积极向上的精神风貌

一个民族的前途、命运与这个民族的精神状况息息相关。近代中国之所以屡被外敌欺辱，与封建统治压迫下缺少民族凝聚力，内部一盘散沙，民族精神萎靡不振有直接关系。因此，要使民族振兴，必须提振民族精神。这个问题，也是由中国共产党解决的。

我们党在革命战争年代，通过自己以身作则的模范行动，唤醒了中华民族不屈不挠、奋发图强的固有精神，并且培育出了为人民服务、艰苦奋斗、严守纪律、冲锋在前、官兵一致、军民一致、精益求精等革命精神。新中国成立后，我们党通过树立耿长锁、王国藩、雷锋、王进喜、焦裕禄、大庆、大寨、红旗渠、女排等先进典型，在人民中又培育出自力更生、艰苦奋斗、一方有难八方支援、助人为乐、舍己为人的共产主义精神。改革开放后，我们党通过开展集中学习教育等活动，在全党全社会提倡和培育无私奉献、爱岗敬业、求真务实、勇于创新、敢于拼搏、关心集体、顾全大局等精神。

所有这些，都已经成为中华民族伟大复兴的精神动力。

三、新时代面临的形势和任务说明要全面推进中华民族伟大复兴仍然要坚持和加强中国共产党的领导

（一）中国特色社会主义新时代本身就是坚持和加强党的领导的结果

党的二十大报告指出，党的十八大以来的十年，我们经历的对党和人民事业具有重大现实意义和深远历史意义的三件大事中，第二件就是中国特色社会主义进入了新时代。之所以作出这个论断，原因在于这十年来，我国综合国力跃上了新台阶，国内生产总值翻了一番，经济总量占世界经济比重由 11.3% 上升到 18.5%，城市化率由 53% 提高到 64.7%，人均国内生产总值达到 8.1 万元，超过世界平均水平；制造业规模、外汇储备稳居世界第一；建成了世界最大的高速铁路网，在基础建设和基础研究、原始创新方面取得一系列重大成就、重大突破；打赢了脱贫攻坚战，使近 1 亿贫困人口实现脱贫，解决了中华民族历史上的绝对贫困问题，全面建成了人类史上惠及人口最多、体量最大的小康社会。

上述这些变化，都不是自然而然、轻轻松松取得的。正如党的二十大报告所说，十年前，我们面临一系列长期积累及新出现的突出矛盾和问题。在党建上，存在不少对坚持党的领导认识模糊、行动乏力的问题，以及落实党的领导弱化、虚化、淡化的问题，有些党员、干部政治信仰动摇，一些地方和部门"四风"屡禁不止，特权思想、特权现象较为严重，

一些贪腐现象触目惊心；在经济上，结构性体制性矛盾突出，发展不平衡、不协调、不可持续，一些深层次体制问题和利益集团固化藩篱日益显现；在政治上，一些人对中国特色社会主义政治制度自信不足，有法不依、执法不严等问题严重存在；在思想上，拜金主义、享乐主义、极端个人主义和历史虚无主义等错误思潮不时出现，网络舆论乱象丛生；在国家安全上，应对各种重大风险能力不强，国防和军队现代化存在不少短板弱项；在港澳治理上，落实"一国两制"的体制机制不健全，国家安全受到严峻挑战；等等。正因为如此，那时党内和社会上不少人对党和国家的前途忧心忡忡。

面对上述矛盾和问题，以习近平同志为核心的党中央在执政理念上，更加突出人民至上，以人民为中心，把人民对美好生活的向往作为奋斗目标，统筹推进"五位一体"总体布局，协调推进"四个全面"战略布局；在政治上，突出党的全面领导和全面从严治党，发展全过程人民民主，强调坚定理想信念和革命理想高于天，开展史无前例的反腐败斗争；在经济上，突出发展的平衡性、协调性、务实性、创新性、可持续性，提出和贯彻稳中求进工作总基调和新发展理念，着力推进高质量发展，实施供给侧结构性改革，制定一系列具有全局性意义的区域重大战略；在文化上，强调确立和坚持马克思主义在意识形态领域的指导地位，提倡"敢于亮剑"的精神，要求同错误思想倾向作坚决斗争，正确看待改革开放前后两个历史时期关系，坚定"四个自信"；在体制改革上，强调改革要端正方向、注重实效、全面深化和促进公平，把促进公平正义、增进人民福祉作为全面改革的出发点和落脚点，"该改的、能改的我们坚决改，不该改的、不能改的坚决不改"①；在国家安全上，提出和贯彻总体安全观，健全国家安全体系，增强维护国家安全的能力，树立忧患意识、底线思维和不怕鬼、不信邪的精神，以新安全格局保障新发展格局。

正是由于我们党提出了有针对性的指导思想，采取了合乎实际的战略举措，所以，十年来才实现了一系列突破性的进展，取得了一系列标志性的成果，经受住了来自政治、经济、意识形态、自然界等方面的风险挑战考验，使许多领域实现了历史性变革、系统性重塑、整体性重构；意识形态领域形势发生全局性、根本性转变，民族分裂势力、宗教极端势力、暴力恐怖势力得到有效遏制，香港进入由乱到治走向由乱及兴的新阶段；党内刹住了一些长期没有刹住的歪风，纠治了一些多年未除的顽瘴痼疾，自我净化、自我完善、自我革新、自我提高的能力显著增强，管党治党宽松软的状况得到根本扭转，风清气正的党内政治生态不断形成和发展。可见，没有我们党的正确指引和领导，要取得新时代的历史性变化是不可想象的。正如习近平总书记所说："实践证明，党的十八大以来党中央的大政方针和工作部署是完全正确的，中国特色社会主义道路是符合中国实际、反映中国人民意愿、适应时代发展要求的，不仅走得对、走得通，而且走得稳、

---

① 习近平：《在庆祝改革开放 40 周年大会上的讲话》，人民出版社 2018 年版，第 28 页。

走得好。"①

（二）中国特色社会主义新时代面临的新形势新任务决定了更要坚持和加强党的领导

中国特色社会主义新时代实现了第一个百年奋斗目标，开启了向第二个百年奋斗目标前进的新征程。可以说，现在比历史上任何时候，都更接近和更有能力实现中华民族伟大复兴的目标。但常言道，行百里者半九十。全面建设社会主义现代化的新征程，不仅要实现推进现代化建设、完成祖国统一、维护世界和平与促进共同发展这三大历史任务，还要逐步实现全体人民共同富裕。这些任务比起以往，难度更大，更加艰巨，面临的矛盾和阻力会更多更复杂，有各种可预测和不可预测的风险和挑战。总之，在向第二个百年奋斗目标前进的新征程中，和当年的万里长征一样，"还有许多'雪山'、'草地'需要跨越，还有许多'娄山关'、'腊子口'需要征服。"②

从党的二十大报告中可以看出，我们当前面临的困难和问题，有自身的，也有外部环境的。在自身方面，发展不平衡不充分的问题还比较突出，推进高质量发展还存在许多卡点瓶颈，科技创新能力还不足，重点领域改革还面临不少躲不开、绕不过的深层次矛盾，还有不少硬骨头要啃，意识形

---

①《心往一处想劲往一处使 推动中华民族伟大复兴号巨轮乘风破浪扬帆远航》，《人民日报》2022年10月18日。

②《十八大以来重要文献选编》（下），中央文献出版社2018年版，第397页。

态领域还存在不少挑战，城乡区域发展和收入分配差距仍然较大，群众在就业、教育、医疗、托育、养老、住房等方面还面临不少难题，一些党员、干部还缺乏担当精神，斗争本领还不强，实干精神还不足，形式主义、官僚主义现象仍然突出，反腐败斗争还面临不少顽固性、多发性问题，铲除腐败滋生土壤的任务仍然艰巨，等等。在外部环境上，逆全球化思潮抬头，单边主义、保护主义明显上升，局部冲突和动荡加剧，世界进入新的动荡变革期，不确定难预料的因素增多，以美国为首的国际霸权主义还在秉持冷战思维，大搞强权政治，动辄实施单边制裁、极限施压，不断加大阻碍中国发展的力度，"来自外部的打压遏制随时可能升级"[1]。

正是上述内外因素，决定了越是中华民族即将实现伟大复兴的时候，越是要坚持和加强党的全面领导，维护党中央权威和集中统一领导；同时，加强党的自我净化、自我完善、自我革新、自我提高，经受"四个考验"，防止"四个危险"，使广大党员时刻"牢记中国共产党是什么、要干什么这个根本问题"[2]，使党永葆先进性和纯洁性。只有这样，我们党才能更好地担起领导中华民族伟大复兴的重任，才能在各种风险和挑战面前拿出办法，确保我国社会主义现代化建设的正确方向，保持全国人民和海内外中华儿女共同奋斗的政治凝聚

---

[1] 习近平：《高举中国特色社会主义伟大旗帜　为全面建设社会主义现代化国家而团结奋斗——在中国共产党第二十次全国代表大会上的报告》，《人民日报》2022年10月26日。

[2]《中国共产党第十九届中央委员会第六次全体会议文件汇编》，人民出版社2021年版，第103页。

力，引领中华民族一步步接近伟大复兴的目标。

（三）中国特色社会主义新时代坚持和加强党的领导具有深厚的实践依据和充分的理论依据

坚持和加强中国共产党的领导，是中国人民经过百年风雨的历史选择，也是新中国法律所明确规定的。1949 年的《共同纲领》和 1954—1982 年的宪法，都明文规定新中国是工人阶级领导的以工农联盟为基础的人民民主国家，并在序言中表述了人民民主统一战线是以中国共产党为领导的内容。2018 年十一届全国人大一次会议通过的宪法修正案，进一步在总纲第一条中明确规定："中国共产党领导是中国特色社会主义最本质的特征。"

马克思主义的基本原理告诉我们，经济基础决定上层建筑，一个国家实行什么样的政治制度、政党制度，归根结底由这个国家实行的经济制度所决定。中国实行共产党领导的多党合作、政治协商的政党制度而不实行多党轮流执政；军队由共产党绝对领导而不搞"非党化""国家化"，这一切最深刻的根源，都在于中国实行的是公有制为主体、多种所有制经济共同发展的基本经济制度，在于社会主义全民所有制经济是中国国民经济的主导力量。这种经济制度决定了，在我国，人民内部的根本利益是一致的，并且不允许任何势力破坏这种根本利益的一致性。建立在这种经济制度之上并为之服务的政治制度，只能是工人阶级领导的以工农联盟为基础的人民民主专政，其政党制度也只能是由代表人民根本利益的工人阶级政党一党执政。在社会主义初级阶段和市场经济条件下，人民内部的利益必然呈现多元化态势。但社会主义的基本制度决定了这种矛盾是受到限制的，就是说，在中国特色社会主义社会里，人民内部的矛盾无论多复杂多激烈，都不允许发展到根本利害冲突的程度，不允许出现与人民根本利益相对立的利益集团及其政治代表。既然如此，当然不需要有其他政党与代表人民根本利益的中国共产党相互竞争、轮流执政；同时，为了使共产党的执政地位不被架空、人民的根本利益不受损害，军队也必须由而且只能由中国共产党绝对领导。

民主是相对专制而言的政治制度，但在同样实行民主制的国家中，对民主的理解和实践却大相径庭。马克思主义导师在谈论民主时，总是把它和阶级问题联系在一起，认为在阶级社会里，民主实质上是统治阶级的民主。资产阶级为了模糊民主的阶级性质，把是否进行多党竞选、轮流执政，作为衡量一个国家是否民主的尺子。所谓社会主义国家"不民主""专制"的说法，就是用这把尺子衡量的产物。选举当然是民主的一种形式，但选举并不等于就是民主，尤其不等于真正的民主。同样是选举，由于对选举权的规定不同，其广泛性势必会有很大差别。例如，西方国家在相当长时期内对选举权作过诸如财产、性别、族裔、居住时间等的限制。也正因为如此，"二战"前的苏联和"二战"后诞生的社会主义国家被世人普遍称为民主国家，而西方资本主义国家则是反民主的国家。只是后来西方国家在国内人民争取民主权利的持续斗争下，逐渐放宽了选举权上的种种限制，这才回过头来以所谓实行"一党专制"为由，攻击社会主义国家"不民主"。还要看到，选举本身也有各种形式，如直接选举、间接选举等等。究竟采用哪种形式好，与国家大小、人口多少、选举内容等都有关系。另外，选举能否反映大多数人的意愿，还取决于选举的规则。例如，西方国家的总统或议会选举，普遍实行募集竞选资金的办法，使选举在很大程度上被财团所操纵，成为金钱的竞争。这种靠金钱竞选的办法，恰恰反映出资本主义民主的本质。

由于不同社会制度国家民主的本质不同，因此，在民主的实现形式上也必然会有很大不同。中国的社会主义民主即人民民主，是多数人的真正的民主、是全过程民主。这种民主主要体现在人民代表大会制度上，它的本质在于，使占人口多数的人民群众的利益能够在国家的制度、法律、政策、决策的制定中，发挥出决定性的作用。实现这样的民主，当然不能不用选举的形式，但更重要的是使代表多数人利益的政党牢固地执掌政权。中国共产党正是这样的政党。只要站在大多数人的立场上看问题，就不能不承认中国共产党的领导是中国最大多数人获得民主权利的前提条件，是社会主义民主的真正体现和重要保障。因此，党的领导与民主不仅不矛盾，相反，是人民民主的首要实现形式。为了实现人民民主，我们党还建立了与各民主党派和各界代表定期协商的制度，各级领导干部深入基层调研、广泛听取群众意见的制度，党和政府接受与认真处理群众信访的制度，等等。所有这些人民民主的实现形式，正是习近平总书记反复强调的全过程人民民主。

党的二十大报告指出："中国共产党是为中国人民谋幸福、为中华民族谋复兴的党。"① 一百年来的历史和现实都证明，中国共产党不愧是中华民族伟大复兴的推动者、组织者、领导者，是中华民族的主心骨和守护神。没有中国共产党的领导，就没有中国革命的胜利，就没有新中国的建立和飞速发展，就没有中华民族的伟大复兴。只要我们在新时代，切实以习近平新时代中国特色社会主义思想为指导，紧密团结在以习近平同志为核心的党中央周围，一如既往地坚持和加强党的领导，中华民族就一定能在社会主义制度的基础上最终实现伟大复兴的百年夙愿。

---

① 习近平：《高举中国特色社会主义伟大旗帜 为全面建设社会主义现代化国家而团结奋斗——在中国共产党第二十次全国代表大会上的报告》，《人民日报》2022 年 10 月 26 日。

新中国70年的变与不变*

　　新中国与近代中国相比，仅仅经过 70 年的时间，便将一个经济落后、四分五裂、战乱频仍、备受欺凌的半殖民地半封建的农业国，变成一个独立统一、社会稳定、经济总量位居世界第二、具有中期工业化水平和国际舞台上举足轻重地位的社会主义的制造业大国。对于这个变化，现在可以说已经没有多少人怀疑了。但仍然有那么一些人，对于这个变化是否会持续，会朝什么方向变化，抑或中国继续强大后是否会称霸等问题，抱有这样或那样的怀疑。归根结底，无非是怀疑中国会不会"变色"，会不会"崩溃"，会不会"威胁"别国。产生这些怀疑的原因固然有很多，但有一个原因不能不看到，就是这些人只注意了新中国 70 年来的变化，却对 70 年始终没有变的东西注意不够，或者注意了而没有在意。然而，上述问题的答案，恰恰就在这变与不变的关系之中。

一

　　中国共产党作为无产阶级政党，首先是为被压迫被剥削的工人阶级和劳苦大众利益而成立的。但是，由于它身处半

---

　　* 本文是作者在第四届当代中国史国际高级论坛上的发言，曾发表于《中国井冈山干部学院学报》2020 年第 1 期。

殖民地半封建的社会，而这个社会中的资产阶级，一部分与封建势力有着密切的关联性，对帝国主义有着巨大的依附性，另一部分又具有天生的软弱性，所以，争取民族解放和独立的重任，不能不历史地落在它的肩上。和其他主张中国工业化的政治力量不同，中国共产党认为，要实现工业化，首先必须打倒挡在工业化道路上的帝国主义、封建势力和官僚买办资产阶级，并且为此领导中国人民进行了 28 年艰苦卓绝的斗争，直至推翻这"三座大山"，建立了人民当家作主的新中国。

新中国成立前夕，以毛泽东同志为主要代表的中国共产党人鉴于当时近代工业仅占国民经济不足 10%，而且财政严重匮乏，人才极其缺少，不具备开展大规模工业化建设的条件，一度决定在新中国建立后，先用较长一段时间实行新民主主义政策，利用民族资本主义的力量，着重发展轻工业和农业，以积累资金和物资，同时培养工业化所需的技术和管理人才。然而，1950 年爆发的朝鲜战争，突显了优先发展重工业的紧迫性；苏联答应全面援助中国以发展重工业为重点的第一个五年计划建设，又使优先发展重工业具有了现实可能性。于是，党中央改变了原先的设想，决定立即开展大规模工业化基础建设，并提前向社会主义过渡，争取用三到五个五年计划的建设，实现国家的工业化。

在第一个五年计划提前完成后，党中央为加快工业化建设步伐，提出"以钢为纲"和"以粮为纲"的口号，并为此发动了"大跃进"和人民公社化运动，试图走出一条低投入高速度建设社会主义的路子。然而，由于背离了客观经济规律，加之遇上连年自然灾害，结果事与愿违，不仅未能实现预期目标，相反使国民经济遭受严重困难，从而不得不进行政策和经济结构、重大比例关系的调整，导致第二个五年计划推迟了三年才完成。

在第二个五年计划即将完成之时，周恩来根据毛泽东提议，在三届全国人大一次会议上改变了过去只讲工业化的目标，提出到 20 世纪末要实现工业、农业、国防和科学技术四个现代化，并且第一步先在 1980 年以前建成独立的比较完整的工业体系和国民经济体系。随后，我国用了三个五年计划的时间，终于如期实现了四个现代化的第一步目标。

20 世纪 80 年代初，以邓小平同志为主要代表的中国共产党人根据当时国内经济的实际情况，在原有"两步走"战略目标的基础上，又提出了"三步走"战略，即第一步先用 10 年，使人民生活达到温饱水平；第二步再用 10 年，到 20 世纪末使人民生活达到小康水平；第三步再用 50 年，在 21 世纪中叶使人均国民生产总值达到中等发达国家水平，基本实现现代化。邓小平说，经济发展分三步走，"这就是我们的战略目标，这就是我们的雄心壮志。"① 随后，我国用了四个五年计划的建设，果然胜利实现了现代化建设"三步走"战略的第一步和第二步目标，使人民生活总体上达到了小康水平。

21 世纪初，党中央鉴于已经达到的小康还是低水平的、

①《邓小平文选》第 3 卷，人民出版社 1993 年版，第 251 页。

不全面的、发展很不平衡的小康，经济、社会还存在不少问题，又提出到 21 世纪中叶之前，再分两步走，第一步先用 20 年时间全面建成惠及十几亿人口的更高水平的小康社会，基本实现工业化，并且提出要走出一条信息化带动工业化、工业化促进信息化的新型工业化路子。

党的十八大之后，以习近平同志为核心的党中央鉴于全面建成小康社会的目标在 2020 年即将实现，又通过综合分析国际国内形势和我国发展条件，在党的十九大上提出，到 21 世纪中叶前的 30 年，再分两步走，第一步用 15 年基本实现现代化，然后再用 15 年，到 21 世纪中叶，即新中国成立 100 年时，把我国建成富强民主文明和谐美丽的社会主义现代化强国。

毛泽东在 1962 年说过：在我国，要用"五十年内外到一百年内外，建设起强大的社会主义经济"①。从新中国 70 年的历程可以看出，在国家发展目标的具体提法上，我们虽然有过这样和那样的变化，但是，要用 50 年到 100 年左右的时间，在中国实现工业化、现代化这个大目标，却始终没有变过，并且，一代又一代人在围绕着这个大目标不懈奋斗。

二

中国共产党是用马克思主义武装、以实现共产主义为最高理想的党，但由于中国自身的特殊国情，没有采取俄国十

①《毛泽东文集》第 8 卷，人民出版社 1999 年版，第 302 页。

月革命那样一种从一开始便直接进行社会主义革命的做法，而是将革命分为了两步，第一步先进行新民主主义革命，然后才进行社会主义革命。但当新民主主义革命胜利后，由于前面已经说过的原因，我们并没有马上就转变到社会主义革命，而是实行了几年的新民主主义政策，直至 20 世纪 50 年代初，才开始进行大规模工业化建设，并相应地对资本主义工商业进行社会主义改造。然而，这时我国资金和物资匮乏、人才和经验不足的问题不仅没有解决，相反，与大规模工业化建设之间的矛盾更趋尖锐。为解决这个矛盾，以毛泽东同志为主要代表的中国共产党人运用马克思关于社会主义经济有计划按比例发展的理论，并且借鉴苏联工业化建设的成功经验，选择了能集中使用有限资金、物资、人才的计划经济体制，同时，对粮食、棉花等主要农产品实行了统购统销政策。

生产资料实行单一公有制和经济运行实行高度集中的计划经济体制，对于在较短时间内建成独立、完整的工业体系和国民经济体系，为以后的工业和经济发展打下坚实基础，起到了必要的和历史性的作用。但是，也带来管理死板、活力不足、反应迟钝、产品单一等弊病。针对这个问题，党中央曾设想在坚持国家和集体经营、国家计划生产、国家统一市场这三个主体的前提下，允许个体经营、自由生产、自由市场作为三个补充。然而，由于种种原因，这一设想不仅未能实行，相反，在管理上统得比过去更死了。不过，人民公社化运动中以社为核算单位的做法，逐渐降到了大队，又由大队降到了小队，起到了调动农民积极性的正面作用。

20 世纪 70 年代末，以邓小平同志为主要代表的中国共产党人通过对国际形势和我国生产力水平的冷静分析，认识到当前世界面临的主要问题是和平和发展，我国的社会主义社会也还处于并将长期处于初级阶段，因此，决定抓住机遇，集中精力，加快经济发展，并实行了改革开放总方针，在公有制为主体、国有经济占主导地位的前提下发展个体、私营经济，在坚持农村土地集体所有制的前提下允许农民包产到户和土地承包，在计划经济的框架内增加市场调节部分，在计划中减少指令性、增加指导性，在优先发展重工业的同时加大对轻工业、服务业的投入，在按劳分配为主的原则下允许发放奖金，在坚持自力更生为主的前提下鼓励外商直接投资和举办经济特区、开放沿海城市，等等。

20 世纪 90 年代初，我国随着工农业生产的发展和市场情况的改善，逐步取消了对农副产品和日用轻工业品供应的限制；又随着经济规模和体制改革的不断深入、对外开放的不断扩大、农民工的大量进城，以及企业普遍实行股份制，资本、产权、技术、劳动力、证券、期货等市场逐渐形成。于是，党中央决定将计划经济体制转变为社会主义市场经济，让市场在国家宏观调控下对资源配置起基础性作用，并且确立了公有制为主体、多种经济成分共同发展的基本经济制度和按劳分配为主体、多种分配方式并存的基本分配制度，允许和鼓励技术、管理、资本等生产要素按贡献参与分配。

党的十八大后，以习近平同志为核心的党中央鉴于世界经济复苏乏力、贸易保护主义、单边主义明显抬头，我国经济中结构性问题和深层次矛盾凸显、经济下行压力持续加大的实际情况，提出并坚持稳中求进的工作总基调，把握引领经济发展新常态，着力推进供给侧结构性改革。鉴于社会主义市场经济体制建立 20 多年来，生产要素市场的发展仍然滞后，要素闲置和大量有效需求得不到满足的情况并存，部门保护主义和地方保护主义大量存在，市场竞争不充分，阻碍优胜劣汰和结构调整等问题仍然没有解决好，党中央又提出将市场在资源配置中的作用由“基础性”改为“决定性”；同时，强调更好发挥政府作用和社会主义制度集中力量办大事的优越性。鉴于城乡区域发展和收入分配差距依然较大，群众就业、教育、医疗、居住、养老等方面面临不少难题，党中央强调要把为人民服务的宗旨贯彻到全面深化改革的战略布局中，以促进公平正义、增进人民福祉作为改革的出发点和落脚点，通过改革给人民群众带来更多获得感。

1987 年，邓小平在会见香港特别行政区基本法起草委员会委员时，针对一些人只关注中国的开放政策变不变的现象指出：“中国的政策基本上是两个方面，说不变不是一个方面不变，而是两个方面不变。人们忽略的一个方面，就是坚持四项基本原则，坚持社会主义制度，坚持共产党领导。人们只是说中国的开放政策是不是变了，但从来不提社会主义制度是不是变了，这也是不变的嘛！”[1] 从新中国 70 年的历程可

---

①《邓小平文选》第 3 卷，人民出版社 1993 年版，第 217 页。

以看出，在经济建设的方针、政策和经济体制、政治体制上，我们的确有过许多变化，但是，坚持社会主义的基本制度，由社会主义向共产主义前进的大方向，以及一切从实际出发、最大限度地调动人民群众积极性的指导思想，却始终没有变过，并且，一旦出现偏差，总能及时加以纠正。

三

夺取政权以后，如何使人民真正当家作主，使执政党不脱离群众，是以毛泽东同志为主要代表的中国共产党人在全国胜利前夕就开始考虑的问题。为此，新中国建立之初，我们党结合中国国情，借鉴第一个社会主义国家苏联的做法，创立了人民代表大会制度、共产党领导的多党合作和政治协商制度、民族区域自治制度，从而在根本的和基本的政治制度上，以及生产资料的全民所有制和集体所有制等基本经济制度上，保证了社会主义民主的实行和党与人民群众的联系。

为了防止党的干部在党取得全国政权后蜕化变质、以权谋私、当官做老爷，以毛泽东同志为主要代表的中国共产党人，大力倡导"两参一改三结合"（即干部参加劳动、工人参加管理，改革规章制度，工人群众、领导干部和技术人员三结合），树立领导干部的好榜样焦裕禄等先进典型，还决定高级干部降低工资级别、军队取消军衔制，并接连进行了"三反"（即反贪污、反浪费、反官僚主义）、"四清"（即清政治、清经济、清组织、清思想）等整党整风运动。

此后，为吸取苏联出现赫鲁晓夫修正主义集团背叛共产主义事业的教训，我们党又开展了反修防修斗争，直至 20 世纪 60 年代中期提出"无产阶级专政下继续革命"的理论，发动"文化大革命"，让各级领导干部到"群众运动"中经受"锻炼"和"考验"，并从工农兵中直接提拔领导干部。"文化大革命"运动严重混淆了是非和敌我，加之被林彪、"四人帮"反革命集团所利用，使大批被扣上"走资本主义道路的当权派"和"反动学术权威"等帽子的干部、知识分子遭到迫害，使大批造反起家的"三种人"窃取了党和国家各级领导岗位，使社会主义事业蒙受重大损失。然而毛泽东发动"文化大革命"的初衷，却是为了使干部不脱离群众，使党和国家不改变颜色。

改革开放后，以邓小平同志为主要代表的中国共产党人为克服官僚主义和权力过分集中的问题，不再采用过去那种疾风骤雨式的运动方式，而是着重从制度上入手，启动了政治体制改革。同时，针对市场经济和多种所有制经济共同发展、多种分配方式并存的实际情况，规定商品交换的原则不得进入政治领域，担任公职的党员干部不得经商办企业，重申矿藏等自然资源和土地属于国家或集体所有，严格防止私人资本掌握国民经济命脉、干扰国家政策的制定。

为使广大党员和干部经受住长期执政、改革开放、市场经济和外部环境的考验，从 20 世纪 80 年代初到 21 世纪头 10 年的 30 年间，我们党先后进行了 80 年代中期的整党和 90 年代初期、后期的党员重新登记、"三讲"教育，以及 21 世纪初期的保持共产党员先进性教育、科学发展观教育等主题教育活动，开展了打击严重经济犯罪的斗争和反对资产阶级自由化的斗争，并明确提出"执政党的党风问题是有关党的生死存亡的问题""党性原则和党的纪律不存在'松绑'的问题"①。

党的十八大以来，以习近平同志为核心的党中央针对党所面临的脱离群众和消极腐败危险的尖锐性、严峻性，提出并推动全面从严治党，出台中央八项规定，严厉整治形式主义、官僚主义、享乐主义和奢靡之风，改变管党治党宽松软的状况，坚持反腐败无禁区、零容忍，并在全党范围和县处级以上干部中分别开展了党的群众路线教育实践活动和"三严三实"主题教育，目前还在进行"不忘初心、牢记使命"主题教育。同时，逐步健全党和国家的监督体系，实现中央和省级党委巡视全覆盖，反复提醒全党必须保持党同人民群众的血肉联系，增强群众观念、群众感情，不断厚植党执政的群众基础。

习近平总书记指出："我们党来自人民、植根人民、服务人民，党的根基在人民、血脉在人民、力量在人民。失去了人民拥护和支持，党的事业和工作就无从谈起。"②从新中国70年的历程可以看出，我们党在自身建设的具体形式、做法上，确实存在不少变化，一度还犯过错误，但是，坚持全心全意为人民服务的宗旨，坚持党与人民群众血肉联系的传统，

---

① 《陈云文选》第 3 卷，人民出版社 1995 年版，第 273、275 页。

② 《习近平关于党的群众路线教育实践活动论述摘编》，党建读物出版社、中央文献出版社 2014 年版，第 3 页。

坚持从严治党的方针，却始终没有变过，并且，在改革开放后总结经验教训，积极探索如何防止经济建设中心转移和方法简单化、扩大化，又使党的集中教育切实取得成果。

四

近代中国有着被帝国主义长期侵略的历史，中华人民共和国成立后又长期遭受帝国主义的军事威胁、经济封锁、贸易禁运。这个经历决定了，新中国必然奉行独立自主的和平外交政策；必然积极争取世界的进步与和平；必然支持被压迫民族的正义斗争；必然主张和不同社会制度的国家和平共处；必然不惜一切代价捍卫自身的领土完整、主权独立，维护国家的统一和安全。

正因为如此，新中国刚一成立即宣布站在当时的社会主义阵营一边；当美国出兵侵占台湾海峡并把战火烧到中朝边境时，虽然我国尚处于长期战争之后的经济恢复时期、中美两国在经济军事实力上存在巨大差距，但中国人民志愿军毅然投入抗美援朝战争。

新中国成立之初，以毛泽东同志为主要代表的中国共产党人为粉碎帝国主义制造"西藏独立"的阴谋，作出和平解放西藏的决策，并明确表示西藏现行政治制度可以暂时不变。然而，在西藏上层反动集团于 1959 年发动武装叛乱后，党中央不仅下令坚决迅速彻底地予以平息，而且改变了原有政策，在西藏进行了彻底的民主改革，废除了黑暗的农奴制度。为促进祖国和平统一，中央一方面通过炮击金门，严惩蒋介石集团对大陆的骚扰，另一方面通过特殊渠道，向蒋氏父子表示，只要台湾肯回归祖国，除外交统一于中央外，其他均可保持现状，从而为后来的"一国两制"构想提供了最初蓝本。

面对二十世纪五六十年代国际上风起云涌的民族民主解放运动和来自帝国主义的战争威胁，以毛泽东同志为主要代表的中国共产党人又根据马克思主义关于时代问题的理论，作出不是战争引起革命、就是革命制止战争的论断，并同亚非拉民族独立、人民革命运动相互鼓舞、相互支持。当美苏两个超级大国为争夺霸权而进行冷战时，毛泽东及时调整外交战略，先后提出"两个中间地带"和"一条线""一大片""三个世界划分"等主张和理论，表示反对任何形式的霸权主义，中国永远不称霸，并借此打开了长期僵持的中美关系，为同资本主义世界开展经济往来铺平了道路；同时，指导我国大力加强三线建设和战备措施，避免了可能遭受的核袭击。

20 世纪 80 年代初，邓小平根据国际形势的新变化，改变了前一时期关于战争已迫在眉睫的观点，提出和平和发展是当今时代两个主要问题的论断。同时，我们党仍然把反对霸权主义、维护世界和平、加强同第三世界团结合作，作为新时期的基本外交政策，全方位地发展对外友好关系。"八九"政治风波过后，以美国为首的西方国家对我国实施所谓"制裁"，对此，邓小平尖锐指出："要维护我们独立自主、不信

邪、不怕鬼的形象。"①当东欧剧变、苏联解体时，他又提出
对国际形势要冷静观察、稳住阵脚、沉着应对、韬光养晦、
善于守拙、决不当头的方针，使我国平稳度过了世界大变动、
大动荡的历史关头。

从 20 世纪 70 年代末到 21 世纪初，我们党在领导全国
军民进行捍卫领土完整、维护国家主权和安全的一系列政治
斗争和军事斗争的同时，还正式提出了"一国两制"的构想，
与台湾方面达成了"九二共识"，实现了"三通"，收回了港
澳主权，并在两地分别实行了"港人治港"、"澳人治澳"、高
度自治方针。我们党还准确把握了大发展、大变革、大调整
的时代特点，顺应世界求和平、谋发展、促合作的时代潮流，
作出"大国是关键、周边是首要、发展中国家是基础、多边
是重要舞台"的总体外交布局，先后与有关国家一起启动了
中国—东盟自贸区，组成上海合作组织、"金砖国家"组织、
亚太经合组织，建立中非定期协商机制和合作平台，加入世
界贸易组织和二十国集团，推动建设和谐世界。

党的十八大后，以习近平同志为核心的党中央坚持和平
与发展仍然是时代主题的判断，同时指出，世界面临的不稳
定性不确定性正日益突出，强调当今依然处在马克思主义所
指明的历史时代，资本主义必然消亡、社会主义必然胜利是
社会历史发展不可逆转的总趋势，要求干部深刻认识资本主
义社会的自我调节能力和西方发达国家在经济科技军事方面

①《邓小平文选》第 3 卷，人民出版社 1993 年版，第 320 页。

占据优势的客观现实，认真做好两种社会制度长期合作和斗争的各方面准备。在对时代性质和特征保持清醒认识的前提下，习近平总书记鲜明提出构建人类命运共同体的理念，在积极参与已有国际对话和合作平台的基础上，倡议和促进"一带一路"建设；明确表示中国既不认同"国强必霸"的陈旧逻辑，也不会吞下损害自身利益的苦果，而是推动国际秩序和经济全球化朝更加公平、合理及合作、共赢的方向发展，全面推进中国特色大国外交，形成全方位、多层次、立体化的外交布局，使中国越来越多地成为国际组织、国际会议、国际行动的发起者、倡导者、组织者，国际影响力、感召力、塑造力不断提升，从而日益走近世界舞台的中央。

面对中国特色社会主义新时代的新形势，以习近平同志为核心的党中央创造性地提出了新时代的总体国家安全观，把安全问题由国际、治安等传统领域，延伸到政治、经济、文化、社会、科技、网络、生态、资源、太空、深海、极地、生物及海外利益等领域，鲜明地提出对意识形态领域的斗争必须敢抓敢管、敢于亮剑，必须防范和打击各种敌对势力的渗透、颠覆、破坏活动，正确把握好党的民族和宗教政策，对暴力恐怖、民族分裂、宗教极端势力绝不能手软，从而进一步维护了国家的统一和安全，也使人民群众的生命财产得到了进一步保障。

习近平总书记强调："中国决不会以牺牲别国利益为代价来发展自己，也决不放弃自己的正当利益。""必须全面准确贯彻'一国两制'、'港人治港'、'澳人治澳'、高度自治的方针"，"发展壮大爱国爱港爱澳力量，增强香港、澳门同胞的国家意识和爱国精神"。"一个中国原则是两岸关系的政治基础。""我们有坚定的意志、充分的信心、足够的能力挫败任何形式的'台独'分裂图谋。"[1] 从新中国 70 年的历程可以看出，在国际问题、对外关系和维护祖国统一、领土完整的具体提法、做法上，我们虽有不少变化，但是，顺应时代发展趋势、争取和维护世界和平、捍卫自身核心利益、永远不称霸的决心，却始终没有变过，并且，随着形势的不断发展而愈加坚定。

当前，新中国仍然在日新月异地向前发展，未来的变化会更多更大。但只要了解了过去的变与不变，对新中国在 70 年里为什么会有如此大的变化，这种变化能否持续，中国今后会不会"变色"，会不会"崩溃"，会不会"威胁"别国等问题，也就不言自明了。

习近平总书记在庆祝中华人民共和国成立 70 周年大会的讲话中指出，70 年前新中国的成立，"彻底改变了近代以后 100 多年中国积贫积弱、受人欺凌的悲惨命运，中华民族走上了实现伟大复兴的壮阔道路。70 年来，全国各族人民同心同德、艰苦奋斗，取得了令世界刮目相看的伟大成就"。今后的前进征途上，我们将会继续"坚持中国共产党领导，坚持人民主体地位，坚持中国特色社会主义道路，全面贯彻执行党

---

[1] 习近平：《决胜全面建成小康社会 夺取新时代中国特色社会主义伟大胜利——在中国共产党第十九次全国代表大会上的报告》，《人民日报》2017 年 10 月 28 日。

的基本理论、基本路线、基本方略，不断满足人民对美好生活的向往，不断创造新的历史伟业"。他还说："中国的昨天已经写在人类的史册上，中国的今天正在亿万人民手中创造，中国的明天必将更加美好。"① 这一对新中国的过去、今天、未来的扼要概述，无疑是关于新中国变与不变问题的最权威最有力的回答。

---

① 习近平：《在庆祝中华人民共和国成立 70 周年招待会上的讲话》，人民出版社 2019 年版，第 2—3 页。

中国当代史著作评析

党性与科学性完美结合的上乘之作

——赞《中华人民共和国经济史》（第一卷）*

　　《中华人民共和国经济史》第一卷以新中国建立之初经济恢复时期的三年经济史为研究对象，在同类研究成果中，具有背景交代清楚、理论阐述系统、问题分析深刻、历史材料翔实、研究视角新颖等特点，是党性与科学性完美结合的上乘之作，读后令人信服，堪称精品，必将成为中国当代史、当代中国经济史和中共党史研究的重要参考书目。

　　该书对这段历史的背景交代得十分清楚，在全书几乎各个篇章中，始终注意把问题放在当时的历史条件下来阐述，是自觉运用历史唯物主义观点进行历史研究的成功范例。比如，全书在二十五章中，用三章介绍新中国成立时的生态环境、自然资源、人口状况和旧中国的经济遗产、解放区的经济，还用一章介绍新民主主义经济思想的形成与发展，并用相当篇幅分析了当时的国际背景和抗美援朝战争对经济恢复的影响，使读者对这段历史的背景能有清晰的认识，增强了该书的可信度和说服力。

---

　　* 本文是作者 2002 年 7 月 24 日在中国社会科学院经济研究所召开的《中华人民共和国经济史》（第一卷）若干问题研讨会上的讲话，曾发表于《教学与研究》2002 年第 8 期。收入本书时，作者略作修改。

该书对新中国初期三年中经济活动的方方面面，介绍得也十分详备，不仅涉及经济体制、重大经济举措、工农业生产、内外贸易、财政、金融与投资、劳动就业、收入分配与消费等国民经济的各个方面，而且篇幅有84万余字之多，可以说是迄今为止研究这三年经济问题的著作中最为系统和全面的一部。

该书对每个重大事件的过程及其原因，都能作出深入的、有层次的分析，使读者既能知其然，也能知其所以然。例如，作者在导言中先指出新中国初期三年取得的巨大成功，仅用长期战争之后一般都有快速恢复来解释是不够的，必须看到深层次根源还在于制度上的进步；然后又指出，三年经济恢复时期在制度上发生的巨大变化，不但没有引起历史上由于社会制度剧烈变动而导致经济动荡和停滞的情况，相反，直接促进了经济的恢复和发展；最后指出，其原因就在于抓住了统一经济、稳定物价等六个主要环节。再如，作者在调整工商业一章中，不仅分析了这三年时间里私营工商业两次困难的状况，而且分别地、逐条地分析了两次困难的不同原因，政府采取的不同对策及其取得的成效。

该书的另一个特点是，利用和摘引了大量档案资料。其中仅统计表就有267个之多，而且绝大部分材料都是第一手的，很多档案和数字是第一次被引用，做到了言必有据。唯其如此，才能使论述牢牢建立在实证分析的基础之上，也使该书更具有权威性。

该书还有一个特点，就是作者不仅有鲜明的立场，而且有新颖的视角，力求把新中国建立后不同发展阶段对经济规律的探索成果融汇在一起，具有很强的时代感。例如，本书有一部分专门描述新中国成立初期建立长期资金市场的尝试，而这在过去同类书中，是往往被忽视的。再如，本书专设了一章，分析那三年的经济总量和结构，经济体制变革的特点和作用，以及资本投入、劳动投入、技术进步对经济恢复与发展的作用。这些也是过去同类书中较为少见的角度。

该书也有一些不足，主要表现在对有些问题的研究还不够深入。例如，旧中国到底留给我们多少固定资产，三年恢复时期又使它增加了多少。如果能搞出一个统一的口径和统一比值的数字，对这三年的作用可能会看得更加清楚。

从该书前言可以看出，参加写作的同志总共只有十一二位。为了写出这本书，他们先用八年时间编辑出一套十二卷本的《1949—1952中华人民共和国经济档案资料选编》，并创作了《1949—1952中国经济分析》一书，对二战结束后世界各国经济恢复的特征作了深入研究，还研习了中国近代经济史、自然地理历史、经济地理历史、区域经济史，以及党史、国史等相关学科，召开过十八次讨论会，进行了近百次书面及电子邮件交流。他们的治学之严谨，工作之艰苦，可想而知。在此，我谨向参加该书编写的全体同志表示祝贺和敬意。

简要而不失全面的新时期党史读本
——读《中国共产党新时期简史》*

党的十一届三中全会开启的改革开放历史新时期，到现在已有 30 多年，约占我们党自 1921 年诞生以来全部历史的三分之一多。对于党的这段历史，虽然胡绳主编的《中国共产党的七十年》中也有论及，但其下限只到 20 世纪 90 年代初，距今已有 20 年之久。因此，广大读者很希望有一部关于党在改革开放 30 年历史的简明读本。中共中央党史研究室为纪念改革开放 30 周年组织编写的《中国共产党新时期简史》（以下称《简史》），正是这样一个读本。它虽然不到 20 万字，但比较准确地把握住了党在新时期历史发展的主要过程及其主题和主线、主流和本质，比较全面地反映了党在这一时期做的工作，获取的成就，得到的经验，遇到的挑战，因而是一部可以给人以启迪、给人以教益、给人以鼓舞的信史和教材。

新时期最鲜明的特点是改革开放，而改革开放是我们党开创的，也是在党的领导下进行的。因此，改革开放既是新时期党史的重要内容，又是新时期党史的广阔背景。要把这

---

* 本文曾发表于《求是》2010 年第 23 期。

段党史叙述清楚，关键在于讲清楚党的决策与改革开放进程的关系。《简史》共分六章，十一届三中全会及此后历次党的代表大会基本上各为一章。它通过阐述十一届三中全会与党和国家工作中心转移的关系，十二大与改革开放全面展开的关系，十三大与社会主义初级阶段理论形成的关系，十四大与社会主义市场经济体制建立的关系，十五大与深化改革的关系，十六大和十七大与全面建设小康社会、深入贯彻科学发展观之间的关系，展现了改革开放从酝酿起步到不断推进的历史画卷；说明了改革开放是决定当代中国命运的关键抉择，是发展中国特色社会主义、实现中华民族伟大复兴的必由之路；揭示了党在改革开放中核心领导地位形成的历史必然性和加强党的自身建设、密切党与人民群众血肉联系的无比重要性。

改革开放以来的 30 多年之所以取得了举世瞩目的巨大成就，使中国人民的面貌、社会主义中国的面貌、中国共产党的面貌发生了历史性变化，根本原因在于开辟了中国特色社会主义道路，形成了中国特色社会主义理论体系。对新时期党史的研究与编写的一个重要任务，就是要从理论与实践的结合上，说清楚这条道路和这个理论体系。《简史》把新时期的党史放在国际与时代的大背景下，以党对于什么是社会主义、怎样建设社会主义，建设一个什么样的党、怎样建设党，实现什么样的发展、怎样发展这些重大理论与实践问题的探索和认识为主线，逐一论述了党在推进物质文明建设与精神文明建设、深化经济体制改革与政治体制改革、加快经济发展速度与成功实施宏观调控、平息国内政治风波与打破西方"制裁"、应对亚洲金融危机与制定全面建设小康社会纲领、战胜非典疫情和抗击汶川特大地震等一系列实践活动中的理论思考，从而使人们比较清晰地看到了中国特色社会主义道路和中国特色社会主义理论体系的形成过程和实质。

习近平同志在最近召开的全国党史工作会议上强调，坚持实事求是研究和宣传党的历史，要牢牢把握党的历史发展的主题和主线、主流和本质，旗帜鲜明地揭示和宣传中国共产党在中国的领导地位和核心作用形成的历史必然性，揭示和宣传中国人民走上社会主义道路的历史必然性，揭示和宣传通过改革开放和社会主义现代化建设实现中华民族伟大复兴的历史必然性，揭示和宣传党在革命、建设、改革各个历史时期领导人民所取得的伟大胜利和辉煌成就，揭示和宣传党在长期奋斗中积累的宝贵经验、形成的光荣传统和优良作风，坚决反对任何歪曲和丑化党的历史的错误倾向。《简史》比较好地体现了我们党在新时期一贯倡导的这种对待党史研究与宣传的原则，一定会在党员干部学习中国特色社会主义理论、总结改革开放历史经验的过程中发挥积极的作用。

加强国史研究和宣传，为走中国特色社会主义道路提供历史依据和借鉴

——贺《中华人民共和国史稿》1—4卷出版[*]

由当代中国研究所编著的《中华人民共和国史稿》（以下简称《国史稿》）的出版，是国史学界，也是中国现代史、当代史学界的一件大事和喜事。它的出版发行，对于我们进一步正确认识国史、大力宣传国史、深入研究国史，都具有十分重要的意义。

正确对待和阐述革命与国史的关系，是《国史稿》的一个突出特点。

《国史稿》一共五卷，却专门拿出很大篇幅，设立了一部序卷，用以概述中国作为一个文明古国的悠久历史和灿烂文化，以及近代以来中国人民为反抗封建腐朽统治和帝国主义野蛮侵略而进行的不屈不挠的斗争，特别是中国共产党自1921年成立以来领导人民进行新民主主义革命，推翻"三座大山"、建立新中国的伟大历程。它清楚地告诉人们，中华人民共和国是革命的胜利成果，是无数先烈用鲜血和生命换来的。

---

* 本文是作者在《中华人民共和国史稿》1—4卷出版座谈会上的发言，曾发表于2012年10月25日《光明日报》，后载于《当代中国史研究》2012年第6期。收入本书时，作者略作修改。

另外，《国史稿》还在正卷叙述了新中国成立后是如何继续完成民主革命的遗留任务，巩固新生人民政权，稳定社会秩序，实现祖国大陆基本统一，没收官僚资本，废除外国在华经济特权和工商企业内部的封建把头制度，彻底消灭封建土地剥削制度，树立新型社会风尚，从而用短短四年时间收拾了旧中国的烂摊子，使一个真正属于人民的共和国屹立于世界东方的；又是如何根据形势的发展变化，适时改变原定用"相当长久"时间实行新民主主义政策的打算，提前向社会主义过渡，并通过"一化三改"和四个五年计划的建设，建立起独立完整的工业体系和国民经济体系的。对于新中国成立初期思想文化领域的几场运动和斗争，《国史稿》一方面指出其中存在的斗争方法简单、有的把学术和思想问题同政治问题相混淆的偏差，另一方面充分肯定了它们对于清除资产阶级唯心主义影响、树立马克思主义在意识形态领域指导地位的重要作用。

所有这些论述，完全符合唯物史观和新中国历史的实际，充分说明中华人民共和国是建立在新民主主义革命和社会主义革命基础之上的。可以说，没有革命，没有革命前辈的英勇奋斗、流血牺牲，就没有中华人民共和国。尽管现在已经结束了一个阶级推翻另一个阶级的革命，但革命在历史上的进步作用和革命前辈建立的丰功伟绩必须得到肯定、尊重和歌颂，革命的精神必须得到继承和发扬。而且，从扫除发展生产力障碍的意义说，改革也是一场革命。我们要抵制"告别革命""重写近代史和现代史"等历史虚无主义思潮所产生的恶劣影响，绝不能允许否定革命、诋毁革命的错误言论畅行无阻。否则，不仅国史会成为无源之水、无本之木，最终新中国也会站不住脚。

《国史稿》的另一大特点，是正确对待和阐述改革开放前后两个历史时期的关系。

《国史稿》的正卷起自 1949 年新中国的成立，止于 1984 年以城市为重点的经济体制改革的全面启动。因此，在这部书中，除了改革开放前的 29 年，还有改革开放后的 6 年。如何正确撰写这两个既相互联系又相互区别的时期，关系到如何正确评价国史，也关系到如何正确认识中国特色社会主义道路。《国史稿》一方面充分肯定了新中国头 29 年我们党领导各族人民在政治、经济、文化、国防、外交等各条战线取得的伟大成就和在探索社会主义建设规律过程中取得的宝贵经验；另一方面实事求是地指出了那个时期走过的弯路、犯过的错误、遭受的损失、得到的教训；一方面深刻阐明了改革开放对于开创社会主义现代化建设新局面、推进马克思主义中国化第二次飞跃的重要意义，另一方面旗帜鲜明地指出改革开放是对新中国成立后社会主义建设伟大事业的继承和发展。它清楚地告诉人们，改革开放前后两个历史时期既不是相互割裂的，更不是相互对立的，而是辩证统一的整体，本质上都是中国社会主义的发展阶段；前一阶段是后一阶段的基础，后一阶段是前一阶段的接续发展；后一阶段开创了中国特色社会主义道路，前一阶段为中国特色社会主义道路的开创提供了前提条件。这样认识和阐述国史，既维护了中华人民共和国的荣誉和尊严，给广大干部群众特别是青少年以正确的国史教育，又有利于正确总结经验，做到了以史为鉴。我们要牢牢把握国史的主题和主线、主流和本质，绝不能让苏联由于全盘否定自己历史而导致亡党亡国的悲剧在我们国家重演。

注意国史和党史的区别，是《国史稿》的又一大特点。

中国共产党是中华人民共和国的核心领导力量，党的理论、路线、方针、政策、重大决定等等，必然对共和国的建设事业和社会生活起决定性的作用。从这个意义上说，党的历史是国史的核心内容，新中国成立后的党史走向决定着国史的走向。因此，国史的撰写与新中国成立后的党史在内容上难免有交叉和重合的地方。但是，党史撰写的对象主要是党，而国史撰写的对象则是整个国家。这就决定了国史撰写的角度、范围、重点，与党史会有也应当有很大不同。否则，国史就失去了存在的必要和价值。《国史稿》在撰写过程中，注意突出国史的特点，对党的会议和活动，凡没有在国家生活中产生重大影响的，能略则略；而对国家政权机关的活动和举措，以及国民经济、文化教育、科学技术、国防外交等，则尽可能多写详写。

例如，同是写新中国的成立，由中央党史研究室编著的《中国共产党历史》（以下简称《党史》）第二卷在目一级标题中只出现了政协会议的召开、《共同纲领》的制定和人民政府的组制；而《国史稿》的目录中除了这些之外，还专设了"开国大典"一目。再如，对于一届全国人大一次会议的召开和宪法的制定，《党史》二卷只把它们作为一节，其中宪法的制定只是一个目；而《国史稿》却把它们作为一章，其中宪法的制定则设为一个节，下面还分设了"《宪法》的诞生"和"《宪法》的特点"两个目。再如，对于党的八大，《党史》二卷用了一章，而《国史稿》则把它作为"探索适合中国国情的社会主义建设道路"这一章中的一个小节。

这些都说明，为了在撰写上与党史相区别，《国史稿》从章节设置上是下了很大功夫的。我们要继续加强国史研究和党史研究这两门不同学科的建设，深入探索国史与党史撰写各自的规律，不断提高国史研究和党史研究的科学化水平，从而使国史书更加突出国史的特点。

古人说："灭人之国，必先去其史。"反过来，要护己之国，也必先卫其史。我们要以《国史稿》的出版为契机，进一步推动唯物史观指导下的国史研究，大力普及国史知识和国史教育，把正确认识和解释国史纳入建设社会主义核心价值体系的工作，融入国民教育和精神文明建设的全过程，为树立以爱国主义为核心的民族精神和以改革开放为核心的时代精神，增强全国各族人民建设中国特色社会主义的决心和信心，提供更多更好的历史教材。

正确看待和处理改革开放前后两个历史时期的关系是搞好新中国史编撰的关键

——评《新中国 70 年》*

经中共中央宣传部指导、审定，由中国社会科学院当代中国研究所编写、当代中国出版社 2019 年出版发行的《新中国 70 年》，是一部贯通描述新中国 70 年历史、向中华人民共和国成立 70 周年献礼的史书，也是一部站在新时代中国特色社会主义高度，认真贯彻习近平总书记关于要正确处理改革开放前后两个历史时期关系的论述精神的新中国史书。

在新中国成立至今的 70 年里，有许多不同的历史时期和阶段，其中区别最为显著的两个时期是以党的十一届三中全会划分的改革开放前和改革开放后。如何看待这两个历史时期的关系，是当代史学界乃至理论界和意识形态领域里争论的焦点问题之一。因为这个问题不仅与如何看待新中国史紧密相连，也与如何看待中国特色社会主义密切相连。只要仔细观察就会发现，凡是把改革开放前后两个历史时期加以割裂和对立的人，必然要么否定四项基本原则，要么否定改革开放；而凡是把中国特色社会主义看成"新民主主义回归"

* 本文曾发表于《当代中国史研究》2020 年第 2 期。

和"民主社会主义""社会民主主义",或者看成"资本社会主义"的人,也必然会把这两个历史时期加以割裂和对立。因此,能否正确看待和处理改革开放前后两个历史时期的关系,是能否搞好新中国史编撰的一个关键问题。

党的十八大刚结束,习近平总书记就在新进中央委员会的委员、候补委员学习贯彻党的十八大精神研讨班上的讲话中,用最清晰的语言,对如何看待上述问题给予了最明确的回答。他指出:"中国特色社会主义是社会主义,不是别的什么主义。"改革开放前后的两个历史时期,"是两个相互联系又有重大区别的时期,但本质上都是我们党领导人民进行社会主义建设的实践探索","两者决不是彼此割裂的,更不是根本对立的","改革开放前的社会主义实践探索为改革开放后的社会主义实践探索积累了条件,改革开放后的社会主义实践探索是对前一个时期的坚持、改革、发展"。[①]这一论述深刻阐释了改革开放前后两个历史时期的辩证关系,为新中国史编研对待这一关系提供了唯一正确的指导方针。我之所以说《新中国70年》一书认真贯彻了总书记关于要正确处理改革开放前后两个历史时期关系的论述精神,就是因为它在这个问题上坚持的方向是端正的,对一些问题的处理也是妥当的。具体说,这些主要体现在以下三个方面。

第一,在章节布局上,将改革开放前的几个犯错误时期和基本正确的时期合在一起,都放在了"社会主义建设的艰

---

①《十八大以来重要文献选编》(上),中央文献出版社2014年版,第109、111—112页。

辛探索和曲折发展"一章之中。

以往出版的新中国史书，一般都是把改革开放前几个犯错误时期单独设置章节，如把"大跃进"和总路线、人民公社作为独立章节，或把十年社会主义建设探索与十年"文化大革命"作为两个并列章节，等等。如果说这样设置章节在改革开放初期，即在新中国历史仅有 30 多年的情况下尚属合理和恰当的话，那么，当新中国历史已经延续六七十年之久，再这样设置就不那么合理和恰当了。因为，对章节的这种设置方法既没有正确反映改革开放前历史时期的本质，也不利于群众特别是青少年全面认识新中国的历史，从而树立起社会主义的历史自信。

"大跃进""文化大革命"无疑是全局性的错误，给党和人民的事业造成了严重损失，形成了灾难性后果。但就其本质来说，它们都是对社会主义道路的探索，只不过是不成功的探索，甚至是失败的探索罢了。比如，发动"大跃进"的初衷是为了满足广大群众迫切要求改变我国经济文化落后状况的普遍愿望，加快社会主义建设的速度；发动"文化大革命"的初衷是为了反修防修，巩固社会主义的制度。这些不是对社会主义的探索又是什么呢？它们之所以犯了错误、导致失败，既有主观上急于求成、骄傲自满、脱离实际、个人专断等原因，也有客观上缺乏经验，甚至被野心家、阴谋家等所利用的问题。还要看到，"大跃进"前前后后持续了三年，"文化大革命"更是长达十年，在那段时间里，除了有错误的政治运动之外，还有广大干部群众在各个领域所进行的社会主义建设；除了给党和国家造成严重损失之外，也在国民经济领域取得了许多实实在在的具有长远效益的成就，在国防、科技、外交等领域还取得了一系列突破性的进展，这些成就和进展都为改革开放后我国的快速发展发挥了重要的基础性的作用。

对于上述事实，国史书如何在章节布局上加以体现，是国史工作者在新中国进入第 70 个年头不能不考虑的大问题。《新中国 70 年》一书把"大跃进"和"文化大革命"这两个时期都纳入从 1956 年党的八大到 1978 年党的十一届三中全会的"社会主义建设的艰辛探索和曲折发展"这一章；并把"大跃进"和"国民经济调整"合在一起作为其中一节，为解决这个问题作出了有益探索，从而体现出正确看待和处理改革开放前后两个历史时期关系的精神。

第二，在编撰内容上，将犯错误时期的错误与犯错误的时期加以区别，不使二者相互混淆。

清代思想家龚自珍曾说过："灭人之国，必先去其史。"他的这句警世名言，已被大量历史事实所验证。社会主义的敌人用这个办法搞垮了苏联和苏联共产党。在苏联解体、苏共下台后，他们又把矛头对准了中国，要用西化分化中国，所用的一个办法同样是鼓吹历史虚无主义的思潮，而其中一个手段就是把我国改革开放前历史中犯错误时期的错误与整个时期加以混淆。例如，说到"大跃进"，只讲那个时期违反科学规律的蛮干和人民生活的普遍困难；说到"文化大革命"，只讲那个时期对领导干部、知识分子的迫害和对经济建设的破坏。受这股思潮的影响，我们过去一些关于新中国历史的书籍，在讲到改革开放前那几个犯错误时期时，也只注重其中的错误，淡化其中的成绩和成就。而且一度形成一种舆论氛围，谁要是讲那几个时期的成绩和成就，谁就要被扣上"左"的帽子。要知道，改革开放前的历史总共不过 29 年，这几个犯错误时期加在一起已占了其中几乎一半时间。如果再渲染那些年政治运动中出现的扩大化错误，这样的国史书势必会给人一种改革开放前的历史是一连串错误集合的印象。把这样的国史书拿给读者，甚至作为大中学校的教科书，怎么可能让人热爱新中国的历史呢？又怎么可能在群众特别是青少年中培育爱国主义思想、树立社会主义的历史自信呢？

若要接受苏联和苏共由于大搞历史虚无主义、全盘否定自身历史，导致偌大一个党作鸟兽散、偌大一个国家分崩离析的前车之鉴，国史工作者就必须反"灭人之国，必先去其史"之道而行之，做到"护己之国，必先卫其史"，将犯错误时期的错误与犯错误时期加以区别。在这方面，《新中国 70 年》一书也是作出了有益尝试的。例如，在叙述"大跃进"运动时，用相当多的笔墨介绍了那三年水利建设上的成就，指出："直到 20 世纪 90 年代，全国大型水库中的 2/3 是在这 3 年开工建设的。"另外，书中还特别提到那个时期建成的北京十大建筑，说它们"代表了当时中国建筑的最高成就"。① 再如，书中对"文化大革命"中党和人民取得的成就也采取了

---

① 当代中国研究所:《新中国 70 年》，当代中国出版社 2019 年版，第 88 页。

实事求是的态度，不仅说到过去已见于文件、书籍的一些成就，如第一颗氢弹爆炸、第一颗人造卫星及返回式卫星发射、籼型杂交水稻优良品种培育成功等，还说到过去不大提及的三线建设、秦山核电站建设、1973年环境保护工作方针的制定、百万次集成电路计算机研制、抗疟药青蒿素提取等；不仅说到经济、外交、军事战线的成绩，还强调了1975年的全面整顿和文艺政策的调整，农村合作医疗的推广和赤脚医生的普及，等等；不仅说到林彪、"四人帮"两个集团的捣乱、破坏，还突出了老一辈革命家和广大干部群众、科研人员对他们的抵制。尤其是书中用了相对较大的篇幅，介绍了周恩来、邓小平在毛泽东的支持下，围绕筹备召开四届全国人大同"四人帮"展开的斗争和取得的胜利，从而彰显那段历史中积极的光明的方面。这样书写犯错误时期的历史，既有助于人们吸取教训，又有益于人们看到历史的主流，对于读者全面认识新中国的历史、树立历史的自信，无疑是具有积极意义的。

第三，在书写行文上，注意将改革开放前的成就与改革开放后的发展彼此呼应，更加鲜明地体现出两个历史时期的内在联系。

一段时间以来，有些人在讲新中国历史时，不但刻意回避改革开放前的成就，而且制造了一种似是而非的舆论，似乎肯定和宣传改革开放前的成就就是在贬低和否定改革开放。针对这种舆论，习近平总书记旗帜鲜明地指出："如果没有一九四九年建立新中国并进行社会主义革命和建设，积累了重要的思想、物质、制度条件，积累了正反两方面经验，改革开放也很难顺利推进。"①为了把这一论述精神贯彻到新中国史的编撰中，《新中国70年》不惜笔墨，在陈述改革开放前历史所积累的重要思想、物质基础、制度保证和正反两方面经验的同时，注意点明它们与改革开放后历史发展的关联。

例如，书中在记述党的八大作出的关于把在新的生产关系下保护和发展生产力作为国家主要任务的同时写道："新中国成立以后几十年的历史证明，坚持这个基本论断，建设就成功，否则就遭受挫折"；在评价《关于正确处理人民内部矛盾的问题》具有马克思主义发展史开创性意义的同时写道：这一文献"实际上为后来的社会主义改革奠定了理论基础，至今仍然是我们处理国家、人民内部矛盾的指导性文献"；在称赞"一五"计划的提前超额完成"初步奠定了中国社会主义工业化的基础"的同时写道：它"为其后的社会主义经济建设起到了重要的支撑作用"；在讲到第一次国民经济调整时期农村一些地方出现的"包产到户"时写道：这虽然在当时没有能坚持下去，但"为1978年以后推广农村家庭承包责任制积累了实践经验"；在记述20世纪60年代中期开始至80年代初结束的三线建设成就的同时写道："这为我国改革开放初期实施优先发展东部外向型经济战略提供了充盈的物资、能源、动力支持"，"为国家安全提供了长久可靠的保障"，"也为改革开放时期优先发展沿海地区经济解除了后顾之忧"；在

---

① 《十八大以来重要文献选编》（上），中央文献出版社2014年版，第112页。

评论以"两弹一星"为代表的一系列科技战线取得重大突破的同时，引用邓小平的话说："如果六十年代以来中国没有原子弹、氢弹，没有发射卫星，中国就不能叫有重要影响的大国，就没有现在这样的国际地位"；在记述 20 世纪 50 年代至 60 年代文艺方面涌现的一批脍炙人口的优秀作品的同时写道："这些作品至今仍被人们喜爱"；在论述 1962 年毛泽东提出的"以农业为基础、以工业为主导"的发展国民经济总方针的同时写道："尽管后来在执行中出现过反复，但它始终是中国工业化的重要指导方针"；在评论"文化大革命"时期的一些外交突破对改善中国外部环境意义的同时写道：它们"为后来改革开放时期中国的对外交往和积极参与国际事务创造了有利条件"；等等。[①] 这样行文，显然有助于读者认清改革开放前的历史积累与改革开放后的发展之间的内在关系。

如何看待改革开放前后两个历史时期的关系，从表面上看似乎是一个历史问题，实际上却是一个与政权安危紧密相关的现实性很强的政治问题。这从苏联解体、苏共垮台的历史可以得到证明，从习近平总书记对这一问题的高度重视更可以看出来。习近平总书记说："我之所以强调这个问题，是因为这个重大政治问题处理不好，就会产生严重政治后果。"他还说："正确处理改革开放前后的社会主义实践探索的关系，

---

① 当代中国研究所：《新中国 70 年》，当代中国出版社 2019 年版，第 79—128 页。

不只是一个历史问题，更主要的是一个政治问题。"① 正是从这个意义上，我认为《新中国 70 年》是一部站在新时代中国特色社会主义高度，把习近平新时代中国特色社会主义思想作为编撰指导思想的新中国史书。当然，这并不是说它就很完美了，没有缺陷了。我只是说，作为记述新中国历史的史书，这样处理改革开放前后两个历史时期的关系，在方向上是完全正确的，在实践上也是比较妥当的。

---

① 《十八大以来重要文献选编》（上），中央文献出版社 2014 年版，第 113、113—114 页。

高度重视当代国外中国学的研究[*]

今年夏天，中国社会科学院文献信息中心主任黄长著同志找到我，说由该中心研究员、院国外中国学研究中心副主任何培忠同志主持的院 A 类重大课题"改革开放以来的国外中国研究"已经完成，并产生了一部题为《当代国外中国学研究》的专著，因为我兼任当代中国研究所的所长，所以希望我能为该书出版写一个序言。我对他说，当代中国研究所研究的是当代中国的历史，虽然也关注和收集国外研究中国当代史的情况，但这远谈不上是对当代国外中国学的研究。因此，由我写序实在不得其人。但他表示，对于写序的事他们已经考虑了很久，还是觉得由我写比较合适，并把肯不肯为这本书写序的问题，上升到对他们的这项研究工作是不是支持的高度，言辞颇为恳切。于是，我只好答应。

答应是答应了，但我对国外中国学没有什么研究的实际情况并不会因此而改变。我最怕的就是拿自己不懂的事情讲话写文章，更不用说给人家的书作序。"以其昏昏"，怎么可能"使人昭昭"呢？但工作岗位的缘故，这类事也难免会有推不掉的。凡遇到这种情况，我的办法是自己先学，从一些

---

* 这是作者为《当代国外中国学研究》一书写的序言，该书于 2006 年由商务印书馆出版。本文标题系后拟。

最基本的知识学起，把问题搞明白后，再讲一点对这些常识性的东西的学习体会。为《当代国外中国学研究》一书写序，当然也只能照此办理。

首先碰到的一个问题是，什么叫"中国学"？什么叫"国外中国学研究"？

顾名思义，"中国学"是关于中国的学问，或关于中国问题的研究。很长时间以来，国外有关中国的学问一直被称为"汉学"——在日本有上千年，在欧洲有三四百年，即使作为学术上的独立学科至少也有上百年。但二战以后，特别是新中国成立以后，这门学问在一些国家一些学者中开始被称作"中国学"。目前，国内外学术界对如何称呼关于中国问题的研究，存在着不同的见解。有的主张仍然延续"汉学"的称谓，有的主张"汉学"与"中国学"两种称谓并用，有的主张用"中国学"取代"汉学"的称谓。我以为，无论称"汉学"还是"中国学"，都与敦煌学、藏学、徽学不同。后者不仅国外有，国内也有；而前者，只是国外有，国内并没有。因为国内不存在，也不可能存在一个把中国当作整体来研究的学问，无所谓国内的"汉学"或"中国学"，有的只是对国外"汉学"或"中国学"的研究。例如，国外关于汉语的研究，叫"汉学"或"中国学"中的汉语研究，而在国内就叫汉语研究或中文研究、普通话研究，除非你要研究的是国外对汉语的研究。既然如此，国外学术界对中国问题的研究究竟称"汉学"好还是称"中国学"好，还是尊重国外学者的习惯和意见为宜，不必由我们来统一。

但是，对国外关于中国问题研究的研究，却是或者主要是国内学术界的事，如何称谓，自然应当由国内学者经过认真考虑反复切磋后来决定。对于这个问题，我是赞成《当代国外中国学研究》一书把国外有关中国问题的研究统一称为"中国学"这个意见的。这是因为，第一，"汉学"原本指汉代的训诂学，用以称国外对中国的研究并不确切；何况汉代早已成为历史，再用它作为国外有关中国问题研究的名称显然缺乏时代感，也不符合中国是多民族国家的实际。第二，在国外，原来意义上的"汉学"一般侧重于研究中国的语言、哲学、文学、历史等人文学科，原来意义上的"中国学"一般侧重于研究当代中国的政治、经济、社会等社会科学的学科。但近几十年来，许多称为汉学家的人突破了传统"汉学"的领域，也在研究属于社会科学的学科；而许多称为中国学家的人超出了当代和社会科学的范围，开始出现向文学、史学等人文学科延伸的趋势。在传统"汉学"与"中国学"界限逐渐模糊的情况下，如果要从中选出一个词来称呼国外关于中国问题的研究，"中国学"当然要比"汉学"恰当。何况，现在一些国外研究中国问题的学者也已主张用"中国学"一词取代"汉学"一词。所以，把国内对国外有关中国问题研究的研究称为"国外中国学研究"，而不叫"国外汉学研究"，是合乎实际也是合乎逻辑的。

其次碰到的问题是，"国外中国学研究"究竟有什么意义？

中国 2000 多年前就有人讲过："知彼知己，百战不殆。"不过，那时讲的"知彼知己"，还只是指了解双方的情况。其实，要做到全面彻底地了解双方情况，仅仅"知彼知己"是不够的，还应当"知彼之知己"。就是说，要了解对方对自己的了解。因为只有这样，才能更深刻地了解对方，也更深刻地了解自己。我想，"国外中国学研究"大概就属于这种"知彼之知己"的学问和途径吧。

通过《当代国外中国学研究》一书可以看出，研究"国外中国学"起码有以下三个好处。

第一，有助于我们加强对外工作的主动性、针对性和有效性。中国有句俗话叫"旁观者清，当局者迷"。如果把中国作为研究对象，国外的中国学家当然可以说是旁观者；但如果把"国外中国学"作为研究对象，旁观者就不再是国外学者，而是我们了。他们的研究结果究竟符合不符合中国的实际情况，我们要比他们更清楚，更有发言权。研究"国外中国学"，可以使我们了解到国外学者在对中国问题的研究中哪些符合实际，哪些不大符合实际，哪些完全违背实际，从而在学术交流时主动地针对他们研究中存在的问题去做工作。例如，在中华人民共和国成立后的一段时间，美国的中国学研究受到麦卡锡主义和西方中心主义的支配，研究方法、评价标准，乃至资金来源都深受其影响。20 世纪 80 年代后，由于国际关系的变化，美国中国学研究中的客观性逐渐增加，但冷战思维的影响并没有完全消除，仍然时有表现。如果我们能通过研究美国中国学的现状，了解到其中的偏误及其对政策制定的影响，在对美工作中就会更有针对性，工作效果也会更加理想。

第二，有助于我们汲取国外学者的好见解、好建议。世界上无论哪一种文化，都是在与其他文化的反复交流、碰撞中得到发展的。而一国对另一国的研究以及被研究国对这种研究的研究，往往是两种文化交流与碰撞的重要媒介，可以促进被研究国更全面地认识自己，更多地借鉴他人经验，更充分地扬长避短。因为，一国对另一国的研究总是会以被研究国最显著的地方为对象，并且常常夹带对于被研究国来说比较新鲜的研究理念、研究视角和研究方法；而被研究国在反过来对对方研究时，如果能关注对方对自己的研究，很容易从对方的研究中了解到自己的长处和短处，并接触到对方在研究中不同于自己的一些理念、视角和方法，使自己从中获益。当代国外中国学研究的开展，便起到了这样的作用。就拿对日本的中国学研究来说，当国外中国学研究者把中国学家伊藤道治20世纪70年代提出的中华文明的源头不应称"黄河文明"而应称"河（黄河）江（长江）文明"的观点介绍到国内后，立即引起国内学者的注意，并对这一观点形成广泛认同；当国外中国学研究者把包括中国学家在内的研究小组《关于中国建设"小城镇"的研究》的报告介绍到国内后，其中有关中国农民问题将日益成为全国性问题的预测，也受到有关方面的重视，并被实践证明是正确的。这种研究对于国内正在进行的各项建设事业无疑都是很有好处的。

第三，有助于我们增进与国外学者之间的沟通与了解。国外中国学研究是关于国外社会科学状况研究的重要组成部分，是我国学术界与国外学术界最易于接触与交流的领域之一。自中华人民共和国成立特别是实行开放政策以来，国外中国学逐渐成为一门显学，研究队伍日益扩大。以美国为例，目前仅职业中国学专家就有 6000 人之多，稍有名气的大学里几乎都设有中国学的教授席位，而且每年都有一批人获得中国学领域的博士学位。我们开展国外中国学研究，势必要收集、翻译、评述他们的论文、著作，寻找并创造同他们对话的机会。而这样做的结果，肯定可以为双方学者增添新的学术交流平台，从而使我们更多地了解国外学者对中国问题的看法，同时也使国外学者更多地了解我们对他们看法的看法。

由于工作的原因，我接触较多的是国外对中国当代史的研究。从二十世纪五六十年代开始，国外陆续涌现出许多研究中国当代史的学者和著作。其中，在美国有费正清及其《美国与中国》《新旧中国》《伟大的中国革命（1800—1985）》，麦克法夸尔及其主编并有众多知名学者参与撰稿的《剑桥中华人民共和国史》和《毛泽东的中国》，傅高义及其《社会变革：农业中国的问题》，沈大伟及其《现代中国政府》，特里尔及其《毛泽东传》，迈斯纳及其《毛泽东的中国及后毛泽东的中国》；在俄罗斯有齐赫文斯基院士及其《我的一生与中国》《重返天安门》，季塔连科及其《中国：文明与改革》以及由他主编的《在现代化与改革道路上奋进的中国（1949—1999）》；在日本有竹内实及其《毛泽东与中国共产党》《现代中国的展开——曲折与现状》，加加美光行及其《现代中国的走向》，国分良成及其《中国政治和民主化——改革开放政策的实证研究》，天儿慧及其《中华人民共和国史》；在英国有施拉姆及其《毛泽东》，威尔逊及其《历史巨人毛泽东》《周恩来传》；在澳大利亚有泰伟斯及其《从毛泽东到邓小平》；在瑞典有沈迈克及其《中国的文化大革命》；在法国有菲力普·肖特及其《毛泽东传》；在德国有弗兰茨及其《邓小平传》；等等。这些书大部分已被译成中文并在中国大陆发行。为了沟通国内外中国当代史的研究，当代中国研究所在中华人民共和国成立 55 周年前夕，举办了一个以"当代中国与她的外部世界"为主题的国际论坛，邀请包括上述一些学者在内的国外中国学家前来赴会。通过坐在一起讨论，不仅使双方进一步了解了对方在中国当代史问题上的观点，而且建立和增进了彼此的友谊，为消除国外特别是西方学者对中华人民共和国历史的某些误解、扩大双方的共识起到了积极作用。

正因为国外中国学研究具有如此积极的意义，因此它越来越受到国内学术界和有关方面的重视。仅从我经历的一件事，就很可以看出这种重视到了何等程度。在前面提到的当代中国研究所举办的那次国际论坛期间，美国学者沈大伟提交了一篇题为《1949 年以来的故宫博物院：国宝与政治对象》的论文，被安排作大会发言。当文化部副部长兼故宫博物院院长郑欣淼听到这个消息时，正在主持一个重要会议，而且紧接着还要参加一个重要会议，但他还是赶来听了沈大伟的发言，并与他在大会上进行了即席交流。

我还听说，早在改革开放之前，中国社会科学院情报研究所就设立了一个"国外中国学研究室"，并编辑出版了《国外研究中国》丛书、《国外中国研究》、《美国的中国学家》、《美国中国学手册》、《国外西藏研究概况》等著作。后来，这个研究室因机构改革而被撤销，但社科院又以新成立的文献研究中心为依托，成立了非实体的"国外中国学研究中心"，并在文献中心办的刊物《国外社会科学》中开辟了"中国学研究"专栏。另外，我请"改革开放以来的国外中国研究"课题组了解了一下，知道自20世纪80年代以来，国内陆续成立的国外中国学研究机构中，还有北京大学的中国古代文献中心海外汉学研究室和比较文学与比较文化研究所、清华大学的国际汉学研究所、华东师范大学的海外中国学研究中心、北京外国语大学海外汉学中心、四川外语学院的中外文化研究所、苏州大学的海外汉学（中国文学）研究中心、北京语言文化大学的比较文学与比较文化研究所、西安外国语大学的比较文化研究所等等；而且这些机构大多办有国外中国学研究的刊物，如《海外中国学评论》《国外中国学论丛》《国际汉学》。正是这些机构和刊物，使国外中国学研究在近20年来有了长足的进步。但尽管如此，当我听说全国从事国外中国学研究的专职研究人员加在一起才不过百十来人时，还是感到有些吃惊。显然，这个数字无论相对于国外对中国学的研究规模来说，还是相对于中国的人口以及经济、社会、文化与对外宣传等各项事业发展的需要来说，都实在是太少了。

《当代国外中国学研究》一书是"改革开放以来的国外中国研究"课题组用四年时间完成的研究成果，是迄今为止

第一部按照国别全面而系统介绍国外中国学历史渊源与当代发展状况的著作。该课题组在形成这一成果的同时，还建立了国外中国学学者、机构团体和期刊的数据库。这些都为国内学者了解国外中国学的整体面貌，为国外中国学研究的深入开展打下了良好基础。我衷心祝贺他们，并希望他们在这一研究领域继续攀登，为构建和完善国外中国学研究的学科体系，培养和扩大国外中国学研究的力量，以便更好地发挥中国社会科学院作为党中央、国务院思想库、智囊团的作用，作出自己新的贡献。

菲力普·肖特著《毛泽东传》*中文版序言

　　2003 年的 12 月 26 日，是中国人民的伟大领袖、中华人民共和国的缔造者毛泽东 110 周年诞辰。正在这时，中国青年出版社推出了英国历史学家和传记作家菲力普·肖特的著作《毛泽东传》。我以为这并非巧合，而是出版社与作者向这一有着重要纪念意义的日子献上的一份厚礼，是菲力普·肖特先生对中国人民友好感情的真挚表达。

　　菲力普·肖特生于英国，现居住在法国。19 世纪末，他的祖父曾在香港当过海关检查员；二十世纪二三十年代，他的叔叔曾作为船长到过广东、福建一带。因此，早在学生时代，中国这个东方的古老国度便对他产生了很大的吸引力。1966 年夏天，他刚从剑桥大学毕业，就向中国驻英代办处提出去北京当教师的申请。可惜，那时中国刚刚爆发"文化大革命"，致使这一申请未能得到批准。但他想到中国来工作的心愿，却一直没有放弃过。"四人帮"被粉碎后，机会终于来了。他被选作英国国家广播公司（BBC）驻北京站的首任站长，派往中国，而且一干就是四年。那几年正是中国对内对外政策发生重大转变的时期，这使他得以目睹了一个正在走

　　＊ 该书由中国青年出版社于 2004 年出版。

上改革开放之路的焕发出勃勃生机的充满着无限希望的中国，也使他从此深深爱上了中国，以至最终娶了一位中国姑娘为妻。1981年，他虽然离开了中国，但他和中国所结下的不解之缘，不仅引导他经常到中国游历，而且促使他于1992年和1997年，先后提笔为BBC与中央人民广播电台、中国国际广播电台的合作项目——电视专题片《长江》和《长征》撰写过脚本。

为了撰写《毛泽东传》，菲力普·肖特历时五年，沿着毛泽东一生活动的轨迹，走遍了韶山、井冈山、茅坪、吉安、瑞金、于都、富田、赣州、东陂、黎平、遵义、泸定、松潘、毛儿盖、吴起、保安、瓦窑堡、延安，以及杭州和广州等地，翻阅了中国出版的中共中央文件选集、毛泽东著作和大量有关毛泽东的回忆录、研究成果，还采访了许多与毛泽东有过交往的当事人。1999年，这本书的英文版同时在英国和美国出版，后来又被译成法文、保加利亚文、捷克文、俄文、西班牙文，目前正在翻译德文本。它作为迄今西方出版的关于毛泽东生平的最新和最具权威性的著作，在国外读者中产生了比较大的影响。2002年，我代表中国社会科学院去英国参加英国学术院成立100周年的纪念活动，就看见在伦敦书店中一个醒目的地方摆放着这本书。

毛泽东的一生经历了20世纪的大部分时间，他的思想和活动不仅改变了中国的命运，也极大地影响了世界的命运。直到今天，人们仍然随时可以感受到他留给中国和世界的印记。正因为如此，他的一生不仅是许多中国学者、作家感兴

趣的研究和写作对象，也是国外一些研究中国问题的人们所
热衷的课题。

最早向世界介绍毛泽东的外国人有美国记者埃德加·斯诺
和艾格尼丝·史沫特莱，英国记者贝特兰和安娜·路易丝·斯特
朗。他们所写的《红星照耀中国》（《西行漫记》）、《中国的
战歌》、《在延安》、《毛泽东印象记》等，曾经让西方人比较
真实详细地了解到毛泽东和中国共产党。但这些著作大多产
生于中国人民进行新民主主义革命的年代，而且都是通讯性
质的。中华人民共和国成立之后，关于毛泽东思想与活动的
带有学术性、传记性的外国著作，当首推 1951 年出版的美国
学者史华兹的《中国的共产主义和毛泽东的崛起》，以及 1966
年出版的英国学者斯图尔特·施拉姆的《毛泽东》（中文版根
据 1967 年修订版译出，于 1987 年由红旗出版社出版）。许多
西方研究毛泽东的著作都把它们列为主要参考书，并经常援
引其中的观点和材料。但由于这两本书成书时毛泽东尚在世，
因此还算不上是关于毛泽东一生的传记著作。真正涵盖毛泽
东一生的具有学术价值的传记著作，在菲力普·肖特的《毛泽
东传》出版之前，主要有两部：一部是 1980 年出版的美国学
者罗斯·特里尔的《毛泽东传》（中文版有 1989 年世界知识出
版社节译的《毛泽东的后半生》和河北人民出版社全译的《毛
泽东传》），另一部是 1979 年出版的英国学者迪克·威尔逊的
《历史巨人毛泽东》（中文版于 2000 年由中央文献出版社出
版，书名为《毛泽东》）。这两部书都力求按照历史的真实来
描述和评价毛泽东，但由于它们利用的二手资料较多，因此

有一些不准确或失实的地方。

与以往出版的外国人介绍和研究毛泽东生平的著作相比，菲力普·肖特的这本书在对毛泽东的评价上更为客观和公允，在对历史的把握上也更为全面和深刻。这与他在中国的工作经历和他对中国的多次访问有关，更与他为撰写这本书所做的大量准备和辛勤努力分不开。另外值得一提的是，这本书虽然是学术性的传记著作，但它同时具有十分优美生动的文笔和浓郁的文化韵味，使人不感觉枯燥乏味。当然，作为一个外国学者，他在书中所表现出的观察问题的角度和分析事物的观点，都是与我们不完全一样的。但在我看来，我们也不应当要求他和我们完全一样。相反，在一定意义上，可能正是这些不一样的地方，才使中国的读者有机会将自己眼中的毛泽东与西方人眼中的毛泽东做一个比较。而这无论对于我们更深入地认识中国，还是更深入地了解世界，都是会有益处的。

我不是研究毛泽东的专家，之所以不揣冒昧地接受了为《毛泽东传》中文版写序的请求，一来因为菲力普·肖特先生的盛情难却，二来因为我所供职的当代中国研究所眼下正在与法国的欧洲电视台（ARTE）筹划以菲力普·肖特先生这本《毛泽东传》为脚本基础，为欧洲观众摄制一部电视纪录片。借此机会，我谨向《毛泽东传》中文版的出版表示热烈祝贺，同时衷心预祝当代中国研究所与 ARTE 的合作早日获得成功。